田中正俊歴史論集

田中正俊歴史論集　目次

田中正俊歴史論集

Ⅰ　起ちあがる農民たち

1　起ちあがる農民たち
――一五世紀における中国の農民叛乱――

一　時　代

中国福建省の延平府城は、その頃、山間地帯に周囲九里、高さ二丈の城壁をめぐらし、北には竜山を背負い、南は剣渓をへだてて九峰に面し、城門一一を構えていた。

その頃というのは明の正統一三年、我国で言えば足利将軍義政の頃のことである。その八月一一日（旧暦）、「賊」鄧茂七《とうもしち》は農民軍をひきいて延平府城にせまっていた。なかに紅い衣を着た男があった。彼は仲間から進み出て城下に立ち、巡按福建監察御史張海《ちょうかい》、参議金敬《きんけい》らの役人たちをふり仰いで、彼らの願いを述べた。

わたくしどもはみな良民でございますが、富裕な人々にいためつけられて、苦しんでおります。しかもお役人はとりあって下さらず、訴え出るところがありませんでした。それでやむを得ず徒党を組み、こんな悪いことをしてしまいました。どうぞ北京の朝廷におとりなし下さい。もしおゆるし下さいますならば、直ちに解散いたす所存でございます。

彼らは結局なにも訴えなかったのであろうか。そうではなかった。この男はぶっつけにそれを言うことができず、ただ言訳がましい口上を述べ、まずゆるしを乞うことからはじめなければならなかったに違いない。しかし一たん仲

間のなかへ帰っていったこの男は、再び進み出て、

わたくしどもは、もう家財をことごとく失い尽くしてしまいました。どうぞ三年間の徭役を免除して下さい。そしてお国のためになるようどうぞ生きさせて下さい。

とはじめて訴えた。そして朝廷への取次ぎを約束されると、彼らは喜び踊って引き退ったといわれる。(1)

この年、正統一三年（一四四八）といえば、中国史上はじめて南京に都して統一国家をつくりあげた明の建国——長江下流域は、当時すでにそれほどの先進地帯になっていた(2)——の年から数えて八〇年、北京を都として、この王朝を一層強大なものとした三代成祖永楽帝の永楽元年から四五年である。

貧農の家に生まれた朱元璋《しゅげんしょう》も、蒙古人の元王朝を追い払い、皇帝（太祖洪武帝）を称して明の王朝を開くと、それはもはや貧農の利益を代表する国家ではなかった。むしろ太祖は、一部の地主と妥協することによって明王朝を建て、(3)みずから最大の地主=皇帝となった。以後、明の政府は地主出身の官僚によってつくられた。「科挙」という官吏採用試験を受けるほどの学問を身につけ得る者、また試験に際して縁故を頼ったり、賄賂を贈ったりできる者は、実際にはほとんど地主層に限られていたからである。あるいはまた官僚になることが彼ら官僚やその身うちを大地主にした。「どんな清廉潔白な人間でも、三年も府知事をやれば一〇万銀がたまる」とか「県知事を三年やれば、一族が生涯困らぬ」とか諺にあるほど儲かったから、そして当時の一番安全な貴い財産は土地だったからである。そこで官僚は地主になり、地主層から官僚が出たのである。

もちろん、明の皇帝は地主官僚のための単なるロボットではない。太祖は国をはじめてまもない頃、内閣総理大臣の職を廃し、吏部（官吏の任免をつかさどる）、戸部（財政をつかさどる）など各省の大臣を自分に直属させて、行政権力を分立させ、また軍隊を直轄して、強大な専制君主権力をふるって官僚を統制した。(4)しかし、このような専制君主に服従しながらも、地主官僚たちがこの皇帝の名のもとに支配したのが、明の国家であったと言えるであろう。(5)

太祖は元朝の末期に各地におこった叛乱——太祖朱元璋もこうした叛乱のなかから出てきたのだが——のため荒れ果てた地方に農民を移住させ、その定住をはかった[6]（これを徙民政策という）。またさらに重要なことは、全国の農村に「里甲の制」をしいて、農村を建て直したことである。

この里甲の制は、農村に住んでいる農民たちを一一〇戸ごとに一里に組分けし、そのなかで財産のある家一〇戸を里長戸として、一年交替、一〇年一回の割で「里長」の徭役につけ、また一里は一〇甲に分かれ、一甲一〇戸ごとに一戸ずつが交替で「甲首」の徭役につけられて、里長は里内の治安維持や戸籍簿・租税台帳の作製、献納物産や役所の供応費・諸雑費の供出、とりわけ租税の取集めと運搬、納入にあたったものである。また里内の名望家たちが「里老人」という役につけられて、里内の風俗教化、裁判や水利監督、農業奨励にあたった[7]。

当時は、長江下流域地帯を中心として、地主が広く土地を所有している農村も少なくなかったが、このようにして、農村に住んでいる地主や自作農たちのなかでも従来からの村の有力者たちは、里長・里老人として、あるいはこれにつながる仲間として、里内に対して皇帝の権力を代弁する役割をもつこととなった。また里長は、国家に対しては、里内に割当てられた租税としての米麦を都《みやこ》に運ぶ義務をもつこととなった。こうして農村の里甲の制は、農業国家の支配の末端の体制として、国家財政のみなもととして整備された。里甲の制はこれほど重要なものだったのである。

なかでも国家の財源としての農民の役割は成祖永楽帝の頃からますます大きくなる。北は満洲・東モンゴリアから南は安南に至る大領土をもち、六十余隻の船隊に三万余人を載せて東アフリカまでも遠征させるほどの大帝国となった成祖の頃[8]からは、これにともなって国家の財政も強化され[9]、里甲の制を通して農民にかかってくる租税・徭役も重いものとなっていった。

しかしながら、このような王朝の支配体制も、正統期に入るとともにようやく弛んでくる。当時までに確立された里甲の制にもとづく現物租税（米麦など）徴収の財政組織は、まず上から変えられた[10]。のちに「金花銀」の施行といわれた宣徳八年（一四三三）から正統元年（一四三六）にかけての転機である[11]。正統元年、中央の官僚たちは、俸給米を銀で支給してくれと言い出す。なぜ俸給米をふやしてくれとは言わず、俸給を銀で支給してくれと言ったか。それは、今や値うちのある貨幣として都会で通用するものが銀だったからである。この願いは許可され、浙江・江蘇・福建をはじめ華中・華南の租税は米麦一石ごとに重量二銭五分の銀で代納されて[12]、これが官吏の俸給に当てられることとなった[13]。

このような事態に直面して、皇帝は、

しかしこれはみな臨時の措置であって、恒例のこととしてはならぬ。

と言っている[14]。保守的な農業国家の皇帝がこのような反応を示すのは当然であろう。にもかかわらず、皇帝のこのような保守的な考え方によってはどうにもならないほど、社会は動きつつあった。のち正統一一年（一四四六）には、北京で贋銀の横行が問題化するほど銀は魅惑的だったのである[15]。

上層の人々の日常生活に浸透しはじめた銀に対し、それでは米麦の運命はどんなになりつつあっただろうか。元来、米麦のような現物が貨幣的に用いられる段階では、小地域の封鎖的な市場経済しかなりたたないものである。また、属国や古い型の植民地を多く従えた古代帝国、あるいは地方分権的な封建国家ならいざ知らず、政治的にも経済的にも中央集権的な内陸国家を建設し得るためには、全国的な貨幣経済が基礎になければならない。貨幣経済にもとづく全国市場の発達があってはじめて、近代的な真の中央集権国家は生まれるものである。

ところが、明朝は政治上はもちろん、財政的にも中央集権的な大帝国をつくりあげようとした。そしてこの大帝国が整備されればされるほど、当時の国家経済の基本的な形態である現物経済との間に無理がおこる。その行詰りがあらわれはじめたのが正統期であった。長江下流域の米産地から北京や地方の役所へ米麦を運ぶのに、運搬人は自分たちの食糧も運ばなければ働けない。のみならず、リレーされるたびに役人がうわまえをはねる。これがみな付加税として租税のなかに加わる。かくして一石の米麦を届けるために、二石以上が運び出された。

　しかも、やっとお上の穀倉に納まった米麦も、当時の技術をもってしては貯蔵が困難であった。一方では全国からむやみに集中・集積され、一方では俸給として支給されることを歓迎されないこの米麦の運命について、その充積・腐爛のさまを伝えた官僚たちの報告は枚挙にいとまないほどである。ある役所の倉では二〇年分を賄うに足る米が充満し、またある役所の倉では米麦が蒸《む》れ腐って肥料にするより仕方ないというありさまであった。[16] まことに当時この大帝国は等量以上の運送費（米麦）を使ってまでして集めた米麦をもてあましていたのである。[17] かくして、政府の貯蔵米を売却すること、租税を米麦以外の代りのもので収納すること、この二つの対策はやがて「恒例」であるかのようになる。[18] 売却の代償として、また米麦に代る収納物として、宮廷、政府官僚の欲したものは何か。もちろん銀である。[19]

　なお、ここでちょっと説明を加えれば、このとき実際に銀が租税として納められても、これはあくまで、米麦なにがしかを納めるべきところを、銀なにがしかに換算して納めるという代納の手段であって、まだ租税の原則的な形態が米麦から銀に変わったのではない。銀が租税の原則的な形態になるのは、のちの明末（一六世紀末）の一条鞭法《いちじょうべんぽう》や清初（一八世紀初頭）の地丁銀《ちていぎん》という租税制度の施行に俟たなければならない。そしてこの明末清初の頃ともなると、はじめて、宮廷や政府は銀徴収を原則化するほど本格的に銀経済のなかにあり、社会全体をみずからのなかに捲き込もうとする銀経済の勢いは、こうした租税制度のちからによって、ますます農村のなかへ浸透してゆく。そして、そのとき農民たちはもっと大きな社会変動の歴史を直接に経験するのである。

　さて、米麦が満ち溢れ、腐って困るというのは中央・地方のお上の倉での話であった。これに対して地方の州・県

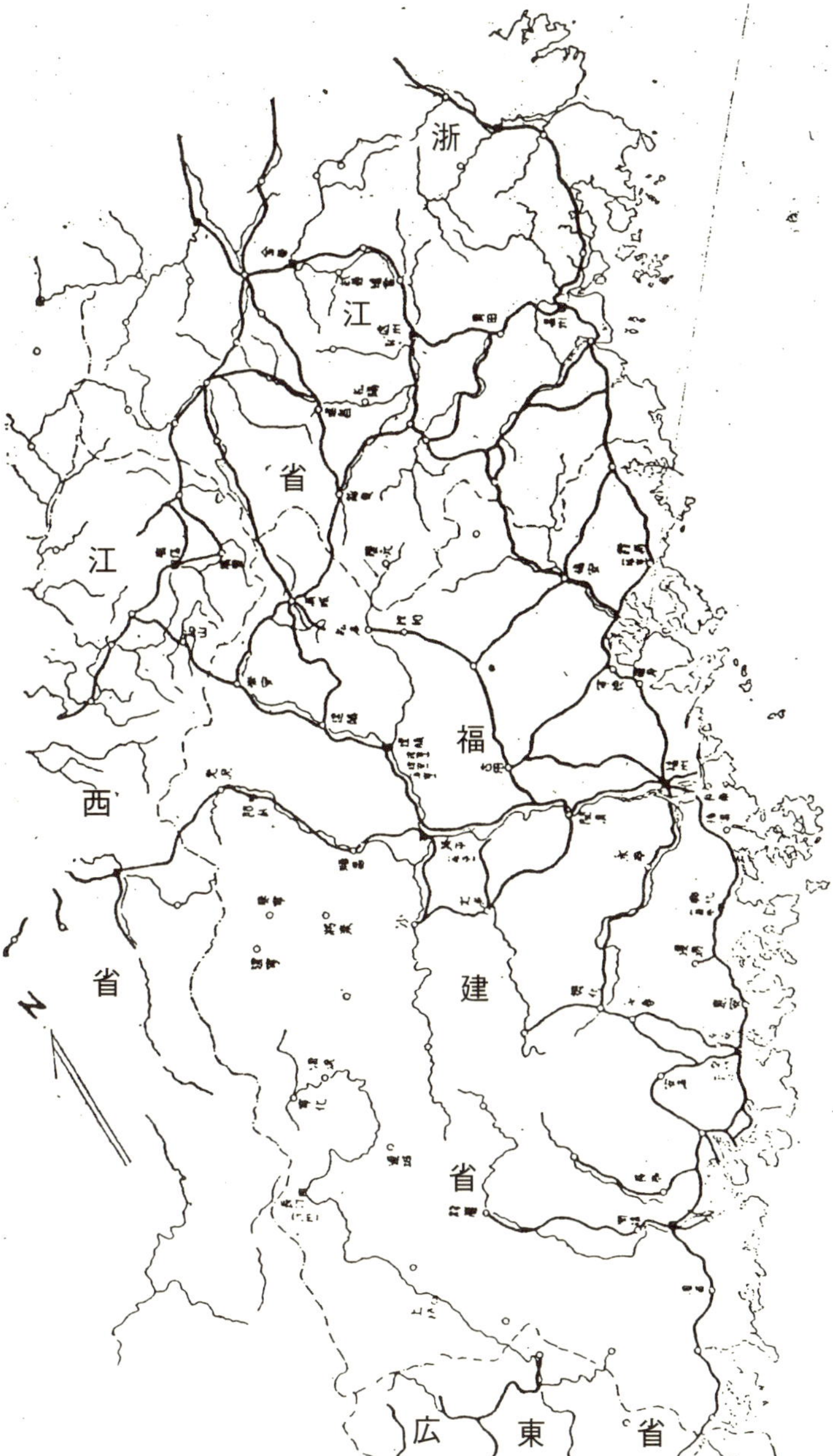
浙
江
省
江
西
省
福
建
省
台
湾
海
峡
広　東　省

には、災害に際して国家の財源である農民を救済し維持するため「預備倉」というものが設けられている。ところがこの預備倉は、いざという時に最も多数の農民たちを保護するどころか、かえって、地主たちのために利用されていた。彼ら地主たちは、死亡者や逃亡者の名をかたり、いまはなき人々の戸籍簿を偽造して預備倉の米を盗み出し、ために倉には一粒の米もなく、甚だしい場合は、福建省福州府の例のように、倉の建物さえ朽ち果てていた(20)。そのうえ、富裕な人間たちはこのようにして横領した米麦を抱え込み、災害・饑饉の時にはかえって売り惜しんで値上りをはかった(21)。銀経済がまだそれほど浸透していない封鎖的な農村社会では、米麦を所有し、これをあやつることは、いまだに最も有利な途であり、これを独占する者にとっては、災害・饑饉こそ金儲けの最大の好機だったのである(22)。農村社会では米麦がなおこんなに貴重なものだったから、たまたま預備倉に貯えがあるからといって、返すあてもない貧民にまで恵む者はなかった、と当時の記録が伝えている(23)。

行詰りは、現物経済を守ろうとする財政のみにあったのではない。ようやく爛熟した政治は、やがて、齢《よわ》い九歳で即位していた幼帝英宗（正統帝）の側近に腐敗する。太祖の遺訓のなかに深く戒めてあった宦官政治の擡頭がそれである。その頃ただ一人よく宦官を抑え得ていた太皇太后の張《ちょう》氏が崩じ(24)、楊栄《ようえい》・楊士奇《ようしき》・楊溥《ようふ》らの永楽帝以来の遺臣がまたつぎつぎと没する頃ともなると(25)、司礼太監王振《おうしん》をかしらとする宦官たちの仲間が政治にくちばしをいれ(26)、権勢をほしいままにしはじめた。王振は太祖が宮廷内に建てた「宦官は政治に関係すべからず」という碑を勝手に取り除き、英宗からは「先生」とさえ呼ばれていたという。当時、宮刑という刑罰は特別の例外を除いてはすでになく、自分の肉体を傷つけて志願する者のなかから宦官が採用されたと聞けば、その無恥醜怪さに眉をひそめぬ人はないであろう。しかもあえてこんな人間が出たのはなぜか。一に利慾、二に利慾である(27)。以後、帝国官僚すべての任免、賞罰は袖の下で取引きされた。

このような宦官政治の空気のなかで渇望されたもの、それこそ、また銀であった(28)。

二　シルヴァー・ラッシュ

のちに銀産地として有名となった雲南の銀山はその頃まだあまり開発されていなかった。当時の明帝国のなかで、銀を一ばん多く産出する地方は浙江省の南部と福建省北部の山間地帯だった。[29] 浙江省では処州府の麗水・青田・縉雲・慶元・松陽・遂昌・竜泉の各県、[30] 温州府の平陽県に、[31] 福建省では福州府の寧徳・福安・古田・羅源の四県、建寧府の浦城・松渓・政和の三県、汀州府の長汀・寧化の二県、延平府の南平・将楽・尤渓・沙の四県に[32] 銀山があった。なかでも寧徳県の宝豊銀山、[33] 尤渓県の銀屏山銀山がすぐれていた。[34]

元来、これらの銀山については、太祖の洪武年間からすでに、浙江省に対しては二八七〇余両、福建省に対しては二六七〇余両の銀を政府に納めるよう定められていたのであるが、永楽帝のとき、浙江八万二〇七〇余両、福建三万二八〇〇余両と、それぞれ飛躍的に増徴され、さらに正統の前の宣徳年間には、浙江九万四〇四〇余両、福建四万二七〇余両にもなったので、産出量はこれに及ばず、民もまた苦しんだといわれる。[35] このような状態では採算がとれないので、政府は宣徳一〇年（一四三五、英宗即位の年）、勅令をくだして銀山を閉じることとしたが、[36] しかもこんどは、民間人のなかにもまたひそかに盗掘して利を獲ようとする者があった。[37] そこで政府はさらに、禁令をおかして盗掘する者は死刑に処し、家族を辺境に追放する規則を定めた。[38] しかし実際には、銀山の産出銀を政府に納める義務は容易に免除されず、[39] 銀屏山銀場局という役所が廃止されたのも、ようやく正統七年の頃であった。[40] 当時、銀への欲望がいかに時代的な風潮をなしていたか、従って銀山を閉じるなどということがいかに時代に逆行することであったかが知られよう。

果たして、ここに至って直ちに、御史孫毓《そんいく》、福建参政の宋彰《そうしょう》、浙江参政の兪士悦《ゆしえつ》ら中央・地方の役人たちはしきり

に、

> 銀山を再開すれば利はお上に帰し、盗賊がすきをうかがうこともなくなります。

と提案した。これに対して、浙江警察の総元締である浙江按察使軒輗《けんげい》は、

> 銀山を再開すれば一時の利を獲ることはできようが、しかし採掘の器具はすべて民間から徴発されるものであるから、恐らくは、役人たちがこれをいいことにして苛斂誅求し、人心は動揺して、盗賊以上の害となるであろう。

と反対し、結局、再開の提案は許可されなかったが[41]、こうした軒輗の言葉によっても、「利はお上に帰します」などといって採掘の再開を願う役人たちの本音がどこにあったかが知られよう。いわば彼らは銀山企業を請負いたかったのである。

こうしている間にも、世人に「礦賊」と呼ばれる盗賊が頻々として絶えない。正統七年の五月には、福建省政和県の人間がわざわざ浙江省処州府から礦賊を呼んで来て、自分たちのところの銀山を盗掘させる[42]。同じく一二月には、浙江麗水県の礦賊が有力者の名前をかたって堂々と盗掘を行う[43]。あるいは宝豊銀山では、それぞれ数千人の部下を引きつれた賊首たちが相争う[44]。こうして礦賊たちは処々の銀山を荒し廻り、採掘・精錬という大仕掛な営利事業をなかば公然とはじめる。もちろんなかには、政和県の知事に銀三〇〇両を贈賄して、ほんとに大っぴらに私掘しようとたくらむ者さえあった[45]。

これに対して、政府は罰則を厳にし[46]、巡検司（警察署）を増設し[47]、あるいは浙江・福建両省に取締り専任の参議を置いたが[48]、その一人、福建参議竺淵《じくえん》さえ、一年もたたぬうちに福安県の劉洋坑において礦賊数百人と戦って殺されるしまつであった[49]。正統七年五月の事件当時、巡按御史鄭顒《ていぎょう》が、

> 銀山は利のみなもと、人の必ずおもむく所である。まして愚民は利に眼がくらんで、害を考えないからたまったものではない。

と述べているが[50]、こうして当時の銀欲求は、いずれは銀山再開の方向に進まざるを得なかったのである。

ここに及んで、銀山再開の議論が再びさかんとなる。もちろん、こうした議論は宦官たちによって支持される。ついに正統九年（一四四四）閏七月一日、英宗は、戸部侍郎王質《おうしつ》を派遣して実地調査させるとともに、銀山再開を裁可した。と同時に、いちはやく定められたものは何か。福建の銀山から一万一一二〇余両、浙江の銀山から四万一〇七〇余両の銀を納むべし、という要求であった。「これは宣徳のときに比べて半分になっているが、しかも洪武のときに比べるとすでに一〇倍である。中央・地方の役人たちに対する銀山の供応費に至っては、ほとんどこれ以上だ。このとき以後、民は苦しみ、盗賊はますますふえた」とは、のちの人がこの割当銀額を批判した言葉である[51]。

ところが、こうして再開された銀山も地表に近い鉱脈は乏しくなっており[52]、当時の技術をもってしてはその採掘は徒らに困難であった。少しのちの記録であるが、宝豊銀山のありさまを次のように伝えている[53]。

坑道は遠く深く、山の水が溢れている。はねつるべを用い、昼夜交替で働いて水を出しても、少しく遅れると、忽ち礦脈はもとのように水に没する。採掘場は暗くて狭く、昼間でも松明《たいまつ》をつけて交替するのがやっとである。採り出される礦石は、木を横たえて梁《はり》をつくり、その上をよじ登り、よじ下って、険しい山道を運び出さねばならぬ。これらに要する松明、薪炭、坑木などすべての器具は人をやってとらせねばならぬ。銀山労働ほど苦しいものはない。[54]

銀山再開の影響は、銀山に直接働いている労働者に対してのみあったのではない。砂礫・泥水は川をふさぎ、稲をおかして、農民の田に害を与えた[55]。

こんな状態のところへ、銀山経営の役人たちが賑やかにやって来る。政府は銀山管理のため多数の役人を増置し[56]、当時、それら専任の役人たちや宦官、警察官、また文官、軍人、その兵隊などが足繁く往来して、そのやりとりする手紙や報告書は絡繹として絶えなかったといわれる[57]。

こうして、いよいよ本腰を入れて官営銀山の採掘を再開するとなると、政府はこんどは少しでも多くの銀が欲しくなる。翌正統一〇年、現地視察に派遣された戸部右侍郎焦宏《しょうこう》は、

諸銀山の産額には多寡消長があるから、産出の少ない処は納入責任額を減らし、多い処はふやすがよい。

などとわかりきったようなことを報告しながら[58]、かえって、福建からは総額二万八二五〇両もの銀が出せると約束する。果たして、翌一一年度に福建から納めた銀は一万三四〇〇両にすぎない。かつては銀山を閉じることに熱心だった英宗も今では、その数量が焦宏の約束した額の半分にすぎないというので、福建各銀山に対し直ちに追徴命令を出す[59]。事情は浙江側にとっても同様である。浙江からも福建からも、

各銀山とも鉱脈が貧しく、もし割当額を完納しようとすれば、民間から税金として取り上げなければなりません。そうすれば民は財産を失い、浮浪の流民となって、その禍いはかえって重大であります。

と陳情するが[60]、戸部官僚の審議の結果は、ついに却下される。正統一三年二月には、

くらしに困っておりますから、どうぞ分割払いにして下さい。もしそれでも完納できませんでしたら、わたくしどもは財産を没収されてもかまいません。

という福州府寧徳県などの民五千余人の悲壮な願いを取次いで減免を請うた監察御史王珉《おうびん》が、

割当額はすでにきまっている。民たちにどうしてみだりに訴える権利があるものか。もし完納しなければ、王珉、お前も一緒に執《とら》えて罰するぞ。

と英宗からきびしく叱られる[61]。

しかも、このとても完納できないほどの額、実情に副わない架空の「数字」には、中央政府がとにかくできるだけ多く取れるようにという効用以外に、もう一つの魔術的な効用があった。というのは、これは現地の役人たちにとっ

ても、必ずしも苦しいばかりではなく、恵み深い数字でもあったからである。およそ当時のすべての地方官僚は、人民から租税をどんな方法でどれだけ集めようと、そのなかからどれだけ自分のふところに入れようと、とにかくそのうち割当てられた額だけ耳をそろえて国庫に入れればよいというような租税請負人的性格をもっていた。銀山管理の現地役人もやはり同様な請負人であり、銀山は官営銀山というよりも、[62]むしろ実際は官僚経営の銀山と呼ぶにふさわしかった。だから莫大な割当額については、一方では皇帝に対して、とても完納できない旨の懇願をしきりにするが、一方では人民に対して、この割当額は是非とも納めなければならぬという口実になる。皇帝の絶対的な至上命令であるという看板が、役人の私腹を肥やすのに大いに役立つわけである。正統一〇年四月、都御史王文《おうぶん》が皇帝に差出した上奏文にも次のように言っている。[63]

民から徴発する公用の器具以外に、およそ、管理の役人や銀山の現場の親方が、割当額に達しないからという名目で人民の財産を取り上げたり、国家の銀を盗んだりしたならば、厳に罰しなければならない。

かくては、当時銀屏山銀山に働いていた傜役労働者たちは破産に瀕し、往々妻子や家を売って不足の銀を償い、ついには、群れ集まって泥棒にまでなり下らざるを得なかったといわれる。[64]こうして彼らは、ただ指導者さえあれば、必ず大きな暴動をおこすような立場に追い込まれたのである。

それではその指導者は誰だったか。それは、むかし銀山が開かれていた時分に銀山労働の現場の親方だった男たち、その後、銀山が閉じられていた頃には、礦賊のかしらだった男たちである。彼らはいま銀山が再開されると聞き及んで、あっさり盗掘稼業をやめ、もう一度銀山で働かせてくれと願い出る。ところが中央の役人の方では、こんな奴らをあんな役人（銀山管理の役人）たちと一緒に働かせたのでは、どんな害をするかわかったものではない。

とはねつける。[65]現場の役人にしてみれば、せっかく独占しようとした銀山経営を「やま」のことなら裏の裏まで知り抜いているこんな男たちと一緒にやったのでは、自分のふところに入れる前につまみ食いをされると思うだろう。ところで、閉め出しを喰うとわかると、この男たちは忽ち盗賊に戻る。手下に使う群衆に不足はない。生きるためには不本意ながら泥棒をするほかなくさせられた悲惨な人民が沢山いる。そこでこの親分たちは、

　俺を宝豊銀山に採用して、採掘に従事させろ。さもないと人殺しをするぞ。

という果たし状を役人に突きつける。あるいはまた、

　浙江の馬大王さまには部下五百余人がいる。何月何日を期して、ひとつ大いに戦おうではないか。

という手紙を竹の先にかかげて挨拶に来るというありさまであった。[66] そのたけだけしさは、冒頭に述べた鄧茂七たちの態度と何という違いだろう。一方では、田んぼにはいつくばって生活しながら、この社会のなかでもっと幸福なくらしをさせてくれと願いはじめている人間、ここでは、銀山で働くことから閉め出され、盗賊となってこの社会の秩序から飛び出した人間、その差である。かつての非合法的な「礦賊」の親分は、いまや山間を荒し廻り、掠奪をほしいままにする「盗賊」になり果てた。合法的な「礦賊」たる銀山経営の役人たちに嫌われて——。葉宗留《しょうそうりゅう》・陳鑑胡《ちんかんこ》・陶得二《とうとくじ》・葉希八《しょうきはち》・王孟光《おうもうこう》・厳開三《げんかいさん》らの群盗はかくして生まれた。[67]

みやこ北京や南京・蘇州・杭州などに比べるとまだまだ遠くの山の中とはいっても、ここ浙江南部・福建北部から江西東部を跨《また》にかけ、葉宗留たちが大きな機動力を発揮して荒し廻ると、あわてたのは役人たちである。正統一一年三月、

　福建の群盗は浙江・江西・広東の諸処に出没し、東に追えば西に逃げ、南に捜せば北にかくれるありさまです。もし彼らが一つになったら大変であります。どうぞ陛下の御英断によって識見ある重臣を派遣され、この兇悪人たちを平らげていただきたい。

という浙江右参議呉昇《ごしょう》の上奏[68]によって、御史柳華《りゅうか》が福建・浙江・江西地方の総取締りに派遣された。もちろん柳華が考えめぐらした対策は、銀山経営の合理化ではなかった。群盗取締りのための画一的な弾圧策だった。ところが、現地の軍隊はのちに述べるように甚だたのみにならない。そこで彼は「総小甲制」という自警組織を実施して治安対策とした[69]。

柳華の総甲・小甲の制といわれるものによると、およそ大小の都市や農村には、これをつらぬく道路の両端に関門を設け、その門の上に家を建てて、警報の器具と武器とを備えた。また大きな村では四隅に、小さな村では中央に望楼を建て、各村民をそれぞれ組分けして（大体一〇〇人ぐらいが一組だったようである）、そのなかから総甲・小甲を任命して統率させ、命令に従わない者があれば総甲・小甲がこれを取締ることを許し、それでも改めない者については官に訴えさせた。また、夜間は農民たちを交替で門上の家に宿直させて、銅鑼《どら》や拍子木をうって警戒にあたらせたといわれる。このようにして治安維持の労と責任とをとらされると同時に、村の農民たちには組織と武器とが与えられ、総甲・小甲にはその指導者として、ある程度の権力が与えられたのである[70]。

鄧茂七は弟の茂八とともに、延平府沙県二四都において、この総甲に任ぜられた[71]。

三　福建というところ

福建というところは山の多いところである。北・西・南の三方が山によって他の省や中国の中央部との間をさえぎられているばかりでなく、省内も大部分は山におおわれ、東の沿岸沿いと、山から流れ出るいくつかの河川の流域だけがわずかに平地である。そこで「福建は土地が狭く、人口が多くて、生活に困難なところである」といわれたり、「後《おく》れた地域だ」と考えられることが、大体の常識になっているようである。

しかし、もう一歩踏み込んで考えてみる必要がある。それでは、なぜ土地が狭いのに人口が多くなったのか。もしよそから移住して来たのでないとすれば、福建のなかでは、いつ頃、生活に困るほど人口がふえたのか。狭い土地のなかでも人口がふえ得るということは、何を意味するか。また、「後れた地域だ」というのは何処か他の地域と比べて後れているということだが、それでは福建自体としては、「後れた地域」から、より一層進んだ「後れた地域」への発展がなかったのか。歴史とは人間社会の発展の歴史だとすれば、親から子へ、子から孫へと引きつがれた福建の人々の労働と生活の歴史は、「後れた福建」をどのように「より進んだ福建」にしてきたか。見かけだけの「文明開化」でなく、社会全体のほんとの前進を、時あって一挙に大きく押し進めるちからが、彼らの日々の歴史のなかに蓄えられ、積み上げられてはいないか。過去においても、将来に向っても――。そのちからは何か。なによりもまず、こういうふうに考えるのでなければ歴史の研究ということはできないであろう。

さて、福建はモンスーン地帯に属し、温暖な気候に恵まれている。そのうえ、平地は狭いが土地は肥えており、水田耕作に適している。中国では、南宋末（一三世紀）までには近代中国における稲の品種がおおかた出揃い、早・中・晩稲など様々の優秀な品種があったが、なかでも占城稲《チャムパ》がインドシナ半島から伝わったことは注目に値いする。この占城稲は一一世紀の初めには、すでに福建で栽培されており、日旱《ひでり》に強く、実るのが早く、六〇日で収穫できるものさえあった。こうしたことから、福建では早くから水の少ない山奥まで田が開け、ほとんど全省で一年に二度米が穫《と》れた。このほか、甘蔗《さとうきび》や茶など、商品として売出すために栽培される商品作物も、明初にはすでに相当に行われはじめている。

明末一七世紀の初めの書物『五雑俎《ござつそ》』によると、福建では高山に至るまで、階段状をなして田が開けており、土地は余すところなく利用されているといっている。この一七世紀頃以後、生活苦のあげく、「溺女」といって貧農が自分の子を殺す風習（日本でも「間引き」といって貧農は子供を殺さなければならなかった）がことに顕著になったようであり、また有名な南洋華僑として多くの人々が恒常的に福建から溢れ出るようになるが、明初から正統期を経てこの一七世紀頃までに、農業は次第に発達し、それにともなって人口もふえてきていたと考えられる。

もちろん一七世紀頃以後にも、農業は商品作物栽培のかたちでますます発達し、また製紙業・織物業などの手工業が相当広汎に行われ、それが多くの人口を養ったのであるが、しかし、この頃、農家の自家用主食としてさつまいもが普及したことは、最低生活的な農家経済を示すものであり、また、華僑の流出がこの頃以後一層さかんになったことも否定できない。それでは、産業の発達に比べて人口が多すぎたのであろうか。一概にそうはいえない。往々「人口が多すぎる」と自然現象のように片づけられていることでも、さらにそれをよく分析してみなければならない。どんなに産業が発達しても、その産業が産み出す富を一部の人だけが独占すれば、少ない人口も多すぎるということになる。だから、この、産業の発達とそれによって生活し得る人口の数の問題には、社会の富の分配がどういうふうになされるかということが、根本的な要素として含まれているのである。

とにかく、正統の頃には農業が発達し、一般農家においても人間がふえ得る状態が進みつつあり、そこに明末以後顕著になる人口過剰の現象=社会関係の矛盾がそろそろ問題となりはじめたといえるのではないであろうか。それでは、この社会関係は正統の頃にはどんなだったろうか。

すでに早く元末一四世紀頃には、延平府よりさらに北の山間、建寧府崇安県において、地主は五十余家で全体の八三パーセントの土地を所有してこれを小作させ、自作農四百余家が残りの一七パーセントの土地を所有していた。もちろんこの自作農のうちには、地主のもとで小作を兼ねている者もあったろうが、純粋の小作農はこれら自作農よりもはるかに多数にのぼったと思われる。ところが、明初以来の里甲の制は非常な負担であり、ことに里長の徭役が廻ってくると、農民のなかには忽ち財産を失い尽くし、金をためこんで退官した役人や商人・高利貸から金を借り、結局は土地さえ手放さねばならぬ者が少なくなかったから、農村に住んでいる農民、とくに自作農を中心とした農民たちは急速に没落していった。かくして農村の土地は都市に住んでいる不在地主の手に渡り、農民の大部分はその小作農となった。正統一四年（一四四九）に建陽県では、農村の土地が大部分は県城に住む商人などの所有に帰していたという記録がある。この建陽県というのは、建寧府のなかでも府城から離れた小さな町である。そこにおいてすら、このような不在地主が少なくなかったのである。

それでは、この不在地主と小作農とはどんな関係におかれていたろうか。小作農のことを中国では「佃戸《でんこ》」と呼んでいる。佃戸は当時一般に地主と小作契約を結んでいたが、契約を結んで地主の土地を耕作するといっても、近代的な借地農とは異なり、もっと封建的な農奴のような小作人であった。彼らの収穫物の少なくとも約半分は小作料として地主に納められ、佃戸の手もとには一家一年分の食糧すら残らないことがあった。この小作料を、佃戸たちは地主の家に運ぶ義務をもたされていたが、山を越え谷を渡って、収穫の半分ほどもある米を町の地主まで届けることは、すこしの暇も働かなければ生きてゆけない佃戸たちにとって、大きな負担であった。そればかりではない。「冬牲《とうせい》」といって、米・薪・鶏・あひるなどの類《たぐ》いの贈物を地主に差出さなければならなかった。こういうものをすこしでも売って、生活費をくめんしなければならない佃戸たちにとっては、こんな贈物すら容易なことではない。このような関係を通して、地主に一の租税がかかれば、それが二にも三にもなって佃戸に背負わされる。地主に徭役がかかれば、それが佃戸にしわ寄せされる。里長らの村のボスたちが弱いものいじめをする。結局、直接に働いている佃戸たちは、自分たちより上層の者の負担全部を、さらに一層倍加されて押しつけられたのである。

不在地主は農村に住んでいなかったから、地主が農村の佃戸を支配するちからは、もちろん直接的ではなかった。また当時の中国の地主は、日本の封建領主（大名など）と違って大抵は武力をもっていなかった。そして、儒教的な考え方にもとづいて、温情的に佃戸を支配することが地主の伝統的な理想であった。しかし、それは下からの批判を受けいれるつもりがあっての合理主義的な理解ではない。もっと封建的な雰囲気を帯びた感情的なものである。だから、この温情が保たれるためには、佃戸たちの絶対の服従精神が当然の前提とされ、それ以外は考えもつかないことだった。そして、いざという時、地主の味方には国家の官僚がいた。地主を守るものは国家の軍隊であった。だから地主に反抗でもしようものなら、それは当然、直ちに国家的な犯罪となるべきものだった。

ところが当時、福建の軍隊は腐敗堕落の極に達していた。まず福建の各県の城についてみると、全省四九県の県城中、城壁があったと記録されているもの二三、あっても壊れていたととくに記録されているもの三、残り二一は城壁すら築かれていない状態であった（二は不明）。しかも、とにかく城壁があるといわれる城でさえ、ボスたちが勝手に畑にしたり養魚池にしたりしてしまって、一たん叛乱でもあれば何の役にも立たぬというのが少なくなかったようである。

もっとひどいのは現地軍人たちの乱脈ぶりである。当時の中国一般の軍隊について述べた記録によると、指揮官たちは、部下の兵隊を自分の商売に使って塩商をさせたり、自分の土地を耕作させたりする一方、自分たちは連日連夜の宴会に溺れ、私腹を肥やすことに一所懸命になって、兵隊の俸給のうわまえをはね、また賄賂をとって兵隊を郷里に放免してやって、上官の点呼があると方々から人を掻き集めてごまかし、兵器が壊れても修理もせず、事あるときには戦場に引っ張り出されないように言い逃れをいい、そのくせ平素は兵隊の訓練などそっちのけで、何か口実を設けては人民を脅迫していたという。ここ福建でも、福建現地軍の錚々《そうそう》たる幕僚たちが貪慾な収賄行為によって摘発されることはしばしばであった。上乱れれば下また乱れる。福建各地の駐屯地では、軍隊の食糧倉庫が軍人たちによって横領強奪される事件が頻発し、各衛所《えいしょ》（軍営）所属の倉庫を府県文官の管理に移さなければならないという事態にまでたちいたった。こんな調子では、人民の日常生活を守ってくれるどころか、人民に害を与えるための軍隊というほかない。鄧茂七の乱後、衛所を増設して警戒を厳にしようという議論がおこった時、「とんでもない。軍隊を置けばかえって人民は迷惑する」という皮肉な反対論が出たという事実は、軍隊のたちの悪さを雄弁に物語っている。さてこそ柳華は総小甲制によって、人民の自警団組織をつくったのである。

腐敗堕落といえば、文官の場合も同様である。さきに「銀山を再開すれば、利はお上に帰します」という提案をした役人たちのなかに、福建の宋彰も入っていたことを読者はおぼえておられるであろう。彼はその後、正統一二年一一月に福建左布政使に抜擢された。その内幕はこうである。これよりさき左布政使に欠員ができると、誰のさしがねか、福建の官吏・軍人・民間人たちが宋彰を昇進させてくれと願い出た。しかしこれが中央で却下されると、宋彰はみずから北京におもむき、宦官王振に万金の賄賂を贈った。すると忽ち、英宗は吏部大臣の反対をしりぞけて、宋彰を福建の左布政使に任命してしまった。もちろん側近にはべる王振の口ききの結果である。記録に残っているこの「万金」というのが、実際にどれほどの金額なのかはわからない。しかし、相手が金銀の倉六十余棟を構えていた王振であってみれば、ちっとばかりの贈物ではきかなかったことはたしかである。果たして、福建に帰任した宋彰は、もとでを何倍にもして取返すため、いちいち人民の戸数をしらべて貪慾いたらざるなき誅求を計画的に実行した。求めたものは銀であった。

福建左布政使といえば福建省の地方長官である。この上官にかれ宋彰を戴く福建の官僚たちが、このような彼の誅求の手先となり、自分たちもまた彼の計画に便乗してふところに入れたから、その及ぼす影響は甚大であった。事実、役人たちは富裕な人間たちから賄賂を受けることを喜び、彼ら富裕な人間たちが彼らの土地の小作料をふやし、貸し金の利息を一層高利にするのを放任したという。こうして、当時の社会の最下層で直接田んぼに四つんばいになって働いていた佃戸たちの上には、上からの要求が何倍にも大きく積み重なって、すべてのしかかった。

のみならず、そこへ、米をつくる佃戸たちのなかへ、当時の経済界の最先端をゆく企業——銀山採掘が割り込み、銀を目当ての新しい役人稼業が陸続として乗り込んでくる。銀山《やま》から追い出され、故郷《ふるさと》を失った群盗たちは掠奪をほしいままにして立ち廻る。東南のはて、ここ福建は今や騒然たるものがあった。鄧茂七がついに起ちあがる前年、正統一二年のことである。

四　起ちあがる農民たち

沙県二四都は延平府の山間に肥沃な土地をしめている。鄧茂七はその二四都に住む佃戸であった。そして柳華の総小甲制によって総甲に任ぜられた。彼は平素から佃戸の衆望を担う人物であったが、総甲というものにはお上によって有力者が任ぜられたというから、彼は単に農民たちから人望のある佃戸というのみでなく、彼の佃戸としての地位も相当高いものだったに違いない。彼はあるいは全くの佃戸ではなく、佃戸たちが耕作している田畑の経営管理を、町に住む不在地主から引受けていたのかも知れない。とにかく農村の有力者であり佃戸たちからも人望のあった彼が総甲に任ぜられると、部下の佃戸たちの長として、彼らを組織するためには、一層彼ら一人一人の声に耳を傾けなければならなかったであろう。

まず彼は、小作料として米を納める以外に「冬牲」など取られるわけはない、とみずから唱えて冬牲の廃止を主張し、これは地主側の抵抗もなく実現した。なかには苦しいけれどもいたし方ない義務だと思い込んでいる佃戸もあったろうが、その一人一人を説き伏せて廻った結果、広汎な佃戸たちの一致した支持を得たからであろう、この時、地主側ではどうしようもなかったという。

次に彼は、小作料の収納には地主の方から運搬人を寄こして貰いたい、こちらから地主の方に送り届けることはしない、と要求した。こんどは地主側でこの事実を県庁に訴えた。県では直ちに鄧茂七を逮捕しようとしたが、鄧茂七にしてみれば、悪事を犯したおぼえもないのにと考え得るだけの人間になっていたから、農民たちの援けをかりて、この逮捕に従わない。そこで県では巡検司に命令を出し、弓兵がさらに逮捕に向った。ところが、この弓兵数人は鄧茂七をはじめ農民たちの抵抗にあって殺されてしまった。大いに驚いた県知事は、延平府城の上官に報告する一方、巡検（警察署長）ともども官軍三〇〇人を引き具して、みずから農民たちの捕縛に向った。ところで、鄧茂七の方でも、もはやかくなる上は大挙官軍の押し寄せるのを覚悟していたであろう。農民が集まり来って大乱闘を演じ、その結果は、県知事・巡検以下武装した三〇〇人がほとんど皆殺しにあってしまった。

県知事というものは、当時の中国の官僚制度全体からみれば、今日の我が国の県知事などよりははるかに格の低い役人であったが、その県知事ですら、外に出かけるには輿《こし》に乗り、「下へ、下へ」と唱えさせて、人民には仰ぎ見ることすら許されないほどの権勢をもっていた。そんな県知事に率いられ、自分たちよりずっとよい武器を整えた三〇〇人ものお上の兵隊に向って、農民たちは何という大それたことをしてしまったのだろう。それには、鄧茂七の主張が、すべて佃戸たちの生活のなかから出てきた願いを明確に言ってくれているという考えが、佃戸たちを強く団結させた、ということもできよう。それも重要な事実である。しかし、鄧茂七を見殺しにせず、自分たちの死の恐怖を乗り越えて戦うちからは、そのような考えだけから生まれてくるものではない。今から五〇〇年ほど前、「下へ、下へ」といわれていた佃戸たちである。その佃戸たちにこのような驚くべき勇気をふるいたたせたものは、必ずや、日々の生活を通してすこしずつつくりあげられた彼ら相互の人間的な結合と、それをつくってくれた鄧茂七をいのちにかけても大事に思う気持であったに違いない。

事態がここまで発展しては、官軍によるあらたな大討伐があるのは必定である。それを恐れた鄧茂七は、白馬をいけにえとして天を祭り、農民たちとともに血をすすって盟約を誓い、兵を挙げて叛した。時に正統一三年二月のことである。

しかもなお、鄧茂七は決して皇帝に刃向う決心を固め得たわけではない。ただ官僚たちがさらに無法な弾圧に出る場合に備えて、自衛のための団結を誓約したのであったろう、現地官憲を相手としてすら直ちに積極的な攻撃をしかけることはしなかった。それどころか繰返し了解運動を重ねたようである。その間六カ月。福建の官憲側はこれをさらに上官に報告することもなく、またのちに鄧茂七側が訴えているように（冒頭の正統一三年八月一一日の記事参照）、一向に満足できる採り上げ方もしてはくれなかった。それには、地主側の訴えを受けたとき直ちに鄧茂七の逮捕におもむいた官僚たちのものの考え方、鄧茂七の要求は社会秩序上あり得べからざる不法要求であって、弾圧することにより当然これを局地的に解決できるとした当時の官僚たちの伝統的な考え方が前提されていたであろう。そうしたことを不思議とも思わぬ当時の現地官僚の考え方をよく思い知らされ、この上は直接府城に馳せ参じて、もっと上役のお役人に訴えるよりほかしかたないと鄧茂七が決意したのは、ようやく七月のことであった。しかも、農民たちが、当時の社会秩序の枠のなかで、自分たちの慎しみ深い誠意をどのように信じていようと、途中にいる官憲をさしおいて直接府城に越訴することは結果的には府城まで攻めのぼることだった。かくして、七月、農民軍は沙県城・尤渓県城の障害をうち破り、千戸（兵一一二〇戸の長）楊琮《ようそう》を殺し、千戸張能《ちょうのう》をとりこにするという大勝を博してしまった。

鄧茂七一たび起つと聞くや、尤渓県民をはじめ、同じく苦しみながらも訴えるすべを知らなかった諸県の農民たちは、武器をたずさえ、人伝てに聞く報せに勇気づけられて、続々とこれに参加し、その数、一万余人ないし十余万人といわれた。

この時、延平衛の千戸張聡《ちょうそう》をはじめ現地軍ならびに官僚たちは畏縮してこれを坐視するにすぎず、ここにいたって中央に対し、「強賊」鄧茂七を討滅するための救援軍派遣が申請された。延平城外の戦いで都指揮同知雍埜《ようや》は舟に乗って真っ先に逃げたというが、さきに述べたような現地官憲の堕落ぶりから考えて、徒らにあわてふためき、慄えもとまらない役人や軍人たちのさまは想像にあまりあるものだったろう。しかも逆にいえば、一たん危急に際して救援に出動し得る中央軍があるという事実こそ、中央集権的な専制支配の強味なのである。

八月、この報告を受取った政府は、直ちに監察御史丁瑄《ていせん》を福建鎮圧におもむかせ、左都督劉聚《りゅうしゅう》・右僉都御史張楷《ちょうかい》にその後に続くことを命じた。劉聚らは、南京において南京官軍、および騎馬と弓矢とに巧みなタタール族の服属軍人たちを訓練し、丁瑄の要請にいつでも応じ得るよう配置されたのである。その際、英宗は劉聚らに対して、罪を悔いて降服する者はゆるすが、賊首はこれを誅すべきこと、および官軍が私利を営んで公務をさまたげてはならぬことを厳命した。ここには、農民たちに対してあくまで妥協を許さぬ強圧的な謝罪要求と指導者の処刑とをもって臨む政府の態度がよく示されている。

ところが、中央軍がまだ動員されない八月一一日、はやくも鄧茂七の農民軍は延平府城にせまったのであった。

ここで冒頭に書いた鄧茂七たちの願いをもう一度読んでいただきたい。そこに述べられているものが、せいぜい、地主が農民たちを苦しめたこと、現地の役人がその地主側に立って農民の声を聞かず無法に弾圧したことを訴えているにとどまり、そこからさらに、地主と結託するこのような官僚制度の本質、あるいはその背後の専制権力を批判しているものでないことに、読者は気づかれるであろう。中央ではやがて大軍が動員されようとしている。しかも、この社会のこの良民たちは、戦わせられる必然の運命にめざめるために、もっともっとだまされ、苦しまなければならなかったのである。彼が「この上ない成功」と喜び躍って引き退った光景を眼に浮べるとき、専制王朝のもと、そのような封建的な社会の空気のなかに、ひたすら生活の艱苦をなめる彼ら農民一人一人のこのいたましい心情を悲劇と思わぬ人はないであろう。

なお、この時、三年間の徭役を免除していただきたいという願いが、地主に対抗して起ちあがった彼ら佃戸たち自身の口から出たという事実は、当時徭役が佃戸たちに押しつけられていたことをあらわしている。

さて、この鄧茂七たちの願いが福建監察御史張海の取次ぎによって上聞に達すると、九月、英宗は兵部（軍政をつかさどる）に向って、朕は即位以来、しばしば詔勅を下して、官吏に人民をいつくしむべきことを命じ、規定のほかに一人を労役することも、一文を徴収することも許さなかったはずであるのに、さき頃鄧茂七たちの盗賊がおこり、官吏たちから、大軍を発して討伐していただきたいと請うてきた。このような事変が発生したのもみな官吏の罪である。今、鄧茂七たちは果たして悔悟の情を示し、みずから延平城下に陳謝して来た。お前たち兵部は朕の言葉を立札にして、教え諭さねばならぬ。立札が現地にはり出された日、直ちに改心して解散する者は、どんな罪があろうと死刑をゆるして、三年間の徭役も免除し、かつ今年までの滞納税も追徴しないことにしよう。官吏はこれを実行せよ。ただし、団体行動をとかず、和戦両様の構えを持している者どもは、必ずこれを撲滅してゆるさぬ。[72]

と告げている。この皇帝の言葉によれば、たしかに、叛乱発生の原因は官吏たちが人民をいつくしまなかったことにあると述べている。しかし、農民たちの願いはあくまで「謝罪」として受取られ、一方、地主たちの暴虐な行いに対しては何ら考え及んでもいないことも明らかである。のみならず、こうしたものの考え方しかあり得ない当時の皇帝にとっては、一切のちからを捨てて謝ればゆるす、さもなければ容赦なく討伐するという一方的な言葉が、ただ与え得る一つのありがたい恩赦だったのである。

果たして、この恩赦と前後して、政府は中央軍の間に合わないのを悟り、浙江・江西の官軍各三〇〇〇を福建におもむかせ、都督劉聚の指揮下に入るよう命じた。

九月、監察御史丁瑄らは福建に到着し、まず千戸褚斌《ちょひん》を派遣して、さきの皇帝の勅諭を沙県にはり出した。これを見た農民軍の方では、皇帝の中央軍がもうじきやって来ると聞いて、ひれ伏し拝んで罪を悔い、恩赦を願い出る。こうして事件は一応少康を保ったので、丁瑄・宋彰らはみずから沙県におもむいて農民たちを訓戒し、一方、福建巡按御史汪澄《おうちょう》は浙江・江西の援兵をことわったりした。しかし、今までに散々にがい経験をなめさせられることによって、いのちにかけてめざめてきている鄧茂七たちにしてみれば、あれほどの喜びと期待とにもかかわらず、いまさら「うまくとりはからってやるから、その前に武装を解除して解散しろ」などという一方的な口約束だけを与えられて、ものもくあみに戻ることはとてもできない相談だったろう。一〇月、交渉は再び決裂してしまった。

かくして朝廷はさらに北京の五軍・神機営（砲兵）など二万の大軍を福建に派遣し、寧陽侯陳懋《ちんぼう》を総兵官征夷将軍とし、保定伯梁瑶《りょうよう》、平江伯陳予《ちんよ》、都督僉事范雄《はんゆう》・董興《とうこう》、刑部尚書（司法大臣）金濂《きんれん》らを幕僚とし、なお宦官曹吉祥《そうきつしょう》・王瑾《おうきん》らに神機銃砲隊を提督させ、さきの諸軍のほか、江西・浙江の漕運軍（米麦租税を運ぶ運搬兵）二万七〇〇〇人までもその指揮下に入れて立ち向わせた。当時、南京には二万余の軍隊しか残らなかったといい、実に国家軍事力の総力を投じたということができよう。

これに対して、鄧茂七たちは建寧を偵察し、また福州方面に巡哨を派遣して、あるいは建寧を攻撃するような態度を見せ、あるいは舟隊を組んで福州に攻め下るぞという噂をたてて、いよいよ積極的に決戦の意を固めた。逃げまどう現地軍を徹底的にうち破りながらも、彼ら農民の声が同じく人間の声として聞きいれられる日を待ち望んだ佃戸たちにとって、その望みすらはかないまぼろしにすぎないことを思い知らされた時、せまり来る中央軍と、それをたのみにのしかかってくる官憲の高圧的な態度とを前にしては、彼らにはもやはみずから起ちあがり、戦う以外に生きる途はなかったのである。「戦い」は彼らにとってこそ最も不幸であったが――。

幻滅と苦しみとにみちた長い途のはて、いまや、彼らは積極的に戦うことをうべなうだけに成長した。鄧茂七はみずから剗平王《さんぺい》（悪を平らげ治める王の意）と名乗り、部下の農民たちに尚書以下総甲に至る官職を与えて、改めて彼の指揮下に再組織し、ここに決戦の態勢は整った。

ところが一方、大王と称して金華・武義両県などの浙江省中央部まで掠奪の手を伸ばしていたさきの群盗葉宗留・陳鑑胡らは、一一月、さらに福建省の浦城県から桐木関・祝公橋を経て、江西省の鉛山県に政府軍と戦い、ついで黄栢鋪に陣を構えて、中央軍の進路を遮断してしまった。彼らもまた反政府闘争の一翼として大きな役割を果たしつつあったのである。

陳懋を総司令官とする中央軍の本隊はいまだに福建に到着しない。葉宗留らの間隙をぬってすでに建寧府に進み得たものは、さきの丁瑄のほかに、劉聚・張楷らの先遺隊あるのみである。しかも劉聚・張楷らは戦いを避け、酒宴に耽って部下の譏りを招き、それのみか戦乱のただなかにあって、自分の好みの詩集を建寧府に刊行させるというありさまである。いまこそ、鄧茂七たちにとって絶好の機会であった。

ところが中央軍未到着というこの最後の機会に、農民側では裏切り者を出してしまっていた。のちその「てがら」によって沙県の副知事に任ぜられた羅汝先《らじょせん》がそれである。彼は政府軍に降り、

鄧茂七たちは沙県の陳山寨に立て籠って自衛に苦しみ、平地に出ようとしていますから、政府軍としめし合わせた時期に彼らが延平府城を攻撃するよう誘い、わたくしは政府軍に内応してこれを挟み討ちにいたしましょう。[73]

と申し出て、素知らぬ顔で鄧茂七の軍中にいたのである。まんまとこの計略にかかった鄧茂七は山をくだって延平府城に果敢な攻撃をしかける。時に正統一四年二月一日、「鄧茂七の軍が山をくだるぞ」という諜報に接した政府軍は、延平府城の北に銃砲隊を伏せ、農民軍の渡河するのを期して一斉射撃を浴びせた。と同時に、丁瑄の諸軍は路を分かって攻撃に移る。西のかた秋竹鋪に向って算を乱してのがれる軍中に、農民の指導者鄧茂七もまたあえなく討死した。

以後、鄧茂七軍の余党は、鄧茂七の兄の子鄧伯孫《とうはくそん》を首領として、再び陳山寨に立て籠った。こうした後継者から推測するに、彼ら農民たちは、同じ村仲間といった地縁的結合と同時に、同じ一族といった血縁的な結合によって組織されていたことがうかがわれる。しかしこの鄧伯孫の軍も、やがて到着した総司令官陳懋の策略によってなかから崩れ、鄧伯孫はとらえられて北京に送られ、当時の「叛逆者」の例にならって三日間飢え犬になぶりものにされた上、誅せられてしまった。

正統一四年六月八日、南京の宮殿が火災に遭った。英宗は天の戒めと畏怖反省して、

こんどの叛乱の指導者を除くほか、これに従った一切の人民は、これまでの罪の如何を問わずこれをゆるし、三年間の租税・徭役を免除する。また従来の公私の負債もすべて帳消しにしてやれ。ただし今後なお乱をなす者は討伐してゆるさぬ。

という詔勅をくだした。ここに鄧茂七たちの犠牲は思わぬ因縁で公約を獲得したのであった。もちろん、中国の皇帝というものが往々そうであるように、英宗は頭のなかでは自分の道徳的考えを信じて、この詔勅を出したのだろうが、当時の国家の性格上、末端でどのように実施されたかはまた別である(74)。

浙江西部一帯から福建を経て江西に及ぶ広汎な地域に、その後も長く騒擾を極めた礦賊の徒と異なり、鄧茂七らの農民軍は、要衝建寧から江西への道を衝《つ》くこともなく、あるいは福建省の首都福州をおとしいれることもなく、農民叛乱の宿命的な性格から、自分たちの土地にしがみついて延平一帯に狭い行動半径をもって終始し、また統一的な抵抗戦線を形成することもできず、ついに政府軍の前についえ去ったのである。

しかしながら、「鄧茂七」という名の叛乱は、鄧茂七や鄧伯孫の死をもって終熄したのではない。鄧茂七がついに起ちあがるまで、諦めと屈従との生活をかさねて日斜しと砂塵のなかに老い込む以外には考えも及ばなかった全福建の農民たちは、「鄧茂七起つ」の声にはげまされ、同じ苦しみのなかから起ちあがった。鄧茂七とともにいちはやく尤渓県城を攻略した礦夫頭蔣福成《しょうふくせい》は別としても、延平府では沙県の林宗敬《りんそうけい》・陳阿厳《ちんあげん》・林子得《りんしとく》、尤渓県の鄭永祖《ていえいそ》・羅丕《らひ》・程茶皮《ていさひ》、建寧府では建安県の陳保存《ちんほぞん》・黄住七《こうじゅうしち》、甌寧県の林拾得《りんしゅうとく》、建陽県の永貴《えいき》・翁覓《おうべき》、汀州府では長汀県の陳政景《ちんせいけい》・藍得仁《らんとくじん》、上杭県の范大満《はんたいまん》、連城県の陳美九《ちんびきゅう》・蔡田《さいでん》、福州府では古田県の陳得広《ちんとくこう》、連江・羅源両県の「福州山賊」、福寧県の柴頭正《さいとうせい》、泉州府では晋江県の陳椿《ちんちゅん》・呉四官《ごしかん》、徳化県の林真保《りんしんほ》、同安・永春両県の陳敬徳《ちんけいとく》・呉都総《ごとそう》、漳州府では竜渓県の池四海《ちしかい》、漳浦県の張福栄《ちょうふくえい》、竜巌県の姜京五《きょうけいご》、南靖・長泰両県そのほか漳州府全域に活躍した楊福《ようふく》などをはじめ、有名無名の首領たちのなかにはあるいはみずから鄧茂七と名乗り、あるいは鄧茂七の副将と称する者もあって、それぞれ叛乱を指導する。そのほか、ただ「賊」と記されているものは現存の福建各県の地誌にかず限りなく、その総数、数十万とさえいわれた。彼らは富民の家を焼打ちし、あるいは「呂公車」という梯子つきの戦車を使って県城に攻めのぼり（このような武器を作っていたことによっても、当時の農民たちが相当なちからをたくわえていたことが知られる）、あるいはまた県庁の戸籍・租税台帳を奪い去って大乱戦を演じる。もちろん、なかには手あたり次第に掠奪して廻る悲しむべき暴徒も少なくなかった。

これに対して、政府軍の総司令官陳懋は各軍を分かって各処に転戦させたが、農民たちは、その土地に育った人間でも路に迷うといわれるほど険しい全福建の山間地帯に他郷の軍隊をむかえうって、政府軍があらわれれば、老人や子供を送って降服を申し入れ、政府軍が去ればまた忽ち集まって叛するという執拗な戦いぶりであった。だから、農民軍は互いに連絡もなく、各個バラバラで動きも小さかったとはいえ、政府軍にとっては、その全体が、まるで流れぬ水が波立つような、機動力をもたぬゲリラ戦であった。この根強い抵抗と軍糧不足とに手をやいた他郷からの政府軍は、裏切り者を重く取り立てること、軍糧をみついだ者には官職を与えること、民兵を徴発し囚人をも兵隊として使うこと、などの根本方針をたてて福建に入り込んだのである。しかし、一般人民には政府軍の誅求は叛乱の被害と変わらぬ迷惑であった。

それでは、この政府軍に応じた者は誰だったか。それは各県城在住の不在地主層である。「大姓」と呼ばれ、「読書人」といわれる彼らは、一〇〇〇石、二〇〇〇石という米を差出し、また銭を散じて民兵を集め、家の子郎党を率して農民軍と戦い、町を守った。政府軍のちからによるというより、むしろ彼らの活躍によって農民軍は各個撃破されてしまったのである。

農民軍に抵抗した者は農村にもあった。不在地主層の募兵に応じた者が農民であったように、互いに下層農民としての連帯感にめざめるには至っていない農民たちのなかには、自分たちの村を防衛するために他郷の農民たちと戦う者が少なくなかった。これを率いた者は村の有力者「里長」・「里老人」たちであった。とくに里老人は政府軍にとって、最も活躍した味方だった。陳鑑胡がとらえられたのは里老人王世昌《おうせいしょう》・任雲《にんうん》、里長陶孟端《とうもうたん》のちからによるものであり、鄧伯孫の軍が瓦解したのも一里老人の裏切りの結果である。この裏切り者の場合は、鄧茂七の軍に参加した里老人層があったこと、この里老人層が動揺し、寝返りをうったことを示しており、鄧茂七の軍の構成や、里老人というものの農村における立場をあらわすものとして興味深い。

全福建を震撼させ、江西省や広東省まで攻め込む者さえあって、そのころのオイラート族の侵入と前後して、明王朝に国家的な打撃を与えたさしもの農民叛乱も、かくして正統一四年（一四四九）のうちにはおおむね鎮定されてしまった。

最後に再び鄧茂七たちのことを振返ってみよう。

戦車を備えて戦ったほどのちからをたくわえてきていた鄧茂七たちは、彼らを上からおさえつけている不在地主たちに対して、極めて農民的な要求を突きつけた。しかし、このような封建的な地主たちや、これと結託している地方官僚たちの背後に強力な中央集権的専制権力のあることを評価し得ず、しばしば了解運動をかさねて、政府軍事力に救援のひまを与えてしまった。また狭い封鎖的な土地観念にしがみつき、政治・交通の要衝をおさえることなく、ほかの叛乱諸勢力との連絡を欠き、里老人層を指導者とする各地農村の自己防衛的な抵抗にも遭遇した。最も不幸なことには、階級的な連帯感も、それにもとづく人間的な倫理意識も未成熟で、手あたり次第、ほしいままな暴行・掠奪を行う者さえ出した。これらはみなたしかに彼らの「限界」である。そして今日の時代に生きるわれわれがこれを「限界」ときめつけることはやさしいかも知れない。しかし、鄧茂七がみずから王と称し、部下に専制王朝の官職をそのままならって与えたからといって、そうした社会しか知らない彼に、もっと新しい民主的な組織をつくれたはずだといい切れるだろうか。彼の生きた時代は、社会は、古い封建的な時代であり、社会だったのである。そうした限界にみちた、後れた社会の空気のなかに生まれた彼であればこそ、長い困難な道のりのなかに、みずからの古いものを脱ぎ捨て、ついに起ちあがったことが偉大だったのである。あえなく滅んだとはいえ、長い中国史上にはじめて、佃戸たちみずからが主導権を握って、最後まで純粋に農民的な闘争を敢行したのは彼らであった。それは起ちあがる農民の自覚が築きあげた歴史上の金字塔であった。

それでは、この鄧茂七の叛乱は後世にどういう遺産を贈ったであろうか。遺憾ながら、直接的にはほとんど何も遺さなかったかにみえる。しかしわれわれは、農村社会の矛盾がいよいよ大きくなるかの明末一六・七世紀以降に、いわゆる「抗租《こうそ》奴変《ぬへん》」が激しく広がったのを知っている。抗租とは「頑佃抗租」ともいい、地主たちから「頑悪な佃戸」と恐れられるほどちからをもつようになった佃戸たちが、鄧茂七らの要求と同様な要求を突きつけて戦った農民一揆である。奴変とは、当時の社会の基本的な直接生産者である佃戸たちのこの抗租運動に導かれて、奴隷身分の解放のために闘った奴隷の叛乱である。これらの運動は着実に成果を収め、やがておこるべき太平天国革命への歴史を押し進めた。この抗租奴変の前に、鄧茂七の叛乱はあった。鄧茂七たちの生活と戦いの歴史なしには抗租奴変の歴史はなかった。そこに歴史と伝統の必然という縦糸が貫かれていないと誰がいえよう。

しかしさらに、では鄧茂七の叛乱と抗租奴変とは具体的にいかなる「もの」によって結ばれているか。それは、さきにも述べたように、まだほとんどわかっていない。われわれのこれからの勉強が、この両者の具体的な関係を、鄧茂七の叛乱が後世に与えた歴史的意義を、掘り出すことができたとき、われわれの鄧茂七に対する人間的な共感はさらに科学的なちからとなって、われわれの明日へのまなこをひらいてくれるであろう。

註

（1）『明実録』正統一三年九月戊戌の条。
巡按福建監察御史張海奏、本年八月十一日、賊鄧茂七等、率衆攻延平府。臣与参議金敬等官登城、諭以禍福。内有衣紅者。突出言、我等俱是良民、苦被富民擾害。有司官吏不与分理、無所控訴。不得已聚衆為非。乞奏聞朝廷。倘蒙寛宥、即当自散。既而退去。復来言、我等家産破蕩已尽。乞免差役三年。庶可生聚。臣等許以奏聞、即各舞蹈而去。

（2）長江下流域におこり、南京に都して統一国家を形成したのは、明の太祖をもってはじめとする。この事実は、この頃すでに長江下流域が基本的経済地帯として重要であったことを示している。和田清『中国史概説』上（岩波全書、一九五〇年）、二三六頁参照。

（3）呉晗氏は太祖のこのような変化をほぼ一三六六年においている。呉晗『朱元璋伝』（上海、生活・読書・新知三聯書店、一九四九年）、一〇一―二頁参照。また同書、第四章二「農民被出売了!」一三三頁、和田清「明の太祖と紅巾の賊」（『東洋学報』一三巻二号、一九二三年）、蔡雪村『中国歴史上的農民戦争』下（上海、一九三三年）第八章一「明朝也絶非農民政権」四八一頁、など参照。

（4）和田清等『東洋中世史』（有斐閣全書、一九五三年）三三〇頁参照。

（5）ここでは皇帝個人に付随する権力を主として述べたが、皇帝個人の権力と一つの機構としての専制君主制権力とは一応区別されなければならない。このような機構としての明王朝支配の内容、あるいはそれと皇帝個人との関係、またとくに専制君主制権力の基礎に関する諸問題は、今後に俟つべき多くの問題を残しているが、学界の到達し得た現段階を示すものとしては、和田清等『東洋中世史』三三〇頁、平凡社『世界歴史事典』第一八巻、一九五三年、明代（経済・社会・政治）の項（藤井宏氏執筆）を参照。

（6）富戸を遷徙した場合を除き、一般に無田の民のための徙民および安挿災民の政策は、元末の農民叛乱を通じて発揮された貧農・佃戸層のちからと、彼らに田を与えて皇帝権力の基礎に自作農を育成しようとする政治的意図とのディアレクティークな表現であろう。

（7）和田清編『支那地方自治発達史』（東京、一九三九年）九五頁（松本善海氏執筆）、山根幸夫「明代里長の職責に関する一考察」（『東方学』三輯、一九五二年）参照。なお、この在地の地主・富農層は、以後里甲の役の負担のもとに分解の過程を辿り、のちの明末に向って官僚層および商人層が高利貸的寄生的不在地主として成長する。

（8）山本達郎「鄭和の西征」上・下（『東洋学報』二一巻三、四号、一九三四年）参照。

（9）『明実録』の各年末所載の会計統計によれば、洪武二三年（一三九〇）から永楽（五年を除く）年間を経て宣徳六年（一四三一）に至る間、全国税糧の米麦実徴数は、その前後が二〇〇〇万石代であるのに比し、三〇〇〇万石を突破している。しかも滞納税額もまたこの間に漸増し、江南の官田をはじめ尨大量にのぼった。それ故、実徴額の増加実績こそたしかにあげ得たとしても、それは同時に、銀経済に対処すべき転換期にたつ国家財政が、かえって現物財政固守、つまり現物税の強化＝重税によって、ようやくしぼりあげた実績に他ならなかったのである。

（10）現物租税徴収体系の諸矛盾は、註（9）にもふれたように明初以来すでに顕著であり、これに対処して官田問題などに関して現物徴収形態における改革も行われていたが、なお滞納税は尨大量にのぼった。趙用賢「議平江南糧役疏」（『松石斎集』巻二、奏疏二）参照。

（11）宣徳八年の金花銀とは周忱が蘇州・松江・常州などの地方に行った加耗折徴令である。正徳『松江府志』巻七、田賦中、嘉靖『上海県志』巻二、戸役、顧炎武『天下郡国利病書』巻二三、江南一一、武進県の条、民国『呉県志』巻四四、田賦一、堀井一雄「金花銀の展開」（『東洋史研究』五巻二号、一九三九年）など参照。なお筆者はこれらの記事に関し藤井宏氏の御教示を頂いた。

（12）もちろんこれは銀に換算して代納する手段であって、課税原則が本質的に現物であることに変わりはない。

（13）『明実録』正統元年八月庚辰の条。

命江南租税折収金帛。先是、都察院右副都御史周銓奏、行在各衛官員俸糧在南京者、差官支給、本為便利。但差来者、将各官俸米貿易、物貨貴、売賤酬十不及一。朝廷虚費廩禄、各官不得実恵。請令該部会計歳禄之数、於浙江・江西・湖広・南直隷不通舟楫之処各、随土産、折収布絹白金、赴京充俸。……上遂従所請。

同じく正統元年一〇月辛巳の条。

少傅兵部尚書兼華蓋殿大学士楊士奇等言、北京軍官俸米、倶在南京、多是各衛差人代関。中有浮蕩者、荒淫費用、比至北京散還各官、十分之中僅得一二。誠為未便。上命行在戸部。会官詳議。合遣堂上官一員、往南京、専理軍官俸給。同南京戸部委官并監察御史、会筭清切、依時価糶売、物貨運赴北京。戸部仍差給事中・監察御史、依原糴之数給散。或照副都御史周銓等所言、将浙江・江西・湖広・南直隷・両広・福建起運税粮、毎米麦一石折銀二銭五分、煎銷成錠、委官齎送赴京、依原収価直放支。……上曰、明年俸粮、如前議、遣官浙江等処、折収銀解京。計可支一年、即給散。然此皆一時権宜、不為常例。

(14)　前註、正統元年一〇月辛巳の条の末文を参照。

(15)　『明実録』正統一一年三月癸未の条。

順天府大興県知県馬聡言、京城内外、有造諸色偽銀、以給人者、貧民被其給、往往窘忿致死。

(16)　『明実録』によって正統初年以後の記事を示せば、下記の如くである。

元年八月己卯の条。

巡撫陝西為事官羅汝敬奏、陝西西安諸府倉粮、腐壊者七万四千石有奇。……

三年三月庚子の条。

福建布政司奏、近奉命、将本布政司遠年収積糧儲、会同都司・按察司、従長計議処置、俾無陳腐。今議得、汀州衛所府県見在倉粮三十三万二千余石、……建寧府衛見在倉粮一百二十三万余石、……。

五年八月癸酉の条。

行在戸部左侍郎王佐奏、各倉収受米粟、但経期月、則湿気蒸浮於上米。浥爛者、厚尺余。……。

六年二月癸未の条。

巡按浙江監察御史康栄等奏、杭州府……多仰給於蘇松諸府。今彼地旱水相仍、穀米不至、杭州遂困。又湖州府、比因歳凶、米亦甚貴。窃計二府官廩、有二十年之積。恐年久紅腐、請発三十五万糶于民間、令依時値償銀、上納京庫。……

従之。

六年五月丁酉の条。

上、以南京軍民艱食、而官廩充積、命戸部、依時値糶之民間。至是、以所易銀来進、計一千錠、重五万両。

八年三月甲戌の条。

鎮守陝西右副都御史陳鎰奏、西安等八府所属倉内米麦豆粟贏羨、有軍処可支十年、無軍処或可支百年。積久腐爛、不堪食用。惟宜糞土（田）。……。

八年三月丙子の条。

戸部奏、内府供用庫所貯白熟米一十九万一千一百余石。内官内使食用之外、羨余七万一千一百六十石有奇。恐積久陳腐。

八年四月庚戌の条。

戸部奏、彭城等衛倉収貯白粳糯米五万二千四十七石有奇、年深陳腐、不堪光禄寺支用。

八年六月庚寅の条。

吏科給事中姚夔奏、……　乞勅天下郡邑、無問豊凶、毎歳二次、発廩賑貸。……　則民無饑困、官無腐積矣。

八年六月戊戌の条。

広西布政使司奏、南寧府所属各倉、蓄積年久。米豆腐爛者十三万有奇。事下。戸部覆奏、宜除豁之。其見貯米豆、量存官軍三年之食、余令糶銀、上納京庫。従之。

一〇年四月壬申の条。

福建都司奏、本司所轄衛所旗軍屯粮、例撥府県倉収受。縁各倉収受盈満、旗軍候糧（納）艱難。乞照民粮例折銀。従之。

一〇年一二月甲寅の条。

大同総兵官武進伯朱冕等奏、大同蓄積粮多、恐致陳腐。除官軍支用外、乞将今歳山西撥納秋粮四十万、准収本色二十万石余、半折収銀貨、用備易羅新粮、以抵蓄積。従之。

一一年六月壬寅の条。

上謂戸部臣曰、辺陲粮少之処、其撥運備用庫金銀、糴買儲積。腹裏粮多、足支数十年之処、令所司挨陳支給、優養軍民、設法区画、無致腐爛。

一一年一二月丁巳の条。

戸部言、錦衣等衛倉、歳収秔米年久、慮恐陳腐。

一二年四月壬子の条。

江西布政司言、臨江府官倉積糧数多。欲量存三年支用外、余毎五石糶銀一両、解京備用。従之。

(17)『明実録』正統一二年五月丙午の条。

吏部聴選官陳倫奏、洪武時、夏秋二税但輸正耗。後因兌軍運至京師、乃量地近遠、毎石耗米増二三斗。今増至六七斗之上。其収納也、官吏粮里、又索費用米、多者至三四斗、且倶淋尖収之。計納正税一石、通用二石二三斗。其逓年所積付余米、皆仮公事花銷之、為弊百端。……………。

(18)『明実録』正統二年四月辛未の条。

巡撫南直隷行在工部侍郎周忱奏、北京軍官俸粮、命将浙江等処税粮、折納布絹銀両、解京応用。縁已徴米起運。而蘇松常三府、見貯粮一百一十二万七千八百四十六石、以俟北京俸粮支用。今正当農時、民望糶売接済。乞命官、及時糶売軽齎、差人解京。従之。

(19)『明実録』から正統初年以後の該当記事を示せば次の如くである。

二年二月甲戌の条。

命両広・福建。当輸南京税糧、悉納白金。

八年一二月己亥の条。

福建刷巻御史羅綺奏、便宜三事。一、福建三司贓罰銭、積年無出、充満庫蔵。宜易銀解京、庶無侵折。……。

このほか、前註の六年二月癸未、六年五月丁酉、一〇年四月壬申、一〇年一二月甲寅、一二年四月壬子の条は、いずれも貯蔵米を売却して銀に換える例であり、八年六月戊戌の条は銀による折納の例である。

（20）『明実録』正統五年七月辛丑朔の条。
遣官修備荒之政。先是、少師兵部尚書兼華蓋殿大学士楊士奇等奏、自古聖賢之君、皆有預備之政。我太祖高皇帝惓惓以生民為心、置倉積穀、以備饑荒。濬陂築隄、以備旱澇。皆有成法。自後有司不能修挙、毎遇凶荒、民輒流徙。……上嘉納其言。遂命行在刑部右侍郎何文淵、往順天并直隷永平等八府。…… 貴州・福建、則命布按二司正官理之。賜文淵等勅曰、……一、洪武年間所置預備倉糧、多由州県不得其人、視為泛（故）常、全不留意、以致土豪姦民盗用穀粟、捏作死絶逃亡人戸、借用虚写簿籍為照。是以倉無顆粒之儲、甚至拆毀倉屋。間遇饑荒、民無所頼。

なお、各地の預備倉は明初以来修廃常なく、のちにはむしろ事実上、上層農民の穀倉そのものとなって、本来の機能を失う。清水泰次「預備倉と済農倉」（『東亜経済研究』六巻四号、一九二二年）参照。しかしこのような農民救済の手段は、さらに、地主・大戸層による農村支配の矛盾を隠蔽し、これを維持するために、地主・大戸層みずからが必要とする。義倉はこのようなものと考えられる。

（21）『明実録』宣徳一〇年五月乙未の条に、江南（長江下流域）の事情を述べて次のようにいう。
行在刑科給事中年富言、江南小民、佃富人之田、歳輸其租。今詔免災傷税粮。所蠲特及富室、而小民輸租如故。乞命被災之処、富人田租、如例蠲免。又言、各処饑饉、官無見粮賑済。間有大戸贏余、多閉糶増価、以規厚利。有司絶無救恤之方。……。

（22）ただし、長江下流域地方では、郷村の地主層もすでにある程度の銀経済に接触していたから、蓄積された米麦は都市市場の銀と交換されたであろう。「値上り」をはかり、「利殖」するということには、米麦を銀と交換する場合と、単なる交換価値概念としての銀を想定し、これを媒介として米麦の貸付けを行う場合とがあろう。当時とくに江南の地主・大戸層は、一方で現物経済の枠内の農民（特に貧農・佃戸）と交渉をもつのみならず、他方、すでにある程度都市商人の銀経済と接触していたと考えられるから、地主・大戸が蓄積した米麦は、都市商人に対しては、その銀と交換され、また農民（特に饑餓農民）に対しては、将来の収穫物による償還ないし担保（所有権・収益権）の取得を期待して高利貸されたであろう。この両者の場合いずれも米麦の価値騰貴は地主・大戸に有利である。とはいえ、自作地主はもちろんのこと、寄生的な大地主層もまた、その農村支配の経済的性格において、現物利殖を基本とし、貨幣が機能する場合にも銅銭が主であったと考えられるから、金花銀徴税体系の進展はいずれにしても他律的に銀経済を把握する側面をもたざるを得なかった。

(23)『明実録』正統八年六月庚寅の条。

吏科給事中姚夔奏、積穀賑饑、朝廷仁育生霊之意至矣。然貧民有収穫甫畢而啼饑者、有東作方興而欠種者。官司以歳豊、不加賑卹、不免仮貸富室、倍息償之、是貧民遇豊年、其困苦亦不減於凶年矣。乃至凶年発廩、官司惟憑里甲申報、従而給之。里甲恐貧民不能償、官多匿其名。是以恵不均及、而流殍者衆。乞勅天下群邑、無問豊凶、毎歳二次、発廩賑貸。官親体審、先給最貧者、然後及於其余、則民無饑困、官無腐積矣。浙江按察司副使王予亦以是為言。……。

なお正徳『大明会典』巻四〇、戸部二五、内外倉廒二、事例によれば、正統七年(一四四二)、福建省では、饑民に一石を賑貸した場合、収穫を待って二石五斗を返納させる規定であった。

(24)正統七年一〇月乙巳。『明実録』参照。

(25)楊栄は正統五年七月壬寅、楊士奇は同九年三月甲子、楊溥は同一一年七月己卯にそれぞれ他界。『明実録』参照。

(26)司礼太監は宦官二四衙門中の最高長官で、諜報特務の権をも兼掌した(丁易『明代特務政治』北京・中外出版社、一九五一年、六頁)。王振は英宗即位の年(一四三五)の八月司礼太監となる。彼の擅権に関しては谷応泰『明史紀事本末』巻二九、黄瑜『雙槐歳鈔』巻六など参照。

(27)桑原隲蔵「支那の宦官」(『東洋史説苑』弘文堂、一九二八年、所収)、同「唐明律の比較」(『高瀬博士還暦記念支那学論叢』弘文堂、一九二八年、所収)、清水泰次「自宮宦官の研究」(『史学雑誌』四三編一号、一九三二年)など参照。なお宦官と銀山産出銀との直接的な結びつきについては次節に述べる。

(28)以上に述べた政府・官僚の銀要求を中心とする上からの銀流通・浸透、さらには、このような形での地主層の銀経済への接触は、たとい直接生産者の銀把握を根底としつつもたらされたものでないにせよ、その基礎に土地問題、従って生産力の発展、生産関係の諸矛盾を本質的に蔵していたことはいうまでもない。この点に関しては第三節においてつとめて解明したいと考えるが、以上においては流通面から序説するにとどめた。

(29)　天順五年（一四六一）の『大明一統志』による。のち最もあらわれた雲南省の銀山採掘は、当時はあまり政府の注目するところでなかった。百瀬弘「明代の銀産と外国銀に就いて」（『青丘学叢』一九号、一九三五年）参照。

(30)　成化『処州府志』の各県の条。

(31)　乾隆『平陽県志』巻五、風土、物産。

(32)　弘治『八閩通志』巻二六、食貨、土産。

(33)　万暦『寧徳県志』巻三、建置志、坑冶に、

宝豊銀場在十七都李家園後山。宋元祐間発、歴宣和・靖康・紹興至淳熙、其間興廃不一、紹熙以後遂廃。至本朝洪武十九年、邑民何（向？）安請復之。歳納銀参拾陸両。永楽元年、専命中官及御史各一員、監督輸課。歳納銀壱千玖百伍拾両。正統〔九？〕年増至三千九十両。景泰初弐千九百両。

とあり、弘治『八閩通志』巻二四、食貨、坑冶、万暦『福州志』巻三、坑冶にもほぼ同様な記事を載せている。ここに洪武一九年（一三八六）県民向安（『八閩通志』『福寧州志』）の申請によって開かれたこと、中官（宦官）が監督に当ったことが記されているのは注目に値する。

(34)　『欽定続文献通考』巻二三、征榷考、坑冶に

〔洪武〕二十年、増福建銀屏山銀課額。延平府尤渓県銀屏山、嘗設場局、煎錬銀礦、置鑪冶四十二座。歳辦銀二千一百両。至是増其額。

とあり、また『明実録』正統七年九月丙子の条に、

革福建尤渓県銀屏山銀場局。先是、永楽間、県民朱得立於是山開坑採銀。歳納三十六両。宣徳間、設官局。後奉詔書、罷局封坑、而坑首額戸猶照旧納銀。布按二司以為言。上曰、生財有道、不在坑冶。況属民以為益乎。其即罷之。

とある。ここでも県民朱得立なる者の存在に注目すべきである。

(35)　『明実録』正統九年閏七月戊寅朔の条。

初洪武間、福建各場歳課銀二千六百七十余両、浙江歳課二千八百七十余両。永楽間、福建増至三万二千八百余両、浙江

増至八万二千七十余両。宣徳間、福建又増至四万二百七十余両、浙江又増至九万四千四十余両。自是地方（力）竭而民不堪矣。

なお、『明実録』宣徳五年一一月癸亥の条によれば、永楽年間から宣徳五年（一四三〇）にかけて、浙江の歳課銀は毎年八万七八〇〇両といい、また陸容『菽園雑記』巻一一によれば、浙江の歳課銀は永楽年間七万七五五〇余両、宣徳年間八万七五八〇余両であったという。歳課銀が宮廷の内承運庫に送られることに関しては、正徳『大明会典』巻三二、戸部一七、金科、庫蔵一、課程参照。

（36）宣徳一〇年から約三〇年後に書かれた丘濬『大学衍義補』巻二九、制国用、山沢之利下に、

曩者、固已於浙之温・処、閩之建・福、開場置官、令内臣以守之、差憲臣以督之。然所得不償所費。……蓋以山沢之利、官取之則不足、民取之則有余。今処州等山場雖閉、而其間尤不能無滲漏之微利遺焉。此不逞之徒、所以猶嚢橐其間、以競利起乱也。

とある。ここに「いま」とあるのは正統初期の閉鎖当時を指すものではなく、天順七年（一四六三）から成化三年（一四六七）にかけての閉鎖当時のことと思われるが（正徳『大明会典』巻三二、戸部一七、金科、課程、銀課参照）、語られている事情は同様であろう。

（37）『明実録』正統三年五月壬子の条。

巡按福建監察御史周銓奏、比者、浙江温・処二府青田等県無頼之民、潜至福建福安県地方、聚衆数千、釆取銀鉱、私置兵器、出入山林、刼掠民財、臣与福建三司、雖屢掲榜禁約、委官緝捕、然散而復聚、為患不已。

（38）『明実録』正統三年一二月乙丑の条。

上諭行在都察院臣曰、比因閘辦銀課擾民、已皆停罷封閉各処坑穴、禁人煎採。近聞、浙江・福建等処、有等頑猾軍民、不遵法度、往往聚衆、偷開坑穴、私煎銀礦、以致互相争奪、殺傷人命。爾都察院即掲榜禁約。今後犯者、即令該管官司拏問具奏、将犯人処以極刑、家遷化外。如有不服追究者、即調軍勦捕。

（39）『明実録』宣徳一〇年正月壬午の条。

上即皇帝位、頒詔大赦天下。詔曰、……一、各処閘辦金銀硃砂銅鉄等課、悉皆停罷、将坑冶封閉。……若係洪武年間旧額歳辦課銀、并差発金、不在此例。……。

ただし、上に見られるように歳課銀は全免されたわけではなく、永楽以後増徴されたいわゆる閘辦銀が免除され、洪武年間の旧額が依然として徴収された。『明史』巻八一、食貨五、坑冶によれば「歳辦皆洪武旧額也。閘辦者永・宣所新増也」という。

(40) 註（7）参照。この銀屏山銀場局には大使・副使各一員が置かれて、採掘・精錬にあずかっていたようであるが、この銀場局は銀屏山銀山だけのために設けられていたものか、福建・浙江諸銀山の中心機関であったのか、また大使・副使の銀山経営における位置がどのようなものであったか、は不明である。正徳『大明会典』巻五、吏部四、官制三、官、各県、所属衙門参照。なお、『明実録』の正統間各年末所載の全国採納銀課額は下記の如くであって、正統六―八年のみ絶無となっている。（単位両）

元年	五五五〇	五年	五五五〇有奇	九年	六万七一八〇	一三年	六万七一八〇
二年	二八〇〇余	六年	ナシ	一〇年	一万八九二〇	一四年	三万八九三〇
三年	五五五〇有奇	七年	ナシ	一一年	五万二三三〇		
四年	九五三有奇	八年	ナシ	一二年	四万五二一二		

(41)『明実録』正統九年閏七月戊寅朔の条。

(42)『明実録』正統七年五月庚午の条。

福建政和県民誘処州賊、盗銀礦、因肆掠郷村。巡按御史鄭顒言、銀冶利之所在、人所必趨。況愚民見利忘害。不預処之、銷其覬覦之心、恐党類日蕃、重為民患（害）。宜設官増戸主之、或命武臣率兵戍之、按察司官歳以一人巡督。

(43)『明実録』正統七年一二月辛亥の条に、

錦衣衛校尉陳以節言、浙言麗水県賊首陳善恭等僭擬名称糾結、青田県賊葉宗留等有衆二千、時往盗福建宝峯（豊）場銀鉱、与賊首葉子長争利、勢益延蔓。

とある。縉紳層のような名士の名を詐称することは、官僚にわたりをつけ、あるいは資本・労働力を集めるのに必要だったのであろうと思われる。

（44）『明実録』正統八年八月乙未の条。
誅処州賊夏景輝等十六人。初景輝等糾誘亡頼千余徒、盗福建宝豊諸銀冶、与同盗者争戦、妄以大王・総兵・太師自称。

（45）崇禎『閩書』巻五七、文蒞志の建寧府政和県知県の条に、
江顒。顒字顒中。建昌人。……流民有以白金三百、求私採銀礦者。顒拒却之。

とある。この江顒は正統五年に政和県知県に任ぜられた。民国『政和県志』巻一二、職官参照。

（46）正徳『大明会典』巻三二、戸部一七、金科、課程、銀課。
〔正統〕五年、令浙江・福建按察司、各委堂上官一員、提督銀坑、若有聚衆偷窃者、量調付近官軍、捕獲首賊、梟首示衆。為従及誘引通同有実跡者、連当房家小、発雲南辺衛充軍。

なお、『明実録』正統五年九月甲子の条参照。

（47）『明実録』正統六年七月戊午の条。
設浙江処州府青田県盧山巡検司、置巡検一員。以其地当慶元・竜泉・麗水・瑞安・平陽、及福建政和諸県銀冶之衝故也。

（48）『明実録』正統八年七月壬戌の条。
陞工部郎中周礼為福建右参政、刑部署員外郎竺淵為右参議、工科給事中呉昇為浙江右参議。以二処各有海道・銀礦、賊寇出没、宜増置官巡視也。

（49）『明実録』正統九年七月己酉の条。
浙江処州賊数百人、盗銀礦於福建福安之劉洋坑。参議竺淵・都指揮僉事劉海等、率衆往捕、淵被殺、海被傷。

（50）註（42）参照。

（51）『明実録』正統九年閏七月戊寅朔の条。
命戸部右侍郎王質、往福建・浙江重開銀場。……上初即位、下詔封坑冶、民大蘇息。至是、有盗礦脈、相闘殺者。御史

孫疏・福建参政宋彰・浙江参政兪士悦各言、復開銀場、則利帰於上、而盗無所容。事下二処三司議。福建三附附言者。浙江按察使軒輗等奏曰、復開銀場、雖一時之利、然凡百器具皆出民間。恐有司横加科斂、人心揺動、其患猶深。為今之計、莫若択官典守。厳加禁捕、則盗息矣。朝廷是輗言。已而刑科給事中陳傅復請開場、中貴与言利之臣相与付和。乃命質往経理、令福建歳課銀二(一)万一千一百二十余両、浙江歳課四万一千七十余両。蓋雖比宣徳時減半、而比洪武時已十倍矣。至於内外官属供億之費、殆過公税。厥後民困而盗益衆。

(52)「礦脈枯竭」という表現は当時の上奏文にしばしば見られる常套語であって、次註に説明するような生産力的条件を必ずしも意識していない。

『明実録』正統一一年六月己亥の条。

巡按福建監察御史馮傑等奏、建陽・福安等九県、原定毎歳銀課二万一千一百二十余両。縁各県銀坑采取年遠、礦脈微細、得銀数少。奏下戸部。議、今年不拘額数、従実煎辦、銀課類解、以後年分、仍将増出銀課、具数奏請定奪、庶幾上下不虧。従之。

(53)貧鉱であるということは自然的条件によって規定されるばかりでなく、また社会的——生産力の——条件によって規定される。なお、近代以前における浙江・福建地方の銀山開発がどの程度の技術的段階にとどまっていたかについては、民国二一年(一九三二)刊行の張廷玉「浙江省銀鉱報告書」(中支建設資料整備事務所『編訳簡報』一巻六号にその和訳「浙江省宣平県弄坑村銀鉱調査報告」を載せている。以下の引用はそれに拠る)に、

相伝ふるところによれば、明朝時代にある郷人がこの鉱山を発見し、相共に採掘に従事したが、何れも鉱床の露頭に於いてなし、之に沿うて進行したと。多くは横坑で、その坑長は十余米から三、四十米である。高さは平均約五米、幅は僅かに鉱床に沿ふのみで一米を超えず、少しも母岩に掘入つてゐない。横坑中に於いて竪坑を兼ねて開くものもあるが、既に雨水が注満してゐるので深さは測り難い。然し、若し石塊を落してその音を聞けば該竪坑はほぼ三十米足らずと推定し得る。……古人は……必ず各露頭処に於いて見受け易い自然銀を発見したことは毫も疑義はない。今に至るも古人が鉱石搗砕に用ゐた石臼はなほ該地の山間渓流中に散見せられ、……搗砕製錬したことを徴することが出来る。いよい

よ当時採取した鉱石は銀の含有が少（すくな）くなかつたことを証するに足る。……識らざる者は或は古人は既に酸化帯内の銀量を採り尽したと疑ふであらうが、鉱床の長さは千百米を超えてをり、且つその数は極めて多く、数十米の深長の採掘で、既に尽きるなどと言ふ道理はない。……古人はたゞ一帯の富鉱の採掘を知り、貧鉱に遇へば直に中止するが、その貧鉱の側か或は下に猶ほ富鉱が埋蔵されてゐることを知らなかつたのである。

といっている。この宣平県は景泰三年（一四五二）、礦賊の乱に鑑み、処州府麗水県の宣慈郷などを中心に新設された県である。光緒『宣平県志』巻一、沿革表参照。

（54）万暦『寧徳県志』巻七、芸文志、表疏所収の林聡「請除雑差疏」に、

寧徳先年、供銀課、復辦雑差、民力不堪。林聡始為給事中、即奏除之。其疏曰、……切見原籍福建福州府寧徳県宝豊銀場、洪武・永楽・宣徳年間、開坑辦課。至宣徳十年、欽奉詔書、停罷将坑冶封閉、銀課免辦、与民休息。恩至渥也。……縁本県銀場閘辦年深、兼以賊徒偷採日久、坑坎深遠、山水泛溢。多用桔槹（槔）、昼夜更直、泄去積水、方可用工、稍有遅緩、則礦〔脈〕仍旧淹没、無従採取。其出礦之処、幽暗窄狭、雖在白昼、亦須松明点照、人夫纔保（得）更替。即差採打松明・柴炭・木枉等須（項）、合用什物。加以坑坎陡（陡）峻。夫匠人等搬運礦石、不可径出。横木作梁、挙（攀）縁而上。労役艱難、莫甚於此。査得、永楽年間本県人民、為因閘辦銀差、除軍需物料額辦外、其余雑泛差役・買辦等項、奉該部斟（勘）〔合、倶〕各免派。後因銀場停止、本府却将本県民糧、編当〔三〕山遞運所、并古田県水口等遞運所防歩水〔夫〕、并買辦等項、亦派應辦。今照、本県銀場仍復開設、人戸丁糧依然編充甲夫匠作、挟蘋〔採鉱〕辦課。其前項遞運所防歩水夫、并雑泛差役・買辦等項、未蒙分豁。

とある。この疏は万暦『福寧州志』巻一四、藝文志下、奏疏および乾隆『福寧府志』巻三八、藝文、奏にも収めてあり、上記の引用文はこの後二者によって校合したものである。乾隆『福寧府志』はこの疏の書かれた年を正統四年としているが、文中より察するに、正統九年以後景泰元年（一四五〇、この年また閉鎖された――正徳『大明会典』巻三二参照）までの再開中の疏である。なお『明史』巻一七七、林聡伝参照。

（55）万暦『古田県志』巻四、食貨志、税、万暦『永安県志』巻四、田賦、坑冶。

（56）『明実録』正統一〇年三月癸卯の条、『明実録』正統一一年二月庚申の条、『明実録』正統一一年三月丁酉の条。

（57）万暦『福寧州志』巻七、名宦志所載の当時の福寧県丞顔清の伝に、

時銀場閙辦、按臣・中官・藩臬・府属・監課・軍戍往来、文移絡繹。

とある。宝豊銀山では永楽元年以来、このような役人たちのために「宝豊公館」が設けられていた。万暦『寧徳県志』巻二、建置志、公署参照。なお『欽定続文献通考』巻二三、征榷考、坑冶に、

〔永楽〕十九年、遣御史及監生等、榷辦浙江・福建銀課。自後各省提督銀課、及巡察開採、布政司則参議主之、按察司則僉事主之、廃置不一、其御史・中官亦時遣焉。

とあるように、中官（宦官）がしばしば派遣されている。

（58）『明実録』正統一〇年四月甲辰朔の条。

浙江・福建各銀場、先有詔罷之。後遣戸部右侍郎焦宏往勘。宏言、銀場宜復開。但奸弊百出、須遣廉幹御史一員巡閙。又言、諸場礦脈多寡不同、消長無時。其少者宜量減、多者宜量増、倶令巡閙及該管官以実具聞。

（59）『明実録』正統一二年四月壬辰朔の条に、

福建銀場進去年課銀一万三千四百両。先是、福建銀課二万一千一百二十余両。後遣戸部侍郎焦宏踏勘、回奏云、約可辦二万八千二百五十両。至是、上以所進之数不及宏約之半、仍命各場補辦。

とある。なお、歳課銀の北京への納入期限は毎翌年三月である。正徳『大明会典』巻三二、戸部一七、金科、庫蔵一、課程参照。

（60）『明実録』正統一二年六月丙子の条。

監察御史柳華奏、浙江処・温二府麗水・平陽等県、原閉銀坑四十八処。近蒙戸部右侍郎焦宏踏勘、仍要開場閙辦。縁各坑礦脈微細、用工艱難、得銀数少。累民賠納、〔慮〕恐財竭民貧、難以存活。上命戸部議行。

『明実録』正統一二年九月癸卯の条。

巡按福建監察御史李俊奏、福州・建寧二府銀場、採煎年遠、礦脈断絶。去年煎銀課一万三千余両、比原額少一万四千余

両。若欲補足額数、未免分派於民。恐逼迫流移、貽患反重。乞量為減免。上命戸部計議以聞。

（61）『明実録』正統一三年二月戊寅の条。

監察御史王琨奏、奉勅巡視銀場、抛福州等府寧徳等県民五千余人訴、先因侍郎焦宏、定歳課銀二万八千二百五十両。後御史馮傑会同本処司府県官、従公勘実、准令儘力煎辦、止得銀一万三千四百両、已行解官。今復追補宏所定数。縁各坑礦脈微細、各民家道艱難、無従賠納。乞賜分豁。如虚、各甘籍没家産。臣以為、民窘如此。若復追併、恐逃竄為非。乞依御史馮傑所定数煎辦。上曰、銀課数已定。民何得復妄訴。若復不完、并琨執罪之。

なお註（52）参照。

（62）当時の銀山を官営銀山と規定することは概括的にいって誤りではないであろう。百瀬、前掲論文参照。但し、官営といっても徭役労働の使用や民間資本の導入の程度については、個別具体的に究明する必要があり、官営・管理・監督などの言葉によって今日常識的に概念されるところを完全に適用することはできない。なお、当時の銀山経営における国家の立場を考察するには、当時専売品であった塩の生産構造が参考となろう。藤井宏「明代塩場の研究」上（『北海道大学文学部紀要』一号、一九五二年）参照。

（63）註（65）参照。

（64）万暦『大田県志』巻六、坑冶に、

県東北銀瓶山、旧産銀鉄。国初置銀冶、鼓鋳者拆、往往鬻妻子家室、以償国課。故逋逃聚為盗、蜉結蟻連。

とある。この大田県は嘉靖一四年（一五三五）に尤渓県銀屏山地方を含めて新設された県である。

（65）『明実録』正統一〇年四月甲辰朔の条。

都御史王文言、往者銀場不開、諸坑首・匠作糾合亡頼、千百成群盗採。甚至相讐殺、刼掠郷邨。有司捕之、輒肆拒。誅之不勝。及聞開銀場、冀復旧役、始忻然退散。若此徒者使与諸提督官吏、通弊将無不至矣。宜厳禁之、不許其復旧役。除公用器具給于民、凡提督官吏、諸坑首・匠作、有仍称課不及額。揞（賠）欽民財、及侵盗官銀者、一切治之如律。……従之。

(66)『明実録』正統一〇年一一月乙巳の条。
時福建既開銀場、賊猶侵擾不已。或投牒有司云、留宝豊場、聴我採取。不然殺人。或以竹掲紙票題云、浙江馬大王領五百余人。定限某日大戦。……巡按福建監察御史馮傑・陳永、会同三司官奏、前項賊徒、因居山年久、家産破蕩。又被官軍追捕、原籍・山場両無所依、遂致相合刧掠。

(67) 彼らの行動に関しては第四節において必要な限り述べる。なお、『明実録』、黄瑜『雙槐歳鈔』巻六、高岱『鴻猷録』巻一〇、譚希思『明大政纂要』巻二三、范景文『昭代武功編』巻四、朱国楨『皇明大事記』巻一七、方孔炤『全辺略記』巻一一、谷応泰『明史紀事本末』巻三一、『明史』巻一七二、張驥伝、成化『処州府志』各県の条、雍正『処州府志』巻一五、光緒『処州府志』巻一一、同治『麗水県志』巻一四、光緒『青田県志』巻一七、光緒『宣平県志』巻一八、道光『縉雲県志』巻一七、光緒『縉雲県志』巻一九、光緒『松陽県志』巻九、光緒『遂昌県志』巻一一、弘治『八閩通志』巻三七、崇禎『閩書』巻七〇、乾隆『福建通志』巻六五、同治『福建通志』巻二六七、民国『福建新通志』巻八、万暦『将楽県志』巻九、光緒『浦城県志』巻四二、民国『松渓県志』巻一、光緒『侯官県郷土志』巻四、雍正『江西通志』巻三二、光緒『江西通志』巻九六、乾隆『広信府志』巻八、同治『広信府志』巻五、同治『鉛山県志』巻一〇など参照。

(68)『明実録』正統一一年三月壬申の条。
浙江右参議呉昇言、福建盗礦諸賊、出没于浙江・江西・広東諸境、東捕則逃西、南捜則北竄。若合而為一、其患不小。……乞断自宸衷命有識重臣、付以閫外之寄、厳立賞格、必除兇悪。……上命御史柳華、往督福建・浙江・江西三司、調兵勦之。但推奸縦賊、必罪無赦。

(69)『明実録』正統一二年四月辛亥の条。
監察御史柳華奏、……臣今多方立法、漸消弭之。沿途榜朝廷恩意、歴陳禍福、開其自新之路、厳禽蔵給餉之禁、毎村置鑼鼓・灯竿、懸撃相応。其諸処坑場、倶埋以鋭竹片、布以鉄蒺藜。毀其私置之具、窒其私採之穴、塞其私往来之径、申明私用兵器之律。

(70)『明実録』正統一四年五月庚辰朔の条。

福建都指揮僉事鄧安等奏、初御史柳華捕賊福建、擅置更楼冷鋪於諸村、且編民為甲、使都督巡夫。又令私造鉤刀・鉄鈀諸器自衛。而反賊鄧茂七等倶起自夫甲、遂籍（藉）以為乱。

（71）前註参照。

黄瑜『雙槐歳鈔』巻六、龔指揮気節。

正統十三年二月、福建沙県民鄧茂七反。先是、巡按御史柳華、檄各郡県。凡城郭・郷村大小巷道首尾、倶刱隘門、門上重屋、各置金鼓器械。郷村大者、立望高楼於四隅、小則立於其中。編各郷民、為什伍、設総・小甲、統率之。夜則輪宿重屋、鳴鼓撃柝。不従令者、聴総・小甲究治。由是、総・小甲各得自恣号召。郷人罔敢違者。茂七与弟茂八、皆編為総甲。

（72）『明実録』正統一三年九月戊戌の条。

上覧奏、諭兵部臣、曰、朕自即位以来、惓惓以奉天安民為心、累頒詔勅、省刑赦罪、軽徭薄賦。凡可以寛恤民者、無所不用其心。又戒飭官吏、非奉朝廷明文、一夫不許濫役、一毫不容擅科、期在休息天下共享太平之福。比者鄧茂七等聚衆為盗、所司請発大軍勦捕。朕雖遣将調兵、然猶慮其出于不得已。必有激変之者、屢遣御史、齎勅掲榜、丁寧撫諭、庶保全之。屢茂七等果有悔禍之心。躬于延平城下輸情訴冤、自求生路。且乞蠲免徭役三年。御史張海等以聞、朕悉従之。仍勅海等、明正官吏激変之罪。爾兵部可備朕言、于榜以暁諭之、俾其知国家以至仁育万民、以大信布天下。榜文至日、不分罪犯軽重。但能洗心改過、即日退散者、倶代其死、仍免其徭役三年。凡逋年逋負悉免追徴。官吏人等敢有違詔侵害之者、治以重罪。如榜文已到、尚且首鼠両端、或仍前結聚、或逃匿山林、必撲滅之不赦。

（73）『皇明経済文録』巻二一、福建、張楷「監軍暦略」。

鄧賊自将楽敗後、皆拠山自衛、不履平地、必欲取之。吾為公従中説、誘其攻城、乃悉大軍、吾為内応、夾而攻之、可擒也。

（74）『明実録』正統一四年六月己巳の条。

其賊首外、其脅従為盗人等、畏避罪犯逃散山林、或奔遁海澳、及逋年結聚、出没為盗、勢不能散者、不分首従軽重、悉赦前罪、詔書到日、各安生業、所司照例加意優恤、仍免糧差三年。凡逋年但係拖欠公私債負、悉皆蠲免。不許官吏軍民人等挾讐生事侵害。違者罪之。

【編集者附記】　本稿は、もと民主主義科学者協会歴史部会編『世界歴史講座』(2)(三一書房、一九五四年一月に掲載された。これは本来「十五世紀における福建の農民叛乱(1)」の題にて佐伯有一氏との連名で『歴史学研究』一六七号、一九五四年一月に掲載された未完の論考の後半を書き加えて完結させたものである。原載には、その性格上、註がないため、編集者は本書に収録するに当って『歴史学研究』の掲載論文に附された註を参考にして註を施した。なお、『歴史学研究』の掲載論文に記されていない後半の文章の註については引用史料の典拠を示す、わずか三つだけに止まった。また、本稿は田中先生御自身による改訂原稿を参考に編集者が若干加筆した部分がある。

2　鄧茂七の乱の所伝について――『雙槐歳抄』と「監軍暦略」――

一〔はじめに〕

本稿は、明の正統一三年（一四四八）より翌一四年（一四四九）に亘るいわゆる鄧茂七の乱の所伝を整理・検討し、理論形成のための前提たらしめんとするものである。

「鄧茂七」という名の乱は、鄧茂七個人の行動に即してのみ称せらるべきではない。むしろ、鄧茂七に呼応して、福建全土はもとより、浙江・江西・広東の一部にまで波及した乱の全般を通じてこそ、その行動様式の多様性、階級構成の複雑性にもかかわらず、これを鄧茂七の乱と総称するにふさわしい基本的性格を見出し得るものと考えられる。しかしながら、本稿では、紙数の制約上、鄧茂七に即した所伝を中心として採り上げる。したがって、乱の全貌およびその歴史的意義を究明することは、本稿の直接の目的ではない。

二〔鄧茂七の乱の所伝史料〕

鄧茂七の乱の史料は、形式上、これを大別して、三つのグループに分かつことができる。すなわち、（一）史書・

政書・小説あるいは地方志等々に収められている、鄧茂七に即した綜合的な所伝、（二）日を逐うて記録せられた『明実録』の時事的な記述、（三）地方志に見られる現地の個別具体的な記事、である。

鄧茂七に即した綜合的な所伝を収める文献を、その成書年代順に挙げれば、ほぼ左記の如くである。

1　黄瑜『雙槐歳抄』巻六、龔指揮気節。――弘治八年（一四九五）自序、嘉靖二七年（一五四八）刊。
2　嘉靖『沙県志』巻八、志変。――嘉靖二四年（一五四五）序、嘉靖二五年（一五四六）刊？。
3　万表編『皇明経済文録』巻二一、福建、張楷「監軍暦略」。――嘉靖三三年（一五五四）序。
4　陳建『皇明通紀』巻六、英宗睿皇帝紀。――嘉靖三四年（一五五五）成。
5　高岱『鴻猷録』巻九、平福建寇（『紀録彙編』巻七五、所収）。――嘉靖三六年（一五五七）自序。
6　薛応旂『憲章録』巻二五、正統一三年。――万暦二年（一五七四）刊。
7　万暦『泉州府志』巻二四、雑志、盗賊類。――万暦四〇年（一六一二）序。
8　涂山『明政統宗』巻一一、英宗睿皇帝。――万暦四三年（一六一五）序。
9　譚希思『皇明大政纂要』巻二三、正統一三年。――万暦四七年（一六一九）序。
10　徐学聚『国朝典彙』巻一六五、兵部、寇盗。――天啓四年（一六二四）序。
11　方孔炤『全辺略記』巻一一、腹裏略。――崇禎元年（一六二八）序。
12　陳仁錫『皇明世法録』巻八三、流寇。――崇禎三年（一六三〇）成。
13　崇禎『閩書』巻一四九、萑葦志、延平府。――崇禎四年（一六三一）序。
14　崇禎『尤渓県志』巻四、災祥。――崇禎九年（一六三六）序。
15　徐昌治『昭代芳摹』巻一六、英宗睿皇帝紀。――崇禎九年（一六三六）序。
16　范景文『昭代武功編』巻四、張中丞平福寇。――崇禎一一年（一六三八）序。

17 朱国楨『皇明大事記』巻一七、平閩寇。――崇禎刊。
18 談遷『国榷』巻二七、正統一三年。――順治一〇年（一六五三）頃成。
19 谷応泰『明史紀事本末』巻三一、平浙閩盗。――順治一五年（一六五八）自序。
20 順治『延平府志』巻三、経政志、扞圉、沙県。――順治一七年（一六六〇）序。
21 顧炎武『天下郡国利病書』巻九二、福建二、延平府。巻九六、福建六、兵事。――康熙元年（一六六二）自序。
22 盧元昌『明紀本末国書』巻六、英宗前紀。――康熙三年（一六六四）序。
23 査継佐『罪惟録』伝巻三一、叛逆列伝（『四部叢刊』三編、所収）。――康熙一一年（一六七二）成。
24 康熙『沙県志』巻一一、雑述志、変異。――康熙四〇年（一七〇一）序。
25 傅維鱗『明書』巻一六一、乱賊伝一（『畿輔叢書』所収）。――康熙刊。
26 王鴻緒『明史藁』列伝四六、丁瑄伝。――康熙五三年（一七一四）成。
27 張廷玉等『明史』巻一六五、丁瑄伝。――乾隆四年（一七三九）成。
28 乾隆『延平府志』巻一一、征撫。――乾隆三〇年（一七六五）刊。
29 同治『福建通志』巻二六七、雑録、外紀。――同治一〇年（一八七一）刊。
30 同治『南平県志』巻六、兵勝。――同治一一年（一八七二）刻。
31 楊瀾『臨汀彙攷』巻三、兵寇[1]。――光緒四年（一八七八）刊。
32 光緒『長汀県志』巻一五、武功。――光緒五年（一八七九）増刻。
33 光緒『侯官県郷土志』巻二、兵事録二――光緒二九年（一九〇三）刊。
34 民国『福建新通志』通紀巻八、明。――民国一一年（一九二二）刻。

ただし、以上は、収録文献のすべてではない。第一に、われわれにとって未知の収録文献もなお存在するであろう。

後述するように、既知の文献が二原典（二要素）・三分類という単純な系譜関係に大別され得る事実よりして、1『雙槐歳抄』の成立以後に、この系譜関係から全く孤立せる未知の文献の存在する可能性はきわめて少ない。したがって、未知の文献の存否は、『雙槐歳抄』成立以前について——とくに、これらの文献の典拠を遡り得るや否やについて——問題となろう。また第二に、以上は、既知の収載文献中より選択せられたものである。選択に当って、『西園聞見録』・『湧幢小品』・『二十二史箚記』等の如き、余りに簡略な総括をおこなっていると考えられるものは、これを省いた。

右に掲げた文献は、所伝収載の系譜関係にしたがって、三群に分類される。第一は、黄瑜の『雙槐歳抄』をはじめ、同書ないしこれと同種の記述を継承するもの（1・2・4・6・8・9・11・13・14・20・22・30）、第二は、張楷の「監軍暦略」を収め、あるいはこれにもとづいて叙しているもの（3・5・7・12・15・16・24）、その第三は、右の両者に依拠するもの（10・17・18・19・21・23・25・26・27・28・29・31・32・33・34）である。第三群に後世の文献の多いのは、けだし自然といえようが、問題は、それらが、さきの両系統を機械的に併引ないし混淆しているか、あるいは批判的な取捨によって両者を統一したものであるかに係っているであろう。

三　〔『雙槐歳抄』とその系統〕

第一群について、『雙槐歳抄』巻六、龔指揮気節および嘉靖『沙県志』巻八、志変の記述を掲げれば、左の如くである。

1『雙槐歳抄』

Ⓐ正統十三年二月。福建沙県民鄧茂七反。

Ⓑ先是。巡按御史柳華。檄各郡県。凡城郭・郷村大小巷

2嘉靖『沙県志』

国朝正統十二年。御史柳華按閩。檄各郡県。凡城郭・郷

道首尾。倶剏一隘門。門上重屋。各置金鼓器械。郷村大者。立望高楼於四隅。小則立於其中。編各郷民。為什伍。設総・小甲。統率之。夜則輪宿重屋。鳴鼓撃柝。不従令者。聴総・小甲究治。由是。総・小甲各得自恣号召郷人。罔敢違者。

Ⓕ茂七与弟茂八。皆編為総甲。

Ⓖ嘗佃人田。例於輸租外。餽田主以新(薪)米雞鴨。茂七始倡其民。革之。又以租輸於遠者。令田主自運而帰。不許輙送其家。田主訴於県。県逮茂七。不至。乃下巡検。追摂之。因而殺其弓兵数人。県聞於上司。調官軍三百人。与之格闘。殺傷殆尽。至是。懼討。乃刑白馬。歃血誓衆。遂挙兵反。

巷道首尾。倶令剏立隘門。門上為重屋。各置金鼓器械。又於郷村小者。中立望高楼。大者立於四維。編其郷民。為什伍。而設総・小甲。以統率之。夜則輪番直宿於隘門之上。鳴鼓撃柝。以備不虞。不従令者。聴総・小甲懲治之。不悛者。許聞官処問。由是。総・小甲各得以号召其郷人。而無敢違者。合閭皆然。

Ⓒ行路所至。警備厳粛。気象凛然。若有大寇之将至者。時承平日久。境内晏安。未聞桴鼓之声。識者已知其為不祥矣。

Ⓓ所編総・小甲。率多強狡。往往生事。豪奪於民。

Ⓔ鄧茂七者二十四都郷中小民也。及其弟茂八。寔編為其郷之総甲。

郷旧有例。佃人之田者。為佃戸。歳還租外。有米鴨之餽。名曰冬牲。茂七等倡其郷民。革之。田主無如之何。既而復議以為。郷民佃還之租。各令其主自備脚力担帰。不許輙送至其家。田主因訟於県。逮之。茂七等率衆拒捕不服。乃下巡検司。追摂。茂七等因而殺其弓兵数人。遂以聞於府司。召官軍三百人。往捕之。茂七乃聚衆格闘。殺傷殆尽。勢遂猖獗。乃刑白馬。祭天歃血誓衆。反。

Ⓗ他県游民。皆挙金鼓器械応之。烏合至十余万人。
Ⓘ僭称偽号　署官職。八閩騒動。
Ⓙ詔遣都督劉聚為総兵。都督陳詔・劉徳新為左右参将。僉都御史張楷監軍。
Ⓚ括蒼賊葉宗留昨諸途。陳詔与戦敗死。楷請済師。
Ⓛ十四年。詔以寧陽侯陳懋為総兵征夷将軍。保定伯梁珤・平江伯陳予・都督同知范雄・都督僉事董興為左右副参。刑部尚書金濂参賛軍務。太監曹吉祥・陳梧監軍。御史丁瑄・張海紀功。大発兵討之。
Ⓜ春二月。師次建寧。而茂七先攻郡城。為延平官軍所殺。
Ⓝ伝聞張楷詩有句云。除夜不須焼爆竹。四山烽火照人紅。遠近憂歎。初不知茂七之遽死也。已而余党推茂七兄伯孫為主。伝聞茂七果死。始有向前意。
Ⓞ於是。幕府下令。立賞格。能擒殺其党。与斬敵同。自是。擒斬而降者相継。
Ⓟ有老人言。賊在尤渓山中欲降。宜遣人撫之。衆莫敢往。惟千戸龔遂栄。与致仕駅丞周鋳。毅然請行。

Ⓐ　時十三年之二月也。
旁近尤渓県民。亦聞風而起。烏合之衆。日以益盛。至余万人。
於是。僭称王号。偽署官職。八閩為之騒動。
詔遣兵討之。而以都督劉聚為総兵。陳詔・劉徳新為左右参将。僉都御史張楷監軍。未下。
十四年。復命寧陽侯蔣懋為総兵。保定侯梁珤・平江伯陳懋・崇信伯費釗為副総兵。都督范雄・董興為左右翼。太監曹吉祥・陳梧監軍。刑部尚書金濂参賛軍務。御史丁瑄・張海紀功。
是年二月。茂七率其衆。来攻郡城。与官軍戦於水南。為乱兵所殺死。始平。

Ⓠ（以下、龔遂栄および周鋳の行動を具体的に叙し、龔遂栄の略伝を付す。）

Ⓡ景泰元年。余党羅丕等復率其衆為寇。（下略）

右の二文の前半部（Ⓜまで）は、その内容のみならず形式において、ほぼ同文であり、しかも、文中しばしば同一字句の使用が窺われる。かつ、その叙述において嘉靖『沙県志』がやや詳しく、鎮圧に派遣せられた人物の爵称・姓名の記載については、『雙槐歳抄』がはるかに正確である。[2]

『雙槐歳抄』は、広東香山県出身の同時代人、黄瑜（一四二五―一四九七）[3]によって、景泰七年（一四五六）[4]以後四〇年を費して撰せられ、[5]乱より四六年の後、弘治八年（一四九五）の自序をもって成り、嘉靖二七年（一五四八）に刊行せられた書物である。刊行に際し、孫の黄佐は、「今恭閲是編。音容如在。感念罔極。為之愀然。因書目録後。以示子孫。尚宝蔵之。」と、祖父黄瑜への追慕の情を披瀝し、その遺稿に対する敬重の念を叙している。[6]この黄佐によってまた、二篇が増補せられたといわれるが、ただし、「龔指揮気節」はそれに該当しない。[7]

他方、嘉靖二四年（一五四五）の序を付しながら、翌年までの記事を収め（巻三、職制）、かつそれに止まっている嘉靖『沙県志』は、纂修者たる県令葉聯芳が嘉靖二五年に任を解かれ、二六年、後任として熊勳が赴任したが、熊勳の序はないから、嘉靖二五年（一五四六）ないし二六年には刊行せられたものと認められる。

しからば、右の如くして成立した『雙槐歳抄』と嘉靖『沙県志』とのそれぞれ前半部が、そのいわゆる鄧茂七の乱に関する記述を形式・内容とも殆ど同じくし、かつ相互に優劣・出入のある事実は、何を意味しているであろうか。それは、あるいは、嘉靖『沙県志』の纂修者ないしはその記事採訪者が、予め黄瑜の草稿を閲読する機会を与えられ、「龔指揮気節」の記事を転引した際、「冬牲」・「総・小甲。率多強狡。」・「二十四都郷中小民」・「尤溪県」などの知識を加え、しかも派遣諸官その他の固有名詞を誤写したか、または、『雙槐歳抄』の上梓に際し、黄佐が、形式・内容ともに、さきに刊行せられた嘉靖『沙県志』巻八、志変の記述に倣って、祖父の筆になる「龔指揮気節」の前半部分に加筆変改を施し、しかもその時、固有名詞などの誤りを正したことを示しているかも知れぬ。しかし、崇信伯費釗の名やさきの知識など、嘉靖『沙県志』にのみ見られる知見が豊かであること、また、両書の刊行時期が余りに接近している事実や右のような『雙槐歳抄』成立の事情に鑑みて、両書の間に、それら直接的関係の成立する蓋然性はきわめて少ないといわざるを得ない。

むしろ、上述の事実は、両書にとって、その典拠となった共通の原資料が存在し、龔遂栄の事蹟を主題とする「龔指揮気節」においては、黄瑜によって、原資料の記述が簡略化されて、その前半部に採用せられたことを意味しているのではあるまいか。さきに『雙槐歳抄』成立以前に未知の文献を遡り得るや否やが問題であると述べた所以である。その典拠が何であるかは、いま、明らかでないが、その未知の典拠そのものが如何に位置づけらるべきかについては、後に論ずる。

さきの二文によれば、

Ⓑ巡按御史柳華の施行した総小甲制によって、郷民たちに組織と武器とが与えられ、自警の責任が負わされた（雙・沙）。Ⓓ総・小甲には強狡なる者が多かった（沙）。Ⓔ鄧茂七は沙県二四都の郷中の小民であった（沙）。Ⓕ鄧茂七は、弟茂八とともに郷村の総甲に任ぜられ、郷民に号召する権力を得た（雙・沙）。Ⓖ当時、佃戸は、田主に対し、佃租のほか、薪米雞鴨などのいわゆる冬牲を納め、また、佃戸みずから遠く佃租を運搬して、これを田主に納める慣例であった。茂七はこの二つを革むべきことを唱え、前者はこれを廃したが、後者について、田主はこれを県に訴え、県の召喚に対して茂七が応じなかったため、県から逮捕の巡検が派遣された。茂七は衆を率いその弓兵数人を殺してしまったので、県は府司に報告し、官軍三〇〇人が差しむけられた。ところがこの三〇〇人もの官軍も、格闘の末、殆ど尽く殺傷された。ここに至って、討伐を受けることを懼れた茂七は、白馬を屠り、天を祭り血をすすって

衆に誓い、兵を挙げて叛した（雙・沙）。Ⓐ時に正統一三年二月のことである（雙・沙）。Ⓗその挙を聞くや、尤溪県民や他県の游民たちはみな武器を携えてこれに応じ、その数、十余万人に上った（雙・沙）。Ⓘ茂七はみずから王を称し、部下に官職を与えて戦い、全福建は動乱の場と化した（雙・沙）。Ⓜ正統一四年二月、官軍は建寧府に到り、一方、茂七の軍は延平府城に攻撃をかけ、鄧茂七はここに敗死した。

というのであるが、これらの記述（あるいは、その典拠となった原資料の記述）は、第一群の文献中に、どのように受け継がれているであろうか。いま、その後の文献中、とくに注目せられる挿入・変改の語句を挙げれば、次の如くである。

6『憲章録』

Ⓙに続いて左の文を置く[8]。

初福建参政宋彰。交趾人。結納中官。侵漁銀以万計。餽送王振。遂陞左布政。抵任計営所費。験戸科歛。貧乏者甚為所迫。不能聊生。於是。鄧茂七因人心揺動。遂畜異志。乗県勾摂。嘯聚窮民。一呼而集。旦夕数万。東南震動。浙寇聞風而作。若火燎原矣。

8『明政統宗』

同じく右文を掲げている。その巻首には、参考書目として、『雙槐歳抄』・『憲章録』等とともに『鴻猷録』を挙げているが、後者の鄧茂七の乱に関する記述を採用していない。

9『皇明大政纂要』

同じく右文を掲げるほか、給事中鮑輝の上言[9]を載せ、Ⓛより前の事実として、

茂七勢益熾。攻建寧。掌府事左参政張瑛。戦不利。死之。

と記し、また、Ⓜの鄧茂七の敗死については、

明年二月。沙県民羅汝先。詭為従賊。誘之復攻延平。御史丁瑄督官軍。分路衝撃。賊大敗。茂七為指揮劉福追及斬之。

と述べている。[10]

11『全辺略記』

正統一四年一月に繋けて、

賊勢益熾。遂囲延平・汀州。

といい、また前記9の建寧攻撃をⓁの後に置く。

13崇禎『閩書』

Ⓔについて

茂七与其弟茂八健児也。

と記し、Ⓘの王号を「剗平王」といい、また、延平城攻撃に際して、茂七等が差役三年の免除を願い出た旨を報告した巡按御史張海の上奏[11]など、『明実録』に源を発する記事を多く引いている。ちなみに、本書の編者は、『名山蔵』の撰者何喬遠である。

20順治『延平府志』

Ⓓについて、

所編総・小甲。率多強梗狡猾之徒。往往枝節。侵奪害民。

と述べている。

22『明紀本末国書』

Ⓑに、次のような語を用いている。

択壮夫為総甲。民聴約束。大猾以此得柄。

30同治『南平県志』

Ⓓについて、20と同様に記している。

四　〔「監軍暦略」とその系統〕

第一群の所伝により乱勃発の現地とされる延平府沙県において康熙四〇年（一七〇一）に編纂せられた康熙『沙県志』は、敢えて、その旧志たる嘉靖『沙県志』の上述の記事を踏襲せず、張楷「監軍暦略」の全文を掲げる。その末尾に編者の誌す理由は、左の通りである。(12)

出張公楷監軍暦畧。此実録也。他紀多不経。故詳之。

また、かかる態度は、

旧志載。鄧茂七沙県二十四都人。非也。今観監軍暦略与鴻猷録。甚詳。其発難亦非自沙。始於寧化。但後移屯於沙。為巣穴矣。百年之近。尚訛如此。況於久乎。

というように、民国『沙県志』にも一貫している如くである。(13)

「監軍暦略」は、既知の収載文献に関する限り、辛うじて嘉靖三三年（一五五四）の『皇明経済文録』をその初出とする。しかし、撰者張楷は、さきの『雙槐歳抄』および嘉靖『沙県志』の文中Ⓙにも記されている如く、監軍として福建へ派遣せられた都察院右僉都御史である。(14) したがって、その「監軍暦略」は、いわば直接の当事者の筆になるものである。『皇明経済文録』所収のものと康熙『沙県志』所収のそれとでは些細な差異があるが、いま、前者より、全文ほぼ四千字のうち必要な部分を摘記しよう。

Ⓢ正統間。建昌人鄧茂七。初名鄧雲。豪侠為衆所推。因殺人。官府下捕。逃之福建寧化県陳正景家。改名茂七。聚衆為墟集。会下常数百人。巡按御史柴文顕立為会長。遠近商賈皆沓焉。頗指殺人者甚衆。復為讐家所告。県官捕之。拒捕。率党劫上杭。従者日衆。

Ⓣ回攻汀州。屢為推官王得仁所敗。三戦而陳正景為得仁所擒。械繫送京。正統十三年。率其党拠杉関。刼商旅貨物。月余攻光沢県大掠。順流而下。攻邵武。官民悉逃。掠其庫蔵并民家財物。数日至順昌県。拠之。時賊既去邵武。官民始復入城。而順昌官民悉奔邵武。閉城以守。尤渓炉主蔣福成。聞鄧賊之横行無忌也。因炉丁。号集居民。劫取聚落。於是。貧民・有罪者悉赴之。旬日至数万。遂襲尤渓。拠県治。与鄧賊声援相聞。将劫沙県、欲遂攻延平。五月。延平府上其事於省。於是。御史丁宣・右布政孫昇・副使高敏。并都指揮。至延平。以同知鄧洪・尤渓知県。統官軍二千。往沙県殺賊。鄧賊連約福成等。合拒官軍。軍皆没焉。丁宣等乃議。発牌招諭。令其解散。皆得免死。茂七等笑曰。吾儕豈畏死者。吾従尤渓取延平。乗勢拠建寧塞二関之入。伝檄下南。八閩誰敢窺焉。殺賚書使者。拠貢川及王台館地方。立総甲・里長。遂拠沙県。其勢益熾。巡按御史張海始至延平。乃以張都司・劉指揮。領軍四千往戦。（中略）官軍大潰。六月初一。巡按張上其事。（中略）

Ⓤ時都御史張楷巡省畿輔。上急召楷。九月初一日。朝罷。面諭楷曰。福建賊人猖獗。彼処官軍被賊設計陥没数多。你毎往南京操軍。候差去的千戸劉寿報到。另有進止。[15]（中略）

Ⓥ十一月初一日。至広信。勅到。畧曰。得御史張海等差官往諭。鄧茂七等畏服従化。聴丁宣等撫諭。如爾等官軍到行都司。可依前勅暫且駐劄。遥振軍威。襲服賊心。[16]（中略）適江西巡按韓雍及二司呈。処州賊人葉宗留等四百余人。搶掠建寧。声往鉛山。乞調官軍防護。[17]（中略）鄧賊順流而下。水陸並進。至延平。[18]丁宣悉召官軍入城。攖城自守。以二司孫・邵往迎都堂。初八日。至広信。見予説。賊勢猖獗。見在延平攻城。特来迎迓。乞倍道而進。庶可済事。予具榜文二道。令邵馳往招撫。初十日。勅到。畧曰。御史丁宣等奏。賊首鄧茂七等反覆不服。仍肆劫

掠。（中略）必須進兵勦捕。庶幾兵威大振。賊徒畏憚。欽此。先是。（中略）陳栄謂予曰。朝命我等参将為殺賊也。今延平燬急。而鉛山不通。大軍密邇。二賊並熾。地方甚急。而我等逗軍不進。顧命指揮。彼若回京一説。我等何所逃罪。次日。都督陳栄率戴礼等出軍。軍無紀律。亦不知戦陳・劄営之方。至十二日。猝与賊遇敗没。栄与礼等皆死。余軍大潰。賊既得勢。遂抜寨往浦城。(19)（中略）是日。勅書到。畧曰。鄧茂七等反覆不服。必須進兵。展転為患。不可因循姑息。有誤事機。今賊勢愈肆。人心驚疑。爾等宜夙夜用心。不可頃刻怠忽。欽此。（中略）先此。得邵武府報。鄧茂七領賊数万。造呂公車等具。攻城。差指揮戴廸馳赴。比至賊已掠城而去矣。（中略）予探前路。賊去乃進軍。至建寧。随路日惟求神許。醮冀其陰祐而已。比至建寧勅書到。畧曰。得奏。賊首聚衆陳山寨。不服招撫。（中略）特命王瑾・曹吉祥。同征夷将軍寧陽侯陳懋・副総兵保定伯梁珤・平江伯陳予・参将都督范雄・董興・参賛軍務刑部尚書金濂。率在京精兵及江西・浙江等処大軍。前来征勦。(20)此時爾等已到福建地方。未知行事如何。勅至。爾如已到彼。即酌量官軍気力。果可滅賊。相機調度。誅其悪党。以図成功。如料賊勢卒難撲滅。姑宜於有粮去処。操兵振威。延緩賊徒。候陳懋等大軍至日。一鼓撲滅。庶幾賊徒尽絶。可成大功。欽此。（中略）十二月十一日。建陽路始通。（中略）十五日。勅到。畧曰。得奏。你等在鉛山駐兵。遇強賊葉宗留出没刧掠。爾等已調官軍。追殺入山。議欲仍在鉛山緝捕尽絶。恐福建猖獗。（中略）勅至。你等仍依前勅。姑且持重。会兵撲滅。(21)（中略）十九日。勅到。畧曰。近聞。爾等駐軍鉛山。遇処州賊人葉宗留等出没。都督陳栄。同指揮戴礼。領官軍二千追捕。殺死陳栄・戴礼等官軍。推原其故。蓋爾等先因殺敗此賊。以為得計。寡謀躁進。故陥賊計。論罪倶当処死。姑記爾等重罪。勅至。即星夜整槊。所領官軍専一尋襲葉宗留一起。務要運謀奮勇。擒殺尽絶。用贖前罪。欽此。先是。沙県賊首張由孫。到延平自首復業。至是。引従賊羅汝先等。詣予降。願殺賊贖罪。詳詢其情。則謂。鄧賊自将楽敗後。皆拠山自衛。不履平地。必欲取之。吾為公従中説。誘其攻城。乃悉大軍。吾為内応。夾而攻之。可擒也。(22)（中略）〔正統十四年〕二月初一日。報。賊下山。攻延平。大軍往往延平城北。預於渓北湾。伏置火器。

至期。賊擁衆。渓南岸乗浮橋過。火薬斉発。打死賊人数百余。遂驚潰。官軍追趕生擒数十人。鄧茂七亦死[23]。乃斬其首。追至秋竹鋪。賊遂大奔。得賊船百余隻。具捷露布以聞。解送生擒賊徒。并函賊首赴京[24]。（中略）〔三月〕初六日。指揮王鉞領軍。於高陽里獲女将軍廖氏。（中略）衆官争奪此婦為功。予先具本上奏。以為己功。（中略）当時。鄧賊勢熾。府県官逃民散。其有郷村聚落。悉皆順賊。自南漳以南。建陽以北。尽為賊有。惟延平一城。僅為官守。亦屡失屡復。賊不久拠。惟務刼掠。是以。入府数日。遂掠而出。賊去官入。故延平可住。自余郷落。在在皆賊。故有総甲・里長之名。皆賊所署。（中略）四月初四日。浙江声報。処賊猖獗。請軍勦捕。予等欲動。民留。哀哭声言。大軍一去。鄭孟誠・黄安得等。必来攻城無禦。請暫留此。（下略）

右の文章は、日録体にて記され、『皇明経済文録』所収のものも、康熙『沙県志』所収のそれも、何れも、正統一四年（一四四九）四月二四日付の記事をもって終っているが、以下これが如何に継承せられたかを、第二群の文献について見ることとしよう。

5『鴻猷録』

「監軍暦略」の内容を簡略化して記し、末尾に『雙槐歳抄』の記述より、これと同一字句を含み、かつ簡略化せる龔遂栄の事跡のみを採録する。したがって、『雙槐歳抄』の記述および「監軍暦略」は、『鴻猷録』の撰者高岱によって比較・取捨せられたと考えられる。

7万暦『泉州府志』

『鴻猷録』の記述を一層簡略化せるものを冒頭に掲げるとともに、晋江・永春県など、泉州府下の情況を伝えている。

12『皇明世法録』・16『昭代武功編』

『鴻猷録』と同様な記述である。

15『昭代芳摹』

「戊辰十三年夏四月。福建寧化賊鄧茂七反。」として、『鴻猷録』の記述を簡略化せるものを載せている。

五　〔『雙槐歳抄』と「監軍暦略」の比較・評価〕

以上に掲げた『雙槐歳抄』の記述と「監軍暦略」のそれとを比較して、一見して瞭らかな事実は、鄧茂七の出自および乱の発端を含む、それぞれの記述の前半部（Ⓐ－ⓂおよびⓈ－Ⓣ）の著しい相違である。しからば、両者のうち、何れが正確なのであろうか。あるいは、両者は、ともに相矛盾することなき史実であろうか。第一および第二群の二系統の所伝は、この前半部をめぐって比較・評価せらるべきであろう。

まず、「監軍暦略」から採り上げよう。「監軍暦略」の撰者張楷は、正統一四年二月壬戌の上諭によって、

上曰。劉聚・張楷。進兵日久。全無実効。只虚文支吾。再不用心。必殺不宥。

と、その虚偽の報告をも含めて、厳しく批判され、同三月癸未の勅旨によって、

勅左都督劉聚・都督僉事劉得新・右僉都御史張楷。命爾等往福建勦賊。惟得新率兵深入。解将楽之囲。克称朕託。爾聚・楷到建寧。幾三月。未聞効尺寸之労。乃酣歌貪黷。苟延月日。畏縮退避。為下所譏誚。以為婦人女子之不若。深負委付之重。以爾等受命捕賊。姑暫寛容。其痛自改悔。与得新同心協力。勉図後効。用蓋前愆。復爾重罪不宥。爾等其省之。

と、譴責を受け、また礼科給事中王詔の上言[25]によって、

礼科給事中王詔言。福建盗賊生発。皇上命都督劉聚・僉都御史張楷。統軍勦殺。各官自到建寧以来。笙歌為楽。笑傲自如。楷以平時所和唐詩。逼令建寧府刊行。其于軍政。置之度外。皇上知其不足以済事。復命寧陽侯陳懋等

往。大軍一臨。賊始大敗。楷等心懐姦詐。乃奏称其子応麟等有功。且応麟等既無領軍之名。焉能獲功。原其本心。只欲栄貴身家而已。又楷在彼所。作除夕詩。有云。静夜深山動鼓鞞。斯民何苦際斯時。又云。乱離何処覔屠蘇。独酒三盃也勝無。又云。庭院不須焼爆竹。四山烽火照人紅等句。流伝京師。人多伝誦。迹其為詩如此。則其存心可知。宜正其罪。以警将来。

と、弾劾せられ、遂には、『明実録』正統一四年一〇月壬子の条に、

免左都督劉聚・右僉都御史張楷官。聚・楷之征福建也。歛兵建寧城。日以吟詩酣酒為楽。且大索府衛金帛。城中騒然。致有城外賊徒打刼。城内京官打刼之謡。及聞鄧茂七誅。始進兵延平。楷復教聚。偽造征夷将軍印。妄報子応麟及家人擒賊功。浙江余寇復発。命還兵討之。未平。又妄以平奏。至是還朝。六科十三道交劾之。故命免官。

とある如く、当時、現地の人びとの間から嫌忌の謡言さえ起って、免官せられるに至った人物である。[26]

いま、「監軍暦略」を、正統一三年九月一日、張楷が征討の面諭に接するまでの現地の情勢を叙した前半部（Ⓢ―Ⓣ）と、同日以後、彼がどのような行動をとったか（あるいは、とらなかったか）について述べた後半部（Ⓥ）とに分け、右のような事情を念頭に置いて、その後半部を顧みれば、そこには、いわゆる「畏縮退避」が勅旨ないし現地人の要請にもとづくものであったことを強調する傾向が窺われるともいえよう。しかしながら、この「監軍暦略」の後半部が必ずしも自己弁護のための妄誕の言のみでないことは、次の諸事実によって証せられる。すなわち、第一に、当時、一般に、用兵を慎重にしようとする空気が見られる。[27]第二に、彼があえて記さなかった事実が存在するにしても、他方、この後半部において彼の述べる諸事実は、註記せる如く、『明実録』の記事にやや照応するものをかなり含むのみならず、『明実録』に見られぬ彼への叱責の勅旨をも挙げているのである。また、第三に、文中、正統一四年三月六日の条に、女将軍廖氏擒獲の功を己がものとせる内情を語っている点は、「監軍暦略」が或る意味で正直な私記であると推定され得ることを示している。したがって、「監軍暦略」を当事者の実録であると認める康煕『沙県志』の

編者にあっても、とくにこの後半部の即事的記述が、そのような認知を援けたであろう。

しからば、その前半部についてはいかであろうか。「監軍暦略」によれば、
江西建昌人鄧雲は、性豪侠で衆の推すところとなり、殺人を犯して福建寧化県に亡命し、陳正（政）景の庇護のもとに茂七と改名して、市集を開き、常に数百人を集めて、巡按御史柴文顕からその会長に任ぜられ、遠近の商賈はみな彼によって取引をおこなった。ここでまた人を使って多くの殺人を犯したので訴えられ、県官の追捕を逃れて、陳正景とともに党を率いて汀州府上杭を掠し、さらに北還して汀州に戦い、しばしば推官王得仁のために敗れ、ここに陳正景は擒えられた。正統一三年に至って江西省境の杉関に拠って商旅をおびやかし、光沢県を大掠した後、南下して邵武・順昌を侵し、五月、尤渓の蔣福成等と結んで沙県を攻め、御史丁瑄配下の官軍を大敗せしめた。

と、遊侠を首領とする流寇として扱っている[28]。

まず、われわれは、さきに見た後半部が張楷自身をめぐる事態の日録体の記録であるのに対し、この前半部が張楷の京師出発以前の現地の情勢に関する概括的な伝聞記述として、後半部と截然と区別せられる文章であるという事実を認めざるを得ない。しかも「現地」（彼は南閩に下らなかった。）における張楷の上述の如き在り方から推測すれば、「監軍暦略」前半部の鄧茂七に即した所伝が、宴席において得た風説といわぬまでも、少なくとも、現地における当事者の直接の知識であると称するには、躊躇せざるを得ないであろう。

ところで、さきに、後半部について、その『明実録』の記事とやや照応する記述の少なくないことを指摘したわれわれは、ここでは、前半部、とくに鄧茂七の出自および乱の勃発までの経緯（Ⓢ）について、その記述内容に照応する記事を『明実録』中に見出すことができない。もちろん、かく言うことには、幾らかの問題がある。第一は、『明実録』が果たして基準たり得るやという問題である。しかしながら、定説にしたがって、『明実録』の根本史料とし

ての価値は、これを否定し得ないであろう。鄧茂七の乱に関してのみならず、『明実録』が明代史研究のための最も信憑性ある根本史料たる所以は、それが、記述対象にきわめて近接した時期に、一定の権威によって記録せられたところにあると考えられる。その権威は、もちろん、それによって直ちに、史実を保証するものではない。情報機関その他、記録成立のための形式的条件にすぐれているとしても、必ずしもそれは真実の認識を保証するものではないからである。にもかかわらず、私人の筆になる記述の多様性と異なって、『明実録』のばあい、王朝権力と記録者（官僚）、また記録者とその対象との関係は、たとい一定限度内においては複雑な様相を示すとしても、基本的には、王朝支配体系の埒外にあるものではない。その限りにおいて、『明実録』の記事を制約する諸条件は、概括的ながら或る程度これを推定することが可能であり、その史料的性格に対する以上の如き配慮を前提としつつ、それ自体としての史料批判をも経るならば、『明実録』は、権威ある根本史料たるを失わないであろう。第二に、『明実録』に照応記事を見出し得ぬという事態は、もちろん、それをもって直ちに「監軍暦略」前半部の史料的価値を積極的に否定するものではない。しかしながら、『明実録』によって支持せられるのみならず、『明実録』より一層詳細な具体的記述に富む何らかの史料を他に見出し得るとすれば、「監軍暦略」前半部の史料的価値は、相対的に著しく低下せざるを得ないであろう。

「監軍暦略」前半部においても、『明実録』の記事に関連するものがないわけではない。すなわち、とくに乱の勃発前後における、陳正景・柴文顕等の人名がそれであるが、『明実録』によれば、陳政景が汀州の戦いにおいて王得仁に擒えられたのは翌一四年五月のことであり[29]、もちろん、それ以前に鄧茂七は敗死している。柴文顕は、のち、「当賊勢微時。匿不以奏。養成今患。」という廉で磔刑に処せられるが[30]、鄧茂七と結託した事実は、現地における錦衣衛・巡撫・巡按等の官の厳重な査究[31]にもかかわらず、報告されていない。また、丁瑄が福建に派遣せられたのは、正統一三年八月であって、一三年五月には未だ現地にいない[32]。かくして、部分的にせよ、「監軍暦略」前半部が『明実録』

の記述と矛盾する事実は、その史料的価値の減殺に積極的な意味をもつといえよう。
張楷の「監軍暦略」がともあれ当事者の手記であるに比すれば、『雙槐歳抄』の「龔指揮気節」には、乱より少なくとも数年以上経た後、何らかの媒介を通じて黄瑜の見聞したものが書かれているに過ぎぬともいい得るであろう。しからば、『雙槐歳抄』の史料としての信憑性は如何であろうか。同書について、『四庫全書総目』巻一四三、子部五三、小説家類存目一には、

其書。首尾貫串。在明人野史中。頗有体要。然亦多他書所載。無甚異聞。至於神怪報応之説。無関典故者。往往濫載。亦未免失於裁翦矣。

と評し、首尾整ってはいるが平凡な野史のひとつに過ぎないというのみである。しかし、前出の黄佐の「修省直言」には、

先大父長楽府君。（中略）挈家游宦十有五年於外。乃返会城。以老故見聞甚富。然必参伍研覈。歳増月潤。始成是編。

といい、黄瑜自身もその自序に、

今予此書。得諸朝野輿言。必証以陳編・確論。採諸郡乗・文集。必質以広座・端人。如其新且異也。可疑者闕之。可厭者削之。

と述べている如く、本書は、神怪報応の説を別として、概して虚構の創作を意図して書かれたものでないのみならず、朝野の輿言、郡乗・文集より得た撰者みずからの豊かな見聞を確論・端人に徴して研覈し、歳月を重ねて成ったものという。
右のような用意のもとで、本書の典拠となった資料には、しからば具体的に何を挙げ得るであろうか。この点について、陳建の『皇明通紀』は、その「凡例」に、

我朝国史実録之不伝于天下也。非不欲伝也。以巻帙繁多。謄写惟艱。欲伝而不易也。以禁閣厳邃。外人罕至。欲伝而不能也。雖然亦有伝之者矣。如大明会典・皇明政要・五倫書・開国功臣録・殿閣詞林記・雙槐歳抄・余冬序録所載。皆無非本之実録也。

と記している。すなわち、『雙槐歳抄』の記述は『明実録』にもとづくというのである。黄瑜は、景泰七年（一四五六）挙人となって後、京師に上り、成化五年（一四六九）恵州府長楽県知県として赴任するまでの間において、在京すること八年、王翺・薛遠・李賢・丘濬等、当時の政府要人に認められたというが、[33] これによって『明実録』閲覧の機会を得たか否かは明らかでない。[34] しかしながら、ここでは、かかる事実関係を究明するよりも、端的に、「襲指揮気節」の記述内容を、直接、『明実録』のそれと比較・照合するに如くはない。けだし、部分的にせよ、同内容ないし同形式の記述を『明実録』中に見出し得るとすれば、それは、さきにおこなった考察を前提として、「襲指揮気節」および嘉靖『沙県志』の典拠となった原資料が『明実録』と同系統のものであり、かつ、あるいはさらに、黄瑜が『明実録』によって、その原資料の記事を訂正したかも知れぬことを意味する。とすれば、それによって、「襲指揮気節」の史料的価値は著しく高まるからである。

以下、『明実録』の関係記事を列挙しよう。

『明実録』正統一二年四月辛亥の条。

監察御史柳華奏。（中略）臣今多方立法。漸消弭之。沿途榜朝廷恩意。歴陳禍福。開其自新之路。厳窩蔵給餉之禁。Ⓑ毎村置鑼鼓・灯竿。懸撃相応。（下略）

『明実録』正統一四年五月庚辰の条。

福建都指揮僉事鄧安等奏。Ⓑ初御史柳華捕賊福建。擅置更楼・冷鋪於諸村。且編民為甲。使提督巡夫。又令私造鈎刀・鉄鈀諸器自衛。Ⓕ而反賊鄧茂七等。倶起自夫甲。遂籍（藉）以為乱。（下略）

『明実録』正統一四年二月丁巳の条。

是日。官軍誅福建反寇鄧茂七于延平。Ⓔ茂七沙県人。Ⓕ充巡警総甲。Ⓖ時郡邑長吏受富民賄。縦其多取田租。倍徴債息。小民赴愬無所。茂七因扇怵（怵）之為盗。劫其富民。尽殺之。復拒捕。殺巡検及其県官。遂大肆劫掠。Ⓘ偽称剗平王。設官属。Ⓗ脅従数万。衆延蔓八府。破二十余県。Ⓘ東南諸郡皆騒動。（下略）

『明実録』正統一三年九月戊戌の条。

巡按福建監察御史張海奏。本年八月十一日。賊鄧茂七等。率衆攻延平府。臣与参議金敬等官登城。諭以禍福。内有衣紅者。突出言。Ⓖ我者倶是良民。苦被富民擾害。有司官吏不与分理。無所控訴。不得已聚衆為非。乞奏聞朝廷。倘蒙寛宥。即当自散。既而退去。復来言。我等家産破蕩已尽。乞免差役三年。庶可生聚。臣等許以奏聞。即各舞蹈而去。上覧奏。諭兵部臣曰。（中略）比者。鄧茂七等。聚衆為盗。所司請発大軍勦捕。朕雖遣将調兵。然猶慮其出于不得已。必有激変之者。屢遣御史。齎勅掲榜。丁寧撫諭。庶保全之。今茂七等。果有悔禍之心。躬于延平城下。輸情訴冤。自求生路。且乞蠲免徭役三年。御史張海等以聞。朕悉従之。（下略）

『明実録』正統一三年一〇月丙寅の条。

Ⓖ福建都指揮僉事鄧安奏。賊鄧茂七等。初作乱時。（中略）此賊。因府県官吏収糧拘迫（追）。遂至嘯聚為非。（下略）

『明実録』正統一四年五月辛丑の条。

Ⓖ吏科給事中包良佐言。（中略）福建司府県官。平日酷虐下民。貪黷無厭。以致盗賊窃発。蔓延各境。生霊被其荼毒。閭里為之空虚。（下略）

『明実録』正統一三年八月甲戌の条。

Ⓙ命左軍都督府左都督劉聚・都察院右僉都御史張楷。往福建。（下略）

『明実録』正統一三年一二月戊午の条。

Ⓚ巡按江西監察御史韓雍等奏。処州賊葉宗留率衆。経福建桐木関。至祝公橋与鉛山。官軍拒敵。尋至黄柏鋪。為指揮戴礼等所敗。退走陰漿源山。都督僉事陳栄等領兵入山勦殺。賊設伏。従旁刺之。栄及指揮劉真等倶死。今都督劉聚等已征福建。恐賊乗間。復出為患。況建昌等処。屡報閩賊逼境。軍少不能支。（下略）

『明実録』正統一三年一一月丙戌の条。(35)

Ⓛ命寧陽侯陳懋佩征夷将軍印。充総兵官。保定伯梁瑶充左副総兵。平江伯陳予充右副総兵。都督僉事范雄充左参将。董興充右参将。刑部尚書金濂参賛軍務。統率在京神機五軍。及浙江・江西等都司官軍。太監〔曹〕吉祥・王瑾提督神機銃砲。征勦福建賊。（下略）

『明実録』正統一四年二月丁巳の条。

Ⓜ是日。官軍誅福建反寇鄧茂七于延平。（中略）至是。沙県民羅汝先詭為従賊。誘之復攻延平。御史丁瑄督官軍。分路衝撃。賊大敗。茂七為指揮劉福追及斬之。擒殺無算。（下略）

『明実録』正統一四年五月丙戌の条。

Ⓝ――（前出、六六―六七頁の王詔の上言）。

『明実録』正統一四年五月丙戌の条。

Ⓝ総兵官寧陽侯陳懋等。帥官軍。攻破沙県陳山寨。（中略）按察司為事副使邵宏誉等。亦率民夫。擒獲沙県賊首偽統兵総都督偽継南閩世長鄧伯孫等五十七人。捷聞。（下略）

『明実録』正統一四年五月己丑の条。

Ⓞ巡撫浙江大理寺右少卿張驥等奏。麗水県県丞丁寧。率領老人王世昌・任雲。里長陶孟端。齎榜深入賊巣。招誘賊首陳鑑胡等。（中略）比之戦闘而取勝者。力省而功倍之。乞優加旌擢。上曰。丁寧能宣布朝廷恩威。撫獲賊首。

克有労効。陞処州府同知。就令履任。王世昌・任雲并陶孟端。倶授以巡検。仍給賞銀十両。今後有能招誘賊首者。賞格悉従此例。

以上の照合によって、『雙槐歳抄』および嘉靖『沙県志』の記述が多くの事実を通じて『明実録』に支持せられていることは、明らかであろう。そのばあい、もちろん、『明実録』のそれと同一の事実のみが問題となるのではなく、それによって、「龔指揮気節」等の記述全体の独自の価値が評価せられるのである。すなわち、たとえば、『明実録』中に小農民の状態が語られるとき、佃農の要求その他、これら『明実録』の記事と矛盾するところなく一義的に連関するのみならず、一層詳細な、『雙槐歳抄』中の具体的記述は、それによって、信憑性を高めるのである。かくしてこそ、『明実録』以外に、具体的史料としての『雙槐歳抄』・嘉靖『沙県志』等が存在することの意義もあるといわねばならぬ。もっとも、小農民の立場に関係して記されている「差役三年の免除」の問題は、直ちに「佃農」との一義的連関にあるものではない。そこには、㈠名目上、土地所有者の負担たる徭役（さらには税糧）を、現実には佃農が直接負担していたか、[36]㈡あるいは、「富民に擾害せられ」て起ちあがった佃農の暴動の一部に、小農民としての小土地所有者層をも含んでいたか、——いずれか、あるいは両者を、中間項として設定しなければならぬ。

六　〔所伝間の記述矛盾統一への試み〕

如上の考察の結果にもかかわらず、もし、「監軍暦略」の前半部に、それ自体として、なお価値を認め得るとすれば、『雙槐歳抄』の記述と「監軍暦略」のそれとは、如何に矛盾なく結合ないし統一せられ得るであろうか。その試みを、以下、第三群の文献について尋ねることとしよう。

顧炎武の21『天下郡国利病書』は、その巻九二、福建二の延平府の条に、『雙槐歳抄』系の順治『延平府志』と同様の記事を載せる一方、巻九六、福建六の兵事の条には、「監軍暦略」系の万暦『泉州府志』の記事を収めており、また、23『罪惟録』は、本文に「監軍暦略」系の記述を収めるとともに、「或云」として『雙槐歳抄』系の記述を別個に紹介するなど、両者を機械的に併引するものもあるが、その他は殆どすべて、「監軍暦略」系にしたがって鄧茂七を江西建昌県よりの亡命者であるとするとともに、『雙槐歳抄』系に拠って、乱の直接の原因として、冬牲および運租の慣行に関する佃農層の反対運動を挙げている。そして、その際、(a)鄧茂七が陳政景の庇護のもとに市集の主催者となったか否か、(b)彼が総甲に任ぜられたか否か、(c)さきの佃農の慣行と直接結び付く土地が汀州府寧化県であったか、延平府沙県であったか、さらに乱勃発の地が右の何れであったか、に関する記述の差異にしたがって、(a′)鄧茂七の現地における定著形態、(b′)彼と佃農層との結び付き、(c′)乱の勃発地、をめぐる見解の相違が窺われる。

17『皇明大事記』

陳政景を無頼とし、さきの慣行を寧化のこととするため、文章のコンテクスト上、勃発の地も寧化となる。市集には言及するが、総小甲制には触れず、冬牲について陳・鄧の「両人不平。（中略）倡衆罷之。」というが、両人と佃農層との結び付きは明らかでない。

18『国榷』

「自建昌亡命入閩」とする。したがって勃発地は不詳。総小甲制および佃農層の要求に言及するが、陳政景・市集に触れず。

19『明史紀事本末』

17にほぼ同じ。正統一三年四月、叛したという。総小甲制および佃農層の要求についても述べている。

25『明書』

19にほぼ同じ。ただし、鄧茂七は慣行の変革を唱えて衆心を得たが、またも人を使って殺人を犯したため官の追捕を受け、叛したという。

26『明史藁』・27『明史』

「沙県佃人鄧茂七。素無頼」という。したがって、「素無頼」に「監軍暦略」の影響が窺われるが、それ以外は、『雙槐歳抄』系である。ここに「佃人」と称している事実は、その根拠如何をも含めて、他日考究すべき問題を提供する。

28乾隆『延平府志』

陳正景の家を経て、

徙居於沙。又毒害沙民尤甚。世遂称沙寇鄧茂七云。嘗与弟茂八編為二十四都総甲。

といい、その根拠の当否はともあれ、勃発地についての自覚的な判断が窺われる。

29同治『福建通志』

28と同様、

徙居沙県。与弟茂八。皆以健児称。毒害沙民尤甚。

と述べ、また、「兄弟素無頼」という。「毒害沙民」と茂七が佃戸の要求を採り上げることとの関係は、28同様、明らかでない。

31『臨汀彙攷』・32光緒『長汀県志』

19にほぼ同じ。また31は27を引く。

33光緒『侯官県郷土志』

29をさらに簡略化せるもの。

34民国『福建新通志』

文末に『雙槐歳抄』および『明史紀事本末』に拠る旨、註記している。

なお、鄧茂七を江西省建昌出身とする徐天胎氏も、建昌説・沙県説の何れとも断定を下さない宮崎市定氏も、ともに、彼が重要人物として登場したのは沙県においてであり、乱勃発の地も同県であるとする。[37] また、宮崎氏は、「彼は恐らく都市に住む富民の所有地を借りて、農民生活に入つたと思はれる。それが全くの小作人であつたか、或は小作人の上に立つ農園経営者とも云ふべきものであつたかは明かでない。」と、結論を留保しながらも、鄧茂七を佃農層のものと規定する。[38] この問題は、鄧茂七と佃農たちとの結び付きについて、㈠彼が総甲に任ぜられることを俟たずして、彼自身、佃農層の一員であり、かつ、かくして慣行変革を提唱することによって、佃農層の衆望を担い得たのか、㈡彼が佃農層の一員であると否とにかかわらず（むしろ、彼が佃農として定着するという事実を俟たずして）、総甲という地位によって佃農層と接し、その要求を採り上げることによって、佃農層の衆心を摑み得たのか、の判定に関係する重要な問題であり、さらにそれは、総小甲制担当者の階級規定にも関連を有するであろう。

七　〔おわりに〕

最後に、残された問題について一言しよう。まず、史料としては、以上の鄧茂七に即した総合的な所伝、およびこれと関連して挙げた『明実録』の記事のほか、なお、第三のグループとして、地方志に散見する現地の個別具体的な記事がある。これらは、時期の指示こそはなはだ漠然として明確を欠くが、『明実録』およびその他の所伝と照応して、乱の規模とその性格とを知るに好個の、内容豊かな史料である。これらの地方史料によってはじめて、鄧茂七に呼応して各地に起ちあがった農民叛乱、たとえば、延平府における沙県の林宗敬・陳阿厳・林子得、尤渓県の鄭永祖・羅丕・程茶皮、建寧府における建安県の陳保存・黄住七、甌寧県の林拾得、建陽県の永貴・翁覓、汀州府における長汀県の藍得仁、上杭県の范大満、連城県の陳美九・蔡田、福州府における古田県の陳得広、連江・羅源両県のいわゆる福州山賊、福寧県の柴頭正、泉州府における晋江県の陳椿・呉四官、徳化県の林真保、同安・永春両県の陳敬徳・呉都総、漳州府における竜渓県の池四海、漳浦県の張福栄、竜巌県の姜京五、南靖・長泰両県の楊福たち、[39]および反権力闘争の連携を客観的に形成したいわゆる「礦賊」たちの諸行動[40]──「呂公車」と称ばれる梯子つきの戦車を使用して県城に攻めのぼり、[41]県応の冊籍を奪い、[42]獄囚を解放するなどの諸事実[43]──を明らかにし得るのであるが、これらの地方史料を採り上げることは、乱の全貌を明らかにし、その階級的性格、したがってその歴史的意義を究明すべき後日の論攷に譲る。

さらに、地方史料によって顕著に知られる事実のひとつは、畏縮・頽敗せる官兵に代って、軍糧を献じ家人・民兵を率いて活躍する大姓・読書人・里老人層の存在、とくに、農民軍と官軍との両者に通じて、微妙な向背を示す里老人層の在り方である。[44]それは、一般に農民叛乱がその基本的性格にもかかわらず内包する複雑な階級構成を窺わしむるに足るものであるが、その理論的究明もまた後日に譲る。

註

（1）本史料は小野和子氏の好意によって入手した。記して深謝する。
（2）『明実録』正統一三年一一月丙戌の条参照。
（3）『雙槐歳抄』附録、謝廷挙「明故文林郎知長楽県事双槐黄公行状」（『嶺南遺書』第一集所収）に拠る。
（4）前註の「行状」に、「景泰丙子（七年）科。遂登郷貢進士第。」とある。
（5）『雙槐歳抄』（内閣文庫蔵、嘉靖刊本）巻首の「自序」に拠る。
（6）黄佐「修省直言」（『雙槐歳抄』巻首）。

（7）同右。また、『四庫全書総目』巻一四三。
（8）『明実録』正統一二年一一月甲辰の条参照。
（9）『明実録』正統一三年一〇月乙卯の条。
（10）この記事は『明実録』正統一四年二月丁巳の条とほぼ同文であって、本書（『皇明大政纂要』―編集者註）が『明実録』を参照していることを示している。
（11）『明実録』正統一三年九月戊戌の条。
（12）康熙『沙県志』巻首、旧修沙県志姓氏によれば、同志編纂当時の旧志の存佚状況は、左記の如くであった。

嘉靖一五年（一五三六）志――序のみ存す。
嘉靖二四年（一五四五）志――原板本の半ばを存す。
万暦一四年（一五八六）志――未就。
万暦一九年（一五九一）志――原板本を存す。板は失。

それ故、右の嘉靖二四年志の残存部分に巻八志変が含まれず、万暦一九年志もこの記事を踏襲していないとすれば、康熙四〇年志の編者がこの所伝を知らなかったというばあいも想定される。旧志といわず、「他紀多不経」といったのはそのためかも知れない。しかし、他紀によって第一群の所伝を知り、しかも敢えて「監軍暦略」を採用したに相違ない。
（13）徐天胎「明代福建鄧茂七之乱」（『福建文化』一巻四期、一九四一年）、一五頁の所引に拠る。なお、乱よりほぼ一〇〇年後の旧志とは、嘉靖二四年志を指すこととなろう。とすれば、民国一七年志の編者は嘉靖二四年志を見ていることになる。ちなみに、国立国会図書館編『中国地方志綜録稿』一四、福建省（東京、一九五四年）・朱士嘉編『中国地方志綜録』（増訂本、上海、一九五八年）・国立中央図書館編『台湾公蔵方志聯合目録』（台北、一九六〇年）・Y. Hervouet: *Catalogue des monographies locales chinoises dans les bibliothèques d'Europe*, Paris, 1957. 等をはじめ、諸図書館の書目類によって検証する限り、日本の国立国会図書館蔵（旧上野図書館蔵）の嘉靖二四年志は天下の孤本である。
（14）『明実録』正統一三年八月甲戌の条参照。

(15)『明実録』正統一三年八月甲戌の条参照。
(16)『明実録』正統一三年一〇月辛酉の条参照。
(17)『明実録』正統一三年一二月戊午の条参照。
(18)『明実録』正統一三年一一月己丑の条参照。
(19)『明実録』正統一三年一二月戊午の条参照。
(20)『明実録』正統一三年一一月丙戌の条参照。
(21)『明実録』正統一三年一二月戊午の条参照。
(22)『明実録』正統一四年二月丁巳の条参照。なお、『明実録』正統一四年五月辛丑の条には、

初沙県民羅汝先。誘致賊首鄧茂七。来攻延平。御史丁瑄等提督官軍撃破之。指揮劉福追斬茂七。瑄等将上其事。而僉都御史張楷。自建寧馳至。威脇瑄等。妄奏。楷令汝先誘賊来攻。因督同官軍。以取全勝。瑄等依随具聞。已而福不平。言於総兵官陳懋。懋等以聞。上降勅詰責瑄等。瑄等以実報。上謂兵都臣曰。楷是風憲堂上官。却逼脇瑄等。妄報其功。誑誕之罪何可勝言。（中略）已而六科十三道。連章劾楷黷貨喪師。罔上欺下。理宜逮治。上曰。卿等言是。俟其回日治之。

とあって、張楷のこの記述の虚言であることが知られる。

(23)『明実録』正統一四年二月丁巳の条参照。
(24)『明実録』正統一四年三月丁酉の条参照。
(25)『明実録』正統一四年五月丙戌の条。
(26)また、『雙槐歳抄』の前掲文中Ⓝ参照。なお、李賢「僉都御史張公神道碑銘」（『皇明名臣琬琰録』后集巻五所収）には、

景泰改元。公班師至京。有妬其功者。劾公初至。躭詩玩寇。以罪罷帰。天順改元。皇上復位。念公之労。仍旧官。

とある。

(27)『明実録』正統一三年一一月丙戌の条に、

戸部主事孟玘言。福建賊鄧茂七等攻劫郡県。肆行無忌。蓋因官軍驕惰。臨敵退縮所致。重煩聖慮。命将出師。然福建郡

県。多与浙江・江西・広東地界相接。窃慮。賊徒聞風逃竄。猝難殄滅。宜令総兵等官。分道而進。預拠要害。以絶其去路。然直趨延平。以擣其巣穴。彼或伏匿山林。則持重以待之。重囲以困之。彼無資糧。亦将自斃。上覧其言。命総兵・参将等官。知之。

という。

(28) また、嘉靖『竜巌県志』巻下、外志、摭遺（あるいは、道光『竜巌州志』巻二〇・光緒『漳州府志』巻四七・光緒『竜渓県志』巻二〇等）には、

茂七者沙県之輿皂也。

とある。

(29) 『明実録』正統一四年五月甲申の条。

(30) 『明実録』正統一四年五月庚子の条。

(31) 『明実録』正統一四年五月辛丑の条。

(32) 『明実録』正統一三年八月甲戌の条。

(33) 道光『長楽県志』巻九、宦績伝。

(34) 註（3）参照。

(35) これは、「龔指揮気節」の記述と時日を異にする。

(36) 田中正俊「民変・抗租奴変」（『世界の歴史』11〔ゆらぐ中華帝国〕、筑摩書房、一九六一年、所収、七二頁、《本書所収》）。また、前掲（七二頁）の『明実録』正統一三年一〇月丙寅の条参照。

(37) 徐天胎、前掲論文、一五－一六頁。宮崎市定「中国近世の農民暴動――特に鄧茂七の乱について――」（『東洋史研究』一〇巻一号、一九四七年）、五頁。

(38) 宮崎市定、前掲論文、五頁。

(39) 田中正俊「起ちあがる農民たち――十五世紀における福建の農民叛乱――」（民主主義科学者協会歴史部会『世界歴史講座』

(2)三一書房、一九五四年、所収、二二四頁、《本書所収》)。
(40)　佐伯有一・田中正俊「十五世紀における福建の農民叛乱」(1)(『歴史学研究』一六七号、一九五四年)。
(41)　万暦『将楽県志』巻七、官師志。崇禎『閩書』巻七〇、武軍志。同、巻七一、武軍志。
(42)　万暦『寧徳県志』巻一、災祥(また、乾隆『福寧府志』巻四三、祥異。乾隆『福建通志』巻六五、雑記)。
(43)　前掲「十五世紀における福建の農民叛乱」、八頁。
(44)　前掲「民変・抗租奴変」、七三頁。

【編集者附記】　本稿は、もと『清水博士追悼記念明代史論叢』(大安、一九六二年六月)に掲載された。原載論文は七節に分けられているが、各節の表題はない。本書に収録するに当り、編集者が適当と思われる題名を〔　〕内に記した。なお、原載には「本稿は、東京都立大学佐伯有一氏との共同研究の一部をなし、就中、史料の半ばを氏に負うている。論旨は筆者の責任である。また、筆者に対し、酒井忠夫氏は一九六一年十一月、鄧茂七に関する高説を示教せられて、筆者の見解発表を慫慂せられ、藤井宏氏は事実の誤りを正された。記して深謝する。」との文章が附記されている。また、本稿は田中先生御自身による改訂原稿を参考に編集者が若干加筆した部分がある。

3　民変・抗租奴変

一　はじめに

明王朝二七七年の支配は、一六四四年春にいたって滅んだ。いま年表をひらけば、満洲族による征服王朝、清が、中華帝国最後の王朝として、これに替わっているのを、ひとは見るであろう。

しかし、明王朝の滅亡を直接もたらしたものは、満洲族ではなかった。中国の内部からおこった農民反乱であった。この年三月一八日、李自成のひきいる農民軍によって、首都北京は陥落し、明朝最後の皇帝毅宗《きそう》は、皇子をのがれさせ、みずから皇女・妃嬪《きひん》を斬って、万歳山（煤山）に縊死した。その衣襟《いきん》に、つぎのような遺詔が書かれてあったという。

朕、即位してより一七年、いま逆賊は京師にせまっている。朕は徳に乏しいとはいえ、一身をかえりみず努めて、ここに、かみ天の咎をえた。みな、諸臣が朕を誤りしゆえである。なんの面目あって地下の祖宗にまみえることができよう。……賊が朕の屍を裂くにまかせよう。ただ、百姓一人をも傷つくるなからんことを。(1)

このことばは、中国史上いくたびかくりかえされた王朝交替にあたって滅びゆく皇帝がいだいたであろう悔恨と悲哀とを、よりいっそう発展した専制君主制期の皇帝にふさわしく、典型的につたえている。人民の反乱がすでに王朝の命運をゆるがすにいたったとき、天命を享けて天下の人民に天子たるかれは、この反乱に、天そのものの審判を悟らざるをえなかったであろう。とともに、主観のうちではなお百姓《ひやくせい》への徳治に生きるかれも、皇帝としての己れ個人は、王朝支配体制にとって、その専制的契機の単なる表象にすぎぬことを、百官群僚の離背のなかで、いのちをかけて知らされるのである。

明朝専制支配をこのような破綻にまで追いこんだちからは、どこから生みだされてきたのであろうか。しかしまた、かくして明朝支配を崩壊せしめたこのちからは、なにゆえ中国の専制支配体制そのものを解体せしめることなく、異族の征服と専制支配とを許したのであろうか。

以下、都市の民衆や奴隷・農民たちによってたたかわれた、いくつかのいわゆる民変・抗租奴変をとりあげ、それらに表現される明末清初期の社会動乱が中国史上に占める歴史的意義について考えてみたいとおもう。

二　民　変——その一、織傭の変——

蘇州の繁栄と農村手工業の展開

明末、一七世紀初頭の織傭の変、開読《かいどく》の変は、いずれも江蘇省の蘇州におこったいわゆる《民変》である。

蘇州は、すでに南宋のころより、浙江《せつこう》の杭州とともに、「天に天堂あり、地に蘇・杭あり」といわれるほどの大都会であったが、とくに明代中期以後、元末明初の戦乱によってこうむった破壊から立ちなおり、当時のもっとも先進的な基本的経済地帯となっていた長江デルタ地帯の中心都市として、また内外貿易・交通の要衝として、中国随一の繁栄をしめした。しかしながら、明末、蘇州のこのような景況は、けっして単なる膨脹・繁栄というべきものではない。

一七四六年（乾隆一一年）編纂の『震沢県志《しんたく》』巻二五には、蘇州府下の農村絹織物業について、

綾・紬の機織り業は、宋や元の時代には、まだ蘇州府の城内の機屋《はたや》がこれを営んでいたにすぎなかった。その後、明の洪熙・宣徳年間（一四二五～三五年）に、はじめて呉江県（蘇州府のなかの一県）の町の住民も機織りを始めるようになったが、その当時は、なお往々、呉江の人が蘇州府城の機織り手工業者を雇って営んでいた。ところが成化・弘治年間以後、すなわち一五世紀後半以降になると、呉江県城外の農民にも機織りに習熟するものがあらわれ、しだいに一般の習俗となり、震沢鎮《しんたくちん》（呉江県のなかの一鎮）およびその周辺の各村の農民は、すべて綾や紬の機織りの利を逐うようになった。

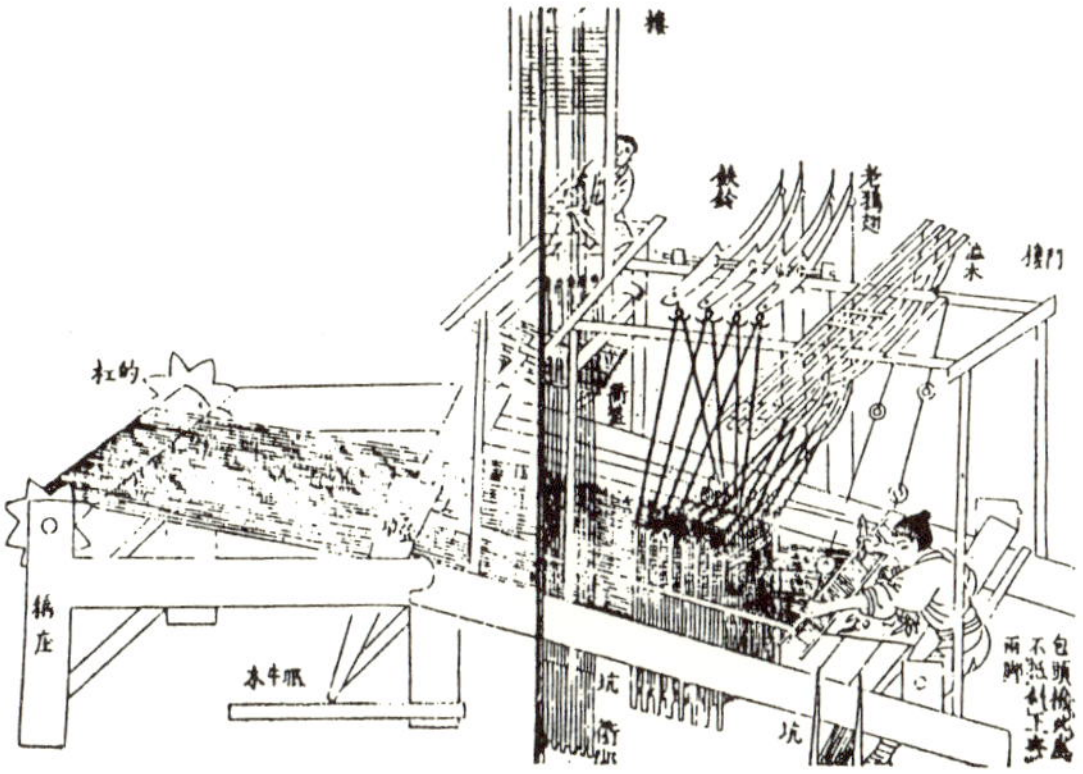

第１図　都市絹織物業の花機（そらびきばた）

としるされているが、長江デルタ地帯の農村では、生産諸力の発展にささえられ、田税・徭役、またそのもとの佃租（小作料）の重圧や、時代を逐って増大した農村経済の危機に対応して、[2]養蚕製糸・織絹・織布など、市場のための商品生産が画期的に展開し、[3]こうした農村機業地帯には、新興中心街市が成長しつつあった。たとえば、蘇州府下では、盛沢は明初五、六十家の村であったが、成化年間（一五世紀後半）には居民・商人がしだいに多く、一五六一年（嘉靖四〇年）には数百家、まわたや綾を業として市となり、天啓のころ（一六二〇年代）、紬糸牙行《ちゅうしがこう》（紬・生糸問屋）の軒を列ねるもの千百余家、康熙年間（一七世紀後半より一八世紀初頭）には居民万余家に達し、呉江県中第一の鎮と称せられた。明末清初の交には盛沢鎮は呉江県中の所産の綢綾《ちゅうりょう》を集散し、その盛沢綢を求めて、天下の客商大賈が万金をたずさえて雲集したという。[4]また、さ

きの震沢は、元末至正年間（一四世紀中葉）には「村市蕭条たり数十家」と詩にうたわれるありさまであったが、明の成化年間（一五世紀後半）三、四百家、嘉靖年間（一六世紀中葉）千家におよんで、一七二六年（雍正四年）には県となるにいたった。乾隆年間（一八世紀後半）、震沢県震沢鎮の居民は二、三千家を数えたという。(5) こうしてこれらの鎮は近傍農村の養蚕製糸・絹織物業を背景とする新興商工業都市となったのであり、その基盤の上に、蘇州は、仕上げ工程ないし高級製品を担当する手工業都市として、また全国的市場の中心商業都市として、時代を象徴する大都会だったのである。

蘇州の手工業　一七世紀から一八世紀にかけて、蘇州東部機織り業地区の緞・紗生産は、常雇い・臨時雇いの緞工・紗工・絡糸工を多数使って運営されたが、常雇いは日給を受け、臨時《傭工》については、緞工は花橋、紗工は広化寺橋、絡糸工は濂渓坊《れんけいぼう》というように、毎朝、各専門分業別に労働市がたち、《行頭》（把頭）とよばれる請負人の仲介によって労務の周旋が行われた。(6) また一八世紀のはじめ、蘇州の閶門《しょうもん》外の《踹布《せんぷ》》（棉布のつや出し）業には、仕事場四百五十余カ所があり、包頭（把頭）三百四十余人のもとに、踹匠が毎所数十人、計二万余人もいたといわれ、この踹布業においては、問屋資本が独占的に生産を把握支配する《字号》経営がみられるにいたった。(7)

礦・税の禍　右のような経済的進展のうちに、明代社会の旧秩序はいちじるしい変動の途をたどったのであって、明末政治社会の危機的様相もまたそのような転機を表現するものにほかならない。商品経済の展開にまきこまれて、一六世紀末（万暦中葉）の宮廷は奢侈生活におぼれきっていたが、それによって窮迫した王朝財政にいっそう打撃をあたえたものは、一五九二年（万暦二〇年）の寧夏のボハイの反乱にはじまり、わが豊臣秀吉の朝鮮侵略、一五九七年（万暦二五年）の播州の楊応龍《ようおうりゅう》の乱とつづく、いわゆる万暦の三大征であった。それぞれ二百余万両、七百余万両、二、三百万両をついやしたといわれる。(8) さらに九七年、皇極・中極・建極の三殿が焼けると、用材を遠く湖広・四川・貴州にもとめ、なかには一木九〇〇〇両にたっするものもあって、総額銀九百三十余万両にのぼり、造営の工賃は民間の千百倍を浪費して、その堅固さは民間のものにはるかにおよばなかったという。(9) こうした失費によって王朝財政がいよいよ窮乏するや、これに乗じて言利の臣は礦山の開採、商税の増徴を進言し、九六年以後、流通経済の展開に対応して銀を蓄蔵し、また徴税の財源として商品流通過程を捕捉しようとして、礦課・商税の徴収のため、《宦官》が全国各地に派遣された。

当時、宮刑という刑罰は特別の例外をのぞいてすでになく、みずからの肉体を傷つけて志願する者のなかから宦官が採用されていたが、たとえば一六二一年（天啓元年）には、三〇〇〇人の宦官を募集したのに対し二万余人の自宮応募者があったという。子弟をこのようなものに応募させることは、おおむね貧民にしてはじめて行うところであったが、正統年間（一五世紀中葉）の宦官王振が金庫・銀庫あわせて六十余棟、おなじく正徳年間（一六世紀初頭）の劉瑾《りゅうきん》が黄金一二五〇万両、銀五〇〇〇万両を蓄えていたという事実は、自宮宦官という醜怪な存在が、内廷に権力をふるい、天下の実権をにぎり、賄賂を収めることによって、いかに利欲をみたすものであったかを物語っていよう。(10)

かれら全国各地に派遣された宦官たちは、税関を私物化し、また陸路・水路のいたるところにこれを私設し、家丁（家内奴隷）や無頼の徒数十、数百人をしたがえ、勅旨の名のもとに強奪や無実の弾劾などあらゆる手段を用いて、誅求をこととした。礦山のばあいもまた同様である。かつて一五四六年（嘉靖二五年）より一〇年間にわたる採礦に政府は銀三万余両をついやし、得るところ銀二万八〇〇〇余両にすぎなかったといわれるが、(11) 万暦の開採もまた、こうしてその産銀の多くは宦官の私腹を肥やすこととなった。しかもその誅求は、「礦はかならずしも礦山に限らず、税はかならずしも商に限らず」(12) といわれるほど、すべての関市山沢、あらゆる人びとにおよんだ。これが悪名高い《礦・税の禍》である。

さらに明末にむかって、満洲族が北辺をおびやかし、その防衛を名目に、《遼餉《りょうしょう》》（遼東の軍餉すなわち軍事費）として、全国の田税が増徴され、のち、さらに《勦餉《そうしょう》》・《助餉》・《練餉》が加わると、その徴収は累増して厳重をきわめ、山東省登州府のある村のごときは、全村ことごとく逃亡し、また子を池に投じてみずからは林中に首くくったものもあったといわれる。(13) しかも、われわれは、かかる現象の根柢に、一般に、このような収奪の強化を招き、これを受けとめ、そしてこれに抵抗した生産諸力の発展とその担い手たちの擡頭とを見のがしてはならないであろう。

宦官孫隆の誅求　こうした財政の窮乏とこれに乗ずる酷薄な誅求とは、明代の社会的矛盾をいっそう顕現し、その支配体制は、はげしい抵抗に遭って、動揺・解体の道をたどったのであったが、一六〇一年（万暦二九年）の織傭の変は、これを集中的に表現する歴史的な事件であった。

当時、提督織造・兼理税務の《織造太監》として杭州・蘇州地区に派遣されていた宦官は孫隆という人物であった。《織染局》とよばれる官営の織物仕事場を管理し、兼ねて商税を取りたてるのが、かれの任務であった。

織染局は、南京・北京の両京のほか全国二十数カ所の都市に設けられ、機織り業関係の匠戸を匠籍に登録して、その徭役労働によって、宮廷用その他、官服・賞賜などに消費される高級織物を生産していたが――織染局はかなり細分化された分業にもとづいて運営され、したがって、その要請にもとづいて匠籍もまた絡糸匠・染匠・織匠など、ほぼ二〇種類の業種に細分されている。もちろん現実そのままの反映ではないが、このような分類の前提には、あるていどの社会的分業が想定される――明中期以降、民間における商品生産の発達につれ、逃亡・回避など生産者の抵抗によって、この織染局の匠役労働制が崩壊し、一六世紀中葉までには、杭州・蘇州をのぞくほか、地方の織染局はほとんど廃止され、しだいに増大した宮廷・政府の高級絹織物に対する需要をみたすためには、杭州・蘇州・南京など江南の都市機業地に発展をとげつつあった民間の《機戸》（はたや）から、その多くを買い上げるようになっていた。

しかも、内廷から派遣された宦官たちが《伝奉承造》といって皇帝の内命を受けて定額外の注文生産――もちろん等価交換ではない――を強制したこともあずかって、民間の機戸に対する買上げ制は、事実上の収奪として機能していたのである。

一六〇一年五月、孫隆は蘇州城の脱税を調査すると称し、部下黄建節らをしたがえて杭州より蘇州に入ったが、蘇州東城の有力な《郷紳《きょうしん》》で、高利貸をやっていた丁元復は珍貨を贈って孫隆に媚び、またひそかに城内の無頼湯莘《とうしん》・徐成らに資金をあたえ、かれら無頼の徒一二人は黄建節に賄賂をおくって、みな徴税吏に任ぜられた。かくしてかれらが水陸の要衝に張りこみ、通行の商人から公然と掠奪するにおよんで、物価は騰貴し、物資はまったく動かなくなった。また、黄建節は孫隆をそそのかして、織機一台につき月ごとに銀三銭を課税しようと謀る。こうして、蘇州の人心は動揺して流言が四方におこり、緞一匹について銀五分、紗一匹について銀二分の税がかけられ、織り上げた紗・緞は玄妙観で検印を受けてのちはじめて発売を許されることになろうという噂がひろまって、機戸や問屋商人は相ついで廃業し、そのもとに働く傭工たちは生活の手段をまったく失ってしまった。(14)

織傭の変　こうした情勢を背景として、《織傭》すなわち機織りの傭工たちを主力とする暴動はおこったのであった。六月三日、徐元・顧雲・銭大・陸満らの織工たち二千余人は六隊の隊伍を組み、隊ごとに一人の指揮者が蕉扇《しょうせん》をかざして先頭に立ち、そのあとに棍棒をたずさえた傭工たちがつづく。城の東南、染織手工業地区の葑《ほう》門から行動をおこし、滅渡橋にいたってまず黄建節を殺した。事ここにおよんで長洲県（蘇州府城内の県）の知県鄧雲霄《とううんしょう》は湯莘・徐成を捕えて獄に下し、徴税吏の不正を衆に詫びたが、民衆の怒りはとけず、狂うがごときありさま三昼夜におよんだ。そして六月七日、民衆は残りの徴税吏たち一〇家をとり囲み、かれらを河に沈め、あるいは道傍にさらしものにし、その家屋・家具を破壊し、ときにはその家族をも殺傷するにいたった。鄧雲霄はその勢いのとどめがたいのをみて、ふたたび湯莘・徐成を玄妙観に引き出して刑を加えたが、民衆は二人をたちどころに殴り殺し、その屍を八ツ裂きにしてしまった。(15)かれらはまた、このたびの事件の根源は宦官孫隆にあるとしてその役所におしかけ、ことばはげしく税の撤廃をせまった。孫隆は垣根を越え、のがれて民家にかくれ、ようやく難をまぬかれて杭州に去ったという。さらに八日、民衆は郷紳丁元復の邸をも焼きはらったが、この日、蘇州知府朱燮元《しゅしょうげん》らの慰撫によってはじめて解散するにいたった。ときに、崑山の人で蘇州に織傭となっていた葛成（信頼できる一説によると、かれは事件勃発を崑山にあって聞き、その兄とともに蘇州に駆けつけたという）[16]は、官司が事件の指導者を捕えようと求めているのを知ると、みずから府庁におもむき、蕉扇を揮い、名乗り出でて、わたくしを獄に投じ、他の者はこれを赦して欲しいと願い出た。かれはむち打たれてほとんど死なんばかりであったが、蘇州の民はその義に感じて、みなかれを葛将軍と称した、と記録は伝えている。[17]

当時現地にあった巡撫応天右僉都御史曹時聘《そうじへい》は、この事件をつぎのように上奏報告して、傭工たちに対する深い同情を表明した。

> かれらは寸刃をも持たず、一物をも掠せず、その焼打ちにあたっては、隣り近所に予告して延焼を防ぎ、ただただ盗人同様な人間を殴殺し、その財産をあばき捨てて、窃盗の罪滅しをさせてやったにすぎない。……葛成は身を挺して府の役所に自首し、常どおりの重刑をもって自分を罰し、他の民衆に累をおよぼさないで欲しいと願った。その憤激の情はいわれないことではない。……かれらは業を得れば則ち生き、失業すれば忽ち餓死するという状態におかれている。近ごろ臣の見るところによれば《染坊》（染色仕事場）や《機房》（はたや）の操業停止によって失業する染工、織工はそれぞれ数千人にのぼった。かれらはみな、みずからの労働によって生計をたてる良民であるのに、一挙にして死地に追い込まれたのである。臣はひそかにこれを悼む。[18]

そして、右の上奏は、増税してもわずか六万両を新たに得るにすぎないのであるから、すみやかにこれを廃することによって、松江・嘉興・湖州の三府とともに併せて年間税額が数百万両にのぼる財賦の重地蘇州の安定をこそはかるべきである、と建言しているのである。

織傭のちから

当時の《織傭》たちは、もちろんかれらの労働を等価交換に販売しうるものではなかったし、把頭制のような前近代的な労働支配をも受けなければならなかったであろうが、みずからの労働によって、形式的にせよ《賃銀》をえ、これによってのみみずからの生計を立てざるをえない階級として登場しつつあったかれら織傭たちは、ひとたび失業して暴動をおこすや、規律ある組織的行動によって、所期の攻撃目標を的確に襲ったのであって、そこには、烏合の衆とは異なって、かれら自身をこのような立場に追いこんだ原因について、ある程度の認識能力がはぐくまれ、組織と指導とが確立しているのを知ることができよう。織傭の変のこのような性格は、一見いつの時代にも支配権力の弱体化した末期にありそうな、悪辣な徴税吏に対する偶発的な饑餓的暴動にすぎないようにみえるこの事件が、実はきわめて歴史社会的な性格を包蔵してたたかわれたものであることを示している。単純商品生産の発達と市場流通の展開のもと、徐々にせよ、身分的により自由な賃銀労働者への歴史的成長を指向しつつある傭工が広汎に生みだされ、しかもこれらの傭工たちが、閉鎖的・孤立分散的な個々の零細経営内において、上下の身分的ギルド的規制にしばられ、あるいは家父長制的な家族労働的擬制に埋れているといった状態のなかから、しだいに横の、かれら相互の連帯意識をもちはじめた――そのような明末の社会、しかもその先端をゆく蘇州にしてはじめて、このような、目標と、規律正しい組織と、これの指導とを具備した暴動がたたかわれえたのであった。

織傭と機戸・商人　以上のような点でもすでに、織傭の変はきわめて注目すべき歴史的性格をもつ事件であったといいうるが、それでは、この暴動は当時の社会にどのような反響を生んだであろうか。どのような人びとによって共感され、支持されたであろうか。――広い意味でどのような連帯を表現し、あるいは実現したであろうか。

まず第一に、傭工たちの行動は、増税の直接の対象となって打撃をこうむった機戸や問屋商人たちとどのような関係におかれていたであろうか。かれら機戸・商人とともにたたかわれ、あるいは支持されたものであったろうか。かれらについては、わずかに、さきの曹時聘の報告に応えた勅旨が、蘇州府の機房、織人が殺人・打ちこわしをやり、おおいに法を犯した、と機戸について言及しているのみである。[19] したがって、小生産者としての一部の機戸はみずから反税闘争に起ちあがったであろうが、その他については、かならずしも明らかでない。また、本来基本的な関係たるべき機戸――織傭間の階級対立についても不明である。しかし、むしろ、このたたかいの主体として織傭たちが登場してきたという事実に新しい歴史的意義をみとめるべきであろう。と同時に、直接生産者のほとんど独自かつ直接の抵抗にまたねばならず、しかも機戸の経営者と織傭との対立が顕著でなく、また、後述するように、織傭たちに皇帝権力批判がみられないというその傾向は、家父長制的なアジア的専制主義の克服の課題を考えるうえで、重要な問題を提供しているといえるであろう。

織傭と読書人　第二に、さらに注目すべきは、現地の読書人層の一部に、傭工たちの行動を積極的に支持するか、あるいはこれを契機として、かれらのうちから官僚や郷紳を内部的に批判する動きが見いだされる点である。郷紳の丁元復なる男があり、かげで湯莘・徐成ら無頼の徒をあやつり、宦官の一味に通じていたこと、かれのはたした役割が傭工たちによって見抜かれ、その邸が焼打ちにあったことなどについてはすでに述べたが、その間にあって《監生》の張献翼は、文章を草し、士民をひきいて生きながらに葛成を祭り、丁元復および地方官に書簡をおくって、葛成を寛大に取り扱うよう要求している[20]。またある読書人は「蕉扇記」という劇をつくって丁元復を非難した――丁元復はこの劇を張献翼の作と思い込み、盗人を使って張献翼を刺殺させ、しかもその罪の発覚するのをおそれて、この盗人をも水に沈めるという挙に出たという――[21]。さらに、《監生》欽叔陽《きんしゆくよう》は「税官謡」をつくることによって、みずからの身を織傭たちの戦列にくわえたのであった。

千人奮い起って出で
万人道をはさんでこれを目守《まも》る
なんじの木をけずり　なんじの竿をかかげ

われに随いきたって　ともに税官を斃せ(22)

こうして葛成は、極刑に処せられることなく獄にあること十余年、一六一三年（万暦四一年）には、巡按御史房可壮の請願によって釈放されるにいたった。当時、蘇州の人びとは葛成の義勇をたたえ、その名を葛賢と改め呼んだといい、《諸生》の身のまま故郷崑山に隠棲し高士と謳われていた、かの眉公陳継儒もまた、このとき、葛成に「余生」という字《あざな》を贈っている。(23)このばあい、織傭たちに深い共感をしめしたものが、ほとんど一致して監生・諸生といった人びとであることは注目にあたいしよう。すなわち、郷紳丁元復というばあいの郷紳――また《郷宦》ともよばれる――とは、その土地出身の現職官僚、請暇帰郷中の官僚、およびかつて官僚であって退職家居しているものをいうのであるが、(24)これに対し、科挙の試験制度において地方各省の行う郷試の合格者たる《挙人》をはじめ、《貢生》・《監生》・《生員》（《秀才》・《諸生》）などといわれる人びとはいずれも中央礼部の行う殿試・会試（これに合格して進士となることが任官のための正統な途である）にいまだ合格しないか、あるいは合格しないままに官途を捨てて市井・郷村に住む人びとであって、郷紳とは区別されて呼ばれているのである。(25)もちろん、後述するように郷紳にも二種みられ、したがって、問題は、読書人層を、官籍にあって官途に直接つながっているもの（郷紳・郷宦）と、直接つながりえないままにとどまっているものとの上下に二分することにあるというより、むしろ、郷紳、諸生の区別なく、郷里にあって私利をふまえて勢力を扶植し、赴任してくる地方官に対し有力な発言権をもつものと、市井ないし郷村に隠棲して名利から遠ざかりながらも隠然として世論の一源泉をなし、ときに奇矯といわれるすねものであり、あるいは時局批判の積極的な正義漢（そのばあい、郷紳であることは発言に便である）であるもの（《市隠》）と――この二つに、読書人層を縦に二分すべきであるといえよう。しかし、以上二つの区分方法は、現実には、まったく別のものではなく、郷里の勢豪巨室は郷紳層に多く、市隠は監生・諸生を主としたといえるであろう。当時、殿試の受験にさいして、受験者は京師における滞在費、採点官への謝礼、係員に対する心付けなど、おもて立った費用のみでも最低銀六百両を要する状態であったから、右のような社会的なありかたの差違は、一面では物質的にも基礎づけられていたにちがいない。そして、官界に対する劣敗者としての不満のみならず、郷里における所有関係=支配関係のありかたのなかから、単に政治社会に超然たるすねものとしての市隠ではなく、他の一つの市隠——いまわれわれの問題としている行動的な批判者としての読書人層が浮びあがってくるのではなかろうか。この点は、つぎの開読の変に関連して、のちふたたび問題となろう。

織傭と農民　第三に、織傭の変と農民との関係は如何。ここに注目すべきは、かの葛成が崑山出身の織傭であり、事件の途中から蘇州の人びとと行動をともにしたといわれる点である。また、かれは釈放されてのち、「退いて野に耕すこと、また数年」[26]とみずから述べている。これらの史料を採用しうるとすれば、かれが元来農民であるか、あるいは農村に退きうる条件をもっていたこと、そのうえ、蘇州の都市と密接迅速な連絡のある位置におかれていたことが推定できよう。そのほか、前述の清初蘇州郊外の踹布業において総計二万余人におよぶ労働者は、いずれも江蘇省江寧府、安徽省太平・寧国両府から単身出稼ぎにきた《遊民》であったといわれ[27]、そのことも、かれらが一方において故郷の農村における諸関係から析出されたものであるとともに、他方、背後にその農村との関係を絶っていないことをしめす。

近代以前の中国では、都市と農村との対立はみられず、都市の体制は農村における諸関係によって規定され、両者のあいだには不可分の統一が存するといわれるが、それは、一面「都市の空気は人間を自由にする」というごとき都市が容易に成立しがたいことを意味すると同時に、一定の段階、一定の条件のもとで、都市手工業労働者あるいは農民の闘争の成果が都市・農村間にわかち合われる可能性が、そこに形態的にあたえられていることを意味するともいえるであろう。また、織傭と農民との直接の連携をしめす史料に乏しいとしても、後述するような農村における抗租運動と以上のような都市における闘争とを、商品生産の展開にともなう明末動乱期の一の体制的動揺を表現する二現象として、統一的にとらえることは正しいであろう。

織傭と官府　第四に、官僚・官府はこの暴動に対し、いかなる反応を示したであろうか。現地の官僚がこの事態に直面していちおう理解ある措置をとり、あるいは少なくとも譲歩せざるをえなかったことは、すでに紹介した事実を通じてうかがわれよう。この現象は、中央政府のとった態度にもみられるのであり、事件の報告に接して、勅旨はつぎのように判断している。

> かれら暴徒は本来まさに法をつくして究治すべきものであるが、ただしかれらは赤身空手、いささかの武器ももたず、ただ禍根をなしたものの家を打ちこわし、無実のものをたれひとりとして傷害せず、府県官ならびに孫隆に諭されて、ただちに解散したのである。かれらの行為は公憤にもとづくものであって、その情はあわれむべきものがある。禍をまねいた奸民湯莘たち、また暴動の首謀者葛成たち八名を厳罰に処するほか、その余の脅従については罪の追究を免じ、もって現地の安定をはかれ[28]。

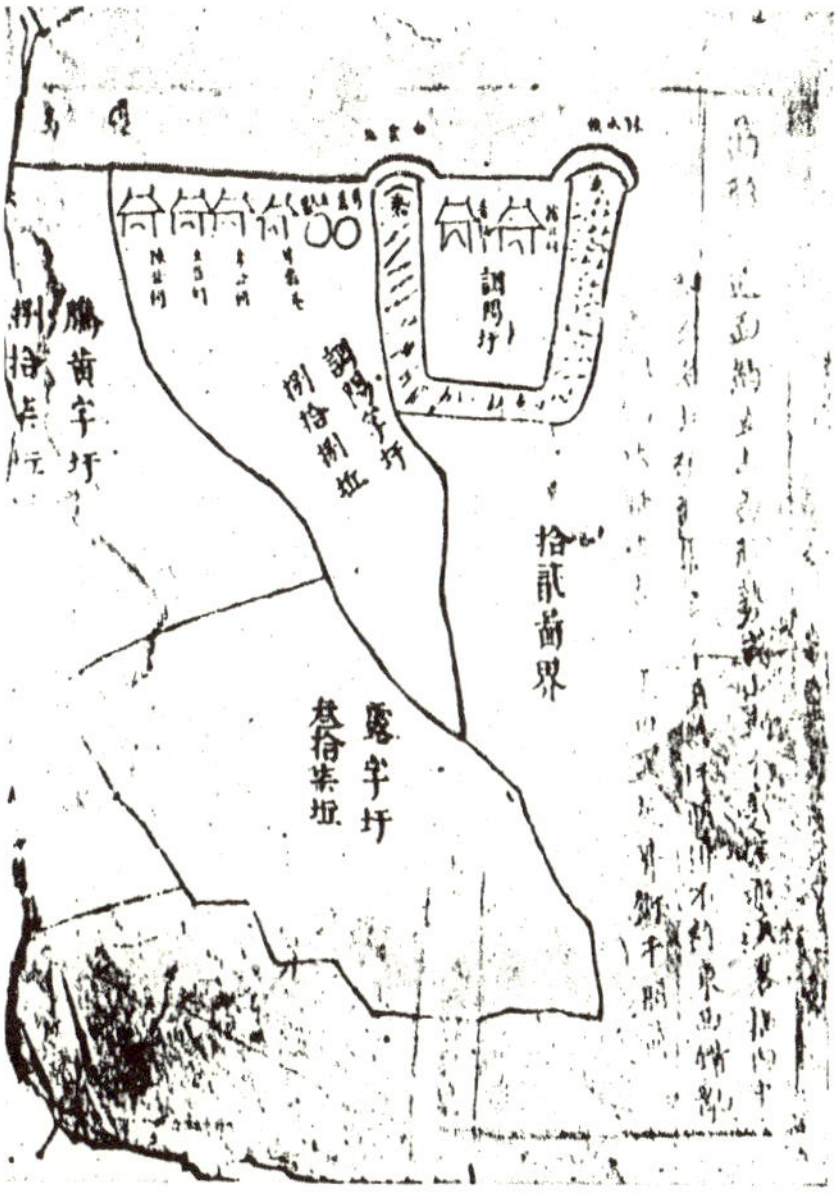

第２図　葛成および五人の墓
清初の魚鱗図冊（土地台帳）による。このように乱をおこし処罰されたものの墓がのこされていることに注意すべきである。

指導者はあくまでこれを厳罰にし、《凌遅《りょうち》処《しょ》死《し》》というようなぶり殺しにするいっぽう、一般の参加者は、これを強要されてしたがった脅従であるとして、分離してあつかうのは、専

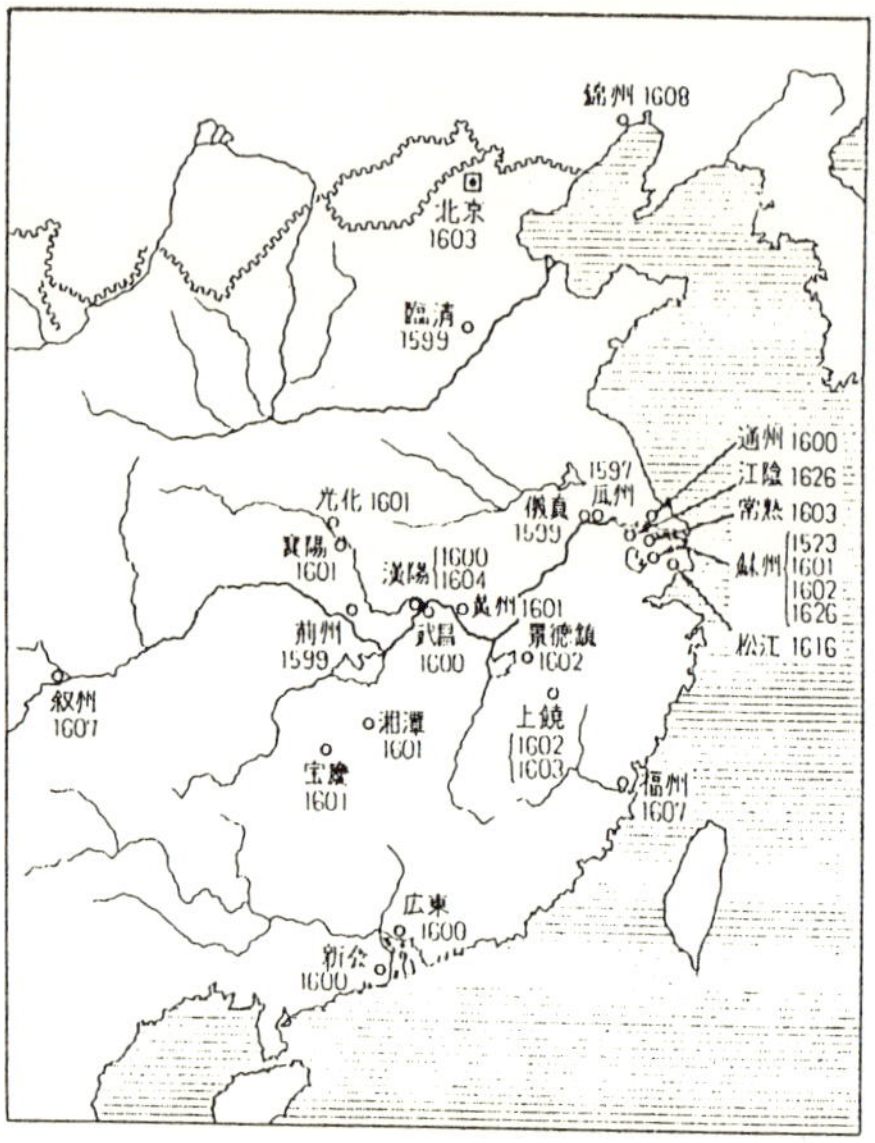

第3図　明末民変発生年代図

制王朝の常套手段であるが、右のことばには、それ以上の意味がふくまれている。すなわち自己の危機を反動的な収奪の強化によって打開しようとして、それが人民の抵抗に遭遇すると、かえってそのような抵抗を一部官僚の個人的な苛政に対する一時的な「公憤」として称揚し、専制主義の体制的支配そのものの矛盾から自他の眼をそらさせ、そのような「公憤」の結果を利用するのである。しかも、このような態度は、恣意的なあらわな権力支配が特定の時期に権力の弱体化のために後退譲歩したものと単純に理解することはできないのであって、そこにはアジア的専制権力の性格が暴露されているのである。徳治主義の外被をまとった専制主義が、家父長制と共同体のもとから起ちあがろうとする人民に対して、かれら人民みずからの規範そのもののかたちをとって、自己を貫徹しようとするとき、そこに「公憤」に対する奨励と「義勇」に対する称讃とがおくられる。したがって、その奨励・称讃はまた抑圧にほかならなかったのである。

これに照応して、葛成らの官府に対する態度にも、その反権力闘争がついに権力そのものの実体を見破りえなかった悲劇的限界が露呈する。葛成は釈放されてのち、後述する開読の変の犠牲者、顔佩韋《がんはいい》ら五人の墓のかたわらにみずから墓守りとなって暮らしたが、あるとき涙を流してつぎのように述懐している。

わたしの余生は神宗万暦帝から賜ったものです。蘇州で殺された税吏のうち一〇人に六、七人はわたしが単身で殺したのにまちがいありません。ところが神宗皇帝はわたしの死をとどめられ、獄につながれること一〇年にして出獄することができました。その後、退いて野に耕すこと数年、わたしたちの乱に二八年おくれて、また顔佩韋たち五人が緹騎を殴り殺すという事件がおこりましたが、熹宗天啓帝がまだご存じないうちに、お役人は宦官の意を奉じて、かれらを死刑にしてしまいました。わたしはいま自分自身のために泣くのではなく、五人のために泣くのです。[29]

事件の責任を一身に担って、すすんで名乗りをあげ、死をまぬかれてからは生きながら神とされ、その存命を皇帝個人の意志によるものとして、皇帝の意志との直接的合一のもとに自己の個人的意志を解消する、あるいはそのような「自然の秩序」のなかに埋没する。[30] かりに葛成個人のスタンド-プレー的性格によって多分に誇張されているとしても、かれをこのようなあわれなカリカチュアに――しかし当時にふさわしい犠牲者に――追いこんだもの、あるいはそのようなものとして記録にとどめたものの反動的な牢乎たるちからを、われわれはそこに知らされるのである。しかもなおわれわれは、そのような専制主義の厚い壁にぶつかり、砕けては、これをゆさぶりはじめた民衆のちからを、明末社会変動の底流として見のがしてはならぬであろう。

かかる《民変》は蘇州における織傭の変にとどまるものではない。一五九六年以降、宦官陳奉のおもむくところ、数年にわたって処々に闘争を激発し、一六〇〇年、ついにかれを京師に撤還させ、以後、赴任する官僚をしておそれしめたという武昌・漢陽地方の民変をはじめ、一五九九年山東臨清に勃発した運輸労働者の指導する反税闘争など、全国いたるところ、徴税に立ちあらわれた《税監》(宦官)の一味に対し、投石・打ちこわし・焼打ち・殴殺といったはげしい抵抗がこころみられる。それは、ほぼ全国的な流通市場に結ばれた当時の商品生産の展開にふさわしく、澎湃として湧きあがり拡がりゆく時代現象にほかならなかった。

そして、このような民衆の反税闘争にあたって、陰に陽にこれを援助し、このたたかいを背景として、税監をつうじての苛酷な収奪を批判した官僚・読書人層こそ、《東林党》とよばれる人びとであった。[31] かくして、一六二〇年

（万暦四八年）、神宗万暦帝が没して、東林派の官僚が政権を掌握すると、天下の礦・税はことごとく廃せられ、税監も撤せられるにいたったのである。

三　民　変——その二、開読の変——

東林党と閹党　明代の官僚は、それぞれ出身の郷土にもとづいて郷党として結合する傾向をもっていたが、明末にいたって、明朝支配が社会情勢の歴史的進展に直面して、これとのきびしい対決をせまられるようになると、このような地縁的な郷党結合をこえ、政権の掌握者に対し、官僚としての政治的立場の相違にもとづいて反対するものがあらわれるようになった。権臣張居正が廟堂にあって政権をにぎっていたころから分裂がきざしはじめていたが、万暦帝の皇太子冊立の問題をめぐってその対立は表面化し、内閣にあって政権を執る一派が、一五九四年（万暦二二年）の顧憲成の免職をはじめとして、自分たちの政治に反対するものを追放するにいたって、これら内閣派と反対派との対立は顕著となった。罷免された顧憲成は剛直にして識見すぐれ、郷里の江蘇省無錫《むしゃく》に帰り、宋の名儒、楊時の東林書院を再興して学を講じたが、趙南星・鄒元標《すうげんひょう》らとともに三君と称せられ、かれらにしたがうものは東林党人とよばれたのである。なかでも高攀龍《こうはんりゅう》・楊漣《ようれん》・左光斗・魏大中・袁化中・繆昌期《ぼくしょうき》・周宗建・黄尊素・周起元らはその重要人物であった(32)。一方、かれらの批判の対象であった廷臣系の人びとは、もとより政見をもって結束するものでなかったから、斉・楚・越の三党を生ずるなど、情実をもって離合したが、やがて宦官と結ぶ閹党《えんとう》の性格をもつようになって、宮廷・官府は暗澹たる紛争の場となった。官僚は賄賂を手段として内廷の宦官にとりいり、宦官は人事に容喙することによって官僚に勢力を扶植する、利害と情実とにもとづく結合が閹党にほかならない。もちろん、実質的に閹党に近いような結びつきは早くからあったが、それが閹党という形で官界に根をおろすのは、このころのことであり、やがて天啓朝（一六二〇年代）になって、無学文盲な一介の宦官魏忠賢をして残忍な弾圧を可能ならしめたのも、このような閹党の成立が前提にあったればこそであった。そしてそのさいまた、魏忠賢らの閹党は、自分たちに反対するものはみなこれを《東林党》とよんだのであった。それゆえ東林党とはいっても一の政党組織ではなく、そのなかには縉紳《しんしん》（郷紳）のほか、武弁・商賈・技芸・罪徒などにいたるまで、各種各層の人びとがあり、当時の新興庶民層をもふくむ結果となった。もちろん、その中心人物は、政界・在野に批判的立場をつらぬいた前述の人びとであったが、ここに注目すべきは、そのような士大夫層にさえ、つぎのような時代の特徴がうかがわれる点である。すなわち、第一に、かれらの多くは、明末の社会的進展によってその地主的支配が不安定となったうえに王朝権力による収奪の強化によって没落しつつあった中小地主層の出身であり、また、なかには商賈の家の出身のものもみられること、したがって、第二に、旧来の士大夫的支配によっては、社会的危機を乗り切り、将来の一家の存続繁庶を期することができないという見とおしをもっており、かくして、第三に、前述したように、受動的にもせよ、都市の新興庶民勢力および農村における中小農民層の主体的発展を支持する政策を主張することによって、自己のおかれた歴史社会的な地位を転換し、あるいは維持しようとする傾向のあったことである。

前述したように、万暦帝の死後、東林派は一時政権を掌握したが、一六二四年（天啓四年）、左副都御史楊漣が魏忠賢を弾劾したのを契機に、当時すでに特務警察ともいうべき《東廠》を提督して地歩を固めつつあった魏忠賢とその閹党は反撃を強化し、同年のうちに、事をかまえて趙南星・高攀龍・楊漣・左光斗・葉向高・朱国楨らをつぎつぎと罷免し、年末には、いわゆる移宮の案（熹宗天啓帝の即位のとき、宮人李選侍が熹宗と同居して朝政にあずかろうとし、左光斗らの反対を受けて、他宮に移された事件）によって汪文言が投獄され、さらに翌二五年には、収賄の罪名をもってこれに連坐せしめられて、楊漣・左光斗・魏大中・袁化中・周朝瑞・顧大章らが記するに堪えないような拷問をうけ虐殺された。[33]また、同年、東林書院をはじめ全国の書院が毀たれ、その一二月には東林党人の姓名を天下に榜示して、[34]ここに魏忠賢一派による陰惨をきわめた「東林」弾圧は絶頂に達したのである。

第4図　東林書院址

周順昌という人　このような背景のもとに、一六二六年（天啓六年）、東林派の周順昌の逮捕をめぐって、いわゆる《開読の変》がおこった。

周順昌は蘇州の人、一六一三年（万暦四一年）進士に合格、福建の福州推官となり、一四年、税監（宦官）高寀の誅求に対し中小商人たちが民変をおこすや、その弁護につとめ、ついで吏部員外郎となって北京におもむいたが、人事の不正にあきたらず、辞して蘇州に帰った。当時のかれは、貧、骨に徹するほどであって、その田は数畝《ほ》（一畝はわが国の六畝《せ》余）にすぎず、敝屋数棟を有するのみであった。また、かれの夫人呉氏のわずか一つ二つの銀のかんざしは始終質屋に入っていたという。しかしかれは、小民の抑圧されているのを知り、あるいは水旱のときの徴税に際会すると、かならず当事の官に力請し、平素、貧士と交わってその援助を惜しまず、民衆は深くかれを徳としていたという。かれは、さきの分類にしたがえば、その郷紳としての地位を利して積極的な政治的発言を惜しまなかった市隠であったともいうことができよう。

かくして数年、東林党の正義派郷紳としてかれは人望をあつめていたが、一六二六年、いわゆる《李実の誣奏《ぶそう》》事件がおこった。これよりさき、宦官李実は織造太監として蘇州の機戸を苦しめていたので、一六二四年（天啓四年）、蘇州府同知楊姜《ようきょう》はこの李実を劾奏して、かえって弾劾され、それをかばおうとした周起元もまた李実の劾奏をこうむるという事件があったが、魏忠賢は、こうして李実と周起元の仲の悪いのを利用して、李実の名を用い、周起元は巡撫であったとき十数万金を収賄したと劾奏し、魏忠賢に反対していた周順昌・周宗建・繆昌期・高攀龍・李応昇・黄尊素ら東林派の中心人物六人の名をも、ことのついでにこの上奏文に竄入し、勅許をえた。これが李実の誣奏といわれるものであるが、かくしてただちに錦衣衛千戸張応龍らは東廠の《緹騎《ていき》》（逮捕のための役人）をしたがえ、周順昌を逮捕すべく蘇州に乗りこんだ。

開読の変　緹騎はみな魏忠賢の威をかりて叱咤してまわり、緹騎の往くところ、県知事は宿舎と食事を準備し、下役人は少しでも緹騎の意にそわないとただちに鞭うたれるありさまであった。また巡撫に対してさえ緹騎は礼を用いず、巡撫のほうがかえってこれに謹しみ仕えたといわれる。緹騎が現地の県庁から被告人を受け取って京師に械送するにあたっては、《開読》と称して、勅旨を被告および公衆に読み聞かせる儀式を行うならわしであったが、ここでも、緹騎は恒例にしたがって蘇州の町中を飽くなく勒索してやまず、ために開読の挙行は三日も延ばされた。かくして周順昌の家には銭一枚も残らず、隣人は財産を傾けて応じ、貧しい読書人も借金してもてなし、行商人はみずからのぼろ衣を質に入れて、みなともに緹騎の貪欲をみたし周順昌を助けようと願ったが、一方、その間、県庁に拘留されて開読を待つ周順昌のところへは、かれを一目でも仰ぎ見んものと、窮村僻地から日に一万人もの人びとが老幼となくつめかけて、閹党の巡撫毛一鷺をのろったり、周順昌の助命を祈ったりしており、また諸生たちは、ぬかるみのなかを奔走して、県庁の庭はこれらの人びとで満たされた。民衆を拒むことができないのを知ると、役人たちは周順昌の居処を日に四、五度も移したが、そのたびに人びとはすぐ集まってきて、屋内に入ってかれに頭を下げ、入れぬものは外にあって名を呼び拝し、あたかも父母の難に遭ったもののようにふるまって、役所を事実上占拠し、数百千人の人びとによる議論が行われ、連日昼なお暗い陰雨のなかに、異様に悽惨な空気がただよったという。

いよいよ三月一八日、開読の式が行われることになったが、そのため周順昌が察院（刑獄をつかさどる按察使の役所）に移されると聞くや群衆は蘇州の町をこぞって集まり、察院の門の開かれるのを待つあいだ、かたわらの城壁に登って林立し、みな香を雨中に焚き、その煙はみなぎって天をおおい、無罪を叫ぶ声は城壁の上下に呼応して天にふるうありさまであった。なぜそれぞれに香を焚き、このような集団行動に出たのであろうか。それには諸生たちの考えかたと指導方法をうかがうに足る計画があらかじめ行われていたのである。当時、諸生や有識者の人びとは、相ともに謀って、「人心は怒りに溢れているから、開読の式にさいしてなにがおこるかわからぬ。だから、われわれはかれらの代表となって請願し、郷土に憂うべきことがおきぬようにしよう」と考え、そこで二、三の《父老》とともにあまねく人びとを慰め歩き、「われわれが周順昌のために万全をはかって、巡撫と巡按御史に命乞いをするから、どうぞ過激にわたってことをおこすことのないよう」と説得したので、人びとはこれを承知し、そこで香を焚いて、呉県の県庁から西の察院にいたるあいだ、周順昌にしたがい歩くこととしたというのである。期待もしなかったこの意外な行動を見て、「諸父兄のわれを愛する」ことに感動しながらも、周順昌は、かれらにむかって解散するよう請うた。さきには、引取りにかれの家にきた呉県の知事陳文瑞に対して、「官籍を剥奪されて、言わんと欲するところを皇帝のおんまえに訴ええないのが残念だ。もし囚人が上奏できるなら、天下の忠臣をみな殺しにできるものでないことを、あの魏忠賢の悪党どもに思い知らせてやれるのだが」と言い放ったかれも、群衆の行動に対しては躊躇の思いをいだいたのである。

やがて察院の門が開かれると、公服をまとった諸生五百余人とともに民衆もまたあい擁して院内に入る。院には堂上に幕を張り儀仗を設けて、張応龍らが居り、まわりに緹騎が立ちならび、中央の下に手枷《てかせ》をおいて、被告人平伏の場所がしつらえてある。諸生の一人文震亨（周順昌の友人）は進み出て、毛一鷺にむかい、

今日、人びとの思いはかくのごとくであるのに、あなたひとりなぜ長く歴史に名を謳われようと思わないのか。

事実にもとづいて上奏し、広大な皇帝のご恩によって巡撫にまかせていただきたいと請うことがどうしてできないのか。

と訴え、他の諸生たちもまた、

世間では事件の原因を知っている。だからこそ、あなたに終始処理することを頼むのだ。

と、袂をあげて呼応する。冤罪である旨を上奏せよと説く諸生たちのこの談判は、衆人が環視するなかで、事理をつくしてじゅんじゅんとして行われ、巡撫と巡按御使とはぬかるみに立ち往生して、肩はあい摩し、足は地を履むことができぬありさまであった。ついには諸生たちは、一四八二年（成化一八年）、宦官王敬およびその部下の王臣が蘇州の諸生たちの抵抗を受け、王臣は結局死刑に処せられて、かれの禍を受けた江南諸府にその首が送られた例までもち出したが、毛一鷺は数の力に対する嫌忌の色を表わし、勅旨の不可侵性を主張して、あくまで形式論の受け応えをするのみであった。

こうして押し問答はつづき、日はようやく午後に移った。緹騎らは「あの諸生は何をしにきたのだ。なぜ巡撫はあいつに縄をかけないのだ」と互いに語り合っていたが、やがてしびれをきらし、手にした鎖を地になげうって、「囚人はいずくにある。東廠のお役人はおまえたち鼠のようなものどもに口は出させないぞ」と大呼する。そのとき、群衆のなかから顔佩韋らが進み出て、「命令は朝廷から出たのか、東廠から出たのか」とくってかかり、これにむかって緹騎たちが「すぐにもかれの舌を抜け。命令は東廠から出ないでどこから出ようぞ」と叱咤すると、衆はこれを聞き、「われわれは天子の詔をいっているのだ。東廠なんぞにわれわれの周順昌を逮捕する権限はない」と、こぶしをあげて打ってかかった。

衆怒りて忽ち山崩潮湧のごとく、……欄《おばしま》に攀じのぼり、楯を折り、直前奮撃す。

と、まさにその瞬間の民衆の行動を、当時の記録は伝えている。緹騎らはみな頭をかかえて逃げ、あるいは柱の肘木に登り、あるいは厠にかくれ、あるいは逃げまどって草の葉をかぶり、いずれも捜しだされると額を地につけて命乞いをする。垣根の外に逃げたものはまた外にいた群衆に鞭うたれるというありさまで、ついにその一人李国柱は民衆の手に斃されてしまった。

ここにいたって、事はすでに失敗したとして、諸生はみなその場を引き上げてしまった。

その夕暮、黄尊素逮捕のため杭州におもむく緹騎たちがまた舟行して胥関《しょかん》（蘇州城の一門）を通過し、税関の役人に命じて市中の酒肴を勒索しようとしたが、商人たちはこれをも捕えて殴打し、城壁にのぼって「緹騎がまたやってきたぞ」と四方に呼びかける。衆たちまち集まって、その舟を沈め、緹騎は泳いで西岸に逃げたが、そこにも農夫があり、鍬をかかえて追いまくったという。

その後も民衆は周順昌の逮捕をはばもうと願い、流言は乱れ飛び、それを道傍に掲示するものがあるといった緊迫した空気がつづいた。そのため、県知事は周順昌と相談し、開読の式を行ってからでないと出発しないとあえて宣言しておいて、一夜ひそかにかれを送り出してしまった。民衆がそれを知ったとき、周順昌去ってすでに久しいのちであった。

一方、毛一鷺は府・県に檄して首謀者を捕えようとつとめ、たんなる噂にもとづいて顔佩韋ら一三人を捕え、獄に下した。「はなはだしきは、期に先んじて出で、事におくれて帰りし者も、また執えらるるあり」と記録は語っている。そして、想像をもととして詳細な調書をつくり、その一つ一つのばあいにこれらのものを配したという。なかに、つぎにあげるいわゆる《五人》の庶民があった。

顔佩韋――千金を有する商人の子。商を好まず、游侠の徒となる。周順昌と面識なし。周順昌を救わんとして四日間醵金その他に奔走した。

馬　傑――「有力の人」という。毎朝、拍子木を鳴らして人を集め、香を焚いて行進を組織した。

楊念如――閶門（前述のように門外は蘇州の踹布業地区）の呉服商。周順昌と面識なし。

沈　揚――牙儈（仲買商）。周順昌と面識なし。

周文元――周順昌の家の輿夫（かごかき）。

この五人は、周順昌のために死ぬのであるから、なんの憾むところもないとして、弁明を潔しとせず、毛一鷺に対し、「おまえが周順昌をおとしいれて死なしめるのだ。おまえの官位は高いが、その人物は小だ。ところがわれわれは周順昌のために死ぬのだ。だから、身分は百姓でも人物は大だ」と、これを罵ったといわれる。

この年六月、周順昌は京師に獄死し、七月、顔佩韋ら五人は蘇州の町にさらし首にされた。

魏忠賢はこの変を知って非常に怖れ、閹党の一人をして請うて蘇州に自分の《生祠》（生きながら祀る廟）を建てさせ、それはやがて天下に流行したが[35]、翌一六二七年（天啓七年）、熹宗は死に、毅宗即位して、その一一月には魏忠賢は誅せられた。蘇州の士大夫呉黙・文震孟《ぶんしんもう》・姚希孟《ようきもう》らは五〇金を出して、五人の首を引き取り、毀たれた生祠のあとにかれらの墓をつくって、「五人之墓」と題した[36]。

以上は、張世偉・文震亨・姚希孟ら、いずれも周順昌の友人であり、当時の参加者・目撃者である人びとのそれぞれ別別の記録――したがって、それは同じ系統関係にあるというのではなく、別種の記録であるが、にもかかわらず相互におおむね一致して矛盾するところがない――の精細な記述などによってたどった開読の変の経過である。

このような事件は、周順昌についてのみならず、楊漣・左光斗・李応昇・黄尊素らの逮捕にさいしても大なり小なりおこっているのであるが、ここでは、その典型としての開読の変について、その性格をふりかえってみよう。

まず、民衆のちからは、いかほど発揮されたであろうか。それをよくしめす事象は、第一に、事件の全過程をつうじて、民衆や読書人たちが、連日、役所をほとんど占拠したも同様なかたちで、そこにかれらの問題を議論する場をつくりあげていること、第二に、そのような環境のもとに、諸生たちは魏忠賢をあげつらいつつ、巡撫らにむかって説得し、請願する交渉を長時間にわたって行っていること、——これらはいずれも、民衆の数のちからを背景にしてはじめてなしえたことであった。そして第三に、それはこの事件に発揮された民衆の力量の総合のうえに獲得されたものであるが、五人の庶民が犠牲になったとはいえ、直接ことにあたった諸生たちにさえ閹党側はほとんど制裁を加えることができず、また、これよりのち「あえて国門を出でず」といわれたほど緹騎をして恐れさせていることである。

また、読書人層はどのように自己の性格を表出したであろうか。まず、諸生について見れば、かれらは父老を媒介として民衆を説得し、かれら諸生の望みどおり、事を「穏便」に運び、そうした群集に守られて大いに弁ずることができたが、結局民衆のちからがこれを乗り越えたとき、事すでに失敗に帰すと受け取って、解散してしまったのである。

つぎに周順昌自身についていえば、かれは民衆の擁護の動きに直面し、事の意外におどろき、またのちに、このように民衆にしたわれることをみずから不思議がったという。これは、周順昌の民衆に対する感情が、十分の同情はもっていたにせよ、個人的具体的な交渉にもとづく感情というより、むしろ、いわば抽象化された被支配者一般に対する支配階級としての感情であり、客体化した行政そのものにおけるかれの正義感的観念が、その行政の対象としての民衆に対し、かれをして一般的・抽象的なかたちで同情を寄せしめたという傾向のあったことをしめすものではないだろうか。

いずれにしても諸生や周順昌のこのような観念がそれなりに実現しえたのは民衆のちからにささえられてのことであり、したがってわれわれがそこに読書人層と民衆とのずれや距りを問題にしうるのも、これを問題にしうる共通の場が客観的に形成されたればこそであった。それにしても、これをふたたび民衆の側からいうならば、民衆は、なぜ個人的交渉も面識もない周順昌のために、みずからすすんでいのちをかけたのであろうか。それによって、民衆と読書人とが共通の場に立つにいたったこの切実な行動は、どこから生みだされてきたのであろうか。――それこそ、明末の庶民がおかれた歴史的現実のなかからであったといえないであろうか。

初期市民運動　近年、中国の歴史学界で提起されている「資本主義の萌芽に関する討論[37]」には、《萌芽》の構造的な把握に欠けるもの、したがって萌芽の徴表であるかにみえる諸現象のみを安易に逐うものが討論過程に少なからずみられたが、しかし、これらの新中国における諸研究には、また、ひとつの大きな特徴がうかがわれる。それは、この「資本主義萌芽問題討論」が、資本主義の萌芽を解明するにあたって、いかにも今日の現実のなかでかれら中国人が身につけた認識方法にふさわしく、悪しき意味での客観主義的・経済主義的分析に終始せず、萌芽をして萌芽として現実に実現せしめるものとしての直接生産者の抵抗運動や階級的意識の形成に多大な注意をはらっている点である。そしてそこでは、われわれのいま問題としている《民変》は《初期市民運動》と規定されているのである。都市の住民の意の《市民》という語は、明末以前からすでに文献資料に見えるが、今日中国の歴史家がいうこの《市民》の概念規定は、エンゲルスの『ドイツ農民戦争』における階級区分にもとづいている。すなわち、エンゲルスは、そこにおいて、一六世紀初頭のドイツの都市諸階級を三つに分け、第一の、貴族的な特権的地位によって高利貸と独占とをやり、通過税をほしいままに課し、財政的横領を公然と行った《都市貴族》に対抗する、都市反対派として、第二に、比較的ゆたかな中流の市民と、地方の事情によって種々の割合をしめる一定部分の小市民とをふくみ、都市貴族の情実政治に反対した、「温和な」「合法的な」「裕福な」「教養ある」《市民的反対派》、第三に、手工業の職人、日雇い労働者、および都市発展のひくい諸段階にすらあらわれるおびただしいルンペン-プロレタリアートなど雑多な要素からなる《平民的反対派》の二つの反対派をあげているのであるが、中国の学界では東林派に代表される一部の読書人・商人層を市民的反対派と規定し、いわゆる《民変》を平民的反対派の市民暴動であると考える。そして、商品生産の発達と市場流通の展開によって、新旧両要素の矛盾が大々的に発展した明末清初の歴史的転回点における新たな階級関係を表現するものとして、この二つの反対派を評価するのである。

ところで、われわれは、エンゲルスが右に関連してのべているつぎの二つの指摘に注意する必要がある。それは第一に、このような段階における階級関係、したがって階級対立の複雑多岐な面であり、第二に、市民的反対派の演ずる役割の限界という点である。明末の中国についても、これらのことが問題となるであろう。市民的反対派といわれる人びとの流れを汲む読書人のなかからは、黄尊素の子である黄宗羲をはじめ、顧炎武・王夫之、さらには呂留良らが輩出し、野に在って清朝支配に抵抗し、経世実用の学をみのらせたいわゆる江南読書人の伝統が受けつがれたが、一方、東林派のなかからも、銭謙益らのように清朝に降ってその官となったものが出ているのである[38]。また、東林派の一人に数えられ、清軍の南下にさいし、揚州において死を賭して民族的抵抗を行った史可法も、農民反乱については、徹底した弾圧者であった。当時の社会の指導的身分であり、明末清初の民族史的発展ないしその防衛に関して重要な地位におかれていたかれら一部の読書人たちも、このようにして、動乱期の歴史過程に複雑な向背を示したのであった[39]。

そしてそのばあい、手工業労働者を中核として組織的にたたかわれた織傭の変、農民と都市の庶民とを大きく結集し緹騎をして恐れしめた開読の変、あるいは一六四五年夏、八一日にわたって清軍と死闘し、農民をふくむ一七万二千の人民が犠牲となった江蘇省江陰県城の抵抗[40]、また同じく嘉定県各郷の民兵の二カ月におよぶ抵抗[41]などにあざやかにしめされるように、複雑な諸階層の最下層におかれている直接生産者——農民および手工業労働者（前期的プロレタリアート）の力量がいかほど結集され、発揮されるか、それこそが、一時的にせよ、読書人層をはじめその他の諸階層の複雑な対立を主要な対立に統一し、はげしい闘争を遂行せしめるための決定的な条件をなしたのである。しかもそれらのたたかいは、個々の闘争の結果によってのみ評価されるべきではなく、それら一連の闘争そのもの、またその総過程のうちに、その歴史的意義と成果とを見いだしうるであろう。

四　抗租奴変

抗租奴変ということ　さきにも述べたように、民変は明末の都市に偶然に勃発したものではない。商品生産の発展にともなって広汎に形成された手工業労働者を主体とする闘争であり、歴史的・社会的な必然性を有するものであった。しかも、当時の都市商工業の発達は、農村――とくに江南農村における商品生産の展開と無縁のものでないことも前述したとおりである。したがって、商品生産の発展による矛盾の激化は都市に民変をもたらしたと同様、農村においても、農民闘争を処々に発生せしめている。《抗租》といわれる小作闘争がそれである。ところで、この抗租は《奴変》とよばれる奴隷反乱とともに、《抗租奴変》という成句のかたちでよびならわされている。それは、両者がその時代性からいっても、また、ときに事実のうえでも、密接な関係をもつからである。まず奴変からとりあげよう。

明末清初の奴隷　明末清初の《奴変》について考えるということは、明末清初のころに奴隷の反乱が顕著にみられるという事実を、どのように解釈するかということにほかならない。そしてそれには、この時代に奴隷が存在したということをどう理解するか、奴隷は当時の社会にどう位置づけられるか、その基本的な直接生産者であったか否かなどということが、まずもって問題になるであろう。

中国において法的身分としての奴隷が最終的に廃止されたのは、清末の一九〇九年（宣統元年）であって、明末清初にも法的身分としての奴隷は社会の各方面に存在したのである。ただし、当時の社会の基本的な直接生産者が奴隷であったか否か、当時の社会が社会構成体としての奴隷制社会であるかどうかの問題は、おのずから別の観点から考えられねばならない。すなわち、それは、法的身分の問題とは別に、当時の基本的な直接生産者がその再生産構造において、階級関係において、奴隷であるか農奴であるかの問題だからである。

当時の奴隷身分は、奴婢《ぬひ》・奴僕《ぬぼく》・僮奴・僮僕などのほか、家人・家奴・家僕・家僮・義男義婦などとよばれ、しばしば主家の姓を名乗って、家父長制的家内奴隷の色彩が強くうかがわれる。当時、基本産業である農業においては、いわゆる《佃戸》による小作経営が、とくに華中・華南を中心に広汎にみられたが、かれらを支配し、その小作料を徴収するにあたって地主のうちには《紀綱之僕》とよばれて差配人的な役割をはたす奴隷を用いるものがあり、また経営地主層の手作地経営には、右の家僕等々とよばれる奴隷を労働奴隷として使役するものもあった。このような奴隷の使用は、ことに、労働手段を主家が所有し、その経営経済が家計経済と未分離な状態にあった一部の商業経営や士大夫層の家庭に行われ、官僚のなかには奴僕千人以上を蓄え、主人の上奏・書簡はみなその《豪奴》の手になるという例もみられた。かれらは、後述するような経済的・社会的条件のもとで、みずから主家に身を投じ（《投身》・《投靠《とうこう》》）、あるいは売買贈与されて奴隷身分となり、また債務によって転落した結果、このような身分関係に入るものもあった。この関係は、原則的には一代かぎりのものでなく、出生身分であり、主人との本質的な関係は主奴の身分関係であったが、ただしつぎのような性格は、明清時代の中国における奴隷の重要な特質をなしている。

すなわち、第一に、中国の奴隷は古くより「半人半物」的性格をもち、所有の主体たりうる権利を与えられていたため、明末清初においては、その財産や経済的地位には、紀綱之僕の一部にみられるような《豪奴》から、無所有で無制限に使役された奴隷にいたるまで、大きな懸隔があり、奴隷相互間にその階級的利害はかならずしも一致していなかった。また第二に、商業=高利貸資本の浸透、税・役ないしは佃租（小作料）収奪の強化の結果、小生産者の没落によって不断に産みだされる人身売買あるいは人身質入の債務奴隷的関係についても、その内容には、かならずしも永代売買ないし永代的債務奴隷化（帰属質）――これらのばあいは奴隷身分に転化する――にかぎらず、むしろ、債務奴隷がより主体性をもつようになった買戻権付売買や労働消却債奴制的な一時的債奴など――それはかならずしも奴隷身分に転化するとはかぎらない――が、少なからず存在したと推定され、[42] したがって、奴隷身分に転落しない債務奴隷のばあい、債務奴隷とはいっても人身賃貸借的な「雇傭」関係（一定期間、人格そのものを賃貸借するのであって、たとい形式的には「賃銀」を取得しても、それはなお労働力のみを売り渡すものではない）と形式上異ならないものがみられたと考えられる点である。以上のような二特質は、後述するように、奴変の内容と性格とを把握するにあたって、考慮されねばならないであろう。

奴変と佃戸・傭工　顧炎武はその著『日知録』のなかで、「奴隷の多きことは蘇州地方がもっともはなはだしく、奴隷の専恣横暴もまた蘇州地方がもっともはなはだしい」[43] といっているが、奴変は、とくに一六四四年（崇禎一七年）、一六四五年（順治二年）の明清交替期を中心として清初におよぶ間、蘇州府の嘉定・崑山・呉淞・南翔をはじめ、常州府の宜興、松江府の上海、嘉興府の崇徳、江寧府の溧陽《りつよう》・金陵、太倉州など江南の諸地方、江北では揚州府の泰州、また河南省汝寧《じょねい》府の光山・商城・固始、さらに安徽省徽州府、広東省広州府、福建省泉州府などに広く勃発した。[44] ところで、これらの事件は、一概にこれを奴変とよぶとしても、そのうちには二つの互いに異質な傾向がみられる。

その第一は、銭謙益・瞿式耜《くしきし》などのような富裕な大族に蓄養される数千人の奴隷たちが、主人の勢力をかさに着て一般人に横暴をきわめたり、あるいは、かかる強力な豪奴が旧主を害し、新しい主人に投靠しようとして事件をおこすものである。[45] そこには、経済的にすでに奴隷身分を超越する奴隷たちのちからをうかがい知ることはできようが、それは奴隷身分の解放を直接の目的とするものではないという点で、つぎの第二のタイプと、はっきり区別されねばならぬ。

その第二は、一般に奴隷が、売身証書を廃棄し、奴隷身分から解放されることを目標として起ちあがる、身分的・階級的な、本来的奴隷反乱であって、明清交替による諸権力の空白期に集中してみられるものである。その事例として、一六四五年、徽州府黟《い》県に勃発した奴変をあげることができる。[46]

黟県の奴隷宋乞は、平素、郷紳の家に恨みをいだいていたが、県中の奴隷数千人とともに多くの寨を築いて乱をおこし、たたかいは休寧県にまで拡大して、読書人の殺害せられるもの百余人、大・中の戸はほとんどねらわれ、みずから士大夫を称する家はなくなったといわれる。乱の当初、宋乞は、仲間の奴隷に対し、「自分の祖父が奴隷となってより、子孫は奴籍に隷せられて、ついにみずから脱することができなかった。いまこそ天はその機会を与えてくれたのだ。かれら主人たちはみな軟弱で、あえてたたかいうるはずもない」(47)と語り、また「皇帝もすでに替わった。主人もまた僕となってわれわれに仕えるべきだ」(48)と、主人との間に主僕の関係ではなく兄弟の長幼の序をもってすることを要求したという。この事例は、この種の奴変の動機とこれをもって起ちあがる奴隷の階級的成長とを典型的に示しているといえよう。

さきの第一のタイプによれば、個々の奴隷のかならずしもすべてが本来的な奴変への参加の必然性をもっていたとはいえぬ、当時の奴隷身分のあり方が指摘できると考えられるが、また他方、奴変には、法的身分を異にしながらも階級的利害を一にする佃戸や傭工（雇農）の参加するものもあった。当時、農業部門にも手工業部門におけると同様、傭工（雇工）労働が広汎に出現し、なかには、前述のように、形式的に債務奴隷的労働と重なり合って存在する人身賃貸借的なものもあったが、しかしやはり、当時出現した傭工にあっては、一般に、労働力は、形式的にもせよ商品化しており、傭工は奴隷に比して、より自立性の高い身分となっていた。また後述するように、奴隷身分は、このような傭工の出現にともなって、かかる自立性を指向して解体しつつあり、奴変はかかる趨勢を表現するものと考えられるから、より自立性の強いこのような傭工や佃戸が直接奴変に参加した事実は、これら佃戸・傭工の先進的な――それゆえ基本的な――闘争によって奴変が導かれたことを意味するといえるであろう。いま、佃戸・雇農の参加した実例をあげれば、一六五八年（順治一五年）の河南省汝寧府における奴変がある。(49)これは、奴隷解放の勅旨が降されたという噂がまず光山県にひろまり、奴隷たちは衆を集め、武器をとって、奴隷証文の破棄を主家にせまり、それが商城・固始両県に拡大して乱をなしたものであるが、この事件を鎮圧した金長真の報告によれば、ここでは参加者に四つの動きがみられる。その第一は、自己の利害から投靠した奴隷が主人を換えようとする動きであり、その第二は、強占されて、郷村に武断する土豪の手におちいった奴隷が自己の解放を目指して乱を致すものであり、その第三は、年季奉公人的な雇工がその期限明け後にも主人から逃僕として追求されるのに耐えずして叛を致すもの、その第四は、本来田主との間に《長幼の序》関係に立つべき佃戸が、田主によって家族ぐるみ奴僕同様に扱われることによって叛を致すものである。第一のばあいは、奴変の既述の傾向のうち第一のタイプを示すものであるが、第二のばあいは奴隷身分の廃棄を目指すさきの第二のタイプにほかならず、そこには奴隷身分を乗り越えようとする奴隷のちからが表現されている。また後の二者については、元来奴隷と同じであるべきでない佃戸・雇農を奴隷的に役使した主人たちが、金長真によって非難されている。したがって複雑な要素をもつこの奴変も、奴隷のデ-ファクトの実力と、佃戸・傭工一般のデ-ユ-レの既得権をここでも獲得しようとする当地の佃戸・傭工の志向とによって統一されたたたかいであるといえるであろう。

乙酉の乱　奴変の性格について指摘したさきの二傾向によってもうかがい知られるように、同じく奴変をたたかいうる実力をもつにいたった奴隷ではあっても、その奴隷身分内部には、いわば階級的な分裂さえ想定されるのであるが、このような奴隷身分内部の対立、あるいは、その対立下に下積みとなっている《小奴》と奴隷以外の下層民との結社的結合等々の要素を内包するにいたると、奴変はいっそう複雑な性格をもってたたかわれることとなる。その例がいわゆる《乙酉の乱》である。

一六四五年、江蘇の太倉州では、同地の富豪王氏の奴隷兪伯祥が首謀して、王朝が交替したのだから奴隷も良人（「自由」人）になれるはずだと、売身証書の奪取を唱えた[50]。かくして一呼千応、奴隷たちは、おのおの主家に乗りこみ、証書を奪い、邸に火をつけ、ときに主人を縛りあげ、主人と個人的に親しくその恩を感じているものがあっても、かれらは面貌をかえて虎狼のごとく、にくにくしげに声をはげまし、主人側近の小婢にいたるまで引き立てて仲間うちに入れ、太倉の町から各鎮・各村へ、毎日数千人が殺人・焼打ち・掠奪をかさねる。やがて数日、こうしたちからを背景として、兪伯祥はかれらの功を石碑に刻んでこの乱をながく後世に成果あらしめようとし、一身一代にかぎり奴隷身分に束縛することはこれを許すが、子孫におよぼしてはならぬという法を定めるよう官に訴えたが、しかし、その間にかれは殺されてしまった。ところが乱はこれにとどまらず、官僚徐氏の家奴顧真卿を指導者とする《烏龍会》の反乱に発展した。(51) この烏龍会は、奴隷や市井の《売菜傭》らの結社であるが、その参加者は数千人にたっし、乱の過程において、同じく徐氏の豪奴金孟調の財産はかれら下層民の手に奪われたという。ときに反社会的であり反動的であると評される秘密結社的組織が、ここでは、かならずしも容易にみずからの奴隷身分を解放しえない小奴たちにとって、そのちからを維持し、その解放を授けるものとして機能しているのが知られよう。もちろんこのような結社形式が革命的な役割をはたすか、反動的な役割をはたすかは、その結社の形式に内容を与える歴史的・階級的条件の如何にかかっているのであるが、中国社会がその前近代的諸関係のなかから、膨大な無産大衆を析出し、そのちからをつうじて、みずからの解体の途を歩むばあい、このような形式に与えられた役割には注目すべきものがあるといえよう。

奴変の歴史的意義　以上のような奴変のはげしさのため、以後、富室は懲りて、奴隷を蓄養する風習は一時衰えたといわれるが、しかしここでは、そのような一時的な結果を産んだはげしさを量的に評価するのみではなく、ふたたび、奴変にあらわれた性格をふりかえって、その歴史的意義を考えてみたい。

われわれは、以上見てきた奴変を通じ、その本来的な主体として、㈠世襲身分（出生身分）としての奴隷を、また奴変をめぐる社会層として、つぎの諸範疇を、指摘することができる。すなわち、直接の参加者としては、㈡豪奴（もちろん、かれらとても世襲的奴隷身分には違いないが、かれらはむしろ本来的な奴変には参加しなかったと考えられる）のほか、とくに、㈢法的身分としては良人身分に属しながら特殊個別的にはいま主人のもとで奴隷的状態におかれている佃戸、㈣同じく傭工、があり、また、かならずしも直接の参加者ではなかったかもしれぬが、㈤みずからの階級的地位の向上のため独自に抗租闘争を行うより自由な佃戸（および傭工）、さらに、㈥世襲身分でない一時的な債務奴隷としての小生産者、がその外延部にあった。そして、本来的な奴変が、単なる盲目的な暴動でないのはもちろん、単に奴隷身分の個別的な解放を要求するのみのものでもなく、世襲身分の一般的廃棄というごとき関心と目的とをもつもの（乙酉の乱）でもあってみれば、それは、奴隷身分の自立化を志向する階級闘争として、これを評価することができるであろう。そしてそのさい、その周辺における、より自由な良人としての佃戸・傭工の存在、また一時的・可変的な債務奴隷関係の存在は、永久的な奴隷身分に固定・緊縛されている奴隷にとって、たとえば黟県の乱における《長幼の序》の要求にみられるように、現実の到達目標たりえたであろう。

奴隷から佃戸または傭工への解放は、しからば事実的にいかにみとめうるであろうか。われわれは今その具体的過程を示す材料をもたぬが、明末清初の典型的な経営地主であった張履祥は、僕隷がすでに「善良」でなくなった風潮に直面して、みずからは男女を収買せず、旧来の奴隷はこれを解放するといっており、事実、同じく明代中期以降、商業=高利貸的・官紳的不在地主—佃戸の関係の展開と、在地地主の手作り地経営の衰退、ないしは手作り地経営における奴僕労働力の傭工労働力への推転とが現象するのである。(52)

このようにして明末清初の奴隷のうちに、奴変に代表される諸闘争をつうじ個別的に解放される者のあった事実はみとめられようが、しかし、それではなぜ奴隷制的身分秩序そのものは廃棄されえなかったのであろうか。ここでわれわれは、その理由を奴変に示された奴隷のちからの量的な弱さに帰することなく、個々の奴隷の解放はありえても奴隷身分一般が容易に否定されえない構造的性格を検討する必要があろう。

さきの顧炎武『日知録』には、

今日江南の士大夫には多く家奴蓄養の風が見受けられる。士大夫が一たび官途に就任すると、かれらは競って門下に集まり、多きは千人にいたる。これを投靠という[53]。

といっており、また、松江の人何良俊はその『四友斎叢説』（一五六九年〔隆慶三年〕刊）において、

四、五十年来、賦税は日に増し、徭役は日に重く、民はこれに堪えることができず、遂にみな業をかえてしまう。むかしは郷官の家人もまたはなはだしく多くはなかったが、いまは農を去って郷官の家人となるものが、かつての十倍にのぼる[54]。

と述べている。ここには、積極的に営利の場を求めて投靠するばあい——たとえば徐一夔《じょいっき》の「織工対」に紹介されている明初の熟練した絹織工は、他の織工の二倍の賃銀を得ながら、かえって、いっそうの貴富を求めて、大官の奴隷となったという[55]——のほか、とくに、税・役の負担を回避し、さらに地主や商業=高利貸資本の収奪をのがれるために、投靠して郷紳の家奴となることがすすんで避難所を求めることにほかならなかったゆえんが語られているといえよう。これに、債務によって転落するものをさらに加えれば、かかる奴隷は、かくして、右のような専制的・地主的な基本的支配=収奪体制が解体しないかぎり、不断に再生産されるであろう。したがって、かかる体制の固有な副産物である奴隷一般の解放は、かかる体制そのものの否定をつうじてしか実現しえない。しかもそのさい、投靠による収奪からの避難、権力支配に便乗する豪奴としての営利などの直接的要請の側面をもつかぎり、奴隷一般は、その解放闘争について内部的矛盾をかかえていたのである。かくして、かれらの闘争=《奴変》は、地代として対象化された剰余労働部分をめぐって体制的支配者——官紳・商業=高利貸資本を含む地主層（それは同時に奴隷主でもありうる）、およびこれと相互媒介的関係にたつ専制国家——との妥協しえざる基本的対立関係にあった佃戸層の闘争=《抗租》に導かれ、《抗租奴変》として、ともにたたかわれることによってのみ、その本来的な《奴変》闘争を保証されていたといいうるであろう。

《抗租》研究の課題

佃戸が地主に対し佃租（小作料）を納めずこれに反抗するもの、その結果、地主の家を襲って殺傷・焼打ちするもの、あるいは地主からの小作料滞納の訴えによってただちに派遣される官兵に対し、佃戸がそのいのちをかけてたたかう抗租などの例は、すでに南宋朝の江南に一二世紀後半からみられる。そして、明の中期

第５図　清代雲南の礦山労働

（一五世紀中葉）以後、とくに明末清初期以降には、江南を中心として処々に一般化する。とすると、このような抗租現象は、佃租収奪の歴史とともに古くからみられたといえるであろう。では、それが明中期以降に頻発する現象をどう解釈すればよいであろうか。また、抗租の事件の数だけの問題としてとらえるのでなく、その内容についても、時代とともに変化がうかがえるであろうか。そしてそれは、社会構成体の史的発展といかにかかわり合うであろうか、すなわち、そういう佃戸とはどのような歴史的存在であろうか。――それがいま、われわれの課題である。

「佃戸」ということばは、一般の通俗的な用語であり、文献にあらわれるいわゆる史料用語である。したがって「佃戸」という語を史料からそのまま転用してその内容を規定しないというのでは、佃戸を解明しえたことにはならない。「佃戸」とよばれる農民をそれぞれの時代の歴史的存在として規定することが必要である。そのばあい佃戸を《小作農》と解することも、これに歴史的規定を与えたことにはならない。なぜなら、《小作》とはいつの時代にもみられ

る経営的範疇であって、歴史的範疇ではないからである。

佃戸の現実のあり方は、佃戸がどのような社会関係——社会関係は歴史的に形成される——におかれているかによって規定される。すなわち、佃戸が現実の存在たりえているのは、それが一定の、固有な社会関係におかれていることにおいてである。その実体的な社会関係は、明末清初の佃戸のばあい、地主との間の生産関係であり、地代関係である。

地代関係という地主と佃戸との相互に固有な対立関係が、もっとも尖鋭に表現される事態、——それが《抗租》闘争である。したがって、特定の抗租の具体的過程に集中的にあらわれる諸表象を通じて、われわれは、特定の地主—佃戸関係を明らかにし、したがってそこでの《佃戸》の歴史的規定性を把握することができる。しかし、それでは抗租の解明とは、そのときどきの佃戸の存在形態を静態的に把えるために素材を提供することであろうか。そうではない。抗租は、そこにたたかう《佃戸》の史的発展を端的に顕示する事態であって、佃戸の歴史的な——「その時代の」というばかりでなく「史的発展の運動を内容とする」という意味で——発展形態そのものである。したがって、抗租の解明はそれ自体、佃戸の存在規定の手段であるとともに、その史的発展の追求である。そのような意味で、以下、抗租闘争の具体的内容を見よう。

鄧茂七の乱　陶宗儀の『南村輟耕録』巻一三には、自己の小作している田の耕作権を質入れする佃戸の例がみえ、その前提に、元末には、佃戸の耕作権の確立が通念として成立していたことが知られるが、こうした佃戸が、佃租に関する明確な農民的要求をかかげて《抗租》に起ちあがった最初の例は、一四四八年（正統一三年）から翌年にかけて福建省を震憾させた《鄧《とう》茂《も》七《しち》の乱》である。(56)

当時、明王朝はようやく創業の時期を過ぎ、皇帝の側近には宦官政治が擡頭していた。また、経済的発展にともなって、のちに一条鞭法として財政面に一般化する銀流通は、その端初的なかたちを《金花銀》の名で租税体系のなかにあらわしはじめていた。これは軍官の要求によって、その俸米の代りに銀を支給するためであった。銀経済は宮廷・

官僚をその魅惑のなかに捲きこんだのである。かくして、明王朝はその伝統的な農本主義によって銀流通の抑制につとめつつも、みずから銀蓄積の必要に駆りたてられ、浙江南部・福建北部に散在する銀山についても開閉つねなく、これに乗じてひと儲けしようという官僚たちが、宦官に賄賂をつかい、現地に職を得て集まってくる。かれらは、銀山においても、また一般農民に対しても、礦山企業請負人として、また租税請負人として、典型的な官僚——営利追求者・苛斂誅求者であった。このことは、現地の礦山労働者および一般農民に、それぞれ大きな影響をおよぼす。

従来の礦山労働者たちは、かれら官僚の礦山企業独占の結果、追い出され、銀山をねらい山間を荒し廻る《礦賊》と化する。官僚企業の銀山から流れ出る礦毒は田畑を破壊し、その徭役誅求から産み出される流民は、礦賊に糾合される。かくして、この礦賊《葉宗留の乱》は、盗賊行為以上の反権力闘争に発展した(57)。

一方、一般農民はどうであったか。福建では、唐中期以降、浙江をはじめ中原からの移住者が増加し、南宋末にはすでに、「地狭く人稠《おお》し」といわれるほど開発された。こうして早くから農民による単純商品生産が展開し、甘蔗《さとうきび》・藍・茶・茘枝《れいし》・紙・葛布などの特産物を産し、商業が発達したが、商業＝高利貸資本による農民支配は土地所有の面でも進行した。すでに早く元末一四世紀には、建寧府崇安県において、地主は五十余家で全体の八三パーセントの土地を所有してこれを小作させ、自作農四百余家が残りの一七パーセントの土地を所有していたといわれるが(58)、一四四九年（正統一四年）に同府建陽県では、農地の大部分が都市に住む不在地主の所有下にあったという(59)。そして、佃戸たちは後述するような高額の小作料をみずから運搬して地主に納めるほか、《冬牲》とよばれる薪米鶏鴨の類の副租をも納めるならわしであった(60)。

中央政府が眼をひからせて取り締るべき対象は、銀山の経営者であり、かつ農民の統治者である官僚でなければならぬはずであった。ところが中央ではこの根源を取り締らず、現象を抑えようとした。礦賊対策のため、《総小甲制》という一種の《保甲制》によって農民を自警団に組織して武器を与え、総甲・小甲にはある程度の権限が授けられた。

延平府沙県《さ》二四都において、その総甲に任ぜられたのが鄧茂七および弟の茂八である。鄧茂七は佃戸たちの要望を代表して冬牲の全廃を主張し、一四四七年その実施をかちとり、さらに小作料を不在地主側から受け取りにくるよう要求したが、地主側はこれに反対し、官憲のちからによって、かえって鄧茂七を捕えようとしたので、佃戸たちは死の恐怖を乗りこえて鄧茂七を守り、四八年二月、ついに知県・巡検を殺してしまった。しかも佃戸たちはなお請願を重ねて日をすごしたが、七月、全面的な武力衝突に発展した。中央集権的専制国家のつねとして、中央軍が官僚・地主の救援に発せられたが、これよりはやく、総小甲制によって組織と武器を身につけた農民軍は、現地の官兵を破って、沙・尤渓《ゆうけい》の両県を抜き、延平城下にせまった。そして、農民軍のなかから進み出た一人の男が、城をふり仰いで、つぎのように訴えた。

　わたくしどもはみな良民でございますが、富裕な人びとにいためつけられて、苦しんでおります。しかもお役人はとりあってくださらず、訴え出るところがありませんでした。それでやむをえず徒党を組みこのように法にそむくことをしてしまいました。どうぞ朝廷におとりなし下さい。もしおゆるしいただけますならば、ただちに解散いたす所存でございます。

まずかれらは、控訴するに所なく、やむなく非をなしたことを弁明し、朝廷の寛恕をこうむるならば、ただちに解散すべきことを述べる。そして一旦退去した後、あたかも容易にきり出せなかった要求を願い出るかのように、ふたたび、

　わたくしどもは、もう家財をことごとく失いつくしてしまいました。どうぞ三年間の徭役を免除して下さい。そしてお国のためになるよう生きさせてください[61]。

と請うのであった。ここに注目すべきは、差役三年の免除要求が地主層に対抗して起ちあがったかれら佃戸たちの口から出たという事実である。われわれはこの要求をとおして、当時の史料が直接的具体的にはなんら語らないもの

――地主にかわって佃戸が事実上徭役を負担していたことを看取することができる。田賦のばあいも同様であったかも知れぬ。

右の請願に関する報告を受けた皇帝は、これを陳謝と受け取り、滞納税の追徴と三年間の差役とを免除することを約束したが、出先官憲の強硬態度のため、一〇月、交渉は最終的に決裂し、鄧茂七はみずから「剗平王《さんぺい》」（悪を平らげ治める王の意）と称し、部下に官職を授け、これをみずからの指揮下に再組織してたたかった。当時同じ条件下にあった各地の農民もまた処々に蜂起し、その総兵力数十万、姓名の今日に伝わる指導者だけでもほぼ三〇人にたっした。ここに福建全土は一大ゲリラ戦の場と化し、あるいは《呂公車》という梯子つきの戦車を使って県城に攻めのぼり、あるいは県庁の戸籍・租税台帳を奪うなどの大反乱となった。中央政府はこれに対し、浙江・江西の官軍各三千のほか、北京の五軍・神機営（砲兵）二万、江西・浙江の漕運軍二万七〇〇〇を派遣し、南京には二万余の軍隊しか残らなかったという[62]。鄧茂七自身は、四九年二月、延平府に敗死したが、余党はのち長く抵抗し、《土木の変》（英宗正統帝がオイラート部を征討し、敗れてとらえられた事件）の勃発と前後したこの乱は、明朝中期の国家的重大事件であった。

鄧茂七は地主・地方官僚の背後を支える中央集権的専制権力を評価しえず、地主・地方官僚に対する抵抗がそのまま反逆罪となることを理解せず、かえって皇帝個人の温情に期待し、しばしばそのような心情にもとづく了解運動を重ねて、政府軍事力に救援のひまを与えた。また、閉鎖的・定着的な農民的土地観念に制約されて軍事・交通の要衝をおさえることなく、友党勢力との連合にも緊密を欠き、地主層を指導者とする各地の自衛的抵抗にも遭遇した。《大姓》とよばれ、《読書人》といわれる各県城在住の不在地主層は、一〇〇〇石《せき》、二〇〇〇石（当時の一石は日本の約六斗）という米を軍糧に差し出し、またみずから銭を散じて民兵を集め、家奴をひきいて農民軍とたたかった。政府軍のちからによるというより、むしろかれらの活躍によって農民軍は各個撃破されてしまったのである。農村地帯において農民軍に対する抵抗を組織したものは《里老人》層であった。鄧茂七の敗死後、その後継者となった従兄鄧

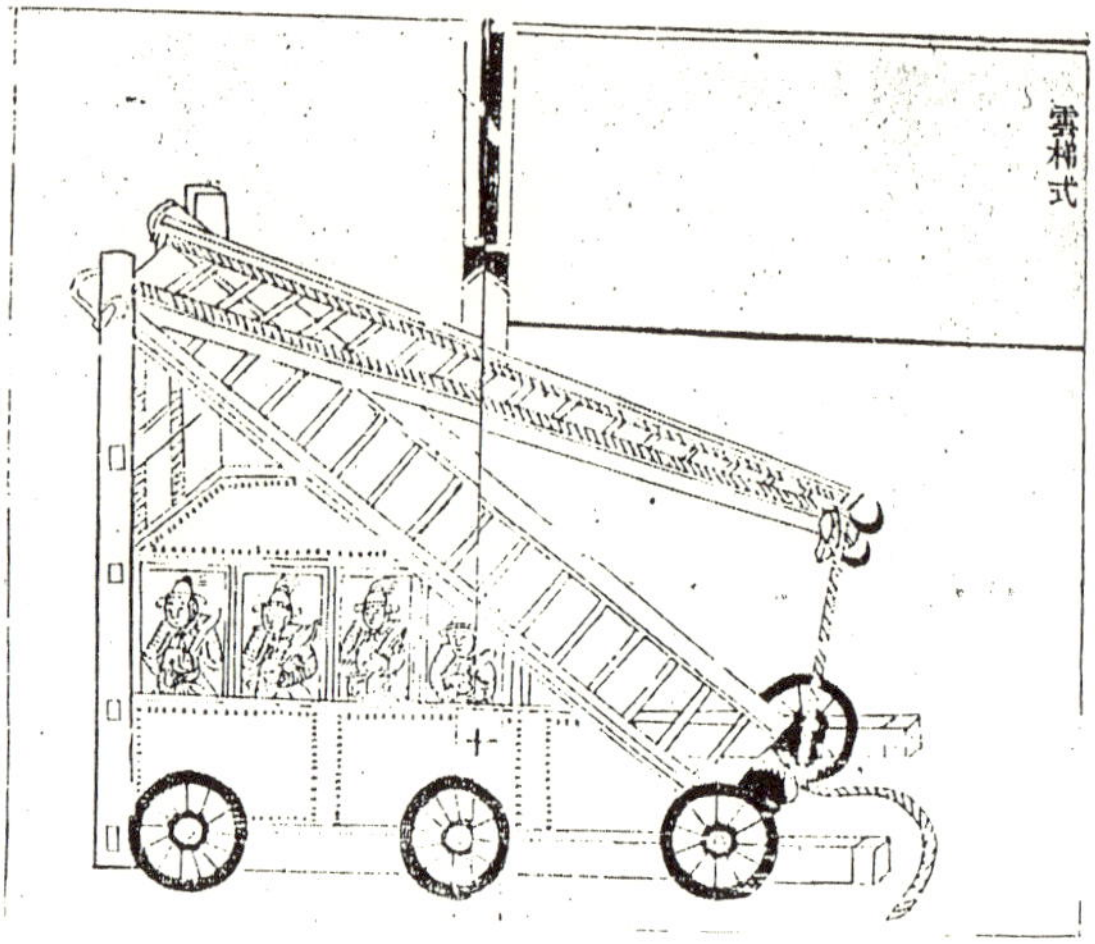

第6図　攻城用の戦車

伯孫の軍が瓦壊したのも一里老人の裏切りの結果である。[63]この例は、一時は農民軍に参加しながら、動揺し、寝返りをうった里老人の存在を示すものとして興味深い。

鄧茂七の乱の過程は、多くの「限界」をもちながらも、その歴史的時点なりの諸制約に取り囲まれた農民たちが、長い困難な道程のなかに、より新しい時代にむかって、いかにしてみずからをたたかいに起ちあがらせていったかを、われわれに示してくれる。中国史上はじめて、佃戸たちみずからが主導権をにぎって、最後まで純粋に農民的なたたかいを敢行したこの抗租闘争は、農民戦争の歴史的先駆であったといいうるであろう。

明末清初の抗租　一六三八年（崇禎一一年）一〇月、呉県の唐左耕・王四・李南洲・査賢・韓仏寿らは、蝗による災害を理由に、太湖沿岸三十余カ村の衆を集め、牲《いけにえ》を殺して神に誓い、村ごとに長一人を定めて、衆の姓名を登録し、佃戸は地主に佃租を納めぬこと、地主の側から徴収にくれば、その乗ってきた舟を沈め、地主を殺害すること、という約束をとり交わした。そして衆は武器を執り、鐘・太鼓を鳴らして家を焚き財を奪ったという。[64]

右は江蘇省蘇州府に発生した《抗租》の一例であるが、このような抗租は一六・一七世紀以降、江蘇・浙江・福建・湖広・河南の各地に頻発し、ついに一八世紀中葉には、「蘇州地方の佃戸の抗租は、慢性的な風習をなしている」[65]といわれ、当時の地主をして「良田は良佃にしかず」[66]と嘆かしめるにいたった。こうして明末清初の抗租は一大風潮を

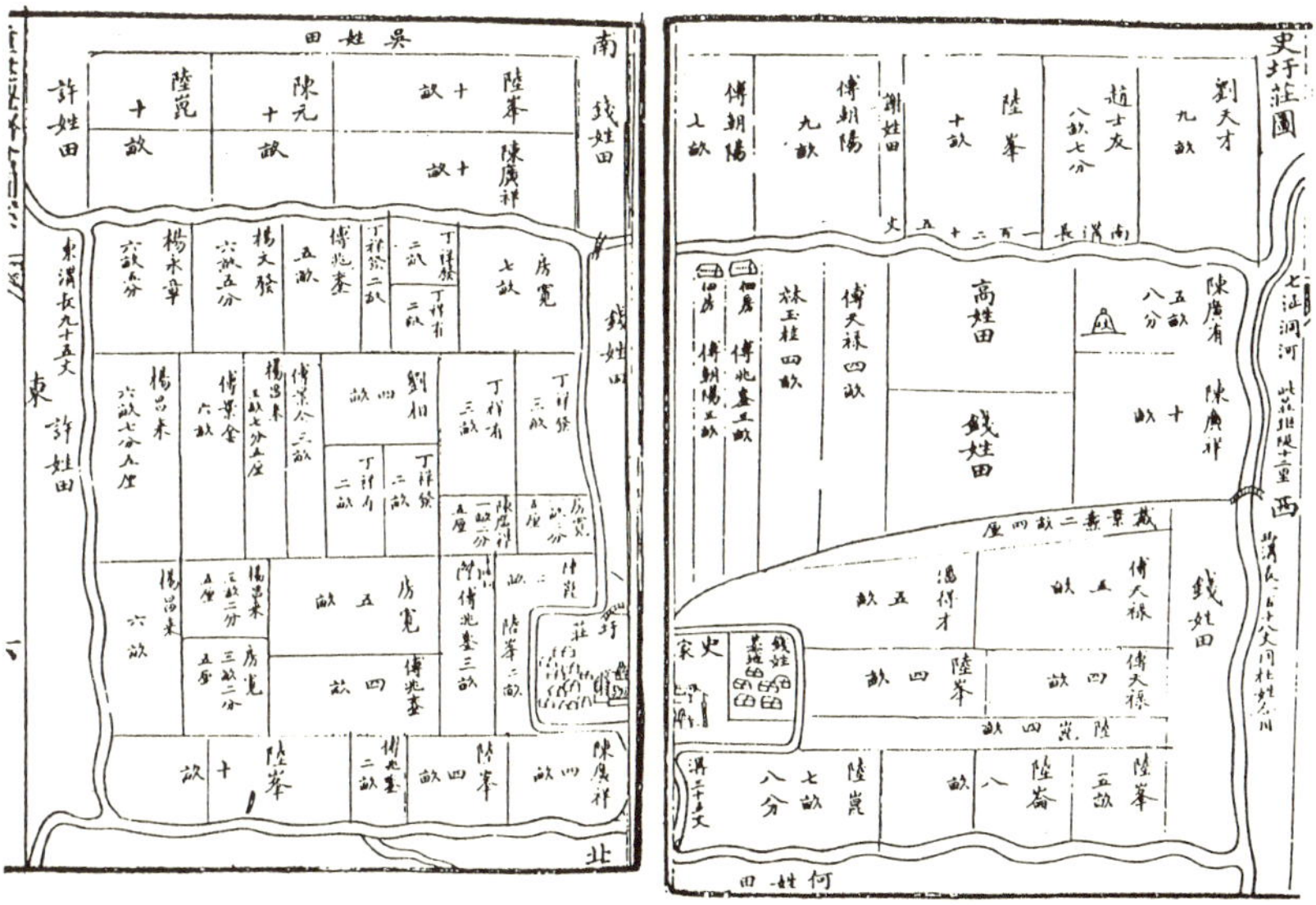

第７図　清代山東省清河県の史圩荘の図

なしたのであるが、そこには共通な性格を指摘することができる。

その第一は、佃戸側が明確な要求をかかげていることである。その要求は、㈠さきの鄧茂七の乱のばあいのような、副租や付随的な力役の撤廃、㈡福建の《斗栳会》系の抗租運動にみられるような、[67] 佃租を量る枡目の、地主—佃戸間あるいは各地域間にある不同・不統一の是正・統一、㈢佃租額（通常、折半地代ないしその定額化したもの）の引下げ、㈣佃租の不払い等々である。この㈣のばあいは、佃租に関する要求というより、地主の土地所有、地主との間の地代関係そのものを、事実上否定する傾向をもつものであり、それが自然発生的な抗租として一時的に成立するばあい——それは南宋の例にもみられる——と異なって、あらかじめ佃租の不払いそのものが、佃戸によって主体的に意図されたという事実は、この期の抗租に見られる重要な性格であるといえよう。自然発生的な暴動でなく、㈣をふくめて、以上のような要求を意図しうる抗租であるということは、さきの『南村輟耕録』の例のように耕作権が確立しており、佃戸の自立性がきわめて強かったことを前提にしてはじめて可能であったであろう[68]。

その第二は、右のような要求が出されるばあい、それにともなってつぎのような事例がみられる点である。すなわち、㈠一六四六年（順治三年）、福建寧化県における抗租にさいして郷民の黄通が「較桶之説」をつくったように、要求の根拠が理論化されていること、㈡その要求を地主側のみならず地方官僚に対して提議していること[69]、㈢その要求が予め佃戸相互間に盟約としてとり交わされていること等々である。

第三に、その闘争方式であるが、㈠《斗栳会》のような恒久的な組織がみられる。㈡さきの呉県の例にみられるように、佃戸たちの組織は村を単位とし、さらにその連合を形成している。当時の地主の土地所有は集中的ではなく集積的であり、したがって一地主の所有地は分散的であって、一村の佃戸は、相互にその地主を異にするばあいが多かったとされるが、とすれば、このような村単位の、また村落連合にもとづく闘争の組織は、灌漑労働その他、平素の農業生産をつうじて、地主を異にする佃戸間の地縁的結合がすでに存在していることを示す。このことは、さきの要求に関する佃戸相互間の協定についても、その前提をなす。これらの点は、右の斗栳会の成立の事実とともに、佃戸層における階級的連帯の形成を示すものである。一八世紀中葉、湖州府・嘉興府境の烏青鎮では、

近ごろ、佃戸のあいだにずるがしこい風潮があらわれ、作柄の順調な年でも佃租を少なくとどめようとはかり、少しでもひでり、大水となると、じきに圩（クリークに囲まれた水田の一区劃。それは佃戸の小作地に分かれるが、前述のようにそれらの耕地の地主は一人とはかぎらない）ごとの単位をさらに連合して佃戸の組織をつくり、納めるべき佃租額をかれらだけで議定し、演劇を催してかれら相互の団結を固め、あるいは券をつくって信約を定め、もし仲間に協定額以上に納租する佃戸があればかれらは衆をなしてその家を責める[70]。

といわれている。それは、自立的な佃戸たちの耕地を基盤とする共同体が抗租の主体をなしたことを明らかに物語るものであろう。これに対し、地主側もまた地方官僚機構の末端に結託し、あるいは事実上これを地主機関化して、そ

れを基盤にその団結を固め、ここに佃戸層と地主層とは社会的かつ具体的な階級対立の場を形成したのであった。[71] なお、地主―佃戸間の対立がいっそう激化したこの明末清初のころ、中央集権的専制国家権力の末端機構と地方農村の在地権力とが対立を示さず、むしろ相互依存的側面をあらわすのは、もちろん抗租のちからの如何に条件づけられる問題でもあろうが、一方農村の再生産機構が国家権力によって物的に補完されることをも前提として、農民層に対する地主層の支配が成立していたことを意味するものであろう。

抗租の歴史的意義

明末清初の佃戸たちのなかには、佃租を納めず有利にこれを販売したり、良米を隠して粗米を納めたり、さらに地主自身を強迫したりするものがあった。「頑佃抗租」・「刁佃《ちょうでん》抗租」ということばがあるが、明末清初のかれらは、饑餓的状態から自然発生的な暴動におよんだ結果「頑佃」とよばれるのではなく、平素から悪佃・奸佃・強佃・覇佃などとよばれており、そのような風潮を前提にして、これらの抗租が展開したのであった。すなわち、たんに個別的な地主の誅求によって抗租がおこされるのではなく、生産力の発展をふまえた佃戸層の成長とこれに対応する地主層の収奪――その緊張関係の激化にほかならぬ闘争として、当時の抗租は社会性と日常性とをもったのであった。そこに、この時代の抗租の歴史的な意義がある。

第8図　翻車（竜骨車）を用いて行う灌漑の共同労働

田面とクリーク水面との落差が大きく、灌漑の長時間労働は、江南水田農業における１人当り可耕面積の零細化をもたらした。

長江デルタ地帯をはじめ華中・華南の農村に、明中期以降、商品作物の栽培と副業としての家内手工業が展開したことはすでにふれたが、こうして地主の直接の収奪以外の場に流通市場との接触をもつようになった佃戸について、その地主との関係がいかようになるかを、万暦『泉州府志』巻三は端的に語っている。

佃農は、朝《あした》には田畑にいって収穫をえ、夕べには町に出て商人に売る。そしてついには、佃戸相互にあらかじめ約束して地主に租を納めないという事態にたちいたる。

また、光緒『石門県志』巻一一によれば、明末の嘉興府崇徳県では、

水田の収穫は八カ月分しかなく、その余は、養蚕製糸の収入によってまかなわれる。ところがこの米も、翌年端境期の米価騰貴に備えて、質入れされ、養蚕後、生糸の販売収入をもって質米を出す。

といわれている。こうして佃戸たちは、生産諸力発展の成果としてのあらたな剰余生産物を販売し、あるいは再生産部分をも市場に投入・操作し貨幣を獲得する。ところが、この貨幣を家計補充のため使用する以上に利潤として蓄積することは容易ではない。ここに購買者としてたちあらわれるのが商業=高利貸資本だからである。その前期的独占のまえに旧来の地主と佃戸とがいかなる地位に立たされるかを、万暦『秀水県志』巻一は、次のように述べている。

以前には新穀ができると、佃戸は租を納め、その余は貯えて翌春への備えとしていたのに、ちかごろは富商が米典（米の質屋）を設け、佃戸は上米を質に入れて銀に換え、下米、中米を佃租に充て、豊年にも不作と称して滞納する。最近では佃戸が党を聚めて互いに租を納めぬよう約することが、ようやく風習となるにいたっている。しかも官府の租税徴収はきびしく、地主はやむなく借財して完納するが、一方、佃戸も銀を使い果たして佃租の滞納は増すばかりである。こうして田主・佃戸ともに没落し、利益をうるのは富商のみである。

右のごとくして、佃戸の剰余生産物は、商業=高利貸資本ないしその地主化するものによってさらに奪われる。ここに、成長する佃戸のちからと、その生産力の発展を前提として強化された地主および商人=高利貸の収奪（地代収奪

および前期的な価格収奪）との矛盾はいっそう深化する。かくして、抗租激成の条件はますますおしすすめられたのである。

明中期以降、江蘇・浙江・福建・広東など、主として華中・華南の水田地帯には、この抗租と《一田両主制》（土地所有が田面の所有と田底の所有とに分化し、一田について分割所有的関係が維持される慣行）とが同時・同処的に現象するが、両者はたんに併存したり、あるいはたんなる因果関係におかれているのではなく、以上のような意味で、このばあいも、両者は内在的連関にあるのである。すなわち、生産諸力の発展、商品生産の展開、そして抗租、という一連の地主－佃戸関係の発展の過程で、耕作権が永佃権（永小作権）として成長することを前提としつつ、一種独立の物権としての田面権は成立するが、しかしそれは直接生産者的権利として佃戸たちのもとに確保されず、しばしば商人＝高利貸資本の寄生の対象となってこれに売られ、質入れされる。それはさきの富商＝米典の登場のばあいと同様である。しかしながら、われわれは、直接生産者的権利としての耕作権が成長しながらも、その田面権が寄生的収租権に転化するという個別現象に目をうばわれることなく、田底権者（旧来の地主）と田面権者（新寄生地主）との二重の収奪――生産諸力の発展に対応して可能となった地主的収奪の強化――のもとで、こうした生産力の発展を内実とする直接生産者佃戸層のちからが、地主－佃戸間のこのあらたな矛盾・緊張関係をいかに否定・克服していこうとするか、――その後もつづく抗租の必然性と、さらにこれを実現する闘争の現実とを見失ってはならない。かかる農民闘争の発展こそが、窮極において、一田両主制をふくむ地主支配体制一般の解体を、歴史的成果として生むからである。

第9図　李自成

かくして、やがて太平天国直前には、さきの石門県（崇徳県）では「田主は収租をもって畏途となす[72]」、あるいは「恒産（土地）恃《たの》むに足らず[73]」といわれ、また泉州府では「租に食するは難し[74]」といわれるほど、地主－佃戸関係は解体の途をたどったのである。

明中期以降につづいた以上のような抗租闘争の具体的事実は、それが中国における封建的諸関係の解体過程を示すものにほかならぬことを物語っているといえるであろう。

五　おわりに

以上に述べてきたような明末における社会的変動を背景として、いわゆる李自成の〔叛〕乱は醸成されたのであった[75]。そのことは、李自成の乱に直接つながる農民反乱が一六二八年（崇禎元年）以来、華北一帯にいわば慢性的にひろがっていたという事実にもあらわれている。かかる《流寇》の結集したものが李自成の軍であった。したがって、それは、一時的な反乱ではなく、明末の動乱の一の頂点をなすものであった。

李自成の農民軍は、一六四四年（崇禎一七年）の北京入城とともに、いかにも農民軍らしい破綻に直面する。かれらは保守的な狭さのため都市の住民から孤立し、また、内部に分裂し堕落する一部のものを抱えながら、満洲軍に対する配慮よりも、新王朝の形式をつくろおうとするのに忙殺されていた。そして、おのれの地位を保とうと満洲軍に降服し、これと野合して、逆にほこさきを向けてきた呉三桂ら漢人支配者層の武力のまえに北京を退かざるをえなくなった。

しかし、この李自成の農民軍は、たんなる盲目的な農民暴動ではなかった。政治綱領をもち、規律正しく、なんら迷信にも頼らず、また、回教徒などの少数民族をもそのうちに抱擁して、従来の農民暴動にかつて見られなかった新しい性格を備えていた。一六四〇年末、農民軍に参加していた《挙人》李巌・牛金星らの建言によって、「貴賤にかかわらず田を均しくし、三年間の徴税を免じ、百姓を殺さぬ」という民生安定策を採用し、また「軍中に白銀を私蔵することを許さず、人民の私宅にほしいままに入るを許さず、民の婦女を侵すものは斬刑に処する」ことによって、軍紀の厳正をはかった。「殺人せず、愛財せず、姦淫せず、掠奪せず、取引を公平にし、富を均しくして貧を救う」

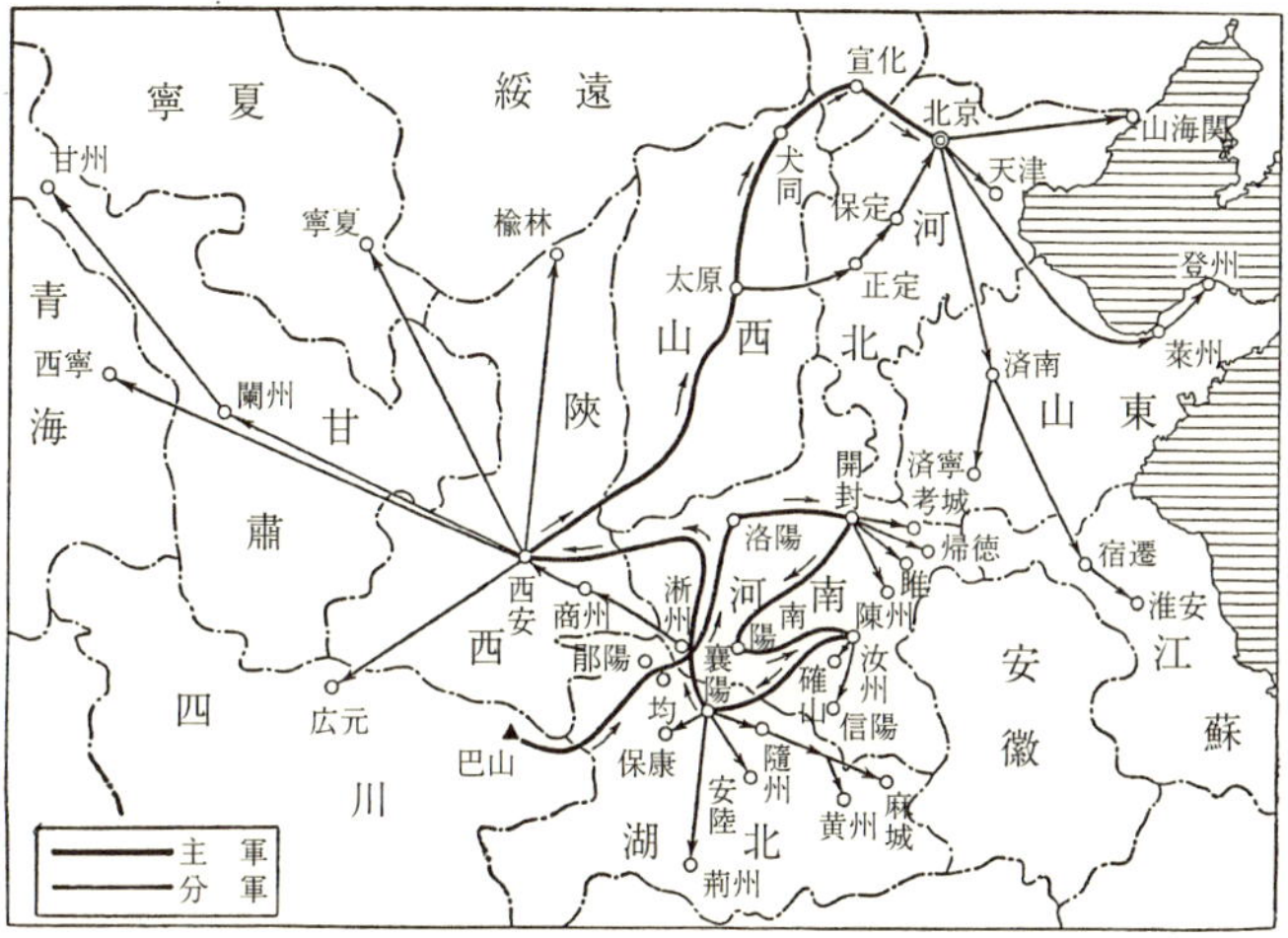

第10図　李自成の〔叛〕乱

というのがスローガンであった。――これらの事実は、明末の社会が到達した歴史的段階をはっきり示しているといえるであろう。

李自成の〔叛〕乱は、結局失敗に帰した。その他の抗租運動も、また清軍に対する抵抗も、個々のたたかいは、すべて、農民たちにも都市の庶民たちにも勝利をもたらさなかった。また、あえて歴史に仮定をもち込むとすれば、すでに見た諸反乱の歴史的性格からいって、たとい李自成が、呉三桂ら漢人支配者と侵入する異民族との二重の敵に勝利したとしても、それはやはり一定の専制的な王朝への交替に終ったかもしれぬ。しかし、歴史はけっしていたずらに繰り返すものではない。その歴史性を媒介とすることなく、直接に今日の眼をもってこれを評すれば、幾多の限界にみちて見えるかれら鄧茂七・李自成たち、――個別的には敗北して何の結果も生まなかったかのごときこれら直接生産者を主体とする諸動乱も、その個々のたたかいは、その時代にふさわしい性格をあきらかに担ってあらわれ、当時なりに、より新しいものを目指してたたかわれる。そして、それらのたたかいの総過程のうちに、支配体制の動揺と推転とをもたらし、後世への大きな成果を遺していったのである。

註

（1）谷応泰『明史紀事本末』巻一二。
（2）傅衣凌「明清時代江南市鎮経済的分析」『歴史教学』一九六四年五期、九－一三頁。
（3）田中正俊「明末清初江南農村手工業に関する一考察」『和田博士古稀記念東洋史論叢』講談社、一九六一年、参照。
（4）乾隆『呉江県志』巻四、疆土四、鎮市村。
（5）乾隆『盛沢県志』巻一、疆土一、沿革、巻四、疆土四、鎮市村。
（6）康熙『長洲県志』巻三、風俗。
（7）横山英『中国近代化の経済構造』亜紀書房、一九七二年、六三－一四三頁、寺田隆信『山西商人の研究－明代における商人および商業資本』東洋史研究会、一九七二年、三三七－四一〇頁、参照。
（8）茅瑞徴『万暦三大征考』一巻。
（9）謝肇淛『五雑組』巻一五、事部三。
（10）趙翼『二十二史劄記』巻三五、明史、明代宦官。
（11）『明実録』万暦二四年七月丁卯の条。
（12）『明臣奏議』巻三三、田大益「陳礦税六害疏」。
（13）王在晋『三朝遼事実録』巻三。
（14）『明実録』万暦二九年七月丁未の条。乾隆『蘇州府志』巻七八、雑記一。陳継儒「呉葛将軍墓碑」（江蘇省博物館編『江蘇省明清以来碑刻資料選集』北京、生活・読書・新知三聯書店、一九五九年、四一五－四一七頁）。
（15）崇禎『呉県志』巻一一、祥異。
（16）乾隆『蘇州府志』巻七八、雑記一。

（17）同巻七八、雑記一。織傭の変についてその他の研究には、横山英「中国における商工業労働者の発展と役割——明末における蘇州を中心として——」『歴史学研究』一六〇号、一九五二年、と森正夫「十七世紀初頭の『織傭の変』をめぐる二、三の資料について」『名古屋大学文学部論集』八〇号、一九八一年、がある。
（18）『明実録』万暦二九年七月丁未の条。
（19）同右。
（20）乾隆『蘇州府志』巻七八、雑記一。
（21）同右。
（22）崇禎『呉県志』巻一一、祥異。
（23）乾隆『蘇州府志』巻七八、雑記一。
（24）この場合、郷紳の一員になることは個人の意見を地方官署に示しやすくさせた。
（25）宮崎市定「明代蘇松地方の士大夫と民衆」『史林』三七巻三号、一九五四年、一一—三三頁。
（26）乾隆『蘇州府志』巻七八、雑記一。
（27）横山英、前掲書六三—一四三頁。
（28）『明実録』万暦二九年七月丁未の条。勅旨が孫隆を説得者と決め込んでいることに注目すべきである。
（29）乾隆『蘇州府志』巻七八、雑記一。
（30）Quesnay, Françis, “*Despotisme de la Chine*” 1767, In *Oeuvres Economiques et Philosophiques de F. Quesnay*. Paris, 1888.
（31）劉炎「明末城市経済発展下的初期市民運動」『歴史研究』一九五五年六期（のち中国人民大学中国歴史教研室編『中国資本主義萌芽問題討論集』上下、北京、生活・読書・新知三聯書店、一九五七年、所収）。
（32）小野和子「東林派とその政治思想」『東方学報』京都二八冊、一九五八年。
（33）金日升『頌天臚筆』巻二一。

（34）『明実録』天啓五年一二月乙酉の条。李棪『東林党籍考』北京、人民出版社、一九五七年。
（35）趙翼『二十二史劄記』巻三五、明史、魏閹生祠。
（36）『頌天臚筆』巻二一、巻二二。また、文震孟「五人墓記」（前掲『江蘇省明清以来碑刻資料選集』所収）。
（37）中国人民大学中国歴史教研室編『中国資本主義萌芽問題討論集』上下、北京、生活・読書・新知三聯書店、一九五七年。南京大学歴史系中国古代史教研室編『中国資本主義萌芽問題討論集』続篇、北京、生活・読書・新知三聯書店、一九六〇年。
（38）『清史列伝』巻七九。
（39）魏宏運『史可法』上海、新知識出版社、一九五五年。
（40）謝承仁『一六四五年江陰人民守城的故事』北京、中国青年出版社、一九五六年。
（41）李天佑『明末江陰、嘉定人民的抗清闘争』上海、学習生活出版社、一九五五年。
（42）菊池英夫「唐宋時代を中心とする所謂「雇用労働」に関する諸研究」『東洋学報』四三巻三号、一九六〇年。
（43）顧炎武『日知録』巻一三、奴僕。
（44）陳守是「明清之際史料――奴変」『国学月報』二巻三期、一九二九年。謝国楨「明季奴変考」『清華学報』八巻一期、一九三二年。中山八郎「晩明の奴禍奴変」『歴史教育』一〇巻一一号、一九三六年。呉景賢「明清之際徽州奴変考」『学風』七巻五期、一九三七年、傅衣凌「明清之際的〝奴変〟和佃農解放運動――以長江中下流及東南沿海地区為中心的一個研究――」（同『明清農村社会経済』北京、生活・読書・新知三聯書店、一九六一年、六八－一五三頁、所収）。傅衣凌「明季奴変史料拾補」『福建協大学報』一、一九四九年。
（45）佐伯有一「明末の董氏の変――所謂「奴変」の性格に関連して――」『東洋史研究』一六巻一号、一九五七年。
（46）同治『黟県志』巻一五、芸文。呉景賢前掲「明清之際徽州奴変考」。
（47）同治『黟県志』巻一五、芸文。
（48）江同文『恩豫述略』（呉景賢前掲「明清之際徽州奴変考」より）。
（49）乾隆『光山県志』巻一九、芸文。

(50)『研堂見聞雑記』二四六―二四九頁。

(51)同右、二四九頁。森正夫「一六四五年太倉州沙渓鎮における烏龍会の反乱について」『中山八郎教授頌寿記念明清史論叢』燎原書店、一九七七年。

(52)張履祥『楊園先生全集』巻一九。

(53)顧炎武『日知録』巻一三、奴僕。

(54)何良俊『四友斎叢説』巻一三、史九。

(55)徐一夔『始豊稿』巻一。藤井宏「中国における新と旧――『織工対』の分析をめぐる諸問題」『東洋文化』九号、一九五二年。

(56)徐天胎「明代福建鄧茂七之乱」『福建文化』一巻四期、一九四一年。宮崎市定「中国近世の農民暴動――特に鄧茂七の乱について――」『東洋史研究』一〇巻一号、一九四七年（のち同『アジア史研究』所収）。佐伯有一・田中正俊「十五世紀における福建の農民叛乱」(1)『歴史学研究』一六七号、一九五四年。田中正俊「起ちあがる農民たち――十五世紀における福建の農民叛乱――」民主主義科学協会歴史部会編『世界歴史講座』(2)三一書房、一九五四年《本書所収》、田中正俊「鄧茂七の乱の所伝について――『雙槐歳抄』と「監軍暦略」――」『清水博士追悼記念明代史論叢』大安、一九六二年《本書所収》。

(57)佐伯・田中、前掲「十五世紀における中国の農民叛乱」(1)。

(58)『元史』巻一九二、列伝七九、良吏二、鄒伯顔。傅衣凌「明清時代福建佃農風潮考」（前掲『明清農村社会経済』一五四頁）。

(59)『明実録』正統一四年五月己亥の条。

(60)傅衣凌、前掲『明清農村社会経済』一六三頁。

(61)『明実録』正統一三年九月戊戌の条。

(62)『明実録』正統一三年一一月丙戌の条。

(63)『明実録』正統一四年二月丁巳の条、『明実録』正統一四年五月辛丑の条。

(64)崇禎『呉県志』巻一一、祥異。

(65)『清実録』乾隆一〇年七月己亥の条。
(66)張英「恒産瑣言」(『篤素堂文集』巻三)。
(67)傅衣凌、前掲『明清農村社会経済』一七四頁。
(68)たとえば陶宗儀『南村輟耕録』巻一三の佃戸の説明を見よ。
(69)傅衣凌、前掲『明清農村社会経済』一七八―一八一頁。森正夫「十七世紀の福建寧化県における黄通の抗租反乱」(1)―(3)『名古屋大学文学部研究論集』五九号、六二号、七四号、一九七三―七八年。
(70)乾隆『烏青鎮志』巻二、農桑。
(71)小山正明「明末清初の大土地所有」(2)『史学雑誌』六七編一号、一九五八年、六七頁。
(72)光緒『石門県志』巻一一、雑類志、風俗。
(73)同右。
(74)乾隆『泉州府志』巻二〇、風俗、所引『温陵旧事』。
(75)李文治『晩明民変』北京、中華書局、一九四八年。北京大学文科研究所編『明末農民起義資料』北京、開明書店、一九五二年。謝国楨編『清初農民起義資料輯録』上海、新知識出版社、一九五六年。謝国楨『南明史略』上海、上海人民出版社、一九五九年。

【編集者附記】　本稿は、もと『世界の歴史』11〔ゆらぐ中華帝国〕(筑摩書房、一九六一年九月)に掲載された。原載には註がないため、編集者は本書に収録するに当って、その英訳 "Popular Uprising, Rent Resistance, and Bondservant Rebellions in the Late Ming". (Linda Grove and Christian Daniels, eds., *State and Society in China : Japanese Perspectives on Ming-Qing Social and Economic History*, University of Tokyo Press, 1984. に田中先生御自身が附した註を参考にしながら、適宜編集を加えて、新たに註を施した。

Ⅱ　手工業の発展

1　中国における地方都市の手工業——江南の製糸・絹織物業を中心に——

一　地方都市の成長

中国においても、農村地帯に中小のいわゆる地方都市が成立し、発達したことは、中世以降のいちじるしい現象であった。すなわち、唐初には、大都市のなかの特定地区が《市》と呼ばれて、行政官庁による管理・徴税のもとに常設の商業区域に指定されていたが、古代唐帝国の社会体制が解体しはじめる八世紀には、この市制がくずれて商店が都市の内外に進出し、また、地方の各地に《草市》と呼ばれる定期市が展開するようになった。[1]

唐末（九世紀末）以降、とくに南宋（一二―一三世紀）にいたる時代の中国の経済的発展を象徴するものは、長江下流域のいわゆる江南が、水田の開発を基礎として、全国でも最も先進的な基本経済地帯にまで成長した点にあるが、この江南には、宋・元代を通じて、村市・草市・墟・会・市・鎮などと呼ばれる小市街が数多く成立した。これらのいわゆる市鎮は、その初期には、地方の宗族の居住地や寺院・道観（道教の廟）の所在地、また、これらの諸条件を背景とする定期市の開催地としての性格を有するにすぎなかったが、一六世紀から一八世紀前半にいたる、いわゆる明末清初を頂点として、とくに江蘇・浙江地域を中心に、これらの市鎮はめざましい発展を示した。[2]　例えば、江蘇省蘇州府下の盛沢は、明初（一四世紀後半）にはわずか五、六十家の村であったが、成化年間（一五世紀後半）、商人を含めて居民が次第に多くなり、一五六一年（嘉靖四〇年）には数百家を数え、綿《まわた》や紬《つむぎ》を業として《市》となり、天啓の頃（一六二〇年代）、紬・糸の牙行《がこう》（問屋）の軒を列ねるもの千百余家、康熙年間（一七世紀後半―一八世紀初頭）には居民は一万余家に達し、一七四〇年（乾隆五年）に《鎮》に昇格し、蘇州府呉江県中第一の鎮と称せられた[3]。また、同じく蘇州府呉江県の震沢は、元来の至正年間（一四世紀中葉）に「村市蕭条たり数十家」といわれる状態であったが、明の成化年間（一五世紀後半）には三、四百家、嘉靖年間（一六世紀中葉）に千家となるにいたった。さらに一七二六年（清の雍正四年）には、呉江県から《震沢県》が分離独立し、その管轄下の震沢鎮は、乾隆年間には居民は二、三千家を数えたという[4]。

このような発達と繁栄とを市鎮にもたらした原動力は、農村地帯における農村手工業（製糸・絹織物業、紡績・織布業など）の成長であり、その商品のほぼ全国的規模での流通市場の展開であった。かつての僻村が一五世紀以降の農村経済の発展、とくに商品生産とその流通との展開につれて《市》となり、やがてさらに《鎮》にまで成長した例は、右の盛沢・震沢の他にも、製糸・絹織物業にもとづく、江南の嘉興府秀水県の王江涇・濮院鎮、嘉興県の王店鎮、湖州府帰安県の雙林鎮・菱湖鎮、烏程県の烏鎮・南潯鎮などがあり、農村綿業の中心都市については、同じく江南の嘉興府嘉善県の楓涇鎮・魏塘鎮、松江府華亭県の朱涇鎮、蘇州府嘉定県の新涇鎮・安亭鎮などがある[5]。農村手工業の展開を基盤とする都市の新たな成立は、市鎮レベルのものに限られていたわけではない。従来からの地方行政都市である府城・県城にも、その地域における手工業の発達にもとづいて、商工業都市としての性格を新たにそなえ、あるいはいっそう強めて、繁栄するものが少なからず見られた。右の呉江県城や華亭県城、また大都市の蘇州府城などは、その例である。

いま、農家家内工業の展開にともなう地方都市の成長について、その事例の一部をあげれば、さきの震沢鎮について、一七四六年（乾隆一一年）に編纂された『震沢県志』巻二五、生業、は、紬の機織り業は、宋や元の時代には、蘇州府城内の機屋《はたや》が営んでいたにすぎなかった。その後、明の洪熙・宣徳年間（一四二五―三五年）に、はじめて蘇州府呉江県の県城の住民も機織りをおこなうようになったが、その当時は、なお往々、呉江県城の人が蘇州府城から機織り職人を雇って営んでいた。ところが成化・弘治年間（一五世紀後半）以降になると、呉江県の住民にも機織りに習熟する者があらわれて、次第に一般の習俗となり、震沢鎮およびその周辺の各村の農民は、すべて紬の機織りの利を逐うようになった。

と述べており、また、一七四七年（乾隆一二年）編纂の『呉江県志』巻三八、生業、にも、

紬の織物業には、明の成化・弘治年間以後になると、在地の人々にも機織りに習熟する者があらわれて、次第に一般の習俗となり、かくして盛沢・黄渓など、四、五十里の範囲の住民は、すべて、紬の機織りの利を逐うようになった。

と記されている。右の震沢および盛沢は、ともに江南における農家家内工業の歴史的展開を基盤として新しく成立した都市であった、ということができよう。

二　新興中小都市と商業

一六・一七世紀の明末清初、江南デルタ地帯に展開した農村家内工業の歴史的性格については、西嶋定生氏の労作があり、筆者自身もこれを論じたことがあるので、それらの諸論考に譲り(6)、ここでは、江南の農村手工業地帯に成立した新興中小都市の商業的側面についてまず述べ、次いで、これらの中小都市と家内工業との関係について概観しよう。

明末の天然癡叟『石点頭』巻四、に所収の小説「瞿鳳奴情愆死蓋」に、さきの諸鎮のうち、王江涇鎮について、

嘉興府城を去ること三〇里に王江涇という村鎮がある。この地域は、北は蘇州・松江・常州・鎮江に通じ、南は杭州・紹興・金華・衢州・寧波・台州・温州・処州に連なり、西南はすなわち福建・広東・広西に通ずるのである。南北の往来には、この王江涇を通過しないものはない。近鎮の村々はすべて桑を植えて養蚕をし、紬《つむぎ》を織ることを生業としており、四方の商人がこの地に来て商品を購うので、鎮には売買する者が大いに雑踏して賑やかである。

と記しているように、これらの市鎮は、第一に、前述のごとく、付近一帯の農家家内工業を基盤としているばかりでなく、第二に、全国的な市場流通にとって、すぐれた立地条件=要衝にあり、四方の商人が集まり来たったのであった。例えば、同じく嘉興府秀水県の濮院鎮について、一五九六年（万暦二四年）刊の『秀水県志』巻一、市鎮、は、

現在、万余家を数えることができる。……居民は織物業につとめ、その《糸紬》はすこぶる名を知られている。また、農業あるいは商業をなりわいとする者があり、客商は四方から集まり、その賑いは王江涇に次いでいる。……機杼の利は、日ごとに万金を生じ、四方の商賈が資本を負うて雲集する。

といい、一七三六年（乾隆元年）序の『浙江通志』巻一〇二、物産二、は、

濮院鎮のうちには、坐賈がはかりを持ち、客商がおびただしく集まり来たって、年間の取引額は数十万両を下らない。

と述べている。また、盛沢鎮は、明末清初の頃には呉江県中で生産される綢の一大集散地であり、[7] その《盛沢綢》を求めて、天下の客商——資金をたずさえ、旅商として全国の各都市間に商品を運搬・売買する商人資本であり、近代以前の中国商人のうち、大資本のものは、特定の都市に店を構えるのみの《坐賈》であるよりも、むしろこの《客商》であった——が数千里を遠しとせず、万金を擁してこの盛沢鎮に雲集し、そのため盛沢鎮は一大都会の観を呈したという。[8]

地方都市に在って、これらの客商を迎えいれたものは、《牙行》あるいは《荘家》と呼ばれる仲買商ないし問屋――生糸問屋を《糸行》、絹問屋を《絹荘》、綿花問屋を《布荘》といった――であり、彼らのうちには、客商相手に旅宿あるいは倉庫業を兼ね営むものもあった。馮夢龍の『醒世恒言』巻一八、に所収の小説「施潤沢灘闕遇友」[9]は、その舞台である明末嘉靖年間（一六世紀中葉）の盛沢鎮のこのような実態を写実的に描いて、次のように叙している。

蘇州府呉江県の県城から七〇里に盛沢という鎮がある。鎮の人口は稠密で土俗は淳朴であり、みな蚕桑をなりわいとしている。男女はすべてその業につとめ、機《はた》の音は夜を徹して絶えることがない。この鎮の〔クリークの〕両岸[10]には、紬や生糸の牙行が約千百余家あり、遠近の村々で織られた紬は、みなこの鎮にもたらされて市場に出され、これを買い求めるために四方の商人が蜂や蟻のように群り集まって、街路はたたずむ隙もないほどである。

三　商人と農民

農村家内工業の生産者農民がみずからの製品を販売して換金するためには、閉鎖性を基本的性格とする当時の農村に対し市場への唯一の窓口を独占していた商人たちの手を経なければならなかったが、農民と商人との間の取引には、農民が直接に中小都市の牙行を訪れて製品を売渡すものと、牙行の側から商品調達の機構を用い生産地において買い集めるものとの二つの場合があった。

一八七九年（光緒五年）刊の『石門県志』巻三、食貨志、物産、木棉、は、清末の嘉興府石門県について、

吾が地の小民は、紡績・織布によって綿糸あるいは綿布を作り、明方早く市《いち》に持って往き、棉花に易えて帰り、これによって紡績・織布をおこなって翌朝またこれを持って往き、棉花に易えてくる。

といい、清末の鈔本『雙林記増纂』巻八、風俗、農、の本文は、湖州府帰安県雙林鎮について、

鎮の付近の数村は、織絹をなりわいとしている。男子は撚り糸に従事するほか、時を定めて常に市《いち》に絹を出し、生糸を買い絹を売る。その結果、田畑の仕事は半ば荒れ果て、しかも彼ら農民は絹ものを着て新鮮なものを食している。そして、〔手に入れた現金を使って、鎮の〕茶館・食堂で酒に酔い、声高に叫ぶ者もまた少なくはないのである。[11]

と述べている。右の事例に見られるように、(1)農村の住民には、伝統的ないわゆる「男耕女織」の農家経営のなかから男子もまた家内工業をおこなうようになり、その結果、農耕が荒廃するにいたっているものが見られ、(2)農民の男子はこの家内工業製品をみずから中小都市の市場に出し、これと引換えに、同じ市場において、その家内工業の原料を買い求め、(3)経営資金の慢性的な欠乏によって、少量ずつの製品と原料とを短時日の間に回転させ、彼らの零細規模の農家家内工業をおこなっている。(4)その結果、右の二史料には直接に記述されてはいないが、養蚕・製糸農家は、しばしば、みずからが製糸した生糸をひとまず手放して銀を入手し、これをもって後述の諸支出をまかなうとともに、あらためて毎日のように家内織絹のための原料生糸を少量ずつ買い求めていたのであり、(5)かくして、早く一四・一五世紀から、綿業においては棉花・綿糸の商品化、養蚕・製糸・絹織物業においては桑葉・蚕種・生糸の商品化が、また綿業においては棉花栽培・軋核（繰り綿）・紡績・織布の社会的分業化、養蚕・製糸・絹織物業においては栽桑・養蚕・撚り糸・機絹などの社会的分業化[12]が、まさに早熟的に成立するにいたっていた。このような早熟的な商品化と社会的分業化とは、生産力の発展の成果であるというよりも、むしろ後述するような農民経営の零細性と貧しさとに起因するものであり、それゆえに、生産力の低さにもとづく収穫の不安定性とも結びついて、例えば桑葉の先物取引や思惑売買など、投機的な商業もまたおこなわれた。[13] (6)しかも、農民が、貨幣経済に巻き込まれて、わずかな額にせよ現金を手に入れると、そのことによってかえって浪費の機会も生じたことを、右の史料は伝えているのである。(7)ところで、すべて、これらの農民の商品生産としての家内工業は、中小都市に店を構えて農民の生産物を客商に仲介し、あるいは客商に売渡すために、みずから農民の生産物を購買する牙行の存在を不可欠の条件として、はじめて成立し得たのであった。そして、一六八一年（康熙二〇年）刊の『烏程県志』巻五、風俗、が湖州府の烏程県について、

県の全体が養蚕をつとめとしている。生糸や綿絮《まわた》の生産による収入は、実に一年間の衣食と納税との財源なのである。

と述べ、一七四八年（乾隆一三年）刊の『海塩県続図経』巻一、風土記、が嘉興府の海塩県について、

もしもその歳の養蚕の成果があがらなければ、農民は一家を挙げて泣き悲しむにいたる。けだし、農家は全く養蚕を恃みとして、〔生糸の売上げを〕耕作のための資金としているからであり、もし養蚕が不作であれば、水田は荒れ果て、借金したり子供を売ったりする惨状も免れ得なくなるからである。

といっているように、農民は、恒常的な貨幣不足のもとで、家計を補充しようとして、蓄積手段としてではなく支払手段としての貨幣を獲得するために、市場への媒介を牙行に依存しなければならなかったのであるから、牙行による農民からの購買は、必然的に牙行の主導する買手市場を成立させるにいたっていた。

生産者農民と商人との間のこのような対等ならざる関係について、光緒『石門県志』巻一一、風俗、は、万暦『崇徳県志』の記事を引いて、明末一七世紀の嘉興府崇徳県の状況を、

民間の農民が養蚕をおこなうに当っては、不老長生の丹薬を煉る場合のように精魂をこめるのであり、ちからを尽くして疲れ果て、しかもその成功と失敗とは忽ちのうちに変転するのである。しかるに、糸行や仲買人は〔村民から生糸を買取る際に〕村民を愚弄し、〔本来ならば秤《はかり》の一斤の目盛りは一六両であるのに〕一斤二十余両の《大秤》を造り、〔この《大秤》を使用して、重い量の生糸を軽いと詐って安く買付け、支払うべき〕銀は必ず純度九割七分八厘の割合の銀に換算して用いなければならないのに、低質の銀を純度の高いものと詐って使用する。[14]……この傾向は、年ごとにはなはだしく、とどまるところがない。官はしばしば厳禁を試みるが、ついに禁

止することができない。

と述べており、清末に及んでは、湖州府長興県について、一八七五年（光緒元年）刊の『長興県志』巻八、蚕桑、に、その歳の新糸が市場に出廻るに際して、生糸を買う者（＝客商）を《糸客人》と呼び、牙行を開設して《糸客人》に代って買う者を《糸主人》あるいは《秤手》と称する。《秤手》は口先では甘言を弄しながら、腹のなかには剣を蔵しており、ずるがしこい手だてを百出する。誠実な村民に遇うと、彼ら商人は、常に〔買取る〕生糸の重量を詐って軽いと称し、他方、その価格については、高価であるべきものに常に安値をつける。そして村民が売るのを諦めて店を出ようとすると、またその価格を倍にすると申出て、取引することを詐って容認し、彼が他処の店で交渉する途をふさいでしまう。これを俗に「進門には一鎚し、出門には一帚す」と言う。鎚とは戸ぐちを閉ざして打ち負かすことを言い、帚とは堤を築いて去路を絶つことを言うのである。貧家の男婦は、寝食を忘れ養蚕をして生糸を作り上げ、その労苦は形容を絶するほどである。そして、一年間の税金の納入、借金の返済、日用衣食の費用は、みなこの生糸の売上げ金から支払われるのである。したがって、生糸をよい値段で売っても、なお足りないことの心配をしなければならないのに、商人はあらゆる手を尽くして、村民を侮弄する。このような仕打ちをも耐え忍ぶことができるとすれば、忍び得ないことに何があろうか。長興においては、一般に、生糸を買取る商人を名づけて「糸鬼」と呼ぶ習慣があるが、まことにその通りである。

とまで称される事態が現出するにいたっている。『皇朝経世文編』巻二八、戸政、養民、に所収の一九世紀前半の人、欽善の「松問」に、

細い綿糸にいのちを託し
三日に二日は食も無く
綿布かかえて市場に売れば

安値はまるで泥のよう
これでは布荘は「殺荘」だ

と唱われている、布荘に対する織布農民の怨嗟の声も[15]、糸行や絹荘と養蚕製糸・織絹農民との関係の場合と同様に、綿布問屋が織布農民に対して位置していた優越的な買手市場的関係のなかから生まれてきたものであろう。そして、商人たちに右のような詐欺瞞着を可能ならしめたもの、また、農民たちにこれに対する屈服を余儀なくせしめたものこそ、当時の農家家内工業の置かれていた社会的=経済的状況にほかならなかったのである。なお、さきの『長興県志』所載の記事において、商人が圧倒的なちからをもって農民を翻弄しているにもかかわらず、両者の関係が必ずしも個別農民の個別商人に対する直接的隷属関係にいたらず、むしろ、牙行への出入進退の「自由」を農民に与えたうえで、商人たちが価格形態による収奪を実現し得ている事実は、注目すべきことであろう。

以上に見てきたように、農民に対し優越的地位にあった当時の牙行は、中小都市に店を構えて、農民が彼らの家内工業製品をみずから携えてくるのを待ち受けることを常態としていたものと思われるが、『雙林記増纂』巻九、物産、の本文には、

訪れる客商が多く、手持ちの商品の少ない時には、《行家》(=問屋)は船を雇い、郷村に下って生糸を買い集める。これを《出郷》という。また行家に代って生糸を買い集める者を《抄荘》という。みずからの手で買い集めて各処の行家に売渡す者を《掇荘》あるいは《販子》という。《掇荘》に代って郷村の商品を行家に売渡す者を《撑旱船》という。また、平常、機戸《はたや》を相手として原料の生糸を少しずつ売り与える商人を《拆糸荘》という。

とあり、右の記述による限り、牙行の側からの《出郷》は、いわば臨時のこととしておこなわれていたことになる。ただし、右の史料によれば、養蚕・製糸・織絹農民における生産行程が、前述のように、商人との交易を媒介として細分化されていたのと同様に、流通体系もまた、多くの零細商人の交易によって細分化され、しかも、これらの零細

商人がそれぞれ一応独立して活躍しており、そこには牙行経営に対する彼ら零細商人の直接的隷属関係の形成が必ずしも見られないことが注目される。

さきの光緒『長興県志』の事例に見られるように、商人資本は、閉鎖的な農村経済に対して外部の市場へのパイプを独占していたにもかかわらず、個々の商人は、取引相手である個々の農民に対し、個別的・直接的な支配＝隷属の関係を容易に形成するにはいたらなかった。すなわち、家内工業生産の発展という社会経済的状況のもとで、商人資本、とくに《牙行》は、生産者農民に対するその圧倒的な買手市場の成立を先行条件として、問屋制前貸による生産支配に乗出し、農民を事実上の賃労働者としてみずからの問屋制手工業経営に隷属させる、という事態の出現が推測され得るにもかかわらず、そうした事例を容易に見出すことはできない[16]。その理由について、西嶋氏は、初期綿業における牙行と農民との関係の考察をふまえて、次のように説明する。すなわち、当時の農村綿業は、零細過小農的土地占有者である佃戸層（地主制下の小作農層）をその担当者とする限り、この担当者を締めつけている土地制度の桎梏と商人資本の圧迫とのもとにおける生産者＝佃戸層のこのような非独立的な立場にもとづいて、商人資本にとっては、彼ら商人による生産支配としての問屋制前貸の形態すら不必要となる。けだし、商人資本は、生産過程の起点と終点とにおいて生産者層を締めつけるのみならず、生産者層の非独立的な生活不安定のために生ずる生産過程の分業化の各間隙に介在して、これを収奪していたのであり、彼ら商人にとっては、生産者層の非独立性こそ、自己を肥やす源泉であった。このことが、商人の農民に対する前貸制度・問屋制生産の見出され得ない理由であり、さらにその原因には、生産者層をしてこのような商人資本のもとに無抵抗ならしめた土地制度の緊縛がある、と[17]。

ところで、西嶋氏は、右の「非独立的な生産者層」に対置されるものとして、「独立自営農民層」を措定し、前貸制度においては、それが前期的な資本の支配形態であるとはいえ、その行使にあたつては、商業資本家が生産者に対して一種の信用を授与する結果となり、生産者は利潤収取の保証を得ることとなろう。しかしながら初期棉業における生産者層の上述のごとき性格は、それを支配する商業資本にとつて、生産者層の非独立性ゆえに、このような信用授与すら不必要ならしめたのであつた。……このような生産者層に対して幾分なりとも信用授与の行為にでて、彼等に利潤収取の保証を賦与することは、商業資本みずからにとつて、この階段《ママ》においては背理的なことであつたのであろう(18)。

と述べている。

しかしながら、前期的商人資本のいわゆる問屋制前貸生産は、果たして独立自営農民層を対象として成立するものであろうか。農民の経済生活の「不安定性」は商人資本の営利にとり直接の条件ではあったが、本質的には、西嶋氏のいうように、かかる非歴史的な形式的条件の基礎にある生産者層の社会的「非独立性」こそが商人資本を肥やす源泉であった。農民の後述する意味での「非独立性」を歴史的=社会的に規定している前近代的な土地制度、また前近代的社会構成の存在が、まさに、前近代的な商人資本に固有な利潤を抽出、すなわち価格形態による収奪を商人に可能ならしめ、したがって、商人資本のための実存条件をなしていたのである。かくして、商人資本が、さらに進んで問屋制前貸生産をおこなう場合にも、その対象となる生産者層が、いわゆる独立自営農民ではなく、むしろ前近代的な土地制度のもとの「非独立的な」農民であることは、決して背理的ではないであろう。それでは、このような「非独立的な」農民は、なにゆえに、問屋制前貸における信用授与の対象となり得るのであろうか。問題は、いわゆる「非独立性」の理解の如何にかかわっているであろう。我が国においては、イギリスのヨーマン層などから抽象される範疇としての〝自由な土地所有にもとづく自営農民〟すなわち〝分割地農民〟Parzellenbauer を、しばしば〝独立自営農民〟と翻訳することによって、他方で、これに先行する前近代的社会構成体の隷属農民――その意味で「非独立的な」農民である農奴ないし隷農――が、一面において、「彼自身の生産手段を占有しており、自分の労働の実現と自分の生活手段の生産とのために必要な対象的労働条件を占有し」、「自分の農耕をもそれと結びついた農村家内工業をも独立に営んでいる」農民であり、それゆえ「名目的土地所有者のための剰余労働は、ただ経済外的強制によってのみ彼らから強奪されうる」[19]農民、すなわち〝独立の自営農民〟にほかならないという事実を見失い、前近代的な農民の固有の「独立性」を否定し去る誤りを犯しがちなのである。事実、綿業、養蚕製糸・絹織物業などを営んだ、当時の中国の「非独立的な」農民は、彼らの経営を遂行するに当って、その資金を高利貸資本から借金する者が少なくなかったといわれ、[20]さきの光緒『長興県志』の事例における、牙行に「自由に」出入りした売糸の場合と同様に、彼ら農民は債務の主体としても信用を授与され得る「独立性」を有していたのである。

かくして、中国史上においても、近代以前に、わずかながら、商人資本による問屋制前貸生産の事例を見出すことができる。すなわち、管見の限りでは、前掲の光緒『唐棲志』巻一八、紀風俗、に所載の明末の人、胡元敬の「棲渓風土記」[21]には、さきの記述に続いて、

徽州（新安）・杭州の大商人（客商）は、この〔唐棲鎮を〕利潤の淵藪と見なし、〔この地で〕質屋を開いて米を買占める者、生糸を買って糸車を動かす者〔などの商人〕が、あいともに集まってくる。

と述べている。また、『雙林記増纂』巻九、物産、に所収の帰安の人で一七三三年（雍正一一年）の進士であった沈泊村の楽府（詩の一種）に、

商人は生糸を積《たくわ》うれども織るを解せず、農家に放ち与えて、預《あらかじ》め値《あたい》を定む。

という句があり、同書の増纂者は、これに註を付して、

問屋は売れ残った生糸があると、これを機戸に与えて織らせ、これより絹を収めて、重利をむさぼるのである。

と解説している。さらに、一八四四年（道光二四年）刊の『震沢鎮志』巻二、風俗、には、

撚り糸の仕事と綢《つむぎ》織りの仕事とを兼ねおこなう者がいる。撚り糸の仕事をするに当って、自分の〔所有する〕生糸を用いておこない、その製品を牙行（問屋）に売ることを《郷経》といい、牙行から生糸を受取り、牙行に代っ

て撚り糸をおこなってその手間賃を受けることを《料経》という。

という記事がある。以上の三例のうち、第一の例は、労働手段である撚り糸の糸車を商人資本がみずから備えているかのように記しており、そこには、商人資本が直接に問屋制仕事場を経営する形態の存在をさえ窺わしめるものがある。第二の例は、糸行に売れ残りの生糸が生じた場合に、糸行がこの原料生糸を農民に支給し、農民は自家において自己所有の労働手段を用い、商人資本のために《事実上の賃労働者》として働くという問屋制前貸生産が臨時の措置としておこなわれた事実を伝えているが、ここに注意を惹くことは、この楽府中に「農家」といわれているものが、註においては「機戸」といい換えられていることである。こうした事情は、絹の機織りを家内工業としておこなう農民が、すでに小商品生産者であるがゆえに、在村の「機戸」とも見なされたものか、あるいは、註釈者が彼自身の現前の後代における専業機戸の普遍的成立と、楽府の詠まれた一八世紀前半とを混同したがゆえに、このような註釈を付したものであるか、いずれかであろう。そして、清末の一九世紀中葉にいたると、商人資本とそのもとの「郷」民、すなわち村民ないし農民との間における問屋制前貸および事実上の賃労働が、すでに定着して恒常的に成立していたという事実を、第三の例は示しているのである。

なお、以上の三例に共通していることは、これらの問屋制生産の経営主体が、いずれも絹荘ではなく糸行であったという事実である。乾隆『震沢県志』巻二五、生業、に、

史書によれば、黄渓では、明の嘉靖年間（一六世紀中葉）、紬の重さ一両当り価格は銀八、九分（重量）であり、生糸価格は重さ一両当り銀二分であった。我が清朝の康熙中（一七世紀後半—一八世紀初頭）になると、紬の価格は重さ一両当り銀一銭、生糸もなお銀三、四分にとどまっていた。ところが、今（一七四六年）は、紬の価格は康熙年間のそれに比べて、ただ三分の一を増したにすぎないのに、生糸の価格の方は、康熙年間の価格の二倍になっている。

と述べているように、大都市の高級絹織物業の原料として、また海外貿易の商品として有望な市場を有していた生糸の方が、絹織物としては下級品であり、また庶民的衣料としては綿布との競争力に欠けていた紬に比べて、市場における展望がすぐれていて、同一地域における両者の価格の長期にわたる比較のうちにも、両者の間における有利さの相違があらわれていたといえるであろう。したがって、当時、地方の中小都市にあって、糸行は絹荘よりも早くから問屋制生産に乗出すことの可能な資本を有するにいたったものと思われる。(22)

四　都市の機戸

次に、都市の機戸《はたや》について見ることとしよう。まず小都市についていえば、前掲の乾隆『呉江県志』巻三八、生業、は、さきに引用した農村織紬業の展開の記事に続いて、

有力なる者は人を雇って織らせ、貧しい者は皆みずから織る。

と記している。さきの乾隆『震沢県志』、乾隆『呉江県志』のいずれも、絹織物業が年をおって次第に都市から農村へ向って普及したばかりでなく、かくして展開したこの地域一帯の絹織物業においては、周辺農村における農家家内工業の形成と並行して、地方中小都市に家族外労働力の「雇傭」――その「雇傭」関係をいかなる性格の生産関係として規定すべきかという問題が重要であるが――にもとづく手工業経営が成立していた事実を伝えているのである。

『雙林記増纂』巻九、物産、の本文に、雙林鎮の特産物である《包頭絹》(絹製ネッカチーフ)について、

婦女が首飾に用いるのを《包頭絹》という。ただ雙林鎮および近村の村人だけがこれを作り、それが天下に広く使用されている。福建では男性もこれで首をつつむが、北方では秋冬の季節に風が強く砂塵が起こるので、往来する人は包頭絹で顔をおおい目を保護する。通称を《清水包頭》という。明の正徳・嘉靖年間(一五〇六―六六年)

以前は、この《包頭絹》にはただ《南渓紗帕》という名の品があっただけであるが、隆慶・万暦年間（一五六七―一六二〇年）以後は、機戸の製品は巧変百出し、その銘柄ははなはだ多い。柄物《がらもの》があり無地があり、重いものは重さ十五、六両、軽いものには二、三両のものがある。長さは数丈に及ぶものがあり、広さは方三、四、五尺から七、八尺にいたるまでがある。

と述べ、その模様として四季の花柄のほか、《西湖景》をはじめ一〇種をあげ、銘柄として《軽長》・《花縐》・《分両》など二四の名目を記したのち、

各省の客商が雲集して貿販し、鎮の商人で他処へ出かけてひさぐ者も絶えない。

といっているが、こうした機戸の出現も、さきのような「雇傭」労働を基礎にもつものであったと考えられる。

いま、このような「雇傭」労働にもとづく地方中小都市の専業の機戸の事例を、嘉興府秀水県の濮院鎮について見よう。一五九六年（万暦二四年）刊の『秀水県志』巻一、市鎮、に、

〔濮院鎮の住民は〕万余家を数えることができる。……居民は織物業につとめ、その糸紬はすこぶる名を知られている。また、農業あるいは商業をなりわいとする者があり、客商は四方から集まり、その賑わいは王江涇に次いでいる。

といわれ、また、

機杼の利は、日ごとに万金を生じ、四方の商賈は資本を負うて雲集する。……万暦年間（一五七三―一六二〇年）に土着の機《はた》による紬を紗綢の機織りに改めてより、その製造は最も精巧で、海内第一である。

とたたえられている濮院鎮は、明末には、

本鎮の人は機《はた》を以って田と為し、梭《おさ》を以って耒《くわ》と為す。（胡琢『濮鎮紀聞』）

とまでいわれるほど、手工業都市化するにいたった。濮院鎮産の前述の《糸紬》は、一七世紀後半には《濮院真紬》

あるいは《濮紬》と呼ばれて全国に流通し、一七三六年（乾隆元年）序の『浙江通志』巻一〇二、物産二、に、

濮院鎮の所産の紡紬と西機綾とは、生糸が上質で、織り方もまた精巧である。それゆえ鎮内には商店や客商が多数集まり、年間取引額は数十万金を下らない。

といわれるごとく、濮院鎮は《濮紬》によって繁栄をきわめた。かくして、道光年間の「濮川所聞記」（光緒『桐郷県志』巻七、物産、所収）に、

濮綢は濮院鎮に産する。……その機戸には、むかし陸氏・沈氏の両家があったが、陸氏が衰えてのち、沈氏が独りその利をほしいままにしており、およそ客商の来たって購う者は、濮綢とは言わず、ただちに沈綢と呼んでいる。

と記されているように、濮院鎮には、すでに早く著名な専業機戸が成長し、彼らの競争のなかから一九世紀前半には独占的な経営が出現した事実を窺い知ることができるのである。

なお、さきに、糸行と生産者農民との間に成立した問屋制前貸生産の事例を紹介したが、中小都市のいわゆる機戸については、それが本来的に生産者による経営として成立したものであるか、または商人資本が機戸に転化したものであるか、あるいはまた商人資本の問屋制的生産支配が機戸に及んでいるのかという点は、管見の限りでは、史料的に必ずしも明らかではない。ただし、乾隆『烏青鎮志』巻七、土産、に所収の張炎貞の「烏青文献」（一六八八年）には、

養蚕のおわる時期、各処の客商は牙行にやって来て生糸を収買する。他に平常は、各処の機戸が経糸《たていと》や緯糸《よこいと》を少量ずつ買いみずから織る。また、生糸を買い集め各鎮に往ってこれを機戸に売る者があり、これを《販子》という。

とあって、本来的な生産者であると思われる独立の零細な機戸の広汎な存在が窺い知られる。

次に、絹織物業を主として、杭州・蘇州・南京など、江南の大都市の手工業について見よう。一一九二年（紹熙三年）に范成大の編纂した『呉郡志』巻五〇、によれば、南宋の頃、蘇州・杭州の両都市は、諺に「天上に天堂あり、地下に蘇・杭あり」といわれて、当時すでに、単なる行政都市ではなく、商工業の繁栄をともなった大都会であったことが知られるが、一二七四年（咸淳一〇年）序の呉自牧の『夢粱録』巻一三、によれば、当時、杭州には、碾玉作・鑽捲作《ほうせきさいく》・篦刀作《くしけぬき》・腰帯作・金銀打鈒《けぼり》作・裏貼作・鋪翠作《しつないそうしょく》・裱褙《ひょうそう》作・装鑾《くるまのかなぐ》作・油作・木作・甎瓦作・泥水《さかん》作・石作・竹作・漆作・釘鉸作《きんざいく》・箍桶《きおけ》作・裁縫作・脩香澆燭《こう・ろうそく》作・打紙《ひょうぐ》作・冥器《そうぎ》作など(23)、二二の手工業同業組合があったという。

また、一二七四年に元王朝治下の中国に到着し、九〇年に中国を去って、九五年にヴェネチアに帰着したといわれるマルコ=ポーロ Marco Polo は、その『東方見聞録』のなかで、杭州における手工業の規模について、次のように述べている。

この都市には一二の異なった手工業同業組合があり、……各組合に一万二〇〇〇の仕事場がある。それぞれの家あるいは仕事場には、その工作をする少なくとも一〇人の者がおり、それが一五人、二〇人、三〇人、四〇人の仕事場もある。彼らのすべてが親方であると考えてはならず、親方と顧客とのオーダーによって工作する人々なのである。この地方の他の多くの都市が必要品の供給をこの都市に仰いでいるのであるから、以上のことはすべて当然のことである(24)。

右のマルコ=ポーロの記述に見られる数字には、多分に誇張があるようにも思われるが、江南の経済的発展と宋王朝の南渡（南宋）とを歴史的背景として、杭州がいかに繁栄していたかが窺われる。

時代を降って、元末の一三五〇―五五年頃、杭州に住んでいた徐一夔の『始豊稿』には、杭州郊外の絹織物仕事場において彼が実見し織工と問答した記録「織工対」が収められている。これによれば、その仕事場は、いまにも崩れそうな老屋であるが、そのなかには織機四、五張が置かれ、織工約一〇人が働いている。彼らは夜業をもさせられているが、傭賃は日給二〇〇文に達し[25]、妻子を養うことが可能である。彼らの織る絹は精緻をきわめて世にもてはやされており、そのため、彼らの主人は製品を売捌きやすく、彼らは賃金を得やすい。また、技能のすぐれている織工がより高い賃金を求めて主人を変えることも可能であった。――以上のような事実は、元末明初当時の都市絹織物業が、市場目当ての商品生産をおこない、世人の好みに迎えられる商品[26]を生産することが可能な機戸においては、織工の賃金も相当に高給であり、しかも、彼ら織工がみずからの意志によって職場を変える自由を有していたことを示しているであろう。

さらに、明末に降ると、杭州出身の張瀚の『松窗夢語』（一五九三年序）巻六、異聞紀、に、彼の先祖の家業のことを述べて、

〔はじめ〕酒屋を業としていたが、成化（一四六五―八七年）末年、水災に遭い、……酒屋を廃業して織機一張を購ったが、諸種の高級絹織物を織ること極めて精巧であって、絹が出来あがるごとに、人は争ってこれを売って商利を獲ようとはかった。こうして二〇日ごとに織機一張をふやし、のちには二十数張となるまでにいたった。製品を買おうとする商人が常に戸外に満ちあふれて応接にいとまなく、これより家業は大いに栄え、そののち四代にわたって業を継ぎ、各代ともに数万両の富を得るにいたった。

と書いているが、これによっても、当時の小商品生産者のうちに、その経営を拡大し、資本を増殖するもののあったことが窺われるであろう。ただし、張氏はその後に大地主・大官僚に転化したのであって、いわゆる資本家にはならなかったことについても、当時の限界的な傾向を示すものとして留意しなければならない。

民間におけるこのような機戸の存在を基盤として、元・明・清の各王朝は《織染局》（《織造局》ともいう）を設置した。官営の織物仕事場は、古く漢代の《織室》に始まるが、元王朝は杭州・黄池（安徽省）・建康（南京）に《織染局》を設け、明王朝は、明初はやくも、宮廷（内府）の内織染局のほか、杭州・蘇州をはじめとして、浙江（一〇）・

江西（一）・福建（二）・四川（一）・河南（一）・山東（一）・江蘇（三）・安徽（三）など、江南を主とする各地域に計二二の外織染局を設置した。[27] また、清代の織造局は、江寧（南京）・蘇州・杭州の三都市に設けられていた。[28]

それでは、いわゆる明末清初の時期を間にはさんで、織染局の数は、なにゆえにかくも激減しているのであろうか。織染局による官営工業のこのような衰退は、次のような事情にもとづく。すなわち、第一に、織染局の労働力は、民間の機織り業者を匠籍に登録し、この匠戸の徭役労働によって宮廷用の衣服や官服、また賞賜として官僚や外国の使節に与えられる高級織物を生産していたが、[29] 織染局のこの匠役労働は、それ自体が民間の機戸に対する苦役の収奪にほかならなかったから、匠役に当てられた者の回避・逃亡などがあいつぎ、技術的にも低下して、織染局の運営は非能率な、不経済なものと化した。そして、一四八五年（成化二一年）以後、匠役の大部分は銀をもって代納されるようになった。[30] 第二に、明代中期以降、民間における都市絹織物業の商品生産が発展し、その基礎のうえに市場が充実して、高級かつ均質な高級絹織物が大量に出廻るようになった。かくして次第に増大する宮廷・政府の高級絹織物に対する需要は、江南の大都市に展開しつつあった民間の機戸に注文し、あるいはこれらの都市機業地の市場から買上げることによって満たされるようになった結果、杭州・蘇州・南京を除く他の諸都市の織染局は、一六世紀中葉までに、おおむねその匠役労働にもとづく生産を停止し、これらの織染局はほとんど廃止されるにいたった。右の三織染局も明末清初には一時衰微したが、光緒『大清会典事例』巻一一九〇、内務府、庫蔵、織造、によれば、一七四五年（乾隆一〇年）には、杭州織造局——織機六〇〇張、機匠一八〇〇名、染匠など五三〇名、蘇州織造局——織機六六三張、機匠一九三二名、染匠など二四三名、江寧織造局——織機六〇〇張、機匠一七八〇名、染匠など七七七名、であった。

このような趨勢は、江南農村の養蚕製糸・絹織物業の商品が、市場において全国の他地域の生産品との競争にうち勝ち、その成果として、他地域の養蚕製糸・絹織物業が衰退するとともにその地域の織染局もまた有名無実のものとなり、他方、先進的な養蚕製糸・絹織物業が江南の農村に集中して展開し、これを基盤として江南諸都市に高級絹織物業が発展した事実を示すものにほかならない。

いま、このような大都市の絹織物業を蘇州府城について見よう。蘇州は、春秋時代の紀元前五六〇年頃、呉の国の都となって以来、明末まで二〇〇〇年以上の歴史を有する旧い都市であり、江南デルタの湖沼や四通八達の河川に囲まれ、それが城内をも縦横に走る、国内外の商品交易の要衝であった。この蘇州について、王錡の『寓圃雑記』は、

正統・天順の間（一四三六―六四年）、私は蘇州の城内に往ったことがある。当時、人々はみな、〔元末の戦乱から蘇州が立ち直って〕その旧をやや復しつつあると言っていたが、なお未だ盛んではなかった。成化年間（一四六五―八七年）になると、私はほぼ三、四年に一度は、蘇州城内に入ったが、そのたびに、まるで異境のようにさま変りがしていた。……およそ、宮廷への上納の錦衣や、あや織りの木綿、花くだもの、珍奇な物産などが歳ごとにふえ、高級絹織物や漆器などは、南宋以後、その技術が久しくすたれていたが、今では、いずれも精妙で、いよいよ巧みに、いよいよ豊かになっている。

と述べているが、さらに、一七四八年（乾隆一三年）序刊の袁棟の『書隠叢説』巻一〇、には、

蘇州の風俗の華美なることは日一日とはなはだしく、衣裳や冠・履物は、まだ使えるのにしばしば取り換えてしまい、……衣の裾の流行は忽ち長くなるかと思えば忽ち短く、冠は忽ち低く忽ち高く、履物は忽ち尖るかと見れば忽ち幅広くなる。これらの衣服冠履の製作者は新式のものによって人を誘い、遊蕩の人間は巧みに身づくろうことを風習とするようになった。

と描写されている。そして、現存の石碑に見られる碑文によれば、明・清時代を通じ、このような都市生活を支えた蘇州の手工業同業組合には、糸織業・刺繍業・金線業・染布業・踹布《もめんつやだし》業・糸経業・冶金業・鋼鋸業・錫器業・張金（ママ―編集者）業・金銀糸抽抜業・包金《かざりかなぐ》業・造紙業・印刷業・成衣業・粗紙箬葉《たけのかわ》業、蠟箋紙《ろうびきがみ》業・蠟燭《ろうびきがみ》業・水木《さかんだいく》業・漆作業・石作業・

紅木巧木《マホガニーかぐ》業・紅木梳妝《マホガニーけしょうだい》業・硝皮《なめしがわ》業・寿衣《きょうかたびら》業・牛皮業・織席業・緶縄《ひもなわ》業・茶食《おちゃがし》業などがあり、商店やその同業組合には、綢緞鋪、[31]布行・皮貨鋪・絨領《けおりのえり》鋪・洋貨《はくらいひん》行・米行・球宝玉器鋪・金業鋪・錫器鋪・金珠鋪・首飾鋪・銀楼《ぎんざいく》鋪・顔料鋪・典鋪《しちゃ》・銭鋪《きんゆうぎょう》・鉄釘煤鋪・油麻雑貨鋪・明瓦店・花行・木行・竹行・香店・猪《いきたぶた》行・木竹商行・轎行・估衣《ふるぎ》行・魚行・置器鋪・糖果《あめがし》鋪・煙号《たばこ》・薬材鋪・南北雑貨行・酒行・海貨《かいさんぶつ》鋪・棗《なつめ》鋪・肉鋪・屠猪店・醤《しょうゆ》坊・燭店・煤炭《せきたん》鋪・膳食《しょくどう》業・酒館業・席草行・麺鋪・糖食《さとうがし》業・炉餅《まんじゅう》業・剃頭業・水竈業・説書《こうしやくし》業・梨園《げきじょう》業などがあった。[32]

また、寧波《にんぽう》人の孫春陽が明末の万暦年間（一五七三―一六二〇年）に蘇州に開いた小さな店は、のちには、州・県の役所のように宏壮で、店内が南北貨房・海貨房・醃臘《ぶたにくのしおづけ》房・醤貨房・蜜餞《さとうづけ》房・蠟燭房の六房に分かれる一種の百貨店となり、一九世紀初頭まで繁昌したという。[33]

右のような蘇州商工業の繁栄の中核にあったものは、江南デルタに広汎に展開していた農村家内工業を基盤とする絹織物業ならびに綿業であった。前述のごとく、明代中期以降、明王朝は、宮廷・政府のための絹織物を、蘇州などに発達した高級絹織物業を対象として、民間から買上げるようになっていたが、この買上げは、織染局の《織造太監》として宮廷から派遣された宦官がおこない、彼らはまた、これに便乗し、皇帝の内命と称して《伝奉承造》という定額外の注文生産を強制し、これらはみな不等価交換の収奪として機能した。このような苛酷な誅求の結果、後述のように、一六〇一年（万暦二九年）六月、蘇州城内において《織傭の変》と呼ばれる織工たちの暴動が勃発するのであるが、当時、現地にあってこの事件につき皇帝に上奏した巡撫応天右僉都御史の曹時聘の報告は、[34]

近ごろ臣の見るところによれば、《染坊》（染色仕事場）や《機房》の操業停止によって失業した染工、織工は、それぞれ数千人にのぼった。彼らはみな、みずからの労働によって生計をたてている良民であるのに、一挙にして死地に追い込まれたのである。

といっている。右の「数千人」というのは、その当時、蘇州よりはるかに後進的であったと思われる上海〔地域?〕

に織工が約二〇〇〇人いたといわれていることから考えて、少なくとも織工については二〇〇〇人以上であったであろう。さらに、当地の絹織物業については、一七六一年（乾隆二六年）刊の『元和県志』巻一六、物産、工作之属、に、

〔蘇州城の〕東城では、どの家もみな機織りをしており、その数は一万戸にとどまらない。

とあり、そのような機戸の一例として、嘉靖の頃（一六世紀中葉）の長洲人、陸粲の『庚巳編』巻四、には、《織帛工》および《挽糸傭》（撚り糸の雇工）それぞれ数十人を働かせていた蘇州人の経営のことが語られている。また、一九三三年（民国二二年）刊の『呉県志』巻五一、物産二、は、「採訪冊」にもとづいて、

〔絹の機織りを経営する〕紗・緞業者を《賬房》といって、計五七カ所が〔蘇州〕城内の東北部分に散在している。……その開設の時期は、遠く二百余年前（清代前期の一八世紀初頭）にさかのぼるものもある。各《賬房》のなかには、みずから織機を設置して織工を働かせるものもあるが、大部分は、たていと・よこいとの生糸を織工に渡し、それぞれの家で雇工をやとって織るようにさせる。この織工を《機戸》という。これらの《機戸》はほぼ千戸に近く、〔そのもとに働く〕機織りの《機匠》（雇工）は、ほぼ三、四千人いるが、〔これらの《機戸》も《機匠》も〕みな〔蘇州〕城内の東北部分、婁門、斉門付近に散居している。唯亭・蠡口など近郊の郷鎮にも、ときにこの〔《機戸》・《機匠》〕が住んでいる。〔他方、〕女子労働で撚り糸をする者を世間では《調経娘》という。少女や貧女は軒並みにこの労働をして生活する者が多い。

といっている。右に語られている直接の景況は、もちろん二〇世紀になってのちのものであるが、このような前貸生産制の起源が一八世紀初頭の雍正年間の頃にあるという説は、顧慮するに値いするであろう。

ところで、蘇州のこの機業地区の労働力について、一六八四年（康熙二三年）序刊の『長洲県志』巻三、風俗、は、

〔蘇州〕城〔内〕の東部では、みな機織りを生業としている。模様織りを《緞》といい、綟《もじ》織りを《紗》という。

工匠にはそれぞれ専門の技能がある。工匠は主人の常雇いであり、日給計算で賃金を受けているが、他に、ことあるときは無主の工匠を喚《よ》んで代りをさせる。これを《喚找》という。このような〔常雇いをしてくれる〕主人のいない工匠は、明け方に橋〔のたもと〕に立って〔喚ばれるのを〕待つのである。緞工は花橋に立ち、紗工は広化寺橋に立つ。糸車によって撚り糸をする者を車匠といい、濂渓坊に立つ。彼らは十、百と群れをなし、頸をのばして〔喚ばれるのを待ち〕望み、あたかも流民があい聚っているようなさまに見える。そして朝食時の後に解散して帰ってゆく。もし機戸の仕事が少なくなれば、この者たちは衣食にこと欠くのである。これらの橋ごとに《行頭》がいて、彼らは〔こうした《行頭》の周旋によって、その日の雇主のところへ〕分遣されるのであるが、今は織造府が〔そのような労働市を〕禁止している。〔このような風習が労働者の〕左右に寄生する者を〔いたずらに〕利するからである。

と、一七世紀末の蘇州の機業における毎朝の日雇い労働市の状況を伝えている。(36) 右の記述によれば、《行頭》と呼ばれる請負人の仲介によって日雇い労働の周旋がおこなわれており、そこには、前近代的な身分的労務支配の存在が窺われる。一般に《把頭制》あるいは《包工制》といわれる、このような労務の周旋・支配の制度は、我が国のいわゆる飯場組織にも似て、それ自体、労働力の社会的存在形態の歴史的発展にとって反動的な制約条件にほかならず、《把頭制》の問題は、後世まで、近代・現代中国の労働運動史上、克服すべき重要な課題となっていたものである。

また、前掲の乾隆『元和県志』巻一六、物産、工作之属、には、《機戸》の置かれていた条件について、

機戸の名は官籍に隷している。……機戸が絹を織って官に納入する時、もし不足が出れば官債を負わされるに至り、弥縫することもできないことが往々にして起こる。

と述べられていて、機業に対する王朝・政府の収奪と抑圧との存在に留意すべきであろう。しかし、ここでは、他面で、一七世紀末の蘇州に、雇主に対し長期的な身分的隷属という関係にない日雇い労働者の市が立っていること、さ

らにそれぞれの日雇い労働者が、社会的に分業化した専門職能を有する労働力として登場するにいたっていることに着目したい。一四三二年（宣徳七年）、早くも、江南巡撫の周忱の「与行在戸部諸公書[37]」のなかで、

天下の民は、その郷村を離れるとみずからの身を容れる処がないのに、蘇〔州〕・松〔江〕の民は、其の郷里を離れても、其の〔家内工業の〕技能を売って暮らすことができる。

といわれるほどに、江南の農村においては、家内工業を農業から分離・独立させる方向へ商品生産を展開しつつあったが、これを背景として、一七世紀末には、蘇州において、専門技能別の日雇い労働者が登場するまでにいたったのであった。

なお、製糸・絹織物業ではないが、顧公燮『消夏閑記摘鈔』巻中、芙蓉塘、に、

前《さき》の明代には、数百家の《布号》（綿布問屋）がみな松江〔府の〕楓涇・洙涇〔の両鎮〕に在って営業を楽しみ、染坊（染色の仕事場）・踹坊（綿布のつや出しの仕事場）や商人は、すべて《布号》に属して経営をおこなっていた。

と述べられているように、明代にすでに、布号による問屋制前貸とそのもとにおける踹布（綿布のつや出し）の社会的分業化との存在が窺われるが、清代に入ると、一七二三年（雍正元年）五月二四日の何天培の上奏に、

染匠および踹《つやだし》匠は、いずれも店舗の雇傭する者であります。……蘇州の綿布を再調査してみますのに、ここにおいて各省から来る客に対し発売する棉布は、必ず工匠が染色し、つや出しをする〔ことによってはじめて商品となる〕のであります。

と述べられ[38]、また、一七三〇年（雍正八年）七月二五日、浙江総督の李衛の上奏に、

蘇州〔の市街〕には全国の人間が雑処し、百貨が集まり来たって、商業流通の要衝をなしております。なかでも各省〔に送られる〕青・藍の棉布はこの蘇州で取引されます。〔その棉布はこの地で〕染色されたのち、必ず大石を用い脚で踹《ふ》んで光沢を出します。〔この経営には〕《包頭》と呼ばれる人間がいて、菱形の巨石、木製のロー

ラー、家具、住宅を備え、《踹匠》（つや出し工）を招集して住み込ませ、これに食糧・銀銭を立替え払いし、棉布問屋から棉布を預って、〔《踹匠》の〕つや出し〔作業〕に出します。〔《踹匠》の受取る〕賃金は、棉布一疋ごとに銀一分一釐三毫〔の出来高払い〕であり、すべて〔直接に〕《踹匠》のそれぞれの所得となります。そして、〔《踹匠》は〕一人当り毎月、《包頭銀》三銭六分を出して、〔《包頭》に対し踹石の使用料や〕家賃や家具使用料を支払います。この労働はたくましく強力な者でなければできず、〔《踹匠》は〕みな江南・江北地域の各県から伝え聞いて連れて来られたもので、概ね単身烏合の衆であり、本分を守らざる輩であります。……従前は、各仕事場〔を合わせて〕七、八千人にすぎませんでした。……現在では、〔蘇州城の〕閶門の外郊一帯を詳しく調査したところ、《包頭》は合計三百四十余人で四百五十余カ所の《踹坊》（棉布のつや出し仕事場）を設け、各坊に〔他処者《よそもの》の〕《踹匠》がそれぞれ数十人おります。踹石の数は一万九百余個に達し、〔《踹匠》の〕人数は〔この踹石の数に〕みあっております。

と述べられており、[39]清代前期、一八世紀前半の蘇州における踹布業の生産構造、また、これに対する布商の位置が知られる。さらに、前掲の一七六一年刊の乾隆『元和県志』巻一〇、風俗、には、

《蘇布》の名は四方に知られている。この業に従事する者は、〔蘇州の〕閶門外の上塘・下塘に居り、これを《字号》という。この《字号》のもとには、《漂布》（綿布の晒し）・《染布》より《看布》（仕上り検査）・《行布》（綴《と》じつけ）まで、それぞれに分業の担当者がいて、一つの字号につき、常に数十の家の者が、これに頼って生活している。字号は〔このように大きな企業であるので〕富裕な者が経営し得るのみである。

といわれている。すなわち、布商（字号）[40]は、分業化した幾つかの仕事場を傘下にかかえ、職人に踹布作業の手間賃を支払う、という問屋制的支配がそこには成立していたが、ただし、この経営体制のなかには、《包頭》による労働支配および中間搾取が介在していたのである。なお、以上の踹布業については、早く、前掲の宮崎市定氏の論文が言

及しており[41]、筆者もかつてこれについて論じたことがあるが[42]、その後に、中国で刊行された江蘇省博物館編『江蘇省明清以来碑刻資料選集』（生活・読書・新知三聯書店、一九五九年）所収の関係碑文をも分析した横山英・寺田隆信両氏の研究[43]があるので、ここでは、これ以上論じないこととする。

かくして、蘇州の都市絹織物業は、近代直前の一八二二年（道光二年）には、「元和県厳禁機匠借端生事倡聚停工碑[44]」に、その経営形態について、次のように記されるまでにいたった。

民間の《機戸》は、それぞれ、経糸を《機匠》に渡して織らせるのであるが、その元手は巨額であるのに、利潤ははなはだ少ない。

右の碑文中の《機戸》とは元機屋《もとはたや》のことであり、《機匠》とは機屋《はたや》のことである[45]。したがって、一九世紀前半には、蘇州の絹織物業において、出機《でばた》制が成立するにいたったのである。

最後に、南京（江寧）の絹織物業について見よう。一八八一年（光緒七年）序刊の『江甯府志』巻一五、拾補雑記、は、

江甯の機業経営には、昔は制限があり、《機戸》は機《はた》を一〇〇張以上もつことを許されなかった。また、一張ごとに五〇金の税を納め、織物をつくるには、許可を受けてこれを冊に登録し許可証を給せられて、しかるのち、はじめて織ることができた。

という記事を、康熙年間（一六六二―一七二二年）以前のこととして述べているが、また、一八九九年（光緒二五年）序刊の『鳳麓小志』巻三、志事、記機業第七、に

乾隆・嘉慶年間（一七三六―一八二〇年）には、南京城内の織機《はた》の数は三万をかぞえ、その後やや〔絹織物業が〕衰えたが、それでもなお一万七、八千張はあった。……機業を経営する家を《帳房》といい、《機戸》がこの《帳房》から《領織》（賃機《ちんばた》）することを《代料》という。織り上がった鍛子を《鍛主人》（鍛業を経営する商人）、

すなわち《帳房》の主人に送り、その商人が優劣を検査することを《讐貨》という。織る前には、必ずまず経糸《たていと》を染める。経糸には《湖糸》（湖州府を中心とする地域に産出する上質生糸）が当てられる。経糸を染め終ると、これを《絡工》（揚返し工）に散給する。《絡工》は貧女であって、日ごとに三、四枠の生糸を揚返し、銭を得て米に易え、一日の食に供する。

といっている。ここには、一八世紀中葉以降、一九世紀末にいたる南京の都市絹織物業の規模と、そこに成立していた問屋制生産――《帳房》（元機屋《もとはたや》）の《機戸》に対する出機《でばた》、すなわち、《機戸》（機屋）の《帳房》に対する賃機《ちんばた》、および、おそらく《帳房》の《絡工》に対する問屋制前貸――の事実を窺わせるものがある[46]。

近代以前、すなわち一九世紀中葉以前の南京における都市絹織物業に関する史料は、以上に紹介したほか、必ずしも多くはない。そして、今日明らかにされている、その後の史料は、小此木藤四郎『清国織物業視察復命書』（農商務省商工局、一八九九年）・峯村喜蔵『清国蚕糸業大観』（丸山舎、一九〇四年）・東亜同文会『支那経済全書』一二（東亜同文会編纂局、一九〇八年）など、いずれも二〇世紀初頭前後以降のものである。

五　おわりに

以上に述べてきたように、江南における地方都市の発展、すなわち、伝統的な大都市および行政都市の商工業都市化による経済的繁栄、新たに簇生した中小都市――いわゆる《市鎮》――の成立などは、いずれも、ほぼ一五世紀中葉にはじまり、一六・一七世紀に目ざましく展開した農村手工業の形成を、その背景にもつものであった。

中国の学界においては、本稿中に紹介した江南の製糸・絹織物業などに関する諸史料を、世界史から抽出される近代資本主義形成の諸表象に照応させ、そこに、一六・一七世紀あるいはそれ以前の中国社会における近代資本主義の

「萌芽」を見出そうとする学問的なキャンペーン、いわゆる《中国資本主義萌芽問題討論》が、一九五五年一月以降、六〇年までおこなわれ、そのような問題関心は、「文化大革命」期に絶えたかに見えたが、今日ふたたび継続している。[47] この《討論》に見られる特徴的な一般的傾向は、第一に、散発的に見出される「資本主義的現象」をとらえて、資本主義的生産様式の《萌芽》であるとの規定をこれに与え、そのような、あたかも「資本主義的」な現象を呈している経営形態・賃金形態その他の量的な諸表象は、その内容=本質において、果たして真に資本主義と称するに値する生産関係をその内実として備えているか否か、第二に、いうところの《萌芽》が、その程度について——したがって、その出現の時期について——果たして、もはや《萌芽》の後退ないし消滅のありえない、確乎たるものとして、科学的に認識され得るか否か、という問題が、いずれも十分に検討されず、かくして第三に、総じて、《萌芽》の概念規定も不明確なまま、いわゆる「萌芽」現象の存在を、より早期の中国歴史=社会に遡って指摘しようとする、いわばナショナリスティックな意図が窺われるように思われる点にある。[48]

右のような傾向については、すでに《討論》中に、黎澍「関于中国資本主義萌芽問題的考察」[49]が、おおむね次のように批判している。すなわち、多くの論文は、資本主義的発展の存在を規定するのに必要な手続を欠いており、非商品生産を商品生産と混同し、農奴的労働を近代的雇傭労働と見なし、農業と結合した農家副業およびギルド手工業をマニュファクチュアと見なし、商人資本から工業資本を引出している、と述べる。本稿に見られる江南手工業の諸事例が、一見して明らかなように、中国史のアジア的な停滞を立証するような事実では全くなく、近代以前の中国社会経済の顕著な発達を示しているものであることは、いうまでもない。だが、都市手工業のいわゆる発展が、専制王朝権力による公許を背景とする《会館》・《公所》など、ギルド組織の強化と歩みをともにしていた事実一つを取り上げてみても、当代における手工業のいわゆる発展の現象に、安易に《萌芽》の評価が与えられてならないことは、これまた言を俟たぬところであろう。[50]

しかしながら、中国における《萌芽》研究について特筆すべき積極的な意義は、これらの諸論文のうち少なからざるものが、《萌芽》の経済的分析に終始せず、《萌芽》を創出した根源的勢力としての直接的生産者たちによる階級闘争、またこれを基盤とする都市住民たちの階級意識の形成など、政治史的成果についても言及している点にあろう。

いま、江南の製糸・絹織物業に即して、彼ら直接生産者たちの抵抗運動の例をあげれば、第一に、前述の一六〇一年（万暦二九年）の蘇州における《織傭の変》がある。この年五月、提督織造・兼理税務の《織造太監》として杭州・蘇州に派遣されていた宦官の孫隆は、蘇州城内の無頼を徴税吏に任じ、織機一張ごとに毎月銀三銭を課税しようと謀り、機戸・絹荘の倒産するものが相ついだ。かくして生計の手段を奪われた織工たち二千余人は、六月三日、六隊の隊伍を組み、規律ある組織的行動によって、徴税吏を殺し、その家屋に焼打ちをかけること三昼夜におよんだ(51)。第二の例として、一六七〇年代後半（康熙年間初期）の秀水県濮院鎮における機戸・小販の暴動がある。当時、嘉興府の知府であった盧崇興の『守禾日紀』巻六、によれば、平素から「市場に覇をとなえ問屋を開店し、利をむさぼることを専らにして怨みをかい、言い値をつけるに当って勝手に上げ下げしていた」楊某・顧某らの商人に対して、この事実を訴えようもなく涙を呑んでいた《小販》（小商人）や、「仕事をあてがい用いるに当って勝手気ままに収奪していた」彼ら商人に対して、怨みを懐きながらも抗論しえなかった、問屋制生産支配下の《機戸》たち、合せて二千余人が、「つもりつもった深い怨みを忽ちにして爆発させ」、「いのちを棄てることをものともせず」、「銅鑼《どら》を鳴らし吶喊して、家屋を焼打ちした」ため、濮院鎮の「鎮全体が洶々として狂うがごとくであった」という(52)。

それにしても、一時に激発したこれらの暴動も、それ自体としては、結局は弾圧されて、直接の遺産をなんら後にのこさなかったものが多かったであろう。また、このような階級闘争を含めて、中国史上における手工業の発展のすべての事実は、現象的には、やがて一九世紀中葉以降に襲いかかってきた列強近代資本主義、または帝国主義の威力のまえに、むなしく破壊されてしまったかに見える。

それでは、近代以前の中国社会にはぐくまれてきた手工業の《発展》は、このような破壊――歴史の《非連続》――に遭遇しながらも、これを通じ、いかなる歴史的意義の《連続》を、その後の近代中国に伝え、与えることができたであろうか。

中世より近代にいたる中国史上のこのような重要課題について考えるよすがとして、最後に、再び前掲『醒世恒言』の小説中に、紬を織り、みずからこれを売る農民の姿を追うこととしよう。(53) その小説「施潤沢灘闕遇友」(「施潤沢が灘闕で友に遇ったこと」)によれば、盛沢鎮のほとりに生活していた施復という農民の夫婦は、みずから養蚕をおこなうとともに、自家に織機を備え、妻が撚り糸をし、夫が紬を織っていた。盛沢では、ややゆとりのある家は、一〇匹あるいは少なくとも五、六匹が織り上がってはじめて売りに出しており、富裕な大戸は数多く織り上がらなければ売りに出さず、売りに出すときは、すべて《牙行》が《客商》を連れてきて、大戸の門口《かどぐち》で買付けるのであるが、施復の夫婦は貧しい小戸で元手が少ないので、三、四匹が織り上がると直ちに売りに出していた。ある日、施復は織り上がった紬が四匹になったので、それを荷に包み、盛沢鎮の市中にやって来て、よく往き馴れて知り合いの《行家》に売りに往った。《行家》の店内には、三、四人の《客商》が坐っており、帳場のところでは、《行家》の主人が紬をひろげて見ながら、これに言い値をつけている。施復がこの主人に紬を渡すと、主人はこれを受取って包みを開き、紬を逐一ひろげて調べ、これを秤ではかって、これに主人の側から値段をつけ、ついで、主人は一人の《客商》に向って、「施復は律儀な男だから、いちいち調べる煩をはぶいて、相当な額の銀子《ぎんす》をやってはいかがか」という。そこで客商は、《細糸》と呼ばれる純度の高い銀子を取り出し、これを秤で計って、施復に与える。施復の方でも自分の秤を出してこれを計りなおす。そして、少しばかり軽すぎる、すなわち安すぎると思って、一、二分の銀を余分につけてもらい、紙をひろげて、この良質の銀子を包んで懐中に入れ、秤と紬を包んできた布切れとを収めて、《行家》の主人に向って丁寧におじきを繰り返し、「ご苦労さま」とお礼をいって、店を出るのである。

右に見られる施復と《行家》の主人との間の取引において、きわめて顕著な特徴は、次のような点であろう。すなわち、第一に、みずから織機を所有し、一応独立した自営であるとはいえ、零細な経営によってわずかずつの紬を生産し、これを貨幣に換えることなしには生活できない農民が、その生産物を市場に販売するためには、彼は、通いつけていて昵懇《じっこん》な《行家》のちからに頼らざるをえず、その《行家》の主人に対する彼の上述のごとき一見隷属的な態度は、問屋の言い値による買手市場の成立を象徴的に示しているといえよう。しかしながら第二に、彼が代金として銀子を受取るとき、彼はきわめて当然のことのように自分の秤を取り出し、みずから銀を計りなおし、その量をふやしてくれるよう、《行家》・《客商》に要求しているのである。生産者施復のこのような行為のうちには、彼のおかれていた買手市場的状況のもとにもかかわらず、彼がいかに商品経済における経済観念を身につけるにいたっていたか、が示されているといえるであろう。

ところで、《行家》を出て暫くして青い袋を拾った施復は、これを袖に隠し、人のいない処に走り込んで開けてみると、なかに一両の銀錠と三つ四つの銀の小塊、および太平銭一文が入っており、それはほぼ銀六両の値打ちの落し物であった。そこで、心中に大いに喜んで、施復は次のように考える。「今日はなんと好い日だろう。こんな銀子を拾って、機《はた》をもう一張ふやすと、一月の間には多くの紬を織ることができ、利潤も多い。この銀子はもともと無かったも同様のものなのだから、その利潤を他に使わず一年たくわえておけば、合せてなにがしかになって、また来年は機一張をふやすことができ、一年の間に多くの利潤が生じよう。こうして一〇年たてば、千金の富となる。その時には家を建てて、多くの田畑も買える」と。

施復の右のような夢想は、その終局に田産の所有が目指され、その限りでは前近代的な地主的土地所有が目標となっているようにも考えられるが、しかし、他方において、この素朴な空想を通じ、そこに、驚嘆すべき、健康な合理主義的計画性を見出すことができるといっても過言ではないであろう。

だが、この個人的な夢想から醒めたとき、施復は、さらに次のように想像する。「この銀両は、もし富人が落したのであれば、九牛の一毛であろうから、それほどおおごとでもないし、結局、将来は利益を得るということもあろう。だが、もし客商が落したのであれば、妻子を家郷に置いて旅のつらい目にあい、辛苦の果てに手に入れたものを、いま失ってしまったのであるから、ずいぶん悩むことであろうが、もし資本があれば、この金《かね》を落しても商売はどうにか損得なしになり、気にとめないですむであろう。しかし、もし落し主が《小経紀》（小仲買人）であるとすれば、わずかな資本によって、私と同様に苦しい生活を送り、あるいは紬を売り、あるいは生糸を手放した果実であるこの銀両はいのちの綱、どうして失ってよいであろうか。その結果は、息も絶えてしまいそうになるであろう。そして一家の善良な者たちが生きるに途なく、互いに怨み、遂には身を売り子をひさぐにいたるであろう」と。想いここに及んだとき、施復はまさにこの銀両を落し主に返すことを決意する。そして、それは現実に落し主の手に戻ったのであった。

このような施復の想像のなかで、最後に、自己と同様な生活条件にあるであろうと考えられる《小経紀》に想いを致したとき、施復をしてその窮乏と一家離散の行く末をなまなましく深刻に推測させたこの同情は、労働し生活する者のいわば階級的連帯意識の萌芽とも称することができよう。そして、銀両をひそかに己れのものとしようという誘惑から施復を救った倫理が、まさしくこの時、この共感に固有な成果として生まれ出たのであった。

以上の物語は、一般に写実的であるといわれる明末の小説にふさわしく、その状況の設定など、史実に合致して、きわめて写実的であるということができるが、小説はあくまで小説であり、施復もまた虚構の存在にほかならないであろう。しかしながら、一歩譲るとしても、作者馮夢龍の頭脳のなかに、このような合理主義的意識と新しい連帯感とが発想され得たこと、またこの作者と彼の作品とがともに時代の産物であったことは、これを否定しえないであろう。

専制主義と地主制と、さらに商人資本との制圧のもとで鍛えられ、成長してきた農民・手工業者の技能と意識とは、西洋近代資本主義の中国への侵入によって、彼らの労働と生産の場であったその諸経営が解体せしめられたのちも、外国資本・民族資本下の中国人労働者の資質のなかに、連続して受け継がれたというべきであろう。

註

（1）加藤繁「唐宋の草市に就いて」『支那経済史考証』上、財団法人東洋文庫、一九五二年。
（2）傅衣凌「明清時代江南市鎮経済的分析」『歴史教学』一九六四年五期。
（3）康熙『呉江県志』巻一、輿地志上、市鎮。乾隆『呉江県志』巻四、疆土四、鎮市村。傅衣凌、前掲「明清時代江南市鎮経済的分析」。
（4）乾隆『震沢県志』巻一、疆土一、沿革。巻四、疆土四、鎮市村。
（5）傅衣凌、前掲「明清時代江南市鎮経済的分析」。
（6）西嶋定生『中国経済史研究』東京大学出版会、一九六六年、に収録の中国農村綿業に関する諸論文、および、田中正俊「十六・十七世紀の江南における農村手工業」『中国近代経済史研究序説』東京大学出版会、一九七三年。
（7）乾隆『震沢県志』巻四、疆土四、物産。
（8）康熙『呉江県志』巻一七、物産。
（9）一九四九年春、『醒世恒言』のこの小説の存在について、筆者に示教を賜った波多野善大氏に深謝する。
（10）光緒『唐棲志』巻一八、紀風俗、に、明末の人、胡元敬の「棲渓風土記」を引いて、

鎮去武林関四十五里、長河之水一環滙焉。東至崇徳五十四里、倶一水直達、而鎮居其中。官舫・運艘・商旅之舶、日夜聯絡不絶、矻然巨鎮也。財貨聚集、徽〔州〕・杭〔州〕大賈視為利之淵藪。

といっている杭州府仁和県の唐棲鎮、また、范鍇の一八三六年（道光一六年）の『潯谿紀事詩』巻上、に范顯通の「研北居鎖録」を引いて、

自郡城東六十里、至南潯鎮。鎮南北約五里、支港多而紆曲、東西約三里余、……当蚕糸入市、客商雲集。四民各習其業、

彬彬然一大鎮会矣。

といっている湖州府烏程県の南潯鎮、さらに、一六二四年（天啓四年）編修の『呉興備志』巻二九、璅徴、に、

帰安菱湖市廛家、主四方鬻糸者多。廛臨谿、四、五月間、谿上郷人貨糸船排比而泊。

と描写されている、湖州府帰安県の菱湖鎮などは、いずれも河川やクリークに沿って鎮が形成されており、それゆえに、四通八達の地の利を得ていたのである。右の文に「四月・五月の間」とあるのは、その年の新糸が市場に出廻る季節を指す。なお、〔　〕内は引用者の補った語である。以下同様。

(11)　鈔本『雙林記増纂』は、明末に編纂されたものと考えられる『雙林志』を原文とし、これに漸次に増補を加えて成ったものと思われるが、この部分は、その原文（＝本文）に相当する。

(12)　西嶋定生、前掲『中国経済史研究』八四六頁以下。田中正俊、前掲『中国近代経済史研究序説』八五頁以下、参照。なお、一六〇〇年（万暦二八年）刊の『嘉興府志』巻五、戸口、によれば、嘉興府下の各県に居住する絹織物業関係の《匠戸》（家内工業を兼業する農民ではなく、手工業の専業者）の職種別と数とは、左表の通りである。

匠戸＼県	嘉興	秀水	嘉善	海塩	平湖	崇徳	桐郷	計
綿匠				四				四
糸匠				五				五
絡糸匠	六八	四四		一				一一三
打線匠	二三	三〇						五三
双線匠	一三一	八二	八三	二四	三五	一八	一四	三八七
腰機匠	七	一二	二	一一	三	一		三六
織匠	一六	一一						二七
洗白匠	一一			一				一二
染匠	五九	三二			三七			一二八

右のうち、嘉興・秀水の両県は、《附郭》すなわち嘉興府城内に県衙のある県である。ただし、政府が官営仕事場である《織染局》を運営するために匠戸に徭役を割当てた際の右のような「分業」が、そのまま民間の手工業経営における社会的分業の成立の実態を示しているものであるか否かは疑わしい。

(13) 田中正俊、前掲『中国近代経済史研究序説』九八頁、参照。

(14) 当時の中国において交易に使用された銀は、秤量貨幣としての地金《ブリオン》の銀であった。

(15) 西嶋定生、前掲『中国経済史研究』八五四頁。

(16) 一九五五年以降、中国においては、いわゆる中国資本主義萌芽問題に関する全国的な討論がおこなわれ、商人資本による問屋制前貸生産の成立を資本制生産様式の萌芽として評価しようとする論考も少なからず発表されたが、その根拠とする史料には後代に関するものが多く、一六・一七世紀における問屋制前貸生産の存在を示すものはほとんど見られなかった。なお、中国資本主義萌芽問題討論については、中国人民大学中国歴史教研室編『中国資本主義萌芽問題討論集』上・下、北京・三聯書店、一九五七年、南京大学歴史系中国古代史教研室編『中国資本主義萌芽問題討論集』続編、北京・三聯書店、一九六〇年、南京大学歴史系明清史研究室編『明清資本主義萌芽研究論文集』上海人民出版社、一九八一年、田中正俊「中国歴史学界における『資本主義の萌芽』研究」前掲『中国近代経済史研究序説』、参照。

(17) 西嶋定生、前掲『中国経済史研究』八六三―八六四頁。

(18) 西嶋定生、前掲『中国経済史研究』八六三―八六四頁。

(19) K. Marx, *Das Kapital*, Bd. Ⅲ, S.841（マルクス『資本論』国民文庫、第一一分冊、二九一頁）。ちなみに、農奴ないし隷農は、封建的自営農民である。

(20) 一五九一年（万暦一九年）刊の高鶴『見聞捜玉』巻四、に、

二月売新糸、五月糶新穀、乃聶夷中「傷田家詩」、最有深意。不知者、反以二月無糸、五月無穀詰之、非矣。殊不知二月将事於蚕、五月正力於農、而苦於無貲。乃称貸於有力者、乃糸穀既登、則倍息償之。若謂未糸而売、未穀而糶矣。

とあって、唐代の詩人聶夷中の頃にすでにおこなわれていた「二月に〔早くも〕新糸を売り、五月に〔早くも〕新穀を糶《う》る」

という事実を解説し、二月のまさにこれから養蚕にとりかかろうという時に資本のないことに苦しむ農民が、生糸が取れた時にその収益によって利息を倍にして償還するという契約で有力の富家から借金することを詠んでいるのである、といっている。また、正徳の頃（一六世紀初頭）の人、蔣冕の『湘皐集』巻一三、の詩に、

牛壠山妻担餉榼、蚕門村女踏繅車、秋成香稲輸官庾、春半新糸入富家。

とある。なお、高利貸資本が養蚕製糸農民から収奪した利息は、『雙林記增纂』巻八、の原文によれば、年利一割、光緒『長興県志』巻八、によれば、年利二割であり、また、一七四九年（乾隆一四年）序の『長興県志』巻一二、に引く『小谷口薈蕞』によれば、湖州府においては、一〇両以上については月利一分五厘、一両以上については月利二分、一両以下については月利三分であるという。なお、田中正俊、前掲『中国近代経済史研究序説』九三頁、の記述を、以上のように訂正しておく。

（21）前掲（10）参照。

（22）光緒続纂『江寧府志』巻一五、拾補、雑記、に、

金陵（南京）織緞之糸、有経緯之別。在昔、経用震沢・南潯、緯用湖州・新市・塘棲。……咸豊癸丑（一八五三）以前、上等緞皆買糸於呉・越。以純浄潔白適用、而価廉也。

とあって、江蘇・浙江の生糸が品質優秀にして廉価であるため、南京の高級絹織物業の原料として用いられた事実を述べ、また、『雙林記增纂』巻八、風俗、商賈、の本文には、

商賈之家、皆極勤朴、衣不羅綺、食不甘毳。斤斤自守、生業日繁。惟糸牙行、聚四方商旅之財、饒華立致、争尚奢靡。

とあって、とくに糸牙行が繁栄した旨が述べられている。なお、田中正俊、前掲『中国近代経済史研究序説』八九、九九頁、参照。

（23）愛宕松男訳註のマルコ＝ポーロ『東方見聞録』2、平凡社、一九七一年、八四―八五頁の註（16）によって、各手工業名の一部に邦訳のルビを付した。〝作〟とは、手工業同業組合のことである。

（24）A. C. Moule and P. Pelliot, *Marco Polo, The Description of the World*, London, 1938, Vol. I, p. 329.

（25）徐一夔と同時代の杭州の人、陶宗儀の『南村輟耕録』巻一一、「杭人遭難」には、

至正己亥（一九年、一三五九年）冬十二月、金陵游軍斬関而入、突至城下。城門閉三月余、各路糧道不通、城中米価湧貴、一斗直二十五緡。

とあり、一三五九年の杭州における米価騰貴の状況を、一斗の値二五文、すなわち一石二五〇文であった、と伝えている。鄭天挺「関于徐一夔〝織工対〟」『歴史研究』一九五八年一期（のち、前掲『中国資本主義萌芽問題討論集』続編、に収録）は、この『南村輟耕録』の記事にもとづいて、「織工が一日に二〇〇文の工賃を得ることは絶対に不可能であるから〝織工対〟の言う工賃は疑わしい」と述べている。他方、時代はやや降り、王朝の交替した後の平常時の全国的平均値を示すものと思われるが、『明実録』の洪武九年（一三七六）四月己丑の条（台湾・中央研究院歴史語言研究所本、第四分冊、一七五六―一七五七頁）には、

命戸部、天下郡県税糧、除詔免外、余処令民以銀・鈔・銭・絹代輸今年租税。戸部奏、毎銀一両・銭千文・鈔一貫、折輸米一石。……上曰、折納税糧、正欲便民、務減其価、勿泥時直、可也。

とあって、当時、米一石の価は、銭一〇〇〇文ないしこれよりやや高価であったであろう。右の二史料間の米価の懸隔は余りにもはなはだしいが、一三七六年の米価を基準としても、日給二〇〇文は米二斗に相当する。元代の一斗は、我国の尺貫法の五升五―七合余に相当する（狩谷棭斎『本朝度量権衡攷』および呉承洛『中国度量衡史』上海商務印書館、一九三七年、に拠る）から、日給二〇〇文は我が国の米一斗一升程度の高給と見てよいであろう。なお、藤井宏「中国史に於ける新と旧―『織工対』の分析をめぐる諸問題―」『東洋文化』九号、一九五二年。彭沢益「〝織工対〟史料能説明中国手工業資本主義萌芽的問題嗎？―兼論中国資本主義萌芽研究在運用史料与論証方法上存在的問題―」『経済研究』一九五八年四期（のち、前掲『中国資本主義萌芽問題討論集』続編、に収録）。尚鉞「《織工対》新探」『新建設』一九六三年九期、参照。

（26）後世のこととなるが、一五七八年（万暦六年）序刊の江蘇省通州の『通州志』巻二、風俗、に、

今者里中子弟謂羅綺不足珍、及求遠方呉紬・宋錦・雲縑・駝褐、価高而美麗者、以為衣。下逮袴襪、亦皆純采。其所製、衣長、裙濶、領寛、腰細、摺（縉？）倏忽変易、号為時様。

いて、
とあり、一六一八年（万暦四六年）序刊の常州府靖江県の『靖江県志』巻六、食貨、物産志、は、この地の物産の糸紬につ
　今製者絶少。以不入時好故。
といっている。《時称》あるいは《時好》というような、いわば時代の好みないし流行がすでに見られ、これによって機業の盛衰したさまを窺い得るといえよう。

(27)　万暦『大明会典』巻二〇一、工部二一、段疋。なお、中山八郎「明代の織染局」『一橋論叢』九巻五号、一九四二年、参照。

(28)　臨時台湾旧慣調査会第一部報告『清国行政法』六、一九一四年、二六五頁。

(29)　前掲（12）に、その一部が窺われるように、《織染局》は、かなり細分化された「分業にもとづく協業」によって運営されていた。したがって、この《織染局》を単純に現象的な経営形態から見るならば、いかにも《マニュファクチュア》と呼ぶに値するかのようであるが、しかし、資本主義的生産様式の初期の段階を意味する《マニュファクチュア》範疇にとって本質的な条件は、資本主義的な賃労働を内容とする資本制生産関係の成立であって、徭役労働にもとづく《織染局》を《マニュファクチュア》と称することはできない。

(30)　陳詩啓「明代的工匠制度」『歴史研究』一九五五年六期（のち、前掲『中国資本主義萌芽問題討論集』上、に収む）。佐伯有一「明前半期の機戸―王朝権力による掌握をめぐって―」『東京大学東洋文化研究所紀要』八冊、一九五六年。同「明代匠役制の崩壊と都市絹織物業流通市場の展開」『東京大学東洋文化研究所紀要』一〇冊、一九五六年。

(31)　ここにいう《鋪》とは商店のことである。

(32)　洪煥椿「明清蘇州地区資本主義萌芽初歩考察―蘇州工商業碑刻資料剖析」南京大学歴史系明清史研究室編『明清資本主義萌芽研究論文集』上海人民出版社、一九八一年、四〇二頁。

(33)　銭泳『履園叢話』（一八二五年序）巻二四、雑記下。宮崎市定「明清時代の蘇州と軽工業の発達」『東方学』二輯、一九五一年。

(34)　『明実録』万暦二九年七月丁未の条（台湾・中央研究院歴史語言研究所本、第一一二分冊、六七四二頁）。

（35）N. Trigault, *Histoire de l'expédition chrétienne au Royaume de la Chine*, Lyon, 1616, p. 1016（宮崎市定、前掲「明清時代の蘇州と軽工業の発達」六八頁、より転引）。

（36）蘇州府常熟県出身の一五六七年（隆慶元年）の進士、蔣以化の『西台漫記』巻四、に、

我呉市民罔籍田業、大戸張機為生、小戸趁織為活。毎晨起、小戸百数人、嗷嗷相聚玄廟口、聴大戸呼織。日取分金為饔飧計。大戸一日之機不織則束手、小戸一日不就人織則腹枵、両者相資為生久矣。

とあり（韓大成「明代商品経済的発展与資本主義的萌芽」、前掲『中国資本主義萌芽問題討論集』下、より転引）、また、一八四六年（道光二六年）序刊の長洲の人、顧震濤の『呉門表隠』巻二、には、

花橋、毎日黎明、花緞織工羣集於此。素緞織工聚白蜆橋。紗緞織工聚広化寺橋。錦緞織工聚金獅子橋。名曰立橋、以便延喚。謂之叫找。

とある。これらによって、蘇州の労働市が一六世紀後半にも、一九世紀中葉にもおこなわれていたことが知られる。

（37）『皇明経世文編』巻二二一、所収。

（38）何天培「奏明地方情形稽査海口摺」『宮中檔雍正朝奏摺』第一輯、台北・国立故宮博物院、一九七七年、二九一―二九二頁。

（39）李衛「奏報緝察与巡捕匪徒事宜摺」『宮中檔雍正朝奏摺』第一六輯、台北・国立故宮博物院、一九七九年、七四七―七五三頁。

（40）《字号》とは綿布問屋のことである。傅衣凌「論明清時代的棉布字号」『明代江南市民経済試探』上海人民出版社、一九五九年、参照。なお、中川忠英『清俗紀聞』巻二、居家（平凡社、東洋文庫本、1）、一一九頁、に、

在郷より木綿を持ち越して城下の問屋ようの所に売り込む所あり。これを字号と唱う。

とある。

（41）宮崎市定、前掲「明清時代の蘇州と軽工業の発達」、参照。

（42）田中正俊「清初蘇州の字号経営をめぐって」（京都大学東洋史談話会、一九五二年一一月、口頭発表）。なお、大島利一「天工開物の時代」藪内清編『天工開物の研究』恒星社厚生閣、一九五三年、四六頁、参照。

（43）横山英「踹布業の生産構造」『中国近代化の経済構造』亜紀書房、一九七二年。寺田隆信「蘇州踹布業の経営形態」『山西商人の研究』東洋史研究会、一九七二年。

（44）蘇州歴史博物館・江蘇師範学院歴史系・南京大学明清史研究室合編『明清蘇州工商業碑刻集』江蘇人民出版社、一九八一年、所収。

（45）横山英、前掲『中国近代化の経済構造』三一頁。

（46）近代以前の南京における都市絹織物業、および清末のそれについては、横山英、前掲『中国近代化の経済構造』に、「清代の都市絹織業の生産形態」が収められている。

（47）関係諸論文を収録したものが、前掲（16）に掲げた三篇（四冊）の論文集である。

（48）田中正俊「中国歴史学界における『資本主義の萌芽』研究」前掲『中国近代経済史研究序説』。

（49）『歴史研究』一九五六年四期（のち、黎澍『近代史論叢』学習雑誌社、一九五六年、に収む）。

（50）彭沢益「鴉片戦争前清代蘇州糸織業生産関係的形式与性質」『経済研究』一九六三年一〇期（のち、前掲『明清資本主義萌芽研究論文集』、に収む）、参照。

（51）田中正俊「民変・抗租奴変」『世界の歴史』11〔ゆらぐ中華帝国〕筑摩書房、一九六一年《本書所収》。

（52）田中正俊、前掲『中国近代経済史研究序説』九八頁。

（53）佐伯有一・田中正俊「十六・七世紀の中国農村製糸・絹織業」『世界歴史講座』Ⅰ、〈東アジアの形成〉東洋経済新報社、一九五五年、参照。なお、施潤沢とは施復が富裕になって後、村人が彼を呼んだ名であり、灘闕とは太湖のほとりの地名であるという。

【編集者附記】本稿は、もと『中世史講座』第三巻〈中世の都市〉（学生社、一九八二年八月）に掲載された。

2　明・清時代の問屋制前貸生産について
――衣料生産を主とする研究史的覚え書――

一　はじめに

第二次世界大戦のさなかに執筆が開始され、敗戦後の一九四七年から四九年にいたる間に発表された西嶋定生氏の一六・一七世紀を中心とする中国農村綿業に関する一連の研究、すなわち、

一、「支那初期棉業市場の考察」（『東洋学報』三一巻二号、一九四七年一〇月）。

二、「明代に於ける木棉の普及に就いて」上、下（『史学雑誌』五七編四、五・六合併号、一九四八年八月、四九年五月）。

三、「十六・十七世紀を中心とする中国農村工業の考察」（『歴史学研究』一三七号、一九四九年一月）。

四、「支那初期綿業の成立とその構造」（『オリエンタリカ』2、一九四九年一一月）(1)。

は、その史料の博捜、分析の緻密さ、構成の論理性など、実証と理論との両面において、戦後の日本における中国経済史研究に新たな水準を切り拓き、爾後、後学にとって、必ずしもその結論に賛同しえない者といえども、氏の達成した研究方法の発展的継承をさし措いては、明・清経済史研究の前進を図りえないほどの成果を挙げたものと称することができよう。

西嶋氏のこれらの諸業績にあって、一六・一七世紀中国農村綿業の成立を支える基本的要因とされるものは、第一

に専制主義国家権力による農民収奪、第二にその土地制度のもとの零細過小農的農民経営、第三にこれら両者を自己の実存条件とする商人資本の活躍、の三つに求めることができるであろう。当時の中国農村綿業を構成したとされる右の三要因のうち、専制主義権力の農民に対する収奪の問題については、この収奪と第二の要因である農民経営における生産力の発展との構造的連関、なかんずくその矛盾によって創出される歴史的展望の問題を踏まえて、かつて、私は異論を提出したことがあるが[2]、本稿においては、第三の要因とされる商人資本の活動について、アヘン戦争以前の時期の衣料にかかわる商品の問屋制前貸生産を中心に検討することとしたい。なお、本稿は、前貸を伴わぬ、商人資本の手工業経営にまで論及するものではない。

二　西嶋定生氏の問屋制前貸生産論

西嶋定生氏の著作において、問屋制生産に関説している部分には、次の如きものがある。まず、実証的な分析をおこなっている第四論文「中国初期棉業の形成とその構造」によれば、一六・一七世紀を中心として、長江下流デルタ地帯、とくに松江府に形成された初期綿業には、すべての工程が一個の経営単位、すなわち一個の農家経営単位内において遂行され、完成されるものもあったが、多数の経営形態としては、軋核（棉花の実棉を綿繰機にかけて核すなわち種子を取り去る繰り綿）経営、紡績経営および織布経営の三単位が社会的に分業化し、その分業単位が個々に独立しておこなわれるものが多く、このうち、農村に広汎に成立した農家の副業的経営としての織布業について、西嶋氏は、崇禎『松江府志』巻六、物産、所載の松江府華亭県における嘉靖年間（一六世紀中葉）の挙人、徐献忠の「布賦」を引用して、

これによると、農婦が勤苦して織った棉布は、その夫によって市場に運搬されるのである。彼は市場に入ると、

売値の高きことを望んで、口をきわめて自分の所持する棉布の優良なることを揚言し、さらに商人に対してはいかにしても収買されようとして、あたかも父親に仕えるごとき丁寧さで阿諛し、その結果ようやくにして買上げられると、ほっと安堵の息をついていた様子が如実に示されている。（『中国経済史研究』八五三頁）

と述べ、また、『皇朝経世文編』巻二八、戸政三、養民、所載の一九世紀前半の人[3]、欽善の「松問」中の、

託命剡縷、三日両饑。抱布入市、其賤如泥。名曰殺荘。

細い棉糸にいのちを託して〔棉布を織り〕、三日に二日は食も無い。棉布を抱えて市場に売れば、その安値はあたかも泥の如くである。〔それゆえ布荘を〕名づけて殺荘という。（〔　〕内は田中による補足。以下同様）

を引用し、これに、買手である布荘すなわち綿布問屋が小生産者農民から「殺荘」とまで言われて、憎悪されていた状況が窺われるという事実にもとづいて、

零細化した貧農は、資本の短期回転を必要とし、そのために分業化し、かつ原料部門と、また各分業単位の間隙と、そしてまた製品部門とにおいて強力な商業資本の支配を受けねばならなかったのである。（『中国経済史研究』八五四頁）

と、第一に、商人資本[4]による仮借なき買手市場の成立を強調する。

他方、西嶋氏はまた、第二に、

そこには問屋制度あるいは前貸制度と称せられる組織、すなわち商業資本家を中心として、その投下資本による原料あるいは道具の貸付のもとに、農家の織布業が統合されているという組織はいまだ見出しがたいのである。（『中国経済史研究』八五四頁。傍点は田中による）

と言って、問屋制生産の存在を積極的に明証する史料を、この時期については、現在のところいまだ見出しえない旨を述べる。そして、正徳七年（一五一二年）刊行の『松江府志』巻四、風俗、に、

紡織不正郷落、雖城中亦然。里媼晨抱紗入市、易木綿以帰《（原典ノママ）》。明旦復抱紗以出、無頃刻間。織者率日成一疋、有通宵不寝者。田家収穫、輸官償息外、未卒歳、室廬已空。其衣食全頼此。

紡績・織布は、単に〔周辺の〕村落においてのみならず、〔松江府の〕城中においてもおこなわれている。村里の婦女は、早朝に棉糸を抱えて市場に赴き、〔これを〕棉花に易えて帰る。翌朝また棉糸を抱えて〔村里を〕出て〔市場に入り、このようにして〕少しの暇もない〔ほど働いている〕。織布に当ってはほぼ一日に一疋を織り上げるが、〔このように働き〕徹夜して寝ない者もいる。農家の〔一年間の農耕の〕収穫は、官府に〔税を〕納め、〔高利貸に借金の〕利息を支払うと〔尽きてしまい〕、まだ年越しもせぬうちに、家のなかは空《から》になってしまう。〔それゆえ〕彼ら（農民）の衣食生計は、全く此〔の紡績・織布による収入〕に頼っているのである。（〔　〕内は田中による註釈。以下同様）

とある史料についても、西嶋氏は、

里媼が晨に城中に来て棉紗を売り、棉花を求めて帰り、翌朝再び棉紗を携え来て、棉花を求め帰るという状態も、一見するとそこには問屋制度組織の存在を推測せしめるが、これとても棉花を渡す商人と棉紗を受取る商人が同一であったか否かは不明であり、さらに彼女が受取る報償が代金であったか工賃であったかも不明であるから、これによって農家副業的経営が問屋制度的組織の中に包含されていたと論断することはできないのである。（『中国経済史研究』八五四頁）

と、慎重な留保をおこなっている。(5)

以上のような諸事実、すなわち、一方で、綿布市場において商人資本の生産者農民に対する買手市場的な制圧が成立しているにもかかわらず、他方、製品取引におけるかかる圧倒的な優勢を利して、商人資本が、さらに問屋制前貸の方式を通じて生産に対する直接的な支配に乗出し、直接生産者農民をみずからの問屋制手工業経営における事実上の賃労働者として掌握していたという事態を明示するような史料を、この時期に見出しえない事実について、西嶋氏は、その理由を、

農村における織布業[6]、すなわち農家副業的経営においては、労働力としては自家の家族中の婦女子をこれに充て、原料・機具・仕事場などに対して完全な所有権をもち、かつその製品を代金収得の条件下に売却していたいわゆる手工業的経営組織をもつていたものであつたが、その本質はあくまで農家の副業的経営であるという点にあり、いまだ土地所有者から解放されず、工業経営者として独立してはいなかつたのであり、そこにはかのマニュファクチュアと呼ばれる工場制手工業はもとより、ある一個の商人的企業家を中心として、その支配下にある各生産者の製品集散の組織化、すなわちいわゆる問屋制度的経営組織をも見出しがたいものとみなしうるのである。

（『中国経済史研究』八五六頁）

と言い、また、その結論として、西嶋氏自身の理解を次のように示している。

このような初期棉業は、零細過小農的土地占有者である佃戸層をその担当者とするかぎり、この担当者を締めつける土地制度の桎梏と商業資本の圧迫のもとにあつては、それみずからの規制を脱皮して、さらに新らしき展開へと進むべき途が鎖されていたことは前述のごとくである。つまりそこには、このような新産業の担当者としての独立自営的な農民層が準備されていなかつたことはもちろん、またこのような新産業がそれみずからの力として、独立自営農民層を打出すことも不可能であつたのである。たとえば初期棉業においてマニュファクチュア的な形態が観取されないのみならず、商業資本の生産支配の型としての問屋的前貸制度の形態すら見出しえない理由も、このような生産者層の非独立的な立場から理解しなければならない。すなわち前貸制度においては、それが前期的な資本の支配形態であるとはいえ、その行使にあたつては、商業資本家が生産者に対して一種の信用を授与する結果となり、生産者は利潤収取の保証を得ることとなろう。しかしながら初期棉業における生産者層の

上述のごとき性格は、それを支配する商業資本にとつて、生産者層の非独立性ゆえに、このような信用授与すら不必要ならしめたのであつた。すなわち商業資本は前述のごとく、生産過程の起点と終点において生産者層を締めつけるのみならず、その非独立的な生活不安定のために招来せしめられた生産過程の分業化の各間隙に介在して、これを収奪していたのであり、彼らにとつては生産者層の非独立的な存在こそ、自己を肥やす源泉であつた。それであるからこそ、このような生産者層に対して幾分なりとも信用授与の行為にでて、彼等に利潤収取の保証を賦与することは、商業資本みずからにとつて、この階段《ママ》においては背理的なことであつたのであろう。このことが前貸制度・問屋制生産が見出されえない理由であり、そしてまたその原因としては、生産者層をしてこのような商業資本の跳梁下に無抵抗ならしめた土地制度の緊縛が観取されうるであろう。(『中国経済史研究』八六三―八六四頁)

次いで、第一、二、四論文の実証的解明にもとづいてこれを総括し、長江下流デルタに展開した中国農村綿業の歴史的意義を論じている第三論文「十六・十七世紀を中心とする中国農村工業の考察」には、織布業の直接生産者農民と在地の商人資本との関係、また、その間における問屋制生産の存否について、さらに左記のような論及が見られる。

外来の布客(棉布交易に従事する客商資本。――田中註)は直接に生産者を支配するものではない。生産者の直接支配は生産者と外来の棉布商人との間に介在して仲買問屋営業を営む布荘によつて行なわれている。零細過小農である生産者は、その日の食に窮して棉布をこの布荘に売却する。布荘はこの弱みにつけ込んで買値を極度に切下げて自己の中間利潤を大ならしめる。このために布荘は憎悪の的となり「殺荘」とまで呼ばれているのである。／こうした取引市場の構造は商業資本の生産者支配の型を決定する。そこにおいては生産者は完全に主体性を失い、布荘の一視一動を右顧左眄するにいたる。また布荘も、生産者がこのように非独立的な状態にあればあるほど、自己の利益となるのである。十六・十七世紀の農村棉工業が商業資本に支配されながらも、それについて現在のところ商業資本の生産支配の経営形態である前貸制度の存在を実証するに足る資料をいまだ見出しえないのは、むしろそれがいまだ実在しなかつたのではないかと考えられる。はたして然りとすれば、その理由は上述のごとき事情に求められねばならない。すなわちそこでは前貸制度によつて生産者に信用を授与し、生産の義務を課するとともに、その生産物の収納に保証を与えるよりも、上述のごとき保証なき悲惨な状態に生産者を放置して、その非独立性を強化することにより、その生産物の代価をなお一層切下げることが、布荘の中間利潤をさらに増大せしめる手段であつたといえよう。それゆえにこそ、かかる状態に対して少しでも生活の保障をともなう前貸制度のごときは発生しえなかつたのではあるまいか。畢竟生活の安定を得ない零細過小農たる生産者は、それゆえに商業資本に支配されるままであり、それに隷属することがあまりにも決定的であるがゆえに、前貸制度すらいまだ見られなかつたのではないかと考えられる。／つまりこの地方の農村織布業の構造は、零細過小農の副業生産である限り、そこに見出される分業形態も近代的合理主義に基づく生産能率の向上を目的とするものではなく、その生活の貧窮に原因する再生産周期の短縮化から生じたものであり、しかも各経営単位は、単純再生産を繰返すことにより、それ以上に展開することを阻止されていたのである。そしてそのことは原料部門と製品部門との両極のみならず、各分業単位の間隙においてすら、強力なる商業資本の支配を受けていたことに由来するものであつて、そのために前貸制度すら見られぬ無統制のままの不安な生産を続けてゆくのであつた。(『中国経済史研究』七四一－七四二頁。傍点は田中による)

検討の対象について正確を期するために、きわめて長文にわたって紹介したが、以上が、問屋制生産に関して西嶋氏が述べているほぼすべてである。

これらの文章に窺われるように、まず、史実にかかわる問題としては、第一に、一六・一七世紀の江南農村綿業における単純商品生産者としての農民に対し、商人資本が、その社会的に分業化した各個の経営単位を囲繞するそれぞれの流通過程において、買手市場を主導して苛酷なまでに彼ら生産者を制圧していたという事実、第二に、にもかかわらず、この商人資本の制圧は、あくまで流通過程における商品取引を通じて発揮されるにとどまるのであって、商人資本がみずから問屋制生産に乗出したことを示す史料は見出されない旨が主張されている。そして第三に、このような問題をいかに理解すべきか、という点について、西嶋氏は、当時の中国農村綿業の直接生産者が専制主義的土地制度に緊縛された零細過小農である限り、このような「非独立」的な生産者に対し、商人資本は、前貸制度によってその生産物の収納に保証を与えるよりも、彼らの「非独立」性を放置し、むしろこれを強化することにより、生産過程の分業の各間隙を「強力なる商業資本」によって支配し、流通過程における中間利潤を増大させることができたのであり、したがって、そこには問屋制生産は発生しえなかった、という説を提示しているのである。

三　西嶋氏の問屋制前貸生産論に対する従来の論評

問屋制生産に関する以上のような西嶋説に対し、もっとも早く疑問を提出したのは、波多野善大「中国史把握の前進——西嶋定生氏の研究成果について——」(『歴史学研究』一三九号、一九四九年)であった。波多野氏は次のように言う。

> しかしこゝで疑問として残るのは商業資本や高利貸資本が全然生産過程に関係しなかったかどうかの問題である。生産が極めて小規模でその分業が発展している事実は、西嶋氏の指摘する如く前期的資本としての商業資本の不等価交換の機会を多くするものではあるが、それだけまた商業高利貸資本の生産者把握の契機にもなりそうに思える。たとえ初歩的な段階であるとしても商業高利貸資本の生産への関与がありそうに思われる。例へ《ママ》ば「里嫗晨抱紗入市、易木棉以帰」という松江府下の地志に屢々みられる記載にしても、西嶋氏の解するや《ママ》うに、綿糸を

売って棉花を買うのであるとのみはとれがたく、綿糸と引かえに棉花を受取ったのではないかとも疑える。少し時代は降って乾隆年間のものではあるが、北村敬直君は錫金識小録で綿布商が棉花を仕入れてこれを織布業者の綿布とかえる史料を発見している。とにかくこの点については今後史料の検索につとめ、今一歩追及してみる要があるのではないかと思われる。（波多野、前掲論文、五三頁）

右に見える北村敬直氏の発見した史料とは、乾隆一七年（一七五二年）撰の黄印『錫金識小録』巻一、備参上、「力作之利」に無錫における綿業の状況を述べて、

常郡五邑、惟吾邑不種草棉、而棉布之利独盛於吾邑、為他邑所莫及。郷民食於田者惟冬三月。及還租已畢、則以所余米春白而置於囷、帰典庫以易質衣。春月則闔戸紡織、以布易米而食。家無余粒也。及五月田事迫、則又取冬衣易所質米帰。俗謂種田飯米。及秋稍有雨沢、則機杼声又偏村落、抱布貿米以食矣。故吾邑雖遇凶年、苟他処棉花成熟、則郷民不致大困。布有三等。一以三丈為疋、曰長頭、一以二丈為疋、曰短頭、皆以換花。一以二丈四尺為疋、曰放長、則以易米及銭。坐賈収之、捆載而貿於淮〔安〕・揚〔州〕・高〔郵〕・宝〔応〕等処。一歳所交易、不下数十百万。嘗有徽人言漢口為船馬頭、鎮江為銀馬頭、無錫為布馬頭。言雖鄙俗、当不妄也。坐賈之開花布行者、不数年即可致富。

常〔州〕府〔下〕の五県[7]のうち、吾が〔無錫〕県だけは棉花を栽培していないが、しかも棉布の利は独り吾が県のみに盛んであって、他県の及ばぬところである。農民が稲作〔の収穫〕によって食しうるのは、ただ〔一〇、一一、一二月の〕冬の三カ月のみである。〔すなわち、秋の収穫後に地主に対し〕小作料を納め終ると、残りの〔籾〕米を精白して貯え、〔また他方で米を〕質屋に納めて〔質草として入れてあった冬の〕衣類と易える。春には門を閉じて紡績・織布をおこない、棉布を米に易えて食する。家に余米がなくなっているからである。五月になって稲作の仕事が近づくと、また冬の衣類を〔質屋に入れ〕、質入れしてあった米に易えて持ち帰る。俗にこ

れを《種田飯米》（稲作のための飯米）と謂う。秋になってやや雨でも降ろうものなら、機織りの音が村中にあまねく〔聞こえ、彼らは〕棉布を抱えて〔市場に売り〕米を買って食いつなぐのである。それゆえ、吾が県は凶年に遇っても、もし他処で棉花が成熟していさえすれば、農民は大いに苦しむということにはならないのである。〔農民が織る〕棉布には三等級がある。〔長さ〕三丈で一匹となるものを《長頭》といい、二丈で一匹となるものを《短頭》といい、〔これらは〕みな〔生産者がそれを商人の〕棉花と〔直接に〕換える。〔長さ〕二丈四尺で一匹となるものを《放長》といい、〔生産者がこれを商人の〕米および銭と〔直接に〕易えるのである。店舗を構える商人は、これ（棉布）を収めて、梱包運搬して淮〔安〕・揚〔州〕・高〔郵〕・宝〔応〕などの地に売る。一年間の販売量は数十万から百万〔匹〕を下らない。かねてより徽州（新安）の人の諺に「漢口は船の埠頭、鎮江は銀の埠頭、無錫は棉布の埠頭」というのがあるが、その言葉は鄙俗ではあるにしても、虚妄ではないであろう。店舗を構える商人で〔棉〕《花布行》を開くものは、数年ならずして財産ができるのである。（傍点は田中による）

と言っている記事を指すものであろう。[8] 右によれば、前半部分に「易米」と「貿米」とが書き分けられて併存しているが、このいずれの場合にも、生産者が同時に原料棉花を《花布行》から交換に受取っている旨が明記されているわけではない。したがって、それは、〝棉花を渡す商人と棉糸ないし棉布を受取る商人とが同一ではなかった場合〟の事例ともなりうるものであろう。しかしながら、これを、生産者農民が生活物資である米を獲得するために交易する棉布の側に即して言えば、《長頭》、《短頭》、《放長》といった製品別のそれぞれの形態に結びつけて、生産者の手に入れる棉花、米、銭がそれぞれ区別されて記され、とくに、棉花が米・銭と並べて特記されているという事実は、右の訳文における私の理解のように、綿布と棉花との交換が、貨幣を媒介とせず直接におこなわれる場合のあったことを示しているであろう。[9] したがって、ここに見られる事態は、明らかに、「棉花を渡す商人と棉紗を受取る商人が同一であったか否かは不明」の正徳『松江府志』の事例とは異なり、綿布を受取る商人と棉花を渡す商人とが同一である場合もあったことを伝えているのである。なお、この場合にも、綿布生産者は、原料棉花のみならず生活のための使用価値の獲得を目的として、商人から棉花と併せて銭・米などをも当然受取っていたであろう。また、規格外のものと推測される《放長》については米・銭が交換されるのみであるのに比べ、規格品と考えられる《長頭》・《短頭》の提供者に対しては原料棉花もまた与えられたという事実は、標準的商品を織成しうるにいたった生産者と《花布行》との、将来における、より密接な関係の成立の可能性を示すものとして、注目すべきことであろう。

なお、道光五年（一八二五年）序の金匱県（もとの無錫県の一部）の人、銭泳の『履園叢話』巻二三、雑記上、「換棉花」、には、同じく無錫の《棉花荘》について、

余族人有名焜者、住居無錫城北門外、以数百金開棉花荘、換布以為生理。鄰居有女子、年可十三四、嬌艶絶人。常以布来換棉花。……此乾隆初年事。

私の一族に焜という名の者があり、無錫城の北門外に居住し、数百両の金《かね》（銀）をもとでにして《棉花荘》を開き、〔棉花と〕棉布とを交換して生活していた。鄰りに年のころ十三、四の少女が居り、嬌艶なること、人にすぐれていた。〔彼女は〕つね日ごろ棉布を〔携え〕来て棉花に換えていた。……これは乾隆初年（一八世紀中葉）のことである。（傍点は田中による）

と言っている。右の少女が受取る棉花の意味するものが綿布の「代金であったか工賃であったか」は、必ずしも明らかではないが、資本数百両に及ぶ坐賈であるこの《棉花荘》は、買占商人としての《花布行》として、小生産者を自己の買手市場的支配下に恒常的に隷属せしめ、製品市場から彼らを切り離すとともに、その同一の商人が、小生産者にとって必需の原料によって彼らに支払うことを通じて、彼らを原料市場からも切り離していたのである。

あるいは既に北村氏の目にもとまっていたものと推測されるが、『錫金識小録』巻一、備参上、「力作之利」、はまた、同じく乾隆一七年（一七五二年）頃までの無錫について、

> 東北懐仁・宅仁・膠山・上福等郷、地瘠民淳、不分男女、舎織布紡花、別無他務。
>
> 〔無錫の〕東北〔部分〕の懐仁・宅仁・膠山・上福などの各郷は、土地が瘠せており、住民は淳朴であって、男・女いずれも、木棉の織布と紡績とのほかには為すべき仕事がない。

と言っている。右の文章によれば、土地が瘠せているという自然的条件が本来的に住民の農耕を不可能ならしめ、彼らが、元来、織布・紡績のみに従事してきたかの如く読み取ることも可能であろうが、これを前掲の諸史料に見える当地の買占商人の事実と併せ考えれば、右の如き状況は、一六・一七世紀に遡らぬにしても、一八世紀中葉の無錫地方において、自給自足的農業からやや分離されつつある村民――もちろん、前近代的社会関係から解放されたのちに、農民層の近代的分解によって創出されたものではないが――が一部に存在し、買占商人の支配下に、生計の主要部分を手工業生産の収入に依存していた事実を伝えている、と言うことができよう。

波多野氏のさきの提言に続いて、西嶋氏の問屋制生産論にかかわる積極的な発言の見られる論文は、明・清時代の商品流通に関する史料の収集にもとづいて書かれた藤井宏「新安商人の研究」一―四（『東洋学報』三六巻一―四号、一九五三―五四年）である。すなわち、その（一）には、次のような事実が述べられている。

> 浙東方面に至ると明清時代の諸府県志は麻布、苧布、絹布などの物産を記載するものが多いが、それらがどれほどの市場生産に達してゐたかは不明であり、恐らくは州県内の需要を賄ふ程度以下であつたことと思はれる。唯一つ雍正泰順県志巻二に「女紅罕事剪繡、惟習紡織。或貧不能買棉苧則為人分紡分織、以資其生。」とあり、乾隆温州府志巻十四にもほゞ之と同文を載せてその次に「若永〇永嘉県之雙梭布、楽〇楽清県之斜紋布、較他邑為最。」とあるは注目すべく、これは一種の問屋的生産を暗示するものとみて不可なく、それは必ずや相当の市場生産に達してゐたであらう。（『東洋学報』三六巻一号、一二一―一二三頁）

右の雍正『泰順県志』は、雍正七年（一七二九年）の序刊本であるが、ここに「或貧不能買棉苧則為人分紡分織」

(「貧しくて棉花や苧麻を買うことができない場合には、(原料を支給されて) 他人のためにこれの紡績・織布を分担する」) と記されていることは、謂うところの「他人」が問屋資本にほかならぬとすれば、これによって原料を支給され、紡績・織布の作業に参加するにいたるのは、小生産者が「貧しい」、経済的に「非独立」的な社会的条件下にあったがゆえであるという事実を物語っており、西嶋説に対立する事態を示すものとして注意を惹く。

これらののち、中国農村綿業に関する西嶋氏の業績を取りあげている論評には、北村敬直「農村工業と佃戸制の展開――明清社会経済史の諸問題――」(社会経済史学会編『戦後における社会経済史学の発達』〔『社会経済史学』二〇巻四・五・六合併特集号〕有斐閣、一九五四年) および佐伯有一「日本の明清時代研究における商品生産評価をめぐって――その学説史的展望――」(鈴木俊・西嶋定生編『中国史の時代区分』東京大学出版会、一九五七年) がある。北村敬直氏は、

西嶋氏の研究にたいする批判は、……まだ批判を通して研究を一歩前進させるところまでは行っていないように思われる。したがって明清時代の社会経済史をさらに進歩させるためには、なによりもまず西嶋氏の研究に真正面から対決し、理論的にも実証的にもこれを全面的に批判することから、はじめるべきであろう。

と言い、西嶋氏の研究を媒介として明らかにすべき明・清社会経済史の基本問題として、

第一点は直接生産者たる小農民の存在形態、その性質の問題であり、第二点は商品経済すなわち商品の流通形態、商業資本およびその生産過程との関係であり、第三点は都市ギルドの問題である。そして最後に第四点として以上の諸問題の総合的理解の上に立って考えるべき農民・都市労働者の階級闘争の問題がある。(前引文とともに、北村、前掲論文、四六一頁)

と述べているが、北村氏は、右の第二点、とくに商人資本と生産過程との関係については、さきの波多野氏の説が、「流通過程に関しては、商業資本と直接生産者との関係を、西嶋氏は市場を介しての純然たる売買関係に限定するが、果して商業資本は生産過程に全く関係しなかったかどうか」を問題にしている旨を指摘するにとどめ、問屋制生産に

関する言及はない。佐伯有一氏もまた西嶋氏の業績について多くの紙数を費しているが、問屋制生産に関する氏自身の提言はなく、わずかに、さきの波多野氏の見解を紹介して、『錫金識小録』には、棉替制がみられるので、問屋制前貸の存在を絶対的に否定することは出来ないのではないかという疑問を出している[10]」と言い、また、一九五二年一一月の京都大学東洋史談話会における私の報告「清初蘇州の字号経営をめぐって」を取りあげて、「田中正俊は、一九五二年都市にある商業資本が、農村の綿業を支配しつつ、都市の加工業（仕上行程）を受持っていた商業資本支配の体系を蘇州の『字号』問屋=問屋制マニュファクチュアの存在に求めた」と書いている。ただし、私は、当日の報告において、踹布工程に対する「字号」問屋の関与について、「問屋制生産」とは述べたが、「問屋制マニュファクチュア」であると規定した事実はない[11]。

次いで、私は、一九六一年に発表した論文「明末清初江南農村手工業に関する一考察[12]」において、第一に、秤量をいつわり、悪貨を用いて詐欺瞞着、あらゆる経済外的な手段を弄する、まさに前期的な商人層による買占的な——個別商人による独占ではない——買手市場の成立を、具体的な史料の分析にもとづいて確認するとともに、第二に、かかる商人資本を成立せしめた実存条件について、

かくして、土着資本あるいは客商資本としての商人資本は、みずからは全く生産過程の外部に在って——したがって歴史発展の主体的契機たりうることなしに——流通過程からのみ譲渡利潤を抽出・壟断したが、それは、田主—佃戸関係を内実とする農村経済社会の特定の封鎖性——市場の狭隘性とこれにもとづく支払手段の〔小生産者農民における〕慢性的不足とを前提としてはじめて可能であり、しかも他方、商人資本は、当該社会の前近代的生産様式また経済外的収奪を寄生地盤とし、これに照応して、〔小生産者農民に対する〕価格形態での前近代的（=地主的）収奪をおこなったのである。（田中『中国近代経済史研究序説』第二刷、九三頁）

と述べたが、明末清初期の商人資本に関する、以上のような規定にもかかわらず、第三に、商人資本と小農民経営と

の関係の歴史的展望については、買手市場的交易関係の延長上に、

江南農村製糸・織絹地帯においてもっとも重きをなしたものは、紬問屋ではなく生糸問屋であったが、十八世紀前葉、この生糸問屋によって、滞貨生糸を農民に与えて織らしめる臨時の前貸生産がおこなわれ、十九世紀中葉には、撚糸行程に恒常的な問屋制前貸生産が見られるにいたっている。（田中、前掲書、九六頁）

として、『雙林記増纂』巻九、物産、所収の湖州府帰安県の人、雍正一一年（一七三三年）の進士、沈泊村の楽府に、

商人積糸不解織、放与農家預定直、盤盤竜鳳騰向梭、九月《日?》辛勤織一匹。〈荘家有余糸、与機戸、即収之其絹、以牟重利者。〉（〈　〉内は原典の割註）

商人は生糸を積《たくわ》うれど織るを解せず、農家に放ち与えて、預《あらかじ》め値《あたい》を定む。盤盤たる竜鳳騰《のぼ》りて梭に向い、九月《日?》辛勤して一匹を織る。〈問屋は売れ残った生糸があると、これを機戸に与えて織らせ、これより絹を収めて、重利をむさぼるのである。〉

とあり、さらに降って、道光二四年（一八四四年）刊の蘇州府の『震沢鎮志』巻二、風俗、に、

亦有兼事紡経及織綢者。紡経以己糸為之、售於牙行、謂之郷経、取糸於行、代紡而受其直、謂之料経。

撚り糸の仕事と綢《つむぎ》織りの仕事とを兼ねおこなう者がいる。撚り糸の仕事をするに当って、自分の〔所有する〕生糸を用いておこない、その製品を牙行（問屋）に売ることを《郷経》といい、牙行から生糸を受取り、牙行に代って撚り糸をおこなってその手間賃を受けることを《料経》という。

とある記事を引いて、臨時の措置としての[13]、また、恒常的なすがたとしての問屋制前貸生産の事例を挙げた。

これよりさき、一九六〇年、横山英氏は「清代における踹布業の経営形態」[14]、続いて一九六二年、「清代における包頭制の展開——踹布業の推転過程について——」[15]を発表し、さらに、一九六八年には寺田隆信氏が「蘇州踹布業の経営形態」[16]を発表した。これらの論文は、いずれも、一九五九年に刊行された『江蘇省明清以来碑刻資料選集』[17]所収の

新史料にもとづいて、前掲の蘇州踹布業における《字号》経営の具体的分析をおこない、綿布生産の仕上げ工程としての踹布（綿布のつや出し）業に対する商人資本の関与について論及した研究であるが、この踹布業については、のちに述べることとしたい。なお、横山氏にはまた論文「清代の都市絹織物業の生産形態[18]」があり、都市の商人資本による生産支配の形態について示唆深い分析が見られるが、これについても後述することとする。

四　問屋制前貸生産の事例

周知の如く、中国においては、一九五五年初頭以降、《中国資本主義萌芽問題討論》がおこなわれ、いわゆる文化大革命期に一時終熄したが、今日また復活しているように見受けられる[19]。全国的規模で研究者を動員したこの討論を通じ、当然のことながら、手工業経営に関する多数の史料が発見され、それらのなかには、生産過程への商人資本の接近と関与とを示す事例も少なくない。いま、これらの史料および私自身の寓目した史料のうちから、かかわりのある事例を次に挙げることとしよう。

商人資本が、その主導する買手市場を通じ、小生産者に対し圧倒的なちからを発揮しつつも、それがあくまで製品の買取りにとどまっている段階から、まず第一に、小生産者の生産過程に対し一歩接近したことを示すものは、生産資金の慢性的な不足の状態にある小生産者に対し、資金の前貸をおこなうことを通じ、商人資本がそれに固有の高利貸的機能を果たすとともに、生産者の製品を買占めるにいたる事態であろう。その事例として、江西の乾隆四七年（一七八二年）刊行の『贛州府志』巻二、物産、には、

　苧布、各邑俱有。多植山谷園圃間。閩賈於二月時放苧銭、至夏秋則収苧以帰。

苧布〔の産出〕は、〔贛州府下の〕各県にみな見られる。〔苧《からむし》は〕山谷・園圃の間に広く植えられている。福建

からの〔客〕商は、二月に〔生産者農民に対し〕場合によって《苧銭》なるものを〔貸し〕与え、夏・秋の頃に
至ると〔収穫された〕苧を受取って帰るのである[20]。

とある。客商資本による右のような《放債》は、資金の前貸であるとともに、製品の買占とその買取り価格の引下げとを可能ならしめる前提となるものであるが、また、小生産者の置かれている社会的・経済的条件に乗じ、客商資本は、商人資本としてのみならず高利貸資本としての二重の収奪を必然的に志向するがゆえに、客商——小生産者間のかかる関係が、繰返され、時に不作に遭遇したりすれば、債務者農民は、不可避的に債権者商人に隷属化する途を辿るであろう。かくして、商人資本は、流通過程におけるその利潤抽出の社会的条件、したがってその存立の社会的条件が高利貸資本と共通するばかりでなく、右のような事態を通じて、現実に高利貸資本と同一主体の恒常的経営として、小生産者に対し、生産資金の有無を左右し、当該経営の成否を制する如く機能するにいたるのである[21]。

次いで第二に、前掲の『錫金識小録』に見られるように、商人資本と小生産者との関係はなお流通市場における交易関係にとどまっているとはいえ、商人が、小生産者の生産過程に対して、より一層接近し、小生産者の製品に対する支払いの一部に原料物資が充当される形態が出現する。その事例としては、吉貝肆（木棉商店）を経営していた一九世紀初頭の人、施国祁の「吉貝居暇唱集自序[22]」に、浙江省湖州府烏程県の南潯鎮について、

市之賈、俟新棉出、以銭貿於東之人、委積肆中。高下若霜雪。即有抱布者踵門、較其中幅、以時估之、棉与布交易而退。随有西之人齎銭来、計布値、合則書剤与之去、而銭存焉。

〔南潯の〕市場の〔坐〕賈は、〔その年の〕新しい棉花が出るのを俟って、貨幣を用いて〔外部の〕一方の人よりこれを購い、それを店の中に貯えておく。そのさまは上から下まで霜か雪かと思われるほどに白い。もし〔売るべき〕棉布を抱えて訪れる者があれば、〔商人は〕その棉布の幅が恰度よいかどうかをはかり、これによって棉布に時価をつけて、棉花と棉布とを交換し〔棉布を売りに訪れた者を〕帰らせるのである。次いでまた別の地方

の人が貨幣を持って〔棉布を買いに〕来れば、棉布の値段について話合いをし、合意すれば取引証書を認《したた》めて彼に与え去らしめ、〔後には商人の手許に〕貨幣が残るのである。

と言っている。相当額の資本を擁する《坐賈》は、右のようにして、外部からの商人を媒介とする、局地的な小市場圏を越えた大規模な市場を背景に、生産・販売の零細性に制約されている小生産者に対し、居ながらにして、彼らをその製品流通市場との直接的接触から切り離すとともに、小生産者にとって必要不可欠な原料を彼らの製品の代価の一部として直接に支払うことを通じ、彼らを原料市場との接触からも切り離しているのであるが、このような原料による支払いが繰返され、恒常化するならば、商人はまさに《包買主》（買占商人）としての《花布行》に移行し、その小生産者に対する交易は、さらに、事実上の原料前貸に転化する趨勢を歩むであろう。

かかる趨勢のうちに、第三に、商人資本の営利の新たな形態が出現する。商人資本の営利の本来の形態、すなわち、買入れた商品をその形のままで販売することによって価格差利潤を獲得する形態から、その商品を商人のもとで加工し、価値を付加した後にこれを販売する形態への移行がそれである。そのような事例を、次に時代順に掲げよう。

明末、万暦年間（一五七三－一六二〇年）の范濂の『雲間拠目鈔』巻二、記風俗、には、

松江旧無暑襪店、暑月間穿氈襪者甚衆。万暦以来、用尤墩布為単暑襪、極軽美、遠方争来購之。故郡治西郊広開暑襪店百余家。合郡男婦皆以做襪為生、従店中給籌取値、亦便民新務。

松江には従来から夏の単衣《ひとえ》の靴下〔を売る〕店が無く、夏の暑い間でも毛織物の靴下を穿《は》く者がはなはだ多かった。万暦年間になってからは、〔松江の西郊に産する棉布の〕《尤墩布》を用いて単衣の夏靴下を作るようになり、〔それは〕極めて軽《かろ》やかで美しく、遠方からも争ってやって来てこれを購った。それ故、松江府城の西郊には夏靴下の店が広汎に開店し百余家〔に達した〕。全府の男女はみな〔この夏〕靴下を作ることによって生活し、〔製品の数に応じて、夏靴下〕店から〔貨幣と引換えることができる〕証券を支給されて手間賃を取り、〔これらも〕

また民衆に便益な新しい仕事となった[23]。

とある。この史料について、傅筑夫・李競能両氏は「明末清初の松江地方の棉布の紡績・織布業にすでに資本主義の萌芽の出現していることがわかる」と述べており[24]、他方、韓大成氏は、「立ちおくれた、分散的な生産様式がもとのままにとどまっていて、小生産者は、商業資本のもとの奴隷的な労役によって、極めて悲惨な生活におちいるが、この点からも、このような〔商業〕資本が発展すればするほど、立ちおくれた生産様式の温存も久しきにわたり、産業資本の発展もまたいよいよ困難を加えるのである」と評しているが[25]、いずれにしても、問屋制前貸生産の成立が窺われよう。なお、雍正三年（一七二五年）編纂の『欽定古今図書集成』方輿彙編、職方典、巻六九六、松江府部彙考八、松江府風俗考、にも、

郊西尤墩布、軽細潔白、市肆取以造襪。諸商収鬻、称於四方、号尤墩暑襪。婦女不能織者、多受市値、為之縫紉焉。

〔松江府城の〕西郊の《尤墩布》は、軽く細《こま》やかで潔白であり、商店が〔これを〕買取って靴下を造る。諸〔方の客〕商がこれを購って売り、四方に〔その名を〕たたえられて、《尤墩の夏靴下》と称せられる。婦女のうち織布のできない者には、一定相場の手間賃を受けて、商人のために裁縫をする者が多い[26]。

と記されている。

蘇州府の城内に県衙のある呉県の民国二二年（一九三三年）刊行の『呉県志』巻五一、輿地考、物産二、工作之属、織作、は、一九一三年当時の「採訪冊[27]」にもとづいて、

紗緞業者謂之賬房、計五十七所散設東北半城。……其開設年期有遠自二百余年者。各賬房除自行設機督織外、大都以経緯交与織工、各就織工居処雇匠織造。謂之機戸。此等機戸約近千数、機匠約有三四千人、亦散処東北半城、婁・斉二門。附郭郷鎮、如唯亭・蠡口亦間有之。女工揺糸、俗謂之調経娘。嫠婦貧女比戸為之、資以度日者衆焉。

〔絹織物の機織りを経営する〕紗・緞業者を《賬房》といって、計五七カ所が〔蘇州〕城内の東北部分に散在している。……その開設の時期は、遠く二百余年前（清代前期の一八世紀初頭）にさかのぼるものもある。各《賬房》のなかには、みずから織機を設置して織工を働かせるものもあるが、大部分は、たていと・よこいとの生糸を織工に渡し、それぞれの家で雇工をやとって織るようにさせる。この織工を《機戸》という。これらの《機戸》はほぼ千戸に近く、〔そのもとに働く〕機織りの《機匠》（雇工）は、ほぼ三、四千人いるが、〔これらの《機戸》も《機匠》も〕みな〔蘇州〕城内の東北部分、婁門、斉門付近に散居している。唯亭・蠡口など近郊の郷鎮にも、ときにこの〔《機戸》・《機匠》〕が住んでいる。〔他方、〕女子労働で撚り糸をする者を世間では《調経娘》という。少女や貧女は軒並みにこの労働をして生活する者が多い。(28)

と述べている。右に見られる直接の景況は、二〇世紀初頭のものではあるが、このような前貸生産をおこなう《賬房》の起源は一八世紀初頭の頃にまでさかのぼる、と言っているのである。(29)

《賬房》による問屋制前貸経営の例は、南京にも見られる。すなわち、光緒二五年（一八九九年）序刊の『鳳麓小志』巻三、志事、記機業第七、には、

金陵商賈、以緞業為大宗。……旧制一戸所領之機、不得逾百張、以抑兼并、過則有罰。逮曹尚衣寅奏免額税、其禁遂弛。乾・嘉間、通城機以三万計。其後稍稍零落、然猶万七八千。……開機之家、謂之帳房、機戸領織、謂之代料。織成送緞主人、校其良楛、謂之讐貨。其織也、必先之以染経。経以湖糸為之。経既染、分散絡工。絡工貧女也。日絡三四窶、得銭易米、可供一日食。

金陵（南京）の商人は、緞子《どんす》の商人を主力としている。……昔は一戸の支配する織機には〔制限があり〕百張以上を支配することを許されず、これによって兼併が抑えられており、制限以上を支配すると罰せられた。〔康熙年間に江寧〕織造の曹寅が〔登録された機数にもとづく〕正規の税を免ずるよう上奏するに及んで、〔織機の制

限超過の〕禁が遂に弛んだ。乾隆・嘉慶年間（一七三六―一八二〇年）には、南京城内の織機の数は三万をかぞえ、その後やや〔絹織物業が〕衰えたが、それでもなお一万七、八千張はあった。……機業を経営する家を《帳房》といい、《機戸》がこの《帳房》から《領織》（賃機《ちんばた》）することを《代料》という。織り上がった緞子を《緞主人》（緞業を経営する商人、すなわち《帳房》の主人）に送り、その商人が優劣を検査することを《讐貨》という。織る前には、必ずまず経糸《たていと》を染める。経糸には《湖糸》（湖州府を中心とする地域に産出する上質生糸）が当てられる。経糸を染め終ると、これを《絡工》（揚返し工）に散給する。《絡工》は貧女であって、日ごとに三、四枠の生糸を揚返し、銭を得て米に易え、一日の食に供する。[30]

とあり、また、民国四年（一九一五年）序の『皇朝続文献通考』巻三八五、実業八、には、

至於私人経営、往時無所謂工場。在糸織業発達之区、人民於家中置木機、従事織造。普通多称機房。有自織・代織之分。代人織者、原料由人供給。此種雇主、江・浙等処、称為帳房。皆饒有資本之綢商、各埠有代彼躉売之店、名為分荘。

私人の〔絹織業の〕経営には、かつては〔織機と雇工とを集中した〕いわゆる工場は無かった。絹織業の発達した地区では、人々はそれぞれの家内に木製の織機を置き、機織《はたお》りに従事していたのである。〔この機織りをおこなう人々の家を〕普通は《機房》と称することが多い。これには《自織》と《代織》との区分がある。他人に代って織る《代織》者は、原料を他人から供給されて〔機織りをおこなう〕。〔他人すなわち〕この種の〔経営の〕雇主は、江蘇・浙江などの地方では、《帳房》と称ばれる。〔彼ら《帳房》は〕みな豊かな資本を有する絹織物商であり、各港に卸売りする代理店があり、これを《分荘》という。[31]

という解説的な文章を載せている。右の三史料および註（29）の『清稗類鈔』によって、《代料》・《代織》などの問屋制前貸にもとづく《賬房》（《帳房》）が、おそくとも康熙年間（一六六二―一七二二年）以降に蘇州・南京などの大

都市に存在したことが推測される。横山、前掲「清代の都市絹織物業の生産形態」は、日本の峯村喜蔵『清国蚕糸業視察復命書』農商務省農務局、一九〇三年、外務省通商局『清国事情』第二輯第五巻、一九〇六年、東亜同文会『支那経済全書』第一二輯、東亜同文会編纂局、一九〇八年、また中国の China Imperial Maritime Customs, *Decennial Reports, 1892–1901*, Shanghai, 1904, Vol. I. 南京博物院民族組「清末南京糸織業的初歩調査」（『近代史資料』一九五八年二期）、前掲『江蘇省明清以来碑刻資料選集』などを援用して、これらの《賬房》関係史料を分析し、近代以前における都市絹織業の経営には、（一）《賬房》による絹織の直接経営、（二）小生産者による独立自営、（三）小生産者が《賬房》から原料の前貸を受けて経営する《賃機》、の三形態が存在したこと、そして、このうち、《賬房》（元《もと》機屋《はたや》）の《機戸》（機屋《はたや》）に対する出機《でばた》、すなわち、《機戸》の《賬房》に対する賃機《ちんばた》が量的に優位を占めていたことを論証している。[32] なお、さきの《絡工》もまた、《賬房》の経営する仕事場に赴いて労働に従事するのではなく、《賬房》の問屋制前貸のもとに原料を散給され、自家において生糸の揚返しをおこなっていたものと思われる。

　また、近代直前の道光二年（一八二二年）の蘇州府における「元和県厳禁機匠借端生事倡衆停工碑」[33]には、

　査民間各機戸、将経糸交給機匠工織、行本甚巨、獲利甚微。毎有匪匠、勒加工価、稍不遂欲、即以停工為挟制、以侵蝕為利藪。甚将付織経緯、私行当押、織下紗匹、売銭侵用。稍向理論、即倡衆歇詐、另投別戸。此種悪習、甚為可悪。

　調査したところによれば、民間の《機戸》は、それぞれ、経糸を《機匠》に渡して織らせるのであるが、その元手は巨額であるのに、利潤ははなはだ少ない。つねに悪い《機匠》が居り、手間賃を増加するよう強請し、少しでも欲望を達することができないと、ただちに、仕事をやめるぞと脅迫して、〔《機戸》の資本を〕蚕食することをもって〔自己の〕利の源としている。はなはだしきにいたっては、織るために渡された経糸・緯糸を私《ひそか》に質入れし、〔あるいは〕薄絹に織り上げて〔売り〕、その売価を着服してしまう。そして少しでもこれに抗議しよう

ものなら、〔この《機匠》は〕ただちに衆に唱えて、仕事をやめ、他の《機戸》のもとに身を投ずるように呼びかけるのである。この種の悪習は、はなはだ憎むべきことである。

という刻文が収められている。右の碑文によれば、いわゆる《機戸》と《機匠》との間に問屋制前貸の関係が存在しているのであり、それは、（一）《賬房》資本の支配下にない独立の《機戸》がみずから《機匠》に対して前貸をおこなっているか、（二）右の史料中の《機戸》がさきの《賬房》に該当し、《機匠》がさきの《機戸》に相当するものであるか、あるいは、（三）右の史料中の《機戸》が、《機戸》と呼ばれながら、実は彼ら自身は機織生産に従事せず、《賬房》と《機匠》との間にあって原料・製品の授受を仲介し、《機匠》の賃機生産について責任をもたされる請負業者としての《承管》[34]であるのか、いずれかであろう。なお、右の史料によれば「另投別戸」とあって、この事件以前には、《機戸》と《機匠》との個々の間に継続的な前貸関係が固定していたこと、また、これを打ち破ろうとする《機匠》の動きが「悪習」として社会的に恒常化してきていた事実を窺うことができよう。

しかしながら、いずれにしても、清代前期の《賬房》経営が史料に現われる頃以降、蘇州・南京などの大都市の絹織物業において、問屋制前貸が存在した事実を確認することは可能であろう。

同じく明末清初の頃、綿業の一部にも、問屋制前貸の巨大な組織が現われた。踹布業《もめんつやだし》の《字号》経営がそれである。すなわち、乾隆五〇年（一七八五年）自序の顧公燮『消夏閑記摘鈔』巻中、芙蓉塘、に、

前明数百家布号、皆在松江楓涇、洙涇楽業、而染坊・踹坊・商賈悉従之。

前《さき》の明代には、数百家の《布号》（棉布問屋）がみな松江〔府の〕楓涇・洙涇〔の両鎮〕に在って営業を楽しみ、染坊・踹坊や商人は、すべて《布号》に属して経営をおこなっていた。（註（50）参照）

とあるのを初見として、蘇州の踹布業については、雍正『朱批諭旨』に多くの史料が見出されるが、ここには、『朱批諭旨』よりもさらに根本的な史料として近年公刊された『宮中檔』のなかから二つの史料を紹介しよう。第一に、

『宮中檔雍正朝奏摺』一、台北・国立故宮博物院、所収の雍正元年（一七二三年）五月二四日の何天培の上奏、に、

至於染・踹弐匠倶係店家僱用之人。……再査蘇州布疋、発売各省経商布疋、必須工匠踹染。

染匠および踹匠は、いずれも店舗の雇傭する者であります。……蘇州の棉布を再調査してみますのに、ここにおいて各省から来る客商に対し発売する棉布は、必ず工匠が染色し、つや出しをする〔ことによってはじめて商品となる〕のであります。

とあり、また第二に、同書、一六、所収の雍正八年（一七三〇年）七月二五日の李衛の上奏、には、

蘇郡五方雑処、百貨聚滙、為商賈通販要津。其中各省青藍布疋、倶于此地兌買。染色之後、必用大石脚踹砑光。即有一種之人、名曰包頭。置備菱角様式巨石・木滾・家火・房屋、招集踹匠居住、墊発柴米・銀銭、向客店領布発碾。毎疋工価銀壱分壱釐参毫、皆係各匠所得、按名逐月、給包頭銀参銭陸分、以償房租・家火之費。習此匠業者、非精壮而強有力不能。皆江南・江北各県之人、逓相伝授、牽引而来、率多単身烏合、不守本分之輩。……従前各坊不過柒捌千人。……現在細査蘇州閶門外一帯、充包頭者、共有参百肆拾余人、設立踹坊肆百伍拾余処、毎坊容匠各数拾人不等。査其踹石已有壱万玖百余塊、人数称是。

蘇州〔の市街〕には全国の人間が雑処し、百貨が集まり来たって、商業流通の要衝をなしております。なかでも各省〔に送られる〕青・藍の棉布はこの蘇州で取引されます。〔その棉布はこの地で〕染色されたのち、必ず大石を用い脚で踹《ふ》んで光沢を出します。〔この経営には〕《包頭》と呼ばれる人間がいて、菱形の巨石、木製のローラー、家具、住宅を備え、《踹匠》〔つや出し工〕を招集して住み込ませ、これに食糧・銀銭を立替え払いし、棉布問屋から棉布を預って、〔《踹匠》の〕つや出し〔作業〕に出します。〔《踹匠》の受取る〕賃金は、棉布一疋ごとに銀一分一釐三毫〔の出来高払い〕であり、すべて〔直接に〕《踹匠》のそれぞれの所得となります。そして、〔《踹匠》は〕一人当り毎月、《包頭銀》三銭六分を出して、〔《包頭》に対し踹石の使用料や〕家賃、家具使用料

を支払います。この労働はたくましく強力な者でなければできず、〔《踹匠》は〕みな江南・江北地域の各県から伝え聞いて連れて来られたもので、概ね単身烏合の衆であり、本分を守らざる輩であります。……従前は、各仕事場〔を合わせて〕七、八千人にすぎませんでした。……現在では、〔蘇州城の〕閶門の外郊一帯を詳しく調査したところ、《包頭》は合計三百四十余人で四百五十余カ所の《踹坊》（棉布のつや出し仕事場）を設け、各坊に〔他処者《よそもの》の〕《踹匠》がそれぞれ数十人おります。踹石の数は一万九百余個に達し、〔《踹匠》の〕人数は〔この踹石の数に〕みあっております。

とあって、《布商》・《包頭》・《踹匠》間の関係の特殊性を伝えている。

前掲の横山氏の踹布業に関する論文は、従来の研究が蘇州の踹布業経営に与えてきた性格規定を、（一）マニュファクチュア説[35]、（二）家内工業説[36]に大別して、それぞれの諸論文について批判的に紹介したうえ、前掲『江蘇省明清以来碑刻資料選集』所収の踹布業関係の諸碑文を分析し、生産諸関係の総体を把握することによって、踹布業経営を問屋制家内工業と規定している。その際、とくに《包頭》の位置について考察し、雍正『朱批諭旨』所収の右の李衛の上奏文に、㈠包頭は踹石などの労働手段を備え、㈡労働対象である綿布を問屋から受取り、㈢踹匠を「招集」して住居と食事を提供し、㈣踹匠は問屋から出来高払いで加工賃を得て、家賃、家具使用料として月額銀三銭六分を包頭に支払っている、とある事実、また、『江蘇省明清以来碑刻資料選集』所収の「蘇州府為永禁踹匠斉行増価碑」（康熙三二年〔一六九三年〕）および「元長呉三県会議踹布工価給発銀両碑」（乾隆六〇年〔一七九五年〕）。いずれも碑名は前掲『明清蘇州工商業碑刻集』に拠る）によって、包頭が踹匠から「賃石租」と呼ばれる踹石の賃貸料を受取っていた事実、布商が加工賃を包頭に渡し、包頭からその一部が踹匠に支給される例のあった事実などを明らかにし、さらに、包頭が、労働手段・生産資料・労働力を結合させ、仲介の請負独占権を有する、踹布業の組織者であったとしながらも、横山氏は、包頭は踹布業の経営者ではなく、踹布業経営は、形式的な独立手工業者といわざるをえない踹匠が出来高払いの加工賃を布商から受けて働く、布商ー踹匠関係を基本とする生産形態、すなわち問屋制家内工業であると規定しているのである。

次いで発表された寺田隆信氏の前掲論文は、同じく『江蘇省明清以来碑刻資料選集』所載の諸碑文を分析し、横山論文のうち、とくに包頭による請負業の独占について否定的な論証をおこなっているが、いま両氏の意見の相違は別として、本稿の問題、すなわち問屋制前貸の存在如何という点では、寺田説もまた、蘇州の踹布業は、包頭を中心として展開し、彼らはその経営形態を特徴づけるものではあるが、基本的には彼らは、布商ー踹匠間に寄生する中間搾取者であったとして、その総体を問屋制家内工業と規定している。

ここで、本稿の観点からとくに注目すべきは、両論文ともに、さらに碑刻資料を用いて、蘇州の布商の多くが、安徽省徽州府出身の客商、いわゆる新安商人であった事実を述べていることである。この点については、問屋制生産の成立を規定する問題として後述したい。

なお、最後に、今日まで日中両学界にいまだ紹介されていない問屋制前貸生産の事例を紹介しておきたい。康熙一四ー一七年（一六七五ー七八年）に浙江省嘉興府の知府であった盧崇興の『守禾日紀』巻六、讞語類、に所収の「一件懇天公飭等事」[37]、には、

審得、濮鎮一案、事起売紬換銀之微、而猝成拆屋焚房之禍。攘臂者幾二千余人、而呼集者在俄頃之会関然、一鎮洶洶若狂。推其致此之由、蓋縁楊某・顧某・顧某某等、覇市開行、専利取怨。喝価則任意低昂、小販飲泣、而莫可訴。取用則恣情掯勒、機戸含怨、而不敢言。積怨既深、忽焉横発。此曹思渓・陸阿明・范四・姚玉峯等、所以甘心捹命、聚衆鳴鑼、而機戸多人憤不顧身、如蘊火暴燃、一発而不可遏也。

調査して次のような事実が判明いたしました。濮〔院〕鎮の事件は、ことの起こりは、紬を販売して銀に換える〔ことをなりわいにしている〕微身の者どもが、にわかに打毀し、焼打ちの禍に及んだところにあります。腕ま

くりし起ちあがるものはほとんど二千余人に及び、呼び集められた者は、たちまちの間にどよめき、〔濮院〕鎮全体が洶々として狂うが如くになりました。かくまでになった理由を推しはかりますと、楊某・顧某、もう一人の顧某などなどの商人が、市場に覇をとなえ問屋を開店し、利をむさぼることを専らにして怨みをかい、言い値をつけるに当って勝手に上げ下げし、〔これに対し〕小商人たちは〔この事実を〕訴えようもなく、涙を呑んでおりました。〔また問屋は〕仕事をあてがい用いるに当って勝手気ままに収奪しており、機戸たちは怨みを懐きながらも抗論することができませんでした。つもりつもった怨みはもはや深く、忽ちにして爆発するにいたりました。これら曹思渓・陸阿明・范四・姚玉峯ら〔の小商人や機戸たち〕は、それゆえ、いのちを棄てることをものともせず、銅鑼《どら》を鳴らして衆を聚め、機戸たちもまた、多くの者がそれぞれ憤激して己が身を顧みず、深くこもった火がにわかに燃え出で、ひとたび発してとどめることができない〔といった状態となったのであります〕。

（傍点は田中による）

と述べている。農村絹織物業の中心地方都市である濮院鎮にも、[38]清代前期の一七世紀後半に問屋制前貸生産が成立していたことを、右の史料を通じて窺い知ることができよう。

五　問屋制前貸生産の成立

第三、四節において紹介した諸史料に窺われるように、一六・一七世紀以降の中国について、問屋制前貸生産の事例は、多数とまでは言えぬにしても、これを皆無であると称することはできない。のみならず、商人が小生産者に原料を散給して加工せしめる問屋制前貸生産に関するものよりは更に少数ではあるが、本稿の対象外の、商人資本が労働力を集中して雇傭し、加工業に従事せしめる問屋制手工業の事例もまた、すでに知られている踹布業のもののほかに、中国の《資本主義萌芽問題討論》の過程において、尚鉞、前掲「清代前期中国社会之停滞、変化和発展」によって紹介された《商店帳簿》史料、すなわち、一九世紀初期の河北省寧津県大柳鎮において、〝統泰升〟という名の雑貨店が、鉄器および軋花（繰り綿）などの手工業を兼営し、軋花工廠には百余人の傭工がいた、という事例[39]などもあり、今後、このような史料が少なからず発見されるものと予想される。

以上のように、西嶋定生氏の「問屋制前貸生産不在」説は、史実の存在にもとづいて、実証的に否定されたものと言うことができよう。しからば、「問屋制前貸生産の不在」に関する西嶋氏の論証には、いかなる問題が存するであろうか。

西嶋氏は、前述のように、一六・一七世紀を中心とする中国農村綿業には、第一に、その担当者としての独立自営的な農民層が存在しないのみならず、独立自営農民層を打出すことも不可能であり、第二に、その担当者が専制主義的土地制度に緊縛された――独立自営農民と対蹠的な――「非独立」的な零細過小農である限り、商人資本は、前貸制度によって彼らに対しその生産物の収納について保証を与えるよりも、彼らの「非独立」性を放置し、むしろこれを強化することによって、流通過程における中間利潤を増大させることが可能であったとして、問屋制前貸の「不在」を理論化しているように見受けられるのであるが、これについては、次のような諸問題が考えられなければならないであろう。

第一の問題は、いわゆる問屋制生産は、歴史上、二つの段階において成立するという問題である。すなわち、一つは、封建的生産様式から資本主義生産様式への移行過程の段階に現象するそれであり、他の一つは、これよりさき、前近代社会の段階に固有のものとして、前近代的な商人資本による利潤追求の必然的な結果の生産支配として成立する問屋制前貸生産である。

前者は、マルクスのいわゆる〝産業資本成立の二つの道〟のうち、第一の〝真に革命的な道〟に対比される第二の道としての〝商人が直接に生産を支配する〟道であるが、しかし、「この道はそれ自体としては古い生産様式を変革するまでには至らないのであって、むしろ古い生産様式を保存してそれを自分の前提として維持する」のであり、「このやり方はどこでも真の資本主義的生産様式の歩みを妨げるのであって、資本主義的生産様式の発展につれて没落してゆくのである」。すなわち、「生産者が商人や資本家になって、農村の現物経済にたいしても、中世都市工業の同職組合的に拘束された手工業にたいしても、対立するようになる」(40)〝真に革命的な道〟と並んで、あたかも、産業資本形成にとって本来的な第二の道であるかの如く併称されているこの〝商人が直接に生産を支配する道〟は、〝真に革命的な道〟によって切り拓かれた社会的諸条件の基礎のうえに、副次的に現象するものとして、マルクスによって挙示されているにすぎないと言えよう。

そして、以上のような封建的生産様式から資本主義生産様式への移行の総体にとってその不可欠の前提をなす、歴史法則的に〝必然〟的な、かつ歴史現実的に〝経過〟的な〝一つの必然的な通過点〟ein notwendiger Durchgangspunkt こそが、〝農奴解放〟による自由な土地所有にもとづく独立自営農民としての《分割地農民》Parzellenbauer の成立であるとされるのである。(41) ただし、のちに問題にするように、このマルクスの言葉は、「封建的土地所有の解消から生ずる諸形態の一つとして見出」されるイギリスのヨーマンリ、スウェーデンの農民身分、フランスや西ドイツの農民など、いわば「典型的な」形態について語っているのであって、その他の後進的地域や「植民地については ここでは問題にしない。というのは、独立農民は植民地では別の条件のもとで発展するからである」（傍点はいずれも田中による）という限定条件のついた言葉なのである。(42)

以上のように考えるとき、中国における《資本主義萌芽問題討論》の論者の多くが、明・清時代の問屋制生産を資本主義の萌芽として評価しようとするに当って、一八六一年の農奴解放――それが未成熟なものであったにせよ――以後のロシアに限定して分析をおこなっているレーニン『ロシアにおける資本主義の発展』に見られるような、商人資本の最高形態に関する理論をこれに無媒介に適用していることは、誤りであると言わなければならないであろう[43]。

しかしながら、前述の資本主義生産様式への移行の段階において、〝商人が直接に生産を支配する〟問屋制生産が「それ自体としては古い生産様式を変革するまでには至らないのであって、むしろ古い生産様式を保存してそれを自分の前提として維持する」ものであるというマルクスの言葉の裏面に窺われるように、商人資本に固有な問屋制生産は、むしろ、さきに述べた歴史上の二つの段階のうちの他の一つの段階、すなわち、前近代社会においてこそ、本来的に成立可能なものであると言うことができよう[44]。

そこで第二の問題として、この前近代社会において、商人資本による問屋制前貸の対象となるべき小生産者農民が「非独立」的である場合には、問屋制生産は成立するにはいたらないのか、という点が問題になるであろう。この点については、次のような三つの問題が考えられる。

一、前近代社会の農民は、農奴その他、しばしば身分的な〝隷属〟農民であるという意味では、「非独立的な」農民である。しかしながら、その経営面に即して言えば、彼ら「非独立的な」農民は、「彼自身の生産手段を占有しており、自分の労働の実現と自分の生活手段の生産とのために必要な対象的労働条件を占有し」、「自分の農耕をもそれと結びついた農村家内工業をも独立に営んでいる」農民であり、それゆえ「名目上の土地所有者のための剰余労働は、ただ経済外的強制によってのみ彼らから強奪されうる[45]」（傍点は田中による）農民、すなわち経営上で〝独立の自営農民〟にほかならない。農奴ないし隷農が封建的自営農民と呼ばれるゆえんもここにある。しかるに、我が国においては、前述の Parzellenbauer をしばしば《独立自営農民》と翻訳することを通じて、他方で、これと対蹠的に、これに先行する前近代的社会構成体の〝隷属農民〟を、全面的に〝非独立的な〟農民であると誤認しがちなのである。

二、右のように、世界史上の諸民族の封建的社会構成体における隷属農民が、一般に、〝独立の自営農民〟であるとしても、当面する一六・一七世紀の中国農村においては、農村工業を担当する直接生産者農民は、世界史上の一般の封建的自営農民が獲得していた諸条件を享有することにもいまだ達しえていない〝非独立的な〟農民であったのであろうか。事実は、そのようなものではなかった。一六・一七世紀の中国においても、農村工業を担当する直接生産者農民の経営の基本的形態は、西嶋氏も認めるように、すでに、「労働力としては自家の家族中の婦女子をこれに充て、原料・機具・仕事場などに対して完全な所有権をもち、かつその製品を代金収得の条件下に売却していたいわゆる手工業的経営」であったのであり、経済的に「非独立的な」場合、彼らは、かかる経営を遂行するに当って、その資金を高利貸資本から借金する債務の主体としても信用を授与され、また原料の前貸という信用の授与を受けることも可能な《独立性》を有していたのである(46)。

三、したがって、〝独立〟の、しかし零細かつ貧窮の農民の家内工業がすでに展開するにいたっていたという歴史=社会的条件のもとに、前期的商人資本に固有の利潤追求が、その欲求増大の必然の成果として、波多野氏も言う如く、また上述の実例の如く、生産への関与に到達する商人を出現せしめたものと理解して誤りないであろう。

以上のように、事実問題としても、理論的にも、問屋制前貸の成立が当然認められるものとして、その際、前近代社会の直接生産者農民の側にも、問屋制生産に包摂されうるだけの歴史=社会的条件が進行していることが、むしろ基本的な前提条件であった、と考えられる。それは、農家副業として農村家内工業を遂行しつつある直接生産者層の〝分解〟——もちろん、前近代的生産関係を再生産するにとどまる体制内分解ではあるが——であり、かくして、直接生産者農民が、第一に、手工業的技能を身につけつつ、土地の占有と対象的労働諸条件の所有とに基礎をおく自給的農業から次第に分離しはじめ、以上に見てきたように、手工業生産の面で原料の前貸を受けるまでになり、さらには第二に、「生活の安定を得ない」人口が、一五世紀以降、農村手工業の展開した地域に簇生した地方中小都市を含む諸都市およびその周辺に向って、集中するにいたるのである。

右の第一の例として、『皇明経世文編』巻二二一、所収の「与行在戸部諸公書」において、宣徳七年（一四三二年）、

早くも、江南巡撫の周忱は、

天下之民、出其郷則無所容其身、蘇・松之民、出其郷則足以售其巧。

天下の民は、その郷村を離れるとみずからの身を容れる処がないのに、蘇〔州〕・松〔江〕の民は、その郷村を離れても、その〔家内工業の〕技能を売って暮らすことができる。(47)

と述べており、また、乾隆五二年（一七八七年）刊行の胡琢『濮鎮紀聞』巻首、総叙、風俗(48)、に、

以機為田、以梭為耒。

〔濮院鎮の人は(49)〕機《はた》を以って田となし、梭《おさ》を以って耒《くわ》となしている。

と記されているように、江南農村における副業的商品生産の展開は、家内工業を農業から分離させる如き傾向をともないつつ、手工業生産の〝技能〟を農民のもとにはぐくんだのであった。

さらに、右の第二の問題について言えば、その事例は枚挙に遑ないほどであるが、まず、明末の一般的趨勢を告げるものとしては、松江府華亭県の人、何良俊の隆慶三年（一五六九年）序の『四友斎叢説』巻一三、史九、に、

余謂、正徳以前、百姓十一在官、十九在田。蓋因四民各有定業、百姓安於農畝、無有他志。……自四五十年来、賦税日増、繇役日重、民命不堪、遂皆遷業。……昔日遂末之人尚少。今去農而改業為工商者、三倍於前矣。昔日原無遊手之人、今去農而遊手趨食者、又十之二三矣。大抵以十分百姓言之、已六七分去農。

私が思うに、正徳年間（一五〇六―二一年）以前には、人口全体の一割が官僚で、九割は農民であった。けだしそれは、士・農・工・商がそれぞれ定職をもち、皆が農業〔を基礎としてこれ〕に安んじ、他に〔職業を変える〕考えをもたなかったからである。……〔しかるに〕この四、五十年来、税糧は日ごとに増し、徭役は日ごとに重く、民はこれに堪えずして、遂にみな職業を〔農業から他に〕遷してしまった。昔は末利（工・商の利潤）を逐う人はまだ少なかったが、今は農業を去って工・商業に移る者は、以前に比べて三倍になった。昔は元来、失業

して遊手無頼となっている人はいなかったが、今は農業を去って遊手無頼として生活する者が全人口の二、三割になっている。ほぼ全人口のうち六、七割の人が、すでに農業を去っているのである。

と述べており、製糸・絹織物業にもとづく蘇州府呉江県の盛沢鎮・震沢鎮、嘉興府秀水県の王江涇・濮院鎮、嘉興県の王店鎮、湖州府帰安県の雙林鎮・菱湖鎮、烏程県の烏鎮・南潯鎮、また綿業にもとづく嘉興府嘉善県の楓涇鎮・魏塘鎮、松江府華亭県の朱涇鎮、蘇州府嘉定県の新涇鎮・安亭鎮など、農村地帯の中心都市の一五世紀以降における発達とその人口の増大とは、右のような離農人口の集中によって成立したものと言うことができるであろう。(50) このような人口の都市への集中現象は、蘇州府城、南京などの大都市についても同様であって、さきの蘇州踹布業の労働力＝《踹匠》は、いずれも江蘇省江寧府、安徽省太平・寧国両府をはじめ、江南・江北の各地から来た単身・烏合の衆であった。(51) 康熙二三年（一六八四年）序刊の『長洲県志』巻三、風俗、の記事などによってすでに著名な、蘇州城内における専門技能日雇い機業労働者の毎朝の労働市も、このような労働人口によって構成されていたであろう。

しかしながら、史料の網羅的な蒐集に努めた西嶋氏によっても、なお、一六・一七世紀の江南について、その事例が見出されなかったほど、問屋制生産の実例の乏しいこともまた事実である。しからば、その原因は何に求めるべきであろうか。私は、少なくともその一つを、当時の商人資本の構成とその存在形態とに見出しうるように思う。

さきに見た如く、西嶋氏は、小生産者における資金の零細性にもとづく生産過程の社会的分業化が、商人資本をして、原料部門と製品部門との両極のみならず、各分業単位の間隙に介在して生産者を収奪することを可能ならしめた、と述べている。範疇としての商人資本については、このようにも称しえようが、しかし、各間隙における利潤抽出が、現実に同一の商人によって包括的におこなわれたわけではなく、小生産者の生産行程が彼らの資金の零細性のゆえに分業化されていたのと同様に、生産現地における交易体系もまた、一応独立的な、多くの〝強力ならざる〟零細商人の個別的な仲介によって細分化されており、(52) 当時の中国商人のうちにあってもっとも巨大な資本を擁していた客商(53)にとっても、閉鎖的な生産地域の内部のこのような流通機構に外的に依存してのみ、諸生産地域間におけるその営利が可能であったのである。

それゆえ、康熙三〇年代（一六九一―一七〇〇年）の松江府の人、葉夢珠の『閲世編』巻七、食貨五、に、

前朝標布盛行、富商巨賈操重資而来市者、白銀動以数万計、多或数十万両、少亦以万計。以故牙行奉布商如王侯、争布商如対壘、牙行非藉勢要之家不能立也。

前朝（明朝）の時代には、〔棉布のうち〕標布が盛んにおこなわれ、〔これを買うために〕大商人の大資本を擁して〔松江に〕来る者は、銀数万両を動かし、多きものは数十万両、少ないものでも一万両に上った。それゆえ牙行（在地の問屋）はこの布商（客商）を遇すること王侯に仕えるが如く、この布商と争うこと敵に対してとりでを構えるが如くであって、問屋は有力者の力を借りなければ、〔このような布商に対抗して〕やってゆけなかったのである。

とあるような、大資本を擁しながら、在地市場に介入しえなかった客商が、その本来の営利の場である地域間商業にとどまることなく、坐賈となって、在地の問屋を媒介とせず直接に小生産者と接触しうるにいたったとき、はじめて、そこに問屋制生産の成立する機会も生じたものと思われる。客商の来往する農村地帯の中小都市について言えば、杭州府仁和県唐棲鎮の光緒『唐棲志』巻一八、事紀、紀風俗、に、明末の人、胡元敬の「棲渓風土記」を引いて、

財貨聚集、徽・杭大賈視為利之淵藪、開典頓米、貿糸開車者、駢臻輻湊。

〔唐棲鎮にはこの地域の〕財貨が集まり、徽州（新安）・杭州の大商人（客商）は、この〔唐棲鎮を〕利潤の淵藪と見なし、〔この地で〕質屋を開いて米を買占める者、生糸を買って糸車を動かす者〔などの商人〕が、あいともに集まってくる。

と述べ、新安商人をはじめとする外来の巨大な客商資本による問屋制生産の在地における成立を伝えているほか、蘇

州などの伝統的な経済大都市について言えば、前述の横山・寺田論文に見られるように、踹布業の大規模な問屋制前貸生産経営を運営しえた商人もまた、おおむね新安客商資本の出身者にほかならなかったのである。(54)

六　おわりに――問屋制前貸生産の歴史的意義

『中国経済史研究』の前述の「補記」において、西嶋氏以後の諸研究により問屋制前貸生産のなにがしかの事例が発見された事実に触れて、西嶋氏は、

しかし問題は、商業資本による生産支配の型を示すこの問屋的前貸制度の存在が、中国近世史においてどのような機能をもち、どのような役割を果したかということにあるのであつて、単にその存在を論証することのみが目的とされるべきではないのであり、……（九〇九頁）

と述べている。まことに、その通りであり、まして、私見によれば、問屋制前貸生産は、今後、より多くその事例が新たに発見されようとも、それら自体が近代以前の社会構成体内部にその実存条件を有するものにほかならず、それらが直接に資本制生産様式をもたらすべき主体ではないのである。

しからば、一六・一七世紀以降の中国手工業において形成された問屋制前貸生産は、歴史発展上まったく無意味な存在であったのであろうか。この点に関連して、最後に、次のような幾つかの問題を提起して、本稿を終りたい。

一、資本制生産様式の成立を言う場合、もちろん、それは《資本》と《賃労働》との相互に固有な実体関係の成立にほかならないのであって、これら二つの契機のいずれも捨象されるべきではないが、しかし、しばしば《賃労働》の形成の側面が軽視され、《資本》の側面のみの系譜が辿られる傾向はないであろうか。

二、みずからの自生的な《資本》、ないし端的に言って《資本家》が容易に形成されぬうちに、近代の世界史的情

況のもとで、中国は、列強資本主義および帝国主義の侵略にさらされたのであるが、かくして中国国内に外国《資本》が侵入したとき、この契機と連関する固有の契機として、まさに中国における資本主義を成立せしめた《賃労働》が、中国社会の産物にほかならぬ以上、それはいかなる歴史的所産として準備されてきたのであろうか。

三、このように考えてくると、さきに見た《分割地農民》に関するマルクスの理論は、まことに示唆に富むものと言わなければならない。《分割地農民》は、一般に、資本主義的生産様式の成立にとって〝必然的〟な通過点であるとともに、《農民層の近代的分解》すなわち「自己分解をとげうることによってすぐれて過渡的な歴史的媒体」(55)（傍点は原文）なのであるが、このような「一つの必然的な通過（=経過）」は、前掲のように、後進的地域や植民地においては、それぞれ、「別の〔特殊な〕条件のもとで〔しかも〕発展する」のである。

四、中国においては、一九四〇年代の《土地改革》による〝自由な土地所有にもとづく独立自営農民〟の完成とその社会主義的農民への同時進行的解体とにいたるまでに、生産力の直接の担い手である中国農民は、《封建的分解》に発して、長期にわたる〝経過〟のうちに、来たるべき資本主義的生産様式――その一方の契機が帝国主義資本であろうと、民族資本であろうと――を構成する《賃労働》としてのみずからを形成する途を歩んだのであった。

五、その際、一六・一七世紀以降の問屋制前貸生産――商人資本と直接生産者との関係――が、直接生産者に対し、一方で貧困と悲惨とを強いながら、他方において、外国資本・民族資本下の中国人労働者の資質のなかに継承されるべき、いかなる〝技能〟と〝意識〟とを鍛え、はぐくんだかについて、解明する必要があるであろう。そのような意味で、農民層の封建体制内的分解による膨大な無産大衆の創出の問題にとどまらず、この労働力が歴史=社会的に通過・経過した、ギルド制下、あるいは問屋制下の手工業労働と、『守禾日紀』や前掲の二種の碑刻集に数多く見られるかかる直接生産者の闘争との歴史的成果如何が、今後とも、考察の重要な対象とされなければならないであろう。

註

（1）以下、本稿において、これらの諸論文を称するに当っては、本文中に冠した番号をもってする。これらの第一－第四論文は、のち、西嶋定生『中国経済史研究』東京大学出版会、一九六六年、に収められ、その際、「支那初期棉業市場の考察」は「中国初期棉業市場の考察」に、「支那初期綿業の成立とその構造」は「中国初期棉業の形成とその構造」に改題され、かつ、四論文をもって構成された本書の第三部「商品生産の展開とその構造」の末尾に、全九頁におよぶ「補記」（一九六六年一月一〇日稿）が加えられている。

西嶋氏のこれらの諸論文は、右の『中国経済史研究』所収のそれぞれの論文末の註記によれば、同氏の中国農村綿業史研究のいわば理論的総括として一六・一七世紀を中心とする中国農村工業の歴史的性格を論じた第三論文が、戦後の一九四八年一〇月の初稿、一九六五年一二月二八日の補訂であるのを除き、他の三論文は、いずれも戦時下の一九四二年八月一〇日にその初稿が完成し、以後、なにがしかの改稿を経て学会誌に発表されたのち、本書に収載するに当って、一九六五年一二月二九日から六六年一月二日にいたる間に最小限の補訂が加えられたものである。いま、本稿においては、本書収録のものに拠ることとする。

さきの「補記」によれば、「以上の本書第三部の各章で取扱った諸問題は、わたくしが一九四二年八月に東京大学文学部に提出した卒業論文である「明代に於ける木棉の普及と松江棉布に就いて」を骨子とするものであり……」（『中国経済史研究』九〇四頁）とあって、戦後の新たな研究史を切り拓いたものとも称すべきこれらの諸研究について、戦時中にすでに、その構想と実証との基礎作業が遂行され、いわば〝戦後〟が準備されつつあったという事実は、われわれ後学をして学問の歴史的条件について深く思いをいたさしめる問題を含んでいると言えよう。

また、西嶋氏には、右の諸論文に先立って、『社会経済史学』一三巻一一・一二合併号、一九四四年三月、に発表された「松江府に於ける棉業形成の過程について」があるが、これは、氏の松江綿業研究の要旨とも称すべき短篇であって、『中国経済史研究』にも収められていない。なお、「綿」は本来、蚕繭の「まわた」であるが、明末以降、「棉」はしばしば「綿」と表記されている。本稿では、引用文中のもの以外の「棉」については、現行の「綿」を用いた。

（2）田中正俊「アジア社会停滞論批判の方法論的反省」、同「十六・十七世紀の江南における農村手工業」（ともに、田中正俊『中国近代経済史研究序説』東京大学出版会、一九七三年、改訂第二刷、一九八一年、所収）。同「中国－経済史」（『アジア経済』一九巻一・二合併号通巻二〇〇号〈70年代日本における発展途上地域研究－地域編〉一九七八年二月）。

（3）欽善が一九世紀前半の人であることは、賀長齢編『皇朝経世文編』（道光七年〔一八二七年〕刊）の巻首、生存姓名、に、「欽善、字吉堂、江蘇婁県人。有吉堂文稾」とあることによって知られる。

（4）西嶋氏は、全文を通じて「商業資本」という術語を使用しているが、それが大塚久雄氏のいわゆる「前期的資本」なる範疇を意味するものである以上、歴史的範疇としての《商人資本》merchant capital という術語を用いる方が妥当であろう。

（5）正徳『松江府志』巻四、風俗、の記事と同種の記事であって、西嶋氏によってもあらためて天啓『海塩県図経』巻四、方域篇第一之八、県風土記、より引用されている。

商賈従傍郡販棉花列肆。吾土小民以紡織、所成或紗或布。侵晨入市、易棉花以帰、仍治而紡織之。明旦復持以易、無頃刻間。

商人は近隣の府から棉花を販運してきて店を列ねている。吾が海塩県の小民は、この棉花を用いて紡織し、棉糸や棉布をつくる。〔彼らは〕暁に市場に入り、〔この棉糸や棉布を〕棉花に易えて帰り、これによって紡績・織布する。翌朝また〔棉糸あるいは棉布を〕持って〔市場に入り、これを棉花に〕易え、少しの暇もない〔ほどに働いている〕。

という文章について、銭宏「鴉片戦争以前中国若干手工業部門中的資本主義萌芽」『中国科学院歴史研究所第三所集刊』第二集、一九五五年七月（のち、単行本として一九五五年一二月に上海人民出版社より刊行）は、〝小民〟が棉花を受取る相手としての商人と、綿糸ないし綿布を渡す相手としての商人とを、それぞれ別個の商人とは見ず、《包買主》（買占商人）としての単一の商人資本であると見なしている。また、傅衣凌「明代江南富戸経済的分析」（『厦門大学学報』社会科学版、一九五六年一期。のち、改訂して著書『明代江南市民経済試探』上海人民出版社、一九五七年、に収む）は、雍正『浙江通志』巻一〇二、物産二、より万暦末（一七世紀初頭）の朱国楨『湧幢小品』の同様の記事を転引して、「棉花と綿布・綿糸との交換」と解しているし、許大齢「十六世紀十七世紀初期中国封建社会内部資本主義的萌芽」（『北京大学学報』人文科学、一九五六年三期。のち、後掲『討論集』下、に収む）もまた、正徳『華亭県志』巻三、風俗、所載の同様の記事を、商人が「小生産者に対し、銀を用いて綿布を購入する場合ではなく、原料を供給する場合」と見なしている。

なお、これらの史料は、以上の正徳『松江府志』・正徳『華亭県志』・天啓『海塩県図経』・雍正『浙江通志』のほか、乾隆『平湖県志』、光緒『石門県志』をはじめ、江南の多くの地方志に、「侵晨入市、易棉花以帰」に類する文言を含む記事として収められており、原料と製品との直接の交換の事態を全面的には否定しがたい記録が広く見出されるということになるが、それだけにむしろ、貨幣を媒介として製品と原料とがそれぞれ別個に交易された事態を表現するに当って、安易に右のような文言を流用した例があったのではないか、という疑いも生ずる。また、波多野善大氏は、のちに、これらの史料の具体的内容として、「㈠綿糸を綿糸商に売り、棉花商の店で棉花を買う、㈡綿糸を買取る商人が棉花の販売を兼ねていて、この商人に綿糸を売り、その売上げの全部または一部でまた原料棉花を買う、㈢棉花商が綿糸と棉花をある割合で交換することを商売にしており、この綿花商の店で綿糸と棉花を交換する、㈣棉花商が棉花を農民にわたし（すなわち原料の前貸）、それを紡績させ、その賃銀を支払うか、或はわたした棉花に対して一定の割合で綿糸を出させる（賃銀は棉花で支払われる）という方式の営業をやっており、この棉花商の店で綿糸をわたして賃銀をうけとり、また原料棉花を受取る、或は、先に受取った棉花に対する一定の割合の綿糸をわたし、また原料棉花を受取るという四つのばあいが想定されるが、……問屋制であるためには、㈣でなければならぬ。果してそうであろうか。……「綿糸や綿布を棉花にかえる」ということは、清代になって『錫金識小録』（巻一、備参、上）や『履園叢話』（巻二三、換棉花）にも見えているが、それは、㈢のような内容のものらしい」と言っている。（波多野『中国近代工業史の研究』東洋史研究会、一九六一年、三二一―三三頁）

（6）当時の中国綿業における織布業は、もちろん、農村のそれに限られるものではなかったが、都市の織布業については、西嶋氏は、第三論文「十六・十七世紀を中心とする中国農村工業の考察」に、農村の織布業との連関において、次のような規定を与えている。

都市の織布業の経営形態の方が農村のそれよりもはるかに進んでいるもののごとくであるかに見える。土地制度に緊縛されて、結局土地から解放されずに非独立的な副業生産に終始して、単純再生産を繰返す農村の織布業に比べると、都市のそれは独立した専業経営者であり、その組織にもいくらかマニュファクチュアーに類似する形態の萌芽が見られ、その製品も高級品を産出しているから、技術もより秀れていたものに違いない。このように外見的には都市の織布業ははなはだ農村の織布業よりも進んだもののごとくに見えるのである。……／しかしながら重要なことは、これら都市の専業的織布業者である機戸が本質的には決して完全に独立した地位におかれているのではないということである。これは一見事実に矛盾した解釈と見えるであろう。しかし彼らがともかく注文生産者として安定した経営を行なうのは、背後に政府の収買という保証の事実があるからであり、しかもこの政府の収買の費用として布解（官府への棉布の運送・納入に携わる徭役。――田中註）の戸に支給される銀は、本来ならば農村の織布業者が上納すべき棉布の代金として折色徴収されたものがその財源である。ここにおいて機戸はいわば農村の織布業者の代人として上納棉布の生産に従事するのであり、機戸が上納棉布の生産に専心する背後には、商品生産化した農村の織布業者が厳として控えているのである。商品生産として発達しながらも、しかも依然として土地制度から解放されずに過重な田賦負担に絡みつかれているという農村の織布業の二面性が、都市における機戸の上納棉布生産の基盤となつているのである。畢竟都市の織布業者としての機戸は、上納棉布を生産することによつて安定した経営を行ないながらも、それは農村の織布業に離れ難く結びついている二つの性格、すなわち商品生産化と過重田賦の辨納手段という二律背反的な事情が生み落した鬼子であつて、都市の機戸自体に独立専業的経営者としての自律的地盤があつたわけではないのである。」（『中国経済史研究』七四三―七四五頁）

なお、都市織布業に関する右のような規定については、その前提として、第四論文「中国初期棉業の形成とその構造」において具体的考察がおこなわれているが、このように都市織布業の基本的性格が上納綿布の生産によって規定され、これによって都市の織布業が保証されているとする説は、必ずしも全面的な分析にもとづくものとは言いがたいように思われる。この点に関し、藤井宏「新安商人の研究」四（『東洋学報』三六巻四号、一九五四年）、一四一―一四四頁、の「附言」には、「［都市の］機戸の生産する高級棉布は上納布以外に一般市場を殆ど有しなかったことを積極的に実証しないかぎり、西嶋氏の理論は成立しないのである。私は機戸の生産した棉布は上納布以外に相当の民間市場を持つてゐたと考へる」と述べて、その論拠を挙げ、「かくの如くに見来ると松江府の機戸の生産する高級棉布は国の内外に相当広汎な市場を獲得してゐたのであって、上納布にその需要の圧倒的部分を依存する如きものではなかったであらうことが推定され、上納布は恒常的需要として機戸を保護するよりは寧ろ半ば租税化したものとして機戸に重圧を加へたのではないかと推定され、上納布の重大な意義は寧ろ後者にあったと考へられるのである」と言い、（一）上納綿布の生産は、都市の機戸の経営を安定ならしめてこれを保護する機能をもつものではなく、むしろこれを収奪し抑圧するものであり、（二）他方、これに対抗して、都市の機戸はみずから国内・国外に広汎な高級綿布市場を展開したのであった、と述べて批判している。

右のほか、後述の北村敬直「農村工業と佃戸制の展開——明清社会経済史の諸問題——」も指摘するように、都市の機戸に対し育成的かつ抑圧的にその性格を規定する要因として、手工業ギルドの機能、およびこれと国家権力との関係の問題をも視野に入れるべきであろう。なお、南京大学歴史系明清史研究室編『明清資本主義萌芽研究論文集』（『論文集』と略記）上海人民出版社、一九八一年、所収の李華「明清以来北京的工商業行会」、彭沢益「従明代官営織造的経営方式看江南糸織業生産的性質」、同「鴉片戦争前清代蘇州糸織業生産関係的形式与性質」など、参照。

（7）当時における常州府下の五県とは、武進・無錫・江陰・宜興・靖江の各県である。

（8）この史料は、銭宏、前掲書、のほか、翦伯賛「論十八世紀上半期中国社会経済的性質——兼論紅楼夢中所反映的社会経済情況——」（『北京大学学報』人文科学、一九五五年二期。のち、改訂して、翦伯賛『歴史問題論叢』北京・三聯書店、一九五六年。また、同（増訂本）、北京・人民出版社、一九六二年、に収む）、にも紹介されている。翦伯賛、前掲論文、については、鈴木俊・西嶋定生編『中国史の時代区分』東京大学出版会、一九五七年、七七—一六二頁、に波多野太郎氏による邦訳が収められている。

なお、小山正明「明末清初の大土地所有——特に江南デルタ地帯を中心として——」(2)（『史学雑誌』六七編一号、一九五八年）は、この史料について、「当時の佃戸経営が自給自足を体制的原理として組立てられていることを物語っていると言えよう。したがって、商品生産化した農村手工業は、この自給経営に欠落した部分を補完するための必要最小限の使用価値＝飯米部分の購入に充てられるためのものであり、この佃戸の経営は、体制的には商品経済ではなくして自給経済であったと言わねばならない」と言っているが、この史料が、後掲の『錫金識小録』の「舎織布紡花、別無他務」という文章と併存していることから、体制的原理としての自給経済に、商品経済的な事態が浸透しつつあった事実を認めざるをえないであろう。

(9) 孔経緯「中国封建社会手工業中的資本主義萌芽」(『新史学通訊』一九五五年一二月号。のち後掲『討論集』上、に収む)、には、史料中の「皆以換花」について「按即換取棉花原料」と註している。

(10) 佐伯氏の「棉替制」とは一九世紀前半に日本の知多・伊予地方などの《綿替屋》商人と織布農民との間に成立した「白木綿と実棉とを交換する」《綿替制度》に拠ったものであろうが(楫西光速・大島清・加藤俊彦・大内力『日本資本主義の成立』I、東京大学出版会、一九五四年、九九－一〇〇頁、参照)、ただし、註(5)に紹介したように、波多野氏は、のちに、『錫金識小録』の記事に問屋制前貸生産の成立を見出すことについて否定的な見解をもつにいたっている。

(11) 田中正俊「清初蘇州の字号経営をめぐって」については、大島利一「天工開物の時代」(藪内清編『天工開物の研究』恒星社、一九五五年)、四六頁、に、わずかながら紹介されている。

(12) 『和田博士古稀記念東洋史論叢』講談社、一九六一年、所収。のち、「十六・十七世紀の江南における農村手工業」と改題して、田中、前掲『中国近代経済史研究序説』、に収む。本論文については、その第二刷、一九八一年、参照。

(13) それゆえに、原文の「九月」は「九日」の誤りではないかと推測される。

(14) 横山英「清代における踹布業の経営形態」(『東洋史研究』一九巻三、四号、一九六〇年、一九六一年)。

(15) 横山英「清代における包頭制の展開――踹布業の推転過程について――」(『史学雑誌』七一編一、二号、一九六二年)。

(16) 寺田隆信「蘇州踹布業の経営形態」(『東北大学文学部研究年報』一八、一九六八年。のち、寺田隆信『山西商人の研究』東洋史研究会、一九七二年、に収む)。

(17) 江蘇省博物館編『江蘇省明清以来碑刻資料選集』(『碑刻資料選集』と略記)北京・三聯書店、一九五九年。

(18) 横山英「清代の都市絹織物業の生産形態」(『史学研究』一〇四、一〇五号、一九六八年。以上の横山氏の三論文は、のち、横山英『中国近代化の経済構造』亜紀書房、一九七二年、に収む)。

(19) 《中国資本主義萌芽問題討論》において発表された諸論文は、その主要なものが、中国人民大学中国歴史教研室編『中国資本主義萌芽問題討論集』（『討論集』と略記）上・下、北京・三聯書店、一九五七年。南京大学歴史系中国古代史教研室編『中国資本主義萌芽問題討論集』続編（『討論集』続編と略記）北京・三聯書店、一九六〇年。前掲『論文集』上海人民出版社、一九八一年、に収録されている。また、田中正俊「中国歴史学界における「資本主義の萌芽」研究」（田中、前掲『中国近代経済史研究序説』）、参照。

(20)　李之勤「論明末清初商業資本対資本主義萌芽的発生和発展的積極作用」（前掲『論文集』、に収む）、にも引用されている。

(21)　清末台湾南部の糖業における商人の小生産者に対する資金前貸については、クリスチャン=ダニエルス「清末台湾南部製糖業と商人資本――一八七〇―一八九五年――」（『東洋学報』六四巻三・四合併号、一九八三年）、参照。

(22)　咸豊『南潯鎮志』巻二四、物産、の節録に拠る。この史料はまた、銭宏、前掲論文、李之勤、前掲論文、楊超「明清紡織業中資本主義手工工場的両種発生過程」（『光明日報』史学七一号、一九五五年一二月八日。のち、前掲『論文集』、に収む）、北村敬直「清代における湖州府南潯鎮の棉問屋について」（『経済学雑誌』五七巻三号、一九六七年）、に引用されている。

(23)　この史料はまた、傅衣凌「明代江南地主経済新発展的初歩研究」（『厦門大学学報』文史版、一九五四年五期。のち、改訂して、前掲著書『明代江南市民経済試探』、に収む）、傅筑夫・李競能『中国封建社会内資本主義因素的萌芽』上海人民出版社、一九五六年（のち、前掲『討論集』上、に収む）、韓大成「明代商品経済的発展与資本主義的萌芽」（前掲『討論集』下。および中国人民大学中国歴史教研室編『明清社会経済形態的研究』上海人民出版社、一九五七年、に収む）、李之勤、前掲論文、に引用されている。

(24)　傅筑夫・李競能、前掲論文（『討論集』上）、三二四頁。

(25)　韓大成、前掲論文（『論文集』下）、一〇五八頁。

(26)　この史料はまた、李之勤、前掲論文、に引用されている。

(27)　横山、前掲「清代の都市絹織物業の生産形態」、によれば、この「採訪冊」は、一九一三年五月の江蘇省実業司『江蘇省実業行政報告書』である。

(28)　この史料は、銭宏、前掲論文。許大齢、前掲論文。横山、前掲「清代の都市絹織物業の生産形態」、にも言及されている。

(29)　徐珂『清稗類鈔』工芸類、織綢廠、に拠れば、二〇世紀初頭当時の蘇州の賬房のうち、石恒茂・英記・李啓泰などは、乾隆・嘉慶年間（一七三六―一八二〇年）に創設されている。銭宏、前掲論文。劉雲村「関于中国資本主義萌芽問題的商榷」（前掲『論文集』）、参照。

(30)　この史料は、鄧拓「論〝紅楼夢〟的社会背景和歴史意義」（『人民日報』一九五五年一月九日。のち、改訂して著書『論中国歴史的幾個問題』北京・三聯書店、一九五九年。また、前掲『討論集』上、に収む）、銭宏、前掲論文。翦伯賛、前掲論文、陳湛若「略論〝紅楼夢〟社会背景――評呉大琨先生的幾個論点――」（『文史哲』一九五六年四期。のち、前掲『討論集』下、に収む）、呉海若「中国資本主義生産的萌芽」（『経済研究』一九五六年四期。のち、前掲『論文集』下、に収む）、李之勤、前掲論文、にも引用されている。なお、曹寅の生卒は一六五八―一七一二年である。

(31)　この文章は、尚鉞「有関中国資本主義萌芽問題的二三事」（『歴史研究』一九五九年七期。のち、前掲『討論集』続編、に収む）、王鈺欣「清代前期手工業経済的性質和特点――対手工業資本主義萌芽発展水平的基本估計――」（前掲『論文集』）、にも紹介されている。

(32)　横山、前掲書、三二頁、には、波多野、前掲書、の所論について、次のように述べている。――「波多野善大氏は、清代初期においては独立自営の機屋が支配的であったが、一八世紀末（乾隆後期）以後から機屋の階級分化がおこり、出機制による問屋制が発展したと推論を下している。しかし、上記のように一七三四年の碑記（前掲『碑刻資料選集』所収―田中註）にすでに出機制が見えているので、独立自営手工業者としての機屋の階級分化は波多野氏の推論した時期よりもかなり早くから進行していたと考えられる。また、波多野氏は元機屋は独立自営の機屋の有力者層が問屋化したものであると推定しているが、独立自営手工業者の元機屋と賃機屋とへの両極分解という把え方はあまりにも機械的であるような気がする。むしろ、独立自営の機屋（ツンフト手工業者）が没落して生産手段から遊離し、それを絹織問屋=商業資本が前貸問屋制の形で支配したと考えた方が妥当ではなかろうか」。横山氏は、この文章につづけて、「ただし、このような見方は波多野氏の場合と同じく史料的根拠があるわけではないので、あくまで推測である」と言って慎重を期しているが、明末清初の商人資本と小生産者との位置から見て妥当な意見であろう。

（33）　蘇州歴史博物館・江蘇師範学院歴史系・南京大学明清史研究室合編『明清蘇州工商業碑刻集』（『碑刻集』と略記）江蘇人民出版社、一九八一年、所収。この碑文は、前掲『碑刻資料選集』にも収められ、横山氏もこれを取り上げている。

（34）　一九世紀末以降の南京機業における《承管》については、横山、前掲書、四五－四九頁、参照。なお、同じく後代の事例についてではあるが、小島淑男「清末民国初期蘇州府の絹織業と機戸の動向」（『社会経済史学』三四巻五号、一九六九年）には、「元機屋である賬房（紗緞荘問屋商人を以下賬房と呼称）は別に大叔とも呼ばれており、彼らの所有する大半の織機と原料生糸がふだんから馴染となっている機戸に直接わたされる。これらの機戸は通称老機戸ないしは二叔と呼ばれている。二叔が借りうけ、うけおってきた織機と生糸は、自ら織る物を除いてはさらに別の機戸にわたされる。こゝに賬房と直接関係のない機戸が登場するわけだが、彼らは別に代織機戸ないしは三叔と呼ばれる」（三七－三八頁）とあって、南京のいわゆる《承管》が、蘇州地方では「老機戸」あるいは「二叔」と呼ばれる《機戸》であった事実が知られるが、清末以降のこの《承管》ないし《老機戸》・《二叔》の起源をいつの時代にまでさかのぼって推定できるかが問題となろう。

（35）　尚鉞「清代前期中国社会的停滞、変化和発展」『教学与研究』一九五五年六、七期（のち、改題・改訂して著書『中国資本主義関係発生及演変的初歩研究』北京・三聯書店、一九五六年。また、前掲『討論集』上、に収む）。銭宏、前掲論文。許大齢、前掲論文。北村敬直「辛亥革命と産業構造」（桑原武夫編『ブルジョワ革命の比較研究』筑摩書房、一九六四年）、などの説を挙げている。

（36）　傅筑夫・李競能、前掲書。全漢昇「鴉片戦争前江蘇的棉紡織業」（『清華学報』新一巻三期、一九五八年）。彭雨新「従清代前期蘇州的踹布業看資本主義萌芽」（『理論戦線』一九五九年一二期）。従翰香「中国封建社会内資本主義萌芽諸問題」（『歴史研究』一九六三年六期）、などの説を挙げている。

（37）　この史料は、田中、前掲「明末清初江南農村手工業に関する一考察」（一九六一年）が採り上げているが、当時は、これを問屋制前貸生産の事例として評価するまでにはいたらなかった。

（38）　農村絹織物業の中心都市として、明中期以降に濮院鎮その他が成長、繁栄したことについては、田中正俊「中国における地方都市の手工業――江南の製糸・絹織物業を中心に――」（『中世史講座』第三巻〈中世の都市〉学生社、一九八二年《本書所収》)、参照。

(39) 尚鉞氏は、この史料を北京図書館蔵「統泰升帳簿」によって紹介している。

(40) K. Marx, *Das Kapital*, Bd. Ⅲ, Marx-Engels-Lenin-Institut, Moskau, 1934, S.366-367（マルクス『資本論』国民文庫、一九七二年版、第七分冊、三八―三九頁）。

(41) K. Marx, *op. cit.*, Bd. Ⅲ, S. 858（マルクス、前掲書、第八分冊、三一七―三一八頁）。

(42) 同右。

(43) 彭沢益、前掲「鴉片戦争前清代蘇州糸織業生産関係的形式与性質」三五四頁、もこの点を指摘している。

(44) 大塚久雄「いわゆる問屋制度をどう捉えるか」（『社会経済史学』四六巻二号、一九八〇年）、参照。

(45) K. Marx, *op. cit.*, Bd. Ⅲ, S.841（マルクス、前掲書、第八分冊、二九一―二九二頁）。

(46) 例えば、乾隆一四年（一七四九年）序の乾隆『長興県志』巻一二、雑志、に引く『小谷口薈叢』によれば、湖州府において、農村手工業を遂行する農民がその資金として受ける借金の利息は、元金一〇両以上については月利一分五厘、一両以上については月利二分、一両以下については月利三分であったという。なお、田中、前掲『中国近代経済史研究序説』九三頁、の記述には誤りがあるので、以上のように訂正する。

(47) 洪煥椿「論十五――十六世紀江南地区資本主義生産関係的萌芽」（『歴史教学問題』一九五八年四月号。のち、前掲『討論集』続編、に収む）、にも引用されている。

(48) 劉永成「論中国資本主義萌芽的歴史前提」（『中国史研究』一九七九年二期。のち、前掲『論文集』、に収む）三頁、に拠る。

(49) 洪煥椿、前掲論文、所引の嘉慶二五年（一八二〇年）刊の楊樹本等纂『濮川所聞記』巻四、に、「本鎮人以機為田、以梭為耒」とあるのによって、この記事が濮院鎮について述べていることが確かめられる。

(50) 田中、前掲「中国における地方都市の手工業」、参照。なお、楓涇鎮は、順治一三年（一六五六年）まで、松江府華亭県と嘉興府嘉善県とに跨って属し、以後、前掲の『消夏閑記摘鈔』に窺われるように、松江府婁県に属した。

(51) 横山、前掲書、八二頁。

（52）明末の成立と考えられる『雙林記増纂』巻九、物産、の原文によれば、在地の商人には、客商と直接に生糸取引をおこなう《行家》（問屋）のほか、これに代って生糸を買い集める《抄荘》、みずからの手で買い集めて《行家》に売渡す《掇荘》あるいは《販子》、《掇荘》の代行をする《撈早船》、また、平常、機戸を相手として原料生糸を小売する《拆糸荘》などがあったという。田中、前掲書、九五頁、および、同「中国における地方都市の手工業」、参照。

（53）藤井宏、前掲論文、参照。

（54）問屋制前貸経営を可能ならしめる商人の側の条件が、有力な市場を背景とし、巨額の資本と、坐賈としての在地性とを兼ね備える点にあるとすれば、製糸・絹織物業については、前述の事例のように、在地の生糸問屋によってはじめてその経営の成立しえたことも、当然であったと思われる。

（55）高橋幸八郎『近代社会成立史論――欧州経済研究史――』日本評論社、一九四七年、一三頁。なお、大塚久雄『近代欧州経済史序説』上巻、日本評論社、第二刷、一九四六年、の「序文」には、「独立自由なる自作農民層」について、「かの近代西欧における歴史上類比をみない巨大な生産力建設の謂はばパン種となつたもの」と述べ、みずから発展的に解体して新たな実体を創り出した《分割地農民》の歴史的性格が、『聖書』の言葉によって、適切に表現されている。

【編集者附記】　本稿は、もと西嶋定生博士還暦記念『東アジア史における国家と農民』（山川出版社、一九八四年一一月）に掲載された。なお原載には附記として「本稿より後に脱稿した『中世史講座』第三巻（学生社、一九八二年九月）所収の通史的な拙稿「中国における地方都市の手工業」が、本稿よりさきに公刊されたため、本稿にこれと重複する部分のある点について、御諒恕を乞う。」との一文がある。

3　開拓使刊『湖州養蚕書和解』について

一〔解　題〕

日本の東京大学農学部図書館の蔵書に、表紙に「湖州養蚕書和解　全」という題簽をもつ、縦二三センチメートル、横一四センチメートル、わずか六丁の内容より成る、和紙印刷による和装本の小冊子一冊、およびその重複本一冊がある。

第一丁の表には、「湖州養蚕書和解」とあり、傍らに、「開拓使」という刊行機関名が印刷されており、「東京大学図書」という大きな蔵書印、および「東京大学農学部図書、昭和四〇年一二月、Ａ４０４５９」という登録番号の捺印がある。昭和四〇年は一九六五年であるから、日本の敗戦後、東京帝国大学が東京大学と改称されてのちに購入された図書であることが知られる。しかし、本書に、「和解」の作者名、「刊行年月」の記載は見当らず、また、東京大学総合図書館の〈全学総合図書カード〉にも、購入価格を示すと思われる「￥１５００」のほかに、（作者不明）、（対象事柄不明）と註記されている。

第一丁の裏には、「佐々木之印」という大型の蔵書印と見られる印があり、その左に、蚕の形をした輪郭のなかに「佐々木博士寄贈」という文字を刻した印が捺印されている。

「佐々木博士寄贈」という、これと同型の印は、田中正俊の家蔵する高津仲次郎『清国蚕糸業視察報告書』農商務省農務局、明治三〇年（一八九七）一〇月刊、蚕業講習所技師松永伍作著『清国蚕業視察復命書』農商務省農務局、明治三一年（一八九八）二月刊、および蚕業講習所技師本多岩次郎『清国蚕糸業調査復命書』農商務省農務局、明治三二年（一八九九）七月にも捺印されており、これらの印が、その字句の内容から見て東京大学所蔵の『湖州養蚕書和解』のものをも含めて、いずれも〈蔵書印〉ではなく、また蔵書者本人みずからが「佐々木博士」と自称して寄贈するはずもないから、この印は、これらの書物を一括して受贈した同一の《機関》ないし《個人》が作製した〈受贈印〉であるか、それとも、「佐々木博士」の〈関係者〉が複数の《機関》ないし《個人》に寄贈するに当って作製した〈寄贈印〉であるか、そのいずれかであろうと推定される。

以上のような推測が成立するとすれば、東京大学が古書市場から購入したのち、「東京大学図書」の〈蔵書印〉を捺印した『湖州養蚕書和解』、および田中の家蔵する三部は、「佐々木博士」ないしその関係者から寄贈を受けて所有していた《機関》あるいは《個人》が、みずからの〈蔵書印〉を、さらにこれに捺印することなく、またその後、これらの図書を蔵書から除くに際して、「佐々木博士寄贈」という〈寄贈印〉すなわち〈受贈印〉を抹消することなく、そのままこれを古書市場に放出し、それらが、戦後に東京大学および田中の所有に帰したものである、と考えられる。

「佐々木博士寄贈」という〈寄贈印〉に見られる「佐々木博士」については、千曲会（信州大学繊維学部同窓会）編『わが国の製糸技術書――加藤宗一文庫の解題にかえて――』千曲会、昭和五七年（一九八二）七月、九六－九七頁に、佐々木長淳『接緒操器使用法』明治一四年（一八八一）刊を掲載し、その解題（篠原　昭氏執筆）の文中に、

著者佐々木長淳（一八三〇－一九一六年）は、慶応三年（一八六七）、米国に留学、銃砲火薬等の研究、調査をし、その後、明治五年（一八七二）、勧工寮赤坂葵町製造場を担任し、明治六年、澳国（Austria）博覧会に円中文助とともに出張し、帰途、イタリア、スイスなどを視察、明治七年一一月帰朝以来、東京の内藤新宿試験場におい

て養蚕技術の研究と養成とに努めた。（中略）佐々木長淳は、東京大学教授の佐々木忠次郎博士の厳父である。蚕糸業の方面では、円中文助とともに西洋へ留学した最初の人であり、欧州における学術を我が国へ伝えた鼻祖でもある。

という趣旨のことを述べ、

「本書の表紙に佐々木博士寄贈という印が押してあるところをみると、恐らく佐々木忠次郎博士が寄贈されたものであろう。」

と推測している。

佐々木忠次郎先生伝記編纂会『佐々木忠次郎博士』（東京大学農学部図書館蔵）によれば、東京帝国大学農学部教授であった佐々木忠次郎博士は、昭和五年（一九三〇）一〇月、および昭和一一年（一九三六）五月の二度にわたって、和洋書、雑誌、報告、論文別刷など、計七八二三冊を東京帝国大学農学部に寄贈しているが、『湖州養蚕書和解』は、東京大学農学部図書館による収蔵年月（一九六五年一二月）から見ても、上記の佐々木忠次郎博士の寄贈本とは別のものであり、東京大学図書館が受贈書を市場に売却したという事実もないので、古書市場に出回った、「佐々木博士寄贈」という蚕型の印を捺印してある図書は、東京大学農学部以外のいずれかの機関が佐々木忠次郎博士あるいはその関係者から寄贈を受けた際、この蚕型の受贈印を作製して捺印しながら、のちに、何らかの事情によって、これらの受贈本の「佐々木博士寄贈」という印を抹消することなく、古書市場に放出したものであろう、と想像される。

なお、東京大学総合図書館には、佐々木長淳の著作として、『蚕務問答』三冊、佐々木蔵版、明治六年（一八七三）、『蚕事摘要』宮内省刊、明治一八年（一八八五）五月、『蚕之夢』佐々木蔵版、明治二六年（一八九三）七月、および『巡県蚕桑講話』佐々木蔵版、明治二七年（一八九四）六月、が収蔵されているが、いずれも、著者佐々木長淳から直接贈られた旨の田中芳男による註記があり、表紙裏に「男爵田中美津男氏寄贈　先代田中芳男男旧蔵書　昭和七年」

という縦長方形の小さな朱印が捺印されている、所謂《田中本》であって、「佐々木博士寄贈」本とは全く関係のない、田中芳男（一八三八－一九一六、日本の農林水産業の近代化に貢献した博物学者）の旧蔵書であることが知られる。

しかし、東京大学農学部によって戦後に購入された『湖州養蚕書和解』の表紙裏には、言うまでもなく、所謂《田中本》である旨を示す捺印も見られず、「開拓使」と印刷されていて、明治二年（一八六九）七月に設置され、同一五年（一八八二）二月に廃止されるまでの間の開拓使の刊行物であると推定されるにもかかわらず、前述のように、それ以外に『湖州養蚕書和解』の作者名、刊行年月、その他については、明らかではない。

また、東京大学総合図書館収蔵『明治前期産業発達史資料』に所収の「開拓使事業報告」第弐編（勧農－養蚕）、明治一八年（一八八五）一一月、二五九－三二九頁、および東京大学史料編纂所所蔵『北海道立文書館所蔵公文書件名目録』（一）「開拓使公文録－札幌本庁(1)明治六・七年」にも、『湖州養蚕書和解』の書名を見出すことはできない。

ただわずかに、史料編纂所所蔵の『開拓使日誌』明治二年－一〇年（一八六九－一八七七）全一一冊の第九冊所収、明治九年（一八七六）第七号、三一－六頁、五月一三日に、

〔布達乙第弐号〕

蚕種製造組合条例、并会議局規則等、明治八年二月第三拾弐号御布告相成候処、当使管下ノ義ハ、蚕業草創ニシテ、実際施行シ難キ廉有之候ニ付、当分、自用ヲ除クノ外、蚕種製造不相成候条、別紙条例ノ通、可相心得、此旨布達候事。

〔別紙〕

養蚕条例

蚕種ハ国産ノ鴻益ナル者ト雖モ、製造其宜ヲ得ザレバ、弊害ヲ生ジ、損失ヲ招キ、破産スル者、往々有之。殊ニ当使管内ノ如キハ、蚕業ニ従事スル日尚浅クシテ、人民未ダ其術ニ熟セズ。仍テ、当分、自用蚕種ヲ除クノ外、

一切製造差止メ、専ラ其方法ヲ研究セシム。後来、其術ヲ得ルニ至テハ、請フ所ニ任セ、一般ノ規則ニ従ヒ、製造セシメントス。因テ、条例ヲ設クル、左ノ如シ。

第一条

養蚕ハ、気候寒暖等ニ注意シ、飼桑ヲ精撰シ、必ズ疎漏ニ取扱フベカラズ。尤、養蚕検査表用紙、予メ交付シ置ベキニ付、毎戸、其様式ニ照シ、詳細記載シ、成繭ノ上ハ、無遅滞、戸長ヲ経テ民事局・課へ差出スベシ。

但、官員、時々巡視シテ、養方ノ良否ヲ検スベシ。

第二条

自用ノ蚕種製造ノ者ハ、明治八年第三拾弐号公布ヲ遵守スベシ。若シ違背スル者アレバ、総テ右条例ニ照シ、処分スベシ。

第三条

成繭ハ相当ノ価格ヲ以テ可買上ニ付、買上ヲ願フ者ハ、員数詳細取調、無遅滞、戸長ヲ経、民事局・課へ願出べシ。

第四条

新タニ養蚕ニ従事スル者ハ、戸長ヲ経、民事局・課へ願出、許可ヲ受クベク、廃業ノ者モ、同上ノ手続ヲ以テ届出ヅベシ。

第五条

成繭数量届済ノ上ハ、自分売買苦シカラズ。若シ無届ニテ売買候者ハ、該繭官没ノ上、売買人共、元価十分ノ二ヲ科料トシテ取立ツベシ。（句読点は、原文には無いが田中が施した）

とあるのが、『開拓使日誌』中に見出される養蚕関係の唯一の記事であると言うことができるであろう。

なお、田中の家蔵の『蚕桑輯要和解』上・中・下三冊には、その表紙裏に「開拓使」、「明治十年一月出版」とあり、上冊、第一丁の明治九年（一八七六）一〇月の和解者（訳述者）中島亮平の「例言」に、

原文ヲ并セ掲ゲ、以テ原訳対照ニ便シ、務メテ原意ヲ愆ラザルヲ期スルノミ。

と述べて、湖州府帰安県の人、沈秉成の『蚕桑輯要』同治辛未（一八七一）、の原文と、その和訳文とを交互に掲載している。本書もまた《開拓使》の刊行物であるが、これに比べて、『湖州養蚕書和解』の方は、後述するように、文章の後尾が中絶しており、いかにも未完成の作品であるように見えることが、特徴的な現象として注目される。

近世以降の日本の為政者が、農業、養蚕の奨励に努め、中国の《農書》・《蚕書》の所謂〈和解〉（日本語訳）をはじめ、さらに日本人の独自の著作に成る《農書》・《蚕書》の類が盛んに刊行されたことは、よく知られているが、それらのうちには、日本における刊行書として、前述の高津仲次郎『清国蚕糸業視察報告書』、松永伍作『清国蚕業視察復命書』、本多岩次郎『清国蚕糸業調査復命書』の他、下記のものなどがある。

(1)　日本人による著作として、上記の『わが国の製糸技術書』千曲会、のほか、

勧農局編纂『農書要覧』勧農局蔵版、明治一一年（一八七八）一月、一冊（日本・中国の二部門に分かった解説つきの書目であり、開拓使の刊行書としては、本書中に、上記の『蚕桑輯要和解』のほか、清の董開業『育蚕要旨和解』開拓使刊、一冊、が紹介されている。なお、前述したように、「開拓使事業報告」、「開拓使公文録」、『開拓使日誌』などには、《開拓使》の刊行物名は見出されない。）

伊東茂右衛門『中外蚕事要録』丸善書店、明治一九年（一八八六）三月、一冊（全五九四頁）

井上（楢原）陳政『禹域通纂』大蔵省蔵版、明治二一年（一八八八）下巻、所収の「清国養蚕詳述」（二六七―三三五頁）

山川勇木『清国出張復命書』明治三二年（一八九九）五月、一冊

峰村喜蔵『清国蚕糸業視察復命書』農商務省農務局、明治三六年（一九〇三）一一月、一冊
農商務省生糸検査所長紫藤章報告『清国蚕糸業一班［斑］』生糸検査所、明治四四年（一九一一）三月刊、一冊
河西大弥『支那蚕業視察報告書』農商務省蚕業試験場、大正五年（一九一六）九月、一冊
鴻巣久『支那蚕業之研究』丸山舎書籍部、大正八年（一九一九）二月、一冊
松下憲三朗『支那製糸業調査復命書』農商務省農務局、大正一〇年（一九二一）二月、一冊
蚕桑古典集成刊行会『蚕桑古典集成』同刊行会、昭和三年（一九二八）一月、一冊（近世日本で撰述・刊行された《蚕書》一〇種を、解説を付し収録している。全四二三頁）
蚕糸業同業組合中央会編纂（上原重美著）『支那蚕糸業大観』岡田日栄堂、昭和四年（一九二九）、一冊（全一一〇二頁）
加藤上海副領事『江浙養蚕業ノ現状』外務省通商局、昭和四年（一九二九）二月、一冊
今井長二郎『中支那製糸業概況』興亜院華中連絡部、昭和一五年（一九四〇）四月、一冊
興亜院『支那蚕糸業ニ関スル文献抄録及文献目録調査』興亜院、昭和一六年（一九四一）二月、一冊
など、があり、

(2)　養蚕業の記事を収めている中国の諸種の《農書》類、また、《湖州》地方の著名な《蚕書》として、特に、地域的にも専門知識的にも、『湖州養蚕書和解』に最も密接な関係があり、現地の他の文献から記事を豊富かつ具体的に引用している、下記の『湖蚕述』をはじめ、

宋応星『天工開物』巻上、乃服、崇禎丁丑（一六三七）
徐光啓『農政全書』巻三〇－三四、蚕桑、崇禎己卯（一六三九）
蒲松齢『農蚕経』康熙四四年（一七〇五）序、（李長年の『校注』が、一九八二年五月に、北京の農業出版社から刊行さ

れている。)

欽定『古今図書集成』食貨典、巻三一二—三一八、雍正三年(一七二五)

欽定『授時通考』巻七一—七八、蚕桑門、乾隆七年(一七四二)

黄省曾『蚕経』天明五年(一七八五)五月、田友直写、田中の家蔵する鈔本(「館氏石香斎弥蔵図書記」の蔵書印がある)

『養蚕指摘』天明六年(一七八六)九月、田友直写(「竹枝詞」とこれにともなう図を写す)、田中の家蔵する鈔本(同上、館氏の蔵書印がある)

汪曰楨『湖蚕述』同治甲戌(一八七四)六月、自序

同治重修『湖州府志』同治一三年(一八七四)序、巻三〇・三一(輿地畧、蚕桑上・下)

楽嗣炳編・胡山源校訂『中国蚕糸』世界書局、一九三五年八月、一冊(全四四三頁)

楊鞏『農学合編』光緒三四年(一九〇八)、中華書局、一九五六年一〇月、巻一〇・一一(蚕類)

江蘇省呉江県檔案館編『呉江蚕糸業檔案資料匯編』河海大学出版社、一九八九年一二月

がある。また、

(3)　中国の《蚕書》に関する文献解題として、

王毓瑚編『中国農学書録』中華書局、一九五七年一二月、一冊

曲直生『中国古農書簡介』経済研究社台湾省分社、一九六〇年七月、一冊

王毓瑚著・天野元之助校訂(復刻版)『中国農学書録』(復刻原本、一九六四年九月)龍渓書舎、一九七五年七月、一冊

天野元之助『中国古農書考』龍渓書舎、一九七五年七月、一冊(著者の畢生の労作。日本・中国の《農書》・《蚕書》

を可能な限り検索し、その解題を収めている）

《中国古代農業科技》編纂組『中国古代農業科技』農業出版社、一九八〇年一二月、一冊

章楷（編）『中国古代栽桑技術史料研究』農業出版社、一九八二年九月、一冊

が挙げられる。

私が以上に挙げたものは、現実に存在するであろう関係資料の数に比べれば、はるかに乏しいものではあろうが、管見の限りの日本、中国の文献にもとづいて、可能な限り検索した結果、現在のところ、『湖州養蚕書和解』が日本人の著作に引用、利用されている事実を発見することも、『湖州養蚕書和解』が依拠したであろうと思われる、中国におけるその原典にめぐり逢うことも、不可能な情況にある。また『国書総目録』第三巻、岩波書店、昭和四〇年（一九六五）八月、にも、本書の名は収録されてはいない。

したがって、今日、『湖州養蚕書和解』について、日本におけるその作者ならびに刊行年月、その典拠となった中国における原典について明らかにすることも、また、それが全く存在し得ないことを積極的に証明することも、私にとって、いまだ不可能である。

しかしながら、『湖州養蚕書和解』は、上述のように、いわば「天下の孤本」であり、しかも、現段階においては、この『和解』を通じて知る以外に、中国における原典もまた不明であって、それに直接に遡ることは困難であると考えられるので、今後、中国の明清時代の湖州地方の養蚕業について研究しようと志す人々の利用に供するために、本書の内容を、以下に紹介することとしたい。なお、以下の文中、（　）内は原文の傍訓（すべてカタカナで書かれているが、一部を漢字に替えた）、〔　〕内は田中の補筆であり、また、【　】内は欄外に見られる『和解』の筆者の〈註〉である。

二〔本　文〕

養　蚕

養法〔二〕十アリ。繭種ヲ先ト為ス。陳志弘[1]云ク、繭ノ尖細（細ナガクシテ）緊小（カタシ）ナル者ハ雄タリ。円慢（円ク、ユルクシテ）、厚大（フトシ）ナル者ハ雌タリ。開簇（簇ヨリ摘ミトル）ノ時、相兼テ（ドチラモ同ジ数ヲ）収ス（トリオク）。七日ニシテ蛾（ヒヒル）[2]生ズ。若シ挙翹（羽搏チセズ）、禿眉（マユゲ無シ）、焦尾（尻黒ク）、赤肚（ハラアカク）、無毛、及ビ先出（ハヤク出デ）、末後生（遅ク出デ）ナル者ハ、各、揀出（選リ出シ）シテ用ヒズ。止〔ダ〕同時ニ出ル者ヲ留メ、雌雄相配シ（ツルマセ）、辰（ノ刻）ヨリ亥ニ至テ方ニ析（ヒキハナス）スレバ、厥〔ノ〕気乃チ全シ（精気ガ十分カタマル）。子ヲ生ム、既ニ足ラバ、三日後、蛾ヲ移シテ連（タネガミ）ヨリ下シ、十八日後ニ至テ、清晨（アサハヤク）井水ヲ汲ミ浴スル（タネヲ浸ス）コト一次、蛾ノ便溺（イバリ）毒気（ケガレ）ヲ浸シ去リ、夏秋、風ヲ通ズル涼房内ニ於テ、連背相靠（タネガミノ裏ト裏トアハセ）シテ、鈎掛シ（吊リ）、十月内ニ至テ、烟無キ浄屋内ニ捲収シテ（捲キシマヒテ）頓放（置ク）シ、臘月八日【『蚕桑輯要』ニ拠ルニ、臘月八日、十二日、称シテ蚕ノ誕日ト為ス】、法ニ依テ（サダメノトホリ）浴シ畢リ、竿ヲ用テ高ク中庭ニ掛ケ、以テ日精月華（ツキ・ヒノヒカリ）ノ気ヲ受シム。此レ種ヲ択ブノ法ナリ。

蚕未ダ生ゼザルノ前、預〔豫の誤り。―田中註〕ジメ蚕室ヲ浄フシ、南風吹キ地気蒸シムルコト勿レ。蟻（コ）生ズル四五日ノ後、炭火ヲ用テ室中ヲ薫暖（アタタメ）シ、蚕白色ニ変ズルコト已ニ全クシテ、煙無キ処ニ捲放（マキオク）ス。」東吹白時（ヨアケ）【原文、「東吹」上ニ恐ラクハ脱文有ラン】、連（タネガミ）ヲ将テ箔（スゴ）[3]上ニ舗キ、黒蟻（コ）全ク生ズルヲ候〔待チ〕テ、蟻ニ和シ連ヲ秤シ（コトタネガミト、トモニ〔シテ〕メカタヲカケ）、分両（メカタ）

〔ノ〕多少（イクラ）ヲ記号ス（記シオク）。此レ蟻（コ）ヲ生ズルノ法ナリ。蟻（コ）生ズルコト足レバ、細軟蓐草（ホソク軟ラカナルクサニテ、アミタルシトネ）ヲ匀舗シ（敷キ）、桑葉ヲ切細（コマ〔カ〕クキザミ）ニシ、蓐上ニ摻シ（マキ）、随テ蚕連（タネガミ）ヲ将テ葉上ニ翻搭（ウラガヘシテ、タテカクル）スレバ、蟻（コ）自ラ連（タネガミ）ヲ下ル。下ラザル者有レバ、鵝毛ヲ以テ軽々（ソロソロ）払ヒ下シ、却テ〔除イテ〕空連ヲ秤ス（タネガミバカリ〔ダケノ〕メカタヲカクル）レバ、便チ蚕ノ分両ヲ知ル（アトノ蚕ノメカタハ知レル）。三両（メカタヲ言フ）ノ蟻（コ）ハ一箔（スゴ、一枚）ニ布ク可シ。老ル（アガル時分）三十箔（ニ増ユル）ナル可シ。葉ヲ量リ（ツモリ）蟻ヲ放シ（カヒ）、慎テ多ヲ貪ルコト勿レ。此レ蟻（コ）ヲ下スノ法ナリ。蟻（コ）初メテ生ジ、次ヲ将テ両眠ス（シダイニ、ニバンネムリニナル、ソノ時分ハ）、蚕屋正ニ暖ナルコトヲ要ス。蚕母（カヒコ飼フ女）須カラク単衣（ヒトヘ）ヲ着クベシ。涼暖ヲ知ル可シ。自身寒ヲ覚レバ蚕モ亦寒シ。便チ火ヲ添フ。若シ〔自〕身熱ヲ覚レバ、量テ（推量シテ）火ヲ去ル。一眠（イチバンネムリ）ノ後、天気清明（ジョウ天気）ナレバ、巳午ノ時間ニ於テ、窓薦（マドニタテタル菰）ヲ捲起シ、以テ風日（クウキ）ヲ通ス。大眠（ヨバンネムリ）後ニ至テ、天気炎熱ナレバ、却テ〔マタ〕屋内清涼ナルコトヲ要ス。務メテ須カラク時ニ臨ンデ斟酌スベシ（ホドヨクセヨ）。此レ涼暖（スズシクナシ、アタタカニナス）ノ法ナリ。

蚕ハ必ズ昼夜飼フ（食ハセヨ）。若シ頓数（食ハスル度カズ）多キ者ハ早ク老ヒ（アガリ）、少ナキ者ハ（スクナク、食ハスレバ）遅ク老ユ（アガル）。二十五日ニシテ老ルハ、一箔（スゴ、一枚）糸二十五両ヲ得可シ。二十八日ニシテ老ルハ、糸二十両ヲ得。若シ月余或ハ四十日ニシテ老ルハ、止〔ダ〕糸十両ヲ得。葉ハ均匀（ムラノナキヤウ）ナルヲ要ス。若シ陰雨天寒キニ値ヘバ、火ヲ用テ箔ヲ照シ、寒（サムサ）湿（シメリ）ノ気ヲ逼出シ（火気ニテ、オシダス）、然ル後之ヲ飼ヘバ、則チ蚕体快（グワヒ、良ク）ニシテ疾ヒ無シ。十分眠ルヲ候〔待チ〕テ纔ニ食ヲ住ム（食ハセヌ）可シ【住ハ駐〔トドメル〕ナリ。同音同義】。十分起ルニ至テ方ニ食ヲ投ズ（食ハスル）可シ。若シ八九分起（起キタルニ）、便チ葉ヲ投ジ之ニ飼ヘバ、老（アガルトキ）ニ到テ斉〔シ〕カラズ（揃ハヌ）、又損失（イタミ）多シ。停眠（三バンネムリ）ヨリ大眠ニ至リ（四バンネムリマデ）、蚕ノ黄光有ル（黄色ニナル）ヲ見レバ、便チ食ヲ住ム（食ハセヌ）。此レ飼養ノ法ナリ。

蚕、食ヲ住レバ（眠リテ食ハヌトキ）即チ分擡シ（分ケテ、糞ヲ掃除スル）、其〔ノ〕燠沙（ムレタル糞）ヲ去ツ〔捨ツ?〕。然ラザレバ則チ先眠（ハヤク眠リタル）ノ蚕、久シク燠沙底（ムレタル糞ノ底）ニ在テ、湿熱薫蒸（シメリ、アツク、クサクムサレ）シ、必ズ変ジテ風蚕（バ〔?〕カカヒコ）ト為ル。蚕ヲ擡（ソウジ）スル時、蚕ヲ将テ推聚ス可ラズ（一緒ニウヅダカク置クナ）。蚕、欝熱ヲ受レバ、必ズ病損（ワヅラヒ）シテ薄（ウスバリ）繭ト作ル。眠リ初テ起ル時、烟薫（ケムリ）ニ値バ必ズ黒死シ（クロクナリテ死ス）、冷露（ツユ）湿葉ヲ食ヘバ、必ズ白殭（シロコ）ト成ル。旧乾熱葉（久シク採リオキタル桑）ヲ食ヘバ、則チ腹結（ハラシマリ）シ頭大（アタマフトク）ニ尾尖（尻トガリテ悪シ）ナリ。倉卒（アハテ）門ヲ開キ暗ニ（オモヒガケナク）賊風（サハルカゼ）ニ値ヘバ、必ズ紅殭（アカクナリテ死ス）多シ。若シ遠撒（遠キトコロヨリ投ゲ）高撒（高キトコロヨリ投ゲ）、蚕身箔（スゴ）ト相撃テバ、後チ多ク旺ナラズ（サカヘヌ）。倶ニ（ナニゴトモ）宜シク之ヲ防グ（用心）ベシ。此〔レ〕分擡（フンソウジ）ノ法ナリ。

桑葉ヲ切極細（ゴクコマ〔カ〕クキザミ）シ、微篩（スコシヅツフルヒ）シテ頻ニ飼フ（チヨツチヨト食ハセ）ヲ住〔ヤ〕メズ。一時辰（一時間）飼フコト四頓（ド）ナル可シ。一昼夜飼フコト四十九頓（ド）、或ハ三小六頓（ド）【原文ノ小ハ恐クハ十ノ誤ナラン】、第二日飼フコト三十頓（ド）ニ至ル。第三日飼フコト二十頓（ド）ニ至ル。凡ソ擡飼（糞ヲ掃除シテ、食ハスルトキ）ハ宜シク暖ニスベシ。此レ初飼ノ法ナリ。

擡飼（掃除シテ、食ハセ）起斉（オキソロフテ）食ヲ投ズル（食ハスル）、宜シク桑ヲ薄撒（ウスクマク）スベシ。一昼夜只四頓ヲ飼フ可シ。次日、漸々葉ヲ加フ。此レ停眠（サンバンネムリ）ノ法ナリ。

十分起斉（オキソロフ）スルヲ候テ〔待チテ〕食ヲ投ズ。一昼夜三頓（ド）ヲ飼フ可シ。次日、七八頓（ド）。午後天気晴暖ナレバ、菉豆（ソラマメ）粉、白米粉ヲ磨（シラゲ）[4]シ、或ハ黒豆粉ヲ熟（ニ）シ、切下（キザミ食ハスル）桑葉ト、温水ヲ将テ拌勻（ハンブンマジリ）シ、一箔ニ粉十余両ヲ用ヒ、却テ〔逆ニ〕葉三四分ヲ減ズ。一日ヲ隔テ、再ビ（マタ）【再字、隔前一日ノ飼ニ対シテ説ク】此ノ如ク飼フコト一頓（ド）、惟蚕ノ熱毒ヲ解ノミナラズ、抑モ且糸多クシテ、而テ堅靭（ツヨク）ニシテ色有リ。此レ大眠（ヨバンネムリ）ノ法ナリ。

三眠起（サンバンネムリ、覚レバ）、毎日再【再字、眠前ノ喫ニ対ス】吃（マタ食ハスル）十五六頓（ド）、約ソ四五日ニシテ即チ老ユ（アガル）。上山（タナニアガル）ノ時候（ジブン）、稲草（コメノワラ）ヲ以テ簇（ス）トナシ、蚕ヲ其上ニ布キ、其ヲシテ繭ヲ作ラシム。七日ニシテ摘ミ取ル可シ。長クシテ而シテ瑩白（マッシロ）ナル者ハ糸細（ホソク）ナリ。大ニシテ而シテ晦色（イロ、クモリ）青葱（アヲミアル）ナル者ハ糸粗（フトシ）ナリ。糸ヲ操ル（トル）ハ南潯[5]ノ人ヨリ精キ（ジヨウズ）ハ莫シ。綿[6]ハ蛾口ヲ以テ最（ゴク上）ト為ス。上岸ハ之ニ次グ。黄（キイロ）繭ハ又之ニ次グ。繭衣ヲ下（ゴク悪シ）ト為ス。蛾口ナル者ハ（トハ）、出蛾ノ繭（ヒヒルノ出タルマユ）ナリ。上岸ナル者ハ（トハ）、繰湯緒無ク撈出スル者（糸取ル湯ノナカニテ糸グチ切レテ下ニ沈ミタルヲ、探リ出シタル繭）ナリ。繭衣トハ、繭外ノ蒙戎（毛）、蚕初メ繭ヲ作シテ而テ営ム（ツクリハジメタル）者ナリ。」蟻（ワレ出タルトキ）ヨリシテ、而テ三眠（サンバンネムリマデ）、倶ニ切（キザミタル）葉ヲ用ヒ、三眠ノ後チ切ルヲ用ヒズ。油鑊（アブラアゲ）気、煤（ケムリ）気ヲ忌ム。尤モ零陵香[7]ヲ忌ム。蚕室、生人（ハツノ客）ヲ容シテ内ニ入シム可カラズ。蚕婦ハ薑（シヨウガ）ヲ食ヒ蚕豆（ソラマメ）ヲ食フ可ラズ。方筐（蚕イルルカクハコ）ハ縦（タテ）八尺広（ヨコ）八尺、円箔（蚕イルル、マルスゴ）ハ蘇州盤門張公橋[8]ニ出ヅ（ウリダス）。大率ネ三眠（サンバンネムリノトキ）ノ蚕、一斤分デ一筐（ハコ一枚）ト作ス。繭八斤ヲ得可シ（ニナル）。一車ト為ス（糸、一カセニナル）。約ソ重サ（メカタ）十五六両。養蚕人ハ（カイコ飼フ人ヲヤトフニハ）筐ヲ以テ計ル（ハコカズニテ勘定）。凡ソ二十筐、傭金一両。繰糸人ハ（糸トル人ヲヤトフニハ）日ヲ以テ計ル（ヒカズニテ勘定）。毎日傭金四分、或ハ一車六分（糸ヒトカセニツキ、金ロクフン）〔以下の文章を欠く〕

湖州養蚕書　畢

註

（1）同治『湖州府志』同治一三年（一八七四）、光緒『蘇州府志』光緒七年（一八八一）をはじめ、『八十九種明代伝記綜合引得』中華書局、一九五九年、三冊、および『三十三種清代伝記綜合引得』東方学研究日本委員会、一九六〇年再刊、その他に、インターネット情報によっても、彼の伝を見出すことはできない。
（2）「ヒヒル」とは、蛾、特に蚕の蛾の古称。
（3）蚕を入れて飼う道具。
（4）「シラゲ」は、精白すること。
（5）湖州府呉興県南潯鎮。
（6）絹糸のまわた。
（7）香草の名。李時珍『本草綱目』万暦二四年（一五九六）刊、草類、薫草、参照。
（8）蘇州盤門張公橋は、光緒『蘇州府志』巻三三、津梁一、および『中国古今地名大辞典』商務印書館、一九三一年、に拠れば、蘇州府呉県城の西南にあるという。

【編集者附記】本稿は「関於開拓史版〝湖州養蚕書和解〟（全漢昇教授九秩栄慶祝寿論文集編輯委員会編『薪火集：伝統与近代変遷中的中国経済』（台北・稲香出版社、二〇〇一年六月）の元になった日本語による草稿である。原稿には節名が附されていないが、本書収録に当って編集者が適当と判断した表題を〔　〕内に附した。

Ⅲ　世界経済と中国近代史

1　中国近代史と《ウェスタン－インパクト》

一　はじめに

中国史の時代区分については、すでに知られているように、とくに古代と中世との間の画期をどの時点におくかについて、あるいは、封建制の開始の画期がいつ頃と考えられるかについて、日本および中国の両学界に多くの異なった説がある。しかし、中国近代史の開始の画期をアヘン戦争＝南京条約（一八四〇－四二年）とする点では、すべての論者の見解は、ほぼ一致している(1)。

いうまでもなく、時代区分をするという作業は、長期にわたる過去を単なる物理的時間の経過と見なして便宜上これを機械的に区分するといった作業ではなく、区分されるそれぞれの時代を、その時代について特殊的な、その歴史的性格に即して認識し、前後の時代との連関においてこれを位置づけようとするための学問的な作業である。したがって、何にもとづいて時代区分をするか、これにともなってその画期をいつにおくかという、その基準は、個々の研究者自身の歴史研究の一応の成果と、彼の方法論とに必然的にかかわっているのである。とすれば、多くの論者がアヘン戦争＝南京条約を中国近代史の開始の画期とする点で一致しているという事実は、中国の〝近代〟に関する認識とその方法論とが論者の間で完全に一致していることを示すものであろうか。あるいは、そうではなく、実はこのような画期の一致は偶然の結果にすぎず、その認識と方法論とには、論者によって異なるものがあるのであろうか。中国近代史の開始の画期について、論者の設定がほぼ一致しているだけに、以上の点を念頭におきつつ、「アヘン戦争=南京条約にはじまる」中国の〝近代〟とは何かについて、《ウェスタン-イムパクト》という、今日常識のように使用されている言葉の検討を通じ、初歩的ではあるが基礎的な問題整理をおこなっておきたい。

二　《ウェスタン-イムパクト》と中国との出会い

まず、最低限の共通の認識として、さきのアヘン戦争=南京条約が、まさに《西洋の衝撃《ウェスタン-イムパクト》》といわれる事態を象徴していること、すなわち、中国にとって外圧による他律的な「開国」[2]という現象を呈していることは、これを確認できるであろう。それでは、この《ウェスタン-イムパクト》といわれる事態は、中国の〝近代化〟にとって、どのような意味をもっているであろうか。この点をめぐる認識の相違は、中国近代史の総体に関する認識、そこにおける変革=中国革命の歴史的条件に関する認識の相違にもかかわってくるであろう。

ところで、いわゆる《ウェスタン-イムパクト》は、(一)西洋と中国との双方にとって、単に偶然の時期に、偶然に成立したものであったのだろうか。あるいは、(二)それは、西洋にとっては内在的・必然的なものの現われとして、中国に迫ってきたものであろうか。そうであるとすれば、さらに、(三)この、西洋にとって内在的な必然性としての《ウェスタン-イムパクト》は、他方、中国にとっては、まったく外在的なものの接触にすぎなかったであろうか。それとも、(四)それ自体が、本来、中国に対し外在的条件としての意味以上に規定的な力をもち、かつ、中国の内在的契機に転化する可能性をも有するものであったろうか。しかも、(五)《ウェスタン-イムパクト》がこのように〈中国の内在的契機への転化〉の可能性をもつとしても、それは、中国に自生的な歴史的成果とその対応を媒介とすることなしには、中国にとってまさに〈主体的な契機〉となりえないものであろうから、中国近代史は、この場合、《ウェスタン‐インパクト》と中国独自の歴史的成果のこれに対する対応との相互規定的な連関の過程において、実体として成立した、と言わなければならないであろう。

いま、右の（五）の問題については、のちに論ずることとし、まず、《ウェスタン‐インパクト》そのものに即して、それが、西洋にとって、いかなるものであったかについて、次に考えてみたい。

三　近代資本主義の矛盾と《ウェスタン‐インパクト》の必然性

周知のように、経済的社会構成体の変革＝発展をもって時代区分の基準とする方法論を含めて、およそ一般に、経済の発展段階によって時代区分をおこなう世界史認識にあっては、近代はブルジョア資本主義社会の時代とされるが、その近代資本主義社会を最も先進的に形成した国家はイギリスであった。綿業を基軸産業とするイギリス近代産業資本は、一八二〇‐三〇年代には産業革命を完了し、近代資本主義としての確立期に達した。ところで、工場労働者の労働の搾取にもとづく大量生産《マス‐プロダクション》をその特質とする資本制生産は、本来、必然的に国内市場（＝国民的購買力）の相対的な狭隘性を伴っているのであるが、はやくも一八二五年、イギリスは、綿業を中心として、人類史上はじめて、循環性の全般的過剰生産恐慌を経験した。(3) かくして、増進する資本制生産のための海外新市場を開拓することは、近代資本主義に固有の内在的矛盾にもとづく必然的な要請であった。一八三三年、イギリス下院の多数を制するにいたっていた産業ブルジョアジー＝自由貿易論者が、イギリス東インド会社の中国貿易独占権を翌三四年以降廃止するよう可決したのも、また、四二‐四三年の南京条約および五港通商章程・追加条約（虎門寨条約）によって、イギリス政府が清国に対し、広東一港のみを開港場とする行商《ホン‐マーチャント》の貿易独占の廃止、上海をはじめ五港の開港、領事裁判権、片務的最恵国条款など、両国間の不平等条約的関係を強制したのも、すべて、近代産業資本が、先進資本主義としての優越的な力によって、中国に資本制商品の新市場を開拓しようとしたものであった[4]。しかも、それは、近代資本主義に本来的な矛盾にもとづく歴史必然的な作用にほかならなかったのである。この点が、さきの問題設定の（一）・（二）にかかわる《ウェスタン-イムパクト》の本質として、見落されてはならないであろう。

四　世界史的な規定性をもって「近代」を強制する《ウェスタン-イムパクト》

《ウェスタン-イムパクト》が、上述のように、近代資本主義に内在する矛盾の必然的な現われであったとしても、しかしながら、さきの問題設定の（三）・（四）とも関連して、このような固有の性格をもつ《ウェスタン-イムパクト》が、中国に対し単に外在的な力（=外圧）としてその「開国」を強要する機能を果した、という程度の認識にもとづき、ただちに、中国の歴史そのものがすでに近代の段階に到達した、と称することは可能であろうか。《ウェスタン-イムパクト》に遭遇した中国社会が、まさにそのことによって、この時点から「近代」に転化したとすれば、《ウェスタン-イムパクト》は、中国の社会に対し、その「近代」への変質を促す規定的な強制力として働いた、と見なければならないであろう。

周知のように、一八四八年初頭に執筆されたマルクス・エンゲルスの『共産党宣言』は、近代西欧資本主義について、「ブルジョアジーは、歴史上きわめて革命的な役割をはたした」と総括したうえで、一方で、西ヨーロッパにおける前近代の「封建的な、家父長制的な、牧歌的な関係を、のこらず破壊した」ブルジョアジー=近代西欧資本主義が、それとともに、他方、地球上のすべての地域に対しても働きかける革命的な作用について、次のように言っている。

自己の生産物にたいしてたえず販路をひろげなければならない必要は、ブルジョアジーを駆って全地球をかけまわらせる。……／ブルジョアジーは、世界市場の開発を通じて、あらゆる国々の生産と消費とを超国籍的《コスモポリティッシュ》なものにした。……／ブルジョアジーは、すべての生産用具の急速な改善によって、また無限に容易になった交通によって、あらゆる民族を、もっとも未開な民族までも、文明にひきいれる。彼らの商品の安い価格は、中国の城壁をもことごとくうちくずし、未開人の頑固きわまる外国人ぎらいをも降伏させる重砲である。ブルジョアジーはすべての民族に、滅亡したくなければブルジョアジーの生産様式を採用するように強制する。彼らはすべての民族に、いわゆる文明を自国にとりいれること、すなわちブルジョアになることを、強制する。一言でいえば、ブルジョアジーは、自分の姿に似せて一つの世界をつくりだすのである(5)。

しかしながら、ブルジョアジーが、他の「すべての民族」に対し、資本制生産様式を採用し、ブルジョアになることを強制するという、このような認識は、巨視的には、その限りで正しいにしても、そこには、ブルジョアジー＝近代西欧資本と他の「すべての民族」との相互関係の具体的な現実、また、その後にこの相互関係の進行する歴史過程(6)について、看過できない重要問題がきわめて楽観的に捨象されていると言わなければならない。そして、この問題こそ、先進資本主義列強以外の「すべての民族」における〝近代史〟の特殊性を性格づけるものにほかならないのである。

右の問題は、いま、次の二側面に分けてこれを論ずることができよう。すなわち、第一に、近代資本主義の世界経済構造に組み込まれた他の「すべての民族」の「近代化」にとっての客観的条件の問題であり、第二に、さきの問題設定の（五）とかかわることであるが、右の第一の問題を前提としつつ、これと相互に連関する、他の「すべての民族」における「近代化(7)」――それは、近代資本主義の支配に抵抗し、これを克服する、独自の「近代的」変革を課題としている――のための主体的条件、すなわち変革主体の形成の問題である。

第一の客観的条件の問題について言えば、近代西欧資本主義は、必然的に、地球大的《グローバル》な規模で世界市場を形成するのであるが、その市場は必ずしも地球大的に均等・均質な商品販売市場を意味しない。むしろ、他の「すべての民族」は、差当ってまず、資本制生産に固有の矛盾の発展度に即応する資本の要請のもとで、また諸民族・諸地域社会のそれぞれの地理的・歴史的諸条件に即して、資本主義の矛盾を転嫁され、先進近代産業資本の主導する世界経済の循環構造のなかに、あるいは資本制商品の販売市場として、あるいは原料ないし食料獲得のための市場として、組み込まれる。かくして、近代産業資本が、自己を中心とする世界経済的連関の必要に応じ、後進的な諸民族・諸地域に対し、その前資本制生産様式を破壊するのみならず、ときにこれを再編成し、また温存しさえしたという事実は、近代資本が有する規定的な力を示すものにほかならない。また、後進諸経済社会の側に即してこれを言えば、たといそれ自体なお前近代的な側面を有していようとも、また、たといなお未成熟であろうとも、もはやすでに、近代資本の世界経済のうちに、それぞれの経済社会の特殊性にもとづく国際的分業において位置づけられ、これによって、世界経済の循環構造という国際的=構造的契機としてのこの《ウェスタン-イムパクト》にみずから規定されるにいたっていることを意味する。その限りで、これらの後進諸経済社会は、まずもって、近代世界に包摂され、近代世界史の過程を歩みはじめるのである。

しかしながら、そのことは、先進産業資本の先導ないしはその恩恵によって、他の「すべての民族」が無媒介に「ブルジョアになること」をなんら意味せず、むしろ、これらの後進諸民族・諸経済社会にとって、世界資本主義の要請と支配とにもとづく、このような《近代化》は、みずからの「近代化」を築くため、これと闘わねばならぬ桎梏として機能する客観的条件でもあったのである。

五《ウェスタン–インパクト》と中国における変革主体の形成

次に、さきの第二の、中国の「近代化」の主体的条件について考えよう。

上述のように、《ウェスタン–インパクト》は、近代資本主義の世界経済がその構造的連関において中国の経済社会と結びつきはじめたことの表象なのであり、この国際的な構造的連関性によって、それは、まさに中国経済社会の内面にかかわり、かくしてその「近代化」の内在的契機に転化しうる可能性を有していたのであるが、しかしそれは、中国社会「近代化」の要因としては、なおあくまで客観的条件であるにとどまり、しかも、〝近代化〟の強制力としての、この《ウェスタン–インパクト》が近代産業資本の要請のもとに世界経済構造を編成する限り、それは、前述のように、中国自体の「近代化」にとって、敵対的な客観的条件として機能する側面をも有していたのである。そのことを、羽仁五郎『東洋に於ける資本主義の形成』（三一書房版、一九四八年）の「まえがき」は、

インドはいかにして近代化されるか、中国はいかにして近代化されるか、東洋はいかにして近代化されるか、ヨオロッパおよびアメリカの資本主義は、この問題に当面して、それぞれの段階において、一応の解決に到達したように見えたが、そこに、つねに、徹底的には解決されないものがのこった。……／かくて、東洋においても、この帝国主義との対立においてプロレタリアトが、資本主義によって形成されながら、資本主義の解決し得ない問題を解決するものとして、成長して来た。（傍点は引用者）

と言っている。ところで、資本主義の解決しえないアジアの問題のプロレタリアートによる解決とは、中国をはじめアジアの後進諸民族・諸社会において、どのようなものであり、どのようにして可能であろうか。この点について、マルクス「イギリスのインド支配の将来の結果」（『ニューヨーク–デイリー–トリビューン』一八五三年八月八日付[8]）は、

イギリスのブルジョアジーが、よぎなく何かをしなければならないとしても、それらすべてを合わせても、人民大衆は解放されもしないだろうし、その社会的条件も根本的に改善されはしないであろう。これは生産力の発展いかんによるだけでなく、人民がこの生産力をわがものとするかどうかにもよることである。しかし、ブルジョアジーがしないわけにはいかないことは、この両者のための物質的前提をつくることである。これまで、ブルジョアジーは、それ以上のことをしたことがあるか。これまでブルジョアジーは、個人をも全人民をも、血と泥のなか、悲惨と堕落のなかを引きずることなく、一つの進歩でもなしとげたことがあるか。

と述べ、近代資本主義がインド現地の人民に対し不可避的に悲惨をもたらしつつ準備する、生産力発展のための物質的前提と、人民大衆の窮極の解放との関係について、その歴史的解決のための決定的要因を、「人民がこの生産力をわがものとする」ことにおいている。すなわち、ブルジョアジー=近代資本主義は、アジアにおける「近代化」のための生産力発展の物質的条件を提供しはするが、それが西欧近代資本のアジアに対する経済的支配とともにある限り、西欧近代資本がみずからこれによって後進諸社会の社会的条件を根本的に改善することは不可能であり、根本的な社会変革は、生産力の発展がアジアの人民のものとなるかどうかにかかっている、と言うのである。この場合、「人民がこの生産力をわがものとする」とは、《ウェスタン-イムパクト》を媒介として世界資本主義との固有な関係に組み込まれ、それの物質的諸条件（生産手段など）に結びつけられて社会的=階級的に編成される直接生産者=人民大衆が、この生産手段を私的に掌握して、自己の支配者であるブルジョアと同様、みずからブルジョアになる、といった事態にとどまることを意味せず、これを社会的規模で掌握する――生産手段を社会主義的に所有する――にいたる歴史的過程を展望していると言えよう。(9)

かくして、世界経済の構造性の深化――世界資本主義の国際的=構造的契機の発展――のもとで、中国の人民が、みずからの社会の「近代化」を築く過程は、彼らが、このような国際的=客観的条件と相互規定的にかかわり合い、闘うことにおいて、社会主義革命にいたる変革の主体としてみずからを形成しつつ、中国近・現代を一貫して、反封建主義・反植民地主義（＝反近代資本主義）・反帝国主義の〈中国革命〉を遂行する過程である。そして、中国人民が、右のように、客観的条件とかかわり合い、闘う、実践の成果として形成する主体的条件の発展過程が、まさに中国近・現代史の動態的＝経過的な、いわゆる《半植民地＝半封建社会[10]》の変革過程にほかならないのである。

六　おわりに

《ウェスタン＝イムパクト》が中国の《工業化》をもたらし、中国の「近代化」を触発した、と称しうる一面があるとしても、その「近代化」の基本的・決定的な要因が、前述のように、中国人民の変革主体としての自己形成[11]とその革命の実践とにある以上、われわれの中国近・現代史研究の課題は、次のようになろう。すなわち、社会経済過程を基礎とする中国史に自生的な発展のいかなる成果が、一九世紀中葉以降、西欧近代資本主義の侵入に際して、これにどのように対抗したか。また、これ以後、旧中国社会自体の自生的発展＝解体は、この西欧近代資本主義・帝国主義の侵入によってもたらされる旧中国社会の解体とともに、ひとつの歴史的現実を構成しつつ、いかなる変革主体をどのようにして形成するか。そして、これによって、中国に特殊的ないかなる革命が実践されたか。——そのことを、地主制の問題、農村手工業の展開、農民層の分解、農民闘争、また中国に特殊的な資本の原始蓄積のありようや、半プロレタリアート・プロレタリアートの形成の問題、あるいは政治権力と国家体制の問題、さらに、列強資本主義・帝国主義下の国際的＝国内的階級関係の問題等々を通じ、とくにそれら相互の諸連関の総体において解明することが、課題となるであろう。

註

（1）ここに「ほぼ一致している」と言ったのは、一九五五年以降、中国においておこなわれた「資本主義萌芽問題」の討論のなかで、一六・一七世紀の中国社会に「資本主義の萌芽」が発生したと主張していた尚鉞によって、一八四〇年以前に遡って中国近代史の開始の画期を設定することが唱えられた（中国人民大学中国歴史教研室編『明清社会経済形態的研究』上海人民出版社、一九五七年、「序言」）からである。

（2）中国におけるいわゆる鎖国と開国の問題については、『世界の歴史』11〔ゆらぐ中華帝国〕（筑摩書房、一九六一年）所収の座談会「中国の近代化」、参照。

（3）エリ=ア=メンデリソン『恐慌の理論と歴史』第二分冊（飯田貫一・平館利雄・山本正美・平田重明訳、青木書店、一九六〇年）、一一三頁以下、参照。

（4）全権使節として南京条約に調印したヘンリー=ポティンジャーがイギリスに帰国後、「ランカシャの全工場といえども、この国（中国）の一省に対し十分なほどの靴下の材料を製造することはできない」と語った言葉は、中国市場の可能性に対するイギリス綿業資本の幻想的な渇望を表現している。"Mr. Mitchell to Sir G. Bonham", Hong Kong, March 15, 1852, *Correspondence relative to the Earl of Elgin's Special Missions to China and Japan, 1857-1859*, 1859, Inclosure No.132, p.244. 衛藤瀋吉『近代中国政治史研究』（東京大学出版会、一九六八年）、二二八頁。田中正俊『中国近代経済史研究序説』（東京大学出版会、一九七三年）、三一七頁、参照。

（5）Karl Marx und Friedrich Engels, *Manifest der Kommunistischen Partei, Karl Marx-Friedrich Engels Werke*（以下、*Werke* と略記）, Institut für Marxismus-Leninismus beim ZK der SED, Dietz Verlag, Berlin, 1959, Bd. IV, S.466（『マルクス=エンゲルス全集』第四巻〔大月書店、一九六〇年〕、四七九−四八〇頁。『共産党宣言　共産主義の原理』〔国民文庫、一九五二年〕、三一−三二頁）。

　なお、世界市場は一挙に成立するものではなく、一九世紀中葉、東アジアにおける近代の開始期には、近代資本主義の世界経済の構造性は、なお未成熟であるが、しかし他方、世界市場は、近代資本主義の矛盾をかかえ、この頃を起点として、アジアに対し形状的かつ構造的に拡大・充実してゆくのであり、その世界市場の一応の完成は、一八五七年の最初の世界恐慌によって知られる。"Marx an Engels", *Werke*, Bd. XXIX, Berlin, 1963, S. 360（『マルクス＝エンゲルス全集』第二九巻〔大月書店、一九七二年〕、二八二頁）。エリ＝ア＝メンデリソン、前掲書、三七七頁以下。三宅義夫『マルクス・エンゲルス／イギリス恐慌史論』上・下巻（大月書店、一九七四年）、参照。

（6）西欧産業資本と近代世界の他の諸民族・諸社会との構造的連関は、決して前者が後者を一方的に規定するのみの関係ではない。第一に、資本制世界経済は、これに包摂される諸民族の一民族史的な歴史の法則性を規定するとともに、逆に西欧近代資本主義の歴史的性格そのものもこれによって規定され、かくして第二に、近代世界は、その構造的連関性をいっそう深めつつ、帝国主義時代に向って、新たな矛盾の発展の歴史過程を歩むのであり、それが、諸民族の「近代的」変革のための新たな条件を形成してゆくのである。田中正俊、前掲書、六五―六六頁、参照。

（7）中国の「近代化」が、いわゆる近代資本主義化、近代市民社会化にとどまらず、反帝国主義＝反封建主義の社会主義革命を含む一連の、中国に特殊な〝近代化〟であるという意味で、以下、「近代化」と称する。

（8）K. Marx, "The Future Results of the British Rule in India", written on July 22, 1853, published in the *New York Daily Tribune*, No. 3840, August 8, 1853, K. Marx and F. Engels, *On Colonialism*, Moscow, 1960, pp. 76-82; K. Marx, *Articles on India*, with an Introduction by R. P. Dutt, Bombay, 1943, pp. 66-73（*Werke*, Bd. IX, Berlin, 1960, S. 220-226;『マルクス＝エンゲルス全集』第九巻〔大月書店、一九六二年〕、二二二―二二八頁）。

（9）マルクスが一八六九年一二月一〇日、エンゲルスに宛てた書簡（*Werke*, Bd. XXXII, Berlin, 1965, S. 414-415:『マルクス＝エンゲルス全集』第三二巻〔大月書店、一九七三年〕、三三六頁。『マルクス＝エンゲルス選集』第八巻〔大月書店、一九四九年〕、五二七頁）によれば、彼が、植民地・従属国の民族解放の発展を決定的な要因としてはじめて、植民地支配国イギリスにおける労働者階級の勝利の道も開かれるという、植民地・民族問題に関する重要な理論的発展に到達しえたのは、一八六〇年代の後半にいたり、アイルランド問題を媒介としてであって、アジアの問題に即してではなかった。したがって、この「イギリスのインド支配の将来の結果」の見解も、インドにおける変革主体の形成の歴史過程に関する具体的な見通しにもとづいて述べられたものではない。いうまでもなく、資本制社会の矛盾と崩壊の必然性とを明らかにし、この科学的真理が革命の実践を要求することを主張するのが、マルクスにとって第一義的な課題であり、その歴史的前提としてのみ、前近代社会の解体の必然性、したがってブルジョアジーの革命性が一般的な問題となったのであるが、ただし、アジアについて言えば、一九世紀中葉にヨーロッパ近代資本主義が直面したアジアは、いまだなお前近代社会であったから、ブルジョアジーの「革命性」がアジアの前近代社会の解体に果たす特定の強力な役割に、マルクスはとくに注目したのであり、他方、近代資本主義の矛盾と反動性がアジアにおいていっそう現実化する帝国主義時代は、なおのちのことであったから、インドの人民大衆に関する、このような言及にもかかわらず、近代資本主義の矛盾とその変革をアジアについて具体的に問題にすることは、マルクスにとって現実の課題とはならなかったように思われる。しかもなお、未成熟とはいえ、近代資本主義の世界経済構造のもと、アジアと西欧との相互連関は、近代世界史の成立において、まさに不可分の実体となりはじめていたのであり、そこに、帝国主義時代以前におけるマルクスの、アジア認識を含む世界史の一体性についての認識の限界を指摘できよう。

(10)　中国近・現代史の「社会構成体」概念としての《半植民地=半封建社会》をめぐる諸問題については、アジア経済研究所調査企画室『「中国統一化」論争資料集』（アジア経済研究所、一九七一年）。野沢豊「『中国統一化』論争について」（『「中国統一化」論争の研究』〔アジア経済研究所、一九七一年〕）。山口博一「『中国統一化』論争と大上末広」（同前書）。高橋満「世界資本主義と『半』植民地・半封建制」（『現代中国』四七、一九七二年）。西村成雄「『中国統一化』論争の一側面―日中戦争前夜の中国と日本―」（『歴史学研究』三九一号、一九七二年）。野沢豊「日本資本主義論争と中国問題―マニュファクチュア論争によせて―」（『歴史評論』二九五号、一九七四年）。小谷汪之「〔半〕植民地・半封建社会構成の概念規定―中西功・大上末広の所説の検討―」（『歴史学研究』四四六号、一九七七年）など、参照。

(11)　革命の主体が、特定単一の階級ではなく、多くの論者によって指摘されているような、(1)いわゆる「資本のための隷農」、(2)外国紡績資本に規制された前期的・半封建的な中国の買辦商人・問屋資本のもとに事実上の賃労働者という側面をもつ農民、(3)手工業・都市雑業のもとの半プロレタリアート、(4)外国資本・官僚資本・買辦資本・民族資本のもとの工場労働者等々から成る、中国に特殊な変革主体であることは、まさにこれを人民大衆と呼ぶにふさわしいと考えられる。

【編集者附記】　本稿は、もと『講座中国近現代史』第一巻〈中国革命の起点〉（東京大学出版会、一九七八年四月）に掲載された。原題は「『総論－中国近代史と《ウエスタン－イムパクト》』」であるが、本書に収録するに当り、副題を本題とし、一部文章を削除した。

2　「東インド会社の独占——茶の価格」（一八二二年）について

一　〔はじめに〕

周知のように、一七一七年、中国茶は、生糸・絹織物に代って、イギリス東インド会社の扱う中国の輸出品中に首位を占めるに至り[1]、以後もその地位の変わることはなかったが、表1に見られるように[2]、一七六五―六九年以降、八四年までの間、東インド会社扱いの中国総輸出価額中に占める輸出茶の比重は次第に低下し、とくに七〇―七四年以降には、絶対額の減少をも来たした。しかるに、一七八四年を画期として、中国の輸出茶が、絶対額のうえで、また総輸出価額中に占めるパーセンテージのうえで、東インド会社によるイギリス=中国貿易にとって圧倒的な重要性を有するに至ったことも、表1の示すとおりである[3]。そして、右の統計的推移の背景に、茶葉に課せられるイギリスの輸入関税が、一七六八―七二年に従価六四パーセント、七三―七七年に平均一〇六パーセント、八三年に一一四パーセント、八四年には一一九パーセントという高率に達し[4]、ついに、一七八四年九月、「賢明な通商政策がいかに有利に結果するかを示した史上比類のない実例[5]」と評されるコミュテイション-アクト Commutation Act の施行によって、一挙に従価一二・五パーセントに引下げられた結果、八五年以降、東インド会社扱いのイギリス向け中国輸出茶が、絶対的かつ相対的に劇的な増加をたどる、という歴史的経過の存在したことも、また周知のことに属するであろう[6]。

表1　イギリス東インド会社による中国からの輸出商品（年平均額．単位：銀両）

年　次	総輸出価額（＝100％）	茶		生　糸		綿　布		陶磁器、その他	
		価　額	％	価　額	％	価　額	％	価　額	％
1760－64	876,846	806,242	91.9	3,749	0.4	204	0.1	66,651	7.6
1765－69	1,601,299	1,179,854	73.7	334,542	20.9	5,024	0.3	81,879	5.0
1770－74	1,415,428	963,287	68.1	358,242	25.3	950	0.1	92,949	6.5
1775－79	1,208,312	666,039	55.1	455,376	37.7	6,618	0.5	80,279	6.7
1780－84	1,632,720	1,130,059	69.2	376,964	23.1	8,533	0.5	117,164	7.2
1785－89	4,437,123	3,659,266	82.5	519,587	11.7	19,533	0.4	238,737	5.4
1790－94	4,025,092	3,575,409	88.8	274,460	6.8	34,580	0.9	140,643	3.5
1795－99	4,277,416	3,868,126	90.4	162,739	3.8	79,979	1.9	166,572	3.9
1817－19	5,139,575	4,464,500	86.9	183,915	3.6	121,466	2.4	369,694	7.1
1820－24	6,364,871	5,704,908	89.6	194,779	3.1	58,181	0.9	407,003	6.4
1825－29	6,316,339	5,940,541	94.1	――	――	612	――	375,186	5.9
1830－33	5,984,727	5,617,127	93.9	――	――	――	――	367,600	6.1

〔備考〕1776年以前の茶は私貿易を含む。

〔資料〕厳中平等編『中国近代経済史統計資料選輯』北京・科学出版社、1955年、14頁。同書の根拠とした資料は E. H. Pritchard, *The Crucial Years of Early Anglo-Chinese Relations, 1750－1800*, Research Studies of the State College of Washington, Vol. Ⅳ, Nos. 3－4, Sept. & Dec. 1936; *id.*, "The Struggle for Control of the China Trade during the Eighteenth Century", *The Pacific Historical Review*, Vol. Ⅲ, Sept. 1934; H. B. Morse, *The Chronicles of the East India Company trading to China 1635－1834*, Vols. Ⅱ－Ⅳ, Oxford, 1926.

一八世紀を通じ、喫茶の風習はイギリス人の家庭に次第に普及しつつあったから、コミュテイション－アクトの施行以前において、茶税の高率化にともなう国内の茶価格の高騰は、必ずしも需要の低下をもたらさず、かえってヨーロッパ大陸経由の中国茶の密貿易をイギリス国内に誘引する結果となっていた。新条例は、まさにこの密貿易を防遏し、正規の貿易量の増大によって茶税の総収入の増加をもはかろうとする「賢明な通商政策」であったのである。(7)

しかしながら、対中国貿易の独占権が、その本質において前近代的な商人資本であるイギリス東インド会社に特許せられているとき、コミュテイション－アクトは、対外的に、ヨーロッパ大陸諸国の東インド会社その他に対する競争力をイギリス東インド会社に与えるものではあっても、果たして、対内的に、イギリス国内における茶の流通価格を大いに引下げさせる条例たり得たであろうか。すでに、その条文中には、

茶の発売価格は、原価・輸送費・輸入関税、海上の危険に対する補償のための保険費、および茶が

大ブリテンに到着した時点以後の合法的な利潤の総計を越えるものであってはならない[8]。と規定されていたが、このような条項そのものが、イギリス国内における中国茶の価格の形成に対する、その独占的な供給者＝イギリス東インド会社の基本的な主導性を想定してのものではなかったろうか。かくして、もしイギリス国内の茶の価格が依然としてヨーロッパ大陸のそれより高価であり続けるとすれば、コミュテイション＝アクトは、イギリス東インド会社の独占的な利潤を保障するものとして機能するのみで、他方、かえって、イギリス経済の自由な発展にとって阻碍的な要因ともなるであろう。

本稿では、コミュテイション＝アクトの成立以降に、イギリス国内において茶の取引にたずさわったイギリス商人の一部がイギリス東インド会社をいかに批判していたかを示す一史料を紹介し、一八二〇年代の初頭に、新興産業資本家たちとともに東インド会社の中国貿易独占に対してたたかった地方商人資本の存在に注目することとしたい。

二　〔東インド会社茶貿易独占への批判〕

東京大学総合図書館所蔵の『エディンバラ＝レヴュー』第七八号、一八二四年一月 *The Edinburgh Review*, No. LXXVIII, January, 1824, pp. 458–467. に、Art. VIII, Observations on the Trade with China, London, 1822. という無署名の論説が収められている。この論説には、見開きの左ページ（偶数ページ）に East India Company's Monopoly―、右ページ（奇数ページ）に Price of Tea というキャプションがそれぞれ印刷されており、モリソン George Ernest Morrison（1862–1920）が『エディンバラ＝レヴュー』からこの論説の部分を切り取ってパンフレットに仕立てた、財団法人東洋文庫所蔵のいわゆるモリソン＝パンフレット中のそれにも、モリソン自身が “East India Company's Monopoly – Price of Tea” というタイトルを表紙に手書きしている。以下、この論説を「東インド会社の独占――茶の価格」と称することとする。

まず、論説の内容を概観しよう。

論説は、冒頭に、レドゥンホール-ストリートの尊大な食料雑貨商 the lordly grocers of Leadenhall Street すなわちイギリス東インド会社は、その有する独占権を最もスキャンダラスに濫用しているときめつけたのち、これに対する批判を、次のように始める。中国との貿易が、イングランドにおいても、ヨーロッパ大陸やアメリカ合衆国と同様の立場におかれているのであれば、ロンドンやリヴァプールにおける茶の価格が、なぜハンブルグやニューヨークのように安くてはいけないのか、という疑問に対して考えられ得る理由はなにもない。それどころか、イングランドにおける茶の価格はかなり低くなり得るはずである。なんとなれば、多くの種類のイギリス工業製品が中国人の好みに合い、中国市場でイギリス人の買付ける茶と交換に、中国人が喜んでこれらの製品を受け容れるからである。また、フランス人をはじめ、他のヨーロッパ人もアメリカ人も、中国人の好む自国の商品を中国に運び込むことができず、中国茶の代価の大部分を、あらかじめ南米やメキシコから手に入れておいた地金《ブリオン》によって支払わねばならないのに、他方、イギリス人には中国人との直接の交易を維持することが可能だからである。

このように、商品としてのイギリス工業製品のちからに対しきわめて楽観的な信頼を置く論説の筆者は、さらに具体的に次のように言う。――最も情報通の商人たちは、もし東インド会社の独占が廃止されるならば、同品質の茶が、ロンドンでは、アメリカやヨーロッパ大陸におけるより一五―二〇パーセントも安くなるであろう、という意見をもっている。また、インドに関する価値ある著作の筆者クロウファード Crawfurd が議会の外国貿易に関する委員会においておこなった証言のなかでも、もし貿易が自由に開放されるならば、イギリス船による広東からヨーロッパまでの茶の運賃は、アメリカ船によるものより約一〇―一二パーセント減になるであろうと概算している。(9) この計算がきわめて正確であるように思われる根拠がある。われわれは輸出すべき工業製品を持っているので、わがイギリス船は輸入貨物と同様に輸出貨物を運ぶことができる。しかし、ブリオン以外には輸出すべき何ものも持たぬアメリカならびにヨーロッパ大陸の貿易業者は、中国向けにはバラストを積まねばならず、そうなると、往復の全費用は帰路の積荷の利潤に依存することになろうし、そうでなければ、彼らは、往路の船をまずイングランドに送って、中国市場に適したイギリス商品を船に積み込まねばならない。事実、中国に売却されるイギリス商品のかなりの部分がこの迂回路によって運ばれる。しかし、もし貿易が自由になれば、わがイギリスの製造業者は、彼らの製品を、他国に対すると同様に中国に対しても、他国の船に輸送させる場合よりもはるかに安価に、またより有利な条件で、東インド会社船以外のわがイギリス船によって輸出するであろう。

しかしながら、論説の筆者の主張は、もしイギリス東インド会社の独占がなければ、という仮定の問題を離れて、さらに次のように、東インド会社の独占の現状そのものについて批判を展開する。――もし東インド会社が、個々の商人によっておこなわれているのと同様な貿易を経営しているとすれば、会社の茶は、いずれにしても、ニューヨークやハンブルグに輸入される茶のように安価であるはずである。しかし、もし現実に、より高価であれば、その超過分は、完全に、独占ないしはその濫用がもたらしたものであるに相違ない。

かくして、論説は、イギリス東インド会社の独占がもたらすイギリス市場の茶の高価格の現実を、左の六表によって実証する。

（一）　一八二三年三月のイギリス東インド会社の第一期販売 sale における武夷茶 Bohea・工夫茶 Congou をはじめ七銘柄別の一重量ポンド当り会社発売価格 putting up price、各銘柄別の平均売渡し価格、取引成立ならびに不成立の茶葉量（重量ポンド）の表。――以上、東インド会社の会計報告に拠る。[10]

（二）　一八二三年のニューヨークにおける各銘柄別の一重量ポンド当りドル建て価格（茶税を含む）、およびそのポンド−スターリング換算の平均価格（茶税を含まず）の表。――ニューヨーク相場表に拠る。

（三）　一八二二年および二三年のハンブルグにおける各銘柄別の一重量ポンド当りポンド-スターリング換算価格の表。――ハンブルグ相場表に拠る。

（四）　一八二三年の各銘柄別の一重量ポンド当りポンド-スターリング建てのハンブルグ相場、ロンドンの会社発売価格、ロンドン相場の表。――ハンブルグのアンダーソン・ホーバー商会 Anderson, Hober & Co. の一八二三年九月二六日の相場表その他に拠る。

（五）　一八二三年の各銘柄別のニューヨーク市場・ハンブルグ市場価格、二三年三月のイギリス東インド会社のロンドン売渡し価格 selling price、ならびに、これらにもとづく、東インド会社売渡し価格のニューヨーク価格およびハンブルグ価格に対する超過分、以上それぞれの一重量ポンド当りポンド-スターリング建てによる表。――（四）までの表の総合によって作製されている。

（六）　一八二二年にイギリス東インド会社によって販売された茶の各銘柄別の総重量（重量ポンド）、東インド会社売渡し価格のニューヨーク価格あるいはハンブルグ価格に対比した各銘柄別一重量ポンド当り超過価額、ならびにこれらによって算出される東インド会社の超過価額総収入（ポンド-スターリング）の表。――同じく、（四）までの表の総合にもとづいて作製されている。

いま、右の表のうち、（五）の表を表2・表3とし、（六）の表を表4として紹介しよう。ところで、論説によれば、表4に見られるイギリス東インド会社の一八二二年の超過総価額には、会社船の船長ならびに高級船員によって個人的に販売される二〇一万九〇一九重量ポンドの茶葉が含まれていないので、これの超過価額分約一六万ポンド-スターリングを加えると、全超過価額は二二一万八〇〇〇ポンド-スターリングにも達する、という。すなわち、東インド会社およびその社員は、一八二二年のイギリスにおいて、自由貿易により同量の茶を取引して獲得し得るであろう金額を越えること二二一万八〇〇〇ポンド-スターリングの利潤を余分に手に入れたのであり、価格にも輸入量にもさほど変化の見られなかった一八二一－二三年の三年間を平均すると、東インド会社の享受した茶貿易独占の果実は、イギリス国民に年間二二〇万ポンド-スターリングを下らない損害を与えたのである。

以上のような数字をふまえて、論説は、まず、いささか抽象的にではあるが、エディンバラの地方的な茶商人の立場から、イギリス東インド会社を激しく非難して、次のように言う。

茶は、すでにイギリス国民の主要な生活必需品の一つにまでなっているのであるが、わが当局は、私的な諸個人よりなる一会社に対し、寛容にも、この商品を独占し、これを本来の価格の二倍以上の価格で売る権限を与えているのである。ジョン-ブル[11]は最も無節操な動物である。彼らは、イギリス下院に向って、一八二一年に課せられた皮革に対する一重量ポンド当り一・五ペンスの付加税を廃止してくれるよう願い出る請願書を何度も提出しているが、これは取るに足りない少額の税金である。他方、ジョン-ブルはイギリス東インド会社によって茶に仕掛けられ、彼らによって彼らの私用に供せられている、一重量ポンド当り一シリング六ペンスから三シリングに至る種々の過酷な要求を廃止することについては、少しも努力しないのである。これこそは、わが憂国の士たちのうちの最もうるさ型の人々が、尊大な沈黙を守っている東インド会社の役員と争おうとしている問題点である。しかしながら、この問題は、いまや公衆の面前にある。エディンバラの茶商品たちは、すでに大蔵省に対し、東インド会社の強欲を抑えるため仲介をしてくれるよう請願している。全国の主要都市の茶商人と住民とがこの前例に続くことを、われわれは信ずる。もしも公衆が、かくもスキャンダラスな状態から抜け出そうと努力しないなら、彼らは、いかなる顔をして、国家目的のための諸税の廃止を訴えることなどできようか。

次いで、論説の筆鋒は、イギリス東インド会社の茶独占貿易の「正当性」そのものに対し、次のように鋭く迫る。

イギリス東インド会社は、茶貿易の独占権を合法的に有しているが故に、これを思いのままに行使する権利を持っていることについては疑う余地がない、と言うこともできよう。しかし、このことは真実ではない。会社の独占は単

表2　1823年の1重量ポンド当り茶葉価格（単位：ポンド-スターリング）

品種＼価格	ニューヨーク価格(A)	ハンブルグ価格(B)	イギリス東インド会社第1期売渡し価格(C)
Bohea（武　夷）	$8\frac{1}{2}$d.	$9\frac{5}{16}$d.～$10\frac{3}{16}$d.	2 s. $5\frac{2}{10}$d
Congou（工　夫）	$7\frac{1}{2}$d.	1 s.～1 s. 2 d.	2 s. $6\frac{3}{10}$d.～2 s. $7\frac{8}{10}$d.
Campoi（揀　焙）	—	$10\frac{7}{8}$d.～$1\frac{1}{2}$d.	3 s. $5\frac{3}{10}$d.
Souchong（小　種）	1 s. $3\frac{3}{4}$d.	1 s.～1 s. 4 d.	4 s. $4\frac{7}{10}$d.
Twankay（屯　渓）	—	1 s. 5 d.～1 s. 7 d.	3 s. $4\frac{6}{10}$d.
Hyson-skin（皮　茶）	1 s. $5\frac{1}{3}$d.	1 s. $5\frac{3}{4}$d.～1 s. 7 d.	3 s. $3\frac{9}{10}$d.
Hyson（熙　春）	2 s.　6 d.	2 s. 2 d.～2 s. 4 d.	4 s. $5\frac{4}{10}$d.

表3　1823年の茶葉1重量ポンド当りイギリス東インド会社の超過価額
（単位：ポンド-スターリング）

品　種＼超過分	（C）－（A）	（C）－（B）
Bohea	1 s. $8\frac{1}{4}$d.	1 s. $7\frac{1}{2}$d.
Congou	1 s.$11\frac{1}{2}$d.	1 s.　6 d.
Campoi	—	2 s. $5\frac{3}{4}$d.
Souchong	3 s. 1 d.	3 s. $2\frac{1}{2}$d.
Twankay	—	1 s.$10\frac{1}{2}$d.
Hyson-skin	1 s.$10\frac{1}{2}$d.	1 s. $9\frac{1}{2}$d.
Hyson	1 s.$11\frac{1}{2}$d.	2 s. $2\frac{1}{2}$d.

表４　1822年のイギリス東インド会社の茶売渡し総量および超過総価額

品　種	売渡し総量(Ａ)（重量ポンド）	ニューヨークあるいはハンブルグ価格に対する会社の超過価額（Ｂ）（１重量ポンド当りポンド-スターリング）	（Ａ）×（Ｂ）（ポンド-スターリング）
Bohea	2,419,045	1s.8d.(対N.Y.)	206,587
Congou	18,569,472	1s.6d.(対H.)	1,392,710
Campoi	196,729	2s.5d.(対H.)	23,871
Souchong	115,738	3s.(対N.Y.)	17,860
Twankay	4,036,445	1s.10d.(対H.)	368,907
Hyson-skin	130,420	1s.9d.(対H.)	11,411
Hyson	396,697	2s.(対N.Y.&H.)	39,469
計	25,874,546		2,058,815

に条件付のものであって、絶対的なものではない。しかも、会社はその契約を全面的に破っているのであるから、政府をしてこれに対し直接に干渉させることが是非とも必要である。会社の扱う茶について途方もない価格をつけることを防止し、イギリス国民にヨーロッパ大陸の人々とほぼ同様の価格で必要かつ十分な茶を供給しようとする条例は、たびたび議会を通過している。かくして、一七四五年に採択された条例は、東インド会社の輸入する茶の量が、大ブリテンでの消費に応じ得るため、また大ブリテンでの茶の価格をヨーロッパ大陸諸国における価格と等しく保つために必ずしも十分でない場合、必要と思う量の茶をヨーロッパの港から適法的に輸入すべきことを、会社ならびにその後継者に対し命じている。そのうえ、同じ条例の他の部分では、もし東インド会社が手ごろな価格で十分な量の茶をイギリス市場に供給することをおろそかにすれば、大蔵省は、いつでも他の個人、団体に対しヨーロッパから茶を輸入するライセンスを与えることを法的に許されている旨が規定されているのである。この条例は明白で、かつ決定的である。

さらに、「以上にとどまらない」と言って、一七八四年のコミュテイション-アクトの条文に見られる、イギリス東インド会社に対する諸規制について述べたのち、論説は、会社が、一七四五年の条例に対すると同様、このコミュテイション-アクトの予防的な規定をも踏みにじって、いかなる手口によって暴利をむさぼっているかにつき、具体的に述べる。すなわち、東インド会社の広東商館の一二人の管貨人 supercargos や八人の書記などに対する、あらゆる人件費が茶の原価に繰り込まれる。商館員には、莫大な固定給のほか、輸出・入の取引のたびに、二パーセントのコミッションが与えられ、その年間総額は平均約一二万五〇〇〇ポンドースターリングと見積られる。商館役員会の長は年間約一万八〇〇〇ポンドースターリングの満ち足りた報酬を受け、この有利な企業の他の社員は、ほとんどが重役たちの息子や近親たちなのであるが、これまた同様の規模の無駄づかいに与っている。これらがすべて、他の多くの無用な支出とともに、会社の茶発売価格に組み込まれるのである。

かかる茶発売価格の形成を、武夷茶をはじめ各銘柄について例証したのち、論説は、その影響について、次のように述べる。――イギリス東インド会社の最近の会計報告に拠れば、かかる法外な価格と利潤との結果、良質の銘柄はイギリス市場からほとんど姿を消しつつあり、品質の劣る工夫茶の消費が極端に多くなりつつある。さらに、高級な小種茶の会社販売量は、最近七年間かかって、ようやくかつての一年分に相当するに過ぎない。

以上のような具体的分析にもとづいて、イギリス東インド会社を、公衆に対する鉄面皮な強盗集団以外のなにものでもないと手きびしく批判する論説は、その結論を次のように述べる。

第一に、われわれが書き上げ、イギリス東インド会社に論争を挑んでいるこのステートメントは、わが国における茶の高値は主として政府に支払われる税金の結果である、と考えることが大きな誤り――しばしばおこなわれている誤解であるが――であることを示している。

第二に、政府は独占という厄介ものを完全に廃止し、中国の広大な市場を、わがイギリスの商人や製造業者の自由な競争に開放したいと思っている。(12) このようにして価格が引下げられれば、茶の消費は大いに拡大し、したがって、税金は、価格の引下げによって、より安価な商品への従価税に化するとしても、茶商品の増大は、間もなく、よりいっそう大きな財政収入をもたらすであろう。

かくして第三に、独占的な会社の出先機関によって中国貿易をおこなう必要はもはやなくなるであろう、とわれわれは信じている。議会の条例を踏みにじったり、同胞から強奪したりするような会社を持たぬアメリカ人は、中国貿易に完全に成功している。そして、イギリス東インド会社の使者どもよりも、広東においてはるかに人気を得ているのである。しかしながら、東インド会社の中国貿易独占権は一八三三年までは保障されているのであるから、政府が現在なし得ることは、会社に対して、公衆と約束した規定にもとづいて行動させることであり、また、ハンブルグやアムステルダムから茶を輸入するライセンスを私的な貿易業者に対して与えたり、条例が「ヨーロッパ大陸における隣国とほぼ同様の価格」と規定している価格にまで、わが国の茶の価格を引下げさせたりすることである。

三　〔東インド会社と国内茶商人との関係〕

以上に紹介した論説「東インド会社の独占——茶の価格」に一貫して見られるものは、イギリス国内における茶の価格をめぐって、茶の貿易を独占するイギリス東インド会社に対し、痛烈な批判を向けている、その対決の姿勢であろう。そして、注目すべきことは、この論説が、タイトルには「ロンドン」での執筆とされているにかかわらず、「エディンバラの茶商人たちは……」と文中に言っているように、エディンバラなどの地方商人の立場から主張されている、という事実であろう。

ところで、コミュテイション-アクトの施行以後、条例中の制約的な規定条項の存在にもかかわらず、大陸－イギリス間の密貿易の防遏によって保護され、独占の特権をいっそう享受したイギリス東インド会社と国内の茶商人との関係に着目している論文[13]に、

Hoh-Cheung and Lorna H. Mui, "The Commutation Act and the Tea Trade in Britain 1784-1793", *The Economic History Review*, Vol. XⅥ, No.2, 1963, pp.234-253.

がある。この論攷は、第一に、その対象の時期が、一七八四年のコミュテイション-アクトの施行以後、九三年までのわずか一〇年間に限られており、第二に、考察の対象が、イギリス東インド会社と地方の茶商品との関係というより、むしろ、新条例によって東インド会社の周辺に勢力を伸張し得たロンドンの茶商人に対する地方の茶商人の関係の問題に設定されている点で、論説「東インド会社の独占——茶の価格」（一八二二年）の扱っている一八二〇年代初頭の東インド会社と地方茶商人との間の矛盾の問題とは、いささか対象を異にしている。しかしながら、右の第二の点、すなわち、ロンドンの茶商人と地方の茶商人との関係の問題を究明することは、当時の東インド会社と地方の茶商人との間に現実に介在していたロンドンの茶商人の実態をも捉えることによって、東インド会社—地方商人間の矛盾の問題をいっそう具体的かつ詳細に明らかにするためのきわめて重要な意義をもつものと言えよう。

この論文によって知られる事実を、本稿に紹介した論説にかかわる限りにおいて列挙すれば、次の如くである。

一、一七八四年以前、茶の密貿易の中心はスコットランドであった。

二、卸売、小売など、イギリス国内における茶の供給は、国内の茶商人の掌中にあったから、一般に考えられてきた以上に、茶貿易に対して大きな影響を及ぼす力が、東インド会社以外のある種の茶商人に与えられていた。

三、ロンドンに集中していた少数の大商人は、国内に供給することの可能な茶の銘柄とその価格とを選択する発言力を持ち、東インド会社によるオークションに際し、イギリスの市場に適しないと思われる茶について、価格をつけることを拒否することもできた。すなわち、オークション取引の不成立の場合もあり得た。(14)

四、コミュテイション-アクトは、イギリス東インド会社の財政の改善に役立ったばかりでなく、ロンドンの茶商人の国内茶市場に対する支配力を増大させた。

五、地方の小商人 provincial dealers, country dealers に対するロンドンの大商人 old-established London wholesale dealers の優位性は、(1)法的に種々の特権を得ていた、(2)イギリス議会・イギリス東インド会社に影響力を及ぼし得る地位にあった、(3)東インド会社の倉庫を利用することができた、(4)仲買人に対するコミッションについて、地方商人の場合よりも有利であった、(5)仲買人の示す見本を実地に試験することができた、(6)広告力にすぐれていた、などに見られる。(15)

以上のようなロンドン大商人と地方小商人との比較を具体的事例に即しておこなったのち、右の論文は、その結論を次のように述べている。

イギリス東インド会社は、一七八四年のコミュテイション‐アクトによってばかりでなく、ロンドンの茶商人によっても、その行動を制約されていた。東インド会社の財政に寄与するための利潤の獲得は、かかる主要商人の需要を満足せしめることによってのみ可能であった。国内への茶の供給については、会社は実際には無力であった。

しかし、右の論文によれば、この一〇年間においてさえ、将来の予兆はすでに明らかであった。地方における茶交易は拡大し、主要な地方商人は、その増加する供給量を直接にイギリス東インド会社から手に入れ、ロンドンの茶商人の支配から離脱していった。しかし、ロンドンがなお唯一の供給源である限り、彼ら地方商人は、種々の不利益な条件に従わざるを得なかった。そして、ついにスコットランドその他の地方商人は、東インド会社の独占を廃止し、ロンドン以外の港を開港することを要求することによってのみ、ロンドンの商人たちに対し同じ立場で競争することができるのだ、ということを悟らざるを得なかった。かくして、コミュテイション‐アクトは、東インド会社の財政を支え、国内の茶市場に対するロンドン商人の支配を可能ならしめたが、同時にそれはイギリス国内に茶の消費を普及、増大せしめて、やがて、東インド会社の中国貿易独占を廃止せよという声を地方につのらせ、その実現に向けて一八三〇年以降の全国的情況をつくり出したのであった。

一七九三年までを対象としたこの論文が、右の結論において展望するにとどめている、その後の時期のイギリス東インド会社の独占に対する地方商人の対抗の具体的な一事例を、論説「東インド会社の独占――茶の価格」は示しているであろう。そしてまた、この論説は、一八二〇年代初頭にイギリス東インド会社の中国貿易独占に反対した勢力が、新興産業資本とともに、ほかならぬ地方の茶商人によっても支えられていたという歴史的事実を明らかにしている、と言えるであろう。

註

（1）H.B.Morse, *The Chronicles of the East India Company Trading to China 1635-1834*, Oxford, 1926, Vol. Ⅰ, p.158.

（2）田中正俊『中国近代経済史研究序説』東京大学出版会、一九七三年、一一四頁、表3、に拠った。

（3）同右書、一一四－一一五頁。

（4）W.Milburn, *Oriental Commerce*, London, 1813, Vol. Ⅱ, p.542; E.H. Pritchard, *The Crucial Years of Early Anglo-Chinese Relations, 1750-1800*, Research Studies of the State College of Washington, Vol.Ⅳ, Nos. 3-4, Sept. & Dec. 1936, pp.146-147. 衛藤瀋吉『近代中国政治史研究』東京大学出版会、一九六八年、八六頁。

（5）Pritchard, *Crucial Years*, p.151.

なお、従来、日本では Commutation Act は「帰正法」と翻訳されているが、本来、むしろ「軽減法」と訳すべきものであろう。

（6）田中正俊、前掲書、一一五、一二五頁。

（7）同右書、一二四－一二五頁。

（8）*First Report from the Select Committee on the Affairs of the East India Company*（*China Trade*）, Ordered, by the House of Commons, to be Printed, 8 July 1830, p.xii（Irish University Press Area Studies Series, *British*

Parliamentary Papers, China, Vol. 37, Report from the Select Committee on the affairs of the East India Company and the trade between Great Britain, the East Indies and China, 1830, Irish University Press, Shannon Ireland, 1971) より再引用。

なお、本稿において「発売価格」と称するものは、オークションにおいて売主が申出る指値《さしね》(指定値段) である。

(9) *Die Veneris, 16° Junii, 1820, the Marquess of Lansdowne in the Chair, John Crawfurd, Esquire, is again called in ; and further Examined*, Minutes of Evidence, taken in Session 1820, *Report* 〔*Relative to the trade with the East Indies and China,*〕 *from the Select Committee of the House of Lords, appointed to inquire into the means of extending and securing the Foreign Trade of the Country, and to report to the House; together with the Minutes of Evidence taken in Session 1820 and 1821, before the said Committee: –11 April 1821*, Ordered, by the House of Commons, to be Printed, 7 May 1821, p. 21 (I. U. P. A. S. S., *B. P. P., China*, Vol. 36, Select committee reports on the East India Company and trade with China 1821-31, I. U. P., Shannon Ireland, 1971, p. 29).

クロウファード John Crawfurd (1783-1868) は、エディンバラ大学において医学を修め、一八〇三年、軍医としてインド西北地区に赴任した。五年の任期を終えてペナン、ジャヴァに移り、一八一七年にはイングランドに帰っていた (*Dictionary of National Biography*, London, 1908, Vol. V, pp. 60-61)。ここにインドに関する著作というのは、J. Crawfurd, *History of the Indian Archipelago, containing an account of the manners, arts, languages, religions, institutions, and commerce of its inhabitants*, Edinburgh, 1820, 3 vols. のことであろう。

(10) この論説は、タイトルに「一八二二年」の年次を付してはいるが、その内容には一八二三年の記事をも収めている。

(11) スコットランド人の立場から、ジョン-ブルすなわちイングランド人が、烈しい批判の対象にされている。

(12) 当時、イギリス政府もまたイギリス東インド会社の中国貿易独占を廃止したいと望んでいたことは、すでに一八一四年以降、東インド会社のインド貿易独占が廃止されていた事実によっても知られよう。

(13) 同じ筆者による論文に、また、Hoh-Cheung and Lorna H. Mui, "Andrew Melrose, Tea Dealer and Grocer of

Edinburgh 1812-1833", *Business History*, Liverpool University Press, Vol.9, 1967, pp. 30-48. がある。なお、筆者は、この両論文の存在について、濱下武志氏の示教を得た。記して感謝する。

（14）論説「東インド会社の独占——茶の価格」（一八二二年）の（二）の表（本書、二五八頁、参照）にも、取引不成立の茶葉量（重量ポンド）が記載されている。

（15）註（13）の論文中の表現に拠る。

【編集者附記】本稿は、もと『中嶋敏先生古稀記念論集』下巻（汲古書院、一九八一年七月）に掲載された。原載論文は三節に分けられているが、各節の表題はない。本書に収録するに当り、編集者が適当と思われる題名を〔　〕内に記した。

3「中国人との自由貿易」（一八三三年一二月）について

一〔「中国人との自由貿易」の概要〕

一八三三年一二月という刊行年月の記載のある『チャイニーズ＝レポジトリー』第二巻第八号 *The Chinese Repository*, Vol. II, No. 8, December 1833. の三五五－三七四頁に、「かつてカントンに居たイギリス商人」と称する人物の匿名論説「中国人との自由貿易」"Free Trade with the Chinese", by a British Merchant, Formerly of Canton, Macao, 1833. が掲載されており、同じく *The Chinese Repository*, Vol. II, No. 10, February 1834. の四七三－四七七頁には、'Another British Merchant, Canton, January 22nd, 1834.' のこれに対する批判論説"Free Trade with the Chinese"が収められている。

8vo. 判二〇頁にわたる前者の論説は、その表題と署名とが示すように、イギリスの中国とのいわゆる自由貿易を主張する立場からその見解を述べている。その趣旨は、ほぼ次の如くである。まず、

〟（1）最近入手した中国問題に関するヨーロッパの記録文書類には、当地のわれわれの貿易(1)について実行すべき政策、すなわち自由貿易という普遍的原則を提案する政策が収められていて、われわれ現地のイギリス人社会にとって極めて興味深い。

（2）イギリスの対中国貿易の停滞的性格は、長いあいだ、世間の注目を惹いてきた。英中貿易にこのような情況が生ずるについて最も影響を及ぼした事柄は、イギリス東インド会社の関与していないヨーロッパへの運輸を受持つようになった他国民、とくにアメリカ人の登場という、際立った事件であるが、他の一つの事実は、東インド会社によるイギリス工業製品の輸出が、中国人の欲求に応え得ず、その貿易が、イギリスの商船と資本とをのけものにして、他国人の掌中に収められたことである。

（3）しかし、イギリス東インド会社の対中国貿易独占の廃止が決定され、イギリスの対中国貿易は、いまや、自由貿易商人のものとなろうとしている。そして、いかにして過去の失敗を繰返さず、貿易を最も有利なものに転化しうるかが、現下の重要課題である。他方、新事態のもとに存続する中国側の貿易制限についても十分に知られてはいない。したがって、この際、地方的な知識から得られる、僅かなヒントをも用いるべきであって、イギリス人と中国との初期の接触や、われわれのやり方のすぐれた点に関する些細な知見も、それにとって無駄ではありえない。〟

と、イギリス東インド会社に対し批判的な立場に立って、現地在住者の知見をもとに、イギリスと中国との貿易を一層打開するための諸問題に関して論じようとする自己の意図について前置きし、さらに、中国側の官僚・公行商人とイギリス人との旧来の関係について、次のように言う。

〝（4）中国政府の不寛容な性格が、外国との交渉を寄せつけず、これに対する融和政策は、かえって、中国政府のわれわれへの蔑視を増長させることによって、両者の隔りを拡げる傾向があった。このような偏見は、公行の商人にも拡がっている。中国人に対してわれわれがどのような関係に位置しているかをみずから認識していないという欠陥が、われわれのすべての誤りの基礎をなしている。要するに、われわれは中国人にとって穢れた人間なのであり、わが政府がこの評価を高めてくれるまでは、われわれは、わが衿をわが前に持たねばならないのである。

（5）われわれの人格を品位の低下から引上げ、貿易額などよりはるかに際立って中国人に対する真の影響力を創り出したものは、ただわが軍人の行為のみであった。軍艦の行動は、商業とは別の力、柔和で迎合的な性格とは反対のもの、すなわちイギリス官人 mandarin の重々しく断乎とした権威を中国人に認識させた。

（6）ところで、現下の情況では、領事その他、何らか権威ある者がイギリス政府によって任命されるという事態が必ず訪れるであろうが、その場合、彼は、一切の商人的なものから区別されている必要があり――われわれ商人にはほとんど影響力がないし、たとえば、在留イギリス商人および東インド会社の管貨人 supercargoes を随員としたイギリスの使節が中国人から軽蔑されたことがある――、中国人が彼を国王から直接派遣されたものとして識別できるだけのマンダリン的権威をそなえていなければならない。そのような権威を保つものだけが、中国側の総督・海関監督 hoppo や高級官僚と折衝しうるからである。〟

右のような情況――イギリス東インド会社による中国貿易の独占が自由商人に開放されることになったのち、なお中国側は公行商人の独占貿易にとどまっており、これを改善することがイギリス人の課題となっている情況――への当面の対策として、この論説の筆者は、インド監督局長官チャールズ＝グラント Charles Grant Jr.[2] の一八三三年二月一二日付、イギリス東インド会社機密委員会 the Secret Committee[3] 宛て書簡から示唆を受け、残存する東インド会社の干渉を排して、公行の商人と対抗しこれとの決算事務に当るべき、現地在留商人よりなる商業会議所 a chamber of commerce の設置を提唱し、また、イギリス人のため、イギリス法による陪審制の裁判機関を創設する必要がある旨を説いたのち、続けて、次のような趣旨を述べる。

〝（7）自由貿易商人が目標をカントン一港にとどめるということはありえない。彼らの企図は、他の港へも推し進められ、中国の沿岸を北上し、黄海を横断して、朝鮮人や日本人の頑強な反撥を試してみるまでは、とどまるところがないであろう。たしかに、この貿易には道徳性を主張しえない。彼ら自由貿易商人は有害な薬物をまぎれもなく供給してきたし、これにともなって、はっきり禁止されている中国へのその導入を援けてきたからである。われわれは、彼ら中国人を無力にさせ、破壊するものの導入にことさら対比して、その国民の福祉に貢献する商品の導入について、あえて論じようとは少しも思わない。また、故意に言うつもりもないし、無礼な言い方をしようとも思わないが、しかし、何の権利があって、われわれには中国政府が異議を唱える貿易を強行できるのかということは、繰返し問われており、また、われわれは何らその権利を持っていないのだということが、自由貿易商人による通商の拡大に反対して力説されてきたのである。この論議になにがしかの重要性があるとすれば、それは、合法的で、正規の関税を支払って受け容れられている商品に対してよりも、禁止されている、好ましくない商品の導入に対して、はかり知れず係わっている。しかもなお、このような密貿易は、自由な企業がまさになしうる可能性の明らかな徴候を示している。〟

右の論旨に窺われるものは、(一)筆者が若しみずからアヘン密貿易にたずさわっている「イギリス商人」であるとすれば、あえて公言はしないであろうような、アヘン貿易への批判的発言であり、(二)しかも、その言及に当って、「アヘン」という言葉の使用を避けるという、筆者のアヘン貿易への微妙に屈折した態度であり(もっとも、後述するように、後文に一度だけ「アヘン」という語が使用されている)、(三)さらに、アヘン貿易を含む、まさにこの密貿易業務に、自由貿易の将来性を展望しようとする筆者の評価である。

かくして、論説は、これ以上アヘン問題を論ずることなく、中国をはじめ東アジア諸国とイギリスとの貿易一般の自由化の問題に筆を移す。

〝(8)中国をはじめ東アジアの諸国は、従来、われわれの通商にとって空疎な存在であったが、イギリス東インド会社の貿易独占の廃止によって、これらの国々を拘束し、またイギリスの企業が働きかけるのを拒んでいた鎖は解き放たれた。人口の多い国々がわれわれの前に開かれる結果、これら諸国をして貢献するところあらしめ、国際社会の一員たらしめるべき偉大な政治的第一歩が踏み出されるのである。〞

通商関係における自由化の成立とは、本来、両当事国それぞれにおける貿易の自由をその条件として持つものでなければならぬであろう。しかしながら、イギリス側のみにおける東インド会社独占貿易の一方的解除をふまえて、右のように、筆者の〝自由貿易〞への展望は楽観的であるように思われる。楽観の根拠は何か。それは、第一に、相手国たる中国について言えば、「頑冥なのは政府なのであって、庶民は疑いもなくわれわれイギリス商人の仲間である」という観察を筆者がしているからである。そして第二に、何にもまして、筆者が、イギリス商人の背景に、イギリス本国における資本と工業製品との圧倒的な力を認識しはじめているからである。さればこそ、筆者は、工業国民としてではなく専ら商業国民として中国に働きかけるアメリカ人との対比を通じて、イギリス人の通商、とくにイギリス本国工業製品の輸出を、当代のイギリス〝自由貿易〞商人の立場に立って、次のように語る。

「(9)〔中国貿易に従事する〕イギリス人は単に商業的なだけではない。商業よりもより強力な他の衝撃力の動因があり、これが、いわば圧倒的に絶えずそれ（中国貿易）を推進している。それらは、われわれの資本であり、製造工業の利害であり、力織機である。それらは、『製品を売れ。いかほどの量なりとも供給しよう』と叫ぶ。[4]」

右のような事態こそ、本論説の筆者によれば、対中国貿易問題のあり方を英・米間について截然と区別させ、イギリス商人自身の機智と創意とに委ねられるべき、本質的に独自な新事態の出現である。

〝(10)ところで、カントン市場が飽和状態に達してのち、自由貿易商人たちは、まず中国の諸港に横行するようになり、これに怖れをなして、中国の当局は、第一に、イギリス当局にその停止を要請するにいたるであろう。そして、イギリスの官吏が若しこれに応ずれば、いま中国に拡げられたばかりの地域は失われ、われわれの自由貿易によって生ずべき最大の利益もそこなわれてしまうであろう。

〝(11)第二に、中国の当局はアヘン貿易の禁止を要求してくるであろう。金銭ずくで行動する中国の官僚は、アヘン貿易を保護して賄賂を受取り、これを見のがすことによって収入を得ているのであり、他方、この密貿易は、わが自由貿易にばかりでなく、インドの財政制度にも深く結びついて、茶によるイギリス本国の収入にも劣らぬ重要性を持っているのではあるが、アヘン貿易は厳禁されながらもなお現存しているのであるから、中国政府がこれの禁止を望み、かつ、そうすることが中国の官僚の義務であることは、疑いないところである。中国の以上の二要求に対抗すべく、イギリスの官吏任命は、結局、何の役にも立たぬであろう。こうした事情からも、貿易問題のみを取扱って何らの権威をも代表しない商業会議所を設置することがむしろ望ましいのであるが、現在の在留イギリス自由商人はそれに値する能力を持ち、人材を揃えている。彼らの結束と力とは東インド会社の委員会に匹敵し、かつ、より多くの利害関心を結集する点で恐らくまさっているのである。〟

以上には、アヘン貿易が再び取り上げられてはいるが、むしろ、主題は、アヘン貿易を含む自由貿易一般に対する中国側の拒絶反応に対しイギリス官憲が無力であること、また、東インド会社に替えて現地自由商人による管理機関を設置することが望ましい旨を主張するところに置かれている、と見てよいであろう。

右のように、東インド会社の中国現地管理機関に代るべき商業会議所が、従来の会社機関の如き中国官憲・行商への屈服をしないまでも、何らの権威をも代表せず、しかも他方、その権威を代表すべきイギリス官吏の無力が予測されるとすれば、イギリスの権威は何によって保障されるものと、本論説の筆者は考えているのであろうか。それは、

〝(12)中国に駐在すべきイギリスの官吏は、あらゆる忍耐にもかかわらず戦争状態に引きずり込まれるかも知れないので、有効な武力を付与されていなければならない。〟

という「有効な武力」、とくに海軍力にほかならない。

しかしながら、右の武力およびその有効性なるものは、この論説の筆者にとって、次のような存在ならびにその行

使として評価されているのである。すなわち、第一に、武力の直接行使の可能性は、受身の形で引きずり込まれるものとしてのみ想定されている。第二に、しかし、受身にもせよ、そのような可能性を規定する窮極の動因は、イギリス自由商人側の中国市場拡張への欲求に在る。すなわち、

〝(13) 要するに、われわれは、中国船に対してカントン港を封鎖したり、あるいはこの封鎖を中国の全沿岸に拡げたり、また、大運河による中国側の交通を遮断したり、黄海沿岸に一万五〇〇〇ないし二万のわが軍を上陸せしめることにより、北京城下において実質的な通商条約を手に入れるなどの行動をよぎなくさせられるかも知れないのである。〟

というように、戦火を「よぎなくさせられる」事態が想定されているが、それはまた、このような戦争状態への突入の主導性が、自由商人による「実質的な通商条約」a substantial commercial treaty の獲得の要求に起因して、イギリス側にあるとする発想を、おのずから表明しているものと言えよう。第三に、しかし他方、相手側の置かれている条件について見れば、

〝(14) 中国人は自己の無力と弱さとを知っており、清帝国は、今日、崩壊しつつあるので、彼らは、危険を恐れ、清国政府の眠れる静けさを乱すような、外部からの僅かな徴候にも恐怖する。〟

という情況にあるものと観測されている。したがって、第四に、この論説の筆者にとって、卓越せる軍事力の行使は、必要な限度において威嚇的機能を発揮しうれば足りる、ということになるであろう。すなわち、

〝(15) われわれイギリス人は、彼らの恐怖につけ込んで、今までわれわれに差し向けられてきた侮辱政策――彼らにとって支配的な感情は尊大さと怖れとであり、前者は彼らに優越を装わせるが、後者は排他政策をとらせる――の流れを変えなければならない。〟

という目的を達成するためには、

〝(16) われわれのその行動がいかに友好的であろうとも――友好的なもの以外であることは望ましいことでないが――わが巡洋艦が中国沿岸に姿を現わすことは、中国人を驚愕させるに十分であろう。そして、旧来の常例はくつがえってしまうであろう。〟

と言うように、必ずしも交戦状態にまで立ちいたらずとも、軍事力の示威をもってすれば十分であろう、という楽観論を筆者は懐いているのである。これをあえて「非戦論」と称ばぬまでも「不戦論」と称するとすれば、かかる見解は、たとえば、沿岸封鎖をともなう基地獲得戦略の限界と、その結果として採用すべき対中国政策の帰趨とを論じた、次のような趣旨の言葉のうちにも窺えるであろう。

〝(17) 軍事力を何処へ指し向けるべきかという問題については、多様な意見があった。第一は肥沃な台湾、第二は大嶼島 Lantao[5] の奪取、第三にポルトガルからのマカオの割譲である。だが、これらすべての提案は、いずれも、ひとしく中国人の警戒心を刺戟するであろうという同じ難点を免れがたい。ポルトガルからのマカオの獲得ですらそうである。政治的ないし通商上の見地からすれば、右の措置からは何らの利益も引き出すことができない。実際、それはわれわれから通商上の便益を奪うであろう。したがって、中国人から島嶼を獲得するということは、何らかの利益を得る機会もなしに、みずからパンドラの匣を開けてしまうことにほかならない。また、それは、われわれが中国人に対して有利な地歩を獲得することもなく彼らの不満を惹起することにもなろう。軍事力の利用に関しては、中国の中央部ないし首府にこれを指し向ける方がはるかに有効であろうということは、明白である。

(18) しかし、中国人のイギリス人に対する恐怖は、ビルマ戦争以来、広くゆきわたっている感情と言うことができる。したがって、このような印象のもとで、われわれの注意は協商に向けられるべきである。最も控え目な示威から実力行使にいたるまでの間には、広大な活動の余地が存する。ここにこそ、表向き科学上の業務に従事するかの如き海軍に支援されつつ、外交が、断乎として、だが慎重に進められるべき十分な機会が存在するのであり、その結果、中国人の傲慢な侮辱的感情は半ばなくなるであろう。また、中国人の懸念は次第に軽減され、軍隊には平和以外に目的がないことが明らかになるであろう。

(19)それにしても、われわれの見解は、人道的な点で卓越している。わが巡洋艦を使用する大胆な示威によって、および、これに引続く全権使節を通じての折衝によって、われわれイギリス人は、清国政府との間に、正義に反することなく、また何らの敵対行為もせず、相互にとって有利な協定に達するであろう。また、そうすることによって、和解の余地なき暴力行使に駈り立てられないですむであろう。〟

以上が、この論説〝Free Trade with the Chinese〟の大筋の論旨であるが[6]、文中にはまた、特徴的なこととして、論説の筆者にとって身近な知見であったと思われる、中国に関する二種の具体的な知識が記述されている。

その第一は、地方貿易商人country tradersがカントン一港にとどまりえず、その通商を中国全沿岸に開拓したため体得した現地の知識を反映する、次のような趣旨の諸部分である。すなわち、前言と矛盾するが、まず基地獲得という目的の設定のもとで、

〝(20)一六〇〇マイルの海岸線と、イギリスの工業製品がまだ購買者として把握しえないでいる、人口稠密な住民とを有する中国全体こそが注目に値する。われわれの努力を向けるべき目標の陸地をこうして拡げようとするとき、カントンはもはや基地たりえない。海軍基地を置くには、寧波か付近の舟山島を選ぶべきであって、その現地は、外国人宣教師やデュ＝アルドDu Haldeの記述によって良く知られている。しかし、綿密詳細な調査の結果は、より北方の山東半島、あるいは長江ないし黄河の河口付近の根拠地が一層望ましいことが明らかにされるであろう。後の二者は、国内商業の大動脈である大運河の要衝を占め、その直径一〇〇マイルの範囲内には、中国で最も富裕な六つないし八つの大都市が含まれている。要するに、中国沿海の中心あるいは北京の近くに、

われわれは新しい基地を建設しなければならない。〟

と言い、次に、戦場となった場合の中国という仮定のもとに、

〝(21)軍隊は、三月末、シンガポールにおいて、行動に好都合な向う六カ月の季節風の時期を迎える。そして、二〇日間で中国領の港に達する。そこでは健康的な風土が彼らを待ち受け、耕された豊饒な地域が彼らの作戦を容易にするであろう。彼らの行手を阻む密林もなく、ビルマ戦争の場合のように時ならぬ疾病が兵士を傷めることもないであろう。〟

という地理的知識が提供される。

また、本論説に特徴的な第二の点として、イギリス人と接する中国人が一概に論ぜられるのではなく、庶民・官僚等々のそれぞれの反応の相違が具体的に区別されて紹介されているという事実を挙げることができよう。たとえば、次のような趣旨の記述である。

〝(22)軍艦にせよ、商船にせよ、イギリス船の中国沿岸への出現は、相反する二種類の気質によって、受け容れられたり、または拒絶されたりする。すなわち、大多数を占める中国の住民からは、イギリス船は歓びと満足とをもって迎えられ、より有力者である官人《マンダリン》や政府の役人からは、反対され拒否される。鄭重な言葉を交わすことを好み、社交を楽しむ九割がたの中国の住民と、外国人を排斥する規則を維持してきており、かつそれを国民に強要しようと心懸ける一割の官人や政府の満洲人官僚との間には、截然と峻別する線が引かれなければならない。

(23)しかし、官人や政府の役人がすべて国交に反対だと早まった結論を下してはならぬ。地方の役人は現実に国交によって利益を得るのであり、新しい通商港は、現にカントンが得ている利益に向って開かれるであろう。それゆえ、地方の役人の欲望はかきたてられ、彼らが進んで寛容になることは疑いないところであるが、ただし、

彼らは宮廷官僚のスパイ網によってそれを抑えられているのである。〟

右のように、本論説の筆者は、中国沿岸の一般住民とカントン以外の新開港場候補地の地方官僚とのうちに、旧来の支配官人や政府官僚の既に知られた排外的態度とは異なる友好的な反応を細分化して識別しているのである。

一八三三年一二月の『チャイニーズ-レポジトリー』第二巻第八号に掲載された「中国人との自由貿易」の概要とその記事の特徴とは、以上の如くである。なお、これに対し、同誌第二巻第一〇号に投稿された前述の批判論説に、(一)第二巻第八号論説の理論には「血の臭い」がみなぎっている。(二)文中に多くの矛盾が見出される。(三)広幅布・キャリコ・棉花・鉄・鉛等々のイギリス商品がなければ、中国人は幸福も繁栄も、また満足も得られないのであろうか。(四)最近に北方中国の諸港を訪れた人々による、現地人の反応などに関する誤った報告に惑わされてはならぬ、などの批判的指摘——この批判論説の論点は以上に尽きるものではないが、後述する問題に関係するもののみを挙げる——が見られることによっても、その批判の対象となった第二巻第八号論説の特徴の一斑を窺い知ることができよう。これらのうち、「血の臭い」がするという指摘については、第二巻第八号論説は、武力の示威とその直接行使との間に区別を設け、必ずしも武力の直接行使を主張するものではない、と読み取るのが私の理解であるが、また、批判論説の筆者が、現地人の反応を細分化して記述している第八号論説の筆者をもって、最近に北方中国の諸港を訪れた者の一人と見做している点は、示唆的な見方と言ってよいであろう。

二　〔筆者の考証(一)—J=ゴダードをめぐって〕

『チャイニーズ-レポジトリー』第二巻第八号(一八三三年一二月)所載の匿名論説「中国人との自由貿易」の筆者は、誰なのであろうか。

『チャイニーズ-レポジトリー』は、一八五一年八—一二月の第二〇巻第八—一二合併号をもって停刊したが、その際、全二〇巻の「総索引」"General index of subjects contained in the twenty volumes of the Chinese Repository; with an arranged list of the articles" がこの最終号に付せられた。この「総索引」は、その 'Editorial notice' に言う通り、かつては匿名で掲載された論説について、いまやその筆者名を知りたいと願う人人のため、実名を明らかにすることを方針としているが、それによれば、Vol. II, No. 8, p. 355. の "Free trade with the Chinese" の筆者は J. Goddard となっている。(7)

このJ. Goddard とは、いかなる人物であろうか。*Memorials of Protestant Missionaries to the Chinese: Giving a List of Their Publications, and Obituary Notices of the Deceased*, with Copious Indexes, Shanghai: American Presbyterian Mission Press, 1867, pp. 114-115.(8) によれば、J. Goddard とは、ジョシア=ゴダード Josiah Goddard（中国名は高徳）であり、彼は、一八一三年一〇月二七日、アメリカ合衆国マサチューセッツ州ウェンデル Wendell に生まれた。三一年、バプティスト派の教徒となり、父が牧師を勤める教会に所属した。三五年、ブラウン大学 Brown University を卒業、三八年、ニュートン神学会 Newton Theological Institution での修業を終えて、九月、聖職を授けられ、同年一二月、アメリカ=バプティスト派の浸礼会(9) American Baptist Board of Foreign Missions のもとでアジア布教に出発、三九年六月、シンガポール上陸、暫く滞在の後、四〇年一〇月一六日、任地のバンコクに到着した。中国の上海に移ったのは、一八四八年であった。そして、五四年九月四日、寧波に伝道の生涯を閉じている。著書に、『聖経旧遺詔創世伝』上海、一八四九年、をはじめ、中国文のもの四種のほか、*A Chinese and English Vocabulary, in the Tiě chiú Dialect*, Bangkok, 1847. がある。(10)

現地刊行の *Memorials of Protestant Missionaries to the Chinese*. の記述は、右のように、生没年月日などの細部までを伝えていて、信憑性の高いもののように思われる。そして、これによれば、一八三三年一二月当時、ゴダードは、おそらく大学在学中の二〇歳の青年に過ぎず、いわんや中国現地との直接の関係に未だ身を置いてはいなかったことが知られる。さきの第二巻第八号論説「中国人との自由貿易」の内容と右の事実とを比べ合わせるとき、この論説の筆者をJ＝ゴダードであるとする「総索引」の記述は誤りであると判断してよいであろう。なお、「総索引」によってゴダードの執筆論説とされているものには、他に "Fire insurance in Canton"（Vol. Ⅳ, p. 30.）および "An inquiry respecting the mode of designating the third person of the Godhead in Chinese"（Vol. XVI, p. 391〔*sic*.〕）がある。これを原載箇処に当って検べてみると、前者はVol. Ⅳ, No. 1, May 1835, pp. 30-37. に、後者はVol. XVI, No. 7, July 1847, pp. 351-356. にそれぞれ収められているが、前者は記事の最初に、後者は目次に、いずれも筆者名を'From a Correspondent'と記すのみであって、J. Goddard の署名を見出すことはできない。後者の論説については、*Memorials of Protestant Missionaries to the Chinese*, p. 115. にも言及されており、ゴダード自身の筆に成るものと思われるが、一八三五年の前者が彼の執筆記事である蓋然性は、第二巻第八号論説の場合と同様、極めて少ないと言わざるをえないであろう。

三　〔筆者の考証（二）―W＝ジャーディンをめぐって〕

しからば、第二巻第八号論説「中国人との自由貿易」の筆者は、これをゴダード以外の誰に求めうるであろうか。

衛藤瀋吉「砲艦政策の形成――一八三四年清国に対する――」(11)は、一八三三年、イギリス東インド会社の対清国独占貿易の廃止が決定された前後に、これをめぐって主張されたイギリス人の意見四つを、それぞれの立場の利害関心を表明する四通りの発言として取り上げているが、㈠東インド会社の重役であるマーティン Robert M. Martin の会社独占貿易の継続を主張する少数意見、㈡東インド会社の業績に理解を示すストーントン George Thomas Staunton

の意見、㈢一八三二年一月まで東インド会社の主席管貨人であったマージョリバンクス Charles Marjoribanks のイギリス海軍力の効果を評価する見解のほか、㈣の類型としての「現地におけるいわゆる自由商人の主張」に、衛藤氏は、右の『チャイニーズ-レポジトリー』第二巻第八号（一八三三年一二月）の論説「中国人との自由貿易」を当て、その筆者を推測して、「ジャーディンが書いたものとおぼしい[12]」と言っている。

右のジャーディンとは、ジェームズ＝マセスン James Matheson とともに、一八三二年、ジャーディン＝マセスン商会 Jardine, Matheson & Co. を創立したスコットランド人、ウィリアム＝ジャーディン William Jardine にほかならない。周知の通り、ジャーディン-マセスン商会は、当時の最も代表的な地方貿易商 country trader であり、そのジャーディンの主張する意見が、概括的に分類して、右の「中国人との自由貿易」と同じ類型に属するであろうと考えることは、妥当である。

しかしながら、論説「中国人との自由貿易」の筆者は、ジャーディンその人であろうか。

いま、これを検討するため、一八三四年七月に主席貿易監督官ネーピア William John Napier がカントンに着任する以前、すなわち三三年前後のジャーディンがどのような意見を懐いていたかを、この論説に関連する限りにおいて、Cambridge University Library 所蔵 Jardine Matheson Archive 中の彼の書簡のなかにさぐってみよう。

（1）「私どもは、私どもの〔従来からの〕比較的おだやかな日常業務にたずさわっていたいと思っておりますが、〔イギリス東インド〕会社の独占が廃止されれば、イングランドからの貿易がインドと中国との間の〔私どもの地方〕貿易と一緒になるようになりますので、私どもにとって、それに参加せざるをえないとともに、私どもの現在の状態を維持することは不可能になるでしょう。[13]」（一八三二年一月一六日付）

（2）「〔イギリス海軍の〕提督が〔中国の〕戦用ジャンクを刺戟して戦端を開かせること――それはありそうもないことですが――でもない限り、彼は、中国に対する戦闘開始の権限を与える命令をいかなる当局から受けるこ

とができるであろうか、と私は途方に暮れております。[14]」（一八三一年四月二五日付）

（3）「もちろん、あなたは当地の中国側当局に対するわが軍事行動についてお聞き及びでしょう。軍艦は、何ら発砲することなく、また一地点をも獲得することなく、みなインドに向けて立ち去ってしまいました。〔東インド会社の在カントン管貨人〕委員会は総督と提督とに対し、次の貿易季節の初め——いまでは今季と言ってよいと思います——には援護を送ってくれるよう強く訴えております。しかし、私は、インドの当局がイングランドからの勧告を待つだろうと思いますので、この問題について楽観してはおりません。……〔清国の官憲が〕公行の商人を通じて金銭を強要する関税徴収制度などが存続している現状では、中国貿易が開放されても、イギリスは見るべきいかなる利益をもそこから引出すことはできません。現在の私どもの制限された通商活動を有利に拡張しうるためには、私どもは天朝の未開人たちと通商規則を結ばなければなりません。私どもは公正な通商条約を要求する権利を持っております。そして、私ども〔中国現地の〕在住者はそう言っているのですが、若し拒否されたら、通商条約を強制的に押しつける権利を持っております。本国の友人たちが私どもと意見を異にすることを私はおそれます。できれば彼らの眼を開いてやってください。そして私を信じてください。……[15]」（一八三二年二月二八日付）

（4）「私どもは、カントンで不当な待遇を受けておりますので、〔清国〕皇帝に強力に訴えて公正な通商条約を締結させることを要請します。そして、この条約は、適切に要求されれば、血を流さずに獲得されうる、と私は確信しております。[16]」（一八三二年三月一六日付）

（5）「あなたは、もちろん、リンヂ Hugh Hamilton Lindsay 氏から〔北方中国〕沿岸のロード–アマースト号 Lord Amherst の航海の結果についてお聞き及びのことと存じます。貿易とその利潤とに関する限り、この航海は不首尾であることがわかりました。けれども、有益な情報が得られたことと私は信じております。……台湾で極めて恐るべき反乱が勃発したという記事を『カントン-レジスター』でご覧になることでしょう。彼らに僅かの援助を与えて《そこに基地を獲得する》チャンスです。[17]」（一八三三年一月二日付）

（6）「綿糸は一年中、多量に消費されております。しかし〔その他の〕商品は、〔当地のジャーディン-マセスン〕商会からの手紙に勧告されている通りの状態にあることに間違いありません。当地での使用に適するためには、高価な（?）商品は、いかなる条件でも処分できません。

私どもは、昨年五月以来いままで、毛織物・更紗・上質綿布・ハンカチーフの積荷を携えて沿岸航海をする二隻の船を持っております。その一隻、ジェームシイナ号 Jamesina は数日前に帰ってきました。同船は大量のアヘンを売却しましたが、反物はごく僅かしか売れませんでした。他の一隻はまだ戻りません。同船は北緯四一度ないし四二度、タタールの長城の北へ行ってきました。同船が反物の貿易を開拓したであろうことを、私は期待しております。[18]」（一八三三年三月一日付）

（7）「あなたは、六カ月にわたって北上し巡航した中国沿岸からのシルフ号 Sylph の帰還についてお聞きになるでしょう。……清国の権威筋に対し、彼らがその理性や、正義感や、結果についての懸念やにもとづき、多くの論点について譲歩するよう、彼らに訴えて、彼らから何ものかを期待することが、いかに馬鹿げているかということを、しかしまた、彼らに対する〝請々〟の礼や懇願からは何ものをも得られないということを、シルフ号の記録は、アマースト号の場合よりも一層明らかに立証しております。[19]」（一八三三年五月一二日付）

（8）「ここ（カントン）では、最近は非常に静穏です。そして、奇妙なことに、中国の沿岸に通商を開拓しようとしてきた私どもの試みは、〔カントンの外国人が〕訴えている不満について北京の通商部（礼部主客清吏司？）の注目をよびおこすことによって、カントンの地方当局の行動に〔私どもにとっての〕良い効果をもたらしています。皇帝は、なぜ外国人がカントン港を離れて北方の諸港に赴くのか調査するように命じ、また海関監督や公行の商人に不始末があったのではないかと推測しています。……シルフ号はマセスンと私自身とで沿岸航海に派遣したものです。ジェームシイナ号とジョン＝ビガー号 John Bigger も同様です。シルフ号は不成功でしたが、他の二船は主に薬物（アヘン）で成功しました。反物はほとんど売れませんでしたが、やがて売行きがよくなることを期待しております。〔北方航海に関する〕最も役立つ情報をシルフ号のギュッツラフ Charles Gutzlaff 氏によって手に入れました。彼はいま私どもと一緒におり、次の探検旅行に出かけることを切望しております。[20]」（一八三三年六月一五日付）

なお、以上のジャーディンの書簡を補うべきものとして、彼の同僚、マセスンの書簡を二通、次に掲げよう。

（9）「アマースト号による〔イギリス東インド〕会社の中国沿岸への試験航海の結果については、まだ誰もあなたにお知らせしていないと思います。〔これに乗船していた〕リンヂ氏の言うところによれば、彼は積荷、すなわち紡毛のらくだ織・上質綿布・更紗・フランネル等々を、福建省の省都、福州府の港で、満足すべき値段ですべて売りつくすこともできたのですが、〔その後に〕訪れるつもりの他の港に手ぶらで行くことを望まなかったため、持荷のうち一万ドル分だけを手放した由でした。しかし、これは彼の最後の、そして唯一の取引でした。それというのも、彼は他処では全く取引ができなかったからです。ここだけの内緒ですが、私は、福州府で全部売り捌くことが可能だったと強く主張されていることに、むしろ懐疑的です。……船一隻〔を航海させるため〕の支出が、その〔積荷の〕イギリス工業製品の販売による利益のみによって支払われうるということは、およそありそうもないことです。……[21]」（一八三二年一一月一四日付）

（10）「蒸気〔力〕の抵抗しがたい衝撃によって、イギリス工業製品の貿易量は、〔中国の〕当地で〔受け容れうる〕以上の程度にまで達するだろう、という印象を私は持っておりますので、欠損なしに機械を働かせることができさえすれば最小限度の対価で満足するであろうようなイギリス製造業者と競合してこの工業製品の貿易に従事す

ることは、一般商人にとって望ましいことだとは私には思えません。」[22]（一八三三年一一月一三日付）

以上に紹介した書簡中のジャーディン（およびその同僚であるマセスン）の意見は、当時の英中貿易問題について、論点を尽くした論説形式によって述べられたものではないから、そこには、言及されるべくして触れられなかった問題も、もちろん少なからずあるであろう。しかし、いま、そのことに留意しつつ、これを、さきの『チャイニーズ＝レポジトリー』第二巻第八号の論説「中国人との自由貿易」の内容と比較してみよう。

第一に、書簡、論説の両者ともに、イギリス東インド会社の対中国独占貿易の廃止後に重要課題として解決を迫られるべき中国側の貿易制度とこれにともなう外国貿易の制限の問題を取り上げ、通商条約の締結をはじめとする、その対策を論じている点で、共通の立場に立っていると言うことができる。

第二に、その対策において、両者ともに、イギリスの軍事力、とくに海軍力の効果を高く評価し、しかもその使い方によっては、必ずしも血を流さずにすむ、という見通しに立っている点で共通している。したがって、両者は必ずしも直ちに〝砲艦政策〟を主張するものではなく――衛藤氏も、第二巻第八号論説を「砲艦政策の萌芽」と言って、砲艦政策そのものの主張とは見ていない[23]――、当該段階では、むしろ〝砲艦外交政策[24]〟を主張している点で同様であると言うべきであろうが、ジャーディンの書簡の方がやや強硬論を吐いているように思われる。この傾向は、次に述べるように、彼の立場に即して生じたものであろう。

しかしながら、両者の間には、相違点と見られるものも、また少なくない。

第三に、第二巻第八号論説に比し、地方貿易商人としてのジャーディンの意見は、いわゆる「自由貿易」を開拓してきたとはいえ、自由貿易一般の立場からというより、基本的には、伝統的なカントンの貿易制度による制約に直面してきた彼の従来の経歴上、何よりもまずカントンを直接の対象として、その貿易制度に対し批判の目を向けており、また、その打開を急務とせざるをえなかったがために、その意見は、ネーピアのカントン着任以前にすでに、むしろ、カントンに即して強硬論であった、と言えるのではなかろうか。

第四に、北方中国の沿岸航路および沿海地方の知識、なかんずく沿海地方の中国人の反応について、ジャーディンの書簡には、管見の限り、これに関する十分な記述が見られず、他方、第二巻第八号論説は、関係記事の豊富さにおいて特異のものと言うべきである。ただし、この両者の相違の場合、一方の書簡における関係記事の不在が偶然の結果でないという保証はなく、それが、他方の論説の筆者がジャーディンではありえないことの積極的な証拠にはならないであろう。いわんや、一八三二年二月から九月までのアマースト号、一〇月から翌三三年四月までのシルフ号――前述のように、前者はイギリス東インド会社が、後者は、ほかならぬジャーディン‐マセスン商会が、いずれもはじめて北方沿岸航海に派遣した船であるが、ジャーディン自身は同行してはいない――の北方航海の獲得した情報については、一八三三年秋の時点で、ジャーディンは十分な知識を持っていたものと推定されるのである。[25] したがって、沿海地方の知識が第二巻第八号論説の筆者を推定するための指標となりうるとすれば、それには、書簡と論説との両者の関係記事を比較するというよりも、むしろ、別個に、航海の実地の体験者中に、まさに論説の関係記事を執筆すべく、よりふさわしい人物が存在するか否かを検べることこそが、問題となりえよう。その点で、前述のように、『チャイニーズ‐レポジトリー』第二巻第一〇号の批判論説が、第二巻第八号の論説の筆者を沿岸航海の実地の体験者と推測していること、さらに、ジャーディンが彼の書簡中にアマースト号およびシルフ号に同行したギュッツラフを北方沿海の知識の最良の伝達者と記していることは示唆的である。

第五に、ジャーディンがイギリス工業製品による中国沿海市場の開拓に希望を託しながらも、その当面の不成功を認めていること、また、彼の僚友であるマセスンがイギリス工業製品の沿海市場について、その将来にさえ、さしあたって必ずしも明るい展望を持っていないという事実は、中国の地方官僚と、とくに庶民とが外国貿易を望んでいると言う第二巻第八号論説の楽観的な記述に比べ、著しい対照をなすものであると言えよう。

第六に、右のような相違からさらに進んで、イギリス東インド会社の中国独占貿易の廃止後における自由貿易をどのように予見しているか、という点について比較すれば、本国からアジア貿易に参加してくるであろう新たな〝自由貿易〟商人に対し、現地の地方貿易商人ジャーディンがその競争者として示した実際的な不安の気持、また、近代産業資本の機構のなかに組み込まれ、安価な大量生産をもくろむイギリス製造業者との競争にさらされる商人資本の前途を危惧した実務家マセスンの懐疑は、第二巻第八号論説がその片鱗だに取り上げざるところのものであった。この点で、同論説は、ジャーディンら中国現地のイギリス商人の切実な関心事に言及することなく、東インド会社の独占貿易に対抗する「自由貿易」商としての地方貿易商人と、新たな競争者として東アジアに登場すべきイギリス本国の〝自由貿易〟商人とを自由貿易商一般のうちに概括してしまっている、と言えないであろうか。

以上の第三から第六に至る相違は、しかしながら、一方に記述されている内容が他方には見出されぬというのみのことであって、その不在が必然のことであるのか、それとも偶然の結果に過ぎぬものであるのかは、いま明らかではない。また、同一事実が両者によって扱われながら、その評価において決定的に異なるというような、具体的な相違を積極的に示すものでもなかった。以下、そのような積極的な相違点について考えてみよう。

第七に、ジャーディンおよびマセスンの書簡中には、当時のイギリス人地方貿易商として、当然そこにアヘン貿易に対する批判的言辞を全く見出すことができないが、これに反し、第二巻第八号論説は、みずから「イギリス商人」と称しながらも、前述のように、本国の工業を背景に、控え目ながら敢えて批判的な言葉を述べている。これは、一方の書簡における記述の不在に必然的な根拠が推定されうる問題であるだけに、決定的な相違点であろう。

第八に、事実そのものに関して、蒸気力＝機械制大工業に対する、論説とマセスンの書簡との評価には顕著な相違が見られる。また、些細なことではあるが、台湾をイギリスの通商基地とすることについては、両者がともに言及しながら、ジャーディンがこれを望んでいるのに対し、第二巻第八号論説はその価値を否定しているのである。

以上、ジャーディンがみずから執筆した書簡と筆者不詳の第二巻第八号論説「中国人との自由貿易」との内容の比較という手続を通して、右の論説の筆者がジャーディンならざる蓋然性について考えてきたが、さらに、この論説そのものの形式に即して、筆者がジャーディンにあらざるゆえんを求めてみよう。

実は、右の第二巻第八号論説には、掲載に当って編集者の「あとがき」が付せられている。それによれば、この論説は、同誌の通信員 correspondent が、「最近に中国から出発した友人が、その処理を委託して遺していった文書」を編集部に送ってきたものであって、同通信員の添え手紙には、「これは、注意がゆきとどかず、散漫に書かれたものである」ので、「必要かつ望ましければ、縮めて訂正して頂けると有難い」と記されていた、という。しかし、編集者は掲載されたこの文章の正確さを保証してはいない(26)。

また、この論説が ‘A British Merchant, (*Formerly of Canton.*), Macao, 1833.’ という署名を持っていることは、本稿の冒頭に記した通りである。

右の諸事実を総合すれば、この論説は、最近に中国、ないしは現地イギリス人にとっての「中国」であるカントンを去って、中国以外、ないしは中国沿海を含む北方への航海に出発した人物が、その途上、彼らにとって中国現地の一部であるマカオにおいて書き遺した論説であり、この友人から、彼の原稿の修正とその公表とを委託された通信員が、この論説を編集者に紹介するに当って、彼の文章の修正・改変を編集者に委任したが、原執筆者の文章がそのまま掲載されたものということになろう。

ところで、さきに、一八三二年五月付で『チャイニーズ-レポジトリー』第一巻第一号が創刊されるや、同年六月三〇日、カントンのジャーディンは、ロンドンの元イギリス東インド会社カントン首席管貨人 late President of the Select Committee of Supra-Cargoes at Canton マージョリバンクスに宛てて、彼のために予約してあったこの創刊号を送ること、ジャーディン自身も二部を手に入れたこと、編集者はブリッヂマン E. C. Bridgman であり、モリソン Robert Morrison やギュッツラフがこれを援けていることなどを書き送っている。[27] また、翌三三年一月二日には、同じくマージョリバンクスに宛てて、次のようにも書き送っている。

「私どもは『チャイニーズ-レポジトリー』を定期的に助成しております。そして、私どものためのあなたのご尽力の結果を切望して、期待しております。[28]」

また、ジャーディンには、JMA., Ⅱ-B-6-b, Vols. Ⅰ-Ⅲ. による限り、一八三二年の一年間、「最近に中国から出発した友人[29]」と称せられうるような移動の事実はない。

したがって、若しジャーディンが第二巻第八号論説の筆者であるとすれば、カントンという、在留外国人にとっての狭いコミュニティにおいて匿名の意図をつらぬくため、彼は、みずからを「中国から出発した友人」とするフィクションを使い、その目的の達成のため、さきに見たようにジャーディンにとって極めて親密な関係にあった『チャイニーズ-レポジトリー』編集部との合意のうえ、通信員という第三者による仲介の形態を「あとがき」によって表明し、しかも、筆者の意向と関係なく内容を改変することをも委託されたかの如き文言まで敢えてこの通信員の紹介状に含ませて、すでに一切の後事を託した筆者は現地カントンにはいないのだという韜晦をあくまでこのフィクションに託したのであろうか。筆者がジャーディンであると推定するためには、単なる匿名および掲載委任の形式のみにとどまらず、以上のように、文章の改変を通信員が要請するという、手のこんだ、不必要な虚構さえをも想定せねばならず、それは、ほぼありうべからざることのように思われる。

以上に内容、形式の両面にわたって検討したように、ジャーディンがこの第二巻第八号論説の筆者である蓋然性は乏しいと言わねばならないであろう。

四〔筆者の考証（三）—C＝ギュッツラフをめぐって〕

しからば、三たび、第二巻第八号論説「中国人との自由貿易」の筆者には、ゴダード、ジャーディン以外の誰が、最も蓋然性の大きいものとして考えられうるであろうか。

『ジャーディン＝マセスン文書』のなかに、さきに挙げたもののほか、次のような書簡が見出される。すなわち、一八三三年一一月一六日、ジャーディンは、ロンドンのトーマス＝ウィーディングに宛てて手紙を書き、チャールズ＝ギュッツラフが彼の実地の観察と接触とにもとづいて作った「貿易その他」に関する「意見書」を送るので、プロシャ出身の彼が倉卒の間にしたためた不正確な英文をただして、影響力ある政治家ないしは無所属議員に手渡し、イギリス、中国の両国民の利益（すなわち英中自由貿易の発展）のために有効に使って欲しい旨を述べ、[30] さらに一二月二二日には、訂正済みの「意見書」を送る旨、ふたたびウィーディング宛てに発信している。[31]

一八三三年一二月付で発行された『チャイニーズ＝レポジトリー』第二巻第八号の論説と、右の一一月一六日付ジャーディンの書簡中に語られているギュッツラフの「意見書」なるものとが、ほぼ時を同じくして英中貿易の問題を論じ、しかも、両者ともに、その原文に言葉遣いのうえでの修正の余地が存したという事実は、第二巻第八号論説の筆者がギュッツラフではないかと仮定せしめるに値する十分な条件をなしていると言えるであろう。いま、この場合を考えてみよう。

まず、確実なことは、ギュッツラフがみずから「意見書」を作成し、これの言語的な修正をも含めて、その公表をジャーディンに託したという事実である。また、さきのジャーディンの書簡中に見られるように、当時、ギュッツラフは『チャイニーズ＝レポジトリー』と直接の協力関係にあったという事実である。したがって、第二巻第八号論説がギュッツラフの作であるとする仮定のもとに、その掲載にいたる手続を推測すれば、次のような場合が想定できるであろう。

一、ギュッツラフがカントンないしその周辺地域を離れていない場合、彼は、旧来からの縁のある『チャイニーズ=レポジトリー』への投稿に仲介者を必要としないはずであるから、ギュッツラフが、彼の「意見書」ないしはこれに類する草稿を同編集部に直接手渡し、その際、編集部との合意のうえ、すでに中国にはいないイギリス商人と称して、通信員の仲介という形式を装い、のみならず、この通信員にみずからの文章の訂正ならびに改変を委任するというフィクションをも加えた。

二、現実に、ギュッツラフはすでにカントンを離れており、出発に際し、みずからの草稿の改変をも含めて、その処理を『チャイニーズ=レポジトリー』周辺の人物に託した。したがって、この場合は、論説の内容上、「イギリス商人」という匿名を用いたほか、一切は事実のままということになる。そして、不在のギュッツラフという設定を前提とする以上、その論説掲載の仲介者として、『チャイニーズ=レポジトリー』編集部ともギュッツラフとも親密な関係にあり、かつ「意見書」を託されたジャーディンをこれに想定することに支障はないであろう。

右の二つの想定について考えてみるに、前者において、文章の訂正・改変を委任されたが、これは編集部によって実行されていない旨を公表する、という形態までを虚構する必要は何ら存しないように思われる。したがって、後者の場合こそ、まさに現実性に富んでいるものと言えよう。

しからば、第一に、一八三三年秋から一二月にかけて、ギュッツラフは、現実にカントンないしその周辺地域にいなかったであろうか。この点に関し、『チャイニーズ=レポジトリー』第二〇巻第七号（一八五一年七月）所載のギュッツラフの死亡記事、およびこれにもとづいたと思われる前掲 *Memorials of Protestant Missionaries to the Chinese.* には、ギュッツラフがシルフ号による探検航海から一八三三年四月、カントンに帰着して以後、翌三四年一一月までの間に、沿岸貿易に従事する幾隻かの船に乗って沿海の布教を続けた、と記すのみで、三三年秋から一二月にかけてのギュッツラフの動静について、その詳細を伝えてはいない。[32] しかし、ジャーディンの書簡中、一八三三年六月一五日付、カントン発、トーマス=ウィーディング宛ての通信には、シルフ号の北方航海から帰ったギュッツラフについて、「彼は、いま私どもと一緒におり、次の探検旅行に出掛けることを切望しております[33]」と言っている。また、同年一二月一四日には、ジャーディンはカントンからギュッツラフに宛てて、中国語の雑誌のことが順調に進捗していること、また、帰英するグラント船長（前出の Charles Grant Jr. とは別人）にギュッツラフの History of China を託した旨を書き送っている。[34] ところで、『ジャーディン-マセスン文書』の Private Letter Books 中に収められている右の書簡のコピーには、地名としての受信地はなく、ただ右上部に'Barque Colonel Young'と記すのみであり、この「帆船コーヌル-ヤング号」がギュッツラフの搭乗している宛名先の船名であるのか、この書簡を託した船便の船名であるのか、遽かに断定しがたい。しかし、いずれにしても、中国語雑誌の相当期間に及ぶ状況に関する記述といい、また、この書簡に特定の受信地の記載のないことといい、ギュッツラフが、後述の一一月一〇日以降の某日から右の一二月一四日当時以後まで、長期にわたってカントンないしその周辺地域に不在であり、しかも泊地不定の航海中であった蓋然性は大きいと言わねばならない。

第二に、ジャーディンが第二巻第八号論説の投稿を仲介したものとすれば、その経過に関する何らかの報告を、右の書簡中ないしギュッツラフ宛てジャーディンの他の書簡中に見出しうるか否かが問題となろう。だが、管見の限り、そのような文言はない。しかし、この点では、実在することの確実なギュッツラフの「意見書」についてさえ、これをウィーディング宛てに送ったこと、その他、この「意見書」に関するギュッツラフ宛ての私信をジャーディンの書簡中に見出すことができないのであるから、論説一件に関するギュッツラフ宛て通信のないことが、以上の考証にとって致命的な障碍であるとは言えぬであろう。

以上の考察は、しかしながら、ギュッツラフの「意見書」と『チャイニーズ-レポジトリー』第二巻第八号論説との同一時期における取扱われ方を比較し、いわばその外在的な暗合関係を考証して、論説が「意見書」と同様にギュッツラフの筆に成ったものである蓋然性を推測したに過ぎない。しからば、次には、この第二巻第八号論説と、ギュッツラフ自身の著作であることが明らかな諸文献との内容を比較するという積極的な考定が必要となろう。

さきのいわゆる History of China は、その文献名の略称から見て、「一八三三年一一月一〇日、カントン」において著者自身が書いたことが内容上明らかな“Advertisement”を巻頭に掲げ、翌三四年にロンドンで刊行された Rev. Charles Gutzlaff, *A Sketch of Chinese History, Ancient and Modern: Comprising a Retrospect of the Foreign Intercourse and Trade with China*, 2 vols., London, 1834. の草稿であるに相違ない。この草稿は、右の一八三三年一一月一〇日からジャーディンがその草稿をグラント船長に託した時点（一二月中旬以前）までに、ジャーディンのほか、著者以外の者がこれを読むことがあったとしても、それはギュッツラフおよびジャーディンのごく周辺の者に限られたであろう。かくして、第二巻第八号論説が執筆された時期と考えられる一八三三年秋に、ギュッツラフのこの著書の内容を知る者が極めて少なかったとすれば、ジャーディン（およびマセスン）が第二巻第八号論説の筆者ではないというさきの推論のうえに立つ以上、この書物と右の論説との間に見出される記述内容の一致は、この論説が同じくギュッツラフによって書かれたであろうという蓋然性を強めることになるであろう。また、この一八三三年を遠く隔たり、新たな知識やそれにともなう見解の変改を含みうるギュッツラフの諸著作——例えば、The Rev. Charles Gutzlaff, *China Opened; or, A Display of the Topography, History, Customs, Manners, Arts, Manufactures, Commerce, Literature, Religion, Jurisprudence, etc. of the Chinese Empire*, Revised by the Rev. Andrew Reed, D. D., 2 vols., London, 1838.——を別として、沿岸航海日誌その他、当時の彼の著述を右の論説と比較することも、論説の筆者をギュッツラフに当てようと試みる考証にとって有効であろう。

『チャイニーズ＝レポジトリー』第二巻第八号の論説がチャールズ＝グラントの意見を高く評価していることは、さきに見た通りであるが、ギュッツラフの *A Sketch of Chinese History*（以下、*Sketch* と略称）もまた、同じチャールズ＝グラントに捧げられ、その献辞のなかで、ギュッツラフは、グラントを「私のささやかな仕事がその目的としている、重要な対中国貿易の成功に常に深甚の関心を懐かれる貴下」と称んでいる。そして、同書のなかには、次のような記述を見出すことができる。すなわち、総説的な部分において、

〝商業意欲が全中国人に漲っている。外国人との通商は、支配者によってある限度までに抑制されてはいるものの、中国人は外国人との通商を避けず、これに従事することを非常に熱望している。すべての港がイギリス船に対して開かれるならば、中国、イギリス両国民にとって莫大な利益が生ずるであろう。〟（Vol. Ⅰ, p. 63.）

という趣旨のことを述べ、また、アマースト号による航海の経験について、

〝この航海の結果、イギリス政府が強要しさえすれば、東北中国の諸港との交易を開くことができるという確信を得た。イギリス人が同じ権利を中国人に認めたのであるから、すべての中国の港と交易することをイギリス人にも許可すべきだ、という熱望に、すべての中国人地方官僚が同意した。民衆は、官僚たちの極度の警戒心にもかかわらず、外国貿易をおこなうことに熱心であり、外国人に対する彼らの親切と款待とは卓越している。〟

（Vol. Ⅱ. p. 407.）

と言い、さらに、シルフ号ならびに他の一隻による貿易について、

〝福建海岸において引続いておこなわれた二つの試みは、アヘン貿易について、いずれも成功であることを立証し、イギリスの反物も制限貿易の交易品として次第に注目を惹きつつある。〟（Vol. Ⅱ, p. 409.）

と述べ、かかる中国市場の開拓について、イギリス政府に対し、次のような注文をつけている。

〝イギリス政府がイギリス商人のため大きな貿易量を獲得してくれるであろう、という期待をわれわれはつつま

しく持っているのだが、弱い、陋劣な中国政府を威圧することなしに外交交渉をすることによっては、何ものも得られないであろう。大小一〇〇〇隻から成る中国艦隊は、ただ一隻のフリゲート艦に抗することができない。大部分の中国国民は貿易を望み、地方官僚も上司に看破られることなく交易ができさえすれば、貿易に関与したいと願っているのである。”（Vol. Ⅱ, pp. 410-411.）

また、一八三三年までにギュッツラフの経験した三回にわたる航海、すなわち、ジャンクによるバンコク→天津→遼東湾→マカオ（一八三一・六・一八―三二・一二・一三）の第一回航海のほか、前述のアマースト号およびシルフ号による第二、第三回の沿岸航海の日誌ないしその一部は、『チャイニーズ-レポジトリー』の第一巻および第二巻に掲載され[35]、また別に単行本となって公刊されている[36]。いま、これらのすべてに言及する紙幅を持たぬので、その問題点を最も端的に表現していると考えられる『チャイニーズ-レポジトリー』第一巻中の一節を取り上げよう。この一文は、第一巻中の第一回航海日誌の最後に付せられている“To the Editor of the Chinese Repository”という文章[37]であり、ギュッツラフの航海日誌そのものではない。『チャイニーズ-レポジトリー』第二〇巻所収の「総索引」によれば、筆者はギュッツラフということになっているが、末尾の署名には‘Your's, PHILOSINENSIS’とあり、「総索引」に誤りのありうることは前述の通りである。しかしながら、「中国を愛する人間」Philosinensis（Lat.）という署名を持つ文章には、他に第二巻所収の“Remarks on the history and chronology of China, from the earliest ages down to the present time”, By Philosinensis. があり[38]、ここに述べられている中国史の時代区分は、ギュッツラフの前掲 *Sketch* 中の時代区分[39]とほぼ同様である。

かくしてギュッツラフの筆に成ると考えられる右の「編集者へ」は、北方沿岸航海の日誌の末尾に、このような沿岸航海の企画の有用性について解説するため、編集部が、通信員 correspondent から受取った通信――文中に、“The details of the voyage, and of the cirumstances 〔*sic*〕 that occurred wherever the vessel touched, ―― which are soon to appear in print,…"と言っていることからも、この「編集者へ」の筆者が航海日誌の筆者ギュッツラフであることが推測される──を紹介する、という形式で掲載されているが、筆者は、まず、この航海の結果、北方中国との貿易が開かれるようになれば、貿易商にとっても博愛主義者──このように philanthropist の立場に立って考えることといい、ペン-ネームにラテン語を用いることといい、また、文中の他の箇処に見られる神への言及といい、筆者が宣教師ギュッツラフであるにふさわしい──にとっても喜ぶべきことだと言い、次いで、アマースト号の航海の成果に関して強調すべき問題点について、

〝次のようなことが明らかになった。すなわち、われわれは、民衆から手を拡げて迎えられ、また、利己心によって促されている地方当局は、省政府および中央政府の高級官僚が容認するか、少なくとも見て見ぬ振りをしさえすれば、われわれが来ることを喜んで奨励するであろう、ということが今や明らかになった。〟

〝民衆ばかりでなく地方官僚もまた、われわれと同様、貿易を開くことの利益について極めて分別がある。地方官僚は、この問題について彼ら中国人の皇帝と交渉するため、権威ある人間をイギリスは送るべきであり、その折りには、貿易から生ずる利益について上司に詳しく説いて、あなた方を援助したい、と繰返し要請し、貿易問題に関する彼らの意見を、このような関心のもとで最も強く述べたのである。〟

と言い、さらに、彼ら中国人が決して従来考えられていたように閉鎖的ではない旨を主張する。

右に見られるギュッツラフの体験にもとづく基本的見解こそ、実は、『チャイニーズ-レポジトリー』第二巻第八号の論説「中国人との自由貿易」の最も特徴的な個性的認識であったことが想起されるであろう。すなわち、ギュッツラフが、みずから通訳ならびに宣教師として直接に中国人に接した、彼の実地の体験──それはまた、切実な利害関心からむしろ超越して伝道パンフレットを配布した彼に特殊な体験でもある──のなかから、中国現地の外国貿易に対する反応を、民衆と下級地方官僚というように、きめこまかく細分化して捉えるとともに、中国市場に対するイギ

リス工業製品の将来性を極めて楽観的に展望し、そのための外交交渉にイギリス海軍の威嚇のもと、本国から直接に送られる「権威ある人間」による〝砲艦外交〟を期待するという対中国外交論を展開するのみであって、イギリス自体の自由貿易の内部的な矛盾と困難とについては一言も語りえていない、以上のような諸記述を読むとき、それは、かの第二巻第八号論説の非実務家的な、したがって非商人的な議論——「総索引」が宣教師ゴダードの筆と思い誤った一因も、ここにあるのであろうか——との符合を十分に思わせるものがあると言えよう。

五〔おわりに〕

以上に、『チャイニーズ-レポジトリー』第二巻第八号の論説の筆者がチャールズ=ギュッツラフではないか、という〝考証〟をおこなってきたが、しかし、考証というものは、所詮、存在すべき決定的史料——ときに、ただ一つの——がいまだ発見されないという不安定な状況のもとで、その周辺部に蓋然性を追究する作業に過ぎないであろう。したがって、今後、ゴダードであれ、ジャーディンであれ、ギュッツラフであれ、はたまた上記以外の人物であれ、彼らのうちの一人が第二巻第八号論説の筆者にほかならぬことを明証する史料——たとえば本人自筆の草稿や日記——が現われたとき、考証の結果は、その考証が正しかった場合においてさえ、無用のものとなるであろう。しからば、考証の意義は、極言すれば、むしろ、考証の一応の結果にある以上に、考証の過程に明らかにされる諸事実そのものに存する、と言いえないであろうか。

グリーンバーグ氏は、本稿において私の使用した『ジャーディン-マセソン文書』をつとに閲読して、その著書 *British Trade and the Opening of China 1800-42*, Cambridge, 1951. を世に問い、そのなかで、「地方貿易 Country Trade が〔イギリス東インド〕会社の管理のもとで準独占 quasi-monopoly を享受するものであった限り、彼ら地方貿易商人は、イギリス商品を中国市場に溢れさせてカントンを目標とする激しい競争をもたらそうとする新〝自由商人〟の到来を怖れたのであった。[40]」

と述べているが、本稿でもまた、その考証の過程において、宣教師ギュッツラフの非実務家的な筆に成るものと推定された論説――したがって、「現地におけるいわゆる自由商人の主張」の代表的なものとは称しえない論説――との対比を通じて、ジャーディンおよびマセスンの書簡のなかに、右のような事実を一層具体的に明らかにすることができたように思われる。すなわち、東インド会社の対中国独占貿易に漸く対抗しつつもその傘下に成長してきた準独占としての地方貿易の旧来の商業資本家ジャーディンならびにマセスンが、イギリス商品の自由貿易一般を概括的・楽観的に論じた第二巻第八号論説とは対蹠的に、東インド会社の独占廃止後の中国市場におけるイギリス資本制商品――とくに piece goods としての綿布――の困難な展望[41]と、そこに激しい競争をもたらすべき新たな〝自由貿易〟とについて何を予感しつつあったか、という時代的特殊性が、考証過程に紹介した『ジャーディン–マセスン文書』によって、一層明確になったと言えないであろうか。

イギリス東インド会社による中国貿易独占の廃止後に、右のような旧来の地方貿易商人が中国貿易を担当し、それが、「典型的」なイギリス近代産業資本およびその自由貿易と言われるものの中国市場進出の現実の形態であったという事実を、一九世紀東アジア経済史研究は、その基本的認識として持たねばならぬであろう。

註

（1）「当地のわれわれの貿易」とは、論説の内容によって明らかなように、現地（カントン・マカオ）在住のイギリス「自由貿易」商人の貿易であるが、自由貿易 free trade と地方貿易 country trade とのニュアンスの相違については後述する。

（2）グラントのこの書簡について、論説の筆者は文中に「これによって、〔イギリス東インド会社の〕対中国貿易〔の独占〕の

〔自由貿易商人に対する〕開放が完全に決定づけられたように思われる」と評している。なお、チャールズ=グラントの略伝、ならびに当時における彼の立場については、C. H. Philips, *The East India Company 1784-1834*, Manchester, 1940, p. 276ff. および衛藤瀋吉『近代中国政治史研究』東京大学出版会、一九六八年、一三四、一九三―一九八頁、参照。

（3）イギリス東インド会社の中枢機関である the Secret Committee については、C. H. Philips, *op. cit*, p. 9ff. 参照。

（4）この部分は、原文の要旨ではなく、逐語訳である。なお、衛藤、前掲『近代中国政治史研究』、一五二頁。田中正俊『中国近代経済史研究序説』東京大学出版会、一九七三年、一五五頁、参照。

（5）Lantao が香港島の西の大嶼島であることについては、"Coast of China", *The Chinese Repository*, Vol. V, No. 8, December 1836, p. 348. 参照。筆者は、この文献について、濱下武志氏の示教を得た。

（6）本論説については、衛藤、前掲『近代中国政治史研究』、一八九―一九〇頁に、その簡潔な要旨が収められているが、本稿では、新たに着目した論点を含めて、のちの行論に必要な限り詳細な要約をおこなった。

（7）"General index of subjects contained in the twenty volumes of the Chinese Repository; with an arranged list of the articles." p. xxxii.

（8）本書の存在について、坂野正高氏の示教を得た。なお、坂野正高『近代中国外交史研究』岩波書店、一九七〇年、二〇五―二〇六頁、参照。

（9）この中国名については、山本澄子『中国キリスト教史研究』東京大学出版会、一九七二年、一六頁、参照。

（10）この書物については、*The Chinese Repository*, Vol. XVIII, No. 11, November 1849, pp. 604-606. に "Literary Notices" が掲載されている。なお、Tiē chiū は潮州である。

（11）衛藤、前掲『近代中国政治史研究』一六七―二一三頁。この論文は、もと『国際法外交雑誌』五三巻三、五号、一九五四年八月、一九五五年四月、に掲載されたものである。

（12）衛藤、前掲書、一八九頁。また、同書、一五二頁、参照。

（13）Jardine Matheson Archive, Ⅱ (Correspondence Section) -B (Letter Books) -6 (Private Letter Books) - b (W.

Jardine）（JMA., Ⅱ-B-6-bと略称）, Vol. Ⅰ, 16th January 1831, requoted from Michael Greenberg, *British Trade and the Opening of China 1800-42*, Cambridge, 1951, p. 179.

（14） JMA., Ⅱ-B-6-b, Vol. Ⅰ, To Thomas Weeding, from W. Jardine, 25th April 1831, requoted from M. Greenberg, *op. cit.*, p. 197. なお、トーマス＝ウィーディングは、Jardine, Matheson & Co., Ltd., *Jardine, Matheson & Company, An Historical Sketch*, Jardine House, Hong Kong, n. d., p. 21. によれば、'an Eastern India merchant of London' という。

（15） JMA., Ⅱ-B-6-b, Vol. Ⅰ, p. 164, To J. R. Reid, London, from W. Jardine, Canton, 28th February 1832.

"You have, of course, heard of our warlike proceedings against the Chinese authorities here. The ships of war have all left for India, without firing a shot, or gaining a single point.

The Committee have urged the Governor General, & Admiral, to send on assistance early next season, or we may now say this season; but I am far from being sanguine on this subject; being of opinion, that the authorities in India will wait for advices from England.

...Great Britain never can derive any important advantage, from opening the Trade to China, while the present mode of levying duties, extorting money from the Hong Merchant. &c exist.

We must have a Commercial Code with these Celestial Barbarians, before we can extend, advantageously, our now limited commercial operations.

We have a right to demand an equitable Commercial Treaty, & to enforce it if refused, so say we residents. I am afraid our friends at home differ from us. Open their eyes if you can, and Believe me &c &c."

M. Greenberg, *op. cit.*, p. 179. にも、この書簡の一部が引用されているが、日付けは二月二九日となっており、語句にも私の筆写したものとの異同が僅かながら見られる。なお、貿易季節は、一〇月から翌年一月までである。

（16） JMA., Ⅱ-B-6-b, Vol. Ⅱ, pp. 13-14, To Thomas Crawford, Bombay, from W. Jardine, Canton, 16th March

1832.

"We require an equitable Commercial Treaty, with the power of appealing to the Emperor, when justice is denied us in Canton; and, I am convinced, this may be obtained without bloodshed, if properly demanded."

なお、M. Greenberg, *op. cit.*, p. 197. 参照。

(17) JMA., Ⅱ-B-6-b, Vol. Ⅱ, pp. 91-92, To Charles Marjoribanks, London, from W. Jardine, Canton, 2nd January 1833.

"You have, of course, heard from Mr. Lindsay the result of the Lord Amherst's voyage on the Coast, which, as far as Trade, and profit is concerned, has proved a failure; but, I have no doubt, useful information has been obtained. …

You will see, from the Canton Register, that a very formidable insurrection has broke out in Formosa, where an opportunity for us to lend them a little aid."

なお、《　》内は、M. Greenberg, *op. cit.*, p. 178. によって補った。また、リンヂは、イギリス東インド会社の管貨人であり、アマースト号による彼の航海の報告書 *Report of Proceedings on a Voyage to the Northern Ports of China, in the Ship Lord Amherst, extracted from Papers, printed by Order of the House of Commons, relating to the Trade with China.* 2nd ed., London, 1834. の巻頭の "Advertisement" には、

"Mr. Lindsay, a Member of the East India Company's Factory in China, was entrusted with the Mission: he was accompanied by the Rev. Charles Gutzlaff, a Prussian Missionary, as Interpreter. The principal object was to ascertain how far the Northern Ports of China might be gradually opened to British Commerce; which of them was most eligible; and to what extent the disposition of the natives and the local governments would be favourable to it. Mr. Lindsay was instructed to avoid giving the Chinese any intimation that he was acting in the employ of the East India Company."

と、この航海の目的について述べているが、そこに北方中国の現住民および地方官庁の反応の調査が挙げられ、とくに、直接に現地人と接すべき通訳がギュッツラフ Charles Gutzlaff（Karl Friedrich August Gützlaff）であったことを記していることは注目に値いしよう。その意義については後述する。

（18）JMA., Ⅱ-B-6-b, Vol. Ⅱ, pp. 122-123, To John MacVicar, London, from W. Jardine, Canton, 1st March 1833.

"Cotton Yarn is consumed in large quantities, all the year round, but the numbers must be such as are now recommended in the letter from the Firm, the price 〔*sic*〕 numbers cannot be disposed of on any terms for use here.

We have had two vessels on the coast with assortments of woollens chintzes Longclothes 〔*sic*〕 Handkfs. ever since May last.

One of them the Jamesina returned a few days ago. She had got off a good deal of Opium, but very few Piece Goods, the other is still out, and has been as far north as 41 or 42 degrees north, being to the northward of the Tartar Wall.

I hope she may have opened a Trade for Piece Goods."

なお、ジャーディン-マセスン商会が発足したのは一八三二年七月一日である。cf. Jardine, Matheson & Co., Ltd., *op. cit.*, p. 23.

（19）JMA., Ⅱ-B-6-b, Vol. Ⅱ, pp. 147-148, To Charles Thomas, Singapore, from W. Jardine, Canton, 12th May 1833.

"You will be glad to hear of the Sylph's return from the Coast of China, where she had been cruizing 〔*sic*〕 for upwards of six months. …

Their proceedings prove more clearly, even than those of the Amherst did, how absurd it is expect〔*sic*〕any thing, from the Chinese Authorities, by appealing to their reason, and sense of justice, fear of consequences

may make them yield many points; but nothing is to be obtained from "Chin chinning" and soliciting them."
なお、チャールズ=トーマスについては、H. B. Morse, *The Chronicles of the East India Company trading to China 1635-1834*, Oxford, 1926, Vol. Ⅲ, p. 104. 参照。'chin chin' は中国語源の中国商人の慣用英語 Pidgin English である。

（20）JMA., Ⅱ-B-6-b, Vol. Ⅲ, pp. 1-2, To Thomas Weeding, London, from W. Jardine, Canton, 15th June 1833.
"We have been going on very quietly here of late and strange to say, the attempts we have been making to open a Trade along the coast have had a good effect on the conduct of the local Authorities in Canton by calling the attention of the Pekin Board of Trade to the grievances complained of.
The Emperor orders them to enquire why Foreigner leave the Port of Canton to proceed to the Northern Ports, and infers misconduct on the part of the Hoppo & Hong Merchants. ... The Sylph was sent along the Coast by Matheson & myself, also the Jamesina & John Biggers. the first made an indifferent Trip, the others were successful, chiefly in the Drug. In Piece Goods little was done, but we hope to do better by and by and bye 〔*sic*〕. Most useful information was obtained by Mr. Gutzlaff in the Sylph. He is living with us at present, and anxious to start on another expedition."
右のシルフ号に同行するに当ってのギュッツラフの心境について、彼自身、"After much consultation with others, and a conflict in my own mind, I embarked in the Sylph..." と記している。cf. The Rev. Charles Gutzlaff, "Journal of a voyage along the coast of China from the province of Canton to Leao-utung in Man-tchou Tartary; 1832-33", *The Chinese Repository*, Vol. Ⅱ, No.1, May 1883, p. 20. また、このギュッツラフのシルフ号搭乗の事情については、George Woodcock, *The British in the Far East*, London, 1969, pp. 102-103. 参照。
なお、翌六月一六日にも、マクヴィカー宛てのジャーディンの書簡がある。JMA., Ⅱ-B-6-b, Vol. Ⅲ, p. 2f.
"Our trading expectations along the Coast upper to have had a wonderful effect on the minds of the Emperor's Ministers who naturally enough enquire why we leave the comfortable and safe port of Whampou to trade

among ice and snow in 40° & 41° North at the risk of Life, and in disobedience of the Laws of the Celestial Emperor.

The answer is plain and easily understood, the exactions of the Canton Authorities, contrary to the existing Laws and Orders of the Emperor, are so arbitrary and oppressive, that we can no longer trade here with advantage.

Orders have lately been received from Pekin informing the Hoppo and his underlings to desist from imposing improper exactions on foreign Commerce, & to treat Foreigners kindly.

This looks well on paper, but as yet we have derived little or no advantage from the Imperial Mandate.

We have had three vessels on the Coast lately, the Sylph, Jamesina & John Bigger, for the Sylph's proceedings I must refer you to the Canton Register, the others did not go so far North, and were more successful, particularly in the Drug department. In Piece Goods little has yet been done, but we don't despair of success to a certain extent, if persevered in, & in every ship we send an assortment."

(21) JMA., Ⅱ-B-6-c (James Matheson), Vol. Ⅰ, To John MacVicar, Manchester, from J. Matheson, Canton, 14th November 1832.

"I do not think any of us has reported to you the result of the Coy's. experimental voyage in the Amherst, along the Coast of China. Mr. Lindsay states that he could have sold the whole of her cargo, Camlets, Long-cloths, Chintzes, Flannels &c. at the port of Fuh-Chow-foo, Capital of the adjoining Province of Fukien, at satisfactory rates, but not wishing to go empty handed to the other ports he intended visiting, he would part with only ten thousand dollars worth of what he had. This however was his last and only transaction, for he could do nothing elsewhere, and between ourselves, I am rather sceptical as to the alleged feasibility of getting rid of all at Fuh-Chow-foo.

…for it is not likely that the expenses of a vessel could be defrayed from the profits on the sale of British manufactures only."

なお、マクヴィカーは、当時、マンチェスター商業会議所の副会頭兼事務局長であった。衛藤、前掲『近代中国政治史研究』、一六一頁、参照。また、Jardine, Matheson & Co., Ltd., *op. cit.*, p. 24. によれば、当時、マクヴィカーは、ジャーディン-マセスン商会の綿布部門のためのランカシャにおける Permanent agent でもあった。

（22）JMA., Ⅱ-B-6-c (J. Matheson), Vol. Ⅰ, To Duncan, from J. Matheson, Canton, 13th November 1833.

"Such is my impression, of the extent to which the trade in British manufactures, will be overdone here, by the resistless impulse of Steam, that I cannot consider it desireable [*sic*] for the general Merchant to engage in it, in competition, with the manufacturers, who will be satisfied with the lowest scale of remuneration, that will enable them to work their machinery, without loss."

なお、マセスンには、周知のように、のち J. Matheson, *The Present Position and Prospects of the British Trade with China*, London, 1836. という著作がある。西村孝夫「ジェームズ・マセソンの貿易観」（同『近代イギリス東洋貿易史の研究』風間書房、一九七二年、一七二―一八二頁）、参照。ただし、マセスンは彼の論著を発表する以前に当然『チャイニーズ-レポジトリー』第二巻第八号の論説を読んでいると考えられるから、マセスンの論著とこの論説との異同を比較することは、第二巻第八号論説の筆者が誰であるかを推定するという目的には必ずしも役立たぬであろう。

（23）衛藤、前掲『近代中国政治史研究』、一九〇頁。

（24）坂野正高氏も、「砲艦政策」gunboat policy と「砲艦外交」gunboat diplomacy の両語を区別している。坂野正高、前掲『近代中国外交史研究』三三三頁。J. K. Fairbank, "Patterns behind the Tientsin Massacre", *Harvard Journal of Asiatic Studies*, Vol. XX, Nos. 3 & 4, Dec. 1957, p. 482. 参照。

（25）註（17）に挙げたアマースト号報告書の原本 Papers relating to the Ship Amherst, Return to an Order of The Honourable the House of Commons, dated 17 June 1833; -requiring, A Copy or Extract of any Despatch which may have been addressed by the Court of Directors of the East India Company to the Supra-cargoes at Canton, in reference to the Voyage recently undertaken by the Ship Amherst to the North-East Coast of China; together with a Copy of any Reports or Journals of the said Voyage. の刊行年月は 'Ordered, by The House of Commons, to be Printed, 19 June 1833.' となっている。また、註（20）の書簡に明らかなように、右のアマースト号およびシルフ号の情報については、ジャーディンは直ちにギュッツラフから聞いていたはずである。

（26） *The Chinese Repository*, Vol. Ⅱ, No. 8, December 1833, p. 374.

（27） JMA., Ⅱ-B-6-b, Vol. Ⅱ, pp. 26-27, To C. Marjoribanks, London, from W. Jardine, Canton, 30th June 1832.

"...I have much pleasure in availing myself of the opportunity to hand you, under Cover, the first number of the "Chinese Repository" for which I have subscribed in your name; taking at the same time two Copies for myself.

Mr. Bridgeman 〔*sic*〕 is the Editor, aided, I believe, by Doctor Morrison, Mr. Gutzlaff &c &c."

（28） JMA., Ⅱ-B-6-b, Vol. Ⅱ, pp. 91-92, To Charles Marjoribanks, London, from W. Jardine, Canton, 2nd January 1833.

"We forward the "Chinese Repository" regularly, and look forward with great anxiety for the result of your exertions in our favor."

（29） 註（26）参照。

（30） JMA., Ⅱ-B-6-b, Vol. Ⅲ, p. 49, To Thomas Weeding, London, from W. Jardine, Canton, 16th November 1833.

"Accompanying this I have the pleasure of handing you a statement respecting the "Trade &c. &."drawn up by the Revd. C. Gutzlaff from actual observations and intercourse on the spot.

It is such as, that it should be put in to the hands of some influential political character, or independent member of parliment 〔*sic*〕, who will make a good use of it for the benefit of both nations. ...

The paper has been copied in a hurry, and may contain some inaccuracies; which I shall endeavour to remedy in the duplicate copy by the next despatch.

Mr. G. being a Prussian his language is not, 〔*sic*〕 at all times correct, and I must impose upon you the farther task of brushing up the composition, before you give it to any one."

『ジャーディン-マセスン文書』に頻出する statement という語は「貸借一覧表」である場合が多いが、ここでは、記述の内容から推測して、政治的影響力を発揮しうる意見書の形の文章であることに間違いない。なお、手書きの『ジャーディン-マセスン文書』中、とくに筆蹟の判読しがたい右の書簡の解読について、筆者は D=C=トゥイチェット D. C. Twitchett 教授の示教を得た。

(31)　JMA., Ⅱ-B-6-b, Vol. Ⅲ, pp. 58-59, To T. Weeding, London, from W. Jardine, Canton, 22nd December 1833.
"By this conveyance we send a duplicate of Mr. Gutzlaff's statement respecting the trade &c., which you will probably find more correct than the one sent on the 16th ulto."

(32)　"The death of the Rev. Charles Gutzlaff", The Chinese Repository, Vol. XX, No. 7, July 1851, p. 511ff; "Karl Friedrich August Gützlaff", *Memorials of Protestant Missionaries to the Chinese*, p. 55.

(33)　註（20）参照。

(34)　JMA., Ⅱ-B-6-b, Vol. Ⅲ, pp. 55-56, To C. Gutzlaff, from W. Jardine, Canton, 14th December 1833.
"The Chinese magazine goes on prosperously and I hope to see it in general request, among the Chinese, by the time the 6 Months have expired. ... Capt. Grant left for Engld. on the 4th Instant. onbd. the Marquis of Huntly and by him we have sent your History of China."
なお、右の中国語の雑誌とは、ギュッツラフが編集人となって、一八三三年八月、カントンにおいて創刊された、中国人のため外国の知識を紹介する月刊誌『東西洋考毎月統紀伝』*Eastern Western Monthly Magazine* である。"A Monthly Periodical in the Chinese language", *The Chinese Repository*, Vol. Ⅱ, No. 4, August 1833, pp. 186-187. 戈公振

『中国報学史』（初刊、上海・商務印書館、一九二七年）、北京・三聯書店、一九五五年、六八頁、参照。

（35）*The Chinese Repository*, Vol. Ⅰ, No. 1, p. 16ff; No. 2, p. 45ff; No. 3, p.81ff; No.4, p. 122ff; No. 5, p. 180ff; Vol. Ⅱ, No. 1, p. 20ff; No. 2, p. 49ff; No. 12, p. 529ff.

（36）Charles Gut Zlaff, *Journal of Three Voyages along the Coast of China in 1831, 1832, & 1833, with Notices of Siam, Corea, and the Loo-choo Islands*, 2nd ed., London, 1834. なお、*The Quarterly Review*, Vol. 51, 1834, pp. 468-481. に本書の詳しい紹介がある。

（37）*The Chinese Repository*, Vol. Ⅰ, No. 5, September 1832, pp. 199-201.

（38）*The Chinese Repository*, Vol. Ⅱ, No. 2, June 1833, p. 74ff; No. 3, July 1833, p. 111ff. なお、戈公振、前掲『中国報学史』、三七四頁には、前掲『東西洋考毎月統紀伝』について、「封面毎綴以格言、大率録自四書、旁注「愛漢者纂」、則教士K. F. A. Gutslaff〔*sic*〕自謂也。」（傍点は引用者）と言っている。

（39）C. Gutzlaff, *A Sketch of Chinese History*, Vol. Ⅰ, p. 71ff.

（40）M. Greenberg, *op. cit.*, p. 179.

（41）Mr. Mitchell to Sir G. Bonham, Hong Kong, March 15, 1852, Inclosure No. 132, in Correspondence relative to the Earl of Elgin's Special Missions to China and Japan, 1857-1859, 1859, pp. 243-251. 田中、前掲『中国近代経済史研究序説』、第二篇第三章、第三篇第三章、参照。

【編集者附記】　本稿は、もと『榎博士還暦記念東洋史論叢』（山川出版社、一九七五年一一月）に掲載された。原載論文は五節に分けられているが、各節の表題はない。本書に収録するに当り、編集者が適当と思われる題名を〔　〕内に記した。

4　日清戦争後の上海近代「外商」紡績業と中国市場
――Charles Denby, Jr., Cotton-Spinning at Shanghai, *the Forum*, September 1899の分析を中心として――

一　はじめに

周知のように、戦後日本の中国史研究は、アジア社会停滞論の批判を主要な課題の一つとし、アジア的専制主義の基礎としての「農業と家内工業との結合」にもとづく自給自足的共同体が、近代以前の中国において、すでに自生的に解体しつつあった事実を明らかにする、注目すべき研究成果をあげてきた[1]。

しかしながら、これらの諸研究は、その研究対象の設定を近代以前の中国社会に限ることによって、次のような限界をもつものであった。

第一に、これらの諸研究は、「アジア社会停滞論」が唱えられた近代史の過程そのもののうちにその批判的研究の対象を設定しなかったがゆえに、とくに、近・現代における帝国主義の所産である「アジア社会の絶対的な停滞を主張する理論としてのアジア社会停滞論」の誤謬性を、その成立と崩壊の現実の過程を通じ、近・現代世界の歴史現実的根拠に即して明らかにすることができず、したがって、「アジア社会停滞論」のイデオロギーを、その成立の内面から根本的に批判することは、これらの諸研究にとって不可能であった[2]。

第二に、「アジア社会停滞論」をイデオロギー的に批判することにまで論及しえなかったにしても、上にいわゆる

「自主的に解体しつつあった」前近代以来の中国社会が、その後、先進列強資本主義ないし帝国主義と後進中国社会との出逢い、また両者の相互連関としての近・現代世界史の歴史的現実のもとで、いかなる「近代」化の歴史過程を歩んだかについて、これらの諸研究は、また、ほとんど明らかになしえなかった。

拙稿「西欧資本主義と旧中国社会の解体――『ミッチェル報告書』をめぐって――」(3)は、近代以前の中国社会の以上のような自生的解体=発展の事実をふまえて、アヘン戦争後、南京条約による五港開港下の中国における農村綿業を次のように規定しようと試みた。すなわち、南京条約=五港開港下に、イギリス綿業にとって、中国がその市場としてなお容易に開拓されえなかったのは、中国社会が、その小農民の経営における農業と工業との鞏固な結合にもとづくプリミティヴな自給自足的共同体に停滞しているがゆえに、イギリス綿布に対する購買力をまったくもちえなかったからでなく、むしろ、中国の小農民は、みずから主たる生産諸条件――土地・水等々――以外の労働用具の小所有者であることによって手織綿布を自給し、その限りでイギリス綿布の購買者ではなかったにせよ、彼らはすでにその綿布生産を単純商品生産として展開しており、したがって、イギリス綿布は、その狭隘な中国都市市場において、中国の土布の抵抗を受けねばならなかったからである、と。

近代開始期、すなわち、西ヨーロッパの眼にとって、中国社会がイギリス綿布を受けつけぬ「閉鎖」的な、「停滞」社会として映じた時期の中国の農村綿業に、以上のように、旧中国社会の解体=発展にもとづく単純商品生産の展開という歴史的規定を与えて、そこに、イギリス綿布に対し中国土布がさし当って示した抵抗力を認め、そのことによって、近代以降の時期に即した「アジア社会停滞論」批判の第一歩を始めようと試みた筆者のこのような問題提起に対し、一九七一年、芝原拓自は、次のような疑問を呈した。(4)

> 当時の中国における外国商品の伸びなやみ、中国産業の対外抵抗力の強さの根拠を、その全国的規模での商品生産としての諸条件から説明しようとする見解があるが（田中正俊「世界市場の形成と東アジア」、前掲『講座日本史』

五、明治維新)、そのままではうなずけない。問題は、そのことが生産様式・支配体制全体の再編成の問題とかかわっている、全機構的な意義にあるからである。さしあたり、一九世紀後半の中国における、その包括的な問題提起が望まれる。

私が、一九世紀中葉の中国社会に、農村手工業における単純商品生産の展開を認め、外国資本制商品に対する閉鎖的・停滞的な無関心ではなく、これに対する商品生産=販売者的抵抗――抵抗とは、本来、みずからその生産を動態的に発展させつつあり、これによって能動的にたたかう対抗者にのみふさわしい語である――を、上のごとき中国農村手工業に評価したのは、「アジア社会停滞論」のもっとも反動的な到達点として、帝国主義のアポロギアとなった「アジア社会の絶対的な停滞を説明しようとする理論」を、近代初頭の時期に即して批判しようと試みたがゆえにほかならなかったのである。

ところで、この試みは、当時の農村手工業を単純商品生産として、その「経済発展段階」を単に静態的に規定したり、あるいはさらに、せいぜいこれを小ブルジョア的生産を志向する自律的発展の動態的形態として規定するにしても、そのことが一九世紀中葉の当時のみを対象とすることにとどまるべきではなく、「そのような農民経営が、近代資本主義に対するその「解体と抵抗」の連関過程で、みずから、いかなる自己変革=自己創出の過程を進行させるか、という中国小農民経営に特質的な解体=発展の成果如何が問題[5]」とならざるをえないであろう。

芝原は、さきの筆者に対する批判の文章の前文で、

中村哲、前掲「世界資本主義と日本綿業の変革」(中村哲『明治維新の基礎構造』、未来社、一九六八年、所収。――引用者註)によれば、日本の綿製品輸入は、中国に比して急激であるばかりでなく、一八六九年にはすでに綿糸輸入が綿布のそれを凌駕し、綿糸輸入量は七一年にはすでに中国のそれを上廻った。他方、中国の輸入の伸びは緩慢で、しかも九三年までは綿布輸入のほうが綿糸輸入よりも多かった。日本において、綿作――紡糸――織布の

各工程の、商品生産とともに進展する分化・自立が、かえって外国商品による流通面（綿布）ばかりでなく生産面（綿糸）からの収奪をも急激にしたと考えざるをえない。

といい、また、同じ論文中に、

一八八〇年代までに、日本が国家統一と資本主義化の諸条件を創出しえた国内の歴史的根拠は、すでにふれたように、まず、零細・低生産力ながらも各地の農工特産物商品の市場をつうじて農民層の生活が全国的に結びあわされはじめ、それ自体脆弱で集権的な幕藩封建制の基盤がゆらぎはじめていたという事実のうちにある。商品・貨幣の「自由貿易」による分解作用が、たとえば中国に比して短期間のうちに全国的規模で深刻であり、さらに諸利権・軍事外交をふくむ対外従属と人民の闘争が、またたくまに旧支配体制全体の破綻の危機を激成したのも、その内的諸条件のためである。しかもその同じ条件が、いずれ近代的民族統一の前提となる権力集中、および資本の原蓄の強行をともかくも可能にした、日本の独自の歴史的条件であったといえよう。[6]（傍点は引用者）

といっている。右に、芝原が、(1)日本において、農工特産物商品の生産・流通の全国的規模での展開・結合、その生産構造として、棉作――紡糸――織布の各工程の、商品生産とともに進展する分化・自立が認められること、(2)これを前提条件として、一方で、「自由貿易」による分解作用が、短期間のうちに全国的規模で深刻となり、かえって外国商品による流通面（綿布）ばかりでなく生産面（綿糸）からの収奪をも急激にしたこと、(3)しかもその同じ条件が、近代的民族統一の前提となる権力集中、および資本の原蓄を可能にした（条件を現実に転化した主体的な媒介は、人民の闘争であるが）こと、を指摘していることに注目したい。[7]

芝原が、以上のようなコンテクストのなかで「再編成」という動態的な語を使っている以上、芝原が「再編成の問題」といっているものも、支配体制全体の反革命的な「再編成」という反動的側面をも含みながら、その基底に、近代西欧資本主義の侵入と中国の小農民経営との相互連関のもとにおける中国に特質的な「近代」プロレタリアートの自己創出=主体形成過程を動態的に把握する、という命題にほかならないであろう。

右のように、中国社会の「近代」化過程という一つの歴史過程は、相互に連関しあう二側面をもつ。第一に、近代世界史的な客観的条件として、列強資本主義・帝国主義の半植民地的浸透の与える規定性の側面であり、第二に、このような客観的過程がなんらかの形で現実に転化し、実現するための不可欠の契機であるとともに、中国社会が「近代」的な変革をとげるための主体的条件であるものとして、みずからの解体=発展を媒介としつつ、列強資本主義・帝国主義による解体に抵抗――この抵抗力は、固定的・閉鎖的な障壁としてではなく、本来的な抵抗力、すなわち動態的=発展的であることによってはじめて本来的な意味で形成される積極的な対抗的抵抗力――し、巨視的に見て先進資本主義によって解体せしめられながらも、この抵抗を通じて、同時進行的に自己変革を推進し、中国革命の変革主体として、近代世界史上の中国に特質的な「プロレタリアート」を自己創出するという主体形成的側面である。

この両者は、前述のように、相互に連関しあう二側面であって、一方を捨象して現実の歴史過程が成立しうるものでもなく、また、とくに主体的=実践的側面に決定的な契機としての意義を認めるべきものであるが、本稿では、以上のうち、第一の客観的条件の側面を、とくに日清戦争=下関条約との関連における上海近代紡績業と中国市場との関係にのみ即して取りあげ、Charles Denby, Jr., "Cotton-Spinning at Shanghai," *The Forum*, Sept., 1899. をはじめ、若干の史料を提示するにとどめたい。

二　日清戦争以前の中国綿業市場

一八四二年の南京条約による五港開港以前に、中国はすでに、非資本主義国でありながら、その農村綿業のための原料棉花をインドから輸入しており、このような外国棉花輸入の前提条件として、中国には、農業（棉花栽培）との直接的結合から分離した家内工業（手紡・手織）の広汎な存在が見られたのである。[8] したがって、かの「ミッチェル報告書」“*Mr. Mitchell to Sir G. Bonham*”, Hong Kong, March 15, 1852, Inclosure No. 132, in *Correspondence relative to the Earl of Elgin's Special Missions to China and Japan, 1857~1859*, 1859. pp. 243~251. も、一方で、このような農村家内工業の単純商品生産による抵抗に遭遇してイギリス綿布の中国向け輸出が容易でないことを指摘しつつも、他方では、

インド棉花は、華北棉花に比べて上質ではないが、一二対八の割合でインド棉花の方が安く、広東省では、華北棉花のみでなく、年平均一五〇万ポンド・スターリングのインド棉花が原料として消費される。このインド棉花に対する需要は、急激ではないにしても、年々発展するものと期待しうる。[9]

といったが、このインド棉花の中国への輸出量も、一八八八年には、中国からの海外への棉花輸出量とのバランスが逆転するにいたる。そして、以後、インド棉花の中国向け輸出の伸びは停滞し、一九二〇年代までの間、むしろ、中国は原料棉花輸出国の地位に置かれたかのように見える。[10] こうした現象は、外国製資本制綿布の競争力によって中国農村織布業が破壊された結果、中国が原料植民地に転化したことを示すもののようにも受けとれるが、実は、一八七〇年代以降、インドの紡績資本は急速に成長し、インド棉花が「洋糸」すなわち外国棉糸に姿を変えて、中国に侵入したという側面をも表現しているのである。[11]

このような情況の前提には、前述のように、中国の農村綿業において、すでに手工紡績業が社会的に分業化しており、また、中国の手織綿業が購入・使用する綿糸は、二四番手以下の太糸に限られ、そうした太糸を廉価に供給しえたものがインド紡績業であった、という条件が存在する。そして一八七九年、インド紡績業は、中国市場においてイギリス紡績業との競争にうち勝ち、国内市場の十分でないインド紡績業としては、以後、ひたすら中国市場を対象として成長をとげる。[12]

前述のように当時すでに社会的に分業化していた手工紡績経営は、これによって深刻な打撃を蒙るとともに、一部の手織綿布業も没落するが、ただし、機械製外国綿布が中国の手織綿布と交替してゆく過程は、「洋糸」が中国の手紡綿糸を圧倒した過程に比べれば、かなりゆるやかであり、それは中国農村社会に特質的な歴史的性格を示すものであった。

一八七二―一八九〇年の間に、輸入綿糸は二・〇六四パーセント増加したが、輸入綿布の増加率は、年度別に見て、もっとも多い年でも六六・二パーセントであった[13]。「中国人民は外国の機械製綿糸・綿布の侵入下に、一部は紡車と織機とを捨てたが、一部は紡織業の半分の工程である紡糸を捨てたのみで、かえって、同時に別の一半である織布にすがりついた。いわば、中国人民は輸入された機械製の外国綿糸を利用して、輸入される機械製外国綿布に抵抗したのである[14]。」

かくして、大量の廉価な機械製綿糸を売りさばくというかたちで、近代資本主義が中国をその世界市場に組み込むようになると、一九世紀の三〇年代以降しだいに衰退しつつあった中国の在来土布の生産は、かえって復活しはじめる。すなわち、たとえば、のちに一八九八年の『蘇州海関報告』は、

中国ならびに外国の機械紡績糸は、この近隣にあっては完全に土紡糸にとって代った[15]。

といい、また、一九〇一年には、南京について、『南京海関報告』が、

多分土布を織る織機数の増加が、インド糸輸入量増大の原因である[16]。

といっている。

中国農村綿業は、以上のような特殊な形態で、近代資本主義の世界経済体制の内部に位置した。

中国内地の外国資本紡績業、およびインドなど外国の機械紡績糸と中国市場との特殊な連関については、のちさらに論ずることとして、まず、外国綿布と旧来の中国土布との関係について見てみよう。上海のイギリス代理総領事

Description of Foreign Cottons	Price per English Square Foot		Description of Native Cottons	Retail Price per English Square Foot
	Wholesale	Retail		
	Cents.	Cents.		Cents.
Sheetings	0.83	1.00	Bleached white fine cloth	2.15
White shirtings, 80 reed	0.70	1.19	Purple (calendered)	2.41
White Irish 80 reed	0.91	1.28	Blue (calendered)	2.00
White shirtings, 64 reed	0.64	. .	Blue fine cloth	1.63
			Black fine cloth	2.23
Tunkey－red T－cloth, 5 lbs.	1.28	1.53	Pootung coarse cloth, white	1.28
Mexican T－cloths	0.94	1.13	〃　green	2.11
English drill	1.09	1.36	〃　grey	1.57
			Country cloth, white	1.57
			〃　red	2.41
			Nankeen	1.45
			Foreign shirtings, dyed pink, 64 reed	1.42

Chas. Alabaster は一八八六年一〇月一二日付の『領事報告』Report on the Native Cotton Fabrics Manufactured in the Shanghai Consular District, *Reports on Subjects of General and Commercial Interest*, Miscellaneous Series, No. 20, 1886. において、イギリス製綿布の上海における現地価格を中国土布のそれと比較し、次のような表（筆者によって改編）を掲げている。

右のような綿布価格の比較にもとづいて、Alabaster は次のように言う。

〔イギリス製綿布の〕卸売り価格がきわめて低く、またその小売り価格が、上海の布商の店舗における中国土布の価格に比べてかなり安いということが認められるであろう。だが外国綿布商人が指摘するように、その理由を説明することは容易である。土布の耐久性が強いのに対し、外国からの輸入綿布のそれは弱いのであ

る。(17)

また、輸入綿布が中国人の「好み」に合うかどうかという点について、Alabaster は、〔上海でピンクに染めた外国製白シャツ地の〕見本を外国人の専門家に見せたところ、彼は、このような色のものがもし輸入されたとしても、上海には市場を見いだせないであろう、といった。中国で染色されたこの外国製シャツ地が大部分婦人や子供の着物として用いられ、とくにいわゆる晴衣として用いられていることは、注目すべきである。(18)

といい、さらに、

〔この耐久性と好みとの問題が〕結びついて、中国の労働者階級に受入れられるため暗青色に染めた綿製品を市場に出そうとする試みは、すべて失敗に終った、ということを聞かされている。(19)

と述べている。

すなわち、一九世紀中葉に、価格・耐用年数・好みの三点において、中国の手織り土布に対し優越を示しえなかったイギリス綿布は、(20)いまようやく、一九世紀末葉にいたって、上海においては、価格の点でのみ、中国土布に対し競争しうる——競争せざるをえない——ようになり、その限りで、合理的な資本制生産にふさわしい展望をもちえたのであったが、太糸の粗布よりなる中国の手織り土布が日常の、あるいは労働のための着衣として中国市場を抑えている限り、たとい染色を通じて、その好みに接近しようとしても、総合的に見て、外国製綿布は、なお容易に中国市場を獲得できずにいたのである。

しかも、イギリス製綿布にとって、右のような価格面での優勢でさえ、わずかに上海地域において見いだされはじめたにすぎなかった。たしかに、上海付近においては、すでに早く一八四六年に、包世臣の『安呉四種』が、

松〔江〕・太〔倉〕の利は棉花梭布に在り。……近日、洋布大いに行わる。価纔《わず》かに梭布の三之一に当る。吾が

村、専ら紡・織を以って業と為すに、近ごろ聞く、已に紗の紡ぐ可き無く、松〔江〕・太〔倉〕の布市、大半を消滅せり、と。（巻二六、斉民四術「答族子孟開書」、道光二六年五月二四日）

また、

東南の杼軸の利、天下に甲たり。松〔江〕・太〔倉〕の銭漕、誤たざるは、全く棉布に仗《よ》る。今は則ち洋布盛行し、価は梭布に当り、而して寛きことは則ち三倍す。是を以って、布市銷滅せり。（巻二六、斉民四術、「致前大司馬許太常書」、道光二六年六月一八日）

といっているような深刻な打撃が中国の伝統的な旧土布業——外国綿糸を原料とする「新土布」業ではない——に与えられていたが、これに対し中国内地の農家家内織布業は、価格面でも、なお外国製綿布に抵抗し続けていたのである。すなわち、さきの Alabaster の『領事報告』と同じ一八八六年に出された駐漢口イギリス領事 Chr. T. Gardner の『領事報告』Report on the Native Cotton Manufactures of Hankow, *Reports on Subjects of General and Commercial Interest*, Miscellaneous Series, No. 21, 1886. によれば、漢口地区の農村手織綿業について、

農繁期にも婦人たちは田畑で働かず、また農業労働に堪ええぬ老幼もともに、木棉の紡績に従事する。それゆえ、この地区の綿布生産の生産費は、ほとんどゼロなのである。[21]

といっている。

一九世紀末、日清戦争前の中国市場の状況は、外国資本主義の機械製綿布にとって、このようなものであった。

三　日清戦争以後の上海紡績業と中国市場

周知のように、日清戦争ののち、一八九五年四月の下関条約は、その第六条第二項第四に、中国の開港場における

日本人の工業企業権を認めたが、この条文は、最恵国待遇によって、日本に先んじて欧米綿業資本の進出に利用されるところとなった。日清戦争に流された日本・朝鮮・中国人民の血は、まず欧米列強の帝国主義的進出のために途を拓いたのであった。

この下関条約第六条第二項第四については、日本帝国主義研究の立場から、これが日本資本主義の要請にもとづくものではなく、列強資本主義、とくにイギリス政府の要求、ないしはこれを見越した日本政府の外交政策に沿って条約中に成文化された、というのが一般の評価となっている[22]。

しかし、下関条約、したがってこれに先行する日清戦争の性格については、これを、日本資本主義の発展段階の規定の観点からのみ論ずべきでないことは、いうまでもない。遠山茂樹がいうように、それは「帝国主義段階への移行期に入った世界史の構造と発展法則に規制され」、「したがって朝鮮支配をめぐる日清戦争は、日本・中国ともに独占資本主義の段階からはほど遠かったにかかわらず、結果的には帝国主義の矛盾の所産であり、かつ、その矛盾を拡大せしめる帝国主義戦争の性格を帯びざるをえなかった。この戦争が帝国主義的対立を東アジアで激化させ、朝鮮・中国を帝国主義的分割の対象ならしめた[23]」のである。

したがって、ここでは、みずから従属帝国主義的性格を獲得しつつ、列強資本主義・帝国主義の尖兵として朝鮮・中国を侵略した日本による日清戦争の「成果」＝下関条約が、中国の綿業構造にいかなる世界史的性格を与えたか？について、二、三の史料を紹介しながら、瞥見してみたいと思う。

一八九八年、駐ワシントン英大使館の Hugh O'Beirne は、中国の綿業について、次のように述べている。

現在、中国人が、主として中国内地の全土において、プリミティヴな手織機によって、ヨーロッパからの競争に対抗できるほど安い値段でつくる綿製品は、ヨーロッパおよびアメリカからの輸入品とはっきりと異なるものである。日清戦争までは、綿業工場で使用するための機械類の輸入は、当局によって禁止されていた。だが、下関条約は、開港場への機械類の輸入に関する制限を全廃し、外国人に開港場における工場建設の権利を与えた。この新しい工場の発展にともない、中国領内において近傍の原料を使って操業する工場の生産物と、これらの工場が自由に使える豊富な低賃金労働とが外国からの輸入貿易の進展を妨げないであろうかという危惧が表明されている。この点について意見をいうのは早計にすぎるように思われるが、一八九六年の報告で、Brenan は次のようにいっている。――「上海では中国人の紡績工場だけが目下操業中であり、官僚の発明の才能が、現在企画中の外国人所有の紡績工場に対して障碍の効果を果たすかも知れない」と。また、上海の総領事 H. M. は次のように考えていた。――「上海の中国人紡績工場の生産がランカシャの製品と競争することは、たといありうるとしても、いまのところ長年月にわたって起こらないであろう。上海の中国人紡績工場の生産は、日本およびインドの粗製品の輸入と競争するだけであろう」と。中国人紡績工場の生産は、外国貿易に対しなにがしかの影響を与えるには、なお少なすぎる。結局、中国がヨーロッパならびにアメリカの製品と重大な競争をするほどに綿製品を生産する時期は差迫ってはいない、と結論することができよう。[24]

右に、O'Beirne は、第一に、欧米の綿製品と中国のプリミティヴな土布とは、互いに競合せざる異質のものという認識に立ち、第二に、むしろ、上海に成立すべき中国人の近代的綿業を当面の敵手と目し、かつ、その競争力については、イギリス綿業資本にとって楽観的な観測を述べている。ランカシャ綿製品に関する同様な楽観論は、同じ一八九八年のイギリス領事 F. S. A. Bourne の『領事報告』にもうかがわれる。彼は、

日清戦争以前、中国人は紡績工場を建設しはじめつつあった。しかし企業は、大事業の場合彼らがいつでもそうであるように、不熱心な無能なやり方で運営された。下関条約（一八九五年）によって、中国における製造業に関する長年待望の権利を外国人が手に入れたとき、四つの外国人所有の紡績工場が上海に設立された。そして他の工場もこれに続こうとしている。一八九八年の年末までに、中国では約五〇万紡錘が操業するはずである。当

地の紡績工場では、祝祭日の休みを認めて、年間三〇〇ないし三二〇日、一昼夜二四時間中、昼夜交替で二一ないし二二時間操業する。一紡錘当り二四時間に一〇オンス、年間三〇〇日として、綿糸約七〇万ピクルに達することになる。しかしながら、工員がほとんどすべて素人の出で、動力機械を見たこともないということを考慮すると、この数字のような結果にすら一、二年の間に到達することを期待することはほとんどできない。一方、一八九六年中に中国に輸入された綿糸は、一四六万一三六五ピクルであった。

　中国産の綿糸がこのような外国綿糸の輸入を減らしてしまうことを期待できるかもしれないし、他日、疑いもなく、そうなるであろう。しかし、それはまだのちのことであると私は信じる。内国税（釐金）の廃止あるいは組織化、また交通機関の進歩によって、中国が開放されるならば、綿糸の消費能力は巨大な量に上るであろう。一八九五年には、中国紡糸を淮南府（北緯三三度二五分、東経一一九度二二分）地方に移入することは困難であった。地方商人と釐金局との利害がかかっており、上海機器織布局の紡糸もそれによって閉め出されていた。この困難が征服され、綿糸が受け入れられたとき、この一地方だけで、六万紡錘の紡績工場の六カ月にわたる全生産を受け入れたのである。このことを、私は権威ある筋から聞いた。もし、より大きな便宜が与えられるならば、南部および西部中国にも、多少とも同じ事態が起こるかもしれない[25]。

と述べて、第一に、地方商人によって独占されている地方市場が開放され、そこでの政治的障碍が取り除かれた際、すなわち、政治的にも経済的にも中国が統一的な体制を整えた場合の中国内地織布業の原料綿糸消費能力を、第二に、上海紡績業の非能率を論じ、そしてさらに、次のような見通しを展開している。

　ランカシャ綿糸は番手がよりすぐれているから、ランカシャからの輸入は、中国の紡績工場の存在によって少なくなることはないであろう。これに反し、中国人の手織綿布業が改善され、より細糸の綿布を織るようになれば、イギリスからの綿糸の輸入が増加するということも可能である。インド綿糸は八番手、一〇番手、一二番手、わずかの一四番手、および大量の二〇番手から成っており、中国の紡績工場は、大部分一四番手を紡糸し、なにがしかの一〇番手、一六番手を紡いでいて、より細糸のものはない。地方の織布業とインド輸入綿糸とが一、二年中にいずれにしても結びつくということは、たしかにありうることのように思われる。もし、インド綿糸の番手が細糸に改善されれば、このインド綿糸を用いた手織り綿布がなにがしかのランカシャのシャツ地にとってかわることもありえよう。しかし結局、私はこの事実を懸念してはいない。たとい中国人が二八番手、三〇番手あるいはそれ以上のかなり細手の綿糸を輸入しはじめ、それが、もっかのところイギリスから輸入されなければならぬとしても、彼ら中国人の手織り綿布はランカシャ綿布を駆逐してしまうことはできないであろう。そして、民衆がよりすぐれた自国紡糸の綿布を用いはじめ、流行が各階層によりよいものを着るようにしむけるであろうから、中国人たちが、彼ら自身でつくるものによって豊かになればなるほど、彼らがわがイギリスのより細糸の織物を購買することが可能になるようになるであろう。われわれとしてはわれわれの製造する織物がより細手で、よりよく織られ、よりよくデザインされ、とくに中国国内において、われわれの商品を彼ら中国人が買いやすいよう、目につくようにする組織をつくるよう注意しさえすればよいのである。日本人は、彼ら自身で製造した綿糸や綿布が普及すれば普及するほど、われわれイギリスのより細手のものを、より多くイギリスから買うようになっている。中国においても同様な事態が起こるであろうと考えられる理由がある。中国人はインド綿糸で織られた綿布を、彼らがそれを好むからではなく、それが安いから、また彼らが非常に貧しいから買うのだということを忘れてはならない。彼ら中国人は、買えるようになれば、じきにランカシャの綿布を買う。また、粗製の綿糸が中国およびインドで機械によって紡績されることは、手紡されるよりも、ランカシャにとってよりよいことである。なぜなら、機械紡績による大きな節約は、ランカシャ製品に対する購買力を増すことを意味するからである。しかも、敵対的な関税によってわがランカシャ製品に対し門戸を閉ざしている外国において紡績される場合よりも、よほどよい[26]。

以上の記述のなかでは、中国人の日常生活ないしその労働に適合した品質――耐久性と好み――の問題が捨象される。そして、現在のところ、土布生産と太糸粗糸とは結びついており、今後、中国紡糸とインド紡糸とが土布生産の原料として、いっそうこれと結びつくであろうが、それによって生産者の生活が豊かになれば、彼らは、「上質」の細糸綿布を需要するようになり、結局、細い番手のランカシャ綿糸、さらには、これによって織成された「上質」のランカシャ綿布の購買=使用者になるであろう、といった、巨視的には正しいが、またきわめて楽観的な展望がおこなわれているのである。

だが、一方、Bourne は、上のような見通しにもかかわらず、これとは全く別個に、手紡土糸を原料とする土布市場の現実の鞏固さと、さらにこのような土布の生産が、その原料綿糸を手紡土糸からインド綿糸に転換した場合――「新土布」生産――の競争力とについて、次のようにも考える。

(1)「中国の民衆は、大部分が常に中国で紡いだ綿布の着物を着ており、寒い、ないしは家内織布が平素おこなわれない北部および北西部では、輸入品のドリルおよびシーティングによって補われている。シャツ地のような、より立派な輸入綿製品は富裕階層のみが着ている[27]。」

外国製綿布は、その一部が、特殊な条件の中国市場の範囲内で副次的商品となりうるほか、資本制製品に固有な細糸高級品は、きわめて狭隘な市場しかもちえないのである。しかも、この広汎な大部分の地域に市場を占める「土布」が外国綿糸による「新土布」に転換し、

(2)「約二五年前、イギリスからの、のちにはインドからの外国綿糸が輸入されたことによって、より廉価な綿布の生産が導入され、それが中国紡糸の土布に次第に取って代りつつある[28]。」

というように、外国綿布に対するいっそうの対抗力が現出する情勢が見られたのである。

このような趨勢は他の資料によってもうかがわれる。すなわち、Report for the year 1892 on the Trade of Chungking, *Diplomatic and Consular Reports*, Annual Series. No. 1230, 1893, p.7. によれば、

外国綿布は摺り切れ易いために、何れにしても農村の人々の日常着衣には用いられていない。しかし都市、とくに重慶では漂白され雲南産の藍で染色された多量のシャーティングが上衣を作るのに用いられている。(29)

といわれ、Report for the year 1898 on the Trade of Chungking, *Diplomatic and Consular Reports*, Annual Series, No. 2249, 1899, p.4. には、

土民たちは外国綿布を劣悪な衣料と見なしている。……四川省の人々は、粗織の、しかし耐久力のある手織品の方を好み、外国綿布は殆ど専ら商人たちによって着用されている。(30)

と報告されているが、ここにいう「手織品」がいわゆる「新土布」であるか、それとも旧土布であるかは不明であるにしても、この時期、上のような四川省の市場状況と平行して、長江中流域の九江や江西省では、すでに次のような報告が記録されている。すなわち、*Returns of Trade and Trade Reports*, 1895, Part II, Kiukiang, p.125. には、

私の得た情報によると、人びとは彼ら自身の織布および〔それによる〕綿布を作るよりも、或は外国製綿布を買うよりも、外国糸を輸入し、それで綿布を織る方が安上りであることを知った。極めてしばしば、外国糸と土糸とは地方で織られる綿布の生産に一緒に用いられている。(31)

と記され、Report for the year 1895 on the Trade of Kiukiang, *Diplomatic and Consular Reports*, Annual Series, No. 1792, 1896, p.5. には、

織布は全省（江西）を通じて主要な農家家内工業となっており、村民たちは、自身で紡ぐよりは機械製品（紡績糸）を買う方が安上りだとしている。それ（機械紡績糸）により織られた土布は粗く、仕上りにおいて〔外国綿布より〕劣るが、丈夫で耐久力があり、それ故に見栄えのする外国輸入品よりも仕事着に適している。(32)

と述べられているのである。

明治三〇年（一八九七）一二月三日付の在上海日本総領事館の「報告」は、さきのO'BeirneやBourneの場合と異なり、中国土布と上海における各紡績工場の機械製粗糸との結びつきに着目し、上海機械紡績業の将来の競争力に切実な関心を示して、次のようにいっている。

其製出スル所ノモノハ十六手以下ノ太手モノノミニシテ、内十六手二分、十四手五分、十手以下ノ物ニテ三分ヲ占ムルカ如シ。而シテ是等ノ原料ハ凡テ当国綿《（ママ）》花ヲ以テ製出スルカ故ニ、二十手以上ノ細手モノハ製出シ得サルモ、光沢アリテ色白ク、当国人ノ望ニ協ヒ、売行宜シキモ、工場建設以来日子ヲ経ル長カラス職工モ熟練セサルカ為ニ、製出セラレタル綿糸ハ不揃ニシテ、継目ノ露出シタル所アリ、撚ノ強弱平均セサル所アリ、為ニ糸価ヲ損スル所多シ。若シ年月ヲ閲シ、職工練達シ、綿糸ハ精巧ニ製出スルヲ得ハ、此処ニ生スル原料ヲ取リテ此処ニ販売スルノ利アルカ故ニ其便益鮮少ニアラサルナリ。……

目下当国ノ紡績業幼稚ニシテ、職工ハ熟練セス、工場ノ管理ハ其ノ宜ヲ得ス、原料ノ購入及販売ノ方法ニ於テ悪弊行ハル、タメニ、紡績業者ハ利益甚少ク、結局紡績業ノ発達ヲシテ遅々タラシムル者アリト雖モ、大勢ヨリ判断スルニ其紡績業ハ発達ノ見込アル者ト云ハサル可カラス。

前既ニ記載セシカ如ク、現今市場ニ於テ優勢ヲ占ムルハ印度糸及本邦糸トス。而シテ当国ノ紡績糸ハ本邦産及印度産ニ伴ヒ上下スルニ過キス。去レトモ若シ工場ノ管理ヲシテ其宜ヲ得セ《（ママ）》シメ、職工ヲシテ一層熟練ノ域ニ達シタランニハ、両産ニ影響スルトコロ少カラサル可シ。何トナレハ、印度糸ニ対シテハ工費海関税及運送費ヲ利シ、本邦糸ニ対シテ更ニ原料ニ於テ利スルトコロアレハナリ。加之、上海ノ金利ハ現今ノ如キ逼迫ノ状体ハ格別トシテ、普通二三分ニ過キス。即本邦ニ比シテ低利ナルヲ以テ、起業ニ容易ナルタメ、続々ト紡績業ノ勃興ヲ誘スニ至ル可シ。若シ当国紡績業隆盛トナリタル暁ニハ、本邦綿糸ハ、一方ニハ印度綿糸、一方ニハ当国綿糸ト、中原ニ角逐セサル可カラス。結局当国ヘ輸入ノ綿糸ハ著シク減少スルニ至リ、我重要輸出品ノ一ナル綿糸紡績業ニ影響スル所アルハ睹易キ事情ナリ。(33)（傍点は原文）

上海機械紡績業の立地条件とその将来性に対する以上のような展望ならびに評価と、これをふまえた日本紡績業の利害関心とにもとづいて、上海駐在日本総領事は、続けて次のようにいう。

日清戦争以後、当国人士間ニ起業心勃興シ、製造業ニ放資スルヲ好ミ、外商ハ此間ニ斡旋シテ事業ヲ経営スルハ、近来ノ風潮ナレハ、紡績業ノ如キ将来有望ノ事業ハ、益々隆盛ヲ致ス可シ。……

又本邦人ノ事業経営ノ熟練ト人種類似ノ二利益ヲ利用シテ、当国ノ資本家ト連合シ、現今上海ニ勢力アル老公茂及瑞記等ノ紡績所ノ組織ニ倣ヒ、日清人ノ合資会社ヲ組織シ、之ヲ上海及蘇抗（ママ）ノ地ニ設立シ、官府モ亦充分之ヲ保護シ、現今勃興シツ、アル当国紡績ト競争角逐スルモ我対清商策ノ要件ナル可シ。(34)

右に見られるように、最恵国待遇によって下関条約の権利をいちはやく行使した「外商」とその紡績経営を眼前に見て、この帝国主義的な資本進出に追随しつつ、これらの紡績業と「競争角逐」せんとする立場こそ、日清戦争＝下関条約後に日本資本主義のおかれた位置であった。

ところで、ランカシャないしはニュー・イングランドの紡績資本の保守的な楽観論に与せず、日本の上海総領事の見解と同様、上海現地における近代紡績業の立地条件の特殊な利点を評価し、のみならず、上海近代紡績業に固有な購買者――農村家内織布業――を正しく認識することによって、現地「外商」資本のインタレストを代弁し、かつ本国の綿業資本に対しても、その将来について示唆を与えようとした提言がある。一八八五～九八年の長期にわたり、北京駐在アメリカ公使として中国の綿業生産とその市場に関する具体的な知識を深めたCharles Denby, Jr. の Cotton-Spinning at Shanghai, *the Forum*, September 1899. pp.50-56. がそれである。

彼は、まず、日清戦争＝下関条約の果たした世界史的役割がどのようなものであったかをクローズ・アップするかのように、日清戦争以前の長年にわたる上海在住外国商人の企業設立への強い関心と、彼らが清国政府から受けた拒否的な所遇について述べる。

銀で支払われる安い賃金の中国人労働力と近傍から購入される原棉とをもち、完成品の市場を手近かにひかえた機械制綿業を中国国内に〔設立する〕ということは、長年にわたって、上海の外国商人にとって強い関心の的であった。アメリカやイギリスの綿製品が中国で手織りの土布と競争して有利に売れるとすれば、中国に近代的な工場を建設することによって、さらに確実な利益を得ることも出来るように思われた。

一八九五年以前にも、この工業の開始について中国の承認を得ようとする努力がしばしばおこなわれた。しかし、中国政府は、大規模な蒸気機械工場が中国人の工業を妨げ、中国人の紡績工たちを失業に追い込むであろうという理由で、この承認を得ようとする努力に対し拒否してきた。外国商人たちは、中国との諸条約が製造業その他の企業に従事する権利を彼ら外国人に与えていると主張したが、不幸にして、この権利を明確に要求した条約はまったくなかった。一八四三年の英華条約は、イギリス臣民が「彼らの商業を営む目的でなにがしかの都市に居住し」うる旨を規定している。一八五九年の米華条約も、アメリカ人がなにがしかの土地に居住し、「そこで通商する」ことを認めている。一八六一年のプロシャと中国との条約は、ドイツ連邦市民に対し、上海その他の土地に「居住し、常に出入りし、通商あるいは工業 industry を営む」ことを認めている。だが、中国人は、「商業」merchantile pursuits,「通商」trade,「産業」industry といった言葉を「製造業」manufacturing を包摂する語と読解することは出来ない旨、論争し、彼らの立場を固執したのである。しかしながら、北京駐在の外国公使たちがこの主張とたたかうために何らの確乎たる努力もしなかった、ということはいっておかなければならない。イギリスおよびアメリカの〔中国現地〕商人に関する限り、彼らは、〔中国国内における企業設立権の要求について〕彼らの母国の政府から微温的な支持しか得られなかった。母国の工場に匹敵する大工場を建設する権利を要求することは、あやふやな便宜を強要することになろうし、また、事実、ニュー・イングランドとマンチェスターの利益は、実際に中国のこのような態度によって助けられている、とワシントンやロンドンでは当然考えられていたのである。

右に、中国の閉鎖的な対応が、ニュー・イングランドやマンチェスターの近代綿業資本の利益を助けるものであり、ワシントンやロンドンの政府が「母国の工場に匹敵する大工場を建設する権利を要求すること」に消極的であった、と当時のアメリカ公使が証言している事実は、注目に値いしよう。(35) なぜなら、前述のように、今日、下関条約第六条第二項第四の工業企業権が、産業資本をバックとする列強とくにイギリス政府の要求により、ないしは、これを代弁してその支持を得ようとした日本政府の外交政策により、成文化されたという説が流布しているからである。

ところが、この問題は、一八九五年、〔日清戦争における〕日本の勝利によって解決した。一八九五年四月一七日に調印された下関条約の第六条第四項は、(36)「日本国臣民ハ清国各開市場開港場ニ於テ自由ニ各種ノ製造業ニ従事スルコトヲ得ヘク Japanese subjects shall be free to engage in all kinds of manufacturing industries in all the open cities, towns, and ports of China, 又所定ノ輸入税ヲ払フノミニテ自由ニ各種ノ器械類ヲ清国ニ輸入スルコトヲ得ヘシ」と規定している。この条項が論争を終らせ、中国領内における工業活動に展望を与えたが、その発展の可能性については、過大評価することは出来ない。

そして、この下関条約による工業企業権を日本資本主義がいまだなお行使しえず、かえってこれが日本資本主義の成長に対する先進的な競争者に利用された事実を指摘する。

木綿紡績業は、新しく譲与された特権のもとで、最初に開始されるべき工業であった。しかし、きわめて奇妙なことに、日本の紡績工場は一つも発足しなかった。日本人は、神戸や大阪の彼ら自身の紡績工場と競争する権利を、上海において外国人に与える手段になっていることについて、なにがしか残念に思っているに違いない。

しからば、列強「外商」の工場はなぜ建設されるか。

この新しい工業を始めることになった動因を統計から求めることが出来よう。中国が年間約六〇〇〇万ドルに上る綿製品を輸入していることを統計は示している。これらの商品は、数百万反の太綾織りシーツ・細綾織り綿布・シャツ地・タオル・ビロード地・極薄上等綿布・モスリン等々から成っており、中国の輸入貿易の最大品目をなしている。しかもアメリカの綿製品への需要がとくに多く、他の国からの輸入量を凌いでいるということは喜ばしいことである。

だが、右に述べられているような、主として外国製綿布の市場は、さきにも記したようにきわめて狭隘であり、しかもこの市場は容易に伸張拡大しない。そこには、抵抗者として中国農村家内手織綿業の土布があり、皮肉なことに、外国製綿糸は、その原料として、いっそうこの中国手織綿業の競争力を助けたからである。

しかしながら、中国人は、〔外国製綿布よりも〕粗製の綿製品をみずからの手で織りたいと欲している。そのため、彼らは、綿糸を購入し、彼らの家庭で、これを綿布に織るのである。上海に紡績工場が創設される以前にも、かなりの量の綿糸が輸入されていたが、一八九七年には、中国国内で売られたイギリス・日本・インド製綿糸の量は、二億ポンド以上に達したのである。

かくして、中国綿業市場の現実を熟知する現地の外国商人たちにとっては、外国製の資本制綿布の販売よりも、中国農村の家内工業を顧客とする紡糸、しかも、列強資本主義の製造品である細糸ではなく、技術的にはなお後れた、しかし安価な機械紡績綿糸を供給する工場を建設することが、当面の目標となる。母国綿業との競合的性格をもつこの上海紡績業と母国資本主義との利害の一致は、綿製品にではなく、同じく下関条約第六条によってその保証を取りつけた機械の輸出に見いだされる。

現在、上海には五大紡績工場がある。すべて黄浦江沿岸ないしその付近にあり、船荷の取扱いを容易にするため、

> 私設の桟橋をもっている。このうち四工場は外国〔資本〕の管理下に発足したものである。すなわち、Armhold, Karberg & Co. 管理下の四万紡錘の瑞記棉紗廠 Soy Che Cotton Spinning Company, Limited; American Trading Company 管理下の四万紡錘の鴻源紡織廠 International Cotton Spinning Company, Limited; Ilbert & Co. の支配下の二万五〇〇〇紡錘の老公茂紡織局 Laon Kung Mow Cotton Spinning and Weaving Company, Limited; Jardine, Matheson & Co. の支配下の五万紡錘の怡和紡織局 Ewo Cotton Spinning and Weaving Company, Limited である。第五のものは、もと中国人の会社で、現在は Fearon, Daniel & Co. の経営のもとにある二万二〇〇〇紡錘の Ya Loong Company である。
>
> この〔上海において〕現在操業中の一七万七〇〇〇紡錘に加えて、一〇万紡錘が瑞記棉紗廠および怡和紡織局によって作られようとしている。以上の工場の機械はすべてイギリス製である。それらは大部分、Oldham の Asa Lees & Co. から供給されており、一部は Rochdale の Tweedale; Oldham の Platt; Accrington の Howard & Buller からきている。
>
> 目下のところ、これら〔上海の〕工場の作業は、なお紡績に限られている。これらの工場の名称にかかわらず、まだ織布を始めてはいないのである。

右のうち、Armhold, Karberg & Co. はドイツ資本、American Trading Company はアメリカ資本、Ilbert & Co. および Jardine, Matheson & Co. はイギリス資本である。[37]

ところで、このような上海紡績業に特殊的な企業の条件と、これにもとづく彼らの競争能力とは、どのようなものであり、それはいかなる可能性をもつものと考えられていたであろうか。まず Denby は、これらの上海紡績業の労働時間と生産量とについて、一般的に

> 労働時間〔の型〕の多様さのために、生産量について正確にいうことは出来ないが、幾つかの工場は一日一〇時

間操業であり、他は二二時間操業である。そして、四万紡錘の工場が昼夜交替操業をすれば、二五〇〇人の中国人労働者を雇用し、一カ月に約一六〇〇バーレルの綿糸を生産するであろう。

と記し、とくに瑞記棉紗廠をモデルとして、その経営の概況について、

Arnhold. Karberg & Co. の工場である瑞記が上海の紡績工場のなかで最も活潑に、また最もよく運営されている。そこで、この瑞記を調べることによって、この新しい職業に従事している中国人労働者の姿を最もよく明らかに示すことが出来よう。この工場は上海近郊の浦東といわれるところにある。瀟洒な、赤い縁のある灰色煉瓦の建物で、敷地内には、事務所、倉庫、機械工場、および労働者住宅がある。現在四万紡錘が操業中のこの工場は、八万紡錘に増加することが可能なように準備されている。機械は Oldham の Asa Lees & Co. 製であり、電気照明が施されている。その全資産価格は七〇万ドルである。体裁上もまた機能的にも、この工場は紡績技術の最新の発展段階にある。

と述べたのち、とくに上海紡績業に特質的な中国人労働者の状態を、この瑞記について次のようにいう。

瑞記は、昼夜二交替で二二時間半操業をおこない、男工・女工・児童の中国人二二〇〇人を雇用している。昼間の部は、梳工二九五人、紡績工四九五人、糸巻工二一〇人、機械工六五人、および選別工 wastepickers 一〇〇人より成る。労賃は隔週に支払われ、技能によって日給五ないし一七セントという幅がある。これらの労働者の大部分は、わずか二年前、手仕事の訓練も経ず、またどのような仕事が要求されているかについての知識もなしに、この工場に連れてこられた未教育の田舎者である。しかし、この一年間に、この工場の生産能力は二五パーセント増加している。このような成果は、主として、一日ごとの出来高払いからさらに知的な職工に変わったことにもとづく。選別工 pickers は大部分が婦人であり、彼女たちは一ポンド当りの出来高で支払われ、一日に約五セントを稼ぐ。この選別工の仕事は、紡績工の仕事よりも彼女たちに適している。第一に、〔出来損いのもの

を」拾い上げることは、坐った姿勢でも出来るからであり、親しい噂さ話をすることによって仕事の単調さを破ることが出来、また、少しの間もぼんやりしていない幼児に注意しながらでも出来るからである。第二に、彼女らのほとんどすべてが纏足をしており、それが速く動くことを妨げ、また、じきに疲れさせるからである。纏足は中国人の婦人労働にとって致命的なマイナス条件であり、製造業において婦人工員に対する需要が増すにつれて、新しい世代にあっては、この残酷な馬鹿々々しい習慣は廃されるであろう。「纏足の習慣」は、婦人を家庭にとどめておくことを願う限りは、なお維持されるかも知れぬが、貧乏人たちの間では、この「纏足の習慣」は、不具の姉に比べた「自然な足」の少女の稼ぎの違いに対抗することは出来ない。恰度、鉄道敷設予定地の先祖代々の墓のように、中国人のもっとも根深い偏見さえ、銭を稼ぐことのために移り変わってゆくことが、しばしば見られるのである。

以上のように、上海紡績業の労働力にもっとも特徴的なものとして、婦人労働が考察され、(1)その低賃金の未熟練労働と、(2)将来のその発展の可能性が述べられ、次いで、児童労働について述べている。

中国には、労働時間、児童の雇用、あるいは安息日の習慣について、何らの法律もない。中国人は一日に一二ないし一四時間働く。また、両親は子供が雇われて稼ぐだけの年令になれば、まだ幼いうちにも賃労働に出そうとするのである。不道徳な無為とつまらぬ労役との間の二者択一しかなしえない階級の子供たちにとって、この賃労働は辛いことではない。さらに、子供たちの教育にとっても、西洋の機械技術の最新の所産であるエンジンの動きに注目することは、田舎の路傍でごみ集めをするよりまさった訓練である。今までのところ、外国資本下の工場では、日曜日の操業をやっていないが、これに反対する法律は何もないので、市場の要請があれば、将来、日曜操業がおこなわれるであろう。

以上のように、近代紡績業のもとに訓練される児童労働の将来を展望したのち、中国人労働一般について、次のような総括がおこなわれる。

綿紡績工場における中国人労働の有用性は、他の工業に対する同様な適応性を示唆している。もしも、巨大な供給量の存在している中国人労働が一般に有効であるということが立証され、また、現在のままに廉価に止るならば、「黄禍」に反対する叫びは、西洋世界が留意すべき警告といえよう。一日の休日もなく、一日一二時間労働で一〇セントという労働は、もっとも頑強な競争者にとってもぞっとするような見通しを与えるものである。これに対する防衛手段は、次の二つの事情のうちにある。――（１）三人のすぐれた中国人労働者が一人の外国人労働者にほぼ匹敵すると評価されているから、中国人の労働は有力ではない。（２）たとい中国人労働の賃金水準が常に西洋のそれを下廻るに違いないとしても、現在のような低賃金にとどまることは出来ない、ということである。しかしながら、中国人労働者の個人的な能力を考察することは困難である。それには余りに中国人労働者が集団を好み、その指導に服従的だからである。のみならず、集団としては、中国人は怠けもので責任を回避したがる。また彼らは統御し難く、強制を嫌い、団結することを好む。もし注意深く監督していなければ、彼らは盗みをする。また彼らはいい加減な、不正確な仕事をする。標準的な仕事を維持するためには、外国人の監督を常時必要とするのである。この最後のことは、切実な問題である。なぜなら、高給を支払う外国人監督者を支払い名簿に加えると、中国人労働の平均コストはきわめて増大するからである。この点について、日本の紡績工場はすぐれている。日本人はよりよく組織し、外国人の職長なしにやってゆくからである。

集団を好み、その統率に服しながら、外国人の不断の統御・監督が必要であるという、一見矛盾する、以上のようなマイナス面は、実は「包工制」という組織に起因している。

中国人労働を巻込んでいるもっとも重大な困難は、私がすでに言及した事実である。すなわち、労働者がいわば「ギャング」になるということである。それぞれのギャングは首領や統率者に服従する。彼ら労働者が仕事を保証されているのは、この首領を通じてであるのが常である。彼らは首領を尊敬し、彼らの賃金の一部を秘かに手渡すのである。彼らは事実上の雇用者として彼を尊敬する。彼らは彼に服従し、あたかも他の国の労働者が組合の命令に従うように、彼ら中国人労働者は、その首領の命令によって仕事を離れたり、賃上げを要求したりする。この首領を把握する手段をもたぬ外国人雇用者は、しばしば、この首領に不案内である。こうしたことは、陰険な「搾取」制度が中国を堕落させ、苦しめているあり方の一例にすぎない。

しかし、かかる状態は克服されうる、と Denby は考える。

これらの欠陥を改めうるか否かによって、はじめて将来を語ることができる。教育、外国人の厳しい監督下の共同社会、および出来高払いの制度の拡大は、中国人労働者をもっと違った、もっと有用なものに変えるであろう。しかし他方、そのような一般的な進歩が低賃金をなくしてゆくであろう。苦力《クーリー》労働の場合を除いて、アメリカにいる中国人は、他人種の競争者以上に働く。同様な条件がたしかに中国においても発展するはずである。いまのところ、上海の紡績工場には一万ないし一万二〇〇〇人の中国人しか雇用されていない。しかしこの比較的少ない工員の需要でさえ、顕著な賃金率の増大をもたらしている。鉄道敷設のために数十万の労働者を雇用する時が来れば、また鉄道開通の結果、多数の工業が起こったとき、賃金はおそらく労働力の価値につりあわないほど上るであろう。だが、アメリカにとって、このアジアの危険性から重大な警告を受けとるのは早計であろう。来るべき数十年の間、組織の優秀さ、資本の豊富さ、労働力の知的能力の高さ、ならびに発明の創造的才能がより大きいことが、アメリカの紡績工場をしてこの競争に優越を保たしめるであろう。そして、多分、来るべき数年の間に、問題は性質を変え、危機はやってこないであろう。

ところで、中国駐在の British Commercial Attaché であった J. W. Jamieson は、その Report on the Cotton Mills of China. 1905. において、日清戦争後に発足した資本総額五〇万ポンドｰスターリングに上る怡和・鴻源・瑞記・老公茂の四大欧米企業について、低賃金労働の効果、熟練した経営のほか、豊富な良質棉花の供給という仮定をたてたうえで、かなりの利益を見込んでいるが[38]、この原棉について、Denby は次のようにいう。

Arnhold, Karberg & Co. は現在、一週間に、一〇番手、一四番手、一六番手、二〇番手の規格の綿糸四五〇―四八〇バーレルを生産し、その原料として、一五〇〇ないし一八〇〇ピクル（一ピクルは一三三と三分の一イギリス・ポンド）の原綿を六日間に消費する。

この原棉の生産地は、まず、大別して、

これらの工場で使用される棉花は、中国・インド・アメリカのものである。

ということになるが、とくに中国産について

中国の棉花は、主として長江沿岸の地方に生産される[39]。しかし、生産量は計量することができない。ただし、それが巨大な量にのぼることは、次のような事実からも明らかである。すなわち、上海の外国紡績工場に売られる量に加えるに、日本が毎年三〇〇万ないし五〇〇万ドルを買付けるし、また、中国および日本の工場のすべての消費原棉量も、中国内地の数百万の農家の家内織機が消費する量に比べると、とるに足りない、という事実によって明らかである。

中国の棉花はインドならびにアメリカの棉花に比べて劣っており、繊維が短く、〝ねじれ〟に乏しい。インド棉花は〝ねじれ〟においてすぐれており、アメリカ棉花は繊維の長さにおいてすぐれている。よりよい綿糸を生産するためには、したがって、二五パーセントのアメリカあるいはインド棉花が中国棉花に混ぜられる。また、中国棉花は分離し易いので、紡錘をフルスピードで動かすことができない。

中国棉花の使用には、他にも重大なマイナス点がある。外国の専門家は、均質な綿糸を生産することが出来ないといっているが、それは、棉花の重量をふやすためにこれを湿らせるという悪い習慣のためである[40]。くず綿もま

た並はずれて多い。こうした理由その他によって、アメリカおよびインド棉花に対する需要は、五パーセントの輸入税が課されるにもかかわらず、ふえ続けている。一八九六年には、原棉の輸入は一二〇〇万重量ポンドであったが、一八九七年には、ほとんど二倍に達した。こうした輸入にもかかわらず、中国は昨年度、五〇万ピクルの原棉を輸出し、それはほとんどすべて日本に送られた。注意深く手で摘まれるので、中国棉花は輸入棉花に比べて、清潔さと純度のうえではまさっているのである。この中国棉花の上海における価格は、目下、一ピクル当り一四両、あるいは一〇〇重量ポンド当り約五〇ドルである。

と、述べる。

最後に、日清戦争後の新興外資紡績業を支えている市場は何であるか？ Denby によれば、その製品綿糸は、主として上海市中で売られ、そこから、幾千の中国人の家庭（さきには Denby は「数百万の農家」といっている——引用者註）において手織木綿に織られるために、内陸の都市に運ばれる。

のであるが、

これまでのところ、上海の紡績工場は、創設者の期待をほとんど満たしていない。二年前、最初に彼らが操業をはじめたとき、すべてはバラ色に見えた。在庫品は、額面価格から一〇ないし一六パーセントのプレミアム付に上昇した。しかし最近、決定的な値下りがある。そして、上海のどの紡績工場も、今日では一〇ないし五〇パーセントの割引きで売らないものはない。けれども、注意深い調査によれば、この不況は単に一時的なものであり、すぐ終ることが明らかである。その原因のうちにあって、第一に、上海の金詰りと、その結果としての貸付け利子の上昇、第二に、地方の利益を犠牲にして輸入を刺戟した為替の異常な高騰、を指摘できる。第三は、紡績工場の一つの最近の報告に述べられている。すなわち、「過去一二カ月の原棉価格の上昇は、利益を妨げた。一方、上海がボムベイや日本の過剰生産にとって、〝ゴミ捨て場〟になっているため、綿糸市場のみじめな状態は、生産費以下の価格範囲に達した」という。最近、あるイギリス船が積荷六〇〇〇バーレルを陸揚げした。その量は、中国の三つの地方大工場の一カ月の生産量に等しいものであった。原棉価格が高かったとき、買い込みすぎていたから、現下の低価格によって、幾つかの紡績工場はほとんど利潤がないであろう。こうした紡績工場のなかで、瑞記は影響のもっとも少ない工場であった。瑞記は昼夜操業を続けており、その在庫品はわずか一〇パーセントの値引きと見積られている。

といわれるように、当面する不況にもかかわらず、この上海外資紡績業の将来性は、Denby によって有望であると見なされている。

以上のような具体的な観察にもとづいた彼の論説が、その結論として、

不況期にあるとはいえ、上海綿紡績業の将来の見通しは有望である。この工業が大きくなり、着々とその重要性を増すであろうということは、確実に予測できる。労働力は、中国でも日本でも安く、アメリカとインドの原棉は中国でも日本でも安い値段にとどまるであろう。中国市場は五パーセントの輸入税で保護されており、中国の紡績工場の門口《かどぐち》には、大きな中国市場が存する。もし、このような有利な条件にもかかわらず、中国における綿業が結局失敗するものとすれば、中国の製造業のどれについても、成功の望みを懐くことは、むなしいことのように思われる。

というとき、日清戦争=下関条約の「成果」を日本に先じて享受しえた現地「外商」紡績資本にならって、列強の本国産業資本もまた、労働力と原棉の点で中国と同質的な競争者として日本を意識しつつ、中国国内に、綿布生産業ではなく近代紡績業を進出せしむべきであることが、Denby によって示唆されている事実を、われわれは読み取ることができるであろう。

しかも、低賃金労働、低価格原棉とともに上海外資紡績業の実存条件をなすものこそ、中国内地の特殊な綿糸市場

であった。そしてそれは、「中国人民が輸入される機械製洋糸を利用して、輸入される機械製外国綿布に抵抗した」（厳中平、前掲書、八三頁）とともに、そのような特殊な形態を通じて、中国人民が、資本制機械織布業によってではなく、家内手工業という前資本制的生産様式によって、資本制原料綿糸を買わされる、――かくして、そのような生産構造そのものを通じて、帝国主義の集中的表現としての商品＝「洋糸」を媒体としつつ、近代資本主義・帝国主義による世界経済体制のうちに、半植民地経済的に、組み込まれてゆく姿でもあった。また、中国へのこのような対応を通じて、近代資本主義は、みずから、資本主義に固有の、反動的な歴史的本質を形成したといえるであろう。

註

（1）たとえば、西嶋定生「支那初期棉業市場の考察」（『東洋学報』三一巻二号、一九四七年）、同「明代に於ける木棉の普及に就いて」（『史学雑誌』五七編四、五、六号、一九四八年）、同「支那初期綿業の成立とその構造」（『オリエンタリカ』二、一九四九年）、同「十六、十七世紀を中心とする中国農村工業の考察」（『歴史学研究』一三七号、一九四九年）、藤井宏「中国史に於ける新と旧」（『東洋文化』九号、一九五二年）、同「新安商人の研究」（『東洋学報』三六巻一、二、三、四号、一九五三年－五四年）、佐伯有一・田中正俊「一六、七世紀の中国農村製糸・絹織業」（『世界史講座』⑴、東洋経済新報社、一九五五年）、田中正俊「明末清初江南農村手工業に関する一考察」（『和田博士古稀記念東洋史論叢』、講談社、一九六一年）など。

（2）この問題については、田中正俊「アジア社会停滞論批判の方法論的反省」（『歴史評論』二〇四、二〇五、二〇六号、一九六七年）、同「東アジア近代史研究の課題」（岩波講座『世界歴史』30、一九七一年）参照。

（3）『前近代アジアの法と社会』仁井田陞博士追悼論文集第一巻、勁草書房、一九六七年、所収。

（4）芝原拓自「明治維新」（岩波講座『世界歴史』21――近代8、近代世界の展開Ⅴ――、岩波書店、一九七一年）、四八六頁。

（5）田中正俊「中国社会の解体とアヘン戦争」（岩波講座『世界歴史』21――近代8、近代世界の展開Ⅴ――、岩波書店、一九七一年）、七八頁。

（6）　芝原、前掲論文、四八五頁。

（7）　同様な問題は、服部之総の著名な幕末＝「厳密な意味でのマニュファクチュア時代」論についても指摘できよう。服部は、「近世的世界市場発展行程上における極東の一九世紀三〇〜六〇年代が、支那と日本と朝鮮において一応同一の崩壊＝及び反撥現象を見出しながら、しかし一方における支那・朝鮮と他方における日本とを異なれる方向、異なれる解決の上に置いた基礎的な秘密」（服部「明治維新の革命及び反革命」、『服部之総著作集』第一巻、理論社、一九五五年、二〇頁）は何か？という問題を設定し、「植民地化の危機から幕末日本を救出したものは攘夷運動の突然の停止。もっとも根本的には攘夷運動の、支那のそれに比して著しい未発展、不徹底。もうひとつ根底的にはその経済的根拠」（服部「維新史方法上の諸問題」、『服部之総著作集』第一巻、一三七頁）と推論し、「幕末開港前に『厳密な意味でのマニュファクチュア時代』を認める見地のみが、一方この『時代』を以てしては決して揚棄することのできなかった封建制経済的社会構成の基礎の故に、支那で先行したのと同様な形式での『半植民地化の危機』の契機を、だが他方この「時代」を前提して始めて可能となった右『危機』の克服の契機を、かくて幕末に於ける外交及び内政問題の唯一の統一的合理的把握を、提示することができる」（服部「維新史方法上の諸問題」、『服部之総著作集』第一巻、一四五頁）とした。しかし、ここに看過されてならぬことは、服部は、この「幕末厳マニュ段階論」を静態的な「経済発展段階規定論」として提出したのでは決してなく、攘夷から開国への転換という政治的判断の基礎とされている、彼のいわゆる「幕末厳マニュ段階」について、服部が、「『厳密な意味でのマニュファクチュア時代』論は資本家的なものと封建的なものとを一の経過的な統一に於いて見出す。その統一はマニュファクチュアとしての生産方法が『一定発展度』に達した瞬間から、破られなければならない」（服部「維新史方法上の諸問題」、『服部之総著作集』第一巻、一二九頁）し、「かくて製糸業のみについていえば、それは開港を待つか待たぬに、既にして『厳密な意味でのマニュファクチュア時代』に終りを告げしめる一定発展度にまで到達していたということができる」（同、一二五頁）と、その動態的把握を強調している点である。われわれの抽象化の手続きは、これに固有な形式論理の方法に制約されて、経済発展段階を固定的・静態的に概念規定しがちであるが、その概念規定そのもののうちに、いかなる発展の契機が措定されえているかが重要であろう。なお、田中正俊「東アジア近代史研究の課題」（岩波講座『世界歴史』30――別巻、現代歴史学の課題——、岩波書店、一九七一年）、参照。

（8）田中正俊、前掲「中国社会の解体とアヘン戦争」、五一頁。

（9）Mitchell, *op. cit.*, p.247.

（10）Fong, H.D., *Cotton Industry and Trade in China*, The Chihli Press, INC, Tientsin, 1932, Vol. I, p.42, Table 11a. また、田中正俊、前掲「西欧資本主義と旧中国社会の解体——『ミッチェル報告書』をめぐって——」、六一頁、参照。

（11）田中正俊、同右論文、六〇頁。

（12）厳中平『中国棉紡織史稿』（北京・科学出版社、一九五五年）、八四—八七頁。また、田中正俊、同右論文、六〇頁。

（13）厳中平、前掲書、七二—七三頁。

（14）同右書、八三頁。

（15）*Returns of Trade and Trade Reports*, 1898, Part II, Soochow, p.299. 小山正明「清末中国における外国綿製品の流入」（近代中国研究委員会編『近代中国研究』第四輯、一九六〇年）、八五頁。

（16）*Returns of Trade and Trade Reports*, 1902, Part II, Nanking, p.314. 小山正明、前掲論文、八六頁。

（17）Alabaster, *op. cit.*, p.2.

（18）*Ibid.*

（19）*Ibid.*

（20）「ミッチェル報告書」。田中正俊、前掲「西欧資本主義と旧中国社会の解体」。

（21）Gardner, *op. cit.*, p.7.

（22）彭沢周「下関条約について」（『日本史研究』五六号、一九六一年九月）、井上清『日本帝国主義の形成』（岩波書店、一九六八年）、大江志乃夫『日本の産業革命』（岩波書店、一九六八年）、中塚明『日清戦争の研究』（青木書店、一九六八年）、高村直助『日本紡績業史序説』上（塙書房、一九七一年）、副島圓照「日本紡績業と中国市場」（京都大学人文科学研究所『人文学報』三三号、一九七二年）など。イギリスとのなにがしかの関連を説くこれらの諸説の論拠としては、Valentine Chirol,

The Far Eastern Question, London, 1896, p.154. John W. Foster, *Diplomatic Memoirs*, London, 1910, Vol. Ⅱ, p.138. などが挙げられているが、ただし、両書とも、'commercial interests', 'trade privileges' をイギリス政府の関心事として述べているのであって、必ずしも「工業企業権」に限定して言っているわけではない。他に、少数意見として、外国人企業権の規定が、成熟の度合の問題はあるにせよ、日本の初期独占資本の要求を表現するものであるとするものに、森芳三『明治期初期独占論』（風間書房、一九六九年）があり、また、日本資本主義が独占段階に達していたがゆえの要求ではないが、日本資本主義の貿易上の要請――輸入繰棉の品質低下を防ぐため、繰棉工場を清国内地に設置しようとすること――の表現であったとするものに、波多野善大『中国近代工業史の研究』（東洋史研究会、一九六一年）がある。なお、W. J. Clennell（Acting-Consul), Report for the Year 1897 on the Trade of Shashih, *Diplomatic and Consular Reports*, Annual Series, No.2086, 1898, p.18. によれば、一八九七年に一五二台の日本製の繰棉器械が沙市に輸入され、うち大部分が湖南省の常徳に送られたが、この日本製繰棉器械は中国製の器械よりも浄棉効果がすぐれ、その使用が増加しつつあった、といわれている。

（23）遠山茂樹「東アジアの歴史像の検討――近現代史の立場から――」（幼方直吉・遠山茂樹・田中正俊編『歴史像再構成の課題――歴史学の方法とアジア――』、御茶の水書房、一九六六年）、一一九頁。

（24）Report on the United States Trade with China, *Diplomatic and Consular Reports*, United States, 1898, p.6.

（25）Report on the Trade of Central and Southern China, *Diplomatic and Consular Reports*, Miscellaneous Series, No.458, 1898, p.13.

（26）*Ibid.*, pp.13-14.

（27）*Ibid.*, p.13.

（28）*Ibid.*

（29）小山正明、前掲論文、一八頁。

（30）同右、一九頁。

(31) 同右、八〇頁。

(32) 同右、八〇頁。

(33) 『通商彙纂』第八六号、明治三〇年一二月、商業、六―九頁。

(34) 同右、九頁。

(35) 下関条約の調印（一八九五年四月）の直後、新たに駐清公使として北京に赴任した林董《はやしただす》も、その回想録『後は昔の記』に、往時を振りかえって、「北京に至りて英米公使等に此事（下関条約第六条による外国人工業企業権の解禁――引用者註）の便否を問いたるに、皆曰く、「上海在住の英米人等は、皆自己の利益を計るが為めに解禁を主張すれども、彼等は本国の利害を計較せざる者なり。予等は、彼等の望のままに総理衙門に対して照会を為せども、此禁を解て本国の利益を犠牲にすることを欲せず」と。総理衙門交渉の運ざる亦宜《むべ》なり。」（由井正臣校注『後は昔の記　他――林董回顧録』、平凡社、一九七〇年、二六四―二六五頁）と述べている。

(36) 前述のように、実は第六条第二項第四である。

(37) 厳中平、前掲書、三四五―三四六頁。

(38) *Diplomatic and Consular Reports*, Miscellaneous Series, No.629, 1905, p.4. また、Acting Consul-General Mansfield, Report for the Year 1897 on the Trade of Shanghai, with Soochow and Hangchow, *Diplomatic and Consular Reports*, Annual Series, No.2156, 1898. p.14. 参照。

(39) 実は、長江沿岸というより、華北である。

(40) 『通商彙纂』第三六号、明治二九年三月、雑ノ部、五頁、は、「上海ニ於ケル水入不正棉花ノ禁止（二九年一月二三日付在上海総領事館報告）」という記事を載せ、明治二八年一二月二四日付の監督江南海関兵備道黄祖絡宛て帝国総領事珍田捨己の「綿商一般ニ厳重論告方」の照会と、これに対する光緒二一年一一月二七日（明治二九年一月一二日）付道台の回答とを収録している。

【編集者附記】　本稿は、もと山田秀雄編『植民地経済史の諸問題』（アジア経済研究所、一九七三年三月）収録された。原載論文は節ごとに註が設けられているが、本書収録に当って、一括して後註とし、通し番号で示した。

Ⅳ　日本と中国

1　鈔本『鴉片類集』について

一〔はじめに〕

一九世紀中葉、幕末維新期の日本が《近代化》への途を歩み始めるに当って、「攘夷か、開国か」という言葉に象徴されるような困難な進路選択に日本人を直面させたものは、その進路を規定した近代世界史上の国際情勢の激動であった。

これを東アジアについて見れば、幕末維新期の日本をめぐるこのような国際的契機が現実化した具体的な事態としては、中国におけるアヘン戦争および太平天国の勃発を挙げなければならぬであろう。

したがって、中国におけるこの二大事変に対し、幕末日本の識者が深い関心を懐き、これについての情報、知識を持とうと努めたことは当然であり、また、その関心のありように、当時の日本人のこれへの対応の様相とその緊迫度も窺われるものと見るべきであろう。

二大事変に関する情報、知識への幕末日本人のこのような関心のうち、太平天国に対するそれを紹介したものには、既に、次のような諸業績がある。

増井経夫「太平天国史話」(『東亜問題』二巻一号、一九四〇年四月)。「太平天国研究資料について」(『中国　資料月報』

三号、中国研究所、一九四七年)。「太平天国に対する日本人の知識」・「日本における太平天国関係著作目録」(増井『太平天国』岩波新書、一九五一年)。

――増井論稿のうち、第二論稿以下の三文献は、いずれも、のちに、増井『中国の二つの悲劇――アヘン戦争と太平天国――』研文出版、一九七八年、に収められている。

松本忠雄「鴉片戦争と太平天国の資料補遺」(『東亜問題』二巻三号、一九四〇年六月)。

市古宙三「幕末日本人の太平天国に関する知識」(開国百年記念文化事業会編『開国百年記念明治文化史論集』乾元社、一九五三年。のち、市古『近代中国の政治と社会』東京大学出版会、一九七一年、に収む)[1]。

しかし、アヘン戦争に関して幕末当時の日本人が獲得した情報、知識については、片桐一男、森睦彦、安岡昭男氏らによる唐風説書、和蘭陀風説書などに関する諸研究に、関係資料の一部が収められているほかには、アヘン戦争(以下、本稿では、第一次アヘン戦争に限定し、第二次アヘン戦争、いわゆるアロー戦争を含まないものとする)そのものに即して、その情報資料を総括的に考察、紹介している専論は、必ずしも多くはなく、わずかに一九四〇年に前掲の増井経夫「太平天国史話」が、

鴉片戦争の報知は日本の識者を驚愕させ、幕府でも天保十三年異国船打払の緩和令を出したことは周知の事実である。

と、前言して、

斎藤竹堂『鴉片始末』、塩谷宕陰『隔鞾論』、同『阿芙蓉《アヘン》彙聞』(弘化四年編纂)、沈筠『乍浦集詠』(横山湖山による翻刻、嘉永二年)、『夷匪犯境録』(伝来した鈔本の日向、高鍋藩明倫堂による版、安政四年)、嶺田楓江『海外新話』、同『海外新話拾遺』(嘉永二年刊)、早野恵『清咉近世談』(嘉永三年)、酔夢痴人『海外余話』(嘉永四年)など、

のアヘン戦争期の日本における諸文献について概観し、また、戦後に、小西四郎氏が、明治維新の思想的原動力の一

つとなった尊王攘夷思想が、天保年間（一八三〇―四四年）に至って飛躍的に展開し、海防論も盛んに唱えられるようになったのは、隣国におけるアヘン戦争と清国の敗北とが日本の識者に異常なほど刺激を与えた結果である、という観点にもとづいて、「阿片戦争の我が国に及ぼせる影響」（『駒沢史学』一号、一九五三年一月）を発表し、その論考中に、「阿片一件」、「阿（鴉）片類集」、「阿片招禍録」、「阿片一件和解書」、「英夷侵犯紀略」「英夷侵犯事略」、「英（夷）国侵犯事略和解」、「夷匪犯境聞見録」、「嘆夷犯清国歌」、「阿芙蓉彙聞」、「鴉片始末」など、の我が国における鈔本、刊本類の内容とその価値とを、簡単にではあるが適切に紹介した業績があるに過ぎなかった。(2)

その後、幕末維新期の日本人が懐いた危機感と、アヘン戦争および太平天国が彼らに与えた影響とについて深い関心を懐き、長年にわたって、関係する鈔本、板本の類いの蒐集に努め、その愛蔵の資料にもとづき、書誌的な考証を主として、多くのすぐれた研究を発表したのは、増田渉氏であった。それらは、没後、片山智行氏によって編集された『西学東漸と中国事情』岩波書店、一九七九年、に収められている。この書物は、増田氏のこれらの資料に対する愛惜の情を媒介として、当時の日本、中国の識者たちの憂国の志を彷彿たらしめている好著であるが、いま、アヘン戦争関係に限ってみても、同書に採り上げられている文献は、

魏源『海国図志』・『聖武記』・『道光洋艘征撫記』、梁廷枏『夷氛聞記』、夏燮『中西紀事』、佐久間象山『省諐録』、吉田松陰『松陰先生遺著』・『西遊日記』・『野山文稿』、塩谷宕陰『阿芙蓉彙聞』、（厥名）『阿片風説書』、斎藤竹堂『鴉片始末』・『竹堂文鈔』・『蕃史』、（厥名）『夷匪犯境聞見録』、嶺田楓江『海外新話』・『海外新話拾遺』、早野恵『清嘆近世談』、酔夢痴人『海外余話』、長山貫『清英戦記』、佐藤信淵『海陸戦防録』・『存華挫狄論』など、

のように、広く日本、中国の鈔本、板本に及んでいる。

増井、松本、市古、小西、増田氏による以上の諸業績は、それぞれ、アヘン戦争あるいは太平天国と日本との関係にかかわる資料を長年にわたって探索した研究生活を通じて、おのずから蓄積された成果と言えよう。それに比べて、

アヘン戦争ないし太平天国の研究について未熟な私にとっては、質量ともに、これらの論稿以上に網羅的な資料の紹介を試みることは、今日、遺憾ながら不可能である。

したがって、本稿では、前述の風説書などに関する研究者を除いて、アヘン戦争の専門研究者にも今日まで殆ど知られていないように思われる、鈔本の一文献を採り上げることによって、関係資料の一端を紹介するにとどめたい。

二　鈔本『鴉片類集』

東京大学総合図書館の蔵書に、『鴉片類集　完』なる題簽を付した鈔本一冊がある。表紙裏に「男爵田中美津男氏寄贈、先代田中芳男男〔爵〕旧蔵書、昭和七年」という縦長方形の小さな朱印が捺印されており、田中芳男旧蔵書であることが知られる、縦二五・三センチメートル、横一八センチメートル、和紙七一葉の小冊子である[3]。

第一葉、表の右下には「高麗蔵」と読める小さな蔵書印がかすかに見られる。「高麗蔵」の蔵書印は、小野則秋『日本の蔵書印』（複製版）臨川書店、一九七七年、に拠れば、高麗環（こま・たまき）の使用したものと言うから、田中芳男の蔵書となる以前に、自筆本『高麗環雑記』（東京大学史料編纂所蔵。東京大学史料編纂所編、大日本古文書『幕末外国関係文書』にも一部所引）、同『安政六年御日記』（東京大学総合図書館蔵、旧南葵文庫本）などの撰者、高麗環の蔵書であったことがあるものと推測されるが、鈔本『鴉片類集』には、撰者ないし編纂者の名は見当らない。

他方、管見の限り、天保一五年（一八四四）正月以降、安政二年（一八五五）末に至る記事を内容とする『高麗環雑記』全六一冊、および『安政六年御日記』一冊（一八五九）には、後述するように天保一五年（一八四四）以後に編纂されたものと見られる『鴉片類集』を入手した旨の記録を見出し得ない。

しかし、第一に、『高麗環雑記』、『安政六年御日記』の両自筆本には、鈔本『鴉片類集』の場合と異なって、ともに「高麗蔵」の蔵書印がないこと、第二に、この両自筆本と鈔本『鴉片類集』との間に筆跡の共通性を見出しがたいこと、また第三に、鈔本『鴉片類集』冒頭の「鴉片始末」には、「蒸気船」の文字の傍らに「湯烟船と訳すべし」、「北方諸都」の傍らに「北京にてよし　諸字不用」など、註記の書き入れがあるが、その筆跡もまた高麗環のものとは異なるように見えること、——以上の諸事実によって、鈔本『鴉片類集』は、高麗環自身の編纂本ないし書写本でないばかりでなく、あるいは手沢本でもなかったようにも考えられるので、彼が、かつてこの鈔本『鴉片類集』の所蔵者であった、と推定するにとどめたい。

いずれにせよ、後述するようなその構成、内容から見て、『鴉片類集』はオリジナルな著書ではなく、幕末当時、危機的な国際情勢のもとで、海外の知識を求めて、志ある識者の間に頻りにおこなわれた編纂ものの一つであろうと考えられる。

すなわち、本書は、アヘン問題およびアヘン戦争を主題として、他の原典ないし原資料から抜粋、手写して編纂された文字通りの《類集》、あるいはさらにこれにもとづいて書写された鈔本と見なすべきものであるが、例えば、唐風説書を含むアヘン戦争関係の文献について、森睦彦氏が、みずからの調査にもとづき、『阿芙蓉彙聞』、『鴉片始末』、『阿片乱記』、『鴉片類集』、『英国侵犯紀略』、『隲憂録』、『止至善堂雑纂』、『清咲阿片一件風説書』、『清商風説書』、『清蘭阿片単報』、『西変紀聞』、『天保雑記』、『唐人共風説書』、『唐風説書集』、『有所不為斎雑録』、を紹介し、それぞれの単数ないし複数の所蔵機関として、東北大学狩野文庫、東京教育大学（現筑波大学）図書館、東京大学総合図書館、同史料編纂所、京都大学図書館、同人文科学研究所、国立国会図書館、内閣文庫（国立公文書館）、東京都立日比谷図書館を挙げているなかで、『鴉片類集』は東京大学総合図書館のみに収蔵されているとされ[4]、また『国書総目録』第一巻、岩波書店、一九六三年、八三頁、によっても、同図書館本が、いわば天下の孤本であることが知られる。

さきの小西四郎氏の論文は、本書について、

斎藤竹堂著「阿片始末」及び、弘化元年仏蘭西軍艦アルクメーヌ号が琉球に来り、艦長海軍大佐デュプランが琉球中山府に対し、条約締結を求めし際の、仏琉間の交渉の公文書（漢文）五通、天保十一年七月付、同十二月付の唐風説書四通、清方学沆（号荘（芷）園、乾隆年間の人）述の「防海策」並に和蘭風説書（「阿片一件」のものとは異なる）等の諸資料を蒐集したもの。

と解説し、とくに、「西力東漸の先蹤とも目さるべき仏国極東艦隊の琉球来航の資料を採録してゐる点が注目される」と、本書に窺われる編纂者の識見を洞察して、高く評価している。[5]

アヘン戦争の頃に胚胎した日本人のこの対外危機意識は、のち、一八八四年（明治一七年）八月、フランス極東艦隊の福州攻撃によって清国艦隊が壊滅した清仏戦争（中法戦争）の前後を画期として、《侵亜》すなわちアジア大陸への侵略をその固有の性格とする、日本近代国家形成論としての《脱亜入欧》論——福沢諭吉による「脱亜論」の発表は、翌一八八五年三月である——へと旋回し、欧米の先進帝国主義諸国に追随して、《従属帝国主義》的な《侵亜》を志向した。《脱亜入欧》のこの対アジア観が、情緒的、独善的にして空疎な「興亜論」その他の、いわゆるアジア主義と併行して、これに理論的内容を補塡し、両者は、アジア侵略という目標を共有しつつ、その後の近代日本と東アジアとの歴史的関係を規定するに至ったものと考えられるが、[6]『鴉片類集』は、その構成に窺われるように、アヘン戦争期の日本における危機意識の視野のなかに、中＝英間の直接の関係のみならず、早くも、フランス極東艦隊の琉球来航についての情報をも採り入れているのである。この点に着目した小西四郎氏のさきの指摘は、簡潔ながら、深い示唆に富むものと言えよう。

『鴉片類集』の構成は、次の通りである。

（一）鴉片始末　斎藤　馨　子徳〔伝天保一四年（一八四三）〕稿（訓点付き漢文　一三葉）「中西従横」
（二）仏蘭西人嘞爾咖肋書（一八四四年四月三〇日）（漢文　二葉半）
（三）仏朗西第壱号戦船総兵嘞尓烈璞朗為照覆事（一八四四年四月四日）（漢文　一葉半）
（四）遵将悃忱略陳上閲（一八四四年）（漢文　四葉半）
（五）具稟遠人濤五思且稟為叨恩照払無由効報略訴（道光二四年〔一八四四〕四月）（漢文　五葉半）
（六）琉球国中山府布政大夫向永保上払朗西第一号戦船総兵嘞爾烈喀璞朗書（道光二四年〔一八四四〕三月一六日）（漢文　二葉）(7)
（七）〔右の、道光二四年四月一四日付の〕付片（漢文　二葉）
（八）天保十一子年（一八四〇）七月三番船之唐人ヨリ申上候口上書之趣（片仮名交り文　二葉半）
（九）天保十一庚子年七月第三度目ノ唐船来テ日本国へ注進シタル書面（片仮名交り文　三葉半）
（一〇）天保十一子年十二月唐土人ヨリ申上候旨（片仮名交り文　一葉半）
（一一）天保十一子年十二月入津唐船之風説書（片仮名交り文　三葉）
（一二）〔弗迷堂古文〕防海策　上、下、清、方学沆、号芷園、乾隆年間人、撰（漢文　四葉半）
（一三）阿蘭陀暦数一千八百三十八年〈天保九年戊戌にあたる〉より四十年迄唐国に於而イキリス人等の阿片商法を停止せんか為に事興りたる其訳を委しくしるす事　かぴたん　ゐてゆあると・からんてそん（くずし字平仮名交り文　二八葉半）(8)

右にみられるように、『鴉片類集』は、その内容上、清の乾隆年間（一八世紀）の官僚、方学沆の撰であることが知られる『続遜志斎集』（刊年不詳）からの採録である「防海策」を除いて、天保九年（一八三八）より天保一五年（一八四四）に至る文書を収めているので、天保一五年（一八四四）以後に編纂されたものと考えられる。

三　〔『鴉片類集』の内容〕

上述のような構成を通じて、『鴉片類集』の編纂者のアヘン戦争に対する関心の所在を間接的に窺うことが可能であるにしても、斎藤竹堂の「鴉片始末」を除き、それ以外に、本書に収められた外国人による諸情報が、当時の日本人の主張ないし反応そのものを直接に伝えるものとなっているわけではない。そのうえ、本書の編纂者が誰であるかについても、前述のように、知るべき手懸りに乏しい。

それゆえ、当時の日本人のアヘン戦争に対する関心について考察するためには、本書は必ずしも十分に役立つものではない。しかし、アヘン戦争の研究にとって有意義な一資料として、これを評価することができるであろう。

まず、『鴉片類集』を構成する全一三の文章について、略説することとしたい。

（一）「鴉片始末」

撰者は、斎藤馨、字は子徳、竹堂また茫洋子と号した。通称は順治。一八一五年（文化一二年）一〇月、仙台藩の家臣、涌谷邑主亘理氏の世臣の家（陸奥国遠田郡沼辺邑、現在の宮城県遠田郡田尻町）に生まれ、江戸に出て昌平黌に学び、諸国を遍歴遊学し、のち神田相生町に塾を開き、講学の傍らオランダの典籍を学んでいたが、一八五二年（嘉永五年）三月、三八歳で没した。『鴉片始末』執筆の時期については、「竹堂斎藤君年譜」（『竹堂文鈔』、一八七九年（明治一二年〕刊、所収）によれば、一八四三年（天保一四年）、彼が二九歳、昌平黌在学中の著と言われる。(9) 彼には、西洋の歴史に関する『蕃史』一冊（嘉永四年）の著もあるほど、平素、広く海外の知識を求めていたが、『仙台叢書』第一〇巻（同刊行会、一九二六年、活字本）所収の「鴉片始末」の「解題」（筆者不詳）は、

此鴉片始末の成りしは、昌平黌の一書生たりし時にありて、既に此著あり。以て当世有識者の耳目を驚かせり。

と言い、さきの小西四郎氏の論文は、

飜刻されて広く世に行われ、多くの識者が此の書を読んでいる。

と述べている。(10)

この「鴉片始末」には、東京国立博物館に、原漢文を陀西話《たざわカ》氏（文中に、陀清話氏とも称する）が、くずし字平仮名交り文で和解した鈔本（一八四五年〔弘化二年〕記、一八四六年〔弘化三年〕於我和《おがわカ》氏写、一八五八年〔安政五年〕斎藤氏〔もちろん、竹堂とは別人〕写、徳川宗敬旧蔵書）が収蔵され、また老中水野忠邦の側近の儒者、塩谷宕陰（一八〇九―六七）が、その立場の便宜に恵まれて編纂した資料集として高く評価され、写本により広く流布した『阿芙蓉彙聞』七巻七冊（一八四七年〔弘化四年〕自序）(11) の巻五、交兵下、にも収められている。さらに杏雨書屋（武田薬品工業株式会社研究所付属図書館）の『杏雨書屋蔵書目録』によれば、一八四九年（嘉永二年）の板本、五巻五冊、を収蔵するという（未見であるが、鈔本を板本と見誤ることはないであろう〔該目録の記載は「鴉片始末一巻」〕）。この他、東京大学史料編纂所には、一九三七年（昭和一二年）、裳華堂書店刊の返り点付き「板本」（増田渉、前掲書、七〇頁、に同書を「石印本」と言うが、この「石印本」も「板本」の石印による複製であると思われる）がある。なお、東京大学史料編纂所には、戦時中、羽倉敬尚陸軍主計大尉が中国山西省において書下し文にしたカーボン紙による書写の『訳文鴉片始末』もある。また、『斎藤竹堂全集』裳華房書店、一九三九年、全二一冊、の第二一冊（訓点付き板本の石印複製。国立国会図書館蔵）のほか、活字本としては、前掲の『仙台叢書』第一〇巻に収録されたものがあり、添川栗（寛夫、廉斎）が編纂した手鈔

本を孫の中野同子氏が活字印行した『有所不為斎雑録』（私家版）、一九四二年、の第一九、にも収められている。

以上のように、今日、活字本としても流布しているので、前掲『阿芙蓉彙聞』所収の「鴉片始末」の文末に、関係情報について知見の広い宕陰が、

仙台斎藤馨子徳、拠清商単報、蘭人風聞記等、以作此編。雖間有少誤、紀事簡明、令人一覧瞭数年間之顛末、論尤切的中肯綮。

と評している「鴉片始末」は、清商・蘭人の資料にもとづいて、中国へのアヘン流入の前史、乾隆・嘉慶年間の禁令、林則徐による取締りと戦争の経過とを通観して述べてはいるものの、その全文をここに紹介する必要はないであろう。ただ、末尾に収められている竹堂自身の「論評」のみを、『鴉片類集』中、唯一の日本人による主張として、左に紹介しておきたい。

論曰、満清庵有漢土二百年、北起韃靼、西至回部諸域、幅員万里、皆為臣妾。其疆之大、力之強、自有漢土以来未之聞也。而鴉片之変、么麼小醜閲四歳不定、江南殆陥、天下騒然。是其故何哉。吾考清英二国之名義順逆、而愈有怪焉。夫鴉片之為物、英夷既不自食、而嫁禍於清。清不知而買之尚可也。知而絶之、為英夷者固宜収函斂嚢而補前日之愆。即不然抗顔強請、唯貪己利已、而不顧他人之生死利害。是何不知礼義廉耻之甚也。自吾邦聞之、猶不能無唾罵之心。況当日立其朝之君臣乎。痛絶而極残之、固其宜矣。而一敗不振、日以委薾、事勢顛倒、彼此変局、至以無礼無義之醜虜而挫衂堂々仁義之大邦、是亦何也。吾反復考之而後知。清英勝敗利鈍、在平日、而不在鴉片之事也。何者、宇宙万国風土自異。孰夷孰夏、而漢土常以中夏自居、侮視海外諸国、如犬羊猫鼠冥頑不霊之物、不知其機智之敏、器械之精、或有出于中夏之所未嘗識、而防之之術茫乎不講、開口輒曰夷曰蛮。而彼航海縦横、称雄西域、而受其侮。其心必憤々久矣。而窺伺累歳、頗有得清国之要領。及鴉片之事起也、尚未敢遽与之抗、先卑其辞、出不必聴之請。清主果下厳急苛酷之法、而夷怨益深、夷謀益固。鴉片之事、曲在英、直在清。而

今反変之、清失於驕盈踈傲、而英有発憤思報之志。即一戦砲礮僅発、漢軍辟易、如行無人之地。清主雖欲不和得乎。和則賂金割地。皆其所欲、可以休兵一時、而窺変異日矣。是乃英夷之所以能料于其初、而既決其勝敗之機也。不然英夷豈特以火砲船舶諸器之精、而安加兵于大国哉。嗚呼為清者一誤矣。果無再誤焉可也。

右に述べるように、竹堂によれば、アヘン問題は、その曲はイギリスにあり、直は清国にあるにもかかわらず、清国は驕慢にしてみずから中華に居り、海外諸国を侮り、イギリス人の機智の敏なることも、その器械の精なることも知ろうとしなかったため、ひとたび戦端が開かれるや、たちまち敗北し、禍を後日に遺すような事態に立ち到ったのであり、したがって、アヘン戦争の勝敗の原因は平時に在るのであって、アヘン問題に在るのではないと主張する。この主張によって、日本人に対し、イギリスの「火砲船舶諸器之精」の脅威を伝え、また、日本が清国のように備えを怠ることのないよう、竹堂は憂慮していると見るべきであろう。

なお、この「鴉片始末」については、吉田松陰、頼三樹三郎、梅田雲浜らとも親交のあった幕末の勤王僧、月性[12]（一八一七―五八）に『鴉片始末考異』があるが、足立正声（一八四一―一九〇七）によるその写本[13]、および『斎藤竹堂全集』所収のものに徴するに、この『考異』は、アヘン戦争に関わる史実を年代記的に補っているに過ぎず、かつ、その典拠を示してはいない。このような事実は、当時、典拠を明示するという実証的な方法がいまだ一般におこなわれていなかったためでもあろうが、しかしまた、「鴉片始末」が書かれてから数年ならずして、これを補訂し得るような知識が既に月性らの人々の間に普及していた状況を推測せしめるものでもあろう。

前掲『有所不為斎雑録』所収の斎藤馨士徳（子徳の誤り）稿「鴉片始末」の巻末には、「甲辰（一八四四年、天保一五年）六月念六（廿六）、斎藤正謙　妄批」という評語が加えられており、また『斎藤竹堂全集』所収本、『仙台叢書』所収本、および東京大学史料編纂所所蔵本のそれぞれの巻末にも、同文が収められている。いま、これらを校合して文字を正したものを次に掲げよう。

叙事簡括、迥勝読漢蘭風説書、論尤剴切。清国驕盈、為日久矣一語、破的中其肯綮。吾邦人亦蔑視他邦、賓虜情於弗問。一旦有緩急、将何以防之。語云、前車之覆、後車之戒。視此亦可不自戒乎。

我邦閉洋不通諸蕃、至今無事、洵為長策。嘗読経世文編、有極称我邦之法者。而議者或惜其不広、何哉。今観清国之禍、本生於濫交外蕃、益知我法之不可改也。

斎藤竹堂と同時代の儒者であり、竹堂に先んじて同じく昌平黌に学んで親交のあった斎藤正謙[14]（拙堂、一七九七―一八六五）の右の評言は、外国人を蔑視し、外国の情報、事情を知らぬ日本人にとって、同様な驕慢さのゆえに経験させられた清国人の禍を、前車の覆として戒めなければならぬ旨を強調しながらも、しかし他方、外国との濫交の結果、禍を招いた清国の対外政策に対比して、日本の鎖国政策は長策であるとして、拙堂みずからが海防策にもとづく攘夷を提唱していると見ることができる。但し、ここに言う日本の鎖国政策を称賛する清国人の議論なるものが、民族的危機感を懐きながらも頑冥な鎖国論者ではなく、洋務、変法にもとづく攘夷論の先駆者であったと見られる、魏源によって実質上編纂された、賀長齢編『皇朝経世文編』のなかの何れの論説を指しているのかについては、管見の限り、審らかにし得ない。

拙堂のこのような発想は、海防の整備を背景として開国通商すべきことを志向した高島秋帆など[15]、少数の開国論者を除き、鎖国政策そのものが直面させられていた東アジアの世界史的現実を認識し得ず、情緒的な危機感から攘夷による鎖国の固守へと直結した、多くの攘夷論の動向を代表するものではなかろうか。

他方また、『斎藤竹堂全集』所収、『仙台叢書』所収、および東京大学史料編纂所所蔵本の「鴉片始末」の巻末には、平啓《たいらひらく》すなわち佐久間象山の次のような跋文を載せている。

当今天下之可畏者、莫大於兵寇。而戒備之要莫先於知彼。苟能知彼、則我之所以備之者、自不能已矣。而世人憒々鮮克知之者。独子徳於此勤々著是始末、以為知彼之資。其識之遠、非特能文之士也。三復之余、敬嘆不足、乃書其後。

象山の右の文章には、後年に開国論者となる以前、強烈な危機感にもとづいて海外の情報を求めながらも、なお海防による自衛の立場にとどまっていた時期の佐久間象山が、その立場から、斎藤竹堂「鴉片始末」の海外認識およびその海防論への象山自身の共感を披瀝しているものと言い得るであろう。

ところで、さきの『仙台叢書』本の「鴉片始末」に付せられている「筆者不詳」の「解題」は、次のように言っている。

其識見の遠大なるが故に、当時既に眼を海外事情に注ぎ、清国官民徒に尊大夸張、我を知て彼を知らず、頑冥不霊の極は、終に英人の術中に陥り、連戦連敗して、螳螂竜車の愚を極め、地を割き償金を出し、千歳雪ぐ可らざるの汚辱を貽したる所以を論じ、我邦人を警戒して、其轍を踏むことなからしむ。此時に当り、儒生にして、西洋書を読み、海外事情に通ずる者は、実に寥々として晨星も啻ならず。佐久間修理〈象山〉、大槻清崇〈磐渓〉、斎藤正謙〈拙堂〉、塩谷世弘〈宕陰〉、斎藤惟馨等あるのみ。其他は概ね頑冥不霊にあらざれば、固陋偏僻にして、師伝の経芸を墨守し、時務を知らず。過激なる攘夷党の暴論に左袒し、開国和親は、宇内の公法なる、懐柔来綏は聖道の一端なることを知らざるの徒なりしか《が》、幸に佐久間修理が如き、攘夷論囂々の間に立て、其非を鳴らし、開国主義を鼓吹し、終に之が為め其党の兇刃に斃るゝに至るものあり。若し惟馨をして、此際に及ばしめんか、佐久間大槻諸氏と共に、相周旋したるや必せり。而して其年不惑に至らずして、世を早うしたるは、惜みても尚余あることならずや。然れども夙に海外事情に心を注ぎ、此の数家に先て鴉片始末を著し、天下の耳目となり、且佐斎二氏の其書に跋したるが如き、亦其志を同うしたるの証左となすべし。（〈 〉内は原文の割註。惟馨は竹堂の諱。——田中註）

ここに紹介した「解説」が、一九二六年の『仙台叢書』刊行以前のどのような時期に、如何なる局面において、何者によって書かれたものであるかは詳らかでないが、右の文章は、後世になって開国維新の歴史的成果を享受するに至っている者の立場から、佐久間象山、大槻磐渓、斎藤拙堂、塩谷宕陰らを一括して《開国論者》と目し、例えば象山と拙堂との間の差異を看過するとともに、なによりも斎藤竹堂の「鴉片始末」に対し、《開国論》としての評価を与えるに至っているように思われる。

なお、中山久四郎「近世支那より維新前後の日本に及ぼしたる諸種の影響」は、

斎藤竹堂の阿片戦争に鑑みて大に警省すべしとの精神を以て、『鴉片始末』の一書を世に出すや、忽ち世人の注意を促がし、『読鴉片始末』の一書続刊されて、斎藤正謙（拙堂）、平啓（佐久間象山）、宮本球（宮本元球の誤りであろう。——田中註）、神田充、村瀬褧《ケイ》、丹波雋《セン》の諸家の序文跋語が特に付録されたり、[16]（下略）

と述べているが、アヘン戦争関係の中山久四郎旧蔵書のほぼすべてを所蔵していると言われる東京都立日比谷図書館にも、また同館の『特別買上文庫目録　諸家　国書（総記・その他）』にも、管見の限り、『読鴉片始末』を見出し得ず、中山氏の言う「続刊」された『読鴉片始末』とは、のちに右の諸家の序文、跋語を付録して書写ないし刊行された『鴉片始末』そのものを指すのではなかろうか。

他方、増田渉氏の前掲『西学東漸と中国事情』（六九—七〇頁）は、同氏の所蔵する写本『鴉片始末』（漢文、一冊）にもとづいて、次のように述べている。

「叙事簡括、はるかに漢・蘭の風説書を読むに勝る。論は尤も剴切」（原漢文）という弘化元年（一八四四）六月（実は、六月は、なお天保一五年であり、弘化は同年一二月以後である。——田中註）の斎藤拙堂（正謙）の跋がある。また次に同（天保一五）年九月の平啓（佐久間象山）の跋には「当今天下の畏る可きは、外寇より大なるはなし、（以下、前出文と同文の故に中略。——田中註）その識の遠きこと、ただに能文の士のみに非ざるなり」（原漢文）と、この書を彼（外国）を知って、我（日本）の兵備を考えるべき良書と見ているわけだ。このほかにも弘化二年の

神田充の「豈、他人の事ならんや」（原漢文）という跋、同年の村瀬𤇆《(ママ)》の「辺備また厳飾《(飭カ)》せざるべからざるなり」（原漢文）といった跋も付いている。すべてアヘン戦争を鑑として、わが国の防備を厳重にすべきことをいっているのである。この書はこのような時勢を背景に、広く伝写されたものであろう。（中略）『鴉片始末』の最初の部分が、（中略）多分『阿片風説書』か同種のもの（カピタン情報）に拠って書かれたものではないかと思われる。その「論曰」にも清国をけなし、英国側に肩をもつようないい方が見える。

ところで、前掲の東京国立博物館蔵、くずし字平仮名交り文和解『鴉片始末』の巻末には、一八四五年（弘化二年）にこの鈔本を作成した「陀西話氏」（文中に「陀清話氏」とも自称）による、撰者斎藤竹堂への批判的な意見が見られる。必ずしも理路整然としてはいないが、鈔本の原文を活字化する意味でも、左にその全文を紹介しよう。(17)

陀清話氏斎藤氏を難して曰く、其論（斎藤竹堂の論。——田中註）にいふ、鴉片を禁するは、直清に在り。然るを其驕盈をもつて、英人の積憤を醸《すい》せり。英人は又自分《(らカ)》堉《つちをつみ(つちかひか)》てその怒りを固くすと。是甚然らす。如何となれば、清始よりして直からす。英国又唯曲るとのミ名づくへからず。英人命に害あるの物をもだ《(たカ)》らして重利を貪るハ、曲直の論のミならず、不仁の挙といふべし。然れども漢土の人其害あるを知りなから、是を買ふ人を禁する事能わすして、英国をのミとがむるは、思ひ至らずと謂つべし。且漢人自分《(らカ)》礼儀の邦と称し、英国を以犬羊是を遇せば、人として禽獣と長短を争ふなり。邦の諺《ことわざ》にこれあり。士人《しじん》河豚《かとん》に死すれバ、官其家を絶《たつ》と。いまハ買魚《かふぎよ》の人を罪するを聞かす。是おのづから尊く知あるの地に居るの法なり。ゆへに婦女といへども是に決して挌ハ《かゝハ(らカ)》ず。吾邦の理義にさときハ此のごとし。斎藤氏は飽学《ほうがく》にして礼義順逆を知るの士なるへし。然れども其好む処ニおもねつて、遂《つい》に自分《(らカ)》過《すぐ》べき事を致せり。漢人ハ自分《(らカ)》高ぶるをば咎《とが》メながら、論中堂々仁義大邦といふ。無礼無義の醜虚《しうろ》（虜カ）といやしめ、又么麼の小醜《しう》といふ。是言を知らずと云へし。若強而《しい》二国の題目を下さバ、清ハ愚《おろか》、英は黠《こう》なり。域の大小を論するに至らば、吾邦亦漢土に比して大小如何とする。漢人亦吾邦を称して何とか言《い、》し。有識の人宜かくの如き言《ことば》を出すへからす。故に漢人は愚《おろか》なり、漢を恐るゝ人も又愚なりといふ。且漢人知らずして是を嗜《たしなま》バ罪英国にあり。知つて是を貪《むさほ》るハ、漢人も罪なしとすべからず。売れさるの貨《たから》は、良売《（買カ）》ハ置ず。漢人買すんば、英人如何ともする事なからん。然は則一切買ふものを禁するに如《しか》す。其禁するに術あらん。一時の教令行われずとて、俄に大辟ニ所し、其什保を連座《れんざ》す。此刑《けい》果して行れば、漢土の赤子烟りに死するハ稀にして、刑に死するもの多からん。是豈《これあに》仁政といふへけんや。其本意の然らさる事明《あきら》けし。故に下民其虚喝《きよかつ》なるを知って、禁令遂《きんれいつい》ニ行れず。是其所量のあやまりならずや。清帝果して博愛《はくあい》の心あらば、彼犬羊《かのけんよう》の民も亦天地の生育《ぶいく》の人類《（なカ）》より。異日兵学《（業カ）》の際によりて大黄・茶葉(18)を送る事を禁せんとす。西域もまた夭《よう》札（早死）の人多かるべし。是は用ひて命を保《たも》ち、彼は嗜《たしな》ミて寿を夭《よう》す。夭札《ようさつ》の毒を　駕《（おさへあつかは）》んが為に、彼が保生の品を絶んとする、仁義の君豈然らんや。此ゆへに、能く是を始めに謀りて、人民にがひあるのゆへをもつて其齎《もたらし》来るを猶聴《きか》ずんば、彼是《かれこれ》の害同しきの理《り》を説《と》いて、大黄・茶葉を絶んことを諭《さと》し、尚聴《なほきかす》んば、向後実に此二種を絶《たやす》は、是我より絶にあらず、ミつから絶なり。然を英人恚《いかり》を興《おこ》して干戈《くわんくわ》を動すに至らば、此時始めて直清に在り、曲《きよく》英にありと棄《き》し、策《さく》是に出さずして、有智の人彼の猫鼠を怒りて万金のたからを焼き、又其餉《しやう》道を絶。是を仁智といわんや。是大邦の所量といわんや。且英国の雄悍黠鷙《ゆうかんかつごう》なる、豈自ら厳令を振ひて其重宝を焼かれ、我と自ら其怒《と》心を堉養《いくよう》し、向後干戈を用るの迂《かん（うカ）》遠《ゑん》なるあらんや。若怒心を境《さか》ひ得て百千の深厚に至るとも、戦て勝ずバ、豈千古の笑ものたらさらんや。猶今飽学の士多く漢臭《しう》有、孰《いづれ》をか夷とし、孰をか夏とせんと。此言は庶幾忘の酔へるや、鴉片の毒よりも甚し。難するは左もあらん。或ハ曰、子か斎藤氏を但《（糾）》し鴉片を禁するや蓋し術あらんとのミにしてハ、他をは難すれとも其術をば得たるにや。答て曰、しかり。夫《（それ）》経綸の学、漢土元より講する所なる。今万里の海東に在て、遙ゝ夫《（かれ）》が便宜を制せんと知るものゝ難じとする所や。況や我輩をや。然れども子が為に試に云《いわ》んか。夫《（それ）》鴉片の人口に美なるも、吾邦人は是を羨す。其味ひを知らざれバなり。漢土も又然るへし。故に是か制をたつて、須〔く〕禁烟を喫するものは、家財半を没して官にいれ、其人を満州地方の小地に移し、其地の生業ハ残る半を以てすべし。斯て北地および内地ニおゐて鴉片烟の何ものたる事を貧にして良善質実の人をゐらんで没入する所の財を給ひ、浴《(沿)》海の諸地に見へては、其恩に感するのミならす、素より食《(貧)》民なれば、禁を知つて烟を喫する事なかるべし。且英人に勝する良民ならば、風俗の敦く政化の行る丶を見て、英人も恐慕の思ひあらん。仮令兵革の事あるも、彼の顔危《(頑児カ)》の狡民に勝る事万々ならんか。また、移さる丶の人も素より罪に死すべきものか家産の半ばを保ち天年を終らば、豈よからずや。是慈親の顔児《かんじ》（頑児カ）に所するの法なり。夫高山も指土《さいと(細上カ)》の積なり。蟻穴よく長堤を崩す。綿々を摘《つ》めば、蔓々を憂《うれい》す。此法鎖《(瑣)》々といへとも、尚伍保の厳刑に勝らん。

弘化二乙巳年日　陀西話氏記ス
同三丙午年八月初四日写之　於我和氏
安政五戊午年五月写之　斎藤氏

（振り仮名は原文。——田中註）

ちなみに、幕末日本の知識人が危機意識にもとづいて刊行した、アヘン戦争の情報を伝える著作のうち最も流布したものに、楓江嶺田右五郎の『海外新話』五巻がある。楓江は、一八一七年（文化一四年）、丹後国田辺藩士の次男として江戸の藩邸に生まれ、佐藤一斎に儒学を、箕作阮甫に蘭学を、梁川星巌に詩文を学び、蝦夷地をはじめ諸国を遊歴し、北辺防備の必要を説いた。アヘン戦争の勃発を知って、一八四九年（嘉永二年）、庶民に対する啓蒙の立場から、挿絵入り、振り仮名付きの、軍記もの風の文体で、『海外新話』および『海外新話拾遺』を著わしたが、幕府当局は、鎖国政策のもとで、みずからは、いわゆる唐風説書、和蘭風説書などによって激動する海外の情報を獲得することに努めておりながらも、他方、これを独占して、その一般への漏洩を禁止していたので、楓江が草稿の検閲を受けずに『海外新話』を出版したとの理由で、これを禁書とし、楓江は、嘉永三年（一八五〇）一〇月、押込（屏居）処分とさ

れ、嘉永五年には、江戸をはじめ三都所払となったと言われる。(19)

なお、東海漁人編『清英阿片之争乱』（一八八八年、明治二一年）は、この『海外新話』の覆刻本であり、また、『海外新話』は、のち、『通俗二十一史』と題して早稲田大学出版部から刊行された全一二巻のうち、第一一巻（一九一二年、明治四五年刊）に、『鴉片戦志』全五巻の名で収められているので(20)、稀覯の文献ではなく、ここにその内容の詳細を紹介する必要はないであろう。

『海外新話』の「例言」には、

　行文ノ体裁ハ〔源平〕盛衰記、太平記、総テ皇国古来軍藉（籍）中ノ套語ヲ用ユ。童蒙ノ士トイヘトモ、一読シテ記誦シ易カラシメンカ為ナリ。

と述べるとともに、撰者不明の清鈔本『夷匪犯疆録』および『侵犯事畧』を主な底本とし、その他の諸書を参照したと言っている。但し、前述のように、海外情報の一般への普及を禁じた幕府当局の統制下に、当時、アヘン戦争に関する知識が識者の間に〈写本〉として秘かに流布するにとどまっていたなかで、既に一八四五年（弘化二年）に和解の鈔本が行われ、前掲『杏雨書屋蔵書目録』によれば、一八四九年（嘉永二年）には「板本」が刊行されたとされる竹堂の『鴉片始末』の名は、『海外新話』のこの「例言」には挙げられていない(21)。

「道光二十二年七月廿四日即英国紀年之一千八百四十二年八月廿八日」の「和約条目」の全文を訓点付き漢文で掲載するなどの内容によって危機を訴えたいという意志と、形式上は、通俗性を帯びている軍記もの、読本《よみほん》風の文章との組合せから成る『海外新話』は、こうして、広く啓蒙的な社会的機能を持ち得るものであったと言えようが、他方、内容も文体も堅い漢文体の『鴉片始末』は、知識人を対象とするものにほかならず、したがって、唐風説書、方学流「防海策」、また和蘭風説書などとともに、『鴉片類集』の編者が収録した「鴉片始末」のもつ影響力は、その読者対象も、またその及ぶ範囲も、『海外新話』とは異なるものであった、と思われる。

（二）仏朗西人嗲咖肋書

仏朗西人執事嗲尓咖肋から、琉球国那覇大人鄭良弼の手を経て琉球国大王に転啓されるよう願出ている本書簡は、「救世一千八百四十四年亜物爾月三十日」の日付をもち、小西四郎氏の前掲論文が言うように、仏朗西皇上（ルイ・フィリップ）が当時の琉球国に対して通好貿易を求めた公文書の漢文訳である。[22]

この文書は、箭内健次編『通航一覧続輯』第四巻（清文堂、一九七二年）、仏朗西国部一、の七五七－七五八頁、に活字化されて収録されている。但し、活字化するに当って、文中に二カ所、第一人称の「わたくし」を意味する「余」の字を「餘」に書き改めるという過ちを犯している。

（三）仏朗西第壱号戦船総兵嗲尓烈璞朗為照覆事

フランス第壱号戦船の総兵嗲尓烈璞朗の琉球国中山〔王〕府布政大人（大夫）〔向永保〕への「救世壱千捌百肆拾四年亜物利月初四日」付の返書の漢文訳。

フランス国の通商要求が「和睦之意」から出ていることについて、布政大夫の理解を得たことを喜んでいる旨を述べ、次いで、執事嗲尓咖肋および副通事濤五思且が琉球国に上陸して滞在できるよう、その許可を要請している。

この文書は、前掲『通航一覧続輯』第四巻、七五九－七六〇頁、に活字化されており、右の日付に、〈自注、亜物尓・亜物利共省略、当作亜物利尓（Avril, すなわち太陽暦の四月）、我邦二三月之際〉と、割註がある。

なお、同書所収のこの文書のなかでも、「わたくし」を意味する「余」の字が、五カ所にわたって、誤って「餘」に書き改められている。

（四）遵将悃忱略陳上閲

一八四四年、仏国人、嘞爾咖肋の中山王府布政大夫宛て書簡の漢文訳。

まず、ヨーロッパ情勢について、ヨーロッパには強国が多く、なかでもフランスは物産が豊かで、余剰があれば隣接のアフリカを相手にすることによって「自富自足」できるので、たとい遠方に到って他国の領土に覇を唱えようとしても、フランスにとってそれは無益不便に過ぎないが、イギリスは本国が甚だ小さく、物産も琉球と同様に乏しいため、ヨーロッパあるいはアジアへの貿易に進出し、世界中の港を己がものとしようとして、到るところで他国の土地を領有している。また、琉球は中国と日本との中間に位置しているが、もし中国が琉球に対し兵を動かすならば、これに仁義の実のないことは明らかであると述べ、これまでに琉球が中国から受けた歴史上の残虐事件を例証として挙げる。これは、琉球と中国との離間を図ろうとする意図によるものであろうか。

さらに、イギリス国内の議論を紹介し、中国・日本に近い琉球、とくに東アジア交易圏の中心である那覇港には満州はじめ各地の船や商人が集まり、その産物や中国の紬・緞と日本の雑貨とが交易されているので、イギリスがこの那覇に対し謀略を図るについては、イギリスはシンガポールを先例とすることができると言われている、と述べ、東海の各海島が連合して、みずからを更に良かれと努力しない限り、那覇が第二のシンガポールとなることは必至である。私の考えでは、フランスはこれを座視するはずはなく、必ずやイギリスの謀略を阻もうとするであろう。その計は、貴国琉球を「格外保護」するか、さもなくば「先自取之」、すなわちイギリスに先んじてみずから琉球を奪うしかない。後者を採れば、フランスは公義を保ち難いので、前者の計を採るより善なるはない、と申入れている。

琉球をめぐる東アジア交易圏の世界史的意義に着目したフランスが、「先自取之」という極端な事態を持出して、これか、それとも「格外保護」か、という二者択一の問題を設定することにより、後年、フランスがインドシナ半島に対して採った植民地獲得政策——保護国化——の前兆をここに既に垣間見せていることが注目される。なお、「格外保護」という言葉が何処から出てきたのか、また、その真意は何であるのか、の問題は、通訳として琉球＝フランス間に立たされていた副通事灣五思且の手になる、次の(五)の書簡の主題となっている。

以上の書簡は、『通航一覧続輯』第四巻、七六〇－七六二頁、に活字化されているが、二カ所、「因」の俗字である「囙」を「回」に改める過ちを犯している。

（五）具禀遠人灣五思且禀為叨恩照払無由効報略訴

「道光二四年（一八四四年）四月日」の日付のある書簡。

副通事灣五思且が、私の原籍は中国であり（差出人の署名は中国名の高隆となっている）、フランスに私通する者ではない。通事としての分を守っているので、貴国の私に対する疑惑を解いて頂きたいと願っていると前置きし、近ごろ、西洋各国には、「西洋と通好をしないものに対しては征討せよ」、あるいは「琉球が西洋との和好を絶つならば、国家として久しくは在り得ず、必ずや西洋の強国に領有されるであろう」という議論が行われている、と述べる。また、西洋では、琉球は「格外保護」を願っている、と言われているというが、それは私の捏造した通報に因るものではない、と釈明するとともに、他方で、もし琉球がフランスによる和好の要求を断るならば、みずからその怨みを招くことになるであろうと警告し、さらに琉球側の対応をめぐって、第一に、もしフランスに対し格外保護を求めれば、恐らくは中国から責められるであろうが、しかし、格外保護を求めなければ、琉球にとって禍は計り知れないものがあろう。第二に、格外保護は修睦と同じではない。格外保護のもとで、琉球がフランスの臣を称せず、朝貢せず、封を請わず、属国にならないとしても、やはり中国との朝貢関係が問題となろう。第三に、フランスの援助によって琉球とイギリスとの間の紛争を防ぐことができれば喜ばしい、などと指摘する。そして最後に、琉球が万全の策を採らず、後に悔いを懐くに至って、その怨みが私に帰するような事態になることを、私は恐れる、と述べている。

同じく、『通航一覧続輯』第四巻、七六三―七六七頁、に活字化されている。

（六）琉球国中山府布政大夫向永保上仏朗西第一号戦船総兵嘐爾烈嚕璞朗書「道光二四年（一八四四年）三月一六日」付の具稟。

貴国フランスが琉球に要求している貿易関係が、修好の至意にもとづいていることについては、感激にたえない。しかし、我が琉球は、土地は痩せ、米穀は少なく、金銀銅鉄も無く、古来、琉球産の粗貨とトカラ島の米穀との交易によって凌いできたが、ひとたび風害、干害に遭えば、それもかなわぬ状態なので、フランスとの貿易などは我が国力の及ぶところではない。まして、我国は、清国の藩屏であり、今日まで、その王爵を受け、これに朝貢をしてきたし、国家の大事についても、清国の意向を俟たずしてみずから決することをせず、ムガール・アメリカ・イギリスの船隻が貿易を求めて来た時も、このような理由で断っているので、帰国のうえ、そのような事情を婉曲に取次いでいただきたい、と言っている。

本書簡は、『通航一覧続輯』第四巻、七五八―七五九頁、に活字化されているが、但し、一カ所、「囙」すなわち「因」を「回」に誤写している。

（七）〔右につき、道光二四年（一八四四年）四月一四日付の向永保の〕付片

通事二人を琉球に駐在させたいとの総兵大人の要請については、前例も無く、そのうえ当地は瘴癘の地であるから、二人の滞在中に良からぬ事態が起こるのを深く恐れる。以上の言葉を伝えていただきたい、というのが、この付片の内容である。

この付片は、『通航一覧続輯』第四巻、七五九頁、に活字化されている。

以上の（二）－（七）の漢文書簡は、まさに編者の琉球=仏関係への深い関心にもとづいて採録された、『鴉片類集』のなかでも重要な資料と考えられるが、『通航一覧続輯』に活字化されて収録されているので、本稿では原文を転写しない。なお、『通航一覧続輯』の「凡例」によれば、底本として内閣文庫本を用い、他に、東京大学史料編纂所本、東京国立博物館本を参照したと言うが、その他にも存在する各種写本との校合を行ってはいないようである。また、同じく「凡例」によれば、「漢文ノ文書ハ底本ニ付シアル句読点、送リ仮名ヲソノマヽニシタ」と言い、底本には、返り点をはじめ、誤りが極めて多いにかかわらず、これについても、訂正、註記は行われてはいない。

次の（八）から（一一）までのいわゆる唐風説書は、いずれも活字刊本に収められてはいないので、その内容を和解の原文に即して、やや詳しく紹介したい。

（八）天保十一子年（一八四〇年）七月三番船之唐人ヨリ申上候口上書之趣

「右之書面ハ当時長崎ニ在官ノ唐人共去ル亥年（一八三九年、天保一〇年、道光一九年）之九月本国ヨリノ註進ニテ承リ候風聞ニ御座候」という「後書き」を付している。森睦彦、前掲「阿片戦争情報としての唐風説書」は、唐人による本文書の漢文の原文は未見と言うが、和解は東京大学史料編纂所蔵の鈔本『唐人共風説書』に収められている。『鴉片類集』所収の本文書は、『唐人共風説書』所収のものに比べて記事が短いが、原文を同じくしながらも異系統の和解であろう。

この文書は、まず、清国におけるアヘンの流入とその蔓延、清朝政府によるこれの禁止に至る経過について、次のように述べる（句読点は田中。以下同様）。

唐国広東湊之外ニ興山門ト唱ヘ候テ、西洋十三所之者住居致シ、銘々本国ヨリ渡来之船有之候得者、荷物者以前ヨリ此所ニテ交易致シ来リ候事ニ候。然ル処、時ハ何時ノ頃ヨリカ、阿片煙艸ト申ス者物（原写本における訂正）ヲイキリス国ヨリ持渡、唐国ノ者へ漸々ニ相勧メ、追々弘リ候処、右之品素ヨリ甚高料ナル品ニテ、其上又味モ如何様ナル物カ、此品ヲ用ヒ始メ候者ハ決シテ止ミ候事不能、多クノ財宝ニカヘテ此阿片ヲ頻ニ相用ヒ候ニ付、阿片故貧窮ニ相成リ、身上滅却仕候者、年々歳々ニ多ク罷成候へハ、阿片之害不少候。其上亦此品、人身ヲ甚害シ、終ニハ死ヲ致スニ至リ候事分明ニ相分リ候間、国王ヨリ年来禁制ニ致シ置候へ共、未トカク不相止候ニ付、近年別シテ厳敷制禁仕候叓(事)ニ候。全体、右之品ハ人之生命ヲ縮メ、身躰ヲ損シ候而已ナラス、殊ニ巨万之財宝ヲ灰燼ニ致シ、国王(土)之(原写本における訂正)衰微ニ相成候儀ヲ厚ク申シ諭シ、段々懇ニ国王ヨリ教訓有之候而へ共、元来当時ハ高貴之人迄相用ヒ候克(事)故、一円不相止、帝モ宸襟不安、種々思慮ヲ尽シ候上、色々評義(議)ヲ問候後、国王ヨリ大小之諸官へ詔ヲ下シテ、銘々之存寄之趣申立候様触出シニ、（下略）

以上のように、林則徐によるアヘン没収に至るまでの経緯について記したのち、清国のイギリスへの対応、また、これに対するイギリス側の反応について、

其後イキリス人へ申渡シ有之候ハ、右阿片之儀ハ、其方共本国ニ於テモ厳禁之品ニテ、若服用致シ候者有之侯(候)ニ於テハ、其人ヲ速ニ召捕、骸ヲ釘ヲ以テ板ニ付、鉄砲ニテ打殺シ候趣ヲハ、此方ニテモ委ク承知シテ罷在ル事ニ候。此方ニ於テモ亦其国同様ニ阿片ハ国禁之最重キ物也。併是迄ノ義ハ沙汰ニ不及、是迄数万ノ筥此方へ渡シタル阿片ノ代ヲハ、最国用ニ最（取。――原写本における訂正）タル所ノ黄金及糸ヲ以テ其代トシテ其方へ遣スヘク候間、是ヲ阿片交易之限リト思ヒ切テ、再此後唐土へ阿片ヲ持来ル事ナカレ。若此条ヲ背クニ於テハ用捨ナク、何国ノ者トモイハス、此方之法通リニ仕置申付、此方ニ於テ又買取候者共迄モ厳科ニ可処段、欽差林則除(徐)ヨリイキリス国王へ申遣ハシ、決シテ右之品為積渡申間敷旨之事申遣ハシタル処、敢テ手向ヒ致シ候ハン様子モ無之、帰国致シ候趣ニ有之候。

と、述べるにとどまり、戦闘の経過については、語っていない。

（九）天保十一庚子年七月第三度目ノ唐船来テ日本国へ注進シタル書面

この和解文書は、唐船風説書のいずれもが共有している性格、すなわち日本側の要請に対する応答、報告である旨について、とくに述べて、[23]

今度イキリス国ヨリ我国へ阿片持来候一条ニ付、広東表騒動之次第、被為成御尋間（問（原写本における訂正））、承知仕候。即昨年十一月、唐国出帆以前ニ伝承仕候儀、逐一左ニ申上侯（候）。

と言い、（八）と同様に、アヘンの中国への流入、その社会的規模での害毒とこれの禁止、林則徐による禁令と中＝英間の交渉などについて記したのち、後半に、

亥年之秋九月、イキリス国ノ人帰国セントテ既ニ出帆之時、数百艘之軍船ヨリ石火矢ヲ打放候ニ付、広東之津口之番舟ヨリモ我オトラジトテ互ニ石火矢ヲ放チ、敵身方共死傷有之、唐国之兵卒数百人打殺サレ申候。去秋以来、此騒動ニテ是迄広東ニ住居仕リ罷在候外国人何モ帰国致シ申候。惣テ私共荷主仕入候荷物者、多分広東表ニテ買調、猶申請候御代リ物モ、過半同所ニテ売捌キ候故、此沙汰承リ、甚難渋仕罷在候。是等之騒動者、私共在唐之節承リ及ヒ候事ニ候。去ル亥ノ十一月、乍浦ヨリ仕出罷渡リ、此御地ニ在留仕リ居候ニ付、去ル十一月ヨリ後之所ハ如何相成候哉、承知不仕候。此段御答申上候。

天保十一子年七月

と、みずからの立場について申出ており、最後に、船主であり、この書面の報告者である「周藹亭」の署名がある。

（一〇）天保十一子年十二月唐土人ヨリ申上候旨

この和解文書は、（八）、（九）の内容と異なり、浙江省定海における中＝英間の衝突について、短い報告をしている。

その全文は、次の通りである。

一　周山ニ屯致居候イキリス人共、昼者定海県ノ裏ニ徘徊致シ、夜者船ニ引籠リ居候所、本国人注進仕リ候ト相見ヱ候テ、本国ヨリ此度四拾余艘之舟ニテ兵粮牛馬衣類等運送仕、定海其外所々へ引別レ、浦々ニ舟ヲカケテ繋留仕居申候。併各別之事モ有之間敷クト存居候処、右之通津々浦々ニ不残舟ヲ配リ、暫時之程ニイキリス舟ニテ諸方之浦浦ヲ取切レ候間、唐国ノ土民商売之便路ヲ失ヒ追々他方へ迯去リ申候。イキリス人ハ弥勢増長シテ終ニ陸へ上リ、定海県之城垪(塀)并ニ家屋溝ヲ取繕ヒ、城内ニ押入リテ、ミタリニ住居致シ、船ニハ僅ノ番兵ヲ残置キ、少シモ勇力有者ハ皆定海県ニ押上リ、城ヲ押シ取リ、溝堀ヲ堀(掘)テ、当ルコト叶フ不可様子ニ御座候。

天保十一子年十二月唐土人ヨリ申上候旨右之通

（一一）天保十一子年十二月入津唐船之風説書

この和解文書は、前半部分は、（八）、（九）とほぼ同様であるが、六月の定海県、乍浦における戦の記事の後に、次のような記事を載せている。

其後二月ヲ隔テ九月廿日ト云ニ、イキリス国王第三ノ御女、精兵纔ニ七八十人ヲ卒(率)シ、海上遙カニ漕来テ渚へ三里計ニ成ケレハ、大船ヨリ下テ瑣々タル端舟ニ乗移リ、寧波府之内ナル余姚県之海岸近ク漕寄、大筒数挺相揃ヘテ唐土人備へノ内へ一度ニドツト放ツヤ否、烟ハ天ニ巻升リ、火ハ海岸之大木大石共ニ燃移テ風ト波トニ翻ヘツテ目モ当テラレスオソロシキニ、此鉄炮之ヒ、キニテ、イキリス国ノ大船共尽ク裂破レテ、中ニ有ケル外国人幾万ト云員ヲ知ラス、砂深水ノ底ニ落入々々重ナリツ、必死之苦痛ニ堪兼テ、オメキサケンテ騒動スル所ヲ十分ニ見スマシテ、唐土定海県之土民兵卒相交ツテ一同ニ成テ馳集リ、端武者共ニハ目モ掛ス、此軍中、弐大将タルイキリス国之女王ヲ生捕リ、其余ノ兵多ク砂ニ埋レテ見エサリケレハ、纔ニ形ノ顕レタル兵卒廿人ノ首キリテ、唯今生捕タル女王ノ前ニ此首ヲ並ヘタチテ、唐土ノ人申ケルハ、タトヒ女王ト雖命許スマシキトゾ申ケル。カ、リケル程ニ、取残サレタルイキリス共小船ヲ以テ巳(己)カ国ノ溺シ者共ヲ砂ノ底ヨリ探リ求テ、危キ命一ツヲカラウシテ助リケル者トモ跡ヲモ見ス逃レタリ。此召捕候女王ト兵卒廿人ヲバ地名寧波ニテ禁獄致シ置候ヘハ、サスカニイキリス人等書簡ヲ以テ申コシタル一条有。其条ハ、先日此方ノ国王第三女其国ヘトラハレテ禁獄セラレテ有ト聞ク。イカニモ不本意ニ存シ候間、禁獄許シテ本国ヘ戻シ給リ度候。此事差（承。——原写本における訂正の記載）引有テ無事許シ給ラハ、先日責取タル県裡之周山速ニ差戻シ、元之通リ広東ヘ罷越シ、制禁ヲ相守リ、万事神妙ニ商売相願ヒ可申ト也。此通リイキリス国ヨリ申来リ候ヘハ、官人評議マチ〳〵ニテ返答サラニ決定セス。当時寧波ヘ上ヨリ指遣ハシ置レ候武官伊里布ト申ス者ニテ候。此人用心有人ナレバ、屹ト心得テ定海辺并ニ寧波ノ出口ナル招宝山ト言所ヘ官軍弐万一千余人ヲ出シテ、夜昼不断ニ防禦仕リ候故、イキリス人共責入侯(候)テ、麁忽ニ合戦致シ侯(候)事不相叶、イキリス人共周山ニ屯シ、夜ハ舟中ニ引取、始終唐国ノ油断ヲ待侯(候)体ニ相見エ申候。

天保十一庚子年十二月入津之唐船ヨリ申上候旨如右

辛丑四月命顕次騰(謄)写、同廿三日校、朱茂蓍在坐

弄泉主人記

右の文中、「イキリス国之女王ヲ生捕リ云々」の記事は誤報であるが、このような誤報の発生の経緯については、前掲の森睦彦「阿片戦争情報としての唐風説書」、一一七頁、および一四一頁のその註(12)に、次のように述べている。

唐風説書は、和蘭の別段風説書があらかじめ基地を出港する際に準備し船来された能動的な発足であるに比較すれば、日本側から求められて提出した受身の発足をした。（中略）情報は対日貿易の基地である乍浦で収集したもので、戦闘の主舞台の広東は遠隔地であり、官商と呼ばれても身分的には額商（額設の商人すなわち一定の員数

に制限された官許の特権商人のこと。清代、寧波には長崎貿易に従事する一二家の額商があって、官許により日本の銅および海産物の輸入に携わった。——田中註。山口経済専門学校東亜経済研究会編『支那社会経済大辞典』第一巻の内田直作氏執筆の項目に拠る）と異なるものではない以上、民間人の商人達の入手する情報が風聞に属するものが多く、不正確なもので、（中略）清商自身も天保一二年冬の一通に、自ら自分達の情報に齟齬があるのは、遠隔地の伝聞であるからと述べている。（中略）誤伝の代表的な例は、天保一一年冬を初見とする英国第三王女を寧波府余兆《（余姚）》県で捕虜としたというもので（余姚県で遭難英艦のノーブル夫人を含む乗員二九人が捕虜になったことの誤伝。——原文の註に拠る）、全くの誤報であるのに、後便にも再々これと関連づけをした記事が見られる。

但し、乍浦は、広東には遠いが余姚には至近で、アヘン戦争の戦場でもあった。

（一二）〔弗迷堂古文〕防海策　上、下、　方学沆　撰

この文章の原文は、方学沆撰『続遜志斎集』の第二冊、「弗迷堂古文」に収められている。同書は、日本国内の図書館・研究所の蔵書中には国立公文書館蔵の内閣文庫本が一部あるのみと思われる稀覯書であり、旧昌平坂学問所蔵書である。ちなみに、『続遜志斎集』の名は、明初、建文帝の帝位を簒奪した永楽帝の即位の詔の執筆を拒否して「燕賊簒位」と書いたため、同族八百数十人が連座殺戮され、みずからも磔刑に処せられたが、志節を枉げなかった方孝孺の『遜志斎集』の後に続く書との意を寓したものであろう。しかし、同姓の者として、そのような書名を意図したという言葉を、『続遜志斎集』の「自序」その他に見出すことはできない。

ところで、いま、『続遜志斎集』所収の「防海策」と鈔本『鴉片類集』所収のそれとを校合すれば、鈔本『鴉片類集』所収の「防海策」には、その上と下との間に、極めて大幅な錯簡が存在して、文脈の整合を欠く部分があり、かつ、唐風説書とおぼしき相当量の記述（文中の年月の記載より見て、この唐風説書の原文は一八四〇年〔天保一一年〕末以降

に成ったものと推定される）の竄入していることも知られる。したがって、いま、本稿では、鈔本『鴉片類集』を離れ、『続遜志斎集』所収の「防海策」上、下、について、その内容を紹介したい。

「防海策」上、においては、まず次のように述べる。すなわち、一部には、海禁令を解いて東西の交易を通ぜしめれば、銅銭を鋳造し国用を足らしめることができ、象犀・珠玉・翡翠・琳琅などの珍宝が厦門・舟山・乍浦から蘇州を経て天下にゆきわたり、朝廷から村里に至るまで、すべて潤うであろう、と主張する者があるが、しかしその結果、浜海の出入に禁制はおこなわれなくなるであろう。既に一、二の不肖の管轄官僚は、賄賂を受けて、東南地域の産米の海外への販売を許すに至っている、と述べて、東南沿海の米価問題、およびその地域に日本の「寛永通宝」が流通している状況について、次のように叙述している。

往常康熙・雍正年間、曾遇連荒、米価不過両余。今天子登極以来、大熟二十余載、而米価反倍于従前。其故何也。海中無米、所食者魚鰕蜃蛤之類、中土之米実為難購。常売五六両、販夫希図厚利、尽傾蘇〔州〕・松〔江〕・常〔州〕・鎮〔江〕・嘉〔興〕・湖〔州〕之米、売入海中。民間病之不敢告訴。而此等重価之米、海人需此何為。吾意必有人焉。招留無頼強壮之徒、謀為不軌、羽翼一成、不能安静。即如銭文之有寛永年号、昔所未見、近則市中頗多。有是年号、必有是改元之人。民間昧々未曾奉有査禁。細思此銭果何為者、将来米価愈貴、倘遇凶年、必有民変之虞。米入海中、必有海変之患。民変与海変合而国不能支矣。（下略）

右の文末には、「天啓四年、東洋有寛永年号。然不聞其鼓鋳。即鋳、不応若是之多、留伝至今。」と割註している。この割註は、天啓四年が寛永元年である点では正確であるが、寛永二年（一六二五）の水戸の町人佐藤新助による「寛永通宝」の私鋳以降、寛永一三年（一六三六）の幕府による新銭の公式発行を経て後年に至るまで、鋳造される制銭は、年号が変わっても「寛永通宝」の名を踏襲しており、当時の日本人はこれを不思議とも思わなかったであろうが、方学沆は、こうした知識を持たなかったため、「もし鼓鋳されたとしても、このように多く、広く伝わって今に至っているはずがない」という感想を持ったものと思われる。

「防海策」下、においては、海は広大であるから犯罪者が隠れ易く、これに対しては法の施しようもなく、官吏も不法者を追究し得ず、甚だしい場合には、浜海の地に亡命の徒を召集する違禁者が現われて内外呼応し、官はこれに対応できなくなるであろう、という現状分析にもとづいて、次のような防海策を述べている。

為今之計、莫若禁其出入海口。如蘇州之劉河、松江之呉淞、上海之黄浦、紹興之三江、厳設官吏欄柵、違之者死。修整辺海城堡、添之重兵、加以炮位、昼夜巡邏、使内外不相通。（中略）江浙財賦重地、国家餉道全藉乎此。一旦割去、能独安然全盛乎。人無遠慮、必有近憂。彼燕雀処堂之輩、尸位無補、不知其災之及身甚速耳。（中略）今世募兵之法、大約一入其籍、即不得列于農工商賈之中。妻子屋廬托于営伍、終身仰食於官、至老死不堪而後已。夫至老死不堪始去之。不重可哀乎。（中略）凡民之生気血、方剛在二十以上六十以下。愚見莫若以二十歳募之、五十歳汰之。（中略）若果有老而益壮出羣之兵、仍不在此例。如此則尽為可用之兵、兵食不致虚耗、兵気或当日振、足以防海無虞也。亦善策也。

（一三）阿蘭陀暦数一千八百三十八年〈天保九年戊戌にあたる〉より四十年迄　唐国に於而イギリス人等の阿片商法を停止せんか為に事興りたる其訳を委しくしるす事　かぴたん　ゑてゆあると・からんてそん

いわゆる「和蘭別段風説書」という分類に属するものの一つである。前掲、安岡昭男「和蘭別段風説書とその内容」によれば、「別段」の語そのものは、天保一三年（一八四二）六月一九日付「寅年紅毛船風説書」中の「唐国とエケレスとの戦争今以不穏候、去々子年已来之義は追て別段に申上候」の文言にその起源を持つが、アヘン戦争の勃発以降、幕府から、毎年の風説書に加えて広汎かつ精細な情報の提供を求められ、ここに実質上の「別段風説書」の提出が始まった、という。(24)

ところで、片桐一男「幕末の海外情報」によれば、天保一一年（一八四〇）六月晦日、オランダ船コルネリヤ・ヱン・ヘンリエッテ（Cornelia en Henriette）号が長崎に入港、七月朔日に商館長エデュアルト・グランディソン（Eduard Grandisson）が提出した風説書の訳文が、長崎奉行田口加賀守喜行より江戸の老中宛に送られ、それにはイギリスの対清国派兵の情報が含まれていたが、さらに、商館長グランディソンは、アヘン戦争の詳報（いわゆる「別段風説書」）を提出し、中山作三郎、石橋助十郎の両通詞によるその訳文には、

和蘭暦数千八百三十八年〈天保九戊年ニ当ル〉より四十年迄唐国ニ於てヱゲレス人等の阿片商法を停止せん為に起りたる著しき事を爰に記す。

という表題がついており、その内容は、一〇〇項目余にもわたる、という[25]。

鈔本『鴉片類集』所収の「和蘭別段風説書」の原文は、まさにこのグランディソン提出の「別段風説書」と同じものに他ならないであろう。但し、この（一三）文書の内容は、全九〇項目より成っている。

この（一三）文書と同系統のものは、「紅夷内風説和解」として、前掲の『有所不為斎雑録』第一二、「和蘭別段風説」上、に活字印刷されている（但し、内容項目数は八八項目であり、文章にも異同がある）ので、詳細かつ充実した具体的内容を備える文書ではあるが、本稿では、紙数の制約上、その紹介を割愛する。

四　〔おわりに〕

以上に、鈔本『鴉片類集』に関わる限りの範囲で、この小冊子ならびにその周辺の関係資料について述べてきたが、『鴉片類集』の編者は、第一に、斎藤竹堂「鴉片始末」、「唐風説書」、および「和蘭別段風説書」によって、アヘン戦争の具体的事実について明らかにするとともに、これにとどまらず、第二に、アヘン戦争の帰趨に対する日本人とし

ての切実な危機感に触発されて、清国と日本との間に在ってフランス勢力の東漸にさらされつつあった当時の琉球の情勢をも、一見、清=英関係には直接の関わりがないように見えながら、日本にとって重大な国際環境問題であると考えて、とくにこれについての情報を蒐集することに努め、第三の課題として、このような国際情勢に対する具体的な対応策を求め、当時の日本人にとっては目新しかった清国人方学沆の「防海策」を採り上げているのである。アヘン戦争をめぐる危機の実感にもとづいて、海防論、さらに攘夷論、あるいは開国論へと指向する傾向を持つに至ったであろう、当時の日本の識者の動向の過程に創り出されたそのような所産が、すなわち『鴉片類集』ではなかったであろうか。

『鴉片類集』は、その巻頭に、昌平黌出身の斎藤竹堂の「鴉片始末」を掲げ、また、今日まで我が国においては稀覯書の一つと看られている、当時の昌平坂学問所（昌平黌は、一八四三年〔天保一四年〕以後、昌平坂学問所と公称された）の蔵書、『続遜志斎集』より方学沆の「防海策」を採り上げて収めている。したがって、『鴉片類集』は、あるいは昌平黌に縁りある人物によって編纂されたものではなかろうかと推測されるが、いま、それ以上の手懸りは詳らかにできない。

書誌的紹介を終えるに当って、最後に、『鴉片類集』に編者名が見当らないという事実について考えたい。それは、第一に、編者自身のための覚書きであったが故に、とくに署名する必要もなく、編者名を欠いたままであったのかも知れぬ。第二に、匿名でなければ危ういという、鎖国下日本における、編者の置かれた環境に因るものであったのかも知れぬ。その場合には、後掲の註（10）の朝川善庵と足代弘訓との間の連携の例にも見られるように、幕府の禁令を冒してまでも情報を伝達し、これによって歴史を動かそうとした人々の志が、『鴉片類集』の編者の周囲を密かに守っていたに違いない。しかし、さらに第三に、当時、前後して、アヘン戦争に関わる情報の同様の鈔本が署名入りで他に存在したことから見れば、あるいは、『鴉片類集』の場合、編者自身の切実に実感した日本の危機があまりにも厳しく、如何にしてでも、その情報と知識とを同胞に伝えたいという思いに動かされることによって、本書の編纂は、ひたすらに志されたものであったかも知れぬ。そこでは、編者の立場が攘夷であれ、開国であれ、みずからの名を遺すような次元の仕事ではなく、いわんや、みずからの名を顕示したり、あるいは、みずからの名利のためにするような次元の仕事ではなかったのであろう。

こうして、本書は、結果的には第二の場合と同様に無署名であるにしても、それは、禁令に因るというよりも、そのような禁制を超越して、必然的に《無名者》の作品以外のものではあり得なかったのかも知れぬ。そして、本書に撰者名を見出し得ないという、この事実は、本書の編纂が、歴史を動かす真の仕事がつねにそうであるように、《無名者の仕事》であったことを示しているのであろうか。

註

（1）なお、太平天国に関するこれらの文献紹介には採上げられていない、名倉予何人による情報資料については、田中正俊「名倉予何人『（文久二年）支那聞見録』について」（『山本博士還暦記念東洋史論叢』山川出版社、一九七二年《本書所収》）を参照。

（2）小西四郎「阿片戦争の我が国に及ぼせる影響」（『駒沢史学』一号、一九五三年一月）、二二一―二四頁。なお、安岡昭男「和蘭別段風説書とその内容」（『法政大学文学部紀要』一六号、一九七一年三月）、参照。

（3）小西四郎、前掲論文、二二頁。田中芳男（一八三八―一九一六）は、日本の農林水産業の近代化に貢献した博物学者。

（4）森睦彦「阿片戦争情報としての唐風説書」（『法政史学』二〇号、一九六八年三月）、一四〇頁。なお、日・中両国における関係研究文献の総合的な目録については、秋山哲朗・打味一範・寺島彰敏・宮代輝之・吉村喜代治編「アヘン戦争・アロー号戦争関係論文目録」（『東海史学』一三号、一九七九年三月）、参照。

（5）小西四郎、前掲論文、二二―二三、二四頁。なお、〔　〕のなかは、田中による訂正である。

（6）田中正俊「清仏戦争と日本人の中国観」（『思想』五一二号、一九六七年二月《本書所収》）、同「東アジア近代史への視点」（堀米庸三編『歴史学のすすめ』筑摩書房、一九七三年）、同「辛亥革命前中国経済的半殖民地性和日中関係」（『紀念辛亥革命七十周年学術討論会論文集』下、北京・中華書局、一九八三年）、同「福沢諭吉と東アジア近代史への視点」（河出人物読本『福沢諭吉』河出書房新社、一九八四年《本書所収》）、参照。

（7）鈔本『鴉片類集』の原文においては「向永保」と読めるのに対し、箭内健次編『通航一覧続輯』第四巻（清文堂、一九七二年）は、同一人物を、七六二頁に「何永保」と転写し、また、七五八、七五九頁には「向永保」と転写しているが、伊波普猷・東恩納寛惇・横山重編纂『琉球史料叢書』第四巻、名取書店、一九四一年、所収の『中山世譜』をはじめ、その他の関係資料にもとづいて、「向永保」と推定した。

なお、以下、本稿中、〈　〉のなかは、原文の割註であり、〔　〕のなかは、田中の補記であり、（　）のなかは、田中の註釈である。

（8）以上の内容目次に挙げた葉数の総計が、さきに「和紙七一葉の小冊子」と紹介した七一葉を超えるのは、全一三目の各文章の占める葉数を、個別に数えて合計した結果である。

（9）なお、菊田定郷『仙台人名大辞書』同刊行会、一九三三年、四一一―四一二頁。増田渉、前掲『西学東漸と中国事情』、七〇頁、参照。

（10）小西四郎、前掲論文、二四頁。但し、註（14）の斎藤正謙（拙堂）の「識語」に「伝云禁上梓、使人録写、挿之架上」とあるので、『鴉片始末』は、当時、刊行を禁じられていた鎖国の情況下に、「翻刻」ではなく写本として、「広く世に行われ」たものと思われる。増田渉、前掲書、七一頁、参照。

なお、写本が広く流布したことについては、森睦彦「海外新話の刊行事情」（『長澤先生古稀記念図書学論集』三省堂、一九七三年）、五四三―五四四頁、に、弘化年間に松浦藩の儒者、朝川鼎が入手し、これを足代弘訓に送った天保一四年（一八四三）分の和蘭風説書について、弘訓が更にこれを他の人物に送るに当って、鴉片始末和蘭風説此二冊江戸朝川善庵より借用致し候間、入御覧候、尤みだりに他見致間輔（敷？）旨申越候、其趣御承知可被下候、以上、

弘化三年閏五月十二日　　　　　　　　　　　　　　　足代権太夫

と、書き送っていたという事実が紹介されているが、ここにも、慎重に取扱われ、秘かに読まれていた「鴉片始末」の名が見られる。

(11) 森睦彦、前掲「阿片戦争情報としての唐風説書」、一二八頁、参照。

(12) 月性については、妻木直良「真宗学窓夜話」(四)(『龍谷大学論叢』二六五号、一九二五年一二月)、参照。但し、この論稿は、『鴉片始末考異』について触れてはいない。

(13) 財団法人東洋文庫には、足立正声の筆に成る写本を更に転写したものが収蔵されている。

(14) 東京大学史料編纂所蔵の『鴉片始末』の巻末には、また、斎藤拙堂の次のような文章が収められている。

子徳通称順治、仙台人、余之嘗祗役（祗役とは、参勤する主君に従って江戸詰めをすること。――田中註）東邸、毎来商量文辞、今見在昌平学、為舎長、邦筒往来、日月不絶、今示此篇、足見漢英交兵始末、伝云禁上梓、使人録写、挿之架上、

正謙　又識

(15) 魏源および高島秋帆の思想の評価については、藤間生大『近代東アジア世界の形成』春秋社、一九七七年、参照。

(16) 中山久四郎「近世支那より維新前後の日本に及ぼしたる諸種の影響」(史学会編『明治維新史研究』冨山房、一九二九年)、四三五頁。なお、遠山茂樹『日本近代史』Ⅰ、岩波書店、一九七五年、二七頁、註（七）、参照。

(17) 本書の閲覧について、東京国立博物館の大隅晶子氏の援助を受けた。また、くずし字平仮名交り文の難解な和解の判読については、武田万里子氏、宮地正人氏、および山本英二氏から少なからぬ点について示教を受け、田中の責任において解読して、句読点を施した。

(18) 中国の特産物としての茶葉と、根茎を緩下剤・抗菌剤として用いるタデ科の多年草、大黄（だいおう。呉其濬『植物名実

図考』巻二四、参照）とに関する記事は、当時の記録にしばしば見られるが、例えば、『籌辦夷務始末』道光朝、道光一八年（一八三八）閏四月丙申の条の江南道御史周頊の上奏に、次のようにある。

査、外夷於内地茶葉・大黄、数月不食、有瞽目塞腸之患、甚至不能聊生。視鴉片之可用薬解除、其為害之軽重懸殊也。内地人民不尽食鴉片、而茶葉・大黄為外夷尽人所必需。其取用之多寡又懸殊也。乃外夷以無用害人之物、尚能遙執中国之利権、豈中国以有用益人之物、而不能転移外洋之銀幣。

また、上野専一編纂『支那貿易物産字典――一名　支那通商案内――』東京・丸善商社、一八八七年、二六一―二六二頁、には、次のように言う。

大黄ハ黄良又ハ火参トモ云フ。支那輸出品ノ最モ古キモノニシテ、往昔ハ欧羅巴各国ハ魯西亜ヲ経テ該貨ノ供給ヲ支那ニ仰ケリ。大黄ノ産地ハ、支那西北ノ各省、即チ直隷、河南、陝西、甘粛、四川等トス。貿易上、該貨ノ品位ハ、専ラ其草根ノ老嫩、地質ノ善悪、或ハ製法ノ如何ニ依レリ。支那人ハ春ノ初ニ於テ、未タ其葉ヲ発出セサル内ニ其根ヲ掘リ、之ヲ長ク扁片ニ切断シ、太陽ノ当ラサル場所ニ二三日ノ間晒乾シ、而テ之ヲ糸ニ結付ケ、涼カナル所ニ置キテ、充分ニ乾セリ。大黄ノ佳好ナルモノハ、稍ヤ黄色ヲ帯ヒテ、其根ノ組織堅固ニシテ、之ヲ切開スレハ、美麗ニシテ少シク紅色ヲ含ミ、白斑点ノ形様ヲ表ハシ、苦味ヲ有ス。之ヲ口中ニ入レテ粘液質ヲ表ハスモノハ上品ニアラス。

大黄ノ外国輸出ニ係ルモノハ、其半額ハ四川ヨリ、半額ハ陝西ヨリ漢口ニ輸来シ、再ヒ上海ニ船積セリ。又タ天津ヘモ数百担ヲ送ルト云フ。（下略）（句読点は、田中）

なお、田中正美「幕末維新期の日本とアヘン戦争」『歴史公論』五巻四号（一九七九年四月）、大谷敏夫『清代政治思想と阿片戦争』同朋舎、一九九五年、四三一、四九二頁以下、参照。

（19）森睦彦、前掲「海外新話の刊行事情」、五五四頁、参照。

（20）日本近世史研究者の林基氏は、嶺田楓江『海外新話』が『鴉片戦志』の名で『通俗二十一史』第一一巻に収められている旨を示教され、同書を私に貸与された。

（21）但し、言うまでもなく、積極的に明記されてはいないからといって、同じく「例言」に「他書ニ就テ改正ス」という、「他書」のなかに、斎藤の「鴉片始末」が含まれていない、という明証は必ずしも成立しない。なお、森睦彦、前掲「阿片戦争情報としての唐風説書」、一二八頁、参照。

(22) 小西四郎、前掲論文、二二一－二三頁、参照。

(23) 財団法人東洋文庫所蔵の筆者名を欠く論文「唐船風説書の研究」(油印本)と、浦廉一「唐船風説書の研究」(『帝国学士院紀事』五巻一号、一九四七年)、およびこれを増補して、のちに『華夷変態』上巻、財団法人東洋文庫編刊、一九五八年、に「解題」として収められた同氏の同名論文とを比較検討した結果、最も詳細なこの油印本もまた、浦廉一氏自身の執筆論文であることが判明したが、同論文は、

唐船風説書はその初期に於いては、大老、老中、若年寄等の如き幕府の高官の間にのみ閲覧され、特に重要なるものは将軍にも披講し、極めて機密文書として取扱われたことが判る。尤もこの風説書の作製者である唐通事、在崎在江の長崎奉行、又は僅少ではあるけれど、琉球方面よりの風説提供者島津氏、朝鮮風説の進達者宗氏、及び幕府に於いてこれら風説書の訳読等のことに関与した林大学頭が、この風説書の利用者の範囲の中に含まれて居ることは勿論である。そしてこの唐船風説書は、その機密的性格がうすれて行くに随って、その閲読利用者の範囲は拡大されたやうである。長崎に「聞役」を設けて居るやうな長崎と関係の深い諸大名、又は学者篤志家等は唐通事等を通じてこの風説書を入手し、当局も亦これを禁じなかったやうである。(九七－九八頁)

と述べ、その「聞役」について、次のような註を付している。

聞役とは、正保四年(西紀一六四七)臥亜国(ポルトガル領ゴア。——田中註)船の長崎渡来以後、警報伝達のために、近国諸侯が家臣を派したるを起りとし、その後元禄元年(西紀一六八八)までに漸次その制を整えた。即ち長崎に聞役座又は用達所を設けた藩は、薩摩(島津)、福岡(黒田)、熊本(細川)、萩(毛利)、佐賀(鍋島)、対馬(宗)、久留米(有馬)、小倉(小笠原)、柳川(立花)、島原(松平)、唐津(水野)、平戸(松浦)、大村(大村)、五島(五島)の十四に及び、常駐のもの又は一年の内若干の月だけ置くものもあった。聞役には機敏にして事務に堪能なる者が選任され、常に通事を介して唐蘭人に接近して海外の事情を探り、雄藩聞役座の如きは、莫大な機密費を投じてその情報蒐集につ

とめたと云われて居る。(一一七－一一八頁)

すなわち、風説書の基本的な性格は、日本側が海外の情報について質問し、その要請にもとづいて唐人あるいは和蘭人がこれに回答する、というものであったのである。

(24) 安岡昭男「和蘭別段風説書とその内容」、一〇二－一〇三頁。

なお、「和蘭別段風説書」は、その成立の事情にもとづいて、「唐風説書」、「和蘭風説書」に比べ、具体的でもあり、かつ信憑性の点でもすぐれている、と言えるであろう。

(25) 片桐一男「幕末の海外情報」(近代日本研究会編『近代日本と情報』〔年報・近代日本研究・一二〕山川出版社、一九九〇年)、三頁。

また、片桐一男氏の執筆という「和蘭風説書解題」(日蘭学会・法政蘭学研究会〔代表・岩生成一〕編『和蘭風説書集成』上巻、吉川弘文館、一九七七年)、三六頁、にも同様の叙述が見られ、その註(四〇)(七一頁)によれば、「以後、アヘン情報を専らとする詳報の続く、天保十五年(弘化元年)提出分まで、同形式の長い表題がつけられている」という。

なお、片桐氏の示教によれば、同一の原文のものについても、和解文書の別にしたがって内容項目数が変化し、あるいは、後の写本ほど、その項目数が増加する傾向がある、という。

【編集者附記】 原載は、西嶋定生博士追悼論文集『東アジア史の展開と日本』(山川出版社、二〇〇〇年三月)。原載論文は四節に分けられているが、各節の表題はない。本書に収録するに当り、編集者が適当と思われる題名を〔 〕内に記した。

2　名倉予何人「（文久二年）支那聞見録」について

一　はじめに

文久二年（清同治元年、一八六二年）、徳川幕府は、「唐国上海辺江、御国益筋、並彼地風土交易筋御取調、御試[1]」、すなわち、日本商品の輸出試売と貿易事情の調査とのため、官船〝千歳丸〟を派遣した。その通商の内容については、後掲の松田屋伴吉「唐国渡海日記」に拠った川島元次郎「最初に試みた上海貿易[2]」に詳らかであるが、また、周知のごとく、一行中には、長州の高杉晋作、佐賀の中牟田倉之助・納富介次郎、高須の日比野輝寛、薩摩の五代才助（友厚）など、従者ないしは水夫としてこれに加わり、あるいは清国の事情を探索し、あるいは貿易を開拓せんと志す人びとがいた。

この〝千歳丸〟一行の渡航日誌、ならびに上海滞在日記・見聞録の類については、今日までに、彼らの筆になる左記の記録が知られている[3]。

佐賀藩士納富介次郎「上海雑記」（東方学術協会編『文久二年上海日記』、全国書房、昭和二一年、所収）。

高須藩士日比野掬治（諱は輝寛）「贅肬録」（同右書、所収）。

同「没鼻筆語」（同右書、所収）。

佐賀藩士中牟田倉之助「上海行日記」(中村孝也『中牟田倉之助伝』、大正八年、所引)。

同「長崎より唐国上海迄渡航日記」(同右書、所引)。

同「上海滞在中雑録」(同右書、所引)。

同「公儀御役々唐国上海表にて道台其外と応接書」(同右書、所引)。

萩藩士高杉晋作「游清五録」(航海日録・上海淹留日録・崎陽雑録・内情探索録・外情探索録より成る。『東行先生遺文』、民友社、大正五年、所収)。

浜松藩士名倉予何人「壮遊実録」(米沢秀夫『上海史話』、畝傍書房、昭和一七年、に書名を掲ぐ)。(後掲の石川兼六「名倉松窓伝」には、「海外実録」とあり)。

同「海外日録」(外山軍治『太平天国と上海』、高桐書院、昭和二二年、所引)。(右の「海外実録」と同一書ならん)。

同「滬城筆話」(同右書に書名を掲ぐ)。

大村藩士峯源蔵「清国上海見聞録」(市古宙三「幕末日本人の太平天国に関する知識」——財団法人開国百年記念文化事業会編『開国百年記念明治文化史論集』、乾元社、昭和二七年、所収。のち、市古宙三『近代中国の政治と社会』、東京大学出版会、一九七一年、所収——に書名を掲ぐ)。

長崎商人松田屋伴吉「唐国渡海日記」(川島元次郎『南国史話』、平凡社、大正一五年、所引)。

しかるに、昭和四三年(一九六八)五月、故中山久四郎氏の遺族が東洋文庫に寄贈せられた氏の旧蔵書中に、右の名倉予何人「海外日録」の写本とともに、名倉予何人「支那聞見録」(写本)が収められている。この「支那聞見録」は、他の書名のもとにその存在が伝えられている名倉の筆録のうちのいずれかとあるいは同一書であるかも知れぬが、少なくともその内容については、これまで全く紹介されることのなかったものである。

名倉予何人[4]、名は信敦、字は先之、はじめ野田氏を称し、通称重次郎、松窓あるいは予何人と号した。一一歳にして、父信芳の主、奥州棚倉藩井上氏の吏となったが、長じて江戸に遊び、佐藤一斎、安積艮斎の門に入り、また昌平黌に学んで研鑽し、弘化三年（一八四六）業成り、藩主の移封に随って遠州浜松藩の儒官となった。嘉永三年（一八五〇）、再び江戸に出て昌平黌に学び、更に箕作氏に就いて洋書を読み、翌年帰郷、安政五年（一八五八）職を辞し、文久元年（一八六一）また江戸に遊んで時事に感あり、諸家に就いて兵法を修めた。文久二年、千歳丸の一行に加わって清国上海に渡航し、同年帰国、翌三年（一八六三）冬、さらにフランスに遊んで元治元年（一八六四）帰朝、慶応二年（一八六六）一一月には、幕府より清国渡航の特命を受け、明年正月、商人数名を率いて、上海・南京に赴き、四月帰国して維新に遭う。時に臨み浜松藩主は朝旨を奉じて勤王の兵を出したが、予何人はこれが参謀となり、副総督柳原前光に随って東征し、ついで甲府市尹となった。明治二年（一八六九）八月、開拓大主典、同一一月、外務大録に任ぜられ、翌明治三年（一八七〇）大佑となり、この年七月、外務権大丞柳原前光に随い、通商交渉のため清国に使する。これよりさき、予何人は通商事宜を建白し、政府はこれを可として、この行となったという。明治四年（一八七一）秋、病をもって辞職し、のちまた元老院書記生、修史館掌記などを経て、明治二一年（一八八八）五月には、清国の台湾省創設にともなう初代の台湾巡撫劉銘伝の招きに応じ、井工を率いて渡台、跋渉の労を執り、ついで府学の教習職に就いたが、一一月、職を辞して帰った。のち、再び渡台通商せんとの志を懐いていたが果たさず、二六年（一八九三）一月また病を得、居を根岸の里に移して、門に〝漢学教授〟〝囲棋仙集〟の二札を掲げ、明治三四年（一九〇一）一月、赤貧洗うがごとき晩年を閉じた。名倉の知人石川兼六の「名倉松窓伝」（漢文）は、その終焉を次のように叙している。

已而松窓罹病。乃招〔門生渋谷〕某。謝曰。余中歳以後。轗軻迍邅。事与志違。子男先歿。曩航海之時。有著書数巻。我畢生精神所注。今空為蠹魚所飽。無所托者。挙以贈吾子。以聊報昔日之労矣。後数月歿。年七十余。実三十四年一月廿七日也。

著書に、文久二年、第一次上海渡航の際の「海外実録」、文久三年、フランス渡航の際の「航海日録」、慶応三年、上海・南京渡航の際の「壮游日録」、また、明治三年の渡清の際の「駐清漫録」のほか、「刀陣提要」、「実操摘要」、「続周易考」、「日本紀事」などがあったという(5)。

なお、米沢秀夫『上海史話』によれば、前掲の「壮遊実録」のほか、「航海日録」、「三次壮遊録」、「壮遊余談」、「再遊海外小詩」、「三次海外遊詩」などと題する手記があるといわれるが(6)、以上にその書名のすべてを挙げた名倉の著書と称せられるものについて、相互に異名同書的な実質上のどのような重複が存するかは、未詳である。

東洋文庫所蔵の「海外日録」（写本、書架番号、和書XI－6－B－d－1002）は、縦二三・五糎、横一六・九糎、美濃半紙三六葉、同じく「支那聞見録」（写本、書架番号、和書XI－6－B－d－1001）は、縦二四糎、横一六・八糎、美濃半紙二五葉より成り、後者はうち一葉を粗笨な「上海略図」に当てている。また、両書には、当時、名倉が中国人と問答した際の双方の言葉を筆録した「筆話」なるものが別に存する旨、記されているが、これは、さきの「滬城筆話」と同一書であろう。

両写本とも、書写は必ずしもすぐれているとは称しがたく、「海外日録」は丹念に、「支那聞見録」はやや粗略な筆致によって写されているという違いはあるにせよ、いずれも独特の草書体を含み、なかには判読困難となるにいたっている文字も見受けられる。

納富介次郎の「上海雑記」（前掲『文久二年上海日記』、一一二～一一三頁）に、

余ガ遺憾ト思フハ偶々唐土ニ渡リシコトナレバ、徧ク山川城邑ニモ経渉シ、種々ノ事ヲモ見聞シ、ソノ実地ヲモ多ク図写シ文ニモ記シテ、探偵ノ一助ニ備ヘ奉ラバ官ノ御為ニ何ゾノ寸益ニモナルベキニ、着船セシヨリ程無ク病臥シテ良々久シク起立モ叶ハズ、起テ後モ出所スベキ元気復シ難ク志ヲ枉ゲタリヌ。サレドヤ、幸ナリシハ、上海ハ辺境ナガラ賊難ニ遠ケレバ、諸方ヨリ難ヲ避ケテ流寓セシ者多ク、ソノ中ニ書生数多ニテ、皇邦ハ諸外夷

ト異ニ聖教ヲ崇ビ文字明ラカナリト聞イテ、楽ミテ我輩ヲ来リ訪ヒ、詩画筆語等ニテ自ラ親シクナリ、聞出スコトモ少カラズ。ソノ中ニ我中牟田倉之助、長州ノ高杉晋作、会津ノ林三郎、遠州ノ名倉予何人、大阪ノ伊藤軍八、尾州ノ日比野掬治等本ト書生ナレバ、就中筆語能ク通ゼリ。（中略）予何人ハ兵学ヲ好マレケレバ、ソノ探聞セシコト兵事ニ係ルコト多シ。（中略）最モ意外ナリシハ、薩州ノ五代才助初ヨリ水手ニ身ヲ窶シ船底ノミニ居ラレタレバ、人々歯録セザリシニ、間ヲ偸ミテ遠ク出行シ、浦東アタリノ長毛賊ヲ剿攻アリシ合戦ヲサヘ見テ帰ラレシ由、コノコト誰モ知リタルモノ無ク、長崎ニ帰著ノ上ニテ知レタリ。又因テ思フ、此度同船数十人ノ銘々見聞セシコトヲ皆集メテ大成セバ、頗ル益アルコトモ多カルペ（ママ）キニ、余ガ微力ノ及ブコトニアラザルハ歎ズベキコトナリ。（傍点・傍註は引用者）

といっているが、太平天国軍との交戦下の上海を訪れた一行をとりまく環境と彼ら自身に特殊な諸条件――とくに読書人のみとの接触という限界――、また、そのなかでの名倉予何人の独自の立場が、右の言葉にも窺われよう。

ここには、東洋文庫所蔵の両写本のうち、これまでにその内容の知られていない「支那聞見録」について、主として太平天国に関係ある記事、および右にいわゆる兵学・兵事にかかわることのみを抄録することとしたい。なお、句読点、ならびに文傍に〔　〕・（　）に囲んで付したものは筆者によるものであり、他は原鈔本のものである。

二　「支那聞見録」抄

支那聞見録

余レ滬城ニアリ親シク見ル所ニシテ日録ニ載セサルモノアリ。又唐人ニ聞ク所ニシテ筆話ニ漏ルモノアリ。之レニ加ルニ同行諸士ニ聞ク所ノ事ヲ以テシ、集メテ一巻ヲナス。之レヲ命シテ聞見録ト云。

○上海城ヨリ広《（ハ広サ？）》大約東西我一里許、南北二里許ニハ過キサレトモ、避難ノ人多ク来リ集ルヲ以テ、人烟ノ稠蜜《（密）》ナル其数計フベカラス。特ニ四方便利宜《（ママ）》キ地ナルヲ以テ華夷ノ船舶来リ泊スルコト夥シク、其数ヲ挙ルニ万《（ママ）》ヲ以テ計フヘキ程ノ多キニ至ル。同行諸士ノ評ニモ、上海ニテ驚クニ堪ヘタルモノハ帆檣ノ多キト人烟ノ熾盛ニシテ士女雑沓ナルモノ是ナリト云ヘリ。

○支那ハ固ヨリ郡県ノ制度ナル故ニヤ、五品以上ノ官員ト雖トモ至テ手軽キコトニテ、吾輩《（ママ）》ヲ待ツコト甚タ厚シ。余レ独行シテ毎ミ紹介モナク官員ノ家ヲ訪ヘトモ、左ノミ怪シミ危ブム心モナク直ニ筆話スルナリ。是ハ支那ノ風ニテ至テ寛大ナル習ト見ヘ《（エ）》タリ。然レトモ至ル所吾輩《（ママ）》形粧ノ異ナルヲ以テノ故ニ、認メ看ントシテ士女争テ相集ルコト毎ニ堵ノ如シ。

○黄江《（浦）》ニハ帆檣林立シ綿々トシテ不絶、舟ノ泊スル所凡ソ我三里許ニ至レリ。薄暮軍艦ニハ糸竹金鼓ノ音起ル。

○今番官吏ノ上海ニ至ルコト唐人既ニ五月朔其信ヲ聞ト云。

○余レ既ニ上海ニ至リ未タ上陸セサル寸《（時）》、旌旗ヲ立タル唐船往来スルヲ看ル。旗面ニ軍需公務《（ママ）》ノ四字ヲ題セリ。之ヲ看テモ支那ニ在テ戦争ノ役忙ハシキ一端ヲ看ルヘシ。

○洋涇浜《（ママ）》ノ港口ニ泊スル所ノ西洋船現在八十余隻ト云。余カ回帆ノ頃ニ至テハ洋船百余隻有ト云。

○上海ノ城門ハ辛酉ノ年春間、中西和議全ク調ヒシヨリ以来、英、法両国ノ兵士支那ノ兵ヲ助ケ、共ニ警衛スルコトニナリタル由ナリ。

○上海城ノ高サ女牆ヲ併セテ大約二丈許モアラン。楼櫓ニハ支那旗旌ヲ建テ、大砲ヲ架シ、官兵并ニ英・法ノ兵士多名アリ、警衛甚タ厳ナリ。城門ニハ英・法ノ銃卒銃ヲ肩架シ門外ニ立テリ。門内ニハ支那ノ官兵数十名駐□《（繋）》セリ。西門ノ警衛特ニ厳ニシテ、五品司馬ノ官常ニ駐防ニ在テ之《是ノ誤カ》レヲ戒ム。若シ長髪賊ノ衝路ニ当ルヲ以テナリ。城ノ周囲甚タ大ニシテ外郭ナシ。北門盤査官劉文滙云、府城ハ皆郭アレトモ懸《県》城ハ大抵郭ナシ。今上海ハ県ナリ。故ニ外

郭ナシト云ヘリ。（下略）

○余レ唐人ヲ看ルニ武骨アルモノ少シ。只許多ノ戦場ヲ経暦《〔歴〕》シ来ル者ハ、自然ト殺気アリテ頗ル武骨ヲソナヘリ。

○一日余レ同行ノ士ト密語シテ曰、吾輩《（ママ）》広ク唐人ト交リ、長毛賊ノ事情ヲモ探索スト云ヘトモ、兎角暴賊烏合ニシテ節制紀律モ無キ様ニノミ云ヘリ。謂フニ、此事情ヲ探索セントナラハ、長匪ノ軍営ニ至リ、賊将ヲ見テ共ニ語ルニハシカジ。然レトモ共ニ陪従ノ事、時ニ長匪ノ軍営モ近カラネバ意ニ不任セナリ。此上天津地方又ハ広東等ヘ至リナバ、徐ミト之ヲ議セント云テ、更ニ他事ニ及ヘリ。

○五月廿八日上海新報曰。日前東洋人来申。係欲通商貿。聞已謁見道台亦経答拝。但該国来此。生意係無和約之国。現将准将帯来貨物。作荷蘭国之貨銷售。此後再来応須訂明約。方為正理。査東洋人此買売係属好事。惟聞。東洋国家出示。凡有中国人在東洋者均須趕回。此誠不公。中国既准東洋人貿易。東洋豈可不准中国人貿易乎。□《〔方?〕》新ノ言ヲ以《〔テ〕》余レ之ヲ官吏ニ告ク。官吏云ク、示ヲ出シ唐人ヲ趕回スベシト云モノ、盖シ按スルニ、近頃長崎ニ到リ、西洋人ト共ニ随意ニ地ヲ買ヒ、舘ヲ造ラン《〔ト〕》セシ唐人アリシ故、之ヲ禁趕《〔ジ〕》回シタルヲ指シテ云ナラン。是ハ我レ直ニシテ、彼レ曲ナリ。豈今日ノ語ニ比センヤ。

○粤匪紀畧曰。楊大用者湖南衡州府来《〔耒〕》陽県民也。道光乙巳廿五年間。因犯禁擬斬。邑宰某並捕其子楊秀清固《〔同〕》治罪。秀清懼潜逃広東。転入広西。匿跡鬱林州辺境。与土匪《（ママ）》蕭朝貴・馮雲山・韋振・石達開・李振法・黄生方《〔オ〕》七人結盟。起意為盗。中畧《（ママ）》互招亡命。嘯聚成羣。漸有千人。在鬱林江濆。上下劫掠云々。長匪ノ起原ナリ。

○余レ成《咸》豊年間中西ノ役ヲ記セシ書ヲ尋ネタレトモ、其書未タ出ザル由シ、只英、法、美、俄四虜条約書、并税則書各一本アリ。奏准天津新議通商条款通商税則、善後条約、是ナリ。共ニ咸豊ノ末和議成テ後ノ条約ニ係レリ。

○道光廿二年ヨリ上海城中ニ耶蘇堂、礼拝堂ヲ西人造創セリ。是ヨリシテ究《（ママ）》民其教ニ入ルモノアリ。既ニ其教ニ入寸《〔時〕》ハ之ニ金銀ヲ与ヘシニヨリ、究民共宗法ノ善悪性《〔佳?〕》否ヲ知ラネトモ、糊口ノ為メトテ教内ニ入ルモノ日ニ多シト云。

○現今支那ノ武官出身ニ両途アリ。一ハ兵法武術ニヨル。一ハ賊匪ヲ征シ戦功アルニヨル。其戦功ヲ以テ出来スルモノハ紫綬ヲ取ルコト宛カモ芥ヲ拾フカ如シト云。

○陣亡者ノ子息ハ、一品ノ子ナラバ二品、二品ノ子ナラ三品ト、父ヨリ一品劣リニ叙任セラルト云。

○唐人ノ佩刀ハ長キモ二尺ニ過ズ。皆片手撃ノ物也。且ツ刀身甚タ鈍シ。大抵其利刀ト称スルモノハ、本朝ノ鈍刀ヲ何レヨリカ高金ニテ買得タルモノナリ。槍モ亦利カラス。火器モ支那ノ旧ニ仍テ少シク工夫ヲ用ヒタル由ナリ。

○李撫軍ノ本営ニ望井楼アリ。其形チ宛カモ吾邦ノ火ノ見櫓ノ如シ。其高サ火ノ(見)櫓ヨリモ一層高ク覚ユ。其上層ニ支那ノ国旗(ママ)ヲ立タリ。

○大南門外、李撫軍統ル所ノ軍営数十アリ。営内兵士、陸軍一万、水軍五千、騎隊一千ト云。日録ニ詳ナリ。

○建天京於金陵論□(下)云ヘル書ヲ見ルニ、太平天国癸好(丑)三年新鐫ト題セリ。是ハ長髪中ノ人定京ノ議論ヲ集メタル珎書ナリ。意謂フニ長匪ノ徒著ス所ノ書類モ蓋シ少ナカラシ。

○上海新報載スル所拠(ニ)レハ、滬城ヲ去ル三、五里ノ近キ処ニ於テ、李撫軍屢ゝ長匪ト戦ヒシコトアリ。此レ吾輩本地淹留中ノ事ニ係レリ。又、浦東ニモ賊起リ、英国在港ノ官兵等ノ助ケ征シタルコト、亦五月中ノ新報ニ見ヘ(エ)タリ。

○大南門外ノ軍営ヲ看ルニ、毎営大小形状均シカラス。然レトモ大約方壱町許ニ過キス。只撫憲ノ本営ハ内外二重ニシテ他ノ営ニ比スレハ一陪(ママ)ニモ余ルヘシト覚ヘ(エ)タリ。何レモ四面ニ土居ヲ築キ、溝ヲ穿ツコト、支那ノ旧制ニ異ナラス。但土居モ高ク凡六七尺敷モ厚ク凡九尺余溝モ大ニシテ幅九尺余或ハ二間、内ニ水アリ小城ノ如シ。蓋シ此営ハ常ニ駐紮スル所ナルヲ以テ、如此堅牢ニ築キタルコトト見ヘ(エ)タリ。営内兵勇ノ在ル所ハ帳棚(棚)トテ長サ五六歩或ハ七八歩、横ノ径リ二歩許アリテ、其製我兵家ノ所謂竹束牛ノ如キモノヲ作リ、其上ヲ木綿布ニテ掩ヘルモノナリ。所謂楽ノ堂ノ大ナル物ニ似タリ。

余按スルニ、本朝兵家ノ営制ハ内ニ小屋ヲ作リ、士卒皆右ニ居ル。其小屋置ハ六ケ敷手間モ入ルコト故、支那ノ帳棚(棚)ノ制ニ倣傚スルニ若クハ無ナリ。此レ便利ニシテ無造作ノ仕方ナリ。西洋人モ是ヲ用ユ(フ)。然レトモ少シク其制ヲ殊ニセリ。

○支那ノ陣法・兵制ハ都テ孫・呉ニ本ツキ、威南塘・兪大融〔猷〕ニ据（ママ）ルト云。滬城南門外駐紮スル所李撫軍ハ本年春間始メテ上海ニ来リ、浙江諸州ノ兵馬ノ事ヲ司トルト云。

○余カ同行ノ士中牟田倉之助嘗テ英咭唎陸軍ノ将ステューリイ[7]ニ逢テ火器ノ談ニ及ヒシ時、其人云、近頃吾邦ニテハ、ミネー銃廃シテ。インホルトライフル銃名ヲ用ユ〔フ〕。扨ミネー銃廃シ。インホルトライフル。トナリタレトモ、陳〔陣〕法、隊伍ノ節制等ハ一モ変スルコトナシト云。又云、支那ニテハ現今ニモ古ヘノ鎗砲ヲ用ヒ、又弓ヲモ時アリテ之ヲ用ルコト余リニ拘ハリタルコトナリトテ笑ヒタリシトソ。余レ按スルニ、英人ノ言ノ如ク、鎗砲ハ西洋ニ傚ヒタリトモ可ナラン。又軍艦トテモ支那ニテハ旧習ニ泥ミテ拙ナキ舟ヲ用ユ〔フ〕ル由ナル〔レ〕トモ、是亦西制ニ傚フ〔ヒ〕タリトモ左ノミ気節ヲ失フトモ云間敷ナリ。只陳〔陣〕法・紀律ニ到テハ決テ西法ニ傚傚（ママ）フヘカラズ。事ハ日録中詳ニ之レヲ論セリ。

○滬城北門内ニモ操練場アリ。是ハ古ヨリ用ヒ来リシ操場ノ由シ。或云、昔孫権ノ造スル処ト云。現今ハ英、法両虜、支那官府ニ請テ郷勇一二百人許ヲ借テ、此場ニテ洋鎗隊ヲ操セシムルト云。

○上海ノ政ハ道台浙江近道ヲ支配スル大員ニテアレトモ、上海ハ最モ緊要ノ処故、此ニ治スルカ今呉煦[8]ノ司トル事ナレトモ、軍政ニ至テハ李撫軍是ヲ掌トレリ。特ニ李鴻章ハ欽差大臣ニテ一品ニ位スル大員ナレハ、国政ニテモ大ナル事件ハ道台ヨリ撫軍ニ承タマワ〔ハ〕リテ而後、処置スル由シナリ。但シ道台ハ二品ニ位ス。

○支那現今ノ制、民年十六以上ヲ以テ丁トス。

○六月十八日、同行ノ士中牟田倉之助英虜ノ砲台ニ至リ、弥奇ノ大砲ヲ看ルト云。其砲ハアルムストルング。英人ノ名発明セシ新奇ノ大砲ナリ。即チ其砲ヲアルムストルンググ（ママ）ン。ト名ヅク。其弾丸ハ十二ポント（ママ）ニシテ。ミネー銃ノ制ノ如クナルモノニテ、猶其精巧ヲ極ム。今番英人始メテ其大砲六門ヲ上海ヘ齎シ来レリ。未タ斯術ヲ秘シテ外邦ニ伝ヘズト云。筒ノ巣中長サ四尺四寸許アリ。英人等倉之助ノ為メニ其砲ノ放発手続キヲモ見セシメタリト云。

○アルムストルンググン（ママ）。放発ノ仕方ハ、砲長ノミ敵ノ方ニ向テ、其他大砲ヲ取扱フ歩卒ハ皆敵ニ背レ（ママ）テ業ヲナシ、歩方《兵力》ヲシテ敵軍ノ形粧ヲ見ザラシムト云。此レ最モ意ヲ用ヒタル仕方ト云ヘシ。昔我太閤豊公朝鮮討伐ノ時、某侯敵軍ト会戦スルニ臨ンテ遽ニ令シテ曰ク、将領ヲ除クノ外ハ士卒皆敵ニ背ヒ（イ）テ居敷ヘシ。敵既ニ甚タ迫近タルニ及ンテ、又令シテ敵ニ向ハシメ、突衝シテ大ニ捷ヲ得タリト云。然ラハ古今華夷ノ隔テナク、英雄ノナス処暗合スルコト多ク、其計人意ノ表ニ出ルヲ看ルベシ。

○上海城ノ浮説ニ、今段〔般〕東洋人来リシハ吾朝ノ大ヒ〔イ〕ナル幸ヒナリ。道台呉公ト熟計シテ長毛賊ヲ討伐ノ為メ、日本ヨリ援兵トシテ大軍海面ヲ掩テ来ルコト不日ニアルベシナドノ諺アリ。余レニ向テ援兵何レノ日ニカ来ルナド問フモノアリ。笑フベシ。

○郷勇ハ皆本朝ノ陣羽織ニ似タルモノヲ著ス。是ニ徽号アリ。背ニ一個、胷前ニ一個、其形チ径リ五寸許ノ円形ノモノニテ、内ニ某営親兵或ハ某営某兵、又ハ提□〔標〕右営左営等ノ文字ヲ題セリ。是本朝ノ足軽・同心類ナリ。

○余レ王互甫ニ向テ咸豊中天津役ノ転末ヲ尋ネシニ、支那ニテ英、法諸虜ノ来テ貿易スルコトヲ逞フセシメス、又耶蘇堂ヲ帝京へ（ママ）造創センコトヲ乞ヘトモ之ヲ許サズシテ、遂ニ衅端ヲ開キ、帝京戒厳セシナリ。又和議ニ及ヒシハ、彼我共ニ賄賂流入シテ事成リタル由シヲ語レリ。

○余レ許多ノ戎行ヲ経歴シ来リタル武功将軍侯小山・知府王叔彝・巡□〔察?〕方瑶卿・司馬侯儀・前知県王互甫・盤査官劉文滙・陳汝欽等ノ物語ヲ聞シ〔キ〕ニ皆云、実戦ニ臨テハ、陳〔陣〕法・隊名等ノコトハ論スル所ニ非ス。只士卒ノ先ツ奔敗セサル者勝ヲ得ルナリ。平生ノ操法ニハ愚卒ヲ導キ教ユ〔フ〕ルコトナレハ、仮ニ陳〔陣〕名ヲ立テ操スルナリ。但シ偏〔編〕伍ノ法、金皷・旌旗ノ約束等ニ至テハ、平生ノ操法ヲ失ハザル様ニスルコトナレトモ、是等トテモ必ストスルコトニハ非ス。両陣会戦ノ際、只虚々実々ヲ以テ勝敗ヲ決スト云ヘリ。事ハ筆話ニ詳カナリ。余レ既ニ老将勇士ノ言ヲ聞キ、又李撫軍ノ操場ニ至リ、親シク偏〔編〕伍ノ法、金皷・旌旗ノ約束ヲ看テ、其大概ヲ日録中ニ載ス。今金皷約束ノ畧ヲ語ランニ、大抵金鼓ハ合撃シテ其用ヲナス。只隊伍ヲ止メ、鎗砲ヲ発スル寸《時》ナド、独《リ》金ヲ用ユ《フ》。又歩法ヲ一同ニ斉ルコトハ無キ様ナレトモ、自然ト金鼓ノ合撃ニ緩急アリテ、歩ニモ亦疾舒アルナリ。吾邦兵家ニ所謂序破ノ調子マデハ一歩ニ一鼓位ニ当レリ《ママ》。急ノ調子ニ至リテハ金鼓ヲキザミテ合撃スルカ故ニ、大約一歩ニ二三十鼓程ニモ当レルナリ。按スルニ、此金鼓合撃ノ仕方ハ無造作ニテ、士卒モ其号令相図ヲ覚ヘ《エ》易ク、又歩スルニモ工夫鍛錬モナク、自然ト之ヲ鼓シ之ヲ舞スルカ如ク、金鼓ノ調子ニ従テ、不知不識歩スル間ニ、序破急生スルナリ。余レ此操法ヲ看ルニ、其歩法行軍トテモ皆并足ニ常ノ如ク歩セリ。吾兵家ノ所謂序中ノ序ノ調子ナトノ如ク緩ク舒ロニ進ムコトハ決シテ無キコトナリ。皆是実戦ニ馳《施》シ用ユ《フ》ル真操ノコトナレバ、如此簡易ニシテ、形容ヲ粧ヒ飾ル等ノコトナシ。今本朝ノ操法ノ如クニテハ、金鼓ノ約束、歩法ノ疾舒等甚タ六ケ敷シテ、無益ノコトニ工夫ヲ費ヤシ力ラ《ママ》ヲ用ルコトアリ。又士卒モ学ヒ難ク覚ヘ《エ》易カラズ。余レ是マデハ実戦ニ施ス所ノ真操ヲバ看タルコトナク、只甲越長沼流抔云ヘル兵法ノミニ骨折テ、金鼓ノ約束、歩行ノ疾舒等マデ之レヲ善シト思ヒシガ、今李撫軍ノ操法ヲ看ルニ及ンテ大ニ発明セシコトアリ。其詳カナルハ面晤ニ非レハ道著スルコト難シ。

○鼓ヲ撃《ツ》ヲ看ルニ皆両バチナリ。高サ二三尺許ノ家《ワク》ノ上ニ鼓ヲ斜メニ載セテ両バチニテ撃ツナリ。隊伍ヲ進ムルヲ《ニ》ハ一人之レヲ負ヒテ進ミ、止マル寸《時》ハ之レヲ地ニ置キ、直チニ撃ツコトノナル様ニシタルモノナリ。○撃鼓の《ママ》法、支那ニテハ古ヘヨリ両バチヲ用ユ《フ》ルト見ヘ《エ》タリ。是ハ何ニテモ差支ユ《フ》ルコトナケレトモ、本朝ノ如ク片バチニテ撃ツモノ力アリテ宜《ママ》シカランカ。

○槍隊用ユ《フ》ル所ノ槍ヲ見ルニ、竹桿多クシテ木桿少シ。余カ同行士人ノ中ニ其竹桿ノ槍ヲ看テ之レヲ笑フモノアレトモ左ニ非ス。武備志ニ是ヲ論シテ云ク、東南ノ諸州ハ竹桿ノ槍ヲ用ヒ、西北ノ諸州ハ竹性悪シキヲ以テ木桿ヲ用ユ《フ》ト見ヘ《エ》タリ。今滬城ハ江南ノ地ニ係レハ、竹桿ノ槍ヲ用ユ《フ》ルコト、是亦古ヘノ遺法ニ叶ヘリ。□《只》槍刃ノ鈍キ《モ》ノハ固ヨリ支那ノ短ナル所ニシテ、余カ贅言ヲ待タザルナリ。

○李撫軍ノ操演ヲ看ルニ皆大縄《火縄》銃ノミヲ用ユ〔フ〕。是支那ノ古臭気ヲ未タ脱セサル所アリテ、余リニ頑固ト云ヘキ歟。凡ソ火術ト軍艦トハ西虜ノ器械ヲヨシトスベシ。余レ因テ謂フ、本朝ノ人トテモ頑固ニシテ西虜ヲ悪ムノ余リ、渠ノ製スル器械等マテモ之レヲ厭フモノアリ。大抵其人義気アリテ、死ヲ鴻毛ヨリ軽ンスルニ至ル。又西虜ヲ称誇シテ好ンテ其器械ヲ玩フモノアリ。余レ其人ヲ看ルニ大抵義気モナク、本朝ニアリナカラ本朝ヲ尚フノ意モ薄シ。然ラバアナガチニ頑固ナルヲノミ悪キト云ヘカラズ。人々自ラ思慮シテ義気ヲ不失様ニ、渠ノ所長ヲ取テ我ガ短ヲ補フベキコト勿論ナリ。

○耶蘇教内ノ唐人西洋ニ至リ留学スルモノ間々之レアリト云。余レ書坊ニ過キリ、新出ノ兵書ヲ尋ヌルニ、清朝ニ及ンテハサシタル兵籍モ別ニ出ザル由シ、大抵前明ノ兵書ニ据（ママ）ルト云。

○長毛賊ノ名トシテ師ヲ起スモノ、始メハ明代ヲ復スルヲ以テ名トナシタルモノモ之アル由シ、現今ハ大抵天主教ヲ奉シテ愚民ヲ服セシムルト見ヘ〔エ〕タリ。

○支那ノ俗、武官ト云ヘトモ常ニハ劔ヲ佩ヒズ。故ニ吾輩ヨリ之ヲ看レハ、官民ノ別分明ナリ難シ。只小（ママ）シク服ヲ改ムル寸〔時〕ハ、文武官トモ皆貂尾冠ヲ戴ク。庶民ハ否（ママ）セズ。是官民ノ異所ナリ。

○方今支那ノ名将ト称スルモノ凡五名、曰曾国藩・袁甲三・勝保勝氏ハ満人・僧格林沁蒙古人・李鴻章是ナリ。

○支那近来生歯日々繁カリシガ、髪賊乱（ママ）ヲ作セシヨリ以来、死亡ノモノ統テ計ルニ十ノ三四ニ不下ト云。

○唐人吾佩刀ヲ看ント要スルモノ甚タ多シ。余レ友人侯儀・王互甫等ニハ窃ニ之レヲ示セリ。吾カ佩フル処固リ鈍中ノ物ノミ。然レトモ渠是ヲ看テ嘆賞シテ不已。支那ニ利刀ノ有コトナキ推テ知ヘシ。

○城門ノ鎖鑰、現今甚タ厳ニナリ、毎日六点鐘ニ開キ、下午七点鐘ニ閉ツ。モシ緊要ノ軍営公文或ハ兵備示論等ノコトアレハ夜間モ放出スルト云ヘリ。

○姑蘇城ノ上海ヲ去ル三百余里吾三十余里寒山寺ハ髪賊ノ乱ニ因テ損シタリト云。

○書坊思雅堂ノ主人胡興裔頗ル文字アリ。此乃チ避難ノ人ニ係ル。嘗テ余ニ語テ云、近来兵書撰述スルモノ無シ。只陳徳培、字ハ子茂ト云モノアリ、近世ノ傑士タリ。此ヲ距ルコト七百里ノ山中ニ隠ル。其人一兵書ヲ著ス。之レヲ秘シテ、不肯出。向日会テ借テ読之、乃チ近代第一兵書ナリト云ヘリ。余レ此隠士ヲ見ザルヲ以テ遺憾トス。

註

（1）川島元次郎『南国史話』（平凡社、大正一五年）の一二〇頁に引く松田屋伴吉「唐国渡海日記」文久元年九月廿一日の条。

（2）川島元次郎、前掲書、一一五―一六六頁、所収。

（3）これらの記録に言及しているものに、他に、武藤長蔵「文久二年の官船第一次上海派遣と文久三年―元治元年の第二次上海派遣に関する史料に就て」（長崎高等商業学校研究館年報『商業と経済』五年二冊、大正一四年二月）、杜氏嘉造（森鹿三）「太平天国とわが遣清使節」（『東洋史研究』七巻五号、昭和一七年一〇月）、増井経夫『太平天国』（岩波新書、一九五一年）、衛藤瀋吉「ヨーロッパ近代との政治的対決」（『東洋思想講座』一巻、至文堂、一九五八年、所収。のち、衛藤瀋吉『近代中国政治史研究』、東京大学出版会、一九六八年、所収）、北山康夫『近代における中国と日本』（法律文化社、昭和三三年）、野原四郎「極東をめぐる国際関係」（岩波講座『日本歴史』一四巻、近代1、岩波書店、一九六二年）、小島晋治「幕末日本と太平天国」（『水戸論叢』三号、一九六六年一〇月）などの諸論考がある。

（4）「予何人」を、米沢秀夫、前掲書（一四三頁）は「あなと」と読み、東洋文庫蔵「海外日録」の表紙には「イナタ」と傍訓を付している。後者の傍訓が名倉自身によるものか否か、不明であるが、いまは、東洋文庫蔵本の紹介を主とするので、後者に拠っておく。

（5）以上の伝は、主として石川兼六「名倉松窓伝」（東洋文化学会編『東洋文化』五〇号、昭和三年七月、九五―九八頁）に拠り、『下谷人物誌』を参考文献として掲げる『新版大日本人名辞書』下巻（同刊行会、大正一五年）、一九四一頁所収の伝中に記載されている名倉の著書を、これに加えた。また、名倉の外務官職その他について、小西四郎氏の御教示を得た。なお、米沢秀夫、前掲書、三六六頁、参照。

(6) 米沢秀夫、前掲書、三六六頁。

(7) 中村孝也、前掲書、二四九頁には、「ストローウリー」となっている。

(8) 静吾・仲丁編『呉煦檔案中的太平天国史料選輯』(北京・三聯書店、一九五八年)、参照。

【編集者附記】 原載は『山本博士還暦記念東洋史論叢』(山川出版社、一九七二年一〇月)。

3　『禹域通纂』と『西行日記』

一　〔『禹域通纂』の概要〕

井上陳政著『禹域通纂』上下二巻（大蔵省蔵版、明治二一年〔一八八八〕刊）が、近代中国研究にとって、清末社会の実態を伝える古典的著作たることは、本書を一読するものの斉しく認めるところであろう。しからば、本書をして古典たらしめているその具体的な記述は、何にもとづいているであろうか。これに関し、本書の「凡例」は、

此篇ハ留学中ノ聞見経歴ヲ記載スルヲ主トシ顓ラ簡短浅易ヲ要シ敢テ博引旁証セス故ニ漏失アルハ免カレサル所ナリ

篇内分テ政体財政内治外交刑法学制兵備通商水路運輸物産風俗十二部トシ部内ヲ各項ニ別チ毎項ヲ数目ニ区シテ叙述セリ毎部首ニ総論ヲ掲ケ全体ヲ綜括シ各項或ハ目尾ニ歴代沿革略説ヲ付載シ并テ管見及ヒ清国要路各氏或ハ処士ノ論疏言議ノ考拠ニ供スヘキ者ヲ登録シ実際情況利害ノアル所清人識見ノ度ヲ察覧スルニ便ス

篇外ニ清国当今要路各氏略伝曾胡略伝曾侯伊犂商約本末及ヒ養蚕詳述ヲ付載セリ（下略）

と述べ、引用書目を挙げない。すなわち、本書は、文献資料にもとづいて博引旁証せず、著者自身の留学中の聞見経

歴を記載するを主とした、という。かくて、全篇二千余頁中、典拠を明示するもの、僅かに左記の箇処のみである。

（上記の数字は本書頁数、括弧内は典拠）

A典拠を明記せるもの

上巻

財政部――四六三、歳入歳出考（最近戸部調査）。四九八、度量衡（漫游聞見録[1]）。五〇三、田賦（最近戸部調査ノ冊）。六一六、蘆課（大清会典）。六一九、各省屯田徴額賦銀（会典）。六三五、各省田畝総額（最モ近刊ノ戸部調査ノ冊）。六五五、免賦田地（同治四年戸部則例）。七〇二、輸収海関税銀（一千八百八十五年ノ計）。七三九、礦課（戸部調査）。八三五、雑税（会典）。八七七、海関経費（近時報告）。八八八、各省駐防兵丁給与歳需米并ニ緑営添設兵丁ノ俸銀米折銀（戸部則例各省糧餉事例）。九一〇、満州辺境経費（同治四年戸部則例）。九一〇、新疆辺境経費（近時戸部提出ノ籌議奏疏）。一〇〇四、布政使司庫封儲銀額。一〇〇七、地方属庫封儲銀額。一〇三八、各省常平倉額儲穀数（以上、同治四年戸部則例）。

下巻

内治部――八〇、普済堂。八二、育嬰堂（以上、同治四年戸部調査）。

学制部――三四七、書院（戸部則例）。

通商部――六〇七（以降）、清国各港輸出入額（一千八百八十五年ノ計）。

B文書資料の全部もしくは一部を直接転載せるもの

上巻

財政部――六一三（以降）、蘆課（蘇州府松江府及ヒ安徽省現行ノ税則）。

下巻

内治部――二二一、保甲法（北京保甲通例）。四七、鉄道（開平鉄道会社株金募集書）。八四、慈善法（湖北武昌省城新定棲流所章程）。一〇三、因利局（因利局創立稟告書）。

通商部――六三二、招商局局産（招商局第十四回報告）。

右のほか、本書各項の目尾に「備考」として収められた「清国要路各氏或ハ処士ノ論疏言議」をも、このBのうちに数え得るであろう。

以上のいずれも典拠の明らかな箇処を除くほか、他の大半の記事は、しからば何にもとづいているのであろうか。これらのうちには、C文献資料にもとづきながらも、その典拠の明記せられていない部分、D「凡例」にいう如く、直接の典拠をもたず、著者の調査・経験（文献資料中より摂取されて既に著者自身の知識と化しているものを含む）にもとづいて記述せられている部分、が存するであろう。

Cの存在を窺わしむる例として、財政部の「清国各省田畝総額」の項（上巻、六三五頁）には、

清国各省田畝総額ハ大清会典皇朝通典通献ノ各書ニ列載スト雖モ多ク年所ヲ経テ増減アルヲ免カレス

とあり、本書執筆当時流布していたであろう嘉慶『大清会典』・『皇朝通典』・『皇朝文献通考』等を参照せる事実が知られる。とくに、『大清会典』は、米沢秀夫氏も指摘せられるように、(2)本書の基礎資料であったと考えられ、政体部をはじめとして、『大清会典』にもとづく記述の窺われる部分が少なくない。また、Cの典拠を示さぬ部分について、内容上、政体部の諸「歴代沿革表」（上巻、一四頁以下）が『歴代職官表』に拠っており、「捐官事例」（上巻、三六五頁以下）の捐銀額が『戸部籌餉海防新章捐例』・『増修籌餉事例条款』等の籌餉事例類にもとづき、付録の「養蚕詳述」が汪曰楨『湖蚕述』（同治一三年序）の抄訳である事実も推定せられる。

ところで、以上の典拠A・Cについて、注意すべき問題が二つある。第一は、右は、あくまで『禹域通纂』の素材をなすにとどまり、これらを用いて編纂せられた本書の視野また構成は、著者みずからの識見にもとづくものである

点である。これを、かの基本的資料と目される『大清会典』に比ぶるも、『禹域通纂』においては、政府組織を中央、地方に大別し、『大清会典』巻頭の「宗人府」を六部の後に卻けるなどの創意が見られる。しかも問題は、単に篇別の配置を転換することによって克服せらるべきものではなかった。従来、中国社会を最も包括的に記述せる公的文献として、その伝統的価値を認められていた『大清会典』は、一九世紀末、明治新政府より留学・調査せよとの実践的課題を負わされて派遣せられた日本人楢原陳政にとって、もはや、その認識の方法についても、したがって、記述対象の範囲においても、彼の当時なりに新しい眼を満足せしむるものではなかったのである。『禹域通纂』、内治部の末尾に「郷紳」・「幕友」・「胥吏」等の項を設け、学制部に「西学」を加えているなどは、その一例である。(『禹域通纂』の公刊に後れて、光緒二五年〔一八九九〕完稿告成を見た光緒『大清会典』が依然旧套を踏襲するものであったのに比し、彼の視点を「当時なりに新しい」と評価することは、一応、誤りなきものと考えられるが、但し、ここにいわゆる「当時なりに新しい眼」に対し、今日、如何なる歴史的規定が与えらるべきか、如何にその規定を深め得るかは、日本近代史そのものの現代における歴史的意義にかかわる問題として、さらに、そのような日本近代史を継承する我が中国研究への反省の問題として、きわめて重要であろう。この課題については、稿を新たにして別に採り上げたい。)

第二に、かくして、『大清会典』の方法・構成に追随することなく、おのずからこれを超えて独自の論理構成をもった『禹域通纂』においては、右に挙げた諸典拠は、本書の素材のすべてではあり得なかった。むしろ、かかる編纂文献資料(A・C)が本書の素材として占める地位は、著者が蒐集掲載せる、いわば第一次的な資料(B)、および、とくに「凡例」にいわゆる著者の「管見」(D)に比し、より低いといわねばならぬ。

上述のA・B・Cが、なんらかの形で、文献資料との関係を指摘せられ得るに対し、清国人の論疏言議とともに「備考」中に収められている著者自身の議論、また各項の目首に書き下ろされている「総論」をはじめとして、さきの分類中Dに属する記事は、著者独自の評価をともないつつ、いわば彼みずからの知見にもとづいて叙せられており、したがって、これが直接の典拠を文献資料中に求めることは、甚だ困難である。物産部、「物産総論」（下巻、六九一―二頁）には、

従来政府ハ物産事業ニ干渉セス民間ノ自由ニ縦任シ又内外人士ニテ同国物産ヲ捜索研討セシ者モ至少ナレハ同国物産ヲ詳悉セントスルハ洵ニ難シトス余聞視経歴ニ据リ各省物産ノ略梗ヲ述ル下ノ如シ又湖北湖南四川江西四省ハ我国海産ヲ販售スル要地ナレハ四省条下ニ我海産品ヲ列記シ参覧ニ便ニス

と記されているが、かくの如く、文献資料に直接依拠し得ず、「聞視経歴ニ据」って叙述せざるを得ない傾向は、通商・水路・運輸・物産・風俗など、『大清会典』等の文献資料の及び得ぬ領域について著しく、したがって、主として本書の後半に、これを窺うことが出来る。

なお、ここに一言すべきは、「聞視経歴ニ据」って知識を摂取せる際の著者の態度である。著者は「凡例」の末尾に、

凡ソ海外事情ヲ観察スル清国ヨリ難キハナシ盖シ現今事情ヲ捜索スル材料及ヒ便宜ニ乏シク一ニ自己経歴聞見ニ拠リ採訪審取セサルヘカラス故ニ一隅ヲ挙ケ三隅ヲ遺レ《（シ？）》偏見ヲ固信シテ表裏ヲ洞察セサルノ弊実ニ多シ余ヤ留学日久シク経歴稍ゝ深ク務メテ内外ヲ審鑒シテ美悪ヲ甄別スルヲ務メリ唯浅学菲才逮ハサルアリ閲覧ノ諸賢幸ヒ駁正ヲ賜ヘハ幸甚

と述懐しているが、「内外ヲ審鑒シテ美悪ヲ甄別」しようと努める認識態度によって、著者は、「留学日久シク経歴稍ゝ深」きその経験にいわば即自的にとどまることなく、明治の新時代人に相応しい対自的認識を、本書に結実し得たといえるであろう。

二　〔『西行日記』に見る清国歴遊〕

著者の「経歴聞見」とは、しからば如何なる体験であったであろうか。その体験は、記録され、遺されているであろうか。そして、それらの体験を媒介とする著者の知見は、『禹域通纂』のうちに如何に反映しているであろうか。

本書の冒頭に収める「留学略記」には、左の如く記されている。

明治十五年二月十五日実ニ清国出発ノ命ヲ膺ク是ヨリ前キ十一年十月漢学専門研習ノ命ヲ受ケ十二年一月清国使署在学ヲ命セラレ公使何如璋参賛官黄遵憲副使張斯桂氏等ニ就キ学術并ニ語言ヲ修ム是ニ至リ四年ヲ閲シ何氏任満チ帰国スルニ会シ遂ニ留学ヲ決ス（中略）三月一日何氏ト横浜ヲ発シ上海ヲ経テ広東潮州府ニ至リ嘉応州恵州粤東諸郡ヲ巡歴ス七月広東ヲ発シ厦門芝罘ヲ航経シテ天津ニ至リ八月北京ニ達ス爾後何氏ニ従ヒ制度掌故学ヲ治ム十六年十一月何氏船政大臣ニ転シ福建ニ赴ク於是内地事情ヲ視察シ貧富饒否ヲ考求セントシ独身北京ヲ発シ直隷山西陜西河南湖広江蘇浙江福建各省ヲ巡歴シテ福州ニ達ス時ニ十七年五月ナリ此行最モ実験ニ有益ナリ福州ニ至ルヤ清仏安南紛議方ニ劇シク仏艦馬尾ニ入泊シ勢ヒ孤城ニ嬰守スル如シ八月廿三日清仏開戦シ躬歴目撃セリ十月何氏解職南帰ス於是浙江杭州府ニ赴キ兪樾大史ニ従学ス氏ハ当今碩学門下ノ士数千ニ下ラス昼夜研習専ラ学術ヲ治メ交游ヲ広クシ位置ヲ高尚ニシ受益最モ博シ十八年九月事ヲ以テ安徽浙江江西福建ヲ巡游ス十九年夏浙江ニ行キ冬漢口ニ行キ湖広上游各地ヲ巡游シテ帰滬ス二十年五月上海ヲ発シ長江一帯を視察シ復江蘇ヲ巡リ六月廿七日上海へ帰リ七月二日上海出発帰朝ス留学前後六閲年ナリ

著者の清国留学に至る経緯、その他、彼に関する伝記的解明については、別稿で採り上げたいと考えるが、右の「略記」にも一部窺えるように、著者は、明治一五年（一八八二）、数え年二一歳で中国に留学してより、前後六年の間に、一四省に亘って親しく清国を歴遊した。[3] これらの巡歴のうち、明治一六年（一八八三）一一月北京を発して福州に赴いた大旅行の記録、いわゆる『西行日記』は、その写真が、現在、米沢秀夫氏の許に保存せられている。他に、著者が友人関口隆正に託して黒田清隆に献じた手記に『游学日記』と称するものがあった如くであるが、[4] 右の二つの日記が別のものであるか、あるいは前者が後者の一部をなすものかは、いま詳らかでない。また、周知の如く、著者には、明治一八年（一八八五）一二月より翌一九年二月に至る間、紙行（紙問屋）開業準備中の中国人を装って、密かに安徽・江西の紙廠を調査した際の『清国製紙取調巡回日記』[5]、また『清国商況視察復命書』[6] 等のすぐれた調査記録がある。

以下、本稿では、右の数種の手稿のうち、『西行日記』を紹介しよう。

『西行日記』は、一行二五字、一丁一八行、九九丁より成る。巻首に曲園兪樾の序文一丁を付し、全篇一〇〇丁。表題はないが、兪曲園の『春在堂襍文』四編八には、右の序文が「井上陳子徳西行日記序」として収められていることより、『西行日記』と称せられたことが推測される。

ところで、後に著わされた『禹域通纂』との関連において『西行日記』を採り上げるとき、次の二点が考慮されねばならぬ。第一に、右の如き同一筆者の手になる前後二著の間においては、他人の完稿に依拠してこれを引用する場合と異なり、前著（『西行日記』）から後著（『禹域通纂』）に引用するに当って、前著の提供する資料に、自己のその後の知見の深化にともなう加筆・改稿の手が加えられること、はるかに多いと考えられる。したがって、両著間に、形式上瞭らかな引用・依存関係を端的に指摘することは困難であろう。第二に、『西行日記』は山野に羇旅せる紀行であるがため、山川形勢を主として、地方の事情を叙しているが、『禹域通纂』は、その「凡例」に、

初メ輿地部ヲ設ケ清国本部并ニ満州蒙古地勢概略ヲ叙述セントス簡略ヲ要セシヲ以テ尽ク削除シ唯タ水路運輸ヲ存シテ梗概ヲ窺フニ便ナラシム

風俗部ハ初メ南北各省風俗概略ヲ志サントス姑ク刪減シテ全体概略ヲ述ヘリ

という如く、とくに地勢の記述および地方別の記事において、多く刪節を蒙けているのである。この点によっても、『西行日記』は、『禹域通纂』に対し直接の材料を提供するものというより、独自に、『禹域通纂』の著者楢原陳政の知見の成立過程を示し、ないしその基礎的素材を収むる手記というべきであろう。

『西行日記』の書かれた明治一六年の旅行は、楢原陳政が後年みずから回顧して、「烈寒ヲ衝キ、三日間絶食シ、僅ニ油麦麺塊ヲ以テ餓ニ充テシ如キ(7)」ことさえあったというほど、辛苦をきわめたものであったとともに、「常に四百余巻の書を携へ、過ぐる所地理、山川、風俗、民情、物産、政略等の沿革得失を参考し、疑を決し、誤を匡し、闕を補ひ、冗を省き、実験を以て書籍を活用し、経籍を以て実験を長進せり。是に於て識見を高尚にして学術を鞏固ならしめ、且、世事に習熟することを得たりといふ。彼は後、此時の紀行を漢文にて記せるを印刷局に送れり。(8)」と称せられる如く、彼の尊敬する顧炎武(9)の旅装に倣って書籍を携え、周到な用意のもと、成果豊かなものであったが、いま、その『西行日記』に見られる社会経済関係の記事を標記すれば、左の如くである。(日付の下は通過ないし宿泊地、括弧内は関係記事)

明治一六年一一月一六日、北京発。一七日、武清。一八日、固安(治水)。一九日、新城(畿輔水田)。二〇日、安粛(犁の様式)。二一日、保定。二二日、望都。二三日、唐河を渡る(治水)。二四日、正定(水利、田制)。二五日、淤水舗(河防の制)。二六日、獲鹿(穴居)。二七日、坡底(屯田論)。二八日、寿陽(木器の製造)。二九日、楡次。三〇日、陽曲(用鐲施種の法、山西額解地丁)。一二月一日、太原(鉄鉱、製鉄技術、採炭技術、潞綢、鴉片)。二日、祁(差役の苦)。三日、介休。四日、霊石。五日、韓信嶺(棉火薬製法)。六日、趙城(水田、磨碓)。七日襄陵(兵制論)。八日、侯馬。九日、聞喜(宗子論)。宋家汎(火砲発射法)。一〇日、運司城(塩池、塩法論)。一一日、虞郷。一二日、蒲州(攤捐、官吏の俸給)。一三日?、首陽山。一七日?、西関。一八日?、渭南(漕運論)。九日?、西安。一七日、西安（四川・山西商人、水利）。一八日、新豊。一九日、華州。二〇日、西岳廟。二一日、玉泉院。二二－二三日、西峰。二四日、閿底。二五日、太子営。二六日、函谷関。二七日、硤石。二八日、観音塘（ラマ教）。二九日、韓城。三〇日、河南（倉儲の制）。三一日、鞏。一七年一月一日、滎陽。二日、鄭州（棉花、棉業論）。三日、開封（蚕桑、鴉片）。四－五日、尉氏（黄河治水論）。六日、許州。七日、襄城。八日、昆陽。九日、裕州。一〇日、南陽。一一日、新野。一二日、樊城（蚕桑）。一三日、樊城。一四日、襄陽（湖広論）。買舟して漢水を下る。一六日、宜城。一七日、豊楽（水利論）。一八日、安陸。二二日、沙洋（営堤の法）。二三日、沙洋（江中賊船）。二四日、多宝湾。二五日、潜江。二六日、天門。二七日、漢口（商業、貿易額）。三〇日、武昌（物産、貿易額、哥弟会盗）。三一日、火輪船に乗り長江を下る（長江水脈論）。二月一日、九江（貿易額）。三日、安慶・池州・蕪湖（安徽各府州の田土・田賦額、蕪湖貿易額）。四日、金陵・鎮江（江南各府田土・田賦額、歴代田賦沿革、田賦剔弊論、鎮江貿易額）。五日、通州（淮塩、塩法論）。六日、上海（貿易額）。七日、上海（江南機器廠）。八－一三日、上海。一四日、黄渡。一五日、崑山・唯亭。一六日、蘇州胥門。一七日、蘇州。一八日、蘇州（蘇・松・嘉賦税論）。一九日、平望（江南水利論）。二〇日、嘉興・桐郷（治田の制、繅糸法）。二二日、石門。二三－二五日、杭州（天主教論、学制論）。二六日、劉家駅。二七日、富陽。二八日、厳陵。二九日、厳州。三月一日、蘭谿（関津税論）。二日、竜游（人口調査論）。四日、衢州（水旱に際する胥吏の弊）。七日、清湖（度量衡論）。八日、仙霞嶺。九日、九牧。一〇日、浦城。一二日?、将軍灘。一二日、塔山。一三日、水口駅。一四日、北津。一五日、建寧。一六日、上京。一七日、延平。一八日、黄田。一九－二〇日、福州（茶、庶糖、民俗、貿易額）。

この『西行日記』については、他日、米沢秀夫氏によってその全容の紹介されることが期待せられるが、ここにも、右のうちから数日を選んで摘記し、小論を終えたい。もって、明治初年、二二歳の日本の青年が中国を見て考え、書き遺した文章の一端を窺い、その史料的価値を評価せしむるに足るものがあるであろう。

(一)〔明治一六年一二月〕二日。戴星而発。旅袂如氷。過洞渦水。抵徐溝県。居民殷然。経兗城。抵祁県。即晋祁奚故邑。数日来。毎抵客寓。輒杜門而応曰。客満矣。強入無客。詢其故。毎吏来。飫肆飲食。不償一銭而去。民畏吏如虎。故然苛吏猛於虎不誣哉。聞。晋省差役之苦害。中路則陽曲県。東則平定州孟県。西南則霊石。南則楡次。北則沂州為尤甚。差役輩。或設局勒索。或無票横行。居者・行者皆憚為畏途。今撫厳禁。而少弭矣。夜訪郷紳某。訪地方利病。君曰。晋省軍興已有三十余年。而庫蔵絀乏。民困未愈者。非財力不足。蠹吏侵蝕之過焉耳。其端有五。曰籌塾。曰濫支。曰撥抵。曰借動。曰隠匿。皆乗法紀。紊表裏。輾転以為居奇之地也。若清籌塾。則度支之数確。絶濫支。則侵盗之風息。止撥抵。則州県之虧少。禁借動。則吏胥之権衰。厳制度。則隠匿之弊絶。是在有司者奮励身率耳。余深韙其言而帰。

(二)〔明治一七年一月〕二日。歴三官廟寨抵鄭州。周初封管叔於此。又為虢鄶。地産葛粉・藕粉。平疇曠然。美田弥望。凡自潼関至此千有余里。大抵重嶺糾絡。民苦于旱。故多種棉花。歳輸之冀・晋・雍。而大半致之江南。按。棉原南方之産。宋・元時。閩・広・川・陝始伝其種。至明。挙天下竟無不播殖。其利視布帛盖百倍焉。而楚中所出曰江花。山東所出曰北花。浙・呉所出曰余姚。其種各有善悪。而推河南称最盛。惜乎女工曠廃。民不知機杼之利。聞。女子自七八歳以上。即能紡絮。至十二三歳。即能織布。足以供一人用度。且女勤紡織則有恒業。則恒心易生。非独富国而実正民俗。何不急挙之哉。窃余有説焉。禹域自通商来。進口洋貨日増月盛。核計近年銷数至七千九百余万両。洋布実為大宗。各口銷数至二千二三百万。而出口土貨年減額数。盖各国用機製産。較禹域人工製産者。省費倍徙。售価随廉。而銷行愈広也。設建機廠於河南。聘師教芸。織成土布。以裕国用。敵洋産洵美事也。

（下略）

(三)〔二月〕五日。経圌山下。距鎮江六十里矣。江流至此転屈。自東而西而北。舟行順江遍檣諸漲沙間。如縫然。而両岸層峯峭壁。俯瞰湍波。実大険也。有礮台焉。経丹陽。抵通州。州前十五里。狼山・塔山・軍山・馬鞍山・刀刃山等。碁列布置。与常熟県福山鎮。烽戍相望。一葦可達。洵為大江門戸也。少泊焉。船客徐君安徽人也。嘗以淮塩務。駐通州。与談塩政。蓋淮塩場三十。通州分司駐石港場。所属称上十場。即豊利・馬塘・掘港・石港・西亭・金沙・余西・余中・余東・呂泗、係淮南煎塩也。泰州分司駐東台場。所属称中十場。即富安・安豊・梁垛・東台・丁渓・草堰・小海・角斜・拼茶・何垛、亦係淮南煎塩也。淮安分司駐安東県。所属称下十場。即白駒・劉荘・伍佑・新興・廟湾五場。係淮南煎塩。莞瀆・板浦・徐瀆・臨洪・興荘五場。係淮塩煎塩。唯白駒・莞瀆二場。産塩極稀。刈草供課。禹域塩場。淮塩居首。所運銷。跨越数省。其塩商領引之制。凡各商照冊載引数。毎引先納硃錫三厘。於徴納額課之時。又毎引納銀四銭。是為正納。再納経解費。而請院給限単。又謂之皮票。単四角標平上去入字。以便験截。以限単。於庫領引。又納関引脚価眼一分。違者論如律。而此時則各商止領皮票。下場買塩。限四十五日赴掣。此領引之大概也。塩□買斉。駁載出場。場官験填出場日期。截去皮標平字角。其淮南綱食塩。倶赴儀徴県東関浮橋。以候橋掣。官逐船抽験。将皮票截去上字角。於是放行。赴大掣所。候掣。次抵儀徴天池本関外。再掣。謂之験河大掣。官先照冊編号。照号査引。引提逐号秤掣。截去皮票去字角。此掣塩之大概也。然後商請官示期。開包改梱。而行運他方。具報某局領某綱若干引。船戸某毎艙若干包。一一開明。運道将開単。呈院。請印給商。令其開船。船至湖口。掛号。納船料銀。於是分往江西・湖広。倶於両省駅塩道処投引。両道例截皮票入字角。将引査明。解回塩院。彙繳戸部。両道乃給各商水陸分運票。往各府州県銷売。其淮北塩。自買斉出場後、倶赴安東県批験塩引所。請掣截票。一切倶如南塩。自例。此両淮諸塩運銷引之大概也。制厳法密如此。而上則地方疆吏。視塩商為利藪。下則私梟日熾。国課嬴絀。余謂。塩産於場。猶穀産於地也。穀登而官徴其糧。塩鬻而国税其利。亦宜。苟用余議。誠任民自煮自鬻。而官為定塩額。計額多寡。為抽税之準。以歳終。上於戸部。則疆《彊?》吏無剝商横索之弊。商民無借帑積欠之害。而塩無滞引礙銷之憂。国課亦裕足。明嘉靖中。御史汪溶曰。不禁私塩。但官抽其税。則可也。是余意也。（下略）

(四)七日。之観江南機器廠。距上海十里高昌廟側。亦称高昌廟器廠。乗船溯黄浦。（中略）午牌抵局。訪弾子廠。王君導焉。廠分為弾子・機器・製礮・修船四廠。聘西人為匠師。工役六百余名。機器皆購自欧州。悉備焉。廠創築費約二百五十万両。歳費五十万元有余。海晏・馭遠、及鈞和・金甌等四礮船。皆係廠造。今礮廠内製阿母土竜転廻礮。重八十磅至一百二十磅者。毎歳十数門。又製斯奈土小銃。毎月至九百門云。又偕王君。乗船抵竜華鎮。観火薬廠。入竜華寺。少憩而帰。

(五)二十日。発平望。雨密如霧。自是屢過橋梁。石甃構造精楚。過三塔弥望両岸。漠漠水田。三呉水郷不誣矣。蓋治田之制。有二。設堰豬水。浚其溝洫。以灌漑之者。治高田也。潤深塘浦。高厚堤岸。使水不能入田。使田水高於塘浦。塘浦高於江。而便於洩通。是治低田也。近人匪不知治水。而不知治田。故或開浚溝渠。積土岸側。霖雨滌蕩。復入塘浦。不幾年塡於《淤?》如旧。豈不惜哉。若令有司。相視蘇・嘉・湖・常諸郡。水田塘浦。就農隙時。作堰車水。開浚塘浦。取土修築両岸。使衆戸併力。官司督成。田岸既成。水害亦去焉。亦撫民之術也。午牌抵嘉興府。即春秋檇李。五代曰秀州。宋為嘉興府。地勢沃衍。多繭糸秔稲之利。城西闤闠相望。商賈輻輳。殷然都会也。余登岸。行観民繅糸焉。其方釜上置一木、上立三柱。置小車。長五寸。径二寸。下鑽竹管各一。抽糸頭。由竹管出繞小車。周匝而後引入大車。車制寛尺六寸。径四尺五寸。前輊後軒。後二柱架車。前二小柱作機納糸。一竹鈎下。分為二行。上大車毎運車。則機随車往来。疾徐如意。先利其器者。斯民有焉。聞。呉・越蚕。湖・蘇所出尤佳。杭・嘉次之。大抵煑繭三斗。可得糸二觔。毎觔価自九銭至一両三四銭不等。還船復行。水益潤焉。煙波茫然。両岸人家棊布。雞鳴犬吠。皆在雲中矣。抵桐郷県泊。

註

（1）『漫游聞見録』とは、黒田清隆『漫游見聞録』（農商務省蔵版、明治二一年）のことであり、度量衡に関する記事は、その三五頁以下に収められている。

（2）米沢秀夫「楢原陳政」（同氏著『江南雑記』、上海・内山書店、一九四四年、所収）、八八頁。ちなみに、陳政は、文久二年（一八六二）九月、幕臣楢原儀兵衛の長男として江戸牛込に生まれ、維新後、井上陳光の養子となり、明治二一年（一八八八）、楢原姓に復籍した。以下、本稿では楢原姓をもって称する。

（3）楢原陳政「清国製紙取調巡回日記」（関彪編『支那製紙業』、東京・誠心堂、一九三四年、所収）、三〇頁参照。なお、楢原陳政の伝には、前掲の米沢氏の論文のほか、『得能良介君伝』（印刷局、大正一〇年）、四五四－四五八頁、対支功労者伝記編纂会『対支回顧録』下（東京・東亜同文会内、対支功労者伝記編纂会、昭和一一年）、二四四－二四七頁、葛生能久『東亜先覚志士記伝』下（東京・黒竜会出版部、昭和一一年）、三六三－三六四頁に、それぞれ所収のものがあり、米沢氏のものが最も詳細である。

（4）関口隆正稿『陳子徳の伝話』参照。陳子徳は、楢原陳政が中国に在って称した姓字。実名陳政の陳を姓、政を名とし、字を子徳と称したのである。この関口隆正の手稿も、その写真が米沢秀夫氏によって保存せられている。

（5）註（3）参照。

（6）本書は、明治三〇年（一八九七）末より翌三一年にかけて執筆されたことが、文中（二五〇、二五四頁等）より明らかである。その刊本は、米沢氏もいわれる如く（前掲論文、九一頁）、陳政の歿後、明治三五年（一九〇二）、外務省通商局によって公刊されたものが一般に知られているが、但し、東洋文庫所蔵の二部について検するに、その一本（モリソン文庫本）には、To Mr. Morrison, From Chinsei Narahara, Tokio Japan という楢原陳政の自署があり、モリソンはこれを製本して（製本後にモリソンの蔵書票が貼られており、モリソンがみずから製本せしめたことが知られる）、その背表紙に、1897すなわち明治三〇年の年号を印している。この年号は、本書がほぼ一八九七年末までの記事を収めているところから付せられたものと推測されるが、右の事実により、この寄贈本が楢原陳政の存命中に印行せられたものであることは、確実である。また、他の一本（近代中国研究室本）には、楢原陳政の蔵書印が捺してある。同一版本たるこの二部は、いずれも、奥付なきのみならず、他の箇処にも著者名・発行者名・発行年代等の記載を欠いているが、大山梓氏の示教によれば、これらは、明治三五年刊本に先んじて部内頒布用に印行せられたものであろうといわれる。

（7）前掲「清国製紙取調巡回日記」、三〇頁。

（8）前掲『得能良介君伝』、四五六頁。

（9）前掲『陳子徳の伝話』に拠れば、楢原陳政は顧炎武を仰慕して、慕顧学人と号したという。

【編集者附記】　原載は『岩井博士古稀記念典籍論集』（大安、一九六三年六月）。原載論文は二節に分けられているが、各節の表題はない。本書に収録するに当り、編集者が適当と思われる題名を〔　〕内に記した。なお、原載論文には附記として「楢原陳政および関口隆正に関する伝記的研究を志す筆者に対し、米沢秀夫氏は、多くの貴重な資料を貸与されて指導せられ、幼方直吉氏もまた、筆者を指導せられた。記して深謝する。文中、引用史料および固有名詞については、つとめて原典の字体に随うほか、旧漢字を用いた。」との一文があるが、本書においては字体は基本的に新漢字に統一した。

4　清仏戦争と日本人の中国観

一　まえがき

一八八四年（明治一七年）は多事の年であった。国内では、いよいよ効果のあらわれつつあった松方デフレーション財政によって、この年、米価をはじめ、諸物価の低落は底をつき、不景気は頂点に達した。しかも軍備拡張にともなって、間接税が新設ないし増徴され、地方税もまた増税されていたから、この重税は、地方に育ちはじめていた中小企業家や農民・小地主にとって、不況下に、いっそうの打撃となった。そして、中小農民・企業家の没落・倒産にひきかえ、土地と貨幣は、大地主・商業＝高利貸資本の手に集積された。こうした事態のなかで、三月、政府は地租条例を改訂し、法定地価を一八七〇年（明治三年）ないし七四年の平均米価にもとづく地価に固定し、また地租率をも固定化した。法定地価と現実の地価とが完全に分離したことは、農民闘争の成果ではあったが、高率地租は一方で小土地所有を解体させ、他方、新しい地主的土地所有が急激に増大しつつあったこの時期には、法定地価の固定によって、この地主的土地所有こそが、安定した富として、ここに、国家権力によって保証されることとなる。寄生地主制コースの出発である。こうした経済的・法制的過程のもとで、自由民権運動の分裂傾向はいよいよ決定的となった。中小農・中小企業家の負債返済をめぐる騒擾は関東・中部の各地に頻発し、「借金党」「困民党」の呼び名が一般化するなかで、五月、上毛自由党員が農民とともに蜂起し（群馬事件）、爆裂弾をかかえた栃木・茨城・福島などの地方自由党員は、九月二三日、加波山にたてこもった（加波山事件）。だが、他方、合法的議会政党の準備に汲々として政府との妥協の道を歩みつつあった自由党中央の上層部は、もはやこうした地方党員の立場を理解・指導し得ず、彼らを孤立した急進主義的闘争に追い込みながら、一〇月二九日、自由党を解党するにいたる。そして二日後、秩父困民党を中心に一万数千の農民は、地元自由党員とともに、整然たる組織をもって蜂起する（秩父事件）。さらに、軍隊内部に中・貧農出身の兵士を組織して政府顚覆をはかった飯田事件が続く。

先学の研究にもとづいて、一八八四年の国内情勢を以上のように概観できるとすれば、こうした日本を取りかこむ国外の情勢、帝国主義的膨脹期に入った当年の東アジアの「危機」は、㈠清仏戦争の進展、㈡朝鮮を舞台とする列強の国際対立のなかに、朝鮮との通商条約の締結によってロシアが登場したこと、㈢その朝鮮の京城（ママ―編集者）で日本公使の支援によってひき起こされた甲申事変とそこでの日清両軍の衝突、に示される。

この年、とくにその後半、日本人は国外のこのような事態に対して危機意識をいちじるしくたかめたが、それは、当然、前述の国内情勢、とりわけ民権派の分裂、自由民権運動の弾圧・「激化」と無関係にはなされなかった。対外危機感の動向そのものが、国内情勢によって規定せられ、性格づけられたのである。こうして、内外の情勢とその認識は、とくに、当時の対清国観の形成のなかで、内面的な連関をなしていた。いま明治政府の指導者たちやいわゆる御用新聞の議論をしばらく措くとして、当時のもっとも革命的な国民大衆の思想たる自由民権思想においてさえ、国内での民権運動の後退のなかで、民権派各紙の論陣が形成した対外危機意識と、これにともなうその国権論的要素の拡大は、必然的に、国際連帯ないし国際的平等の強化の方向へではなく、連帯からの離脱ないし蔑視の方向への傾斜を性格づけられるかたちで、その中国観を推転せしめた、ということができる。そして、このような内外認識の、その対外的側面において、中国観の傾斜ないし転換にひとつの画期を与えた国際的契機は、清仏戦争の進展であり、なかんずく、八月のフランス艦隊による福州攻撃であった。

ところで、このとき、中国在住の日本人の間に、福州組事件と呼ばれる、いわば無名の策動があった。これは結局実現せずに終ったのであるが、この事件の概略を素描し、それがたくらまれた背景に、右のような日本の世論の基本的動向をふまえつつ、そこに見られる民権派諸新聞から御用新聞にいたる論調の差異――当時なりにおける進歩と反動の区別――を明らかにし、また、この事件が、このころ以後の日本人の中国観の歴史にとって、いかなる意味をもつかについて考えることが、本稿の目的である。ただし、諸新聞を網羅的かつ長期にわたって調査することができず、また、福州組事件について多く編纂刊行物に拠ったという点で、史料の質・量ともに、なお収集不十分な段階にあるため、本稿は研究ノートの域を出るものではない。

二　いわゆる福州組事件

フランスの侵入　フランスのアジアへの侵略は、一七五七年のプラッシーの戦い以後、インドから後退し、一八世紀後半のフランス革命およびナポレオン時代には、一時とだえたが、アヘン戦争後、イギリスの南京条約に追随して不平等条約を清国との間に締結し、さらにナポレオン三世治下には、アロー戦争（第二次アヘン戦争）にイギリスと連合して中国を攻撃し、五八年、天津条約を結び、六〇年には再びイギリスと連合して中国に侵入し、北京を陥れて、同年、北京協定を締結した。このころ、東南アジアでは、五〇年代の末から六〇年代の初頭にかけて、コーチシナを占領し、カンボジアを保護領としている。そして、第三共和政のもとでベトナムへの干渉を進め、植民政策の父といわれたフェリーが第二次内閣を組織した一八八三年、フランスはそのアジア侵略を帝国主義的にいよいよ積極化し、同年八月、アルマン条約によってベトナムに対するフランスの保護権を取りつけた。だが、この条約は履行されず、いっそう増強された仏軍は中国人劉永福のひきいる黒旗軍をはじめ、ベトナム人・中国人らの抵抗と戦って、八四年三月、ソンタイ（山西）・バクニン（北寧）を占領し、かねてベトナムを属国としてこれに対する宗主権を主張する清国との間に紛争を生じ、五月、天津において李（鴻章）・フールニエ予備条約が、六月にはユエ（順化）においてフランス・ベトナム間にパトノートル条約が結ばれ、黒旗軍の撤退、フランスのベトナムに対する保護権の承認が取りきめられた。しかし、条約の実施をめぐって、六月二三日、北ベトナムのランソン（諒山、朗松）に向ったフランス軍はバクレ（北隷）で清軍と衝突し、七月、この際の損害賠償と清軍のベトナム撤退とを要求するフランス側と清国との間に講和交渉がはじめられたが、いっこうに進捗せず、ついにフェリーは武力による威嚇を命じ、提督クールベーのひきいるフランス極東艦隊は、麾下の一戦隊をして八月三日、台湾の基隆《キールン》を砲撃させ、八月二三日には福州を攻撃して南洋水師を全滅させ、福州船政局（造船所）および馬尾砲台を破壊するにいたった。

「志士」たち

　日本の軍人が特務機関として中国に派遣された歴史は、明治政府の成立とともに古く、二、三の例を挙げれば、すでに一八七三年（明治六年）陸軍中尉島弘毅が上海・北京に派遣され、次いで七五年以降、華北・満洲を踏査して七八年帰朝、翌年三たび天津・北京に駐在を命ぜられ、八一年一旦帰国後、八三年以降また北京・上海に特務機関として駐している例、また、八二年七月朝鮮に派遣された陸軍中尉福島安正が、同年九月以後、上海より山東にいたる清国各地を視察し、八三年北京公使館武官となった例があり、海軍少尉曾根俊虎は、七三年はじめて全権大使副島外務卿に随って清国に入り、次いで七四年の台湾遠征に際し、上海その他に一年余滞在して軍需品の調達などに任じ、さらに七六年（明治九年）には、また清国に出張して諜報や軍需品の調達に当ること二年に及び（彼には、明治八、九年にわたる『北支那紀行』前後編の著がある）、以後、七九年には三カ月にわたり福州地方を、翌八〇年には八カ月にわたって上海・福州・広東方面を実地踏査し、また、八二年八月から翌年一月にかけ、渡清して朝鮮問題に関する清国当局の動向を探り（曾根には明治一六年一月、上海方面に関する『清国漫遊誌』の刊行があり、成島柳北が序文を書いている）、八三年六月以後もまた、上海に在って特務に服していたが、一八八四年当時、フランス艦隊の攻撃を蒙った福州にもまた、すでに、特務機関的な任務を帯びて、日本の軍人が派遣されていた。陸軍工兵中尉小沢豁郎である。そして、この小沢が、いわゆる福州組事件の中心人物であった。いま、東亜同文会内の対支功労者伝記編纂会編『対支回顧録』下巻（東京、一九三六年）、葛生能久『東亜先覚志士記伝』下巻（東京、一九三六年）（以下それぞれ『回顧録』『記伝』と略称する）によれば、福州時代までの小沢について、次のような経歴が知られる。

小沢豁郎――一八五八年（安政五年）長野県上諏訪に生まる。七四年（明治七年）東京に遊学、日章堂に入ってフランス語を学び、翌年、陸軍幼年学校に入学、七九年工兵少尉、八三年参謀本部出仕を以って、清国福州に差遣の命を受け、翌年一月出発、福州において諜報任務に従った。

小沢が着任したのちの現地の情況については、『回顧録』下巻に次のような小沢自身の手記が収められている（三一〇頁以下）。

福州に著するや、丸子方氏来り相伴うて福州の南台に行き居をトす。偶〻清仏和戦の論議紛々人心穏ならず。仏艦の福州に来るもの二隻に及ぶ。余事情を探らんと仏領事フランドン氏を訪ふ。領事は予備陸軍大尉にして頗る義侠心あり。余と談話する毎に覚えず兵事を吐露する事多し。一日領事余に示すに福州砲台の全図を以てす。余怪み問うて曰く、閣下如何にして之を得たるや。領事笑うて曰く、前に余一葦に棹し海岸の諸砲台内に入り、領事の権を以て之を図し、前に仏国の参謀部に送れり。子若し之を見んと欲せば携へ去て可なり。然れども想ふに子の家には恐らくは清国人あらん。余甚だ之を危む。君請ふ我領事館に来り之を写せよ。余欣然謝して家に帰る。

明日領事館に行く。領事図を携へ来り、余を一室内に導き曰く、此室人の来るなし請ふ意に介する勿れと。……斯の如きもの半月余にして全く写し畢りぬ。余欣然携へ帰り、之を我参謀本部に送る。／曾て領事と談話中、偶ゝ海岸砲台の事に及ぶ。領事曰く、閩江江口砲台の如き、何ぞ利器に富みたるや。其巨砲の如きは多くは彼の精鋭のクルップなり。余問ふ幾カリーブル（口径）なるや。領事拍案して止まず。余怪みて止まず。君は真個参謀士官なり。余曰く何ぞ然らん。余は一書生に過ぎざるのみ。領事笑つて曰く、カリーブル一語の如きは是れ兵語なり。豈尋常士人の解する所ならんやと。是れより交誼益ゝ厚かりし。此砲台の全図を余に示すが如き、実に軽々視すべきに非ず。余は思へらく、当時清仏構難の際日支も亦雞林（朝鮮――引用者註）の難題あり。此際日仏相連衡して支那に当るの意ありて、我に此機密を漏らすに非ざるなき乎。……／幾もなく戦論紛々、方さに遠からず開戦に至らんとす。……偶ゝ仏国提督クールベー氏、軍艦八隻を率ゐて閩に入る。……此際日として戦の声を聞かざるなし。或は安南に、或は台湾に、清軍大に敗績せりと、物情恟々たり。……／明治十七年七《八?》月二十二日夕、飛報あり。曰く、明旦開戦あるべし。若し開戦に至らば外国人悉く団結し、以て居留地を防禦せんと英領事より布令す。……／明旦早起開戦を待つ。然れども更に砲声なし。余思へらく是亦虚説ならんかと。正午十二時を過ぐ。時に大雨盆を傾け雷霆天を崩す。其間砲声轟然たり。余蹶起覚えず快と呼び、剣を撫する幾回。而も居留地の如きは蕭然絶えて事なし。午後五時に至つて砲声全く止む。余急に走つて米国領事館に行き戦況を問ふ。然れども人々其実況を詳にせざりき。此夜余家僕を戒め睡に就かざらしめ、以て警備を厳にせしむ。而して通宵無事。／明旦余一小汽船を雇ひ閩江を下る。馬尾に至るに及びて、清国の軍艦各処に沈没し、又一隻の清艦を見ず。仏国軍艦は儼然として一も沈没するなく、又一の損処なし。人々皆甲板上に立ち、以て敵軍を指笑す。余小汽船上に立ち、大声呼で曰く『ビクトワール』（蓋し御勝利の意）仏軍皆歓呼して止まざりき。余仏艦を過ぎ、局外中立の英国船に行き、昨日の戦況を親しく聞かんと欲す。……幾もなく方に十二時に近からんとす。砲声山上より起る。余怪みて問ひて曰く、今日亦戦を為すや。曰く、此日陸軍と戦はんとす。語未だ半ならず、砲声益〻激す。余即ち辞して小汽船に帰り仏艦の側に在つて望見すれば、清軍の砲弾益〻激し。銃丸亦雨の如く下る。而も射撃極めて不精。弾丸多くは頭上を過ぐ。少時にして仏の旗艦号令を諸艦に伝ふ。此に於て諸艦斉しく砲門を開く。其声怒号、山岳為めに崩る。余覚えず怪と呼ぶ幾声。其間最も壮観なりしは仏弾清の火薬庫を撃ち、火薬庫天際に爆裂し、恰も白日に霰を撒する如し。又仏弾船政局の煙突を撃ち、煙突天空に散乱せしは実に壮観なりき。午後四時に至り清軍全く敗績し、諸砲台又一の人影を見ざるに至る。此に於て、仏軍小艇を出し、清艦の半ば沈没せし者を焼かしむ。当日の戦全く局を了せり。余乃ち舵を転じて南台に帰る。／此役清の沈没せし軍艦は十六隻、支那製の軍艦六十五隻、竝に水雷艇十六隻なりし。／始め両軍の開戦あらんとするや、清人数人余が寓に来り、皆喋々誇つて曰く、仏艦は已に清軍の擒となる。憐むべし〻〻〻〻。余笑うて曰く、子等未だ兵法を知らず。仮令清艦百千あるも将た何の用をか為さん。余戯に一詩を賦せんと、筆を下して曰く、／腥風吹レ血日色黒。四百余州昼冥濛。空文亡レ国汝記否。焼レ書坑レ儒気如レ虹。祖竜誰道非二俊傑一。摘レ章尋レ句元属レ空。噬二彼伊犂一呑二越南一。落々雄図鉄為レ鋒。笑汝筆舌能驚レ鬼。憐汝未レ解二毒炎竜一。請見明朝雲気悪。中原春老指顧中。……／余福州に在るや、悲憤慷慨の士を集め、談論風生、大陸改革の策を講ずる事あり。会〻参謀本部の忌諱に触れ、方さに帰朝の命あらんとせしが、事幸にして止むに至れり。……／十八年三月飛報あり。曰く、朝鮮京城に乱あり。日本将さに清国に事あらんとす。余之を聞き欣然たり。少時あつて聞く伊藤大臣命を奉じ、天津に行くと。余之を聞き慨然として曰く、此行又和平の局を了するならんと。幾もなく大臣天津に行く。時に上海の島弘毅氏より飛報あり。曰く大臣天津に行き李〔鴻章――引用者註〕氏と談判を聞きしが、其論端頗る困難にして、到底血を以て相見るべし。若し談判破るるに至らば、足下宜しく身を処すべしと。余雀躍三回。則ち柴五郎氏と窃に剣を磨し、日夕酒を挙げて曰く、事破れば宜しく長崎に帰り、我本軍の来るを待ち、山地〔元治――引用者註〕将軍に随ひ、

進て北京を衝かんのみと。待つ事十日、島氏より報あり曰く、又和平の局を了せりと。余大息久レ之。（傍点引用者）

小沢が当時、福州に滞在していたゆえんを、『回顧録』・『記伝』は、時あたかも清仏間の風雲急を告げ、福州方面はとくに形勢の急なるものがあったためであり、彼がこの地に赴任したのは、フランス語を能くしたからであろうといっている。だが、彼が福州に赴いたのは、清仏間の紛争の場が未だベトナムに局限されていた八四年一月のことであり、一方、同年九月三日付の『郵便報知新聞』（以下『郵便報知』と略称）（同日付の『朝野新聞』もほぼ同様）にいたってようやく、

仏清愈よ兵を交ゆるに至らば我海軍省より其実際研究の為め右交戦国の陣中へ軍人を派遣さるゝは嘗て記せしが、右は清国の地理習俗等に精しき者ならねば充分望を達すること能はざるを以て、曾根海軍大尉こそ然るべけれとの議もありしが、同氏は目下他の御用にて旅行中に付、彼是れ協議のすえ西海軍中尉に軍事部の士官四五名を属し派遣さるゝことに内決せしとか聞く。

といわれているところを見ると、同年一月の当初から清仏戦争に関連して小沢の福州派遣が計画されたものとは考えられない。また、小沢の手記中に、当時福州の琉球館に囚われていた琉球人との出会いがいかにも予期せぬ事件として記されているところから、小沢がいわゆる「琉球併合」問題をめぐる特務のために福州に在ったとも考えられない。だが、とにかく福州は沖縄・台湾対岸の要衝であったし、前述のように、当時までにすでに、実地踏査ないし軍事諜報的特務を帯びた日本軍人の清国派遣は、平時からきわめて周到かつ積極的におこなわれていたから、小沢の福州駐

在の場合も、その一環であったと見るべきであろう。

いわゆる福州組事件の内容に関して、さきの小沢の手記は殆ど触れるところがなく、ただ「余福州に在るや、悲憤慷慨の士を集め、談論風生、大陸改革の策を講ずる事あり。会ゝ参謀本部の忌諱に触れ、方さに帰朝の命あらんとせしが、事幸にして止むに至れり」というのみで、黙して語らないが、彼の僑寓にいわゆる「悲憤慷慨の士」が集まってきたありさまについては、『記伝』上巻の『対支活動の先駆』（三一三頁以下）に、

最も早くから支那内地に入込んでゐたのは小沢豁郎、曾根俊虎等の如き軍人出身の士で、民間志士としては佐賀出身の山口五郎太などを先駆者として挙ぐべきである。……世に福州組と称せられる我が志士の一団は即ち此の小沢、山口等の仲間を指すのであるが、彼等が活動を起したのは明治十七年の清仏戦争前後からである。／福州組の志士が根城としてゐたのは福州の写真館廬山軒であつた。其処が志士の梁山泊であり、且又志士としての素性をカムフラージするに最も都合のよい場所となつてゐた。廬山軒の主人は会津出身の木村信二といふ人物で、木村は明治九年前原一誠が長州萩に事を挙げた際、関東に於て之に呼応して起たうとした……同志の一人である。……遂に捕へられて獄裡に在ること数年、漸く赦されて出獄するや、支那に渡つて福州で写真屋を営みつゝ徐ろに風雲の機を窺つてゐたのである。木村の叔父に当る陸軍中尉柴五郎も、その頃特別任務を帯びて南清地方に居つたから此の叔父甥の間に大陸経営に関し、おのづから気脈の相通ずるものがあつたのはいふまでもなく、かうした先駆者を有した関係から、会津出身の青年にして支那に志を有する者が相次いで現はれ、同じ会津人の白井新太郎は明治十五年に支那に渡り、巡遊一年の後、翌十六年帰朝して同志の者に対し支那大陸に活動すべきことを勧説し、その結果、会津出身の中野二郎……等が白井の大陸経営論に共鳴して共に活躍を誓ひ、白井と中野とは遂に明治十七年に相携へて支那に渡つたのである。／……上海に着いた白井と中野は其処で南北に手を別ち、

白井は芝罘に赴き、中野は福州の梁山泊を目指して急いだ。時の我が芝罘駐在領事東次郎（後に南部次郎と称す）は東亜の経綸に志を寄する先覚的の人物であつたから、我志士の北清に赴く者は大概芝罘の領事館に東を訪ねて意見を交換するを例とし、芝罘に於ける東の寓は志士の足溜りの場所となつてゐた。従つて東の所へ行けば支那の国情の表裏が能く解るのみならず、其処には常に志士の寄寓する者が絶えぬといふ有様であつた。そして東領事を中心に其処へ集る志士の間には、支那に対する一種の画策が夙に講ぜられつ、あつたのである。白井はこんな関係から先づ芝罘に赴いたのであるが、一方中野が福州へ着いてみると、清仏の間には既に風雲捲き起りて、大清国の運命に如何なる変化を及ぼすやも測り難い形勢を呈し、廬山軒の梁山泊に久しく風雲の変を窺つてゐた小沢豁郎や山口五郎太等は、此の形勢を眼前に眺めて宿昔の志を遂げるべく頻りに画策して居り、……

といい、『回顧録』下巻（三一七頁）に、

〔小沢豁郎は〕所謂支那浪人として相当名を知られたる和泉邦彦、樽井藤吉、松本亀太郎、中野二郎、白井新太郎、牟田熊五郎、鈴木恭堅等と通謀し、福建地方及び長江沿岸に潜伏して居る哥老会の領袖彭清泉等の一派と提携し、非常手段を以て清国の革正を図らんとした。所謂福州組事件とは此間に生じた君の活動であつた。

といっている。いま、『回顧録』下巻、『記伝』下巻その他に拠って、これら、なんらかの意味で事件に関係ある軍人・「志士」たちについて概観しておこう。

山口五郎太――一八五一年（嘉永四年）佐賀鍋島藩士の家に生まる。維新に際し奥羽に転戦、のち七四年（明治七年）の台湾遠征に従軍、そのまま福建に渡り、厦門領事福島九成のもとに学び、七九年陸軍留学生となったが免ぜられ、のち名を蘇亮明と称し、秘密結社哥老会の一派と深く交わった。八四年熊本県人日下部正一の推薦によって東洋学館の経営に参加、日本との間を往来して資金の調達に奔走した。福州組事件当時、山口は日本に帰って壮士約三〇〇人を募り、長崎より南清に渡航しようと企てたというが、『郵便報知』（明治一七・九・四）に「壮士清国に赴く。今度仏清開戦の報あるや九州辺の壮士は何故か大に奮ひ、直ちに清国へ渡航せし者若干名ありといふ」とあるのは、あるいは彼の動きと関係するものかも知れぬ。

和泉邦彦――一八四九年（嘉永二年）薩摩に生まる。七〇年（明治三年）東京警視庁に入り、のち台湾遠征に加わり、西南戦争には官軍に属して転戦、八四年、福州組事件に参加すべく樽井藤吉とともに福州に赴く。また東洋学館の設立に参画した。

樽井藤吉――一八五〇年（嘉永三年）奈良の材木商の家に生まる。丹芳と号した。周知のように、東洋社会党を結成し、『大東合邦論』の著がある。八四年、清仏戦争に際して和泉らと上海に渡り、福州組事件に策動するところあり、また東洋学館の設立に参画したというが、『大東合邦論』（一八九三年）の岡本監輔の序文には、「法軍の福州を攻むるを聞き、謂へらく、是れ東洋諸国の安危に関し、清国の憂に止まらざる也と。直ちに清国に航し、将さに之を救解せんとす。我が流寓の書生、窃かに彼の国の浮浪と結び、法人に内応せんと謀る者有り。丹芳、百方、其の不利を陳べて終に寝む。」（原文は漢文）といっている。これによれば、福州組はフランス軍に内応せんとしたものであり、清国救援の志を懐いていた樽井はこれを思いとどまらせたことになる。

松本亀太郎――一八六四年（元治元年）土佐に生まる。七八年（明治一一年）上京、翌年三菱商業学校に入学、傍ら明治義塾に法律政治を修め、八四年八月、上海に渡った。東洋学館に学んだともいう。前掲の小沢の手記によれば、福州に赴いて小沢の家僕となっており、福州組事件に参画した。のち鈴木恭堅の斡旋で岸田吟香の楽善堂の福州支店長となり、実業家として南清・台湾に活躍、日清・日露戦争には陸軍通訳官として従軍した。

中野二郎――一八六四年（元治元年）会津藩士の家に生まる。七九年（明治一二年）上京、岡千仞の門に遊び、のち東京師範学校に入学、八四年、上海に渡航して東洋学館に学び、さらに福州に赴いて福州組事件に参画した。この画策のため、彼は九州に戻って遊説し、同志を糾合したが、このとき頭山満・平岡浩太郎ら玄洋社の同人と相識った。この遊説のため彼は官の拘束を受けたという。八六年、荒尾精の漢口楽善堂に入り、また平岡浩太郎と連携して玄洋社の青年を上海に受け入れた。日清戦後の三国干渉ののち、九五年、札幌に露語研究会をつくり、九九年これを露清語学校に改め、陸軍の委託生をも養成し、シベリヤ各地に雑貨店・写真館などを設けて生徒をこれに送り、露国の情況を内偵する機関とした。

中野（牟田）熊五郎――一八六七年（慶応三年）佐賀に生まる。佐賀の干城学校に学んだのち、八四年（明治一七年）上海に渡って東洋学館に入学、さらに福州組の謀議に参画したが、のち去って上海楽善堂に入り、岸田吟香に厚く信任された。日清戦争には自発的に軍事探偵となり、また陸軍通訳を勤めた。その後、台湾・上海などで実業界の人となった。

鈴木恭堅――一八六五年（慶応元年）、宮崎の島津藩士の家に生まる。七九年（明治一二年）上京、興亜会の支那語学校に入学、八三年六月、父の友人曾根俊虎の渡清に随って上海に赴いた。そして小沢と相識り、福州組のなかにあって、中国語を操ってもっぱら哥老会との連絡に当った。福州組解散後は東洋学館の経営に協力、同八四年一一月海軍留学生となり、日清戦争には陸軍通訳を勤め、一九〇〇年（明治三三年）外務省に入った。

白井新太郎――一八六二年（文久二年）会津藩士の家に生まる。秋月胤永の塾に学び、八三年（明治一六年）芝罘《チーフー》領事代理東（南部）次郎に随って渡清。翌年また中野二郎とともに上海に渡り、福州組事件に際しては、後述するように、結果的に小沢らをして決行を断念させる役割を果たした。のち荒尾精の漢口楽善堂に拠り、九〇年には、東京で小沢、福本誠（日南）らとともに副島種臣を会頭として「東邦協会」を興し、次いで台湾において「理蕃」・「土匪鎮圧」に従事、また塩業その他の実業に従った。

南部（東）次郎――一八三五年（天保六年）盛岡藩士南部家に生まれ、一時東姓を称した。七三年（明治六年）七月、政府の内命によって赴清、清国の内情を査察、翌年帰朝し、台湾問題に関して、台湾征蕃事務総裁大隈重信に対し、「此の役若し延ひて征清の役とならば、則ち自ら旧南部藩士五百人を率ゐ、攻めて清国に入り、以て其一地方を擾さん。請ふ之を賛成し、与ふるに便宜を以てせられよ」（『記伝』下巻、三六八頁所収、白井新太郎「南部次郎政図《まさみち》之伝」）と意見を具申し、岩倉右大臣もこれを許したので、私費を投じ、佐藤昌蔵、藤森主一郎を随えて上海に待機し、和親の約成った後は、佐藤を上海に留め、学資を給して清国事情の研究に当らせた。八〇年参議黒田清隆の内命によって清国政況の視察に赴くこと一年余、八二年、京城に壬午の変が起こると、外務省御用掛をもって釜山総領事のもとに働き、大院君が清国の保定府に拘留されるに及んで、外務卿井上馨の密旨を受けてその実況視察に渡清、清国官人に扮装して大院君に面謁するなどのことがあった。これよりさき釜山在勤を命ぜられると、上書して芝罘の重要な地なることを力説し、「領事館を此港に設け、小官をして領事の任に当らしめられよ」（同上）と願っていたが、井上の容れるところとなって、八三年芝罘に赴き領事館を開いた。そして翌年、福州組事件に関与することになるのである。

曾根俊虎――一八四七年（弘化四年）米沢藩士の家に生まる。藩校興譲館に学んだのち、江戸に出て英学を修め、七一年（明治四年）海軍に入る。その後のことはさきに記したが、七九年、副島種臣の校閲を得て、太平天国の史実を述べた『清国近世乱誌』を著わし、八〇年、長岡護美・渡辺洪基・宮島誠一郎らとともに興亜会（八三年、亜細亜協会と改称。『東京日日新聞』明治一六・五・一九によれば、八三年当時、「此の会も一時は歩を止めたる姿なりしが、近ごろ再興の勢ひありて上海地方にても同志の大に増加せし趣なり」という）の創立に参加した。後述の『法越交兵記』序文によれば、欧州人がアジアを凌侮するを憂え、アジアの衰退を挽回し、欧州の強暴をおさえようと考えて、同志とともに興亜会をはじめたという。福州組事件との関係については後述するが、八六年、帰朝して参謀本部海軍部編纂課長心得となり、清仏戦争当時の見聞をもとに『法越交兵記』を著わして、ベトナムの衰亡を憂え、書中、朝鮮の壬午の変、「琉球併合」における日本政府の態度を評した清国の新聞論説を紹介した（一三三頁以下）ためか、筆禍に問われ、海軍を辞した。日清戦争後、台湾に官を得たが永く続かなかった。

東洋学館　福州組事件に何らかのかたちで関与した右の人物たちは、共通して、おおむねその後、官途に栄達せず、「志士浪人」と呼ぶにふさわしい生涯を終えるのであるが、右の略伝にいちじるしい特徴は、特務機関的なもの以外に、当時あたかも上海に設立された東洋学館の関係者の少なくないことであろう。東洋学館は、それでは、どのような人びとによって、何を志向して創立されたものであろうか。

まず、設立に関与した人物について、『回顧録』上巻、『記伝』上巻などによれば、館長末広重恭（鉄腸）をはじめ、平岡浩太郎、宗像政、樽井藤吉、中江兆民、杉田定一、日下部正一、馬場辰猪、長谷場純孝、栗原亮一らが主唱し、宇都宮平一、大内義瑛、山本忠礼、新井毫らがその実際の経営に当ったという。ここには、自由民権運動に関係ある人びとを（九州のみならず中央をも含めて）少なからず見出すことができる。もっとも、東洋学館の実現には曲折があって前後二期に分けるべきであり、右のすべての人物が当初から参画したのではないが、『朝野新聞』（明治一七・八・一四）は、当初の設立趣旨を次のように報じている。

近ごろ熊本の有志者は清国上海へ東洋学校を設くるとかの噂ありしが、弥よ同地の日下部、宗像等及び薩摩の和泉〔邦彦――引用者註〕、長谷場等の諸氏申合せ、上海へ東洋学館と云ふを設け、去る七日より開館せられし由、其趣旨書は左の如し。

東洋学館趣旨書

孤島千年ノ鎖鑰破レテ欧米ノ風潮堤ヲ決シテ入ル。於レ此乎世態人情一変シ去リ、所レ謂節義廉恥ナル者殆ンド地ヲ払ヒ、唯新奇浮華ノ境ニ馳セ、或ハ党派ヲ結ビ以テ政党ト称スルアリ、甲乙紛紜政論ノ為メニ将サニ国ヲ傾ケテ已マントスルノ状アリ。是レ豈邦国ノ面目ナラムヤ。惟ミルニ国家盛衰ノ岐ル、所以ノ者ハ外交政略ノ如何ニ因ラズンバアラズ。我国ニシテ永ク独立ノ体面ヲ完ウセント欲セバ東洋政策ノ得否ニ注思セザル可カラズ。蓋シ東洋ノ神髄ハ清国ノ頭上ニ在テ存スル者ニシテ我国トノ関係ヲ論ゼバ即チ輔車相倚リ、唇歯相保ツノ大要アル也。苟モ志士ヲ以テ任ズル者茲ニ主眼ヲ置カズシテ可ナラムヤ。／吾輩ハ怪ムニ不レ堪、方今外交ノ要ヲ論ジ且ツ海外ニ留学スル者、欧米天地ヲ指スモ近接不可離ノ清国ニ至テハ寥トシテ聞ユルナシ。是レ洵ニ一大欠典ナラズヤ。我輩ハ先ヅ清国ノ政治、人情、風俗、言語等ニ通暁シ、所レ謂神髄手足ヲ活動スルノ妙ヲ知ルヲ必要ナリト信ジ、茲ニ一大学校ヲ設ケ大成有為ノ人士ヲ養成シ、遂ニ将サニ長江一浮千里進デ東洋ノ衰運ヲ挽回セントスルナリ。……

明治十七年七月　　　　　清国上海　　　　東洋学館

すなわち、右に当初の発起人の意識が、「東洋の神髄は清国の頭上に在り、清国と我が国とは近接不可離、輔車唇歯の関係にある」という考え方にあったことを知ることができよう。しかも、『朝野新聞』(明治一七・九・七)の論説「戦争モ亦利益アリ」によれば、「世人モ已ニ知ルガ如ク、九州ノ某々氏等は嚮キニ東洋学館ナル者ヲ上海ニ設ケ、許多ノ生徒ヲ我ガ国内ニ募集シ、最初之ニ応ズル者ハ僅々数フベキニ過ギザリシガ、清仏開戦ノ報告アリシヨリ世ノ書生ヲシテ支那ニ赴カントスルノ熱心ヲ発セシメ、此ノ学館ノ生徒タラントスル者日ニ其ノ数ヲ増加セリ」というように、清仏の開戦がかえって清国渡航に対する一般の関心を誘ったのであった。九月に館長に就任したばかりだった『朝野新聞』編集長末広重恭もまた、「我邦ノ外ニ国アルヲ知レ」と題して国友会で演説し、右の事情を次のように述べている（『朝野新聞』明治一七・九・三〇、一〇・一、論説）。

諸君モ知ラル、如ク、嚮キニ九州ノ有志家ガ発起ヲ為シ支那ノ上海ニ於テ東洋学館ヲ設立シ、青年ノ士ニ支那ノ語学ヲ始メ東西ノ交通貿易ニ必要ナル英仏語ヲ教授セント欲シ、未ダ準備ノ整頓セザルニ、世人ハ之ヲ聞キ知リ来リテ入館ヲ請フモノ踵ヲ門ニ接スルニ至レリ。是レマデ無感覚ナリシ我ガ邦人ノ支那行ニ熱心ナル此クノ如キニ至リシハ決シテ偶然ニ非ザルベシ。余ヲ以テ之レヲ視ルニ三ノ原因ニ出ヅルガ如シ。第一ハ不景気ナリ。……第二ハ清仏ノ戦争ナリ。……是ニ於テ嚮キニハ支那ヲ以テ万里ノ異域ニ在リト思惟セシ者モ其ノ痛癢相関スル接近ノ邦国タルヲ知リ、支那語ヲ学ブノ必要ヲ感ズルニ至レルナリ。第三ノ原因ニ至テ吾輩之ヲ説キ出ダスニ忍ビズ。……今日上海ニ赴イテ学業ヲ修メントスル者ノ過半ハ徴兵遁レニ出ヅルト仮定スルモ、余ハ之ニ一倍スルノ利益アルヲ知ルナリ。何トナレバ玆ニ二三百人ノ生徒アリ上海ニ於テ支那語及ビ英語等ヲ学習シテ其業ヲ成サンニ、七年ヲ経過スル後ニ於テ我邦ニ帰リ何事ヲモ為サズシテ一生ヲ経過スベキカ。是レ決シテ然ルノ理無シ。……十人ヨリ百人ヲ誘引シ、百人ヨリ千人ヲ喚起シ、支那々々ト云フ語ハ世人ノ耳朶ニ反響シ、新世界発見後欧州人ノ競フテ米国ニ出掛ケシト一般ナル有様アルニ至レバ交際上ニモ貿易上ニモ重大ノ利益ヲ生出スルヤ毫モ疑ヲ容レズ。世人ヲシテ我邦ノ外ニ国アルヲ知ラシムル者ハ実ニ今日ヲ以テ好機会ナリトス。／此クノ如キ事情アルヲ以テ余ハ最初ヨリ深ク東洋学館ノ設立ヲ賛成シ、今回不肖ノ身ヲ以テ推サレテ館長ノ任ヲ辱クシタレバ奮テ之レニ従事セントス。他日東洋ノ気運ノ一大振起スル有テ、日支両国ノ関係ヲ密ニシ将タ其ノ商業ヲ盛ンニセシモノハ実ニ東洋学館ノ設立ニ基キシト云ヒ、若シ不肖ノ姓名ヲ亜細亜ノ史上ニ留ムルヲ得バ実ニ望外ノ幸ナリ。

ところで、明治一七年一〇月二日付の『朝野新聞』（同日付の『時事新報』、三日付の『郵便報知』にも簡略な同様記事あり）は、あらためて次のように報じている。

支那の上海に設立する東洋学館は最初九州有志家の発起に出で仮りに学校を設けて支那語を教授し東京にも事務所を置きたりしが、故ありて未だ広告を為す場合に至らざりしに、世上にては之を聞伝へ、入学を申込む者多くなりし処へ、上海にて創立に尽力せられし大内義瑛氏は館務打合せの為めに帰朝し、更に諸事を協議し、遂に末広重恭氏を以て館長に任じ、規則等を改正し、大内氏は再び上海に向ひて出発し、支那語、英語の教師を雇入る、の手筈を定めたれば、愈よ本月廿日迄に第一回生徒百人を召募し、来月上旬上海にて盛大の学校を開くとの事、今其規則を左に掲ぐ。

緒　言

我ガ亜細亜州ヲ振興スルノ説ハ夙ニ世ニ起リ、現ニ亜細亜協会ノ設ケ有リ、吾輩モ大ニ見ル所アリテ同志ノ諸士ト謀リ此館ヲ海外ニ設立ス。蓋シ国ヲ愛シ世ヲ憂フルノ余リニ出ヅルナリ。我邦ハ清国ト前途ニ重大ノ関係アリ。清国ノ言語学術ニ通ジ、世態民情ニ達スル事ハ今日ノ急務ニシテ、而シテ東西諸国交通ノ密接ナルヤ兼テ泰西ノ言語ヲ学ビ学術ヲ究メザル可ラズ。今日我ガ邦人ハ内地ニノミ局束シテ党派ノ小異同ヲ争ヒ、耳目ヲ海外ニ注射スル能ハズ。偶マ海外ニ留学セントスル者ハ欧米ノミニ航行シ、清国ニ至テハ相知ラザル者ノ如キハ何ゾヤ。上海ハ東洋ノ要津ニシテ少壮子弟ノオヲ長ジ智ヲ試ム可キノ好地ナレバ、先ヅ一校ヲ玆ニ設ケテ清国語及ビ英仏学ヲ教授ス。身ヲ立テ国ニ報ズルノ志アル者ハ幸ニ入学セヨ。（傍点引用者）

すなわち、入学申込者の増加にかかわらず、さきに仮りに設けられていた学校は、右の「緒言」のような趣旨のもとに規則を改正することが必要となり、末広の館長就任によって再出発しなければならない状況にあったのである。

そして、末広はまた、その演説「書生ノ方向」において、再建された東洋学館への抱負を次のように述べている（『朝野新聞』明治一七・一〇・一五、一六）。

諸君モ知ラル、如ク余ハ東洋学館ヲ設立セント欲シ、方サニ生徒ヲ募集セリ。此ノ学館ヲ上海ニ設ルノ目的タル決シテ普通ノ学者ヲ造リ出サントスルニ非ズ。支那語、英語ヲ教授シ、東洋ノ貿易交際ニ錬熟スル実業家ヲ養育シ、大ニ国家ニ利益セント欲スルニ在リ。……余ハ書生ノ方向ヲ誤マラシメザルガ為メニ是レヨリシテ簡短ニ東洋学館ヲ設立スルノ目的ヲ諸君ニ告示ス可シ。／支那ト我邦トハ前途ニ於テ交際上ニ重大ノ関係アリ。而シテ無尽ノ財源ヲ有スル一大国ハ我ガ国民ノ進ンデ利益ヲ博取スベキ好市場ニ非ズヤ。而シテ之レニ従事スルニハ支那語ニ通ジ、兼テ東洋ノ貿易ニ必要ナル英語ヲ学ブヲ以テ第一着トス。故ニ東洋学館ニ於テハ先ヅ清英二国ノ語学ヲ教授シ、書生ヲシテ専ラ支那ノ事情ト商業上ノ事ヲ講究セシメ、仮令法律ノ一科ヲ設クルトモ契約法、商業律、万国公法ノ大意等ニテ、其ノ主トスル所ハ東洋ノ交際貿易ニ従事スル者ヲ養育スルニ在リ。而シテ余ノ目的トスル所ハ独リ玆ニ止マラズ。校務ノ稍ヤ整頓スルニ及べバ朝鮮、暹羅、波斯等ニ向テ報告ヲ為シ、此等ノ諸国ヨリ生徒ヲ招致シテ之ニ我ガ国語又ハ支那語、英語ヲ授ケ、其ノ人ヲシテ我ガ国人又ハ支那人ニ向フテ其ノ国語ヲ教ヘシメ、以テ亜細亜諸国ノ交際ヲ密ニシ、其ノ貿易ヲ盛ンニスルノ端緒ヲ開カントス。

一方、さきの「我邦ノ外ニ国アルヲ知レ」のなかで末広は「日支両国ノ関係ヲ密ニ」せんことを願うとともに、同じ演説中でもまた、「日支両国ノ国情地形ヲ視ルニ、親メバ斉魯ト為リ、離ルレバ呉越ト為リ、氷炭輔車ノ時ニ従フテ変更セザルヲ得ズ。而シテ夫ノ琉球事件ノ如キ、朝鮮事件ノ如キ、両国ノ間ニ種種ノ関係ヲ生出スル事ハ将来ニ於テモ決シテ之レナシト謂フベカラズ。我ガ邦人ニシテ十分ニ支那ノ形勢事情ニ通達セザレバ必ラズ国家ノ大事ヲ誤マルニ至ラン」といっているのであり、以上の末広の意見や改正規則の「緒言」には、もはや、最初の発起者によって、七月、その「趣旨書」に唱えられた「輔車相倚り、唇歯相保ち、東洋の衰運を挽回せんとす」などの言葉はようやく影をひそめ、ブルジョア的展望による市場への関心を主とし、窮極には国家的利害の対象ないし手段として、中国やアジア諸国を考える認識が具体化されるにいたっていることを、窺い知ることができよう。

ところで、右の規則改正をはさんで、その前後の東洋学館の実態を窺わしめるものとして、次のような記事が『朝野新聞』に載っている。

……学校創立委員鈴木万次郎氏は昨今上海着の日割にて、同く大内義瑛氏も福岡へ立寄り一便後れて長崎より乗船の筈なり。両人着の上は速に相当の館舎を見立て、清語、英語の教師を雇入れ、何時なり共渡航せる生徒の教授に差支なき様取計ひ置く手続きなれども……去れど上海の学校は都合により一度之を閉ぢ、只今創業に着手中にて、来月十日頃には開校する見込……（明治一七・一〇・一四）

上海の東洋学館は此たび山本忠礼氏外数人が来滬ありて、是までの積弊を洗除し、規則を改正して別に大なる西洋館を借り受け、愈よ〳〵開館に着手せり。（明治一七・一一・九）

東洋学館は一時上海に於て不評判を極め、学校は有名無実にて生徒も四方に散乱する有様となり、少年子弟の前途を誤まるのみならず、自然我国の名誉にも関係することなれば、領事より至急差留めの儀を政府へ上申せられし程なりしが、其の内に規則も改正と為り、東京より館員数名出張し百事尽く一新せしより、大に評判を恢復し、領事を始め同処に在る官員紳士孰れも賛成の意を表せられたり。支那にて東洋と云へば日本のことにて、規模の狭隘なる様に聞え、且つ幾分か支那人の感情を悪くする傾向あるにより、一同の協議にて興亜学校と改名したり。且つ是れまで仮り学館のある場所は売淫女の巣窟にて書生の風俗を悪くする恐れあれば、不日程善き土地を見立

て、壮大の家屋を借り、是れまでの教師の外に西洋人、支那人を雇入れて盛むに開校を為す用意最中なり。（明治一七・一一・九）

十一月廿七日上海発通信　吟道人報／興亜学館は亜細亜学館と改名せり。生徒は至て順良にして皆よく学事に勉強せり。（明治一七・一二・四）（以上いずれも傍点は引用者）

『回顧録』上巻、『記伝』上巻のいずれも、この学館は財政難のため一年余続いたのみであったといっているが、それはさて措き、後述するように、福州組事件が画策されたのはフランス艦隊の福州攻撃以後、九月から一〇月初旬にいたる交と推定されるから、東洋学館関係者といわれて福州組事件に参画している者は、右のような東洋学館の沿革から見て、すべて、末広重恭らによる一一月の再建以前、草創期にこれとかかわり合いをもったのち、事件に参加したものと考えられる（鈴木の場合は事件後、東洋学館に参与しているが、一一月には海軍留学生となっているから、学館の再建以前であることに変わりはない）。したがって、東洋学館の創立に参与し、経営に協力したといわれる山口五郎太、和泉邦彦、樽井藤吉、鈴木恭堅らの意識ないし心情は、七月当初の「東洋学館趣旨書」のそれと全く無縁ではなかったであろうし、しかも他方で、樽井の場合を疑問とするとしても、他の人びとは、特務機関たる小沢豁郎——かの「手記」中（とくに傍点部分）に窺われるような清仏戦争観ないし清国観の持ち主、小沢と、ともに事を謀り得た人間でもあったといえるであろう。また、松本亀太郎、中野二郎、中野熊五郎ら、いわゆる東洋学館「出身」者たちは、『朝野新聞』にいう「有名無実な学校から四方に散乱した生徒」であって、のちの東洋学館の教育と無関係な、元来の「志士浪人」であったであろう。とすれば、清国に対する「輔車唇歯」の意識と他方その「衰運」に乗じて「清国に事あらんとす」る福州組事件の策動とは、末広らとはまた異なる素朴な国権論をもつこれら「志士」たちの心情のなかで、矛盾するものではなかった、あるいは、彼ら「志士」たちにとって、当時、「輔車唇歯」とは、現実には、そのような観念にすぎなかった、といえるであろうか。

楢原陳政と関口隆正　以上のような「志士」たちとはいささか性格を異にする二人の人物が、同じく福州組事件をめぐって、一八八四年秋、上海において、初めて出会うこととなる。楢原（井上）陳政と関口隆正である。まず、両人の略伝を掲げよう。

楢原陳政――一八六二年（文久二年）幕臣楢原家の長男として江戸牛込に生まる。維新後、井上家の養子となり、一八八八年（明治二一年）楢原姓に復した。七七年（明治一〇年）大蔵省印刷局製版部幼年三等技生。監督者は竹添進一郎とともに渡清した津田静一であった。翌年、印刷局長得能良介に認められ、漢学専門修業を申付けられる。これより八四年秋の関口との出会いまでについては、楢原自身が書いた「留学略記」（井上陳政『禹域通纂』上巻――大蔵省蔵版、一八八八年（明治二一年）――所収）に次のようにいっている。「明治十五年二月十五日実ニ清国出発ノ命ヲ膺ク是ヨリ前キ十一年十月漢学専門研習ノ命ヲ受ケ十二年一月清国使署在学ヲ命セラレ公使何如璋参賛官黄遵憲副使張斯桂氏等ニ就キ学術并ニ語言ヲ修ム是ニ至リ四年ヲ閲シ何氏任満チ帰国スルニ会シ遂ニ留学ヲ決ス出発ニ臨ミ故得能局長訓誡シテ曰ク日清聯交ノ必須ハ言ヲ俟タス然レトモ彼邦風土事情ニ熟達シ能ク終始ヲ通観スルニ非ラサレハ安ソ聯交ヲ得ン所謂ル事ハ人ニ由テ立チ人ハ事ニ由テ顕ル汝此行善ク余意ヲ体シ鞠育ノ労ヲ虚フスル勿レト三月一日何氏ト横浜ヲ発シ上海ヲ経テ広東潮州府ニ至リ嘉応州恵州等粤東諸郡ヲ巡歴ス七月広東ヲ発シ厦門芝罘ヲ航経シテ天津ニ至リ八月北京ニ達ス爾後何氏ニ従ヒ制度掌故学ヲ治ム十六年十一月何氏船政大臣ニ転シ福建ニ赴ク於是内地事情ヲ視察シ貧富饒否ヲ考求セントシ独身北京ヲ発シ直隷山西陝西河南湖広江蘇浙江福建各省ヲ巡歴シテ福州ニ達ス時ニ十七年五月ナリ此行最モ実験ニ有益ナリ福州ニ至ルヤ清仏安南紛議方ニ劇シク仏艦馬尾ニ入泊シ勢ヒ孤城ニ嬰守スル如シ八月廿三日清仏開戦シ躬歴目撃セリ十月何氏解職南帰ス於是浙江杭州府ニ赴キ兪樾大史ニ従学ス氏ハ当今碩学門下ノ士数千ニ下ラス昼夜研習専ラ学術ヲ治メ交游ヲ広クシ位置ヲ高尚ニシ受益最モ博シ……」（傍点引用者）。以後、楢原は八五年末より翌春にかけて製紙業を視察し、「清国製紙取調巡回日記」（『支那製紙業』、東京・誠心堂、一九三四年、所収）を書き、八七年七月帰朝、外務省翻訳試補、第一高等中学校教務嘱託となり、那珂通世のあとを継いで「支那学」を講義し、八八年、前述の『禹域通纂』上下二巻を著わした。当時の清国の法制・経済・社会など全般にわたって述べた二千余頁の大著。今日、近代中国研究にとって、清末社会の実態を伝える古典的著作として高く評価される。時に二七歳であった。九〇年、英国公使館書記生として赴任、翌年、辞職してエディンバラ大学に入学。九五年（明治二八年）一月、外務省に帰任、下関講和会議に通訳を勤め、九月、一等通訳官として北京公使館勤務。九八年本省勤務、伊藤博文に随行して清国・朝鮮視察、さらに華中南を視察して『清国商況視察復命書』を執筆。九九年、台湾銀行の設立に携り、一一月、公使西徳二郎に随って北京に赴任。翌一九〇〇年（明治三三年）義和団事変のため北京籠城の際、七月一一日、左脚に戦傷、破傷風によって二三日未明没した。三九歳。前途を嘱望されながら若くして死んだこの楢原の生涯とその思想については、米沢秀夫氏に「楢原陳政」（同氏著『江南雑記』、上海・内山書店、一九四四年、七八—九六頁）があり、米沢氏は近く稿を改めて発表されるという。[1]

関口隆正——一八五六年（安政三年）清水礫州の末子として江戸牛込に生まる。幼名玙四郎、のち夢界と号す。祖父は兵学者清水赤城、叔父に大橋訥菴がある。幼にして兄清水蟠山および村田廉窩に業を受け、のち安井息軒、大橋陶菴について経学を修め、七六年（明治九年）中村知常の養子となる。七九年、岡松甕谷（岡松参太郎の父）の門に遊ぶ（同じころ、中江兆民が甕谷の紹成書院に通っていた）。司法省試に応じ、翌年司法省法学生徒、八一年法学生徒を免ぜられ、元老院議官関口隆吉の養子となる。八三年、岡松の紹成書院の幹事。そして翌八四年五月、上海に遊学する。（以上は隆正の長男である元朝日新聞論説委員・横浜市大学長、故関口泰の編した『夢界遺文』所収の自撰年譜に拠る）。

この渡清の時の事情を関口隆正『関口隆吉伝』(一九三八年)(一二七頁)は次のように記している。「〔明治〕十七年……五月、隆正ヲ支那ニ遣ル。……既ニシテ隆正ニ謂テ曰ク、余ノ汝ニ命ジ先ヅ支那ニ遊ビ次デ欧米ニ及ボサシムル所以ノ者、特ニ深意アッテ存ス。天下大ニ定マリ吾亦老タリ。然レドモ今ヨリ後憂フベキ者即チ清国ノミ。苟モ相和セザレバ則チ国勢危シ。汝夫レ能クコレヲ記セ。〈三月、先人密ニ不肖ヲ召シテ曰ク、汝海外ニ留学スルカ。不肖大ニ喜デ曰ク、謹デ諾セン。曰ク、余年ニ千円ヲ与ヘン。故ニ先ヅ支那ニ遊ビ、能ク其内情ヲ採《ママ》ルベシ。居ルコト一二年ニシテ、後一タビ欧米ヲ周遊スベシ。……而シテ陽ニハ専ラ文学ヲ修ムルヲ以テセヨト。……五月ニ至リ愈々公然ト願ヒ出タリ。一日、先人元老院ヨリ帰リ、曰ク、或人汝ノ支那行ヲ聞キ大ニ其迂ヲ笑フ。余曰ク、彼少ク漢学ヲ知ル故ニ彼ヲシテ真ノ漢学ヲ修メシメント欲スルノミ。或人曰ク、……抑モ私費ヲ以テ支那ニ留学セシムルハ、猶金ヲ溝中ニ投ズルガ如シ。苟モ然セズ、先ヅ欧米ニ遊学セシメバ、其費少ク其益多シ。況ンヤ官途ニ上ル亦易々ナリ。先人曰ク、全ク余ノ道楽ナリト〉。後一貴顕(後述の『陳子徳の伝話』によれば、この貴顕は伊藤博文——引用者註)アリ。君ノ清貧ヲ知ル。隆正ヲ以テ官費生ト為スヲ謀ル。君辞シテ曰ク、彼ノ支那ニ在ル未ダ一年ナラズ。吾其家国ニ益アルヤ否ヤヲ知ラズ。敢テ辞スト。当二是時一、上下交モ東洋国勢ヲ知ラザルベカラザルヲ知リ、初テ君ノ先見ニ服ス者アリト云。」(〈 〉内は割註、傍点引用者)。藩閥政府を批判してほとんど官途に就かず、生涯をアウトサイダーとして過し、みずからその墓誌に「磊落不羈。以侠儒自任。再従軍于満洲。一奉職于台湾。終不得其志也。」(『夢界遺文』巻二)と撰した関口隆正の中国をめぐる思想と行動とについて考察することは、別の機会に期したい。

楢原と関口とが初めて上海の楢原の旅寓に会った日のことを、後年、関口は、幼くして父を喪った楢原の遺児良一郎のために贈った手稿『陳子徳の伝話』(一九二一年〔大正一〇年〕執筆。陳子徳とは楢原の中国名。この手稿はその写真が米沢秀夫氏によって保存されている)のなかで、次のように記している。

……何如璋が船政大臣と為り福州馬尾へ赴任した。子徳も恩師を尋ねて福州へ往て居た処が清仏事件が始まつて和議決裂して仏将クルベーが馬尾を砲撃して軍艦揚武号を撃沈し船廠を焼打した。何如璋は此山の裏より遁げ出した。子徳もアタフタと一所になり、皷山を経て陸路を北走することに為つたが、何如璋は汝は蘇州の師家へ往け、自分は外に隠れ他日復いづれの地にてか再会せんと涙を払つて泣別れたのである。……／さて余が初めて子徳に会見したは十七年の暮か十八年の春か今では確かの記憶は無いが[2]……互ひに肝胆を吐露し終に一夜をシヤベリ明かし、此時余が子徳の方針を誤らざらしめしより子徳は余を徳として我に兄事し、此後は事の大小と無く都て余に相談をしたのである。其秘密事件は今日では或一部の生存者は知つて居らふが清仏開戦に乗じて支那の或地方を占領せんとする陰謀である。先づ其首領は上海駐在の海軍大尉曾根俊虎、福州留学生の沢八郎、是は偽名で本名は仁礼敬之[3]といふ鹿児島人、芝罘の領事東次郎即ち熊谷直亮の姉壻、米沢か山形の人、尚ほ其総大将ともいふべきは扶桑艦長松村少将[4]で、糧に敵に依るでは無いが兵隊も兵器も皆な敵に依る手段であつて、其檄文は子徳が作つたのである。極秘也と余に示し、一応読んでから、余は此暴挙は宜しく無い。恰も我邦戦国時代の倭寇式であると詰れば、子徳はイヤ政府の内意だそうだ。果して内意であるならば、余は極ゝ密々でおやぢの処へそれと無く聞合はせる。明後日は郵便船の出航日で、余は毎便見聞する所を一週間宛まとめて郵送するから、其内に書き加へておく。左様するとおやぢから夫に対して必ず指教してよこす。其の返事に因て君は去就を定めるがよかろう。君は元来得能局長から命ぜら［れ］た事があるのだ。然るに今目的を達すればよし達せざれば日本の亡命者と称し兼て見付けて置た《ママ》無人島へ立籠るとかいふは、決して今日の日本政府の取るべき道ではあるまい。且つ戦争をするに先きだつてにげこみ場所を探して置くなどは戦はざる前に既に負けて居ると説破すれば、子徳も成程と気がつくと急に怖しくなり、どうしたら宜かろうか、曾根の処へ往かねばならぬがと大に心配し始めた。

余はソンナに心配には及ばない。君は曲園先生の処へ帰れば宜い。今より三四週間たてばきつとおやぢから何とか言ふてくるから、其時余は通信する。其通信を受取る迄は決してモー蘇州を離れてはならぬ。君は性来真正直の人だ。おまけに支那ばかりに居て偶に東京日々新聞位読んでゝは我邦人士の事はわからない。余の如きも能く人のお先棒につかはれたが、君の話を能く聞て見るとどうもお先棒につかはれて居るやうだ。学者は学者を以て誑し、君子は君子に拠つて欺く。欺くに其道を以てすれば聖人もやられるでは無いか。」子徳は起立し支那式に余に向つて拝謝し、誠に難有ございましたといふ。」余は笑つて、何だ馬鹿〳〵敷ことをし玉ふな。どうも得能局長が君を支那によこしたも、おやぢが余を此に游学させたも同じ国家に対する真の忠義だと考へるとナカ〳〵御同様のからだは自分の物として扱はれないやうだ。」子徳は尤もだといひ、就てはいつ立とうか。」一日も早いが宜いが、余りキヨト〳〵して人に悟られるといかぬから、いつでも其時機を計つて蘇州に帰るに限る。」併し君の寓居にも答礼しなければならない。」ソンナ支那式はやめ玉へ。本願寺へも岸田〔吟香――引用者註〕の処へもマダゆかぬか。」ゆかぬ。」ゆかねば幸ひだ。ドコへも顔を出さずに帰るがよい。……一二日の後、子徳は夜船で蘇州へ帰つたと聞て安心した。」前述の檄文の草稿も反古紙の中に在るかも知れない。それとも焼棄たか、其後余は見なかつた。／是より先き品川忠道はやめられて安藤太郎が領事に為つて来た。……余が呉翁〔上海総領事館書記生呉碩――引用者註〕に兼ねて頼んでおいた領事館所蔵の支那外交始末秘書を通閲する目的は此際に達した。此書は美濃紙に認めた大冊凡そ三四十冊あつて、明治二年か三年から支那と交渉の事件が細大洩さず載せてあるのだ。素より門外に出すを許さない処から、呉翁の周旋で余は壱ケ月銀拾弗の傭ひに為り、出勤して申報、滬報の清仏事件に関する翻訳をし、少きは二三行多きは十数行の仕事が済めば、此交渉始末を読み其要点を抄録した。ソコで余は我外交の支那に対しては一向国威も何もあつた者で無い事を知ると同時に、副島大使のエラヒ事も悟つた。東京に居る時分に元老院で出版した大久保大使の使清始末記も読んだが、あれも体裁のいゝとこ丈でかいたのだ。彼書を能く読めばわかるが、いはゞ我々の家に乞食などが銭をねだりに来るとき議論理窟《ママ》は兎も角も銭をやつて早く追かへすといふに似ておるのだ。余は此時ツク〴〵真の国力が充実せねば外交はダメと思つた。英米露仏の支那外交のヅウ〳〵しいにも驚いた。彼是考へれば愈よ無謀な倭寇式の事は我国に害するとも決して益でないと悟つたのである。併し素人の我々でも支那の軍隊を見、支那の土地を踏むと、一ト戦して取て見たくなる。況してや海陸軍人の探偵して歩く者が垂涎三尺するは無理がないとも思つた。／子徳が蘇州へ帰つた後はくるは〳〵内地から種々様々の人が。ソコデ本願寺別院は一つの倶楽部の如く、余が別院に於て面会し懇意になつた者で今も記憶して居るは、時事新報の本多孫四郎、自由党の大内義英、樽井藤吉、栗原亮一、……其内に東洋学館といふ者を設けた。是は栗原が願出たのだ。此時余を尋ねて添書を出した者は、……／田村武治　静岡県清水港竜華寺付近に居る。この田村は当時ナカ〳〵の過激家であつたから一つ福州へ往て見ないかと慫慂《ス、メル》と、夫は面白かろう。就ては其見聞する所を一々通信してくれと頼んだ。熊谷はおれは芝罘へ往て見ると出掛けた。スルト一ト月たつかたゝぬ内に田村から手紙が来て、「親急病ニテ死ス」の電報を寄してくれ。左も無れば自分の身が危険だとの事であるから、最《早?》速打電して呼び戻して聞て見ると、田村は深く沢八郎の信任を博したが、到底アンナ仕事ではダメだと段々委しく話を聞き、余は内心では子徳をにがしたは慥かによかつたと思つたが、併し田村は変心の為め曾根にニラマレては上海に居ると危険だから早く米国へ往き度からドウカしてくれとの頼みであつた。……故に福州事件の顚末を聞きたければ此田村を尋ねて見てはどうか。」此事あつての後に、おやぢから竹添公使が朝鮮に於ての進退去就の誤りしを論じて寄こし、又決してソンナ事に関係《福州挙兵》してはならぬ。汝は汝に命じた事丈を研究して居ればよい。全然政府の内意などゝは虚構であるとあつた。此点と田村の事は子徳に内報した。／或日領事館に出勤して居ると陸軍参謀本部より駐紮大尉島弘毅といふ人が来た。兼ねて見知りだから一礼した。スルト今一人がついて来て、余をジロリと瞥見して領事の方へ往つた。余は心の中でヘンナ奴と心に思つて居た。暫らくすると呉翁はチヨツトと自分の宿舎へ余をつれて入つた。書記生の宿舎は領事館内に在るのだ。時に呉翁は井上は今どこに居るか御存知ですかと聞くから、余は先づ何の為めですと詰ると、今池田大尉が北京から来たのですが少し用談があるとかで。」島さんと同役ですか、同意見ですか。」勿論同意見です。」此の質問は、島弘毅といふ人は曾根大尉とは意見を異にして居ると聞て居つたからだ。」因て余は始めて井上は蘇州に居るでせう。」呉翁は大に悦んで、難有、一寸伺ひ度はそれ丈です。」アチラへ参りませうと、又共に館内の事務室に余は帰つて来た。今度は島、池田両大尉は丁寧に余に挨拶して出行き、……後に聞けば、池田大尉はとうに子徳の蘇州で勉強して居ることを知り、其此に至つたは関口の意見に基くと子徳の口から洩したのだろうとの事であつた。……（傍点引用者）

のち、前途洋々の外務官僚となった謹直な、しかも「政府の内意」と聞いて事件に不用意に――あるいは、まことに自然に――参加し、檄文さえ書かされた秀才青年楢原と、みずから侠儒をもって任じ、「終に其の志を得ず」といわざるを得ない生涯を歩んだ関口との、若き日の対坐のありさまが彷彿させられるであろう。

だが、それにしても、明治初期、清国に渡って、「英米露仏の支那外交のヅウ〳〵しいにも驚」き、「ツク〴〵真の国力が充実せねば外交はダメと思」い、「我外交の支那に対しては一向国威も何もあつた者で無い事」を批判し、この時点で、「苟モ相和セザレバ則チ国勢危シ」という養父の訓えにそって、福州組事件の非を適切に衝くことのできた関口は、こののち、アジアのなかの日本の「真の国力」をどのようなものとしてとらえ、その生涯をどのように生きてゆくことになるのであろうか。それは、日本人のアジア観の歴史を考えるうえに興味深い問題であるが、いまはただ、楢原と対面した日のこの関口の考え方を、後日、関口の思想と行動とについて調べるための出発点に、設定するにとどめる。

事件の結末　ところで、「志士」たちが画策した事件の真相はどのようなものであり、それはいかなる結末を遂げたであろうか。これについてもっとも詳しく語っているものは、さきの白井新太郎「南部次郎政図之伝」（『記伝』下巻、一三六八頁以下）である。

……此時に当り清国は仏国の寇を防ぐに急なり。其南洋水師の如きは一撃せられて全く殲きたり。仏将クールベイは又澎湖島を取りて之に拠り、将に北上して以て天津を衝かんとす。次郎曰く、清国を改造するは蓋し此の秋にあり。清廷は内顧に暇あらずして革命軍の起るに便なるが為めなり。而して革命軍は宜しく諸外国と交渉して友誼を保ち、決して毫も干渉を受くるなかるべしと。日夜新太郎等と革命の方策を講究せり。海軍大尉曾根俊虎は上海に、陸軍中尉小沢豁郎は福州に駐在し、亦皆清国を改造するに志あり。俊虎は豁郎が兵を挙げんとするを見て遅疑決せず、豁郎怒りて俊虎と謀らず。而して次郎に書を寄せて曰く、我将に兵を福州に挙げんとす。足下も亦貴地に起て。南北相応じて掎角せば則ち清国は得て覆すべきなりと。蓋し豁郎は予て次郎の人となりを聞き居たるを以て突として挙兵の事を勧めたるなり。次郎新太郎に告げて曰く、豁郎は好漢与に事を謀るべしと雖も未だ挙兵の実如何を審にせず。子往きて之を視よ。可なれば則ち之を諾し、不可なれば則ち止め、軽挙以て大事を誤るなからしめよ。要は其兵備果して能く具はるや否やに在りと。新太郎命を受け、往きて上海に到れば、偶ゝ陸軍中尉柴五郎と相会ふ。五郎は新太郎を疑ひて豁郎の党となすもの丶如し。新太郎之を察し、説くに軽挙の不可を以てせしかば、五郎大に喜び之を陸軍少佐島弘毅に告ぐ。弘毅は即ち上海に在りて豁郎等を監督するものなり。因りて新太郎を招き嘱するに柴と与に豁郎を諫むるを以てす。新太郎を諾し遂に柴中尉と共に福州に赴けり[5]。和泉邦彦、樽井藤吉等数人亦皆同船之に赴く。蓋し皆豁郎の檄に応じて来る者なり。豁郎は一行を歓迎して意気大に昂る。柴中尉先づ谿郎を見て告げて曰く、参謀本部は軍艦を派して君を捕へんと擬す。警視庁も亦君の挙に加はる者を検し、或は東京に於て之を捕へ、或は長崎に於て之を捕へたり。其の来り投ずる者は幾くもなし、則ち兵を挙ぐると雖も何の勝算かあらんと。固く谿郎を諫む。谿郎聴かず、尚ほ兵を挙げんと欲す。乃ち新太郎等を延き戸を閉ぢて議を開く。谿郎曰く、輪船二艘は泊して閩江に在り、此れ取りて以て我用に当つべし。又米数百石は貯へて某山寺に在り、此れ取りて以て我食に当つべし。而して清兵中哥老会員の混入せる者あり、多く私に我と相約す。我れ一度起たば彼等皆内より起り以て我に応ぜん、此れ亦取りて以て我が兵に当つべし。我れ閩江の戦を睹るに既に清兵の能く為すなきを知る。一呼して起たば即ち十八省を席巻するは疾風の枯葉を捲くが如くなること必せりと。新太郎曰く、然らず、苟も貴説の如くんば此れ即ち客を以て主と為し、無を以て有と為す者、皆不可なり。且つ清国を改造せんと欲せば清人を主と為し我れ客となりて之を扶くるに如くはなし。是れ道の順にして策の得たる者なり。哥老会の領袖果して君と盟約するあらば則ち彼等をして先づ起たしめ、然る後我れ之に応じて可なりと。谿郎曰く、彼等主と為すに足らず、且つ我れ先づ起たずんば則ち彼等も亦起たずと。新太郎笑ひて曰く、此の如きの輩は何ぞ与に大事を謀るに足らん。君必ず中止して以て時機を待てと。邦彦等亦中止説を取れり。是に於て谿郎始めて衆に告ぐるに大事の中止を以てし、且つ新太郎に告げて曰く、官は我れを捕へんと欲す。亡げて東氏の許に至らば請ふ匿して之を舎せよと。新太郎之を諾す。是に於て衆皆散じ去れり。／新太郎芝罘に帰て復命す。次郎之を聞きて其の中止を称し、且つ私に谿郎の亡命を匿すを諾す。幾くもなくして陸軍大尉福島安正、北京公使館より来りて芝罘領事館に宿す。次郎告ぐるに谿郎の事を以てし、且つ大尉に嘱して参謀本部の特に之を寛仮せんことを請はしむ。本部乃ち谿郎を香港に転任せしめて事止みたり。／此年（事件が一八八四年秋のことであったにかかわらず、小沢の香港転任が翌八五年であったため、伊藤大使の清国派遣という八五年の事実を、「此年」として記したものであろう――引用者註）、伊藤大使、西郷副使と倶に軍艦に乗り来りて芝罘に泊し、将に北京に赴き以て清国の罪を問はんとす。清兵の韓国京城に在る者我が守備兵と開戦したるが故なり。清国は仏国と交戦中なるに今又我れと開戦せば則ち腹背敵を受くるの地に立つ者、加ふるに国内叛徒の潜伏多きを以し国勢愈〻危し。然るに仏国は既に遠征に倦みて和を議するに意あり、未だ其機を得ずして荏苒日を送れり。適〻日清の開議を見るや直に清国と和せり。我国も亦和して退きたり。所謂天津条約是れなり。是に於て清国は自大自尊し、列国亦清国に畏れ、而して革命党も亦皆潜伏せり。金子弥平、伊集院兼良、及び曾根俊虎等皆曰く、清国の大勢既に定まれり。革命は復た望むべからずと。（傍点引用者）

さきに、関口隆吉（明治一七年九月二七日付をもって静岡県令に転じていた）が、朝鮮において竹添公使が進退去就を誤ったことを挙げて、福州組事件を論じている事実を紹介したが、右に見られるように、現職の芝罘領事がこの事件に関与し、しかも、事の是非によってではなく、準備の如何によってその可否を論じている事実は、未発のうちに終ったとはいえ、甲申事変直前にたくらまれた福州組事件の性格や意義を知るうえに、重要であろう。

なお、右に曾根が遅疑決せず、遂に小沢と謀をともになし得なかったという事実は、事件の目標とも関連して重要な意味をもっていたものと思われる。曾根は、福州の戦後ただちにその状況視察のため該地に赴き、九月一八日に上海に戻っているから[6]、この間、福州において小沢と直接交渉をもったと推定されるが、この曾根について、『回顧録』下巻（二九九頁）は、

福州の挙事は種々に伝へられ真相を捕捉するに苦しむが、或は哥老会と結んで清兵を攻め、之を降して後ち仏国に当らんとしたと称し、或は仏兵と結んで積弱の支那を倒し四百州の政権を握らんとし、更に又哥老会と結んで清仏戦争の紛乱裡に革命を実施せんとしたものであつたともいふ。而して君は第一の部類に在つたらしい。

といっている。右の三種のすべてが清兵を攻めることにおいて共通していることは、この分類の注目すべき点である

が、そのうち第一の部類に属して、曾根がフランスの侵略に敏感だったらしいことは、次の事実によって推測される。すなわち、曾根は、福州より帰って直後の九月一九日、『郵便報知』の特派通信員尾崎行雄に対し、現地の清軍の敗績について「其状ノ悲惨ナル人ヲシテ坐ロニ涕涙ヲ催サシム」と語っており、(7)この福州組事件を経験したのちに著わした『法越交兵記』にも、その序文に、「嗚呼、欧人の以て亜人を奴隷視するや久しいかな。今甚しきは之を雞犬視し、之を馬牛視するに至る。屈辱凌侮、至らざる所無し。豈痛心疾首せざる可けんや。余狂愚と雖ども、実に其の凌侮を甘受する能はず。意将さに以て其の勢を折き、其の燄を滅す有らんとす。他計無し。維だ亜州の諸邦を連合し、患難相救ひ、緩急相接せんのみ。」（本書の原文は、『大東合邦論』同様、朝鮮人・中国人にも読まれることを意図して、漢文で書かれている）といい、かつ、前述のように、ベトナムの衰亡を悲しんでいるのである。また、一八八六年（明治一九年）外交官に転じようと望んで伊藤首相に抱負を陳べた「奉総理大臣伊藤伯閣下書」のなかでも、曾根は次のようにいっている。(8)

……夫レ本邦人ノ清国人ヲ見ルハ欧米人ヲ見ルトハ大ニ異ナリ之ヲ牛豚視シテ軽蔑ヲ加フルヲ以テ、清国人モ亦本邦人ヲ軽蔑シテ仮鬼子ト呼ブニ至リヌ。……彼ノ新聞紙ヲ閲スルニ日本ハ朝鮮ヲ併呑シテ竟ニ満洲ヲ窺フ等ノ事ヲ鋭意極言スルガ故ニ、満清ノ輿論ハ本邦ヲ信用シテ良友トスルニ至ラズ。夫レ如此両国ノ人民ハ互ニ和睦ヲ失ヒ、相軽蔑スルノ原因ハ果シテ何ニ在ルヤ。我政府ハ明治維新ヨリ近年ニ至ル迄、清国ニ対スルノ処置（台湾琉球事件等）ハ彼ヲ侮ルノ心ナキモ其形アルヲ免レズ。我已ニ彼ヲ侮レバ彼モ亦我ヲ侮ル若シ侮ヲ得ザレバ則チ怒リ、且怨ム。嗚呼積怨深怒何ノ日カ泄レザランヤ。……／嗚呼今日亜細亜ノ気運ハ五百年前ノ反ニ出デ、実ニ困難ノ地位ニ立ツ者ナリ。弱肉強食ノ世界トハ云へ、閣下ノ知ラルル如ク印度及ビ緬甸香港ハ英国ニ、安南馬島等ハ仏国ニ、満洲北部ハ俄国ニ併呑蚕食セラレタリ。其他西南ハ土爾其、波斯、亜非汗諸国ノ如キ、名ハ独立ナルモ皆白皙人ノ指揮ヲ奉ゼザルナク、又朝鮮ノ如キハ幸ニ日清ノ間ニ在ルヲ以テ未ダ英俄ノ搏噬スル所トナラズト雖ドモ、英ハ既ニ其巨文島ニ拠リ俄モ亦密約ノ説アリ。／故ニ本邦ハ益ゝ欧米ト親密ノ交際ヲ要スルノミナラズ、最モ清国ノ交際ヲ親密ニシ、清国ヲシテ我ニ於ケル猜忌ノ念ヲ絶滅セシメザル可ラズ。何ントナレバ清国モ十年ノ後ニ至レバ必ズ陸海軍ヲ強盛ニシテ、礦山ヲ開キ鉄路ヲ設ケ民ノ情モ政府ノ勢モ、自ラ今日ノ景況ト反対シテ往事ヲ回顧シ、報怨雪恥（台湾ノ事琉球ノ事）ノ挙ヲ謀ラントスル者アルモ知ル可カラズ。則チ宜ク有志者ヲ清国ニ派遣シ、一ニハ彼ノ歓心ヲ結ビ、二ニハ動静ヲ視察セシムベシ。……／或ハ俊虎ハ久シク清国ニ在テ探偵家ノ名アルヲ以テ、領事官ニ不適任ナルヲイフ者アラン。然レドモ是固ヨリ余ト合セザル者ノ言ニシテ其一ヲ知リ其二ヲ知ラザル者ナリ。何トナレバ余ハ探偵家ノ名アルヨリハ却テ興亜家ノ名ヲ以テ清国人ニ知ラレタリ……故ニ仏艦福州砲撃ノ際ニ、同地ノ道台方盛勲ハ密使ヲ以テ余ヲ招キ、同地ノ参謀官ニ充テン事ヲ請求シタリ。時ニ扶桑艦ノ来泊ニ会シ申江（黄浦江。ここでは上海を指す――引用者註）ヲ離ル、能ハザルヲ以テ之ヲ辞シタリ（此事未ダ曾テ他人ニ一言セズ）……

ここには、アジアの立たされている困難を憂え、清国の発展を予想し、これとの親密な交際を想い、仏艦の福州砲撃に際しては、事情の許す限り清軍援助に赴きかねなかった曾根の心情が切言されている。したがって、一方でフランス兵に「ビクトワール」と呼びかけ、他方、目標も不明確なままに清国を「革正」ないし「席巻」せんとした小沢らの動きとはおのずから異なった立場に、曾根は在ったのであろう。しかも、この曾根がなにがしか事件に関与していたことは、さきの関口の手稿によって明らかであり、この策謀を中止せしめた柴やその背後の島といえども、「時機」に異論こそあれ、本質的には、小沢同様、清国に対して「事あらんとす」る「志士」であったことは、見のがしてはならないであろう。なお、小沢、曾根、末広、関口らそれぞれの中国観の位置づけについては、のちにあらためて考えたい。

ところで、関口隆正は、このような「暴挙」を評して、「支那ばかりに居て偶に東京日々新聞位読んで丶は我邦人士の事はわからない」といいながらも、他方、「併し素人の我々でも支那の軍隊を見、支那の土地を踏むと、一ト戦して取て見たくなる。況してや海陸軍人の探偵して歩く者が垂涎三尺するは無理がないとも思った」と、現地の日本人の気持を伝えているが、こうした現地の空気の背後で、それでは、日本の世論はどのような動きを示しつつあったであろうか。反藩閥的立場からにせよ、ここで『東京日々』を挙げるうらに暗に対照させられていると思われる民権派諸新聞の論説には、『東京日々』その他のいわゆる御用新聞の論調とどのような差異が認められるであろうか。しかも、民権派は民権派なりに、その中国観に、推転する動向が見られないだろうか。次に、それを概観してみたい。

註

（1）なお、田中正俊「『禹域通纂』と『西行日記』」（『岩井博士古稀記念典籍論集』、一九六三年、所収《本書所収》）参照。

（2）註（3）に見られるように、楢原は明治一七年一〇月一〇日に福州から上海に帰着し、また、『朝野新聞』（明治一七・一一・二二）の一一月一四日発の上海通信に、「井上陳政氏は福州より帰り上海に在りしが、此ごろ杭州（実は蘇州？――引用者註）に向て出立せり」とあるから、両人の初めて会ったのは、右の間であろう。なお、これによって、福州における画策が一〇月一〇日以前のことであったことは明らかである。

（3）小沢豁郎は、彼が工兵中尉に任ぜられた明治一七年七月一日付の辞令（『官報』明治一七・八・九）に徴して、その実名であることは明らかである。彼は、あるいは「沢八郎」（小沢豁郎の誤りでなければ）なる偽名を使ったかも知れぬ。しかし、実在の仁礼が「沢」なる偽名を使ったかどうか、「仁礼敬之」が小沢の偽名であるかどうか、いま明らかでない。一方で、『回顧録』上巻（六七五頁）によれば、明治一五年、興亜会支那語学校が文部省直轄の外国語学校に合併した際、転校した学生に仁礼景之が実在し、他方、『朝野新聞』（明治一七・一〇・二三）の「十月十五日上海発、吟道人報」によれば、「曽て福州に遊学せし鹿児島人仁礼敬三○ならびに馬尾の造船局に在りし東京人井上陳政の両人と外に書生二人は去る十日に上海まで帰り来れり。聞く、仁礼氏は去月《先々?》二十四日（馬尾大戦第二日）に或る西洋人と共に小汽船に乗りて、昨日の戦場の景況を見んと福州省城より閩江を下りて鼓山下に至り、林浦を過ぎて造船局の前に到り見しに……夫より羅星塔の陰に到り英船に上りて暫く休みたりしが……」とあって、この「仁礼敬三」の馬尾大戦第二日における行動は、さきの「手記」に窺われる小沢の行動とほぼ一致するからである。なお、当時、清仏戦争の実地視察のため派遣された海軍軍人に「仁礼少尉」があった（『郵便報知』明治一七・九・二九）。

（4）　当時、扶桑艦長は伊東祐亨大佐であり、松村淳蔵少将は扶桑搭乗の派遣艦隊司令であった。参謀本部その他の動きから見て、松村がこの事件に参画していたとは思われないが、『朝野新聞』（明治一七・一〇・一八）によれば、一六日夜、上海の松村から川村海軍卿へ宛てた「余程長文の暗号電信」が到着したというから、あるいは松村が事件について報告したものであったかも知れない。

（5）　柴五郎は一八八四年（明治一七年）一〇月、福州に着いている（『回顧録』下巻、三一七頁）。

（6）　『朝野新聞』（明治一七・一〇・四）の上海通信、および『郵便報知』（明治一七・一一・五）所載の尾崎行雄「遊清記」（『尾崎咢堂全集』三巻、二五五頁）。

（7）　前掲『郵便報知』（明治一七・一一・五）。

（8）　『回顧録』下巻所収（三〇一頁以下）。

【編集者附記】　原載は『思想』五一二号、一九六七年二月。原載論文には附記として、「米沢秀夫氏および関口隆正の遺族関口久能氏は、筆者のため貴重な史料を貸与された。記して深謝する。引用史料中、変体がなの類は現行のかなに改め、漢字は当用漢字を用いた。」との一文がある。

5　清仏戦争と日本の帝政党系新聞の論調

一　はじめに

第三共和政の初期、金融資本を背景とする植民帝国膨脹論と、その実践とによって植民政策の父と呼ばれるJ・F・C・フェリーが第二次内閣を組閣した一八八三年、ベトナムを目標に、フランスがアジア侵略をいっそう積極化しはじめると、時あたかも帝国主義段階に達していた列強の侵入のもとで、東南アジア・東アジアは、帝国主義によって性格づけられる近代世界史のなかに、いよいよ組み込まれるにいたった。

こうした趨勢の一つの到達点として、一八八四年の清仏戦争は、次のような歴史的意義をもって位置づけられるであろう。

すなわち、一九世紀半ばのアヘン戦争・南京条約以降、列強資本主義が構築しつつあった世界経済循環構造の世界史的な規定性――原料資源の収奪と資本制商品市場の開拓とのための「後進」諸民族に対する従属の強制、またそのための軍事力の行使――のもとで、東アジアの諸民族がそれぞれに歩んでいた「近代化」――世界資本主義への従属の深化、あるいはそれ故に自国・自民族の経済のブルジョワ化と民族の独立、および近代国家の形成のための闘い――の過程で、清仏戦争は、ベトナムなどの東南アジア、中国・朝鮮・日本などの東アジアに対して、帝国主義――

再分割を含む植民地の拡張、資本の投下――の侵略が開始されるという、世界史的条件が新たに加わる画期ともなったのであった。

従来、必ずしもその意義が十分に評価されていたとは言いがたいが、以上のような意味で、清仏戦争は、東アジア近代史にとって、したがって日本近代史にとって、画期的な世界史的意義をもつものであった、と言わなければならない。

私は、かつて「東アジア近代史への視点」[1]（堀米庸三編『歴史学のすすめ』筑摩書房、一九七三年、所収）および「辛亥革命前中国経済的半植民地性和日中関係」[2]（『紀念辛亥革命七十周年学術討論会論文集』下、中華書局、一九八三年、所収）において、清仏戦争における一八八四年八月の清国艦隊の壊滅を契機として、福沢諭吉とその周辺の人々、および『時事新報』の主張する国権論的な言論が、このような事態に直面することを通じ、中国・朝鮮をはじめ東アジアの諸民族を対象とする「脱亜論」に向って旋回するにいたったことを論じた。

その際、強調したことは、ここにいう「脱亜論」が、我国において従来しばしばこれに対して与えられてきた安易な評価、すなわち、単に、対外的には「脱亜」、対内的には「入欧」の「脱亜入欧論」と称せられるごとき、それぞれ別個の二つの部分から成るものではなく、近代東アジアの諸民族にとって、したがって近代の日本人にとって、それは、そのもの自体、全体として「侵亜論」に他ならぬという点であった。

いま、これを、「入欧」に即して言えば、「入欧」こそはまさに、対外的には、欧米列強に倣い、彼らのアジア侵略に従属的に追随するかたちで、みずからも「侵亜」することを意味したのであり、したがって、「脱亜」とは、文字どおりの「アジアからの離脱」ではなく、「入欧」を固有の媒介とする、欧米列強廻りの「アジアへの侵略」であった、という事実が見逃されてはならないのである。

それでは、福沢らとその『時事新報』以外のいわば一般世論の動向は如何であったであろうか。ここでは、清仏戦争期の新聞記事における、主として中国を対象とするアジア観に限って、なにがしかの補足を試みたい。

二　帝政党系新聞の論調に見られる清仏戦争

前述のように、私は、前掲の二論稿において、「不偏不党をモットーとし、官民調和して東洋政策に乗出すべきことを主張した」[3]明治一五年（一八八二）創刊の『時事新報』を採り上げたが、清仏戦争当時、他に、主権在君、欽定憲法を主張する帝政党系の『東京日日新聞』・『明治日報』、主権は君民双方にあり、憲法は欽定であるべきことを主張する改進党系の『朝野新聞』・『郵便報知新聞』、主権在民、民約憲法を主張する『自由新聞』などがあった。ここでは、政府当局とほぼ見解を等しくする帝政党系の『東京日日新聞』・『明治日報』について、明治一七年（一八八四）の約一年間における論調の変動をたどることとしたい。なお、記事の引用には、常用漢字を用いた。

A　『東京日日新聞』（以下、『東日』と略称）

（一）　明治一七年三月七、八日（以下、明・一七・三・七、八、のように略記）、社説「局外中立」

（前略）清仏両国ノ開戦ニ当リ我国ハ局外ニ中立スベキ乎将タ一方ニ左袒スベキ乎（中略）現時我国ノ政治論者ノ風トシテ天賦ノ権利ヲ論ジ人生ノ自由ヲ説クガ如キハ其尤モ得意トスル所ナレド如是ノ実際問題ニ至リテハ往々之ヲ不問ニ付シ去リ偶々論及スレバ輙チ局外ニ中立スベシト云フノ大体論ニ過ギズ其ノ中立ノ難易ノ如キハ幾ト顧慮セザルニ似タルハ抑モ何ゾヤ／吾曹ハ原来併略主義ヲ執ル者ニ非ズ我国ハ天与ノ地形ニ於テ併略ニ適当セザルノ国ナリ若シ東洋大陸ニ併略ノ国土ヲ所有セバ我国ノ害トコソナレ利トナラザルハ吾曹ガ熟知スル所タリ（中略）然バ則チ局外ニ中立スルヲ以テ唯一是法トナスベシト雖ドモ清仏ノ交戦ニ中立スルコトハ我ニ取リテハ最モ至難ノコト業タル事ヲ予知セザル可ラズ（中略）交戦国ヲシテ我ガ中立ヲ尊敬セシムルニハ応分ノ力ヲ以テ之ニ

備フベキコトヲ予期セザル可ラザルナリ（中略）我国ニテ時ニ当リテ厳正ノ中立ヲ布告シテ之ヲ実施セバ清国ハ防禦ノ地位ニ在ルヲ以テ日本ノ厳正中立ハ太ダ其ノ利トスル所タル可キモ攻撃ノ戦略ヲ行フノ仏国ニ取リテハ万事ニ其便ヲ欠クヲ以テ其ノ不利ヲ感ズルコト知ルベキナリ然ル時ハ我国厳正ノ中立ハ勢自カラ清国ノ為ニ寛裕中立ヲナスノ状況ヲ来サン歟

右には、日本の立場として、「東洋大陸」に対する侵略主義を否定し、厳正中立を唱えるべしと主張するとともに、民権論者の局外中立論を批判して、局外中立が現実には容易ならざる旨を説いているが、さらに、我国が局外中立の立場をとれば、結果的に清国を利するであろうことを、清国に対し好意的な立場から述べているように見える。

（二）明・一七・三・一四、上海特報「福州の防務」（原文ひらがな）

（前略）或る者の説に（中略）今廿営の戦兵あり数多の軍艦ありとも閩防は猶ほ脆弱なるものなりと評せしものあるが此は定めし外人が例の悪評に出でたるものと察せらる。

右には、『東日』が福州の清国軍事力に対し、依然として相当な評価を与えていたことが窺われる。ところが、それより僅か五日後には、ベトナムの北寧（バクニン）における清軍敗北の報を得て、次のように、清国に対する懐疑の念を表明するにいたる。

（三）明・一七・三・一九、社説「清廷ノ国是如何」

（前略）然ルニ去十二日ノ戦況ヲ推察スルニ北寧ハ意外ニ脆ク陥リテ烈シキ防戦モアラザリシハ抑モ如何ナル事態ナリシカ（中略）随分ニ烈シキ戦争ヲ経ルニ非ザレバ北寧ハ仏国ノ手ニ落チザル可シト予想セシニ電音ノ報ズル所ヲ以テスレバ聊カナル抗拒ナカリシトイヒ（中略）果シテ然ラバ前ニ清国ガ兵ヲ北寧ニ繰出セシト云ヒシハ全ク誇大ノ言ナリシカ然ラズバ清兵ハ仏軍ノ未ダ来ラザル前ニ既ニ北寧ヲ引払ヒタルカ或ハ仏軍大挙シテ責（ママ）寄ルヲ視テ風ヲ望ミテ奔潰シタルカノ三者中必ズ其ノ一ニ居ルモノナルベシ

（四）明・一七・五・一六、社説「清仏和議」

吾曹ガ清仏和議ノ電報ニ接シタルハ本月十二日ノ午後ナリキ（中略）要スルニ清国ノ事情ハ之ヲ知ルコト太ダ難ク其ノ国是ノ変化モ亦太ダ測ル可カラザルノ国ナリト雖ドモ今度ノ如キハ其ノ最ナリト云フベシ洵ニ清廷ニシテ仏国ト開戦スルノ不利ナルヲ知ラバ何故ニ初ヨリシテ安南東京ノ地方ニ向テ其ノ虚名ノ宗主権ヲ抛却セザリシ乎何故ニ仏国ヨリ中頃ニ提出セル分領定界ノ議ヲ承諾セザリシ乎其時ニ談判ヲ遂ゲタランニハ今日ノ約ニ比スレバ幾分カ清国ノ利益ト成リタル条モアリシナランニ従ニ恫喝ヲ事トシテ其機ヲ失ヒタルハ吾曹ガ太ダ清国ノ為ニ惜ム所ナリ（中略）今ヤ仏国ト開戦スルニ至ラズシテ止ミタルハ清国ノ為ニ喜《（ママ）》スベキ事ナガラ其仏国ノ為ニ充分ノ権利ヲ占メラレテ更ニ已ニ利スル所ナキハ吾曹ハ清国ノ為ニ之ヲ悲シマザルヲ得ザル也

右には、インドシナ半島における事態を日本と関わるアジアの問題として考える発想は未だ見られず、また、清国のベトナムに対する宗主権を虚名とする認識が窺われる。その点では、一見、危機感をともなわぬ第三者的見解と見ることもできよう。しかしながら、次の論説に見られるように、条約の実態を知るに及んで、清国の外交的対応をその「慣手段」と評して、「東洋ノ大勢」の観点から批判するという論調を示しはじめている。

（五）明・一七・五・三一、社説「清仏条約　昨日ノ続」

（前略）北京ノ朝廷ニテモ仏国ハ安南ヲコソ征略シタレマサカニ清国ニ向テハ兵力ヲ以テ償金ヲ要求スル迄ノ事ハ為シ得ザルベシト窃ニ其ノ来ラザルヲ恃ミテ戦論ノ虚勢ヲ張リタルニ広東税関長デットリング氏ガ親ク仏国ヲ経過シテ其国論ノ討清説ニ傾ケル情形ヲ述べ力ヲ極メテ和議ヲ勧メタルニ醒覚セラレテ（中略）清国ノ外交ニ於ケル初ニハ戦争ノ気勢ヲ張リテ談判ニ要求ヲ拒絶シ事方ニ破レントスルニ至リテ忽ニ和議ニ変ズルハ清国ノ慣手段ニシテ（中略）斯ク城下ノ盟ニ同ジキ結約ヲナセルコト冥々ノ間ニ於テ東洋ノ大勢ニ傷碍スル所実ニ少小ニ非ザルナリ清国ノ廷臣今ヨリシテ非常ノ奮励ヲ以テ内外ノ治ヲ図リ其ノ独立帝国ノ威望体面ヲ実地ニ維持スルニ非

ザルヨリ東西ノ権衡ヲ保全スルコト蓋シ難カルベシ
(六)　明・一七・七・三一、社説「清国ハ益々多事ナルベシ」
(前略)試ニ清国ニシテ十年以来ソノ文武ノ制度ヲ改良シテ内ニハ政治ヲ整ヘ外ニハ国権ヲ張ルコト恰モ我国ノ如クニ鋭疾ニシテ我国ト相倶ニ提携シテ以テ欧州ニ爼豆ノ間ニ相見ルコトヲ得バ東洋ノ勢力ヲ拡伸スルコト今日ノ比ニハ非ザルベシ而シテ清国ノ事タル已ニ是ノ如クナレバ其ノ俛屈ヲ外交ニ示ス毎ニ欧州ノ侮ヲ東洋ニ招クガ故ニ我国マデモ其ノ余波ニ遇ヒテ伸スベキヲ伸スニ苦シムコト所謂ル唇亡テ歯寒ノ感ナキヲ免カレザルナリ

右には、ヨーロッパを念頭に置き、同じ東洋の場における我国の利害という観点から清仏の紛争に対する関心が示されるとともに、我国にとって不利な役割を果たしかねない清国に対する、侮蔑を含んだ批判が窺われる。

(七)　明・一七・八・一一、社説「仏兵鶏籠(台湾基隆《キールン》のこと――引用者)ヲ占取ス」
(前略)清廷ハ俄ニ騒ギ立チテ急ニ和戦ノ決ヲ為ス事無ク尚ホ是非ノ評議ニ日子ヲ徒費シ仏国ヲシテ今一層ノ強迫示威ヲ行ハシムルノ場合ナシトモ云ヒ難カルベシ(中略)台湾ニシテ若シ仏有タルコトアラバ啻ニ清国ノ禍ノミニアラズ我日本ノ利害ニ影響スル所ハ決シテ小ナリトセズ豈ニ之ヲ対岸ノ火災視スベケンヤ

ここでは、もはや日本の利害が関心の中心になってくる。

(八)　明・一七・八・一二、社説「戦ハン乎和セン乎」
(前略)遂ニ一挙シテ鶏籠ヲ占拠セラル、ノ今日アルニ至レリ(中略)償金ノ談判愈々整ハザレバ仏国ハ抵当トシテ緊要ノ土地ヲ占拠スル手段ヲ行フ事アルベシ(中略)清国ノ来信ニ接スル毎ニ陸地ニ兵ヲ練リ海岸ニハ砲台ヲ築キ水雷ヲ設ケ海上ニハ強大ノ軍船ヲ泛べテ以テ頻ニ戦争ノ仕度ヲナスニ汲汲タルノ報アルニ係ラズ素破ト云ヘバ輙チ物ノ用ニ足ラザルノ実アルハ残念千万ノ次第ナラズヤ(中略)仏国ノ政略ハ近年頻ニ領地ヲ外洋ニ拡クノ方向ニ傾キ(中略)大ニ志ヲ東洋ニ伸ハスノ色ヲ現ハセル折柄ナレバ仏国ノ望スル所ハ清国ヨリ巨額ノ償金ヲ得ルニ非ズシテ寧ロ台湾福州瓊州ノ如キ要地ヲ得ルニ在ランコト必然ナルベシ（中略）去レバ清国ノ上ニ取リテハ和センモ戦ハンモ今日ニテハ倶ニ困難ノ地位ニ陥リテ進退維レ谷マルコト前年伊犁紛議ノ時ニ於ケルヨリモ更ニ一層ノ切ナルヲ覚フルナラン

右には、フランスのアジア侵略の戦略を感知している様子が知られる。そして、その直接の対象となった清国のこのような窮境を、国権論的立場から次のように評している。

（九）　明・一七・八・一三、社説「清国ノ廟議如何」

（前略）去リナガラ仏国ヲシテ此ノ挙動アラシムルモ実ハ清国ノ内治整ハズ国権張ラズ以テ外邦ノ侮ヲ禦グコト能ハザルノ招致スル所タルニ外ナラザルナリ

なお、『東日』は、八月二〇日より「清仏交渉事件電報集録」という欄を設け、これはのちに「清仏要報」欄となった。

そして、八月二三日、クールベー提督の率いるフランス極東艦隊が福州を攻撃して清国艦隊を壊滅させると、八月二六日には社説「福州の砲撃」を掲げ、次いで二七日、左のような論説を掲載した。

（一〇）　明・一七・八・二七、社説「清仏戦争ノ禍因」

（前略）此上ハ理ハ常ニ勝者ニ在リト云ヘルニ局ヲ結ブノ外ハ無カルベキノミ吾曹ノ如キハ初ヨリ局外ニ立チテ清仏両国ノ争論ヲ傍聴スルニ止リ敢テ其ノ曲直ヲ断スルノ判官ニモ非ズ又ソノ利害ヲ共ニスルノ同行者ニモ非ザレバ固ヨリ其ノ是非曲直ノ断案ヲ下ス者ニ非ザルナリ

（一一）　明・一七・八・二八、社説「清仏戦争ノ禍因」（続）

（前略）然レドモ清国ノ行為ニ至リテハ更ニ理会スベカラザルノ大ナルモノアリトス先ヅ天津条約ヲ以テ越南ノ地ヲ挙テ仏国ニ委シタルコト清廷ノ国是ニ非ズト云ハヾ何故ニ李鴻章ニ全権ヲ授ケテ此ノ約ヲ結バシメタル乎已

ニ此約ヲ結ビタル以上ハ清国ハ之ヲ遵恪セザル可カラズ之ヲ遵恪スルコトヲ欲セズシテ破約セント決意セバ其ノ決意ハ即チ開戦ノ決意ナレバ仏国ノ来撃ヲ引受ケテ防戦スルノ国是ヲ初ヨリ確定セザル可カラズ然ルヲ優遊不断ヲ政略ナリトシテ和トモ決セズ戦トモ決セズ最後ノ掛合ニ遇ヒ鶏籠ノ砲撃ニ遭ヒテ漸ク戦議ノ国是ヲ決シタレドモ時機ハ已ニ後レテ軍備ハ未ダ整ハズ

差し当っては、局外中立の立場に立って静観するが、当事者である清仏両国の問題としては、勝者に理があるとされることになろうと言い、その反面で、清国の対応を厳しく批判する。しかし、さきの「東洋ノ大勢」論にもかかわらず、その延長上に、この論説に関する限り、アジアにとっての重大問題であるという緊迫感は、未だ強烈ではない。

そして、清仏両国が未だなお宣戦布告をしていない現段階においても、日本としては自主的に局外中立を守るべきことを説いて、以後、八・二九「局外中立」、八・三〇「中立国ノ権利義務」、九・二「中立国人民ノ権利義務」、九・三「戦時禁製品ヲ定ムル原則」、九・八「戦時禁製品ニ類似ノモノ、運送」などの諸社説を掲載している。

ただし、この間、八月二八日には、清国が宣戦布告をしているので、九月一日には、再び次のような社説が掲載され、相変わらず、なお清国艦隊に期待が寄せられている。

（一二）明・一七・九・一、社説「清廷ハ開戦ヲ宣布セリ」

（前略）今日ニテハ支那海ニアルノ仏艦多シト雖ドモ十五六隻ニ出デズ而シテ清国ノ北洋南洋ノ軍艦ヲ併セテ助クルニ砲台ヲ以テセバ豈ニ之ニ敵スルノ力ナシトセンヤ

（一三）明・一七・九・六、社説「仏兵ハ大挙スルヤ否《ママ》」

（前略）清国ヲ攻撃スルノ目的ハ其ノ要地ヲ侵略スルニ在ルニセヨ若クハ北京ニ進撃シテ要約スルニ在ルニセヨ孰レニシテモ今日ノ如ク数十隻ノ艦隊ヲ以テ海岸ノ諸所ニ彼ガ戦艦ヲ破リ彼ガ砲台ヲ壊ツコト鶏籠福州ニ於テセルガ如キ破壊軍略ヲ行フトモ其ノ目的ヲ達スルニ少ク遠カルベシト思ハル、ナリ（中略）清廷ハ敢テ之ニ恐怖セズシテ却テ防戦ノ意ヲ決シタルニ似タリ（中略）今日ノ清兵ハ復タ昔日ノ清兵ニ非ザレバ坐シテ仏軍ノ砲弾ヲ受ルモノ而已ニハ非ザルベク（下略）

右には、清国が洋務運動を経て軍備を強化しているものと見て、その軍事力に対し、依然多大の評価を与えている様子が窺われる。

（一四）明・一七・九・八、清仏要報「清廷の英断」

清廷ガ和ヲ議シ償金ヲ談ズルモノヲ排ケテ断然仏国ト雌雄ヲ決セントスルノ決意ヲ示サレタル旨ノ諸電報ハ（中略）皆最モ信憑スベキ筋ニ達シタルヲ聞キ得タルモノニシテ毫モ疑ヒヲ容ルベカラズ此趣ニ拠レバ清廷ガ流石ハ大国丈ケニ強仏ノ威迫ヲ恐レズ手初メノ一小挫折ニモ屈セズ飽マデ仏敵ヲ撃チ退ケテ国権ヲ拡張シ外国ノ侮リヲ防ガントノ英断ニ出デラレシ事タルハ明瞭ナリ又彼ノ職ヲ免ゼラレタリト云フ六名ノ総理衙門大臣ハ多分和ヲ論ジ償金ヲ議シタリシガ故ナルベシト思ハル大敵ヲ目ノ前ニ引キ受ケテハ斯程ノ英断ハナクテ叶ハズ

翌九日の社説にも、同じく「清廷ノ英断」と題して、同様の趣旨の議論を展開しているが、このような見方は、さらに、翌一〇日には、日本の立場との関わりで、次のような主張となる。

（一五）明・一七・九・一〇、社説「清仏ノ勝敗ハ直ニ我国ノ安危ニ係ルベキニ非ズ」

清国ガ已ニ仏国ニ向テ開戦セルコトヲ公ニ与国ニ通知シタル上ハ与国ニ於テモ清仏二国ノ戦争ニ付キテハ局外ニ中立スルトカ但シハ一方ニ同盟スルトカ其執ル所ノ方向ヲ今日ニ定メザル可カラズ（中略）苟モ我ニシテ我国ヲ防衛スルニ足ルノ陸海ノ軍備ヲ充実ニシ外交内地（治？——引用者）ニ釁ノ乗スベキモノ無キニ於テハ支那ノ妖気禍霧ハ決シテ我国ノ日月ヲ蔽フコト能ハザルナリ但シ清国ノ敗績ヲ見バ欧州諸国ハ彼レ東洋ノ大国ニシテ我ガ西洋ニ敵スルコト能ハザルヤ斯ノ如シ日本ノ如キハ設ヒ文明ノ進歩ニ鋭疾ナルモ其ノ伎倆ハ知ルベキノミト或ハ一概ニ軽侮ノ念ヲ再発シ其為ニハ折角此ノ十余年ガ間ニ海外ニ得タル日本人ノ令名モ好評モ支那ノ相伴ニテ幾分ヲ

滅殺セラル、ノ虞ナキニ非ザル歟左アリテハ甚ダ以テ迷惑ノ事ナガラ支那ト云ヘル隣邦ニ接シタルガ不運ナリト諦ラムルノ外ナカルベシ

前掲の拙稿において明らかにしたように、福州における清国艦隊の壊滅以降、国家的危機の自覚を深め、また、いわゆる「脱亜」の方向へいっそうの旋回をはじめた福沢ら『時事新報』の論調とは異なり、ここには、侵略の目標となっている同じアジアに在る日本国といった危機感が、未だ相対的に稀薄であり、また、次の論説に見られるように、清国の軍事力に対する評価もなお維持されている。

（一六）明・一七・九・一二、社説「仏国ノ方略如何」

（前略）直隷ノ防務ハ昔日英仏同盟ノ兵ヲ以テ天津ヲ破リテ進入セル時ノ比ニ非ズ太沽ノ砲台已ニ侵スベカラザルノ要害タリ北塘ヨリ上陸セシムルコトモ亦今日ニテハ太ダ易カラズ加フルニ直隷ノ陸兵ハ有名ナル李鴻章ノ淮勇三万ノ精兵アリ

他方、九月一三日付の社説「日清ノ修好条規ハ同盟条約ニ非ズ」にも見られるように、「日清協同シテ亜細亜ノ勢力ヲ振起シ西洋人ノ跋扈ヲ挫屈セン事」を望む「我国ノ志士論客」らのいわば「興亜論」的な世論を批判して、局外中立の堅持を主張する。

しかるに、次に掲げるように、この頃より、清国軍隊内部の兵器と軍人とを分けて考えるようになり、清国の軍備に対する従来の評価は、いちじるしく低くなっていく。

（一七）明・一七・九・一九、社説「清国兵備概略　海軍」

海軍ハ之ヲ陸軍ニ比スレバ其ノ進歩ハ著ク鋭速ニシテ（中略）今ヤ外国教師ハ都テ清艦ヨリ辞シ去ルノ暁ニ於テ（中略）設ヒ艦体ノ堅牢ナル大砲ノ利鋭ナルハ以テ仏国ノ艦隊ニ敵スルニ足ルト算スルモ実地ニ於テハ如何アルベキカ福州ノ手際ハ即チ清国海軍ノ標準ナリト云フガ如キニテハ頗ル不安ノ思ヒナキ能ハザル可シ／右ニ挙例ス

ル所ヲ以テ読者粗々清国今日ノ陸海兵備ノ概略ヲ知ルヲ得バ清仏ノ戦報ニ接スルニ於テ思半ニ過ル所アルベシ

かくして、さきには九月八、九日に「清廷ノ英断」（開戦）を讃えたものの、いまや次のような意見を発表するにいたった。

（一八）明・一七・九・二〇、社説「清廷国是ノ変更」

（前略）彼朝廷中豈ニ二三卓見ノ士ナカランヤ其等ノ人ハ今日ニ於テ欧州ノ強国ト難ヲ構ルハ自国ノ長計ニアラズ設ヒ僥倖ニシテ之ト戦ヒ勝ツニモセヨ猶ホ国力ヲ疲弊スルヲ免レズ況ヤ之ト戦テ克タザレバ啻ニ清国全土ノ不幸ノミナラズ延テ以テ東洋ノ大勢ヲ誤マル場合ニモ至ルベシトノ成果ニ慮及セザルコトハアルマジ況ヤ清国今日ノ内情ニテハ若シ外患アルニ遭ヘバ内訌其機ニ乗ジテ起ラントスルノ虞アルニ於テヲヤ然ルニ之ニモ拘ハラズ遂ニ戦ニ決シタルハ抑モ亦如何ナル故ナラン耶

清国の対応について、右のように評価の転換を示すとともに、『東日』はまた、フランスおよびヨーロッパ列強についても、その認識を改めはじめた。

（一九）明・一七・一〇・二、社説「欧州ノ侵略主義」

（前略）目下仏国ガ清国ニ対スルノ挙動ノ如キモ東洋ニ於テハ窃ニ仏国ノ行為ヲ不満ナリトスル者アレドモ欧州大陸ニ於テハ大抵仏国ヲ賛成シ偶々黙スルモ之ヲ不是ナリトセザルコト実ハ仏国ガ今日ニ施ス所ハ他日自国ガ施スベキ所ト同一ノ方略タルガ故ニ非ザルヲ得ン（中略）其ノ今日ニ在リテハ期セズシテ亜細亜亜非利加南亜米利加諸州ニ領地ヲ索求シテ侵略殖民ノ政策ヲ試ムルニ汲々タルヲ異《（ママ）》マンヤ

こうして、ヨーロッパの侵略主義に対し認識を深めるようになるとともに、次のような国権主義的な主張が顕在化してくる。

（二〇）明・一七・一〇・三、社説「欧州ノ武備」

（前略）苟モ今日ノ世界ニ立チテ一壌土ヲ擁シ欧州列国ト肩ヲ駢ベテ馳駆セント欲スル者ハ宜シク兵備ヲ修メ軍陣ノ事ヲ講ジ以テ国威ヲ張リ以テ国家ヲ衛ルコト当世ノ急務ナリ夫ノ清国ヲ見ヨ疆域ノ広キ人衆ノ多キ宇内之ニ比ブモノ莫シ然ルニ仏軍来リテ其ノ辺境ニ寇スルニ遇ヒテ之ヲ防禦スルコト能ハザルハ何ゾヤ衆ノ怯懦ナルガ故ナリ兵ノ規律ナキガ故ナリ

清国の軍隊に対するこのような厳しい批判にもとづく軍備強化論はまた、「即チ堅艦利砲ヲ以テ占領ヲ試ミ殊ニ我ガ東洋ニ向テ之ヲ実行スルハフエルリー内閣ノ政略タル事ハ復タ疑ヲ容レザル所タリ」（明・一七・一〇・八、社説「仏国ハ我ガ隣境ナラントス」）という、フランスの侵略下のアジアの情勢に対する『東日』の認識のある程度の深化と表裏一体をなすものであった。次のような論説も、それを示しているであろう。

（二一）　明・一七・一〇・二二、社説「第二ノ香港ヲ東洋ニ見ル勿レ」

（前略）吾曹ハ又眼ヲ転ジテ東洋ノ全局面ヨリ之ヲ観察スルニ常ニ其ノ跋扈ノ勢力ヲ憂フベキモノハ欧米諸国中英仏ノ二国ヲ以テ最トス而シテ東洋ノ関門ハ実ニ香港台湾若クハ瓊洲《ママ》ニ在リトセバ此間一モ外ノ鼻息ヲ入ルベカラズ然ルニ香港ハ五十年ノ昔ヨリ既ニ大英ノ占ムル所トナリ今又強仏ノ為メニ台湾ヲ略セラレントス東洋ノ関門既ニ其管鑰ヲ英仏二国ノ手ニ握ラシムルニ至リナバ十九世紀ノ今日ヨリ我東洋諸国ハ実ニ一日モ枕ヲ高クシテ眠ル能ハザルナリ

そして、次に掲げる二つの論説は、清仏戦争を媒介とする『東日』のアジア情勢観の転回の一つの到達点を示すにいたっているであろう。

（二二）　明・一七・一〇・二四、社説「日本ハ須ク清国ノ事ニ鑑ムベシ」

世ノ論者ガ今日清国ノ事ヲ論議スルヲ見ルニ皆ナ清国ヲ以テ厭フベキ賤シムベキノ国トナシ欧州人ノ軽侮ヲ受クル素ヨリ其ノ所ナリトナシ敢テ清国ノ為メニ今日ノ不幸ヲ憐ムモノアラザルガ如シ否清国ノ為メニ其ノ不幸ヲ憐

ム者ハ或ハ是アラン清国今日ノ不幸ハ即チ他日我ガ日本国ノ不幸タルベキコトヲ遠慮スル者ハ世間ニ寥寥タルガ如シ（中略）仏国ガ清国ニ対シテ施ス所ノ政略ハ外交上ニ於テ清国ヲ敬重セザルヨリ生ズルノ政略タルコト明ナレバ苟モ欧州文明諸国ノ敬重ヲ受ケザルノ国ナランニハ皆ナ今日ノ清国ト同様ノ侮蔑ヲ被ルコトヲ免カレザルヤ知ルベキナリ（中略）吾曹ヲ以テ之ヲ見ルニ仏国ノ清国ヲ侮辱スルヤ其政府ノ専制ナルガ故ニ非ズ其人民一般ノ未開ナルガ故ニ非ズ其国ノ東洋ニ僻在シ欧州文化ノ外ニアルヲ以テナリ（中略）我日本人ノ如キ常ニ清国ガ自ラ尊大ニスルヲ嘲罵シナガラ今ヤ清国ガ仏国ノ為ニ蔑辱ヲ被ムルニ際シ傍ヨリ之ヲ罵言シ吾ハ恰モ欧州文明国ト同等ノ地位ニ立ツカノ如キ言ヲ為スハ寧ロ東洋ノ最優等国ヲ遇スルノ道ナランヤ異日或ハ我国ガ欧州ノ為ニ侵犯ヲ被ムルニ方リ我国民タル者何ノ面目アリテカ清国ニ対セントスル哉

（一三二）　明・一七・一〇・二七、社説「清国ノ存亡ハ日本ニ如何ナル利害アリヤ」

（前略）世ノ清国ノ存亡ヲ論ズル者ハ（中略）清国ノ東洋ニ存在スルモ日本ハ之ニ由リテ毫モ益スル所ナキ所以ヲ弁ゼリ（中略）蓋シ清国ノ人民ハ一般ニ日本人ノ如ク鋭敏ナラザルベク其ノ天性黠智ニシテ俄ニ信ヲ置キ難ク与ニ東洋ニ国ヲ成スモ友誼太ダ厚キニ至ルコト能ハザルハ吾人ノ常ニ遺憾トスル所ナリ然レドモ此ノ故ヲ以テ清国ガ欧人ノ為ニ覆没セラル、ハ日本ノ利ナリトハ断言スルコトヲ得ザルベシ（中略）抑モ清ノ存亡ハ直ニ日本ノ存亡ヲ来スノ原因トハナラザルベキモ日本人ガ思想ノ中ニ画ク所ノ一種ノ競争ニ於テ東洋ハ欧人ノ為メニ敗北セリトノ感覚ヲ生ズルハ決シテ免カレザル所ナラン（中略）日本人モ清国人モ与ニ東洋ニ一団結ヲ成シテ白皙人種跋扈ノ衝ニ当ル者ナリトセバ清国ノ敗亡ハ此ノ一団結ノ大敗ナリト言ハザルベカラズ此ノ団結ノ敗亡ニ会ヒ其ノ一員タル日本人タル者豈ニ感情ヲ動カサヾルヲ得ンヤ（中略）然ラバ則チ清国人ハ決シテ共ニ計ルニ足ラザル者ナリトスルモ其ノ欧州人ノ為メニ其ノ国家ノ覆滅セラルルハ決シテ日本人ノ願フベキ所ニハアラザルナリ

清国の危機に対し同情を披瀝する、右のアジアの団結の主張が、国家の政体の如何を問題外としていることは、

『東日』の性格を示すものとして、注目すべきことであろう。

ところで、『東日』には、清仏戦争に関連する記事として、他に、次のような「寄書」がある。いずれにも、「説ノ可否信憑ハ吾曹之レヲ保証セス」という編集者の断り書が付いているが、これらの「寄書」が敢えて掲載されているところに、それなりの意義を読み取ることができるであろう。

（二四）　明・一七・八・六、寄書、「清国多事ノ原因ヲ論ズ」

在東京　隈本乙彦

（前略）清国ノ敗ヲ外国関係上ニ取ル所以ノモノ豈ニ他アランヤ世界ノ公法万国ノ通論ハ之ヲ度外ニ付シ自国従来ノ慣習法ヲ用ヒ来リ無遠慮ニモ例外ノ名分ヲ維持セントスルニ源因スルニアラズヤ／今日ハ白皙人種ノ勢力最モ盛大ニシテ殆ド宇内ノ上流ニ在リ吾黄色ノ民種ハ日ニ萎靡ノアリサマニテ彼ヨリ併呑セラル、モアリ或ハ奴僕視セラル、モアリ而シテ独立ノ体面ヲ全クシ後来我東洋ノ衰勢ヲ挽回スルノ衝ニ当ルベキモノハ僅々我国及ビ清国アルノミ而シテ清国ハ版図ノ広大ニシテ人口ノ衆多ナルニモ拘ハラズ外交上ノ関係毎ニ失敗ヲ取リ葛藤ヲ生ズル必ズ損失ヲ国家ニ受ケ独立国ノ体面ヲ汚辱スルコトノ屢ナル以上ハ将来或ハ白皙人種ノ眼中ニハ又黄人種ナキノ場合ニモ至ランカ今後東洋ノ局面果シテ如何ナランカ思フニ清廷ノ当軸者ハ毫モ此点ニ懸念ナキカ吾輩ハ唯彼人人ガ活眼ヲ豁開シテ宇内ノ大勢ヲ察シ万国ノ通論ニ鑑テ外交上ノ政略ヲ施サンコトヲ望ム

（二五）　明・一七・九・六、寄書、「清国ノ将来果シテ如何」

在東京　古郡　幸

（前略）清国今日ノ有様ハ鮮肉ヲ餓虎乳狼ノ前ニ陳スルガ如ク到底永遠ニ其呑噬ヲ免カル、能ハザルベシ独リ仏ノミナラズ英露諸国ノ朶頤スルアルヲヤ今ヨリ以後清兵益々戦ヒ破レ遂ニ巨額ノ償金ヲ払フカ然ラザレバ恥ヅベキ城下ノ盟ヲ為スカ此二ニ外ナラザルベシ実ニ気ノ毒千万トコソ申ス可ケレ然レドモ今ヤ清国敵ノ衝ニ当ルヲ以

テ他ノ東洋諸国ハ無事ニ眠食スルコトヲ得ト雖ドモ外交上如何ナル難事ノ出来センモ測リ難キハ一様ノ事ナレバ予メ之ガ覚悟ナカルベカラズ殷鑑遠カラズ清国光緒十年ノ役ニ在リ国ヲ東洋ニ形チヅクル者豈察セズシテ可ナランヤ

右に光緒十年とは、この年すなわち一八八四年のことである。

（二六）　明・一七・一〇・二、寄書、「清仏交戦ニ関シテ我邦ノ利害如何」

東京　　古郡　幸

（前略）勿論清国ハ到底仏国ノ敵ニ非ズトハ吾人ノ共ニ視ル所ナレドモ若シ清国ニ一人ノ英雄現出スルアリテ不思議神妙ノ計策ヲ運ラシ夫ノ剽悍ナル仏兵ヲ一撃ノ下ニ挫カンヤモ測ルベカラズ然レバ清仏ノ勝敗ハ暫ク措テ論ゼズ唯仏国ヲシテ勝ヲ得セ（ママ）シムルト清国ヲシテ勝ヲ得セ（ママ）シムルト其我邦ニ於ケル将タ孰レガ害ナルヤヲ探究シ予メ之ガ覚悟ヲ為スハ余輩ノ尤モ必要トスル所ナリ（中略）現時欧米各国ノ有様ヲ観ルニ力ノ在ル所ハ則チ理ノ在ル所ナリト云フコト今日ノ秘訣ナレバ我正理公道ニ依リ事ヲ処スルモ彼レ若シ之ニ応ゼズ益々暴威ヲ擅ニセントスルガ如キアラバ詮方ナシ我亦我国人ノ力ヲ以テ之ト曲直ヲ決センノミ彼ノ清国従来ノ政略ノ如ク優柔文弱ナルハ余輩ガ最モ欲セザル所ナリ

これらの「寄書」には、清国の劣勢とこの間の清国政府の対応姿勢に対する厳しい批判とともに、それにもかかわらず、こうした情況のもとで、清国に対しては同じアジアの国家としての一体感が、また、日本に対しては危機感にもとづいた軍備拡張の主張とが、見られる、と言えるであろう。

（二七）　明・一七・一〇・二二、寄書、「読時事新報」

在東京三田　　川上駿男

新論奇説アリト誇称スル時事新報記者ハ去九月廿四廿五両日ノ社説ニ於テ真ニ新説タリ奇論タルノ価値ヲ有スル

一論説ヲ掲載セリ題シテ曰ク支那ヲ滅シテ欧州平カナリト

この「寄書」は、続いて『時事新報』の記事を要約し、領域の狭い欧州本国の衣食に窮した不平分子を清国に送ろうとする案であると評したうえで、次のように批判する。

（中略）世人ノ普ク知ル如ク支那人ノ忍耐力ハ一種特異ニシテ而シテ金銭ヲ得ルガ為ニハ如何ナル度ニマデモ此忍耐力ヲ適用シ嘗テ辟易スル所ナシ況ヤ其ノ心廉恥ヲ重ンゼズ犬馬ノ所業モ金銭ノ為ニハ之ヲ為スヲ厭ハズ（中略）蓋シ余輩ノ考察ニ依レバ欧州ノ殖民政略ノ遂ニ支那ニ実行セラレンカ多数ノ欧州人ハ一時ニ此ニ移住スルニ至ルベシ（中略）無智無産ノ貧民ハ支那労役者ノ為ニ圧倒セラレテ其目的ヲ達スル能ハズ愈ヨ窘窮ニ沈淪スルノミ如此シテ貧富ノ度ハ益ス相懸隔スルニ至リ彼ノ貧民ノ不平心ハ一層ノ熱度ヲ増シ其ノ欧州ヲ擾乱セシムルハ思フニマサニ今日ヨリ甚シキモノアラン

右に言う「支那ヲ滅シテ欧州平ナリ」という社説は、実は福沢諭吉の書いた論説であった。いま、その一部を『福沢諭吉全集』第一〇巻（岩波書店、一九六〇年）によって、見ておこう。

（前略）抑も今日の欧州各国は誠に文明なりと雖ども、文明は人事の表面にして、一方の裏面より之を窺へば却て又惨痛の実なきに非ず。（中略）此時に当て此の災厄を免かれんとするの法、如何にして得べきや。欧州若し卓識の一個人を出して全州社会の運命を一人にて司どる者あらば、必ず其社会の不平を外に洩らすの大策を立ることならん。然り而して方今地球面、野蛮の郷に其取て利す可きものは、既に欧人の足跡を洽《あまね》うして遺す所なし。或は尚未だ到らざる処も多しと雖ども、之を取るに所費所得辛うじて相償ふ歟、若くば相償はざるものにして、在者亜米利加の蛮地を略し、東印度の蛮王蛮民を制したるが如き奇利を博せんとするも、今日には望む可らざることなり。左れば眼を転じて野蛮以上の地方を求め、世界中何れの国が最も征略に適し、之を略して利益最も多く、其利益を与へ其事務を授けて最も欧人を満足せしむ可きものと思考したらば、彼の卓識者は亜細亜州の支那帝国、是なりと自問自答することならん。支那の人民は文に酔ふて武を忘れ、事物の真理原則を蔑視して文明の利器を利用するを知らず。仮令ひ之を利用するも、其の形体を見るのみにして其主義を解せず、欧州の兵力を以て之を征伐すること甚だ易し。支那は天然の富源に乏しからずして、其地理の便、農工商の業に適するのみならず、広大の国土、数千年の古より既に已に人力を施し、利用厚生の一点に至ては儼然たる開化の有様を成したるものなれば、欧人の伎倆を以て其天然の利を利し其人為の経済を左右す、愉快満足に堪へざるものあらん。（中略）左れば欧人が支那帝国を略するは、自家社会の安寧を維持するための必要にして、今日こそ多少の故障あるが如くに見ゆれども、事勢の次第に切迫するに従て、其故障も亦次第に除去し、欧州全体の人が一様に此に着眼して大に力を用るの日ある可きや、我輩の今より期する所にして、或は今回仏人の挙動に就ても、他の欧州各国人が之を傍観して曾て喙を容れざるのみか、暗々裏には仏の方に便利を与るの意味あるが如きも、深く推測を運らせば欧州全体の利害に関して帝国征略の一端を開きたるものに非ずやと疑はざるを得ざるなり。

これよりさき、福沢はまた、明治一七年三月四日の『時事新報』の社説において、「仏国ハ支那ノ恩人ナリ」と題して、次のように述べている。

（前略）支那ガ西洋ノ諸国ト交通シテ以来星霜多カラザルニ非ズ応接繁ゲカラザルニ非ザルモ如何セン挙国旧套ニ閉ザ、レテ年々歳々人老テ物変ラズ依然タル中華ノ古帝国ナルヲ（中略）何人ニテモ支那人ノ肝胆ヲ冷ヤカシ彼レガ四千年来ノ惰眠ヲ攪破スル者ハ実ニ支那国ノ大恩人ナランノミ（中略）誰カ之ヲ啓キ之ヲ導キタルヤト問フニ即チ仏国ナリ嗚呼支那ノ仇人ナル仏国ハ則チ又支那ノ大恩人ナルカナ

また、一〇月一五日の『時事新報』の社説「東洋ノ波蘭」（福沢執筆）には、次のようにも言っている。

今回ノ仏清事件ハ容易ナルコトニ非ズ尋常区々タル小紛議ニ非ズ仮相ノミヲ窺ヘバ此事件ハ単ニ支那ト仏蘭西トノ交争ノミナルガ如シト雖ドモ事ノ真相ヲ洞考スレバ気運ノ然ラシムル所ニテ欧州文明ノ各国ガ漸ク亜細亜ヲ侵

サントスルノ際、仏蘭西ガ偶々其漸侵ノ端ヲ開キタルコトナレバ其大勢ノ実ハ欧亜交争ノ入手ナリト云フ可シ

一八八四年三月段階では、旧套に惰眠する清国を非難するにとどまっていた福沢も、清国艦隊の壊滅的な敗北を知った後の九月、一〇月の段階では、ヨーロッパ諸国における社会的矛盾の存在に着目し、そのアジア侵略の必然性を指摘するとともに、こうした危機的情勢に対する危惧をも表明していると言えるであろう。ただし、きわめて現実的な、かつ非情な、合理主義的発想が福沢のこれらの論説の根底にはあるのであって、それが、本質的にはアジアの協同という発想に立っていると思われる川上駿男の眼に「新論奇説」として映じ、反発を覚えさせたのであろう。しかしながら、その川上にしても、中国人に対する侮蔑の情を露骨に見せている点では、当時の帝政党系新聞の論調が福沢らと同様な中国人観をもっていた事実を示すものとして、見落されてはならないであろう。

B『明治日報』（以下、『明治』と略称）

『明治』は、『東日』と同じく帝政党系の新聞であり、『東日』とほぼ同様な傾向の見解が多く見られるが、ここでは、とくに独自の主張を表明しているように見受けられる論調を採り上げることにしたい。

まず当初、四月段階では、そのいわばアジアの協同という立場から、清仏の衝突を早くもアジア全体の危機として受け止めるとともに、しかもなお清国の軍事力に信頼と評価とを与えている傾向が窺い知られる。

（一八）　明・一七・四・八、社説「内政ノ方向ハ外交ノ方向ト共ニ変ズルモノ多シ」

（前略）蓋今後欧州諸強国ノ互ニ雌雄ヲ決セムトスル戯場ハ欧羅巴州ニアラズシテ多クハ亜西（ママ）亜州ニ在ルナラム（中略）又安南事件ノ如キモ清国ハ今日如何ナル政略ヲ執ルベキカハ未之レヲ知ラズト雖モ縦令幸ニ局ヲ平和ニ結ブベシトスルモ該国ハ之レガ為後来南方ニ一憂ヲ増シタルモノト云ハザルベカラズ且加之該国ハ近来国憲ヲ紊乱セムトスル匪徒ノアルアリテ屢々国内ヲ動揺セシムルコトアルヲ以テ他日亦憂フベキ変乱ナシトモ保シ難シ而

シテ我ガ邦ハ清国ト密接ノ関係ヲ有セルモノニシテ其ノ関係ハ後来益々密ニ密ヲ加ヘムトスル勢ナキ能ハズ故ニ清国ノ盛衰興亡ハ後来我ガ邦ニ影響ヲ及ボスコト決シテ尠少ナラザルベシ即清国ノ一盛一衰ハ我ガ邦ノ外政ハ固ヨリ内政軍政等ヲシテ将来大イニ其ノ方向ヲ変更セシムルノ一大源因タラザルヲ得ズ是レ敢テ清国ヲ敵視シ若クハ善隣国トシテ然カ云フニアラズ単ニ我ガ邦ノ独立ヲ保持セムガ為ニハ亦止ムヲ得ザル所アレバナリ

右には、アジア全体にとっての危機という意識が日本との関係でいっそう深められ、それが軍備拡張の方向において主張されていく傾向を読み取ることができる。

（二九）明・一七・四・一六、社説「清仏事件ノ運命」

（前略）今日ノ情勢ヲ以テ察スルトキハ清廷ハ寧ロ主義ヲ開戦ニ執ルナラムト思ハル、ナリ嗚呼清仏事件モ亦殆ド切迫セリト謂フベシ而シテ清廷既ニ意ヲ此ニ決シタリトセバ其ノ勢力安南黒旗兵ノ比ニアラズ恐クハ仏国ノ力ヲ以テスルモ容易ニ其ノ勝敗ヲ決シ難キ者アラム蓋今日ノ清国ハ昔日ノ清国ニアラズ

ここには、安南で勇戦した黒旗軍に関する具体的な知識を踏まえて、さらに清国国内の軍事力に大きな期待を寄せていたことが窺われる。しかし、清軍のトンキン撤退、フランスによる賠償金の不請求、前年のユエ条約の清国による承認などを取り決めた天津条約が五月一一日に調印された旨の報に接すると、次の一連の社説のような、『明治』論説陣における意見の転回が見られるようになった。

（三〇）明・一七・五・一七、社説「仏清条約」

（前略）清国ヨリ仏国ヘ最恵国条款ヲ譲ル事ト云ヘルガ如キ等ハ何レモ皆仏国ニ利アルノミニシテ所謂敗北者ガ勝利者ニ屈服シタルヨリ出デタルモノニ外ナラザルナリ嗚呼今回ノ和議ハ仏国ノ為世界通商国ノ為ニハ甚ダ賀スベシト雖モ清国ノ為ニハ実ニ悲嘆ニ堪ヘザルナリ

（三一）明・一七・八・七、社説「清仏事件ヲ論ズ　三」

（前略）支那政府ニシテ非常ノ改革ヲ行ヒ非常ノ英断ヲ以テ速ニ天下ノ大勢ヲ観察シ文明ノ途ニ上ルニアラズンバ支那ノ困難ハ今日ニ止マラズシテ今後幾年ヲ経過スルトモ到底之レヲ免ル、ノ望ミナカルベキヲ信ズ支那人民タルモノハ宜シク亜細亜全体ノ利害ヲ洞察シ猛省スル所ナカルベカラザルナリ

（三二）　明・一七・八・二二、社説「清仏談判ノ不調」

（前略）支那政府ハ柔弱因循ヲ以テ有名ナルノ政府ナリ（中略）然レドモ清国人モ亦人間ナリ彼レ如何ニ廉恥羞辱ノ心ナシト云フモ俚諺ニモ言フガ如ク仏ノ顔モ三度ニテ此ノ期ニ及ビテハ最早ヤ断然兵力ニ訴ヘテ雌雄ヲ剣銃ノ上ニ争フノ外ナカル可シ若シ此ノ期ニ及ビテ彼レ猶ホ柔弱因循ニ安ンジ膝ヲ仏国ニ屈スルアラム乎彼レハ後日今日平和ヲ求メタルノ利益ヨリモ遥ニ大ナルノ国損ヲ来サムヤモ計ル可ラズ

そして、フランス極東艦隊と清国艦隊との会戦が目睫に迫ると、清国軍事力に対する次のような最後の期待を表明する。

（三三）　明・一七・八・二三、社説「開戦ノ機熟セリ矣」

（前略）支那ハ亜細亜ノ一大国ナリ（中略）殊ニ仏国ハ千里ノ懸軍兵隊兵杖及ビ粮食ヲ本国ヨリ運送シ軍陣（ママ）ノ用ニ供シテ遠ク彼ノ支那ノ多兵広土ヲ圧服セムトスルガ如キ頗ル其ノ困難ナル事業タルヲ知ル可キナリ

しかし、福州における清国艦隊の敗北の報を聞くにいたって、次の二論説のように、清国に同情を示しながら、そのうちにも或る種の絶望感をあらわにし、他方、フランスに対しては、或る種の怨みを懐きながらも、反面では、その軍隊の威力に感銘を覚えているのである。

（三四）　明・一七・八・二六、社説「清兵敗レタリ」

（前略）嗚呼余ガ輩ト境ヲ接シ人種ヲ同ウスルノ邦国ニシテ脆クモ此ノ敗ヲ取リタリ今回ノ事件ハ聞クモ言フモ毎ニ余ガ輩ヲシテ心ヲ痛マシメザルハナシ（中略）嗚呼清ヤ清ヤ福州ニ於キテ大敗ヲ取レリ余ガ輩其ノ緩慢ニ安

ジ久シク兵備ノ改良ニ従来（従事？——引用者）セザリシヲ責ムト雖モ其ノ広袤ナル邦土ヲ領シ夥多ノ人口ヲ有シ自ラ中華ト称シナガラ却リテ蛮夷ノ為ニ辱メラル、ハ余ガ輩ノ悲哀ニ堪ヘザル所ナリ

（三五）　明・一七・八・二八、社説「清仏戦フ我ガ国如何」

（前略）今日境ヲ接シ人種ヲ同ウスルモノ清国ノ敗ル、ヲ見バ唇亡ビテ其ノ歯寒キノ感ヲ惹起セザラムト欲スルモ得可カラザルナリ（中略）我ガ政府ニシテ若シ局外中立ノ政略ヲ執ラル、トセバ能ク其ノ義務ヲ守ラル、ハ勿論断然其ノ有セル権利ヲ執行シ外人ヲシテ其ノ猛威ヲ逞ウセシメズ又民間ノ人々ハ今日ニ於キテ能ク利害ノ関スル所ヲ鑑ミ決シテ他日外人ノ為ニ刧サル、ガ如キ無気力ナル運動ヲ為サヾルコト希望ニ堪ヘザルナリ

そしてここでも、東アジアのこのような情勢下に局外中立を守るに当って、日本としては軍備強化の裏付けが必要であるとの主張が背景にあると言えよう。

（三六）　明・一七・八・二九、清仏事件彙報

（前略）平生日本ノ諸新聞ハ所謂ル西洋各国ノ圧制貪婪ニ対シテ東洋各国人民ノ聯合ノ必要ヲ説ク今清国ハ孤立ノ有様ナリ此ノ時コソ聯合ノ時ナレ今清国ハ欧州第一等国ト戦フ日本人民ハ何ゾ速ニ聯合シテ清国ノ急ヲ救ハザル唯恐ル清国ハソノ条約上ノ権義如何ニ拘ハラズ日本ヨリ援助ヲ欲セザランコトヲ

これによって見るに、『明治』には、『東日』などよりもいっそう強い、あるいはいっそう単純かつ直接的な、アジアの一体感、アジアの協同の観念、またこれにもとづく実践の主張が窺われる、と言うことができよう。

（三七）　明・一七・八・三一、社説「我国目下ノ急務」

（前略）此ノ時ニ当リテ我ガ国政府ハ此ノ中立ヲ実施シテ毫モ其ノ目的ヲ誤ラザラムガ為敢テ自ラ其ノ備フル所ノ者ナクシテ可ナランヤ（中略）然ラバ即チ我ガ政府ガ中立ニ備ヘラル、所ノ者トハ何ゾヤ曰ク海陸軍ノ兵備是ナリ

このような軍備拡張論はまた、これを踏まえた、いわゆる「興亜論」的な社説となり、福州の敗戦にもかかわらず、清国に対して、次のような呼び掛けがおこなわれる。

（三八）明・一七・九・三、社説「愛親覚羅氏ノ朝廷」

（前略）愛親覚羅氏ノ朝廷ヨ朝廷ハ東洋中ノ大国ナリ亜細亜全局ノ体面ヲ高クシテ外人ノ凌辱ヲ防遏スルハ此ノ朝廷ト之レト境ヲ接セル日本国ヲ措キテ他ニ之アラザル可シト信ズルナリ日本国ハ制度ヲ改良シ兵備ヲ拡張シ大イニ文明ノ真面目ヲ得タリ今外国ニ誇揚シ東洋ノ威ヲ輝カサムトスルノ第一歩ヲ着シタルモノハ亜細亜州中此ノ国アルノミ愛親覚羅氏ノ朝廷ハ何ゾ此文明ニ習ヒテ威光ヲ発揚スルコトヲセザル今回ノ事件ハ士気ヲ発揚シ威ヲ輝カスノ最良機会ナリ奮テ此ニ従事セヨ

右に注目すべきは、いわゆる「興亜論」的発言が、ここでは自信に満ちた先進国日本、東洋の盟主国日本の自覚によって裏付けられている点であろう。かくして、この時期より後、隣国のあるべき姿、あるいはその将来について教訓を垂れるといった姿勢が強まってくる。例えば、次のような発言である。

（三九）明・一七・九・四、社説「支那将来ノ国勢如何」

（前略）今回ノ戦争ニシテ敗ヲ取ラン乎清国ノ国勢益々微弱ヲ極メ欧州ノ強国ハ日々ニ進ミテ其ノ甘土ヲ味フ所アラムトス今回ノ戦争ニシテ勝ヲ制セムカ清国ノ国勢ハ益々開進セズ其ノ軍以テ欧州ノ兵ニ当ルベシトナシテ或ハ益々西洋ノ長ヲ採リテ其ノ短ヲ補フ事ヲ忌ミ鉄道用ユルニ足ラズ電線懸クルニ及バズトナシ今日ノ大清帝国ノ開化ヲシテ愈々益々遅鈍ナラムルノ《ママ》傾向ハ之レアラザル歟清国将来ノ国勢亦安全ナリト謂フベカラザルナリ

（四〇）明・一七・九・五、社説「清国ハ将来如何ナル方向ヲ取ル可キカ」

（前略）清国ニシテ頻年此ノ大不幸ニ遭遇シナガラ尚坤輿ノ大勢ヲ察セズンバ其ノ国勢実ニ危シト謂ハザル可カラズ余ガ輩ハ隣邦ノ形勢ヲ傍観シテ対岸ノ火災ト見做スコト能ハズ唇亡ビテ歯寒キノ感ヲ覚ユルナリ（中略）夫

レ東洋中清国ヲ除キテハ他ニ我ガ邦ト与ミスルニ足ルモノナシ是ノ故ニ清国ニシテ四分五裂シ欧州諸強国ノ餌食トナルコトアラムニハ東洋ノ西洋ト対峙スル真ニ難シト謂フ可キナリ（中略）東洋ノ振興ヲ図ルガ為ニハ清国将来ノ方向ヲ定ムルヲ以テ今日ノ急務ナリト信ズルナリ（中略）清国ハ（中略）内部ノ事ニシテ鞏固ナルニ非ズンバ如何ニ外邦ニ対シテ国権ノ拡張ヲ図ルモ到底其ノ目的ヲ達スルコト能ハズシテ却リテ外国ノ為ニ辱メラレムノミ夫レ国権振起スルハ内部ノ改良ヨリ先ナルハナシ（中略）事ノ先後軽重ヲ顧ミズ大言ヲ吐キテ以テ外人ニ対スルハ清国ヲ維持スルノ策ニ非ザルナリ況ヤ理ナキヲ知リナガラ一時ノ怒気ニ乗ジテ東洋ノ隣邦ト事ヲ構ヘムトスルガ如キハ東洋ノ為ニ取ラザル所ナリ

右の論説にいたって、劣敗の窮境に在る清国が、こともあろうに、「東洋ノ隣邦」である日本と「事ヲ構ヘムトスル」態度を示しているという指摘が、初めて登場する。そして一〇月三日の論説は、さらに具体的にこの問題を採り上げて、次のように言っている。

（四一） 明・一七・一〇・三、社説「東洋ノ時運」

（前略）抑我ガ邦ノ如キハ早ク已ニ文明開化ノ習俗ニ浸染シタレドモ翻テ東洋ノ最大国タル清国ノ事情如何ヲ見ルニ亦識者ヲシテ慨嘆ニ堪ヘザラシムルモノアルナリ（中略）我ガ邦ト台湾ノ事アリシヤ因循一時ノ安ヲ偸ミ遂ニ我ガ辧理大臣ヲシテ憤怒直ニ事ヲ起サシメムトスルニ至レリ続キテ琉球ノ事朝鮮ノ変或ハ慢ニ事ヲ最近ノ我ガ国ニ構ヘムトスルガ如キコトアリツラム歟清国ニシテ妄リニ怨ヲ我ニ構ヘ又外ニ対シテ活潑有為ノ動作ナクンバ恐クハ益々外侮ヲ受ケ他日事アルニ際スルモ自称中華ノ尊厳ヲ保維スルコト能ハザルニ至ラム（中略）夫レ斯クノ如ク我ガ邦事漸ク緒ニ就キテ未其ノ完成ヲ見ズ清国尚旧習ヲ墨守シテ斬新時宜ニ投合スルヲ知ラズ若尚之レニ安ジテ大イニ事ヲ謀ラズンバ東洋ノ時運ハ将ニ漸次衰頽ニ赴カムトス亜細亜全北ハ露ニ帰シ南部ハ英仏ニ略セラル我ガ邦ヲ置（ママ）キテ論ズ可キモノハ独リ清国ノミ余ガ輩之レニ向ヒテ切ニ活潑タル所置（ママ）アラムコトヲ翹望ス

ここには、同じく東洋に在る日本と清国という協同関係の観念、およびそのような主観的な連帯の意識とこれにもとづく期待にもかかわらず、台湾・琉球・朝鮮の問題をめぐって両国間に顕在化した諸矛盾が、清仏戦争下の東アジアの現実を通じ、具体的な連関のもとに認識されはじめているという事実を、窺い知ることができるであろう。

三 おわりに

かつて私は、「清仏戦争と日本人の中国観」(『思想』五一二号、一九六七年二月《本書所収》)を執筆した際、資料として引用した関口隆正の手稿『陳子徳の伝話』のなかに、福州組事件の陰謀に参画させられかけていた楢原陳政を関口が諌めた言葉として、「君は性来真正直の人だ。おまけに支那ばかりに居て偶に東京日々新聞位読んで、は我邦人士の事はわからない」という一句があることを知り、日本政府の意見を反映していると言われる帝政党系の『東京日日新聞』の論調に見られる清仏戦争観、中国観、さらにはアジア観が如何なるものであったか、について関心を懐くようになった。

ところで、前掲の拙稿「東アジア近代史への視点」で紹介したように、清国艦隊の全滅の報が内外に伝えられてのち、『時事新報』の明治一七年一一月一三日付の論説欄に、福沢の友人である横浜正金銀行ロンドン支店長の日原昌造(筆名は在英国特別通信員豊浦生)が「九月二十六日ロンドン発信」で送ってきた「日本ハ東洋国タルベカラズ」と題する次のような文章が掲載されている。

支那モ亜細亜州中ノ一国ナレバ必ズ一家内ノ如ク其栄辱ヲ共ニセザルベカラズトノ理ハナカルベシ。若シモ他ニ「ヲリエンタル」ヲ去テ欧州ニ移転スル工夫アレバ断ジテ是レヲ去ルベシ。(中略)支那ヤ印度ノ人ニ一毫ノ義理モナク一毛ノ縁故モアラザレバ決シテ隣家ノ懶惰貧乏人ニ遠慮スルニ及バザルコトナリ。(中略)余ハ興亜会ニ反シテ脱亜会ノ設立ヲ希望スル者ナリ。

西洋にいてアジアのなかの日本の危機的な立場を痛切に感じ取った日本人が、名実ともに西洋廻りで書き送ってきたこの論説は、すくなくとも名辞のうえでは「脱亜」という語彙を初めて使用した文章であり、また、清仏戦争に当面した『時事新報』の論調を象徴するものでもあった。そして、以上に見てきた『東京日日新聞』ならびに『明治日報』の論調は、この「脱亜」という発想ないし表象の一点において、いちじるしく『時事新報』と対立しているかに見える。

しかしながら、両者の相違ないし対立点が決してそれほど截然と分かれるものでないことを、以上の論説資料は語っているのではなかろうか。

たしかに、そこには協同の観念と訣別の発想との間の隔たりが存在する。しかし、いずれも日本の国権に立脚し、軍備の充実と拡張とを唱える点では一致している。また、中国人を見下し、ないしは見放している点でも同様である。そして、『時事新報』などに拠る脱亜論者が、日本の国権を守るために、欧米の列強に倣って、アジアに対し武力を行使する方向へ世論を誘導したとすれば、他方の『東京日日新聞』および『明治日報』に拠る者は、連帯と協同という独善的主観のもとで、列強からアジアを守り、アジアの擁護と再生とを図るという一過性的な名分を経て、やがてアジアに対し武力を行使するにいたる世論の形成を指向した、と言えるのではないであろうか。

註

（1）のち、改訂し、その一部を「福沢諭吉と東アジア近代史への視点」（河出人物読本『福沢諭吉』河出書房新社、一九八四年、所収《本書所収》）として発表。

（2）「近代日本と東アジア——清仏戦争から日清戦争まで」（文部省科学研究費補助金研究成果報告書、一九八二年）は、その日本語版である。

（3）　小野秀雄『内外新聞小史』（新聞文庫・2、信濃毎日新聞社、一九四九年）、六九頁。

【編集者附記】　原載は『榎博士頌寿記念東洋史論叢』（汲古書院、一九八八年一一月）。なお、原載論文には附記として、「清仏戦争期の日本の世論についての研究には、青木功一、伊東昭雄、黒木彬文、呉密察、遠山茂樹、中塚明、中山治一、坂野潤治、山田昭次などの諸氏に多くの成果があるが、本稿では帝政党系の新聞の論説資料を調査するにとどまった。なお、改進党系・自由党系の新聞論調については、別稿に譲りたい。」との一文がある。

V 歴史を見る眼

1　書評：石母田正著『歴史と民族の発見――歴史学の課題と方法――』

本書は完結した理論の書物ではない。もはや借り物の理論や公式では如何ともしがたくなった日本の現実の中で、一人の日本人が、歴史家が自己の生き方・態度の問題を内攻的に追求した書物である。ここには誤解を招きやすい多くの言葉がある。然し本書全体の立場を理解する限り、「意見」に賛成だ、反対だと言いきれる問題ではないので、私は本年度大会（一九五二年歴史学研究会大会―編集者註）を前に専ら紹介を試みようと思う。なぜなら、窮極的には私たちが歴史叙述の創造を通して「歴史」と「民族」とに応える以外、本書を批判する途はないからである。私たち自身も昨年以来、日本民族の危機の問題を私たち歴史家の全人的な問題としてひしひしと感ぜざるをえなかった。そして、歴史家としてみずからの歴史学のあり方を変革することなしには、私たち自身、民族の主体的な立場においてこの課題を実践することが不可能であることを今日の「歴史学はどうあるべきか」という形で反省し、はげしい討論をかさねてきた。その結果、私たちは私たち歴史家の生き方、また今日それによってのみ把えうる「歴史」と「民族」を私たちなりに発見し、本年度大会の課題「民族の文化について」を提案するに至ったのである。いま本書を読んで、今日の民族の歴史の危機が如何に私たちにとって共通の唯一の課題であるかを、あらためて覚悟させられる。

本書はⅠ「歴史学のあり方」、Ⅱ「歴史学の方法」、Ⅲ「民衆と女性の歴史によせて」の三部に分かれ、敗戦後に書かれた長短一八の文章が収められているが、そのうち未発表のものはⅠの「危機における歴史学の課題」、Ⅱの「歴史における民族の問題」、Ⅲの「母についての手紙」である。このほか序として「歴史と民族の発見」が一篇をなしている。

この「序」は本書が頭の中だけで分析され整序された理論や方法の作物でないことを示している。近所の人々との雑談、国鉄の職場にいる人達との対話、暗いラジオ・ニュースを精確に暗誦するお子さんを前におもわず腕をくむ石母田氏の感慨、これらはみな、「病気でうちにとじこもって」おられる石母田氏の「身ぢかな周囲のこと、せまい自分の体験だけ」である。しかし、竹内好氏も書いておられるように、「このままで完結すれば、それは私小説的な世界だが、著者はそうではなく、そこから足を踏み出して、生きるという意味を追求する。そこに『歴史と民族の発見』がある」（『読書新聞』一九五二年三月二六日）のである。この際きわめて大事なのは「そこから足を踏み出す」その仕方である。この私生活の危機意識を基盤として、そこに発展し止揚される「歴史と民族の発見」は決して観念的になされたのではなく、それ故、ここで発見される歴史と民族は実体なき「概念」ではない。「今までは日本の古い歴史学から理論や方法で解放されているつもりでいた」と言われる石母田氏は、いまや、今日の客観的な民族の危機がもたらしたものを、単なる客観情勢の危機として認識し、解説されるのではなく、「日本人の一人一人が現在混迷しながら必死に生きている」その一人一人の生活における心のなかの危機、主体の問題として、「現在の日本人の一人一人が必死に生きているのだという同情や共感」を以って意識される。そして「一人一人の平凡な人間がもっているひろい世界、この世界が何千万も集って形成している日本という世界、その無限の深さと可能性をもった世界」に対するそのような具体的な心情を以って、再び過去の歴史を見直すとき、そこに新しく「歴史」が発見されるのであり、「この危機がもたらしてくれた私の日本人同士のはげしくあたたかい親近感というもの、長い歴史を通じて貧しいものがおたがいにそれでもって生きつづけ、たたかってきた共感というもの」（傍点は田中）、この感情を形づけ方向づける場合「民族以外にはないのだということをはっきり自覚」されるのである。だから「現在の日本人の一人一人」に対していだかれるこの民族の共感は、「貧しいものがおたがいに生きつづけ、たたかってきた」長い「歴史」をその背後に、その「しん」に発見すること、そこに誇りと伝統を自覚することによって、更にたしかな主体的な「民族」の発見となるのであり、またこの「民族」の発見によってはじめて歴史は表現を見出すのであって、ここでは、「歴史」は民族の歴史であり、「民族」は歴史そのものであるような民族なのである。このような追求からきわめて当然のことながら、歴史も民族も決して実体なき非歴史的な、論理の概念ではない。それは一人一人の人民の毎日の生産、生活のいとなみが物に、人間にきざみこんだ歴史であり、その歴史が生活や闘争のおこなわれる場所や土地、地名をはなれてはかんがえられない生きた土地に結びつき、その地名の一つ一つがそのまま民族であるような、そのような実体である。（三六二―三六七頁）

このような「日本人を信じ」、日本民族の生存能力を信じて、石母田氏は「危機における歴史学の課題」のなかで、「祖国と人民の生存」のために、「これから、学問をする目的を、明確に日本民族の帝国主義からの解放という一点に集中し、この目的に役立つ歴史学をつくりあげ、この目的に役立つものならば一切のことをなし、この目的に役立たないものならば一切のことを放棄する決意で」、「学問が武器としてこの目的に役立つならば、学問にとってこれ以上の本望なことはない」（三九―四〇頁）といわれる。これは「民族以外にはない」民族、歴史がそれによってはじめて表現を見出す民族の発見からも当然なことであるが、これを学問の政治への隷属、実用主義として躊躇する人々に対して、石母田氏は「われわれは歴史学を現在の政治的課題にむすびつけ、それに役立つものにしなければいけないということを一貫して主張してきたし、かくしてのみ学問の発展はあり得るというようにかんがえてきた。これも一種の実用主義といえばいえる。それならばなぜブルジョア的実用主義は学問の退化をもたらすのに、われわれの実用主義は学問の創造性を発揮させるのか。ここに問題があることはいうまでもない。それは学問を役立たせ奉仕させる目的の相違、その学問を必要とし、武器として用いる階級とその本質的な性格の相違からくるのである。この目的の内容と主体の問題をぬきにして、実用主義一般を論ずることは無益であるばかりでなく、有害ですらある。学問が奉仕する目的――それは政治的なものである――が歴史の本質からでてきたもので、革命的であればあるほど、それは学問に真実と客観性と具体性を要求してやまないのである。戦後の歴史からでも理解されるように、また講和条約にたいする態度からもよく理解されるように、労働者階級は、歴史が民族に提起するもっとも深刻な問題を、それがいかに困難であろうと、絶対に回避しないこと、あたえられた運命（歴史の本質）と真正面からとり組み、一切の幻想や表面的なもので自分をごまかさないことがその特質である。帝国主義からの民族の完全な解放という目的（いうまでもなく社会主義への明確な展望をもつ）はまさにかかる性質のものであって、だからこそこれに奉仕し、役立つことは学問をして新しい発見をつぎつぎに行わせ、その創造性と真実性（＝具体性）を高めるのである。」（二〇一―二〇二頁）「現在の革命自体が、歴史学者にもブルジョア的実用主義以上のもの、それを超えたプロレタリアートの立場をとることを要求した。すなわち革命に『役立つ』から、それが歴史的真実なのではなくして、歴史的真実であるから、それが革命に役立つのであり、歴史を卑俗な手段と考えないで、その内部における客観的な真実を探求し、その法則にしたがって行動しようとするところのプロレタリアートの立場である。それ自体としての人間の歴史にたいするかかる無限の尊敬は、ただ歴史上プロレタリアートによってのみうちたてられた。」（一八〇頁）といわれる。しかし、このようなそれ自体一つの歴史的存在しての歴史学の立場からなされる説明と同時に、歴史家の人間のあり方として、本書の本質的な問題をひびきの高い言葉で述べたIの「歴史的精神について」が併せ読まるべきだと思う。

石母田氏の言われる「歴史的精神」とは「たんに学問の真実を追求する探究的な精神や学問にたいする誠実さからだけではでてこないような精神、いうまでもなく歴史学の修練などとはおよそ関係のないような精神で、しかもそれなしには歴史学そのものが堕落してしまうような精神」（八五頁）であり、「歴史学よりももっとよく人に役立ち、人をよろこばす仕事があれば、それを確信をもってさがしあてたときには、いつでも――勿論容易にではないが――歴史学なぞはすてる用意のある人、あるいはすてかねないような人、しかし同時にそのような用意と自信を歴史学を通して役立たせることを悦びとし、歴史学をそのようなものに価するものとしてたれよりも尊重し信頼し、それを生涯の事業としようとしている人、こうしたことのなかに学問と人間社会の生きたむすびつきと自分の生活のよりよいあり方、その鍛錬の仕方を発見しようとする人、このような人たちだけが」語りうるものなのである（八六頁）。この歴史家自身の生き方と歴史学の方法との有機的連関を理解することなしには、石母田氏における歴史と民族の同時的発見について、また民族解放が今日歴史学の唯一の目的だといわれることについて、理解することは不可能であろう。この問題を、今日あらゆる立場の人々がみずからの問題として、歴史家としてのあり方を素直に追求し、歴史学の方法をきびしく鍛えることをせず、容易に歴史学のいわゆる実用主義的矮小化を行う人たちや、大衆から遊離して歴史学を死物化してしまっている人たちが、相互の妥協的な判断中止のうえで徒らに民族を論じ、民族の文化を論じたのでは、本書の提起する問題＝私たち歴史家の転回の問題はちっとも私たち自身のものとならないであろう。なお、この「歴史的精神」は「おそらくそれについておしゃべりされることをもっとも好まない精神」（八五頁）であって、歴史家の立派な仕事と行動をはなれて言葉にのせられると多少でもうそになりかねないような精神だといわれ、石母田氏はパリ・コンミューンに関するマルクスの『クーゲルマン宛の手紙』について、「歴史には望みない事態を目標とする絶望的な闘争が数多くあって、それが必要でさえあることを認識し得ないものは歴史家になり得ない。ヴェルサイユ派が、パリ市民にたいして、挑戦に応じて立つか、たたかわずして敗れ去るかの二者択一を強要したとき、それとの絶望的な闘争を展開したパリ市民を賞讃して、もしたたかわずして敗れ去るならば、それによって労働者階級の頽廃は必至である、しかもそれは若干の『指導者』を失うよりも、さらにはかり知れないわざわいをもたらすであろうといったマルクスの言葉のふかい意味を理解し得ないものは歴史家になり得ない」（九二頁）といっておられるが、このような絶望的な闘争の事実が日本や中国には民衆の伝統として無数に生きていること（中国においては、既に中国共産党によって高く評価されている）、敗北（「民族の歴史において敗北は恥辱でなく、闘わなかったことが不名誉である」――二七四頁）に終っただけに、従来の歴史叙述によっては発掘されていないものが歴史上にまだまだあること、そしてそれを発掘し評価しうるか否かが、民族の生存能力を示す一つの証明になるということを、私たち歴史家の仕事の上で真剣に考えることは今日最も大事なことだと思う。

帝国主義からの民族解放のための歴史学創造にあたって「明治時代のナショナリズムでさえ、あれだけの学問を生みだしました。新しい質の民族解放の努力が、それと比較にならない学問を生みだすことはうたがい得ないことだと信じております」（「序」）といわれる石母田氏は、日本の近代史学成立の意義をこのように評価されながらも、この伝統的な歴史学に対する執拗なまでの批判を本書の随所に繰り返しておられる（とくにⅠの「危機における歴史学の課題」、「歴史家について」、Ⅱの「歴史学の方法についての感想」、「政治史の課題」）。それらは網羅的でないにせよ、質的にはゆうに日本近代史学史をなしているのであるが（今日における体系的な史学史の必要性は石母田氏も強調されるところである――二五二頁）、この批判は単に、自国の人民の隷属と他民族の抑圧の上に成立した明治以来の伝統史学の頽廃性にのみ向けられているのではなく、その伝統のなかでのそれとの闘争において、その影響を強く受けざるをえなかった日本マルクス主義歴史学の運命的性格に対する批判をなす点が今日きわめて重要である。石母田氏もいわれるように、この日本マルクス主義歴史学の性格は、たとえば、一九二六・七年の中国革命のなかから提起された「アジア的生産様式」論争が中国では革命の実践のなかで急速に解決されながら、日本では中国革命の生きた課題と現実から遊離し、単なる学問上の論議に転化されていちじるしく観念化し、「アジアの停滞性」をうちやぶる使命をもった理論がいつかアジアの停滞性を基礎づける理論になりさがって、遂には大衆と無縁のまま戦争直後の解放運動のなかにさえ生きつづけたその痛ましい事実にも見られる（二六―二七頁）。そこに私たちは伝統史学の無思想・無性格・無目的な頽廃性を政治的実践的意図によって克服した筈の日本のマルクス主義歴史学が、その環境のなかに成長した故に、伝統史学の観念的・理念的性格をその方法において抜きがたく受けついだこと、それ故、今日の進歩的な歴史学における範疇論・

構造論・類型論が如何に静態的・図式的傾向を免れえないかを強く反省する必要がある。もちろん、このような批判と反省は、理念化し固定化した伝統史学の内部においてではなく、学問の大衆との結びつき、歴史的実践において、学問の質と態度の変革によってはじめてなされうるのであって、この点について私たちは中国の学問の「業績」を低く評価する態度を改め、中国の学問のあり方にもっと多くを学ばなければならない（このことは「危機における歴史学の課題」に強調されている）。

石母田氏は伝統的な歴史学の雰囲気のなかに育った歴史家の一人として、その欠陥がみずからのなかで克服さるべきものであるが故に、あのように多くの紙数を費しておられると考えられるのであるが、このように過去の歴史学に対する批判をみずからの問題とすべきことは、伝統史学に対して石母田氏とは比較にならない抵抗しか感じなかった私たち若い歴史家にとってこそ非常に大切なことだと思う。私たちの歴史学が本来の実証的精神を恢復するためには、その限りにおいて、事実や資料に埋没する実証史学と同じ技術的方法を以って満足しうると考え、この事実をそれによって検証すべき「方法」をおろそかにしたり、分析把握の過程では範疇論・構造論をそのまま許容しうると考えたり、そのような伝統史学との無意識的な安易な同居が私たち若い歴史家を蝕ばんでいないだろうか。もちろん、このような厳しい自己批判の能力は、大衆の一人としての仕事と行動において、理論と方法を鍛えあげることによってのみ与えられるのであるが、この方法の鍛錬とそれにもとづく自己批判なくしては、現在の私たちに、みずからのみじめな歴史学の故に、或は真の歴史学にさえ不信をいだき、或はこれを実用主義的手段に矮小化して大衆を冒瀆するような危険性がないであろうか。現在は私たち若い歴史家にとってそのような反省を行うべき大事な時期だと考える。大きな課題を前にし、仕事によってではなく言葉によって考え、一切の事実、広汎な素材がおのずから語ってくれるであろうことのみを頼みにするような時点、そのような時点に立っているのが今日の私たちだからである。

Ⅱにおいて今日最も注目すべき論文はやはり「歴史学における民族の問題」であろうと思う。周知のように私たちは昨年度大会において「歴史における民族の問題」をとりあげた。本論文の大部分はその前年、一九五〇年九月の民科のシンポジウム「言語・民族・歴史」において発表されたものであり、「追記」には「最近出版される筈の歴研大会の速記録では、問題はずっと発展し具体化していると思う」と述べられているが、実は歴研の大会は当日相当の混乱を招いたのであって、本論文はあの混乱のもとをなした如き立場（それは単なる概念把握の理論的問題ではない）に対する批判がむしろ主題をなしており、そこから本年度大会の「民族の文化について」が単なる昨年度大会の成果の延長ではなく発展をなすものであることもうかがわれると思う。

本論文では最初にまず、マルクス主義における民族および民族問題の理論が現実の歴史の発展とともに深められてきた歴史的過程を展望したのち、スターリンの『言語学におけるマルクス主義』をめぐって民族の問題が提起されているのであるが、ここで重要なことは、前近代社会に、萌芽や可能的な要素（ブルジョア的民族および社会主義的民族に対する）の主体としての社会集団がとり出されていることである。もちろん、この社会集団はブルジョア的民族に至る過渡的なものであって、それ自身完結したものではないが、萌芽や可能的な要素が単なる概念でなく、日々の生産を通じて創造される実体であると同様に、実体であり、これに対してブルジョア的民族もまた社会主義的民族にいたる単なる過渡的なものにすぎず、ブルジョア的民族はその成立と発展にあたって、それ以前の歴史のもつ可能性のほんの一部しか生かすことができないとされる。そして、社会主義的民族に至ってはじめて、「過去の歴史をもう一度ふりかえり、そこに新しい可能性を発見し、そこに今までしられなかった歴史」を全人類大衆の成長の必然性としてくみとりうるのであり、「社会主義的民族の成立は、人類の歴史に新しい紀元を画し、はかりしれない未来への展望をひらく。それはその母体であるブルジョア的民族から生れながら、それを越えて、そこから自由に解放されて、人間の歴史をふたたび見直しはじめた。それによって、ブルジョア的民族の成果と遺産を正しく評価するとともに、ブルジョア的民族がその必要のために過去を見たのとは、まったくことなった眼で近代以前の歴史について見ることが可能となった。古い歴史は、この立場と眼には、新しい意味と大きな可能性をもったものとしてあらわれざるを得ない」（一二三頁）のである。

さきのブルジョア的民族の過渡的性格の例証として石母田氏は、ソビエト辺境のブルジョア的民族にまで成長していない民族＝ナロードノスチが、社会主義工業のもつ生産力とソビエト国家の指導とによって労働者階級を生み出し、資本主義の段階をとび越えて社会主義的民族に転化しつつある事実を指摘しておられるが（一二二頁）、このような歴史の現実は、「大衆や人民、あるいはこれらの民衆の労働こそが段階と段階、時代と時代を一つの鎖につないでゆく地盤を形成しており、この大衆こそが民族である」のに、段階の分離だけを考えて、その背後にある統一や地盤としての大衆——実はこれがあってはじめて区分も分離も可能な——を考えず、歴史を機械的に裁断してしまう極端な段階区分癖への警告（一四〇—一四一頁）とともに、民族の問題における公式主義的・近代主義的傾向の見解に対する痛烈な批判をなしているといえよう。

なおこのほか、石母田氏は一九三四年のゴーリキーの『ソビエト文学について』を紹介し、とくに、創造者たる大衆が現実の創造に、生活更新のための闘争に直接的に参加することによって生み出されたフォルクロール、そのようなものとして本来ペシミズムに全く無縁なフォルクロールについてのゴーリキーの評価を指摘して、「書かれた文学の巨大な作品の創造にたえざるかつ決定的な影響をおよぼした口碑的民衆的創造を知らないでは、勤労人民の真実の歴史を知ることはできない」（一二八頁）という彼の言葉を引いておられ、また、抵抗運動の「たたかいのなかにあるフランスの大衆のなか」で、新しく伝説と叙事詩の意味を発見して、フランス詩の伝統をつらぬく縦の糸をえらび、これを新しく革命的に前進させたアラゴンについて、「民族の過去とのより深い、より新しいつながりを回復し発見することによってのみ人間の歴史の前進が行われる」（一三四頁）といっておられる。

歴史上すべての発展段階や階級闘争を通じて、その根柢・母胎として存在し、その存在によって段階区分も階級闘争も可能であるような地盤＝人民大衆の歴史を、労働者階級を主体とする「社会主義的民族」また「社会主義への展望をもつ民族」がはじめて全面的に継承し、それ故そこに創造されたあらゆる可能的な要素＝民族の文化をはじめて無限に生かしうるということ、このことをこの論文から知ることは、今日、民族および民族の文化を本質的に理解するにあたって最も大切なことである。

歴史叙述こそが歴史家のかけねのない人間を表出する仕事であり、今日民衆の一人として民衆の歴史を書く場合ことにそうであると考えられるが、その意味で、Ⅲの三・一独立万歳事件をはじめて民衆の歴史として語った「堅氷をわるもの」や、農民のために、また労働者とともに書かれた「村の歴史・工場の歴史」は地味ではあるが人間的な感動を与える明日の叙述様式を示唆するものであり、また、以上の「歴史叙述」の後に、Ⅰ・Ⅱの各論文がはじめて執筆されえたという事実は、新しい歴史学の「方法」が歴史叙述創造の実践のなかからのみ生まれうることを示して意味深いものがある。

このⅢのなかの「母についての手紙——魯迅と許南麒によせて——」は「これからさまざまなことを覚悟しなければならない仕事にしたがふ」人に宛てて、「一つはあなたや私たちの母を記念するよすがとしたいために、一つには魯迅と許南麒のことをしっていただきたいために。それからできれば、歴史家としての反省も申上げたいと思って」（三四八頁）書かれた手紙であって、全篇きわめて感動的な言葉で綴られている。この手紙のうち直接母について語られている部分は、今日の社会でいくらかでも歴史的実践に生きている人々が誰でもそのため眠られぬ夜をあかす、あの母親のなげきと苦しみについていわれているのであるが、私はこのことについてとても饒舌を弄しえないので、ただここには、「しかし母親があなたの思想と行動に理解をもち、それを正しいと思われるようになったためぐまれたばあいでも、母親にとってそれが解決でもなんでもないところにこの問題の性質があるともかんがえます。それは母というものの宿命的なといってもよいほどのふかい人間苦に根ざしています。子にとっても同じです。」（三四七頁）、

「〔幸徳〕秋水の母と妻の苦しみが秋水よりも少いはずはないのに、私たちの母の苦しみが秋水の母の苦しみより少いはずもないのに、それを記念しないところに、私は従来の歴史の本質的な欠陥があるとかねがねかんがえているものです。従来の歴史は最良のものでも息子たちの歴史でした。それははなばなしいから、わかりやすいから、たれにも書かれ、読まれました。母たちは土や塩のように忘れられやすいものです。」（三四八頁）、「息子たちの行動や事業はいつでも母たちの犠牲となげきによってささえられているという事実、あなたや私が毎日経験しそのために胸をいためている単純な事実、歴史と現在においてはかりしれないほどかさねられてきたこの自然な事実を、私どもは歴史を論じたり書いたりする場合につい忘れがちなのではないでしょうか。」（三六〇頁）という言葉を紹介するに止める。石母田氏はⅠの「マルク・ブロックの死」のなかでまた「歴史家が死ななければならなかった不幸な時代、歴史家も死ぬことができた幸福な時代、このような時代にわれわれが生きているのだということ以外に、何を語り得ようか。」といっておられるが、「母親にとってそれが解決でもなんでもない」母親の悲しみがいつも私たちにとって忘れえないことを、また生き死にに関する幸福の意識が私たちにとっていつまでもかわらず人間の真実であることを、私は何よりも大事なことだと思う。現実の闘争や愛憎がますます物的な必然性をもって私たちを駆り立て、私たちがそれをよしとし、うべなえばこそである。

魯迅は「その芸術と思想と行動とによって、中国の革命と解放のために身をささげた、たくさんの息子たちを生んだ偉大な母」（三五四頁）であった。しかも魯迅はこの多くの息子たち、若い、犠牲をいとわない世代に対して、自分を死ぬべき命をながらえたと感じて、生涯その思いに苦しみ、それによって生きた。そのような彼が若い犠牲者の一人柔石を記念して、木版画「母」を『北斗』創刊号に掲げた気持を、石母田氏は「母のなげき」と考えられる。また一八九四年の東学党の叛乱、一九一九年の三・一独立事件から現在の反帝独立運動に至る三つの朝鮮人民の革命に際して、家をすて革命と叛乱に投じて行った父子三代の歴史を、彼らが相伝える火縄銃に托し、祖母を語り手としてうたった許南麒の叙事詩「火縄銃のうた」を引いて、父子三代の人々、その行動と事件の昼の世界に対し、この行動と事件の展開をささえ、革命の伝統を保存する場所がこの詩にあっては「母たちの心情であり、人間の苦悩の内面、夜の世界」（三六〇頁）であるとされ、この伝統が歴史に意義をもつ力となるためには、いつでもこれを保存する場所がなければならない。それが人間の日常のいとなみ、生活であるといわれる。また、同じくこの「火縄銃のうた」やアラゴンの詩「たたかう百の村」に出てくる無数の地名・人名について石母田氏は「人間の生産が行われる場所としての土地、生活のいとなみとたたかいが行われる場所としての土地、人民の流された血が保存されている場所としての土地、たれにも知られず朽葉のように消えさった母たちのなげきが層をなしてつみかさなっている土地、……それはそのまま民族であるような土地=地名です。民族解放のためのすぐれた東西の詩人たち、アラゴンや許南麒は、その詩的な直観力によってこのことを知っていました。私たち歴史家は、このように民族を、歴史をとらえていたでしょうか。私は許南麒を読んで心から恥じ入りました。」（三六七―三六八頁）といっておられる。そして結論的に「民族解放のために日本の労働者階級がたたかっているもっとも尖鋭な、もっとも先進的な闘争をおもう場合にも、それをささえ、それとともにみずからを変化させつつある尨大な大衆=民族――それはおそろしく複雑でおそろしく矛盾にみちた集団です――を忘れたならば、歴史は生きたものになりません。母がその痛苦と犠牲のなかからたたかう息子たちを生み、送り出したように、民族もまたその痛苦と犠牲のなかから英雄的な労働者階級をつくり出しました。」（三六八頁）といわれるのである。

従来、歴史家が魯迅を中国革命史上に見る場合、何年何月、プチブルからプロレタリアートの陣営に転化したなどと算術をする人がある。かと思うと、彼が本来筋のいい革命的個性で、出来の悪い他人をまかして今日の中国共産党を生む道を進んできたかのようにいう人もある。これらはいずれも誇張していったのであるが、いずれにせよ、この両極端の間で平面的につきまぜた議論が往々あった。私はこのことに考え悩んで「人物と時代」を考えるのは如何にも困難なことだと思った。その後、たしか一昨年であったか、私は「母なる魯迅」について直接石母田氏から伺い、あらためて魯迅の作品をいろいろ読直したりしたのであったが、そのうち「阿Q正伝」を読返して、中国の人々は私たちのように魯迅を通して「阿Q正伝」を読んだろうか、彼らの知っている阿Qを読んで魯迅を振り返ったのではなかろうか、魯迅は自分のなかから阿Qを出しただけで「阿Q正伝」が書けただろうかと考えるようになり、はじめて中国民衆の一人一人を具体的に見る思いをしたのである。いま石母田氏のいわれる「弟子にさきだたれた魯迅自身も、異国にいる許南麒も、つまりは息子たちの死と犠牲のうえに輝かしくきずかれてゆく人間の事業とともに、その事業の進行とともに歩んでゆく尨大な大衆としての民族なのではないでしょうか。」（三六八頁）ということばは、魯迅自身がそのなかではぐくまれ、闘い、導いた「魯迅の母なる中国民族」を発見させてくれる思いがする。一九三六年中国民族存亡の期に、魯迅は文学者間の統一戦線結成を痛感していた。しかも「文芸家協会」の提唱に応じなかった。「筆と舌とを以って、異族の奴隷に淪落する苦痛を人々に教えるのは、むろん間違ってはいない。しかし、よく注意しなければならぬのは、人々に次のような結論を得させぬことだ。『では、やっぱり俺たちのように、仲間の奴隷になっている方がましなわけだ。』」（半夏小集）と彼は言い、人民の敵との妥協を拒んで遺書にまで「勝手に恨ませておけ、こちらでも、一人として恕してはやらぬ。」（死）と書いた。その彼の死が、はじめて文学者間の民族統一戦線をつくったのである。文学者たちは彼の肉体の死滅によってはじめて、彼が肉体で人民を、民族をわかっていたことを知ったのではないか。それによって、彼らの「民族の利益のために団結一致する」提唱は、完全にその抽象性をぬぐい落しえたのではなかったろうか。彼の死は「中国最初の民衆葬」として数千の自発的な参会者によって哀悼された。そのとき民衆は彼に、自分たち自身の人間的な結合を、「魯迅の母」なる自分たち民族を自覚したであろう。魯迅の遺骸が「民族魂」と書かれた白布につつまれたことは、まことに象徴的である。

以上、私は決して割り切れた形では書かれていない本書の生きた、ひびきのこもった言葉をなるべく伝えたいと思って、余りに引用の多い文章を綴ったが、冒頭にも述べたように、本書は必ずしも明快な理論を「与える」書物ではない。むしろ私たちの世代が経験しないペシミスティックなまでの反省の書である。けれども、ただ、ここではっきりいえることは、このような人間的な誠実さが、今日歴史家の態度の転回にあたってきわめて重要であるということ、そしてここにいわれる民族が、今日の最も人民的な、それ故に最も人間的な闘いのさなかの人によってのみ発見されうる民族だということ、そのような人によってのみ、民族の歴史がいきいきと甦るのだということである。「この歴史と民族の発見が、学問的に何を創造できるか、ということについては、すべてはこれからだとおもっています。」（「序」）と石母田氏は言われる。その創造の仕事の第一歩として、私たちは本年度大会を少しでも成果あらしめたいと思う。

【編集者附記】　本稿は、もと石母田正『歴史と民族の発見－歴史学の課題と方法－』（岩波書店、一九五二年）に対する書評として阪東宏氏との連名により『歴史学研究』一五七号、一九五二年五月に掲載された。本書ではこのうち田中先生の執筆部分のみを収録した。

2　書評：速水保孝著『つきもの持ち迷信の歴史的考察』

「私は狐持ちの家の子であります。だからこの本をどうしても書かずにはおられません。」――これは、本書の冒頭のことばである。堀をめぐらし、石垣と城壁のような堀とを築いた屋敷うちに、幾棟もの土蔵が、あたりの貧農の家々を威圧するようにそそりたって、うず高い石垣には、この家の数代にわたる祖先たちが地主としておこなってきた年貢のとりたてと金貸しのため、すっかり土地をとりあげられ、小作人となりはてた貧農の苦悩がひとつひとつ積みあげられているような家、島根県の山奥の、このような、村一番で郡内でも一、二を争う大地主の家に、著者はおおぜいの下男や下女にとりかこまれながら〝幸福〟に育った人である。ところが、小学校五、六年の頃、良い成績表をもらって先生から大変ほめられた著者は、これをねたむ級友たちから、

「えこひいきだぞ！　あれは！　お前の家がおやかた（金持ちの意味）だと思っていばるな……お前の成績なんて、先生がひいきしてつけたんだ……」

「やい！　狐持ちの子、お前の家は狐持ちじゃないか……。狐持ちの子だから、お前も狐を使っていい成績をとったんだろう……」

と、いきなりあびせつけられる。自分が狐持ちの家の子であるということを著者ははじめて知ったのである。さらにそれから間もなく、叔母の結婚の相談ごとを耳にはさんで、狐持ちといわれる家筋の人と、そうでない普通の家の人とは親類になることは出来ない。そればかりか、狐持ちの家の田畑は誰もいやがって耕したがらない、ということ

も知った。こうして、著者はその後の学生生活を通じ、また大学を卒業した後も、つきもの持ち迷信の解明を念願し、その研究を続けた。しかも、やがて著者が結婚するようになると、著者自身もまた、この障害にぶつかっていたのである。ここに、最初にかかげたことばが本書を書くことによってこの迷信打破の第一歩を進めようと願う著者の切実な声であることが知られよう。

しかし一体〝狐が人をだます〟〝狐つきの人間がいる〟などという迷信があることは誰もが知っていても〝狐を七五匹飼っていてその狐がくわえて帰ってきたお金で、めきめきと金持ちになった家〟をいみきらって、これとかかわりあうことを避け、除けものにしようという狐持ちの家筋に関する迷信を知っている人はすくないであろう。ところが、著者が紹介している縁談をめぐる狐持ち迷信の二、三の例をはじめとして、昭和二三年以来、松江法務局があつかった事件が四六件に達しているということからも、この迷信が現実に社会的なちからとしては結婚忌避のかたちで、今日の日本農村のすくなからざる地方になお生き続けていることが知られるのである。

ところで、日本にむかしからある（たとえば今昔物語）単なる狐つきの伝説と区別してこの家筋に関する迷信をとりあげる著者は、それがいつ頃、どのような社会的・経済的条件のもとで、どんな階級によってつくられた迷信であるか、を問題にする。

著者はまず、柳田国男氏らの民俗学的な業績にもとづいて、蛇持ち、犬神持ち、外道持ち、とうびょう持ち、狐持ち、おさき狐持ち、くだ狐持ち、おとら狐持ち、やこ（野狐）持ち、いづな（飯綱）持ち、河童持ちなど、日本各地の農村の〝つきもの持ち〟の類型を挙げ、このような表面にあらわれた形（たとえばそれぞれの小動物の種類）によって類別されている迷信の内容的な性格に、共通なものがあることを指摘している。すなわち(1)つきもの持ちに指定されるものは大体新興成金であり、つきもの持ちに指定するということはその家を村八分にしようとする傾向をもっている。(2)つきもの持ちは、特定の小動物を使って、自己の利益をはかり、他人に害悪を与えるといわれている。(3)つきもの持ちの家筋は、社会経済の発展が特定の段階に達した時形成される。――以上のような一般的性格を共通してもっている、という。

次に著者は、文献資料および民間伝承にもとづいて、狐持ちの実例を多数挙げ、そこに見られる支配的傾向として、(1)狐持ちに指定されるものは、たいてい急激に財産をふやした新興成金であって、一般村民のねたみを買った成り上りものであり、時としては部落に入りこんだ新来者であること。(2)狐持ちを指定するものは、主として、新興成金によって搾取されている土着の没落農民であるが、直接の媒介者は村にいる加持祈禱者であること。(3)狐持ちの指定は、代々にわたって、一般村民との婚姻はもとより、親戚関係の断絶、田畑の売買、あるいは田畑の耕作の拒否をも伴う一種の村八分的制裁であること。(4)狐持ち家筋を離脱するためには、総財産を売却して、その代金を四散させることが必要であるなど、狐持ち迷信と財産とは不可分の関係にあること、などの性格を見いだしている。なお、右の文献資料中、天明六年に満碁江翁の書いた「人狐物語」は、出雲の国における狐持ちの起源が享保の初め頃であったとしている。

さらに、著者の故郷である島根県大原郡加茂町において、著者がおこなった実態調査によると、現在の総世帯数一、三六五世帯中、狐持ちの世帯は一一一、そのうち本家を名乗る狐持ちの家筋は三九軒であって、寛文から元禄・享保をへて、宝暦年間にいたる約一〇〇年間の入村者であるという。

以上、民間伝承、文献資料、実態調査の三つの物語るものから、狐持ち家筋に指定される家が、近世初頭の検地によってうち出された村旧来の本百姓ではなく、江戸中期、すなわち元禄・享保における貨幣経済の農村浸透の波に乗って農村に移住したものであって、彼らがあるいは商業資本家として、あるいは高利貸資本家として活動し、農民の手から土地を奪って、中間搾取者たる新興地主となり旧来の農村の階級構成を変動させたことに対して、彼らに土地を奪われた農民たちと、従来の指導的立場から蹴落された土豪たちの恨みが結集して、迷信という幼稚な観念形態での意識上の反撥と排斥とが、彼ら新興地主を狐持ちという特殊家筋たらしめた、と著者は推定している。

ここから、さらに本書は「つきもの持ち迷信発生の背景としての近世中期以後の社会経済状態」の概観にうつり、封建制下の農民生活の状態や、江戸中期以降の貨幣経済の農村浸透に伴う新興地主の発生とその性格を説明する。そして、こうした支配階級に対する農民の消極的・積極的な反抗運動――間引き、逃散、百姓一揆の一翼として、この〝つきもの持ち〟迷信を数えるのである。すなわち、著者の引用する「人狐物語」中の例によると農民に病人が出ると、狐がついたにちがいないと断定して、祈禱師や近親知人が交代で病人を折檻し、一体どこのおやかた（金持ち主人）から狐がきたのか白状せよと暗示する。苦痛にたまりかねた病人は、某々家からきた狐だと言わざるを得なくなり、その際、平素うらみとねたみとの対象である新興地主の名を口走る、という。しかもこの場合、こうして狐持ちに指定されるのは、元禄・享保以後の新来地主であって、それ以前から部落の支配体制に位置づけられている土着の地主たちは、地主兼高利貸という同じ条件をもった家でも、狐持ちの指定からまぬかれることが多いと著者はいっている。この事実は、狐持ち指定の結果の村八分的制裁が農村の旧体制を維持するちからとして働いたことにも見られるであろう。

ところで、一般に迷信や強迫観念については、その発生の原因を科学的に明らかにし、そのような観念にとらわれている人にこれを理解させることが、彼らをそうした観念から解放するのに大いに役立つものとされているが、著者が狐持ち迷信の発生原因、したがってその打破を、心理的ないし精神病理的なものにおかず、社会経済的なものに見いだそうと試みたということは、一方で、この迷信が歴史的に形成されたものであり、現代農村社会の階級構成もまたこれを維持し、再生産して、今日の農民大衆にこの迷信を受けつがせているということ、だから他方、この迷信は現代農村社会の変革によってのみ、全面的に打破することができるという著者のきわめて現実的な社会的意図にもとづいている。そこで著者は、明治維新後における狐持ち迷信存続の理由を地租改正の封建的性格と戦後農地改革の不徹底とによって説明し、「狐持ちその他のつきもの持ちから離脱できる条件に、自己の所有する全財産を売却して、これを金にかえ、その金を往来に投げすてておけばよいという説話があることを指摘しましたが、この説話は、今日においても一つの真理であると言えましょう。それは、農村社会の、徹底的な民主化、社会化が行われてはじめて、迷信は消滅することを意味しています。……単に、迷信だけ、独自的に取り上げるのではなく、農村における民衆の解放運動の一環として、農村社会の、否日本の社会の徹底的な民主化と社会化を計る以外に方法がないと言うことができます。要するに、狐持ちなど、つきもの持ちの迷信の打破は、日本農村における土地革命の完遂の他に完全な方法がないことを銘記し、そのために、一切の努力を集中すべきであると断言して稿を終えます。」と結んでいる。かくして、この本は私たち狐持ち家筋のものにとって、不利で、不名誉なことを告白するにすぎないかも知れない。あるいは、狐持ち迷信の真相を明らかにすることによって、その迷信のもっている歴史的・階級的性格のために、かえって私たち狐持ち家筋のものに、今より一段と強い社会的圧迫を加えることになるかも知れない。という著者はなおかつ本書を「農民大衆に捧げ」ているのである。しかも、本書は書斎から大衆に捧げられたものではない。新興地主の高利貸業を説明するところで「利率は、大体、年一割で、今日から考えれば、決して高率ではありませんが、資本の回転速度のにぶい当時では大変な高利です。」とつけ加える懇切さは、本書が、ペダルを踏んで農村に呼びかけて廻った著者の数年にわたる体験のなかから、農民との問答と協力とによってつくりあげられ、執筆されたことを示している。自分の文章を活字にし得る立場の人々が本書に学ぶべき最大のものは、この点ではないだろうか。

しかし、率直にいって、本書は著者が何よりも意図した狐つき迷信と新興地主との結びつきの実証において、もっとも手薄である。著者は説話の〝実例〟と近世農村社会の〝一般的〟構造とを、具体的には著者の調査した〝本家創立年代〟の実態によって結びつけているのであるが、近世中期に家系代数をさかのぼり得る加茂町三三〇世帯中、なぜ三九軒の本家が狐持ちに指定されたかを、三九軒それぞれの、当時における経営内容にまで立ちいって、具体的に分析することができれば、この迷信と新興地主との結びつきは、はじめて具体的・実証的な連関性を明らかにされ得るであろう。また本家創立が必ず新来者を意味するか、どうか。狐持ち家筋一一一軒を除いて、本家にせよ、分家にせよ、当時に家系をさかのぼり得る残りの二一九世帯は、ではどんな性格の家であったか。これらは新来者だったか、そうでなかったか。あるいはこれらは、新興地主の小作人としてはじめて分家が可能となった旧来の在村農民の次、三男であったか。さらには、旧来の在村中農層の分解のなかから在郷商人地主となった俄か分限者はなかったか。あったとすれば、彼らが狐持ち家筋になぜ指定されなかったか。これらの疑問が、やがて、著者の個別具体的な歴史学的研究の深化のうちに解明されて、つきもの持ち迷信を歴史的に明らかにしようとする著者のすぐれた革新的意図が常識として受けいれられ、現実への一層科学的なちからとなる日を、待ち望みたい。

最後にわれわれは、加茂町の狐持ち本家の八割までが五人組の頭分といわれ、近世村落体制の政治的支配権力をもち得た事実に注目したい。また、百姓一揆の盛んであった地方とこのつきもの持ち迷信分布とのズレに注目したい。これらの点から率直に確認されなければならないことは「近世農民の消極的な反抗運動」といわれるつきもの持ち迷信のかげ口的なみじめさ、暗さである。したがって、今日この迷信は、人権擁護のために捨て去られねばならぬばかりでなく、たとい一時は消極的な反抗運動であったにせよ、今日の闘う農民自身によって、みずからの体内から捨て去らねばならぬのである。狐持ち家筋のものが自己の所有する財産を投げ捨てる説話の真理性は、今日の農民にとって、〝拾う〟真理ではなく、〝闘い取る〟真理でなければならぬであろう。

【編集者附記】　本稿は、もと速水保孝『つきもの持ち迷信の歴史的考察―狐持ちの家に生まれて』（柏林書房、一九五三年、のち同『憑きもの持ち迷信―その歴史的考察』明石書店、一九九九年、として再版）に対する書評として『歴史評論』五四号、一九五四年四月に掲載された。

3　「母の歴史」について

丸山さんの詩を本屋の店頭ではじめて読んだとき、私は、グッとくるものを胸にぶちこまれてのどがつまり、「われわれの学生運動もここまできた」とおもいたしかめる気持がしました。この詩の載っている『その日のために』の序文もいっているように、これは「おくれた母親を進んだ息子が説得し、理解させ、唯一の正しい場所である自分のところへひっぱってゆく、という、そんな関係ではないと思います。……それは決して母親だけが闘う息子にふさわしく変ったのではなく、息子もまた苦しむ母親にふさわしく変ってゆき、こうしてともどもにより深くより高く変っていったということです。」

このように、進んだ闘う息子たちもおくれた母親を理解できること、そうして一つになった息子と母親とが、そこからともどもに深められ高められて、進むこと、「これが国民的だ。国民的ということなのだ。」――そう私はおもいました。

春日さんの『私のおかあさん』にしてもそうです。生活のなかから母のいのちを実にカッチリと受けとめています。あるいは受けとめ、理解できるだけの生活をしていればこそ、自然な素朴な文章のなかで、しかし純粋で真実な、国民的なものをつくりあげ、発見しています。この発見と創造が私たちの地盤になりはじめているということは大変なことです。これはたしかなだけに、もう一歩も後退しないいちからだとおもいます。

しかし、全体として、「母の歴史」というものについて考えてみると、まだまだ問題がたくさんありそうにおもわれます。私のような未熟な考えでは、大事なことが抜けているとおもいますが、気になることを述べて、「母の歴史」を考えるための一つの材料にしていただきたいとおもいます。

まだ私たちと一しょに生きていてくれる母親と、もう死んでしまった母親とでは、「母の歴史」も相当違うのではないかとおもうのですが（私自身戦争中に父をうしなって、「父の歴史」について一種の感慨をいだいており、また「父の歴史」は大きくいって「母の歴史」につらなるものだとおもっています）、まず第一に、死んだ母親に関する「母の歴史」について、私は私なりに父への気持を通して、また具体的には私のやっている歴史の勉強を材料として、考えてみたいとおもいます。

私は中国の封建時代の農民や手工業労働者の叛乱を研究しているのですが、いつも気になることは、時代も社会発展の段階もはるかに違った現代に生きている私たちが、封建時代の人々をどのように受けとめ、理解するかということとです。たとえば、叛乱の英雄的、前進的な性格や、あるいはまたその限界を私たちはじき簡単にならべがちです。しかし、いま「限界」といわれるものについていえば、叛乱のいわゆる「限界」も、その叛乱のあった時代や社会を十分に分析し研究してみると、その結果明らかにされる封建社会とその雰囲気や心情を知ることによって、そのなかでの矛盾と困難とにみちた闘いのいわゆる「限界」が客観的に存在し得ることがわかり、またそのような社会環境の客観的な理解があってこそ、まさにそれあるがゆえに時代の違いを乗りこえて、その社会のなかでそれなりに精いっぱい闘い続けた人々への人間的な共感が、違った条件のもとで生き、闘っている私たちの心をゆさぶるのだとおもいます。この場合、共感というのはもちろんしいたげられた人々に対する単なる同情といったものにおわるものではありません。古い社会なりに、あるいは古い社会だからこそ一そう苦しみをかさねて、今日から見ればおくれているかも知れないがより新しい社会をつくるために闘ったということがはっきりと私たちにわかり、それが今日の私たちの糧となるような「共感」になるのだとおもいます。そのような深いものに根ざした共感なしに、今日の私たちが、時代や社会の違いを無視して、現代を規準にひたすらその叛乱の「限界」を高飛車にきめつけるとすれば、今日をすこしずつでも準備してくれたまさにその歴史上の事件や人間を冒瀆するものといわねばなりません。このような冒瀆は、ありのままのすがたを捨て、あるいは主観的な感傷から、またためにする意図から、やたらに過去の叛乱を英雄化することの誤りについてもいえましょう。これらの英雄たちは、前進的性格といい、限界といっても、日常の生活行動全体を通して、そのいずれの面も十分にとりあげられ、かれらの困難な、それだけに偉大な、明日への起ちあがりが客観的に評価されて、はじめて真に私たちの英雄としてよみがえるのだとおもいます。

　このようなことは、なにも叛乱というような異常な事件、そのなかで闘った人々に限らず、すべて誠実な労働と生活とをなしとげ、今日をつくってくれた歴史上の無名の人々にもあてはまります。それにつけて、私は史料を書き残したある人々のことをおもい浮べます。たとえば、日清戦争前後に農商務省から中国の産業調査に派遣された下級官吏の視察報告書が現在たくさん残っておりますが、私はそれを見るたびに、その克明な律気な調査内容と「新興日本のために」といった気負った抱負を読んで、薄ぐらいランプのもとで美濃紙に筆を走らせたであろうこれら無名の人々を偲ばずにはおられません。今日明治政府の侵略の手先にさせられた人の調査にすぎぬ、という批判が念頭に浮びはしてもです。以上、その時代全体に対する客観的な正しい評価、そこから、その時代に生きた人々がより新しい時代の方向へ、精いっぱい現実と対決したかなしいばかりの生き方への理解——これは亡き母親の歴史を書き、理解する上でも十分心得なければならぬことではないでしょうか。

　次に、生きている母親の歴史が亡くなった母親の歴史と根本的には同じものでありながら、とくに違うという点は、生きている母親が私たちと同じ時代を生きているのだということ、だからその母親の歴史は私たちと一つになって明日を目指して進んでいる歴史だという点だとおもいます。そこで、進んだ息子である私たちが、いかにしんみになって「母の歴史」を書くか、ということを志すあまり、古いみじめな母親をそのまま古いみじめな状態にとどめておいて、この母親にぶつかってゆくことをせず——ぶつかるということは、なにも言い争いなどではなくとも、母の愛情と信頼とのうちに秘められた心配や苦しみを見すごさないということですが――それと別個に母親に無条件に同情する、あるいは、「母の歴史」を書くためには母が古くからみじめであることが必要だというような母の歴史であっては大変だとおもいます。このような無条件の同情は、憐れみや侮辱とうらはらのことであり、ほんとうに母の生活を理解し、母の歴史を正しく評価することでは決してないとおもいます。

それにつけて、魯迅の『阿Q正伝』がおもいおこされます。魯迅は現在の自分が背負っている歴史の典型、あるいは自分の母胎といってもいい阿Qの古さ、いやらしさを徹底的にあばき、戯画化しながら、しかもそのなかで彼は、自分自身にとって、中国人にとって（日本人にとっても）、このようなものはほろぼさなければならない悪である。阿Qのドレイ根性をほろぼさねばならぬ。しかし、阿Qはかわいそうだ。この卑屈な阿Qをすてろ、このかわいそうな阿Qをすくえ、としんけんに訴えました。自分たち自身である阿Qを決してゆるさぬおそろしいほどのきびしさ、しかも、自分自身が阿Qであることを忘れて阿Qを見物するウカツな読者たちもついには阿Qを嗤えなくなってしまうような、魯迅の阿Q=中国人民への愛――妥協も侮辱も決してあり得ないこの渾然とした愛憎こそは、新しい変革を地みちに闘いとってゆく人々によって、すべての古いもの、過去から来たおくれが自分たち自身のなかでほろぼされるとき、いつもかならずよみがえるおもいではないでしょうか。まして今日の母親は、私たちにくらべておくれてはいても、その古さにとどまっている母親ではありません。生活を通してみずからも起りあがり、古いおくれたものを脱ぎすてて、より新しいものへ向って進みつつあります。「母の歴史」を書くことによってこの母親とともに進むところこそ、私たちの闘いをたしかにすることであり、このような母親の動きを勇気づけることではないでしょうか。

最後に、私たちのあいだの若い新しい母親のことについて、最近感じた実感（非常に直感的、主観的で、それだけにこれからの問題ですが）を述べたいとおもいます。

薄ぐもりの静かな五月の朝、私は通勤電車にもまれて中野駅を通りました。向うの水を打ったプラットフォームに、遠足の子供たちがいます。四、五人の母親につきそわれて、みんなわた毛につつまれたひよこのように幼い子供たちです。母親のひとりは白い運動靴をはき、肩から水筒をかけ、黄いろい大きな旗をもっています。子供をひとりつつめそうなくらい大きな、その黄いろい旗を、若い母親はちっとも悪びれず、真直ぐに立てているのです。そしてその旗のさきに、赤い帯をきちんと結んだ千代紙のテルテル坊主がぶらさがっています。この母親たちは、ぞろぞろとついて廻ったあの戦前の付添いの母ではなく、食糧問題や代議士の選挙やＰＴＡの運動で鍛えた——自分ではちっとも意識していないかも知れませんが——その生活が体いっぱいにつまっているのがわかる母親です。そのしっかりとしたたたずまいは、集中的で、典型的で、強烈でさえあるようにおもわれました。

なにか言っているのも厚い車窓をへだてて私のところからはきこえないこの一団に対して、「テルテル坊主よ。今日いちにち雨を降らせるな。いまわしい放射能の雨から、幼い子供たちとその母親たちの幸福を守れ。」——私はそう願わずにはいられませんでした。もちろん、テルテル坊主は雨を降らせぬことはできないかも知れません。しかし、うなじをあげて立つ若い新しいこの母親たちは、テルテル坊主をつくった手で、子供たちの平和と幸福とよろこびのための闘いを、きっと続けてゆくに違いありません。

私たち大正や昭和の初めに生まれた息子たち娘たちが、肉親として知っている母親たち、私たちがぶつかりあっている古い母、この古さのなかで私たちの闘いを自分の闘いとしている母、そのような母親たちと違って、この新しい母親のいることも、「母の歴史」をまだ書けぬ幼い子供たちにかわって、私はここに書きとどめておきたいとおもいます。そしてさらに、新しい母である私たち自身が、私たち自身の歴史を書きとどめ、書くことによって私たち自身の歴史を自覚し、またその自覚にそむかぬ歴史を築いてゆくことをも、課題にしたいとおもいます。

【編集者附記】　本稿は、もと『歴史評論』五七号、一九五四年七月に掲載された。

4　わたくしのなかの中国——中国研究者の思い出——

（一）

一〇年ほどまえ、中国近代史演習の時間に、私は当時文理学部の第一回の学生であった諸君とともに、竹内好氏の『現代中国論』（勁草書房、一九六四年—編集者註）を読んだことがある。そして、同書の「戦争の究極の原因が資本の矛盾にあることを私は否定しえないと思うが、それがあらわれるのは、国民的規模においてあらわれるのである。したがって戦争は、一面においては国民の一人一人にかかわる問題を含んでいる。つまり、政治の問題であるとともに、道徳の問題である。東京裁判で、平和にたいする罪と人道にたいする罪とが区別されているのは、そのためであろう。道徳の根源は個人にあるから、個人の負うべき道徳上の責任を国家権力に帰することはできない。それは人格にたいする侮辱である」という言葉をめぐって、私たちは、戦争責任が抽象的存在に帰せられるのでは済まされないこと、また道義的責任は単に抽象的・形式的な、したがって二次的なものなどではなく、もっとも実体的なものであるべきだということを話し合った。そのとき、学生諸君のなかから「僕たちは空襲で逃げまわった犠牲者であって、僕たちに戦争責任はない。」という声があがっていまさらのように私は世代の違いを知らされた、そこからさらに、このような異なった戦争体験をもちながらも、日本人として私たちには、日本近代史の連続性の問題が私たちの共通の問題としてあるのではないか、それを如何に継承するか——もちろん変革という形で——という課題に参加せざるを得ないし、参加すべきではないか、それが私たちのなかの近代史の問題であろう、ということを論じ合ったのであった。

（二）

ところで、私は私なりに、いわゆる戦争指導者層とも異なった、また私の世代に固有の戦争体験をもっているが（国民的規模での徴兵制度はある程度世代的分類を可能にさせる）、それに関連して、一中国研究学徒として痛切な感慨を憶えさせられたある思い出がある。

私の架蔵に、「亜細亜の烽火」という書物がある。戦後しばらくして、この書物をある古本屋で発見したときのことを、私は思い出す。仮綴じ五六〇頁ほどの本書は、表紙にエドガー＝スノウ「亜細亜の烽火」、大東亜省総務局総務課、大東亜資料第五号、昭和一八年九月、「極秘」と印刷してあり、Edgar Snow. *The Battle for Asia*, New York, 1941. の翻訳である。

日中戦争初期に書かれたエドガー・スノウのこの名著には、実は戦後に二種の邦訳が出ている。一つは、戦争直後の一九四六年に『アジアの解放』という名で読売新聞社から出版された田中幸利・岩村三千夫氏共訳のものである。これは占領米軍の検閲にひっかかったものか上巻だけで終ってしまったが、ついで一九五六年にみすず書房の現代史大系の一冊として刊行された森谷巌氏の完訳『アジアの戦争』がある。したがって今日では、スノウによって精細に記録された日中戦争の実相とその結末を予言した彼の的確な見通しについて、あらためてすべてを紹介する必要はないであろう。ここでは、ほぼ巻頭の部分の二つの記事——持ち帰って早速読みはじめた私の眼をまず捉え、今日なお忘れ得ぬショックを与えた二つのことだけをとりあげておく。

（三）

第一に、戦争の見通しについて　――圧倒的な機械力をもつ日本軍は、無慈悲なまでの速度で華北になだれ込み、敵兵の姿を見ないで死んでいった中国人も少なくなかった。日本軍の攻撃は爆撃、砲撃、そして戦車ののちに始めて歩兵が現われ、一弾も撃つことなしに、粉砕された中国軍の塹壕に突入することがしばしばであった。こうして、日本の将軍たちは最初から巨大な物量のデモンストレーションによって「決定戦」に勝利を収めようとしたが、中国軍は形のうえの勝利を目標とせず、次の三点を戦略とした。「⑴主力とその装備を保持しながら、敵を奥地に引き入れることによって戦争を極度期化（ママ—編集者註）する。⑵主要戦線では延長戦闘を行いその間に敵の側背に運動戦、策略戦、ゲリラ戦を急速に展開する。⑶全面的な大衆抵抗運動を革命的な政治、および軍事的な組織にたかめる。……『大衆動員』――中国における戦争を論ずるどんな本にでも現われて来るに相違ないこの言葉は、以上の目的を実現せんがための基本になる絶対不可欠なことであった」。日本軍は華北の重要な都市や鉄道、すなわち点と線とをおさえたが、日本軍の銃剣の届かぬところにも膨大な人口を擁する数千の村落があり、この間隙を縫って農民数百万が組織され、武装された。「これこそ日本の勝敗を最後に決定するゲリラ戦および運動戦の故郷であった」。「中国側の問題は次のことに要約できる。……全中国軍が、一九三〇年から三六年までの間に中国共産党の採用した戦闘方法をいかに効果的に活用することができるか」。

（四）

第二に、いわゆる南京虐殺事件について——スノウが詳細に述べている暴行の具体的事実から私たちは眼を外らすことを許されないであろうが、ここには、あえて抽象的に紹介しよう。当時、統制下にある日本の新聞は、日本軍が中国人を圧制から救う保護者としていたる所で歓迎を受けている、といったお定まりの記事を載せ、更に中国の少年少女に菓子を与えている兵士といったような、ポーズを作った写真を掲げたが、南京を占領した日本軍約五万分（人?—編集者）の一カ月にわたる「勝利祭」——近世において匹敵するもののない強姦、虐殺、略奪——の血なまぐさい物語は、世界に知れわたっていた。南京国際救済委員会の算定によると、日本軍は南京だけで少なくとも四万二〇〇〇人を虐殺し、また二億四六〇〇万中国ドルの建物、家具に損害を与えたが、うち一パーセント足らずが軍事行動にもとづくもの、残り全部は略奪と放火によったものであった。上海・南京間の進撃中に、三〇万の人民が日本軍に殺されたが、これは中国軍の受けた死傷者とほぼ同数であった。

そしてスノウは「いかなる人種も戦争に際しては野蛮性に立ちかえりやすいものであろう。しかし、以上のことは認めることができても、世界のどこにおいても日本の軍隊ほど人間の堕落した姿を念入りに、そして全く組織的に暴露しているものはない」と証言し「私には、神よりも偉大なある力がわが兵を鼓舞したとしか思えない」という杉山大将の言葉を逆説的に想起するのである。だが、スノウは怒りをこめて抗議するにとどまらない。彼は、こうした「勝利祭」の根源を日本近代史のなかに鋭く分析する。「日本の封建制度は一八六八年の明治維新により廃止されたと考える人もあろうが、実際には、それは封建性が政治及び経済形態では終結したというにすぎない。日本独占資本及びミリタリズムの発展に必要な他の諸形態は依然として残存した」。

この「歪められた革命」ののち、日本人は、明治時代からこの方、真の知的自由、肉体的自由を享受できず、工業化された社会のなかで封建的信条を残存させ、社会の矛盾が尖鋭化するにつれて、常に抑圧された緊張の下に生きてきた。そのうえ日本人には中国文化に対する歴史的・伝統的なインフェリオティ・コムプレックスがある。そこで、国内では表面的に親切な謙遜な市民も、ひとたび兵士として中国人に差し向けられると、抑圧された恐怖が威嚇的な暴行に転ずるのである。「つきつめてみると、日本の軍閥は堕落以外の何ものも、麻薬、奴隷制、搾取、死以外の何ものも中国にもたらし得なかった」。

（六）

以上、紹介に多くの言葉を費したのは、はじめて読んだ私に深刻な衝撃をあたえた記事が、どのようなものであったかを知っていただきたいからにほかならない。私は、中国史を学ぶ学徒でありながら、このような恥ずべき事実も、またこれほど正確な洞察を示した書物が、日本国内の一部ですでに読まれていたことをも知らず、戦場こそ異なるが、この戦争の一翼におもむき、敗戦の一復員者として、いまこれらの文字を知らされたのである。それは、足もとからちからの抜けていくような、ほとんど肉体的な衝撃であった。

原書は一九四一年にニューヨークで出版されているから、当時、世界中に読まれていたに違いない。とすれば、「亜細亜の烽火」の表紙の「極秘」の二字は、もちろん、外国人に対する日本の国家機密としての「極秘」ではなく、もっぱら日本国民に対して知らしめないための「極秘」であり、知らないのは私たちばかりだったのである。それについて、大東亜省当局の序文は、「戦時下抗日支那の様相を探るべき好箇の資料と認めらるるを以て、ここに執務参考用として印刷に付す。但し内容は往々機微に触れ居るを以て取扱には注意せられたし」といっている。すなわち、ある種の日本人には執務上「好箇の資料」であるが、これと差別された一般国民にとっては、はなはだ危険な書物だというわけである。それでは、選ばれたものとして語学の教養を与えられており、原書を読む機会をもったある種の知識人は、本書によって知ったところを、果たしてどのような行為にうつしただろうか。「執務参考用」の配布を受けたある種の指導的な官僚、軍人たちは果たして本書からその人間的な姿と科学的な認識とを学びとる努力をしただろうか。総じて彼らは、知識獲得の条件を与えられているものとしての社会的責任を、何よりも国民に対して感じていたといえるであろうか。

もちろん、学問という、それ自体独自の体系をもつ世界に踏み込んでゆくとき、以上のような感慨のみをもってしては、余りに素朴であるともいえるであろう。しかし、いのちながらえて還り、これから再び中国研究者として本格的に学問を始めようとしていた私には、「亜細亜の烽火」とのめぐりあいはその後の私の生活にとって消し去ることの出来ない刻印であり前提であった。

（七）

戦争責任があったか、なかったか。犠牲者であったかどうか――それはみな、そのこと自体としては過去のことである。しかし、過去に戦争体験の個人的差異はあっても、日中問題は、すべての日本人にとって、なお今日の問題であり、それは過去の日中関係史の延長上に位置している。あるいは、今日の日中問題に取り組むとき、その実践そのものによって、過去の日中関係史、日本近代史は、必然的に現代的意義をもって今日につなげられる。

今日、「中国封じ込め政策」への協力を要求するものがいる。だが中国封じ込めは中国の問題であるとともに、私たちにとっては、よりいっそう日本の問題である。それは日本をアジアから引き離そうとするものである。また、このような誘いを露骨にいうかわりに、「日本はアジアで唯一の近代国家であり、したがってアジアよりは西欧に近い」などと、つまらぬ比較論でおだてるものがいる。日本近代の西欧コムプレックス、スノウの指摘する中国コムプレックスが、日本の知識人からおだてられた人間を出し、彼らが側からめでたく代弁する。かくては福沢諭吉の「脱亜論」に見られる危機感すらもたぬ人びとによって脱亜したはずの日本は、実は、非アジアの尖兵としてアジアに送り込まれ、アジアで役割を果たせられるであろう。

私たちの日本近代史は、アジアを場とすることなしには存在しない。この「場」は単なる地理的空間の問題ではない。実体的な連関の問題である。この実体をしばしば手段とみなす意識で取扱ったのは、日本近代史の不幸であった。しかも、善かれ悪しかれ、その日本近代史とともに、今日の日本の日中問題、日朝問題がある。

中国国連代表権問題の重要事項指定、アジア・アフリカ会議、日韓会談等をはじめとして、一九六五年の日本は、年頭からますます日中・日朝問題のなかに、日本自身の問題との対決をせまられるであろう。そして、知識人たるべき条件を社会からあたえられているものとして、私たちは、それにともなう社会的責任をそこに持たざるをえないであろう。

【編集者附記】本稿は、もと『横浜市大新聞』一五〇号、一九六五年一月に掲載された。

5　紀元節問題連絡会議編『思想統制を許すな』について

佐藤自民党政府の「明治百年祭」のたくらみを批判したリーフレット『思想統制を許すな――七〇年安保につながる「明治百年」――』が出た。総評・日教組などの組織を通じ、約五万部がくばられるという。編集・発行者の「紀元節」問題連絡会議には、大塚史学会・大塚史学会学生部会・「紀元節」問題懇談会・「紀元節」に反対する考古学者の会・教科書検定訴訟を支援する会・憲法改悪阻止各界連絡会議・憲法擁護国民連合・国民文化会議・駒場わだつみ会・社会主義青年同盟・新日本婦人の会・東京都教職員組合連合会・東京地区大学高専教職員組合連合会・日本科学者会議・日本キリスト教団社会委員会・日本教職員組合・日本高等学校教職員組合・日本子どもを守る会・日本児童文学者協会・日本宗教者平和協議会・日本戦没学生記念会・日本婦人会議・日本民主青年同盟・日本労働組合総評議会・婦人民主クラブ・マスコミ産業労働組合共闘会議・歴史科学協議会・歴史学研究会・歴史教育者協議会といったソウソウたる団体が名を列ねている。これだけ多くのアクティブな団体が一つに組織されて「明治百年」反対の運動をおしすすめているということは、きわめて大切なことだし、それだけに、その中心になってこのリーフレットの執筆を引受けたわれわれ歴史家の責任はまことに重大であるといわねばならない。

ところで、そのリーフレットの文中に、近代の日本が犯した侵略戦争の原因について、「国土がせまく、人口が多い日本では海外に進出するよりほかに生きることができなかったというのはウソである」といい、続けてつぎのようにいっている。

海外進出が必要であったのは、当時の支配階級が労働者・農民を極度に貧困にしておいたために、国内で商品が売れず、したがって海外に市場を拡大しようとして、植民地争奪のために侵略戦争を拡大していったのである。敗戦後の民主化によって、農地改革をおこなって小作農民が解放されて農民がゆたかになり、労働者の権利が保障されて労働者の生活が向上し、軍備と戦争のための重税の負担が軽減されれば、せまい国土で倍以上の人口が、ずっとゆたかな生活をいとなむことができるようになった。この事実が、支配者のウソをばくろする何よりも有力な証拠である。そして、この戦後の民主化と平和、戦争放棄こそが、日本の経済的繁栄をもたらしたのであって、戦前の軍国主義、圧制と侵略は貧困しかもたらさなかったことを歴史の事実は告げている。

右の文章は、「重税の負担が軽減されれば……ゆたかな生活をいとなむことができるようになった」というように、文脈が乱れている――文章の粗雑さ自体、このようなリーフレットでは大きな誤りを犯しているといえる――から、あるいは「ゆたかな生活をいとなむことができるようになったといえるとすれば、それは、戦後の民主化と日本国憲法のせいだ」といおうとしたのだったかもしれない。しかし、たとえそうだとしても、ここでは、「ゆたかな生活」や「経済的繁栄」といった部分的・一面的な現象が、現実の全体のなかから切り離され抽象化されながら、現実そのものであるかのように独自に評価されるとともに、日本独占資本の「経済的繁栄」のうらにあるアメリカ帝国主義の朝鮮・ベトナム〈侵略戦争〉への協力や「日韓条約」その他の新植民地主義的な軍事同盟が見のがされているという事実を否定することはできない。

だが、今日の日本人は、はたしてここにいわれているように、解放され、権利が保障され、税金も安く、ゆたかな生活をいとなんでいるであろうか。「昔の人びとは気の毒だ。それにひきかえ、今日の日本人は幸せだなぁ」ということになるのであろうか。そんな、ゆたかで幸せな人間は、日本人のうちで誰だろうか。

重税、高物価、出稼ぎ、低賃金、労働強化や、反動イデオロギーの圧迫のもとで、今日、戦前のものとは異なった新しい歴史的性格の軍国主義化とたたかっている人びとは、右の文章を、どんな気持で読むだろうか。そして、このような文章をふくむリーフレットから、「明治百年」に関するどのような現代の意識を自覚することになるであろうか。

政府・自民党が過去百年を「光輝ある明治百年」としてとらえるのに対し、過去の「事実」はそのようなものではなかったと反論するだけで、現在の「ゆたかな繁栄」を認める点では支配者と一致するというのでは、そのような「歴史意識」とはいったい何であろうか。

過去の〈事実〉は、われわれにとって、どんな意味をもっているだろうか。「紀元節」批判の場合、二月一一日が古代の史実に反するか否かがただちに問題になるのではなく、主権在民であるべき現代日本において、なぜ支配者が天皇家の神話を持ち出そうとするのか、そのイデオロギー攻勢の企図とこれを要請する支配体制の矛盾とを明らかにするなかで、これとの連関において、こうした支配者によって必然的にネツ造される「事実」について批判することが、はじめて切実な問題となるべきであるように、「明治百年」に関する「事実」の批判の問題もまた、支配者のイデオロギー的意図とその体制とを批判するという、現代の実践的課題としなければならぬことはいうまでもない。現実を批判し、変革しようとする意識のみが、はじめて、「人民のたたかいの歴史」にかかわる過去の〈事実〉を、真によくとらえうるからであり、また、このような実践的課題のためにこそ、たしかな客観的〈事実〉にもとづく歴史科学が要請されるからである。このようにして、過去の〈事実〉の認識は現代の〈歴史意識〉とはなれがたく連関しあっている。およそ〈歴史認識〉とはそのような事態をいうにほかならないであろう。

以上に述べたことについては、あるいは、「明治百年祭」反対運動のためのわれわれの共同の仕事を部分的にのみとらえて批判しているといわれるかもしれない。だが、われわれ歴史家自身のなかに、すくなくとも歴史意識の甘さがひそんでいることを、右の文章は象徴していないだろうか。そして、そのような現代社会に生きる意識の甘さが、われわれ歴史家自身のなかに一般的に存在し、いわば風土化されているとすれば、歴史科学を内面的に退廃させるものとして、われわれは、きびしくこれを自己批判しなければならないであろう。今日の歴史科学がよく反動イデオロギー攻勢とたたかいうるためには、現実のたたかいを通じて、歴史家自身の意識を絶えずきたえていかねばならないし、そのような意識の自己変革こそ、まさに〈イデオロギー闘争〉の主体的条件なのだからである。

【編集者附記】　本稿は、もと『歴史評論』二一八号、一九六八年一〇月に掲載された。なお原載論文には附記として、「本稿は、歴科協総会および全国委員会の議を経て、田中が執筆した」との一文がある。

6　中国の変革と封建制研究の課題

一　はじめに

「封建制研究の課題」は、第一に、直接には、封建制の変革に関する研究の課題でなければならない。すなわち、封建制を、その解体過程、変革過程について、また、その解体=変革の主体が何であるかについて、明らかにしようとするところに、封建制の研究が成立する。この場合、「主体」という言葉は、客体と対称される単なる静態的な主体という意味ではなく、人間が実践することによってはじめて獲得されうるもの、形成されつつあるもの、という意味内容をもつ。歴史学における「主体」とは、そのような歴史的実践の成果としての「主体形成」である、と私は考える。したがって、封建制変革の主体を明らかにするという課題は、その階級闘争の歴史過程を明らかにすることにほかならない。

ところで、中国における封建制の解体は、単純に、封建制のみの解体=変革として、歴史上に実現したのではない。現実に変革の対象となった中国の封建制は、帝国主義と結びついた封建制として存在した。言いかえれば、近代世界の世界史的規定性によって性格づけられている封建制の変革の問題としてのみ、中国における封建制の現実の変革はありえたのである。したがって、われわれがあえて中国の「封建制の変革」に問題を限定するとしても、それは、半封建的な半植民地社会の変革という、現実の唯一の具体的な歴史的変革について、それを「封建制」の変革という側面から問題にする、ということにほかならない。

しかし第二に、解体期以前の封建制を研究することもまた、決して無意味ではなく、それ自体として価値があることはいうまでもない。ただし、それは、たとい直接的にではなく、間にいくつかの媒介項をおくにしても、窮極において「封建制の変革」と連関していてはじめて、われわれの研究としての意義をもつ。のみならず、実は、「封建制の変革」の研究と連関しうるような方法によってのみ、解体過程と直接結びつかない封建制そのものの研究もまた可能となるのである。なぜなら、封建制を、それ自体として研究するにしても、それは、封建制を固定したものとして静態的にとらえることでは決してなく、封建制そのものは動態的にしか存在しないのであって、これを、そのようなものとして、その成立、発展――発展はすなわち解体につながるが――とその契機とについて、動態的に明らかにすることこそが、歴史学の方法にほかならないからである。以上のような意義と条件とのもとで、われわれは、解体期以前の封建制についても、究明する必要がある。

このように、中国における「封建制の変革」の問題は、一方で帝国主義に規定された問題、反帝国主義闘争の実践に規定された問題であるとともに、他方、この問題はまた、「封建制」の側面に即していえば、中国のトータルな変革を条件づけ、規定するものとしての中国の封建制の歴史的特質の問題、そこでの階級闘争の特質的な歴史的成果の問題である。

したがって、ここでは、中国の半封建的な半植民地社会の変革における「封建制」の変革の側面に関連する限りで、中国の封建制の歴史的特質を問題にし、とくに、中国におけるいわゆる「近代」的変革――近代世界史のなかで遂行された中国の「近代」的変革が、西欧的近代化への追随、再現ではありえず、むしろ、その克服をも内容とせざるをえないことは、いうまでもない――の対極としての封建制の問題を、「郷紳的大土地所有」の問題として提起したいと考える。なお、その際、中国封建制史の特質性を追求するための指標として、㈠共同体、㈡国家権力、㈢農民闘争、の三つの問題がとくに念頭におかれる旨を、あらかじめ指摘しておきたい。

二　中国封建制研究の成果と問題点

(1)　共同体とそのイデオロギー構造―六朝封建制論をめぐって―

『歴史評論』は、一九七一年二月、その二四七号に、重田徳「中国封建制研究の方向と方法」、川勝義雄「重田氏の六朝封建制論批判について」を掲載し、以来、同誌上に数回にわたって、いわゆる「中国封建制論争」に関する論考が発表されてきた。その「論争」中に提起された多くの重要問題について詳しく論ずるだけのスペースも能力も、いまの私にはないが、「論争」を取りあげるに当って『歴史評論』がいみじくも掲げた「中国封建制研究発展のために」というスローガンにしたがって、この「論争」を優劣を競う平面的な対立として受け取るのではなく、これらのなかから何を発展的に継承できるか、という観点に立って、私の受けとめうる問題だけに限って述べておきたい。

いわゆる「六朝封建制論」、すなわち、六朝の貴族と共同体との関係を論じたもっとも代表的な論文のひとつに、谷川道雄氏の「北朝貴族の生活倫理」[1]があるが、氏のこの論文には、次のような言葉が見いだされる[2]。

> 六朝貴族の存立の基盤を直接に大土地所有制に求めるやり方には、今日ではすでに多くの人びとによって疑いがもたれている。すなわち、六朝貴族は土地貴族であるよりも、むしろ官僚貴族であり教養貴族であって、彼らが大土地所有者であったかどうかは、その身分の成立について必須の条件ではないというのである。
>
> 貴族の大土地経営内には各種の隷属民が農作に従っていたと推定されるが、郷村全体からみると、農民の大部分は自作農であった。彼らは貴族の大土地経営の外縁にあって、家族労働による自給生産を営んでいた。

> 彼ら〔貴族〕が郷党をつかむ場合、そこに何らか物質的契機がはたらいていることは否定できない。しかしながら、ここで強調したいことは、物質的契機がそれ自体として機能するのではなく、これが精神的契機へ転化することによって、そのはたらきが発揮されるという点である。
>
> 要するに、物質的契機を超えてこれを精神的次元にまで高めること――これが〔貴族が〕郷党社会をトータルに把握する道であった。
>
> 物質世界が物質世界としてあからさまに機能することに、彼ら〔貴族〕の倫理感は抵抗した。物質世界は精神的次元にまで高められなければならない。このことによってのみ、人間社会はその本然の姿である共同体――家族、宗族、郷党、士大夫社会、王朝等々――としての存立を保つことができる。
>
> 貴族階級の存立基盤は、このような精神的支配関係のなかに求めらるべきではないだろうか。とすれば、大土地所有者であるか否かは、貴族の本質とは直接のかかわりがない。貴族が貴族であるための不可欠の資格は、その人格の具有する精神性にある。……たとえ一片の土地も所有しなくとも、超然たる精神の世界の持主でなければならない。でなけば、彼は、利害の絶えず衝突する物質世界に執着して生きる民衆の指導者であることはできないであろう。

右に見られる貴族は、谷川氏によれば、単に王朝権力に寄生する宮廷貴族ではなく、六朝の貴族は、郷村社会の支配者であるという社会的基盤をそなえており、この支配者は個別的には必ずしも大土地所有者であるとは限らず、いわゆる「自作農」を含む郷党の世論=郷論を通じて、郷党の衆望を担うことによってはじめて、郷村の支配者=貴族となりうるのであり、したがって、この貴族には、超俗的な倫理性が要求されるという。

このような谷川氏の六朝貴族制論には、一見して明らかなように、氏独自のいわゆる「共同体」の問題がきわめて大きな要素を占めている。そして、右の引用文から窺われるように、谷川氏にとって、貴族の存立基盤としてのこの

「共同体」とは、第一に、物質的契機がそれ自体として機能するものではなく、これが精神的契機に昇化する次元での精神的支配関係として存在する。のみならず第二に、個人としてはみずから大土地所有者でない貴族も存在したという事実から、谷川氏は、一片の土地をも所有しない「共同体」の支配者としての貴族の存在という、この事実認識を前提として、「共同体」は、上述のように物質的世界から精神的世界に転化する体系であるばかりでなく、むしろ物質的世界からまったく分離して独自に成立しうるものである、とさえ考えているように思われる。したがって、谷川氏によれば、大土地所有者である貴族についても、彼が「超然たる精神の世界の持主」であることによってはじめて、本質的に「共同体」の支配者としての貴族たりうるとされるのである。さらに第三に、精神的支配の成立における貴族と郷論との「関係」は、谷川氏によって本来的には個個の人格の内面に独自に成立するものとして措定されていると思われる貴族の倫理性に対し、これに支持を与える郷論もまた自律性をもつ独立のものとして、相互に分離し、独立した自己完結的な両者の機械的な対応「関係」として設定されており、貴族と一般の共同体成員との支配関係は、土地所有関係、生産関係などのような相互規定的な連関の上部構造的反映としては必ずしも想定されていないように思われる。

ところで、およそ共同体的生活規範ないし規範意識の成立構造を、われわれは次のようにいうことができよう。すなわち、そこでは、共同体の支配者は、いわゆる「自作農」——後述するように、前近代中国社会のいわゆる「自作農」の土地所有が、排他的・独占的な自由な土地私有でないことはもちろんであるが、また、この前近代の「自作農」のいわゆる小規模自営の再生産過程が、在地の共同体的な物質的諸条件を媒介とすることなしには遂行されえないことも、いうまでもない——をも含む共同体成員に対し、あらわに対立するのではなく、共同体成員自身が、みずからの生活規範をみずからの手でつくるかたちで、実は、これを通じて、共同体成員は、共同体の支配者——彼みずからが共同体の構成員である——の規範・支配を自分たち仲間のなかに貫徹させる。かくして、支配－被支配の関係そのものが、そこに成立する。したがって、支配者、被支配者のすべては、自他ともにこのような生活規範に拘束されてこれを遵守し、これを「自然の秩序」――フランス絶対主義に対し、体制そのものの変革者ではなく、改良主義的な批判者であったケネーが『中国専制政治論』Despotisme de la Chine, 1767. のなかで、中国の「徳治主義」的な家父長制的専制政治体制を礼讃していった言葉――と考え、この雰囲気のなかに埋没する。また、たとい支配者が、みずから単に「自然の秩序」の遵守者であるばかりでなく、支配者たることを自覚するときも、彼は主観的に、みずからをパターナルな温情主義的支配者としてしか意識しない。しかも他方では、こうした生活規範が持続するよう、形式主義的な伝統的生活様式の維持が、支配者を中心として、はかられる。――以上のような事態こそ、前近代中国に特質的な共同体的イデオロギーの成立構造を示すものにほかならない[3]。

支配－被支配という権力的・上部構造的関係は、谷川氏が強調するように、たしかに、同じく上部構造である共同体的生活規範意識というイデオロギーを媒介とすることによってのみ、はじめて郷村社会、共同体に対するその支配者のトータルな支配を完成し、貫徹しうるものであるが、谷川氏によって六朝貴族の存立基盤におかれた郷党の衆望と、これにもとづく精神的支配というイデオロギー的形態、および谷川氏の実証したその諸表象は、実は、まさに以上のような共同体的イデオロギーの成立構造の現象形態――とくに、積粟の放出など、共同体成員に対する救済の意識は、その直接的な表現形態であろう――であった、といえないであろうか。

しからば、みずからも共同体成員の一員である六朝貴族が、個人的な倫理性を要求され、衆望に支持されて、共同体の単なる代弁者となるのではなく、共同体成員による衆望の自立的形成という現象を通じながら、かえって共同体の全構成員に対する権力支配を貫徹しうるゆえんは、何にもとづいているであろうか。また、この場合、支配の対象に「自作農」を含めて、彼らの共同体集団をトータルに、統一的に支配しうるゆえんは、何にもとづいているであろうか。支配者の個人的倫理性と、これに対置される郷党の自律的な郷論という、相互に分離された照応関係をもってしては十分説明しえない、全体的・統一的な支配の貫徹というこの問題を解く鍵は、共同体の支配者と、共同体の物質的諸条件にもとづく共同体の再生産構造との、固有の構造的連関に関する認識によってのみ、与えられるのではないだろうか。

周知のように、『資本論』第三巻第四七章「資本制的地代の発生史」において、マルクスは、生産関係を「生産諸条件の所有者と直接生産者との直接的関係」というとともに、また、「直接労働者がまだ自分自身の生活維持手段の生産のために必要な生産手段および労働条件の『占有者』たるにとどまるようなあらゆる形態においては、所有関係は同時に直接的な支配・隷属関係として現われざるをえず」、かくして、「不払いの剰余労働が直接生産者から汲みだされる特殊的な経済的形態は、支配・隷属関係を規定するのであるが、この〔支配・隷属〕関係は直接に生産そのものから発生し、しかも生産に対して規定的に反作用する。しかしまた、この〔生産と支配との相互〕関係を基礎として、生産関係そのものから発生する経済的共同体の全姿態がきずかれ、それと同時に、かかる共同体の特殊的な政治的姿態もきずかれる」（傍点は引用者）と述べているが、[4] この場合、第一に、いうまでもなく、生産諸条件の所有者が、生産にまったくかかわることなく、直接生産者の剰余労働部分を収奪しうると考えるとすれば、そのような理解は、生産関係・所有関係の問題を、本来的に権力支配ないしは法的権利の問題としてしか解しえない強力説 Gewaltstheorie であるといわねばならない。かくして、生産諸条件の所有者は、単に権力的ないし法的に保障された所有権者であるのではなく、生産諸条件の生産的機能の掌握者であることによって、生産=再生産過程に不可欠の生産的契機として、基本的生産関係の一方の極に固有の契機たるべく措定される存在である。そして、この基本的な生産関係から発生する経済的共同体の、いわゆる「自作農」をも構成員とするその全構成員にとってそれを媒介とすることなくしては生産=再生産が不可能であるところの共同利用地・灌漑用水・作付け規制等々、共同体規制のもとにおかれている具体的用益=生産条件についても、生産諸条件の所有者は、まさに生産諸条件の一部として、これを掌握しているのである。いわゆる大土地所有者が、「自作農」を含む共同体の全構成員に対し、これをトータルに支配しうる生産構造的基礎は、ほかならぬこの共同体規制の掌握にある。(5)また第二に、所有関係が同時に直接的な支配・隷属関係として現われるという、生産と支配・隷属関係との相互規定的なこの前近代社会の特定の形態においては、右の第一の問題において見たように、これを基礎として、経済的共同体の全姿態が規定されるとともに、また、かかる共同体に特有の政治的姿態も規定されるのである。大土地所有者の政治的支配が、「自作農」を含む共同体の全構成員に対し、共同体的全体性においてトータルに貫徹しうる構造的根拠もまた、まさにここにある。

なお、近代以前の中国農村における共同体の物質的諸条件について究明するに際しては、前近代の西ヨーロッパや日本やインドの村落共同体から抽出される共同体的用益のそれぞれに特殊的・具体的な個々の諸表象――たとえば、共同利用地の日本における特殊的・個別的な存在形態としての「入会地」など――を指標とし、直接にこれを適用することのみによって、前近代中国における共同体の物質的諸条件の存否を論じたり、さらに共同体そのものの存否を論じたりすべきではなく、共同体成員の生産=再生産にとって不可欠の条件である共同体そのものの成立原理にさかのぼって、その特殊的・個別的な実現形態として、前近代中国における共同体に固有の具体的用益が、どのようなものとして存在したか、を追求すべきであろう。(6)

かくして、谷川氏のいう、「共同体」の支配者による「共同体」の精神的支配のトータルな貫徹という事態も、それが観念的・幻想的性格のものに終始しない、現実の存在であるならば、いくつかの媒介を経るにせよ、必ずや共同体の物質的諸条件を基礎にもつものであろうし、谷川氏によってその本来的独自性が主張される精神的支配「関係」としての「共同体」が、それ自身の独自性をもつとすれば、その「独自性」とは、かくして、物質的諸条件を基礎とする、まさに本来の共同体の、そのイデオロギー的・上部構造的反映として、物質的世界に対する、その限りでの一応の相対的独自性であるというべきであろう。

以上のような谷川氏の「共同体」論の根底には、基本的な発想として、「共同体の方が階級よりも歴史的かつ論理的に、より本源的である」[7]という考え方がある。しかし、この考え方に対しては、上述のような認識にもとづいて、五井直弘氏とともに、階級社会における共同体は、階級関係に規定された従属的存在として把握されなければならない、といわざるをえない[8]。

最後に、それでは、一片の土地をも所有しない貴族の存在を、どのように理解すべきであろうか。この問題については、私は、たとい彼らがみずからは大土地所有者でないにしても、それこそまさに共同体の支配構造がその物質的基礎に対してもつ相対的独自性という条件のもとで、彼ら土地を所有せざる貴族たちが、大土地所有者たる共同体の他の支配者、またはその集団との間に、あるいはその支配構造のなかに、具体的かつ一義的な連関によって位置づけられているのではないか、という推測をいだいているが、そのような事実を実証することができないであろうか、谷川氏の教えを乞いたい。

(2)　宋代以降中世説と近世説

いわゆる「地主―佃戸制」説　わが国における「古代」中国社会――古代末をいつと考えるかについては、日・中学界に多くの異説があるので、「古代」とする――の研究、とくに秦漢帝国の社会構成に関する諸業績には、中国学界における一部の研究に見られるような、いわゆる豪族的大土地所有者に隷属するものが奴隷であったか、農奴であったかのみを問題にするものとは異なって、従来から、国家権力に現象する専制的・中央集権的統一支配の表象について、これをどう理解するかという、国家権力の性格如何への関心が窺われる。すなわち、いわゆる「自作農」の広汎な存在に着目して、これに一国一領主的な封建的国家的土地所有のもとの《農奴》という歴史的規定を与える浜口重国氏の説[9]にしても、また、豪族的大土地所有=小作制とそこでの族的形態に視点をおきつつも、これと国家権力との関係を問題にする宇都宮清吉氏らの《豪族論》[10]にしても、いずれも国家権力の評価をその課題にもっているといえよう。そして、そのような問題設定は、「古代」中国国家の基本的支配関係を《専制皇帝（国家権力）の人民（直接生産者）に対する個別的・人身的支配》の理念ないしその制度という上部構造において究明しようとする西嶋定生氏の研究[11]、またこれを水の問題と結びつけて下部構造との綜合をはかった木村正雄氏の《斉民制》の研究[12]など、窮極において国家権力を生産関係の固有な構成的契機として把握しようと意図する諸研究を生み、また、両氏の研究が、在地の共同体的機能を国家権力が掌握していたとするのに対し、経済史的というよりは、習俗的・社会史的にではあるが、父老・豪族の自律的な共同体的規制力を媒介としてのみ国家権力の支配が支持されうるとする増淵龍夫氏の批判研究[13]なども、同様に国家権力の意義を問うものであった。

国家権力の性格規定に関心を寄せる「古代」研究の右のような動向に比べ、戦後の我国における「中世」中国社会――中世の範囲についても、「古代」研究の場合と同様に多くの異説がある――の研究にあっては、同じく基本的社会関係を追究するという点については変わりはないものの、初期の業績においては、当該社会の基本的関係として、在地の土地所有者と直接生産者との直接的関係としての生産関係のみが単純に設定され、国家権力および共同体がこれとどうかかわるかという問題は、これから機械的に分離され、捨象される、という傾向にあった。それは、当該社会を農奴制社会とする説についてのみならず、これを資本主義的な近世社会とする説、また家父長制的奴隷制社会とする説についても指摘できる。

周知のごとく、ある特定の時代の特定の社会の社会構成の、したがって国家権力の歴史的性格を基本的に規定するものは、前述のように、当該社会の生産諸条件の所有者と直接生産者との《直接的》な生産関係のあり方にほかならないのではあるが、しかしそれは、たとえば宋代社会について、田主（地主）－佃戸の《直接的》関係にのみ注目して、国家権力における旧中国に特徴的な中央集権的・専制的諸現象の存在を、この田主－佃戸関係との連関において何ら顧慮することなく、捨象してよい、ということにはならないであろう。また、同様に、中央集権的・専制的諸現象の存続のゆえをもって、当該国家権力の歴史的性格を一義的に古代的なものとして規定し、このような想定のもとに、実はこれと分離して対象化された下部構造に、国家権力の性格に照応するものとして、古代的生産関係を措定しようと意図することも、その本質において、機械論的な下部構造論といわねばならない。したがって、中央集権的・専制的な諸現象を示す旧中国の国家権力の性格を、在地の具体的現実=共同体を媒介としつつ、当該社会の基本的社会関係=生産関係との一義的連関においてどのように規定しうるか、という観点を欠落させることなく、生産関係の歴史的性格の規定を志すという方法的態度が必要であろう。

ところで、戦後、宋代の《佃戸》を取りあげて、もっとも早く「中世」中国の直接生産者の存在形態に着目した研究に周藤吉之氏の「宋代の佃戸制―奴隷耕作との関係に於いて―」（『歴史学研究』一四三号、一九四八年五月）[14]をはじめとする一連の《佃戸制》論がある。周藤氏の研究は、のちに「佃戸」という史料用語がそのまま援用されて、一般に「地主―佃戸制」という唱え方がおこなわれる端緒をなしたことにも窺われるように、この「佃戸制」と呼ばれる生産関係を、いかなる歴史的規定性を有する、いかなる階級関係として概念するかについて、必ずしも論断的ではなく、きわめて慎重に、その諸表象を紹介するという方法によったものであったが、佃戸の田主に対する経済的依存性、また「随田佃客」という用語例に対する「移転の不自由」という氏の理解などを例証として、宋代、とくに北宋期には、一般農民が佃戸となる場合があるとともに、他方、奴隷→佃僕→佃戸と地位が向上しつつあった佃戸が、田主に対し、なお奴隷に近い身分的隷属関係におかれていた、と考えた。石母田正氏は、この周藤氏の研究に依拠しつつ、「佃戸制」の概念規定をいっそう定式化し、これをコロナート制に比定したが[15]、さらに仁井田陞氏が法制史的研究を通じて、佃戸の法的規定をおこなった[16]。宋代法に、主人と佃戸・雇傭人との間には「主僕の分」があるものと観念されていたことについては、周藤氏も指摘していたところであったが、仁井田氏は、宋代法において、佃戸・雇傭人は良民でありながら、主人に対して罪を犯した場合、これを常人より重く罰し、主人が佃戸・雇傭人に対して罪を犯した場合には、常人より軽く罰することが定められていた事実にもとづいて、このような規定は、佃戸・雇傭人がはじめて法的身分として形成されるにいたった画期的な事態を示すものであり、この規定は、この時代における田主―佃戸・雇傭人の関係の広汎な成立を背景として、その身分的隷属関係を法的に規定したものであって、かくして、佃戸は、奴隷や部曲でないまでも、なお一般人と対等ではない法的身分におかれていた、と見る。古代社会における奴婢・部曲以外の小作・雇農の法的地位が一般人と変わらなかったのに比べ、一一世紀に入ってからの佃戸・雇農の法的地位が下降し、田主の彼らに対する刑法上の優位が確立するという、以上のような現象について、仁井田氏は、これを、前封建的なもの、すなわち奴隷制的方向へ没落しつつある傾向と見るのではなく、中国における農奴制の広汎な、一般的な成立にもとづくものとして評価する。その根拠は、のち、明・清時代に農民闘争のたかまりによって佃戸の地位が向上するにともない、「主僕の分」が法的に認められなくなり、それに代って「長幼の序」を規範とする隷農制が成立する、と考えられるからである。したがって、仁井田氏によれば、「主僕の分」の成立は、中国史の長期にわたる展望のなかで奴隷身分から農奴身分への移行を示すものとして位置づけられ、「かえって農奴の実力のたかまりを物語る」[17]ものとされる。

仁井田氏は、右のように、法的身分の研究によって、宋代の直接生産者佃戸に歴史的規定を与えたが、このような法的身分による規定が、他の研究者によって、宋代の佃戸を農奴として規定する場合にしばしば援用されている、というのが現状である。仁井田氏のこの規定は、法制史の領域内の問題としても、佃戸と彼の直接の主人という特殊・個別的事例にのみ適用される罪罰規定と社会制度的・一般的な身分規定との関連如何という問題を残しているといえるであろう[18]。また、特定の生産関係におかれている直接生産者佃戸の存在形態を規定するのに、直接に田主―佃戸の生産関係＝階級関係そのものを内容として規定したり、あるいは佃戸経営の再生産構造を通じてこれを規定したりするのではなく、佃戸の法的な取扱われ方の問題として把握しているのであるから、のちの研究者が仁井田氏のこの法制史的研究の成果を発展させることなく、そのまま継承する限り、前近代社会研究の重要問題、すなわち身分と生産関係にもとづく階級との区別=連関の問題が、なお究明すべき課題として残されている、というべきであろう。

近世説　宋代社会の歴史的規定性については、以上のような中世説のみがおこなわれているのではない。内藤湖南氏以来、近世説があり、その説の学界に占める影響力もまたはなはだ大きい。

周知のように、いわゆる内藤史学において、中国史は次のように時代区分される。すなわち、後漢末までを上古（古代）、唐末までを中古（中世）、宋以後を近世とするのである。そして、宋以後を近世とするについて、「貴族政治から君主独裁政治に入ったのは、どこの国にも見られる自然の順序である」[19]といっているように、西洋の絶対主義を念頭において、専制的な「君主独裁政治」の表象が、世界史的に普遍的な近世的現象としてとらえられているのであるが、文化史ないし政治史的発想にもとづく内藤史学のこの近世説は、宮崎市定氏に引継がれて、社会経済史的にも適用されようとするにいたった。そのいちじるしい例は、たとえば、「宋代社会には顕著なる資本主義的傾向が看取され、中世の社会と著しく異なった様相を呈する」[20]という言葉にも典型的にあらわれている。「資本主義」という言葉の無概念的な使用について、いまは問題外とするにしても[21]、宮崎氏の研究[22]によれば、宋代の佃戸は、元来独立の自由民であり、移転の自由を有し、小作料を支払うという契約上の義務を果たす以上に、田主から人格的な拘束を受けることはなかったとされる。かくして宮崎氏は、佃戸の移転の不自由の事例を、田地の広大な寛郷において労働力が不足した場合に常に見られる現象と解し、（なぜ佃戸の自由は強まらないか?・）佃戸の逃散に対する田主側の追求を契約義務不履行の結果の当然の措置と解釈し、また、田主が佃戸を酷使するのは、法制的権利ではなく「資本主義的な威力」であったとして、土地緊縛、田主の恣意性、佃戸の身分的隷属などの事実を否定し、宋代から以後、個人の土地に対する所有権が確立して、売買は決定的な所有権の譲渡を意味したといい、以上をもって近世的な特徴であるとした。なお、生産関係論的・歴史規定的であるよりも経営形態論的・計量的な形式論理的解釈をおこなう氏の方法の結果の一つにすぎないにせよ、宋代の大土地所有形式が一円的な土地集中というよりも分散的な土地集積であるという事実を宮崎氏が指摘している――宮崎氏は、この事実から、分散的土地所有では、地主が農民を拘束しがたいと推測しているが、事実は「幹人」（管理人）もいて、地主による農民の拘束には必ずしも地主個人の直接管理を要しない――のは、注目すべきことであろう。

郷村の成立　周藤氏はさきの諸研究のほか、宋代官僚地主層の形成を国家権力との政治的関連において論じ、税役・行政制度の側面から《郷村制》を解明し、また水利田の造成やその水利規約などについても究明し、仁井田氏もまた義荘・祭田など同族的な共同体の問題に関する総括的な論考を発表している[23]。また、さらにその後、一九六〇年代になって、水利問題と共同体との連関に関する業績もいくつか出されるようになったが[24]、柳田節子氏は、最近の論文「郷村制の展開」[25]において、「現在までの宋元時代の郷村制研究は、支配の側からの、制度史的解明に関しては精緻な成果をつみかさねてきたが、それは同時に、制度史的解明の域を超え得ない、研究の限界と困難さをも示している。制度の展開には、その制度を生み出す基盤があるはずであり、それは具体的には郷村における共同体との関係においてとらえられるべきであろう。そこからはなれては再生産も不可能な共同体的土地用益を通して結ばれる諸機能に関しては、なお未解決のままである」という研究史的な問題整理に立って、郷村制の研究の目標を、五代・宋初以来のあらたな水利開発にともなって江南デルタに形成された共同体関係に、郷村支配の末端の基礎単位としての《村》の成立を見いだす、という具体的な解明においた。そして、水利規約の分析を通じ、土地および水利施設を所有することの多い戸の方が、《堰長》の差役に、より長期にわたってとどまりえたこと、この《堰長》たることが土地所有者にとって有利であるため、その地位が争われたことなどを明らかにするとともに、「地主的大土地所有が、すでに分散化した耕地片の集合的形態をとり、あるいは、一円的に集中化されていても、その内部における小作関係が、零細な小耕地片の分散小作形態をとっている以上は、灌漑・排水等をめぐる労働も、地主・佃戸間のみでなく、中小土地所有者をも含めた（いわゆる「自作農」をも含めた――引用者註）地縁的関係をもたざるを得ない」と述べている。

いわゆる「佃戸」の存在形態における諸表象が例示され、郷村制の制度史的実証が進められてきた宋・元《佃戸制》研究は、ここ数年来、国家権力との何らかのかかわりのもとで、農民の再生産過程にとって不可欠の具体的用益としての共同体がどのように存在したか、を明らかにし、またその共同体の場において、地主―佃戸関係の現実を明らかにしようとする段階にまでさしかかっている、といえるであろう。

(3)　明初の社会体制と里甲制中核農民

中華人民共和国の成立にいたる、いわゆる中国革命の過程において遂行された《土地改革》にとって、その変革の直接の対極をなしたものは、周知のように、いわゆる《地主制》であった。さらに、二〇世紀の前半まで続いたこの《地主制》の起点を、歴史的に遡って求めるとすれば、明末清初（一六・一七世紀）にこれを見いだすことができるであろう。それは、税・役制度史のうえで、一条鞭法から地丁併徴にいたる明末清初の税・役改革が唐・宋移行期以降の両税法体系を最終的に揚棄したものであり[26]、この税・役制度上の改革は、《地主制》の画期的変質を反映するものであったと考えられるからである。そしてさらに、この時点において変質した《地主制》の祖型（それが奴隷制であるか、農奴制であるかは、のちに問題にする）は、これを明初（一四世紀後半）の里甲制農村社会に求めることができるであろう。

明末清初の大土地所有ないしその地主経営を直接の対象とする業績は、研究史上、戦後になってはじめて現われるようになったのであるが、北村敬直・古島和雄氏をはじめとするそれらの諸業績は、いずれも、明末清初の大土地所有を究明するに当って、一つの前提から出発している。すなわち、明初に、新王朝のもとで租税・徭役の収奪体系として施行された《里甲制》において、いかなる農民層が、王朝支配の社会的および経済的基礎をなす、いわば中核農民として、王朝権力の国家意志によって理念せられ、したがって制度上における把握の対象とされていたか。また、そのように意志され、理念された対象は、これを現実の存在形態について見れば、いかなる歴史的範疇としての農民であったか。こうした里甲制における中核農民範疇規定を仮説的に設定することからはじめたのである。

ところで、明初の里甲制農民に関する論考には、戦時中にすでに、松本善海「明代」（和田清編『支那地方自治発達史』中華民国法制研究会、一九三九年、所収）、同「明代における里制の創立」（『東方学報』東京一二冊、一九四一年）、および清水泰次「明の太祖の戦後土地経営」（『東亜経済研究』二四巻三号、一九四〇年五月）などがあるから、まず、その論点を整理しておこう。

松本説　松本氏は、明初創設の里甲制が一里につき一一〇戸ごとの戸数単位に編成された事実に着目し、その単位となった戸の実態を次のように規定する。すなわち、元末のはげしい農民反乱の結果、大土地所有の分割と、戦後の明王朝による流民の招撫、荒廃地の開墾奨励政策とが、「土地私有の零細化」を助長し、その結果、全国的に「土地所有の支配的形態が零細な小土地私有にあり、自作農が圧倒的多数を占め」るにいたった。そして、明代中期以後における国内商業の発達に伴う銀経済が、ふたたび大土地所有の「発生の端緒」となり、その展開過程とも表裏して、この両者が里甲制の基礎としての「自作農」を分解せしめ（→地主―小作農）、里甲制を崩壊に導いた、という。そしてさらに、松本氏は、右の見解を《里》の組織に即して敷衍し、明初の里甲制は、収税の確保という政治目的のみを前提としており、里は、税糧徴収・徭役賦課の便宜のために、戸数を単位とし、「村落」内の税役義務負担の戸のみをもって構成された他律的な村落自治体であり、過去から受け継がれた歴史=社会的な形成体としての旧来の村落自治体との妥協として、水利灌漑・小訴訟などの共同体的諸機能をつかさどる《里老人》の役《えき》が設けられたが、これを通じて、旧来の自治体をして発展的に解消させ、人為的な新組織、すなわち「必要な大きさの地域」をもつ里に再編成しようと試みたのである、といっている。

松本氏の以上のような《里甲制》論の特徴は、次のようになろう。すなわち、第一に、里甲組織は、さしあたっては徴税事務のための組織であって、現実に存在した旧来の村落共同体とは別個のものであるが、しかもこの里甲組織は、旧来の共同体を破壊して、これに代えるに一一〇戸の税役負担戸とこれに見あった「大きさの地域」の新たな地縁的団体を再編成すべきものであった。したがって、里甲組織は税役負担戸=土地所有者のみを構成員とする人為的な新編成の地縁共同体である。第二に、明初の里甲制の中核農民は、理念的にはもちろん、現実にも小土地私有の「自作農」である。第三に、この里甲制の崩壊をもたらした根本的要因は《貨幣経済の発達》である。

右の三つの問題のうち、第一、第二の問題については後述することとして、第三の問題については、里甲制の崩壊の原因を、税・役負担の過重といった単なる制度運営上の問題に求めず、現実の土地所有関係の変動に求めてはいるものの、この変動を内在的な生産力発展の成果と見ず、貨幣経済という流通過程に、「自作農」分解の窮極の要因を求めるにとどまっている。このような外在的要因の設定が、松本説の限界の一つであるといえよう。

清水説　松本氏の論考とほぼ時を同じくして発表された清水氏の論文によれば次のようになる。すなわち、『皇明詔令』・『皇明詔制』・『大明律』など、皇帝・国家の意志として公布された、現実そのものと連関しつつもこれとは区別される制度上の諸規定を通じて調べると、明初、太祖洪武帝による戦後の難民の荒蕪地への帰還・招撫と安堵との政策においては、旧所有権の有無を無視して、旧所有田畝数に必ずしも拘泥せず、「口を計って田を授く」という方式によって、国家が家族労働力にほかならぬものと考える「丁力」の「多寡」に応じ、田土が授与される。しかもそれは、必ずしも個別「丁力」に対する基準授田額を定めず、個別家族内の「丁力」の総和の当該時点における耕作能力――丁数の総和とは必ずしも比例しない――の限度において、授けられる。したがって、均田制の農民に対するように個別人身単位の授田額が制度上固定化されるのではなく、個別「丁力」間の能力の不均等を前提として、戸が把握の対象単位となり、その各戸間に格差のあるべきことを容認しているが、他方、授けられた田土を耕作せずに荒廃させること、みずから耕作しえないほどの田土を兼併して他人に小作させることを許さず、また奴隷の解放を命じている。

右の要約は、清水氏自身の認識した状況というよりも、清水氏の提示した制度上の事例によって私が敷衍したものであるが、このような状況について、清水氏は、太祖が土地の分配に当って兼併を禁じたのは、単に貧富の懸隔を憂えたからばかりではなく、土地を兼併して耕作力が及ばず、田土が荒廃するもののあるのを慮ったからである、と結論している。しかしながら、他人の労働力を使役しない血縁小家族のいわゆる「自作農」を土地所有の唯一の主体として理念する限りにおいて、家族労働力の耕作能力に余るほどの土地兼併が、労働力の不足による田土の荒廃をもたらす場合のあることが憂慮されたであろうと想定することも可能であるが、実は、このような憂慮自体が皇帝の意識の産物であって、他人の労働力さえ使役するならば、土地兼併と田土の荒廃との両者は、必ずしも必然的な関係にはない。むしろ、佃戸・奴隷の使役が禁止された事実は、他人の労働力を使役する地主的大土地所有の現実の存在を示しており、皇帝による「自作農」設定の政策的意図は、現実と無関係に成立するものではなく、大土地所有者を含めて現実の多様な存在のなかから、「自作農」を選択し、これをもって大土地所有（＝兼併）に対抗しようとするのが、皇帝の社会的・経済的基礎の確保策であったと同時に、常に土地兼併の可能性を「憂慮」せざるをえないような当該歴史段階の現実においては、この「自作農」はまた、常に地主制的分解（田主－佃戸、ないしは田主－奴隷）の可能性にさらされていたといえるであろう。のみならず、皇帝の主観のなかでイメージされている「自作農」のいわゆる「丁力」が、現実に佃戸・奴隷労働力を含んでいないという保証は、どこにもない。それどころか、太祖の『御製大誥』には、佃戸の起こした事件がいくつか見られるし、明初に長江デルタ地帯をはじめ華中の一部に実施された《均工夫》の徭役においては、はじめ、民田の土地所有者は、所有田土一頃につき均工夫一人を出すことに定められていたが、その規定中に、「田多く丁の少ないものは、佃人を以って〔均工〕夫に充てさせる」[27]とあって、国家権力は、その現実の必要に応じて佃戸の存在を容認し、むしろこれを活用しさえしていたのである。

いわゆる「自作農」について　ここで、さきの松本説の第二の問題点、すなわち、明初の里甲制の中核農民は、理念的にはもちろん、現実にも小土地私有の「自作農」であったとする説の検討に戻ろう。

第一に、清水論文からのわれわれの帰結として、皇帝・国家の意志によって制度上に理念された「自作農」が、現実には佃戸ないし奴隷を使役する地主である場合があったであろう蓋然性を否定することはできない。事実、後述するように、元末明初の戦乱をはさんで、一貫して大土地所有は存続していたのである。

しかし第二に、一時的にもせよ、事実問題として、いわゆる「自作農」が広汎に成立したことも、松本説のごとく、否定しがたい歴史的現実であろう。

それでは、実在したいわゆる「小土地私有の自作農」について、どのように考えうるであろうか。およそ、近代社会における理念型《イデアルテイプス》として定式化される《自作農》の概念は、㈠これを土地所有形態についていえば、排他的・独占的な、自由な土地私有であり、㈡経営形態についていえば、家族労働力にもとづく――他人の労働力を使役ないし雇傭しない――自営である、という二つの要素によって成立しているであろう。したがって、理念型としての「自作農」は、いわゆる独立自営農民すなわち《割地農民》Parzellenbauer であるべきであって、封建的自営農民である農奴・

隷農などをはじめ、すべて近代以前の何らか隷属的な小農民を、小規模自営あるいは自立再生産という、その経営形態における「自営」的表象のみにもとづいて、「自作農」と称するとすれば、いうまでもなく、それは、前近代的な所有関係、生産関係ないしは共同体規制によって規定される当該小農民を、その歴史的＝社会的規定性において認識しえず、経営形態的範疇をもって歴史的範疇にすり替えるごとき規定をこれに与えるものといわざるをえない。

しかしながら、およそ《所有》という概念そのものが、歴史的な性格、すなわち歴史的諸段階のその時々の特定の規定性をその固有の内容として有する、すぐれて歴史的な概念であって、《所有》といえばただちに、まったく排他的・独占的な性格の「所有」をしか考えええないのは、非歴史的な考え方であるといわねばならない。したがって、近代社会における排他的・独占的な、自由な土地私有にもとづく自営農、すなわち《割地農民》をもって、いわゆる「自作農」の唯一の存在態様であるべきだと考えるとすれば、そのような概念規定の方法もまた、性急な、近代主義的方法であるといえよう。

かくして、敗戦を契機とした《農地改革》を経る以前の日本社会において、社会的通年として用いられた「自作農」という範疇は、資本－賃労働関係に分解すべき《割地農民》というよりは、むしろ、封建遺制的高率地代にあえぐ地主制下の「小作農」の対称概念として使用されたものであり、このような日本資本主義に特殊的な歴史的＝社会的条件によって規定されていた時代に、松本氏が使用した「自作農」という用語は、氏が自覚していたと否とにかかわらず、《割地農民》を意味しなかったであろうことは間違いない。もっとも、松本氏は他方で、中国はあらゆる時代を通じて常に土地所有の点で小私有が優越していたと考え、そのなかにあっても明初の「自作農」の優越をとくに強調するのであるから、氏の「自作農」は、古代・中世を通じて存在することになるが、すくなくとも近代以前の「大土地所有制」下の「小作農」と同一体制内に併存し、その限りでこれと対比される意味での「自作農」であるといえよう。また、近代以前の中国の《田主》について、それが国家権力の特定の規制下にあるにしても、われわれがこれを地主的土地所有者と呼びうるとすれば、その限りで、いわゆる「自作農」もまた、同一の社会構成体の内部において、一応、同様に土地「所有」者と呼ばれるべき存在であるといってよいであろう。

したがって第三に、松本説は、元末明初における「小土地私有の自作農」の広汎な成立の事実を主張し、それを、元末における大土地所有の分割と、これと並行した明初における「自作農」の人為的設定との二重の結果に帰しているが、この場合、「自作農」の人為的設定といわれるものは、前述のように、当該歴史段階における一定の歴史的条件のもとで、これに規定されつつ、農民の既成の存在形態のなかから選択されたものにほかならない。大土地所有制を内容とする元末までの一切の歴史発展の成果がまったく消滅し、何らの現実の条件にも規定されることなく、完全に非歴史的な人為性のもとで「自作農」が創設され、あらためて歴史がはじめられるというようなことは、ありうべからざることである。また、松本説は、こうした「自作農」を中核とする里甲制の崩壊を、ふたたび大土地所有制が「発生」することによる地主―小作農への「自作農」の分解にもとづくものとしているのであるが、それは、このように設定→分解を経過する「自作農」が、いわばその胎内に地主―小作農の矛盾を一時的に統一して内在せしめ、かつその分解がある特定の大土地所有制的運動法則によって規定せられていたことを示すものであり、「自作農」の存在の背景に、これを規定する歴史的現実として、特定の大土地所有制が成立していたのである。

ところで、明初に実在した「自作農」が、前述のように、大土地所有制――佃戸あるいは奴隷の使役にもとづく地主制であるが、佃戸が歴史的範疇として、農奴であるか、奴隷であるか、またいずれが当該社会の基本的な直接生産者であるか、については後述に譲る――の存在という、無視しえざる現実を前提とし、これに対する対立物として、明王朝によって、現実の既成の農民存在のなかから（あるいは、たとい一時的に存在が可能であるにすぎないにせよ、現実の存在可能性にもとづいて）選択され、里甲制度の基礎に設定しようとされたものであったとすれば、明朝初期権力の性格が、地主制を全面的に包括して地主層の階級的利益を代表し、その階級支配の機関として上部構造を形成した地主層のための権力ではいまだなく、「自作農」設定を通じて他の地主たちに対し同次元的に対抗しようとした政権であり、後述する《官田》などの領有を通じて、みずから一個の最大の地主であるとともに、他の地主たちおよび「自作農」——佃戸・奴隷の使役を禁じた明朝の極初期を除いて、のち、里甲制度上の原則、したがって皇帝および国家の主観において、戸等の差を生じながらも、地主・「自作農」間の範疇的区別は、「自作農」を標準とする土地「所有」者一般のうちに解消される——に対し、王朝支配に伝統的な専制的支配の形態によって、皇帝および国家の権力支配の機構を形成し、これを機能せしめた、専制的地主政権であった、といえるであろう。

　ここで、以上の実在した「自作農」の問題について総括すれば、いわゆる小土地「所有」の「自作農」をいかなる歴史的範疇として規定すべきか、という問題は、第一に、まず抽象的・一般的にいって、階級社会において、一見、階級関係から独立して自立・自営であるかのように見えるこの実在した「自作農」を、それが、いかなる社会体制のいかなる階級矛盾をみずからのうちに一時的＝経過的に内蔵し、したがっていかなる歴史的規定性において、いかなる特定の階級関係に分解すべき存在であったか、について明らかにすべき問題であろう。また第二に、これを当該時代の特殊性に即していえば、この「自作農」が、元末のいかなる歴史的性格の大土地所有制の分解のもとで、一時的＝経過的に形成され、さらに明末清初の里甲制崩壊期までに、「自作農」の分解を通じて、いかなる生産関係を内容とする大土地所有制を形成したのか。その場合、「自作農」の分解が停滞的分解であって、元末のそれと明末清初のそれとにおいて、大土地所有制が同質のものであるのか。とすれば、それは地主－奴隷制であるのか、それとも地主－農奴制であるのか。もしくは、「自作農」の分解が発展的分解であって、元末の大土地所有と明末清初のそれとが、歴史的規定性において異質のものであるとすれば、それは、元末の地主－奴隷制から明末清初の地主－農奴制への変革であるのか。あるいは同じく元末から明末清初にいたる間の、地主－農奴制から地主－隷農制への変革であるのか。——以上のことについて、「自作農」の分解の過程を通じて明らかにすべき問題であろう。そして第三に、いわゆる小土地「所有」の「自作農」が、その一見自立的な小規模自営の生産=再生産を遂行するに当って、在地の共同体的用益といかにかかわりあわなければならなかったか。さらに、このことを通じて、その共同体規制の掌握者および国家権力と「自作農」とが、在地においていかなる社会関係、権力関係におかれていたか、について明らかにすべき問題であろう。かくして、総じて、実在した「自作農」の歴史的性格の解明は、当該時代の基本的生産関係の推転、これを基礎とする共同体、およびこれに連関する国家権力の歴史的性格の究明にかかっているとともに、またその究明に寄与するであろう(28)。

(4)　明末清初の《地主制》について

北村説　さきに見たように、松本氏は、明初のいわゆる零細な小土地私有の「自作農」を歴史的範疇として十分に把握しうるにいたっていなかったが、これに対し、北村敬直氏は、その「明末・清初における地主について」（『歴史学研究』一四〇号、一九四九年七月）において、まず、明初の里甲制下の中核農民としてのいわゆる「自作農」を、国家に対する隷農として、日本の幕藩体制下における本百姓に比定し、これを《老農層》範疇と措定した。そして、「貨幣経済の発達」の結果、この老農層は、官僚層に包摂されて徭役の一部の免除という特権を与えられているものと、しからざるものとの間の差別を槓杆として分解し、明初にすでにその歴史的背景として存在していた地主–佃戸関係を再編成するかたちで、在村の《郷居地主》が成立した、という。だが、明末清初、「貨幣経済のよりいっそうの発達」——たとえば、田地の価格が米価の変動につれて変動するというような状態——のもとで、この《郷居地主》は解体し、地主–佃戸制の最高段階としての《城居地主》、すなわち、商人資本をはじめとする寄生的な土地所有が成立する。そして、さきの《郷居地主》、すなわち、地主–佃戸関係にもとづく地代収取のほか、奴隷、とくに「傭工」労働による手作経営を内包し、多少とも生産者的な性格を有していた《郷居地主》に比べて、こうした《城居地主》のもとでは、直接的関係は地主―佃戸関係に一義化され、その矛盾も激化し、また地主の佃戸に対する直接的統制力は弱められる、という。かくして、北村氏は、このような諸事実をもって封建社会解体の先駆的現象と理解し、このような解体期に併存する可能性のあるものとして、富農―傭工関係を想定する。もっとも、のち、論文「中国の地主と日本の地主」（『歴史評論』二〇号、一九五〇年二月）において、北村氏は自説を批判し、㈠日本の幕藩体制に安易に比定することの困難を認め、㈡いわゆる「傭工」労働の半奴隷的性格を指摘するなど、いわば遺制の残存を強調した。

以上のように、北村氏は、諸条件をより具体的に考慮して、松本氏に比べ、より歴史的な位置づけを土地所有関係に与えようと試みたのであったが、そこには、批判すべき次のような問題が残されていたといえよう。すなわち、北村氏は、設定された（あるいは理念された）「自作農」を国家の隷農と規定したが、この措定は、地主制的時代状況のなかで、後述の官田の例をはじめとして、明朝をその理念や意志とは別に、客観的に規制した歴史的条件を暗示的にとらええてはいるものの、そこには、みずからが地主である皇帝の専制的支配の理念にもとづく「自作農」設定の制度と現実の土地所有関係とを区別する観点が欠如しており、国家―里甲制農民という制度的＝理念的関係を、現実の基本的生産関係と見誤って、これを国家（領主）―隷農の生産関係とし、しかも、のちの「地主―佃戸」制の展開への推転のなかで、さきに基本的生産関係の契機として措定された国家（領主）の位置づけが見失われているのである。また、この北村氏の研究段階では、当時の一般的な社会的状況が外在的に追求されるにとどまっており、《郷居地主》の奴隷ないし「傭工」労働力にもとづく手作経営の再生産過程を内容的に分析し、とくにこの直接自営部分と「佃戸」による経営との構造的連関を明らかにすること、したがって、《郷居地主》から商人的・寄生的な《城居地主》への推転を、彼ら地主たちが外的・他律的な「貨幣経済の発達」に巻き込まれたことにもとづくものとするのみでなく、直接生産者である奴隷、「傭工」、「佃戸」のそれぞれと地主との生産関係における矛盾の発展およびそれら相互の連関を基軸として、いかに内在的に把握するかということについて、方法論を確立しえていたとはいいがたいものがあった。

古島説　このような内容的な経営分析をおこなおうとしたのが、一九五〇年代初期の古島和雄氏による二つの論文、㈠「明末長江デルタに於ける地主経営―沈氏農書の一考察―」（『歴史学研究』一四八号、一九五〇年一一月）、および「補農書の成立とその地盤」（『東洋文化研究所紀要』三冊、一九五二年八月）であった。古島氏は、右の第一論文において、明末の長江デルタ地帯における在地小地主の手作地主経営を分析し、また、第二論文では、同じくこの地帯の在地手作地主の所有地内に併存する小作関係をもあわせ扱っているのであるが、古島氏が在地中小地主層の歴史的＝社会的な位置づけを試みるに当って、経営分析を通ずるこのような構造的把握という視角が据えられるについては、松本・北村氏の説に対する批判にもとづいて導き出された、論理的帰結としての仮説が前提されていた。すなわち、㈠元末の戦乱後に、里甲制編成の基礎として、小土地私有の優越性を指摘することは一応正しいが、それはあくまで明朝成立期の過渡的現象であって、むしろ元末以来の在地の具体的な土地用益（共同体的用益）を含む所有関係と、その上部構造として成立する階層的諸関係とが、大土地所有の一時的衰退にもかかわらず残存し、それが里甲制そのもののなかに存続した。㈡したがって、このような在地の具体的な土地用益を含む所有関係の上に成立する階層的諸関係――在地地主（郷居地主）と自作農（老農層）とによって構成される在地の階層的諸関係――のうち、戸等の格差によって里長戸に充てられる郷居地主の在地における権力こそが、里甲制の社会的基礎をなした。あるいは、そのような在地の権力支配関係の構造こそが、里甲制維持のための保障をなす実体であった。㈢それゆえ、里甲制の解体は、城居地主による土地所有の展開と、これに表裏する老農ないし郷居地主の没落によるものとすべきではない（在地権力の担い手の単なる個別的移動は、里甲組織そのものと矛盾しない）。換言すれば、寄生的土地所有の展開現象が直接的・一義的に里甲組織を解体せしめるのではなく、在地における土地所有関係とこれにもとづく階層関係の構造的変質こそが、内面的に里甲制を崩壊せしめる要因をなした、と見るべきである。

以上のように、里長戸に代表される郷居地主の在地における権力関係の解体、その基礎としての郷居地主経営の変質を里甲制度の崩壊の主因として問題を設定する古島氏は、第一論文において、『沈氏農書』に見られる明末の郷居手作地主の経営内容を分析することに限定して、右の在地権力の構造的変質を論証しようとする。この場合、第二論文に、「沈氏農書における限り、地主手作地の経営規模は、極めて零細であり、佃戸の経営との間に殆ど決定的な差異が認められない程である」といわれているような地主手作地のみが対象とされ、ここに対比されている同様規模の「佃戸の経営」そのもの、ないしはそれと地主手作経営との連関が、捨象されていることに、留意する必要があろう。

ところで、ここに構造的変質を表現しているものとされる明末の郷居手作地主経営に対し、これに先行する歴史的存在としては、「明代中期前後の極めて断片的な史料にあらわれる、家人・家僕・家丁・家僮・家奴等」の家族関係に擬制された奴隷を「主要な労働力」とする地主手作経営が想定され、この明代中期の手作地主経営から明末のそれへの変質は、次のような過程によるものとされる。すなわち、土地所有額とともに里長戸に対する課役賦課の規準となっていた丁口額、すなわち労働力の多寡は、家族労働力のみならず経営内部における家僕的労働力の存在をも前提として成立すべきものであったが、「政治的収奪が強く経営地主層に向けられる時、これに対応して」、理念的には家族労働力と見なされ、現実に丁口中に数えられて国家権力によって課役賦課の規準とされている家僕的労働力を解放し、家族労働力ならざる「多量な労力〔の〕投下による集約的な経営により、生産力の上昇を計らなければならなかった。かくて、農業技術体系の集約的な展開と、奴婢的労働力の低生産性が、地主経営における労働力体系を解体せしめるに至ったのである」という。そして、「かかる労働力体系の変質の方向は、主家の家産が傾き、その経営が没落に瀕するに至り、他家に傭直される例によって、典型的に示される。勿論このような傭工の形態は、主家の経営が崩壊する場合にあらわれたものであり、必ずしも家僕層より傭工へという転化ばかりであったのではない。主家の経営の分解が、寄生的地主層への転化の形をとってあらわれた場合には、別個の経営の主体として、佃戸的形態に移行することも、又在り得たに違いない」といい、さらに、「その経営が没落に瀕するに至」るような地主層とは異なった「巨大な〔手作〕地主層の下に於ては、実質に於ては佃戸的存在であった奴婢的身分にある家僕層が、耕作権を取得して独立してゆく道が、むしろ一般的形態であったかと思われる」と述べるとともに、後述する張履祥の「義男婦」に関する議論を、この「耕作権を取得して独立してゆく道」に擬して、「『義男婦』の項の奴僕解放の理念はかかる背景をもったものであろう」としている。

古島氏の第一論文は、右の「傭工」・「佃戸」のうち、「傭工」を、具体的労働過程においては家父長的奴隷制の性格を強く残しながらも、形式的身分関係においては無制約的な収奪を可能ならしめる身分的隷属から脱し、一応相互の契約関係によって結びつけられる独立の人格として立ちあらわれたものと考え、かくして、明末にいたって、この「傭工」がその主要な労働力となって、「ここに、その〔在地の〕階層的関係が変質して行った」としているが、この第一論文では果たしえなかった地主的土地所有をめぐる小作関係の考察については、第二論文において、明末の手作小地主の小作地部分における佃戸経営と地主との連関が取りあげられ、これを通じて、佃戸経営を手作地主が包摂しうるための第一の条件であったもの、すなわち、地主自身がその手作部分にもとづいて保有する経済力の優越性が、相対的に衰退したこと、それとともに、第二の保障条件、すなわち、在地の地主が掌握していた共同体用益が、もはや地主の佃戸に対する支配を支ええず、地主層による灌漑用水の独占に対抗して、佃戸層の共同労働にもとづく地縁的結合があらわれ、それが《抗租運動》（反小作料闘争）の紐帯としての機能に転化した事実を挙げ、そこに、佃戸たちが共同体成員であることが看取されうるばかりでなく、そのような共同体における在地地主層の支配的地位がすでに動揺しつつあることを指摘した。そして、このような状況のもとで、『補農書』の撰者、張履祥によって草案が作られた小作契約の規定について、これを、「在来の小作条件を維持し、之を実質的に強制しうる社会的基礎を失った地主層が、〔現実に対抗して〕家族主義的イデオロギーの下に、更に小作地の保有を維持しようとする傾向を、最も典型的に表現するもの」という歴史的評価を与えている。

以上のように、古島説は、里甲制度の崩壊の動因を、第一論文において、明中期までに想定された手作地主経営における《家僕》労働力から明末のそれにおける《傭工》労働力への変質に求め、またこの第一論文においては明初から明末まで一貫して視野から捨象されていた「佃戸」については、第二論文において、手作地主経営が《傭工》労働力にもとづく経営に変質した明末の時点で、すでに「佃戸」の抗租による地主の佃戸支配の動揺が見られる、と説くのである。

次に、右の古島説の問題点を指摘しておこう。第一に、古島説は、明末以前の里甲制中核農民のうちに「巨大な地主層」の存在をも想定しながら、事実上の佃戸経営を包摂するこの地主的土地所有を明末以前において構造的に分析することをなしえず、他方、唯一の対象として措定された手作小地主の経営についても、「家僕」・「家奴」等々の史料上に各目的ないし身分的な呼称をもつ存在をもって、生産関係的・階級的範疇であるべき労働力範疇を規定するための根拠とし、したがって、その労働力が、手作地主経営の再生産構造において、いかなる意味で《奴隷》労働力であるかを解明しえなかった。第二に、かくして、手作地主経営の解体=発展の動因たるべき構造的矛盾を明らかにしえなかった結果、《家僕》労働力から《傭工》労働力への変質は、「政治的収奪」のもとで、「農業技術体系の展開」と「奴婢的労働力の低生産性」という相互に外在的な「矛盾」の結果にもとづくものとされる。しかしながら、この両者間の「矛盾」なるものは、果たしてこれを生産力と生産関係との矛盾として理解することができるであろうか。この場合、生産力と生産関係との真の矛盾に関する正しい理解は、ほかならぬ生産力の担い手である直接生産者奴隷の労働=生産過程の成果としての、彼らの低生産性のより高い生産性への発展が、もはや彼ら奴隷のおかれている生産関係を桎梏となさしめるという内在的矛盾のうちに、求められるべきではあるまいか。農業技術体系の展開が奴隷労働そのものの発展の成果として実現するものでないとするならば、古島説に窺われるように、新しい農業技術とその担い手としての傭工・佃戸は、明末の時点で、外的条件によって導入され、偶然的・他律的につくられるという論理におちいらざるをえないであろう。第三に、直接生産者における生産力発展の成果として、彼らが「耕作権を取得して独立化してゆく道」が示唆されている前述の唯一の場合にしても、それが、なにゆえ「巨大な〔手作〕地主層の下に於て」のみ可能であるのか、また、なによりも、そのような「独立化」の運動内容とその法則とはいかなるものであったのか、について古島論文は沈黙してその論拠を示してはいないのである。

ところで、以上の古島氏の研究について、とくに留意すべきは、前述のように、古島氏の分析が、主として『沈氏農書』および張履祥の『補農書』という明末清初の手作地主による著書の記述に即して、それらの手作地主経営の内容を取りあげることに、ほぼ限定されているという事実である。したがって、元来、手作地主である、これらの農書の著者自身の個別的経営が主として分析され、そこから一般的概念が抽象されてはいるものの、それが在地権力の変質過程を表示するといわれる場合、それは、あくまでかかる変質の一ケースを在地の手作小地主について語るに過ぎず、古島氏自身がことわっているように、これをもって当該時代の諸生産関係のすべてを律することは危険である。とくに、いわゆる「佃戸」の存在を、それが手作地主の所有地内部に手作地経営とともに併存し、むしろこれに包摂されている場合についてのみではなく、そのような手作地主とは別個に、元末以来の大土地所有をいっそう拡大して展開していたと考えられる在地の寄生的大土地所有――私のいう在地の寄生的大土地所有とは、その基本的部分が小作地経営におかれ、手作地がなにがしかあって、そこに奴隷労働力が存在しうるとしても、それは相対的に微小な、自家菜園的な意味しかもたぬところの、しかも、もちろん在地の共同体的・具体的用益の掌握を含む大土地所有である――のもとでの自営的な佃戸経営の主体である場合についても取りあげ、彼らの佃戸経営の内容と、これにもとづく在地の寄生的大土地所有の構造について、また佃戸経営の自営的再生産過程を媒介し、寄生的大土地所有者の佃戸支配・村落支配を媒介する共同体的諸条件について、明らかにし、あるいは、「家僕」・「傭工」・「佃戸」のそれぞれを歴史的範疇として規定し、それらの同時的存在をその相互の構造的連関のうちに把握し、そこに基本的生産関係の歴史的発展を措定することは、古島論文の十分に果たしうるところではなかったのである。かくして、北村氏の方法への批判のうえに立って、明代地主制の構造的把握を目指した古島説も、その内容において、これに成功しえてはいない、といえるであろう。

註

（1）谷川道雄「北朝貴族の生活倫理」（中国中世史研究会編『中国中世史研究』、東海大学出版会、一九七〇年、所収）。なお、六朝貴族制社会を封建制社会とする谷川氏の規定に対する批判については、重田徳、前掲論文、参照。

（2）谷川道雄、同右論文、二七二、二九二―二九四頁。引用に必要な限りで〔　〕内に文章を補った。傍点は引用者による。

（3）田中正俊他『教養人の東洋史』下（現代教養文庫、社会思想社、一九六六年）、六七頁。また、島恭彦『東洋社会と西欧思想』（生活社、一九四一年）、三三頁、参照。

（4）Marx, K., *Das Kapital*, Bd. Ⅲ, S. 840-842, 邦訳、青木文庫版、第一三分冊、一一一三―一一一五頁。国民文庫版、第一一分冊、二九〇―二九二頁。筆者は、阪東宏氏の示教によって、大会（歴史科学協議会第六回大会―編集者註）報告時以上に、『資本論』のこの部分に関する理解を深めえた。氏の友情に感謝する。

（5）なお、封建的土地所有と共同体規制との関係に関して、共同体成員である「自作農」の問題を対象とした本文中には述べえなかった論点については、福富正実『共同体論争と所有の原理』（未来社、一九七〇年）のとくに第六章に見られる見解を参照されたい。また、もちろん、生産関係、したがって当該社会構成体の歴史的性格を基本的に規定するものは、前述のように、生産諸条件の所有者と直接生産者との直接的関係の如何にある。この《直接的》関係が、六朝社会の場合、奴隷制的であるか、農奴制的であるかを究明することは、谷川氏の六朝貴族制=封建制論を検討するうえで、もっとも重要な問題の一つであるが、ここでは、生産諸条件のうちの共同体的用益についてのみ論じた。なお、本節註（1）に記したように、重田徳、前掲論文、四七頁、参照。

（6）中国の村落共同体については、その存否に関する論争を含めて、堀敏一「中国古代史と共同体の問題」（永原慶二・山口啓二監修『現代歴史学の課題』上、青木書店、一九七一年、所収）の註②－④に掲げられている平野義太郎・戒能通孝・清水盛光・旗田巍・今堀誠二氏ら諸論考があるが、私は、本文に述べたように、これらの成果を、共同体的用益の中国における特殊的な実現形態を明らかにする方向で、発展させうると考えている。

（7）川勝義雄・谷川道雄「中国中世史研究における立場と方法」（前掲『中国中世史研究』、所収）、一一頁。

（8）五井直弘「中国古代史と共同体」（『歴史評論』二五五号、一九七一年一〇月）、八九頁。

（9）浜口重国「中国史上の古代社会問題に関する覚書」（『山梨大学学芸学部研究報告』四号、一九五三年。のち、『唐王朝の賤人制度』東洋史研究会、一九六六年、所収）。

（10）宇都宮清吉『漢代社会経済史研究』（弘文堂、一九五五年）。

（11）西嶋定生『中国古代帝国の形成と構造－二十等爵制の研究－』（東京大学出版会、一九六一年）。

（12）木村正雄『中国古代帝国の形成－特にその成立の基礎条件－』（不昧堂、一九六五年）。

（13）増淵龍夫『中国古代の社会と国家－秦漢帝国成立過程の社会史的研究－』（弘文堂、一九六〇年）。

（14）のち、周藤吉之『中国土地制度史研究』（東京大学出版会、一九五四年）に所収。以後、周藤氏には膨大な宋代社会経済史の研究があり、今日、同氏の諸業績に示されている事実認識を経ずしては、宋代農民の範疇規定を云々することは不可能である。

（15）石母田正「中世史研究の起点――封建制への二つの道について――」（『日本史研究入門』東京大学協同組合出版部、一九四九年、所収）。

（16）仁井田陞「中国社会の『封建』とフューダリズム」（仁井田『中国の法思想史』日本評論社版法律学体系、法学理論篇7、一九五一年、所収。のち、仁井田『中国法制史研究－奴隷農奴法・家族村落法－』東京大学出版会、一九六二年、所収）。

（17）仁井田陞「中国の農奴・雇傭人の法的身分の形成と変質」（仁井田『中国法制史研究－奴隷農奴法・家族村落法－』）、一九

三頁。なお、重田徳「清律における雇工と佃戸―『主僕の分』をめぐる一考察―」（『中国史研究』六号、一九七一年）、参照。

(18)「主僕の分」は、佃戸と彼の主人との個人的な直接的関係に限って認められるのであって、一の社会的身分層として制度上の佃戸身分なるものが存在したわけでないことは、堀敏一氏の指摘の通りである。堀敏一「戦後日本の中国史研究における時代区分問題の現段階」(三)（『歴史評論』一〇三号、一九五九年三月）、五三頁、参照。しかしまた、このような特殊・個別的な罪罰規定が、生産諸条件の所有者と直接生産者との直接的な関係と重なりあっていることも注目すべきことと思われる。

(19) 内藤虎次郎『中国近世史』（弘文堂書房、一九四七年）、四頁。

(20) 宮崎市定『東洋的近世』（教育タイムス社、一九五〇年）、四一頁。

(21) これに対する批判については、仁井田陞、前掲書、一九九―二〇〇頁、参照。

(22) 宮崎市定「宋代以後の土地所有形体」（『東洋史研究』一二巻二号、一九五二年一二月。のち、宮崎市定『アジア史研究』第四、東洋史研究会、一九六四年、所収）。

(23) 周藤吉之「宋代官僚制と大土地所有」（『社会構成史体系』、日本評論社、一九五〇年、所収）。同「宋代郷村制の変遷過程」（『史学雑誌』七〇編一〇号、一九六三年一〇月。のち、同『唐宋社会経済史研究』、東京大学出版会、一九六五年、所収）。同、「宋代の陂塘の管理機構と水利規約」（『東方学』二九輯、一九六五年、のち、前掲『唐宋社会経済史研究』所収）。仁井田陞「中国の同族又は村落の土地所有問題―宋代以後のいわゆる『共同体』―」（『東洋文化研究所紀要』一〇冊、一九五六年、のち、前掲『中国法制史研究―奴隷農奴法・家族村落法―』所収）など。

(24) 好並隆司「中国水利史研究の問題点―宋代以降の諸研究をめぐって―」（『史学研究』九九号、一九六七年）その他を参照。

(25) 岩波講座『世界歴史』9（岩波書店、一九七〇年）所収。

(26) 小山正明「賦・役制度の変革」（岩波講座『世界歴史』12、岩波書店、一九七一年）、三一三頁。ただし、後述するように、この税・役制度の変革に反映した《地主制》的基礎構造の変質に関する歴史的評価については、私は小山氏と見解を異にする。

(27)『明実録』、洪武三年（一三七〇）七月辛卯の条。

（28）　鶴見尚弘「明代における郷村支配」（前掲岩波講座『世界歴史』12、所収）は、本節の諸問題に関するすぐれた労作であり、私はこれに多くを負うている。

【編集者附記】　本稿は歴史科学協議会第六回大会（一九七二年）の報告を文章化したもので、原載は『歴史評論』二七一号、一九七二年一二月である。本稿は未完のままであるが、本書に収録するに当り、原題から㈠を削除した。

7 東洋文庫所蔵 モリソン=パンフレットについて

このたび国立国会図書館支部東洋文庫によって、The Toyo Bunko, Br. N. D. L.: *A Classified Catalogue of Pamphlets in Foreign Languages in the Toyo Bunko, Acquired during the Years 1917-1971.* Tokyo, 1972. が編集、刊行された。

この書目は、書名に見られるように、外国文で書かれた東洋文庫所蔵パンフレットの分類目録である。もっとも、外国文といっても、一部に漢文の記載を含むものなどがある以外、本書が収録する総数約七二〇〇点のパンフレットのほとんどすべては、欧文で書かれている。また、内容についてみれば、大部分、すなわち約五八七〇点が中国に関するもので、なかに、義和団事変 The Boxer rising, 1900-01. および日露戦争 Russo-Japanese War, 1904-05. という個別的、具体的な分類項目が設けられて、それぞれ九四点、一〇四点が収められていることなどが目につく特徴である。なお、この独特の図書分類法は、パンフレットのみならず、東洋文庫の一般蔵書の分類にも共通して見られるが、それは、右の二件に関係する図書ないしパンフレットがとくに多数集められている事実を物語るものといえよう。

右のように、この書目のパンフレットが特殊な分類の主として中国に関する欧文のものから成っているのは、東洋文庫所蔵のパンフレット類の大部分が、いわゆるモリソン文庫の一部であって、ジョージ=アーネスト=モリソン George Ernest Morrison の収集したものだからである。

モリソンという人

モリソン（一八六二――一九二〇）はオーストラリアの人。メルボルン大学およびイギリスのエディンバラ大学で医学を修め、医者となったが、旅行・探検を好んだ彼は、やがてロンドンのタイムズの記者となり、タイ・カンボジア駐在員を経て、一八九七年、中国の北京に赴任した。この年の秋、ドイツの膠州湾占領をはじめ、あたかも中国においては、帝国主義列強のいわゆる利権獲得競争 Battle of Concession の最盛期であった。こうした事態の推移を伝えるモリソンの「北京特電」は、情報の正確さと見通しのたしかさとによって高く評価されたという。以後、一九〇〇年の義和団事変に際して北京に籠城し、日露戦争には日本軍に従軍して旅順入城の列中にあり、次いでポーツマス講和会議にも特派されるなど、歴史的な諸事件をみずから体験する一方、また機会あるごとに調査旅行を試み、その足跡は、チベットを除く中国全土からシベリア・朝鮮・日本・ベトナム、さらに西はパミールを越えてロシア＝トルキスタンにまで及んだ。一九一二年、かねて清朝の腐敗を批判し、中国の更生を期待していたモリソンは、中華民国が成立するや、招かれてその総統府政治顧問となり、外債の調達、第一次世界大戦への中国の参戦、一九二〇年のパリ講和会議と、当時の新生中国のために日夜活躍したが、パリに病を得て、一九二〇年五月、イギリスに没した。卒年五八歳、中国に在ること二三年であった（Kazuo Enoki, "Dr. G. E. Morrison and the Toyo Bunko," *Memoirs of the Research Department of the Toyo Bunko*, No.25, 1967. に拠る。より詳しくは同論文参照）。

モリソン文庫

一九世紀末から二〇世紀初頭にいたる時代は、中国をはじめ東アジア諸国に対する欧米列強の、またのちには日本の帝国主義的侵略がはげしく、東西両洋は一つの近代世界に結ばれるとともに、東アジアが近代世界史の矛盾の結節点となった時代であった。したがって、一六・七世紀以降の東西交渉の緊密化にともなって漸次公刊されてきた中国に関する紹介・研究の欧文文献も、この頃より急激に増加した。まさにこのような時期、タイムズ記者、さらには中華民国総統府政治顧問として北京に在り、前述のように東アジア近代史の目撃者であり、体験者であったモリソンは、他方、より深い知識を得ようという職務上の必要から、また生来の蒐書癖《しゅう》から、中国およびその周辺諸国に関する欧文文献の世に比べもののない一大蒐書家でもあった。当時、モリソンは世界中の書店の目録に絶えず目を通して、東アジア関係の図書を組織的に購入し、書店の方でも、稀覯《きこう》古書を手に入れると、まずこの北京の蒐書家のために国際電報で知らせたとさえいわれている。こうしてモリソンが収集した図書は、総数二万四〇〇〇冊にのぼった。

当時は、一六・七世紀以来のアジアに関する初期文献が蔵書家の手を離れて市場に出廻る機会が、それらの大半を公共の図書館・文書館が収集してしまった今日に比べて、はるかに多かった。そういう時代の好条件にも恵まれていたであろうが、また、モリソンのタイムズ記者あるいは総統府政治顧問という社会的地位およびその特殊な職業上の必要、それにもまして、彼の精力的な収集振りと、その整理に示された天性の丹念さとが、このような博捜と整備とを可能ならしめたということができる。まことに人と時と処とを得て、ここに、当時としてはもっとも網羅的な、また今日ではもはや財力をいかに傾けても再び入手し難い一大コレクション――「モリソン文庫」が出来あがった。そして一九一七年（大正六年）には、岩崎久弥氏がこれを購入して、わが国に将来され、現在の財団法人東洋文庫の蔵書の基礎となったのである。

モリソンのパンフレット

モリソンの収集は、刊本の購入によってのみ成り立っているのではない。今日、わが国の世界史教科書・概説書の挿絵《さし》に利用されている銅版画や初期の地図類など、モリソン文庫収蔵のものが少なくないが、さらに、こうした購入

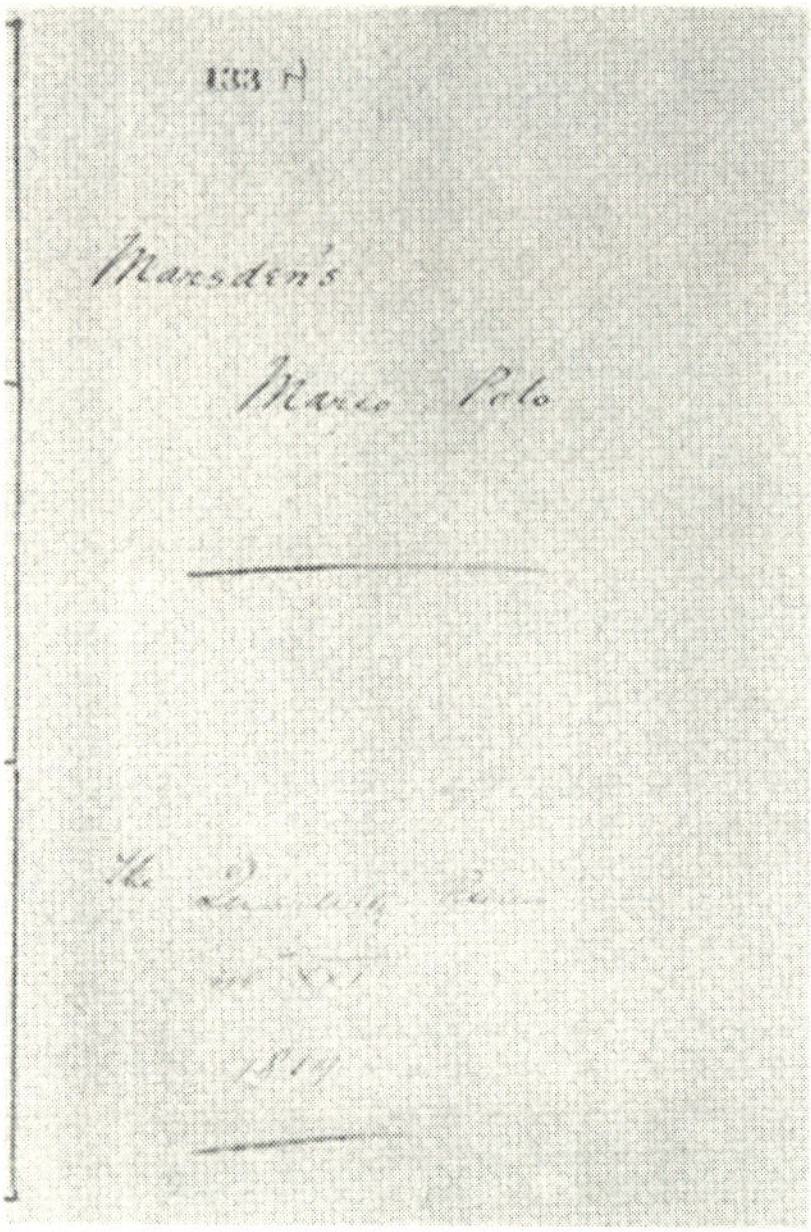

収集書とは異なって、収集者であるモリソン自身によって手ずから作られたもののコレクションともいうべきものが、モリソン文庫には含まれている。モリソン文庫中に、パンフレットと呼ばれて分類されているものが、それである。

ここにパンフレットと総称されているものは、はじめからパンフレット（小冊子）の形で公刊された印刷物だけをいうのではなく、その少なからぬ部分は、次のような「パンフレット」から成っている。すなわち、このたび刊行された『東洋文庫所蔵パンフレット分類目録』に、その収録する「パンフレット」のそれぞれについて、それがもとはどのような雑誌・新聞の何頁に掲載されていたものであるかが、詳細に調査、注記されていることによってもうかがわれるように、モリソンは、彼が入手した抜刷り類をパンフレットの部に整理していることはもちろん、他に、中国・東アジアに関する専門書でも専門誌でもない当時の一般の図書・雑誌、あるいは新聞にいたるまでのなかから、彼の目に触れた無数の東アジア関係論文・記事をすべて切り抜き、数頁、数十頁の論文などの場合には、その切り取り部分を、彼みずから別に木綿糸をもって綴りなおして、タイプ用紙その他の紙で表紙をつけ、ペン書きの表題、原掲載誌名・巻号を付して、いわば「パンフレット」を作りあげているのである。

その他、新聞記者として在北京外国公館から手に入れたメモランダム、あるいはみずからが受取った鉄道開通式の招待状のような類にいたるまで、零細な資料が数多く克明に整理、保存されているさまは、今日なお、閲覧者にモリソンの周到端正な人柄を偲ばせるに足るものがある。また、こうしたパンフレットを直接手に取ることを通じて、モリソンが生きた時代――中国の動乱と黎明の時代の空気を、私たちは、なまなましく感じとることもできるであろう。

パンフレットの史料的価値

いわゆる資料が学問研究や調査のために利用されうるようになるには、およそ二つの要件があるように思われる。第一は、調査・研究そのものがある種の資料を必要とし、これを使いこなせるほど進歩するにいたったとき、そのことによって、たとえば既に手許にもっている資料でさえ、はじめてその利用価値が認められる、といった研究水準にかかわる問題である。例を中国社会経済史研究にとれば、かつては、この方面の学問の開拓者たちによって、いわゆる二十四史など、中国の正史の記述の信憑性を検討することが課題とされた。こうした初期の時代には、宋代の『続資治通鑑長編』や明・清の『実録』など、より根本的な文献ではあるが、なお正史と同様に編纂ものである他の史書と、正史との異同を明らかにすることが研究課題であった。しかし、今日の中国社会経済史研究は、明・清時代の各地の地方志や家譜・族譜など、より個別的かつ具体的な刊本を史料として使用し、さらには魚鱗図冊その他の地方《じかた》文書をも利用しはじめるようになっている。

欧文史料についても同様なことがいえよう。従来は、欧米人の旅行記やそれにもとづく著書が史料として用いられるにすぎなかったが、今日では、東アジアに関する英・米の議会文書、領事報告の類からも材料を集めることが、現代歴史学の水準にそいうる研究をするために是非とも必要となり、また、マイクロフィルムその他の技術的発達の現状は、それを可能にするにいたっている。

このようにして、調査・研究が、より根本的な、より直接的な資料を要求するまでに進歩したとき、その利用に応えうるための第二の、とくに資料側に即した要件は、その日あるを期して周到に収集、保存された「新」資料が存在していることであろう。かくして、いまや調査・研究の進歩が零細なパンフレット類の存在をはじめて認識しうるようになった現在、およそ図書館というものの仕事とその利用者との関係が常にそうであるように、東洋文庫所蔵のパンフレットを閲覧する研究者たちは、モリソンの恩恵を自覚すると否とにかかわらず、これを利用することによって、モリソンがかつて「パンフレット」を収集し、ときにこれを「作製」しさえして、整備・保存したことの学問研究への寄与を、身をもって享受し、実現するのである。

いま、モリソン文庫中のパンフレットの価値を示す一例を次に挙げよう。

下関条約と外国資本

周知のように、一八九五年、日清戦争の講和条約である下関条約は、その第六条に、中国の開港場における日本人の工業企業設立権と機械輸入権とを承認した。だが、当時、日本にはこの権利を行使して直ちに工場を進出させうるほど資本主義が発達しておらず、むしろ日本の産業革命を日清戦争後のことと見るのが通説である。しかも、この権利は、最恵国待遇によって、かえって欧米資本主義諸国にいち早く利用され、上海その他の地に外国資本の紡績工場などが進出したのであった。したがって、下関条約第六条は、日本の資本家の要求によって取りつけられたものではなく、列強資本主義、とくにイギリス政府の要請にもとづいて日本政府が代弁させられたか、ないしはこれを見越した日本政府の外交政策によって条約中に成文化されたものであろう、というのが、今日、学界の有力な意見である（たとえば、中塚明『日清戦争の研究』、青木書店、一九六八年。高村直助『日本紡績業史序説』上、塙書房、一九七一年、参照）。

ところで、『東洋文庫所蔵パンフレット分類目録』の Ⅲ. China, 20. Economy and Industry の G. Industry, b. Textile industry, b1, Cotton (p.229) には、Denby, Charles, Jr: Cotton-spinning at Shanghai. 1899. pp.50-56. 23c. (*Forum*. Sept.). という「パンフレット」が収録されている。このデンビーは、日清戦争の時期を含む一八八五——

九八年の長期にわたり、アメリカ公使として北京に駐在した人であるが、彼が帰国後、『フォーラム』というアメリカの一般誌に発表したものが、右の論説である。

彼は、この論説のなかで、まず、日清戦争とその下関条約とが果たした世界史的役割を実証するかのように、日清戦争前に長年にわたって上海在留の欧米など外国商人がいだいていた企業設立への強い関心と、彼らが清国政府から受けた拒否的な反応とについて述べたのち、

英・米の〔中国現地〕商人に関する限り、彼らは、〔中国国内における企業設立権の要求について〕彼らの母国の政府から微温的な支持しか得られなかった。母国の工場に匹敵する大工場を建設する権利を要求することは、あやふやな便宜を要求することになろうし、また、事実、ニュー=イングランドとマンチェスターの利益は、実際に中国のこのような態度によって助けられている、とワシントンやロンドンでは考えられていた。

といい、清国側の閉鎖的な対応が、中国を資本の進出先としてよりは、みずからの綿製品の市場として期待するニュー=イングランド（米）、マンチェスター（英）の綿業資本の利益を助けるものであり、したがって英・米政府の態度もこの企業権獲得の問題について微温的であった旨を証言している。実は、下関条約の調印（一八九五年四月）の直後、新たに駐清公使として北京に赴任した林董《はやしただす》も、その回想録『後は昔の記』に往時を振りかえって、

北京に至りて英米公使等に此事（下関条約第六条による外国人工業企業権の解禁。――引用者註）の便否

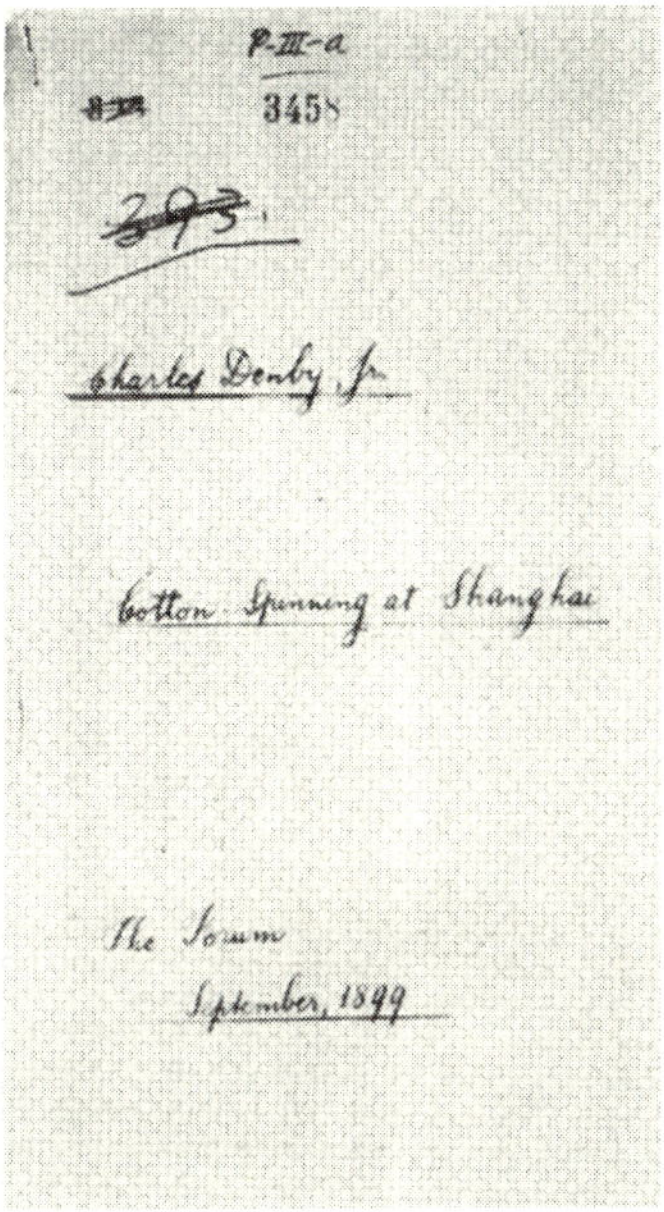

を問いたるに、皆曰く、「上海在住の英米人等は、皆自己の利益を計るが為めに解禁を主張すれども、彼等は本国の利害を計較せざる者なり。予等は、彼等の望のままに総理衙門（清国の外務をつかさどる中央官庁。——引用者註）に対して照会を為せども、此禁を解て本国の利益を犠牲にすることを欲せず」と。総理衙門交渉の運ざる亦宜《むべ》なり。（平凡社版、由井正臣校注本に拠る）

と語っているのであるが、当時の米公使デンビーの右の証言は、当事者としてこれを裏付けているといえよう。

次いでさらに、デンビーは、下関条約第六条を利用し、日本以外の外国資本によっていち早く建設された工場が、織布工場ではなく、中国農村に広範に展開して欧米の資本制綿布の流入に抵抗していた手織り綿業のために、その原料となる粗製の太糸綿糸を売り捌《さば》こうとする現地外国人商業資本の紡績工場であった事実を明らかにしている。

資本の帝国主義的進出は、産業資本の母国から直接になされたのではなく、以上のような経緯をたどったのであり、しかも、この過程を通じて、イギリス産業資本は、むしろ現地資本への機械の輸出に利益を見いだし、他方、現地の外商資本は、みずからの市場成立の条件を中国の農村家内工業という前資本制的生産様式に見いだしながら、それの生産構造の内部にまで、資本制商品である原料綿糸の供給者として食い込み、その運命を左右しようとしたのである。近代資本主義の世界経済体制に組み込まれつつ成立した中国の半植民地経済の姿は、その当初において、このようなものであった。

帝国主義と半植民地経済との以上のような関係およびその本質に関し、きわめて示唆に富むこのデンビーの論説は、これをもしモリソンが目にとめ、みずから「パンフレット」に仕立てて、あらかじめ私たちのために準備しておいてくれなかったら、後世の研究者が『フォーラム』にまで目を通してこれを発見することは、容易なことではないであろう。

さきにも述べたように、いまや、中国近代史については、このようなパンフレットの類まで読みあさることなくして、研究成果を語ることができない時代に達しつつある。その際、従来はなはだ不完全であった東洋文庫所蔵パンフレットの目録カードを、多年にわたる労苦と精細な注意とによって作り改められた前東洋文庫司書石黒弥致氏や、これにもとづいてパンフレット類を整備し、『東洋文庫所蔵パンフレット分類目録』を編集された人びとの努力は、本書にみのって、中国近代史研究の新しい研究水準獲得のために地平を拓く役割を果たすことであろう。

【編集者附記】本稿は、もと『国立国会図書館月報』一三九号、一九七二年一二月、に掲載された後、『東洋文庫書報』四号、一九七三年三月に再収録された。

8　福沢諭吉と東アジア近代史への視点

一　近代日本と朝鮮・中国──「侵亜」としての「脱亜」──

一八五八年は、第二次アヘン戦争の結果、清国がイギリス・フランス・アメリカ・ロシアとの間に天津条約を結ばされ、また、ムガール帝国が最終的に滅亡して、インドがイギリス国王の直轄支配のもとの植民地となり、運輸・通信の面では、スエズ運河会社が設立され（開通は一八六九年）、大西洋横断の海底電線が開通した年であったが、この年、すなわち安政五年は、徳川幕府がハリスとの間に日米修好通商条約を、ついでオランダ・ロシア・イギリス・フランスとの間に同じく修好通商条約を結んだ年でもあった。

こうして日本が開国した直後の一〇月八日、マルクスはエンゲルスに宛てて、次のように書き送った。

ブルジョア社会の特有の任務というのは、世界市場を、すくなくともその輪郭からいって世界市場を、つくり出すこと、そして、この世界市場に基礎をおく生産をつくり出すことである。世界はまるいのだから、この仕事は、カリフォルニアとオーストラリアが植民され、そして中国と日本とが開国したことで、完成したように見える。

（大月書店版「マルクス・エンゲルス全集」第二九巻）

中国におくれること一五年、日本もまた列強資本主義の世界市場に向けて扉を開かされた。当時の日本、いわゆる幕末の日本社会が、どのような歴史発展の段階を歩んでいたか。そして、攘夷から開国へ急転換した日本は、一九世紀後半の世界情勢のなかで、なぜ、どのようにして倒幕・維新を遂行しえたのか。中国に一五年おくれて東アジアの一隅に開国したこと、また、それまで、およびその際に、中国がイギリス・フランスなど西欧列強の軍事的侵略にさらされており、中国の人民がこの侵略者と戦っていたことが、明治維新成立の国際的条件として、どのような意義をもつものであったか等々のことは、明治維新を世界史のなかにおいて考えるうえで、重要な問題を含んでいるが、とにかく、日本は、一八五八年の時点で、中国と同様、不平等条約の調印を通じて、列強資本主義の主導する世界経済体制のなかに引きずり込まれたのである。この時以来、欧米に比べて後進的な国家として、日本もまた、解決すべき、中国と共通の課題をもっていたはずである。それでは、日本の「解決」は、どのようにしておこなわれたであろうか。

明治政府が成立すると、政府は早速、治外法権の撤廃、関税自主権の回復、外国軍隊の引き上げなど、不平等条約の改正を志し、これを要求するために、外務卿岩倉具視を全権大使とし、大久保利通・木戸孝允・伊藤博文ら、錚々たる人物を欧米に送った。この要求は欧米列強の容認するところとならなかったが、その留守中、一八七三年（明治六年）に西郷隆盛・板垣退助らの征韓論が起こったこと、帰朝した岩倉たちがこれに反対したことは、余りにも有名である。だが、実は、岩倉たちも、基本的には大陸侵略に不賛成ではなかった。彼らが欧米に出掛ける直前、一八七一年（明治四年）七月、明治政府がはじめて清国との間に調印した条約、すなわち近代的な最初の条約としての日清修好条規は、明治政府が、朝鮮に対する発言権の増大と、清国に対する不平等条約関係の押し付けとをねらったものであった。これに対し、列強との不平等条約に苦しんでいた清国政府は、日本政府の要求を容易に承諾せず、かえって、他国の干渉に対しては日本と清国とが相互に援助し、ないしは中立たるべきことを提案した。この提案について、日本政府は欧米列強に向って、これが攻守同盟的な性質の条項ではない旨の釈明に努めたりしたが、遂には、相互に治外法権を認めあうという、奇妙な「対等の不平等条約」的国交が日・清間に成立したのである。

日・清間のこの最初の近代的条約によって、第一に、日本政府は、欧米に対する不平等条約関係という、東アジアにおける同一の運命のもとにある隣国に対し、早くも欧米列強に倣って、不平等条約を強制するとともに、これによって欧米列強に対する自国の立場を上昇させようとした。第二に、相互援助ないし中立に関する清国側の提案は不成立に終ったが、これに関して、日本政府は、むしろ欧米列強の反応について気をつかった。第三に、日本政府は、当時、朝鮮国の宗主国であった清国と対等な外交関係を結ぶことによって、朝鮮国に対し、みずからを上位におこうと謀った。以上の三つの対応は、これより後の日本政府の対東アジア外交政策の原型をなすものであった。

一八七三年にいわゆる征韓論者をしりぞけた明治政府は、翌七四年（明治七年）には、さきに琉球人が漂着して台湾住民に殺害された事件を理由として、清国領台湾に征討軍を差し向けた（この殺害事件は、実は、日本政府が琉球王を強制して日本の琉球藩を名のらせた七二年の前年、すなわち七一年に起こったものである）。その和議を通じて、清国に対し琉球人を日本国民として認めさせ、日本による琉球の領有を認めさせようとして、七四年、北京におもむいた大久保利通は、斡旋役をかって出た駐清イギリス公使ウェードから、日本の朝鮮半島侵略について、示唆と支持とを受けた。当時、帝国主義時代の世界全体のなかにおいて、世界史の矛盾の結節点は東アジア地域に在り（遠山茂樹「東アジアの歴史像の検討――近現代史の立場から――」〈幼方直吉・遠山茂樹・田中正俊編『歴史像再構成の課題――歴史学の方法とアジア――』御茶の水書房、一九六六年〉）、その朝鮮半島を焦点としてロシアと対峙していたイギリスは、日本を利用しようとしたのである。

翌一八七五年（明治八年）、果たして朝鮮との間に江華島事件が起こされた。翌年、その責任追及を名目として日本政府が強要した日朝修好条規（江華条約）は、第一条に、朝鮮が「自主ノ邦ニシテ日本国ト平等ノ権ヲ保有」することをうたったが、他は、治外法権など、朝鮮に不平等を押し付ける条項より成り、また、その付録および貿易規則には、無関税、日本貨幣（紙幣を含む）の朝鮮国内流通権が規定され、この不平等条約を利用して日本の商人は朝鮮産出の金・米・大豆などを買い叩いた。日本政府のこのような政策は、朝鮮においては、のちに一八八九年の防穀令事件をはじめとして、物資の掠奪的な流出に対する地方官民の抵抗を促し、日本国内においては、安価な朝鮮米の輸入によって生産者農民を苦しめた。これらの事態は、日本・朝鮮人民の犠牲において、日本資本主義の形成のための原始的蓄積の端緒をなすものとなったのである。

他方、第二次アヘン戦争にイギリスと連合して清国を攻撃し、天津・北京条約をかちとったフランスは、第三共和政のもとでベトナムへの干渉を進め、植民政策の父といわれたフェリーの内閣は、一八八三年、アルマン条約によってベトナムに対する保護権を獲得し、八四年、ベトナム人・中国人の抵抗と戦ってフランス軍は北ベトナムを占領したが、ここに、かねてベトナムを属国としてこれに対する宗主権を主張する清国との間に紛争を生じ、フランス極東艦隊は八月二三日、福建省の福州を攻撃して清国艦隊を潰滅させるにいたった。

清国艦隊の全滅の報が内外に伝えられてのち（田中正俊「清仏戦争と日本人の中国観」〔『思想』五一二号、一九六七年《本書所収》〕）、福沢諭吉の主宰する『時事新報』の一八八四年（明治一七年）一一月一三日付の論説欄に、「日本ハ東洋国タルベカラズ」と題する次のような文章が掲載された。

支那モ亜細亜州中ノ一国ナレバ必ズ一家内ノ如ク其栄辱ヲ共ニセザルベカラズトノ理ハナカルベシ。若シモ他ニ「ヲリエンタル」ヲ去テ欧州ニ移転スル工夫アレバ断ジテ是レヲ去ルベシ。……支那ヤ印度ノ人ニ一毫ノ義理モナク一毛ノ縁故モアラザレバ決シテ隣家ノ懶惰貧乏人ニ遠慮スルニ及バザルコトナリ。……余ハ興亜会ニ反シテ脱亜会ノ設立ヲ希望スル者ナリ。

筆者の署名は「在英国特別通信員豊浦生」とあるが、これは、福沢の旧くからの友人で、当時、横浜正金銀行ロンドン支店長をしていた日原《ひのはら》昌造であり、「九月二十六日ロンドン発信」となっている。翌一八八五年（明治一八年）三月一六日付の『時事新報』の社説に福沢によって「脱亜論」が唱えられたことは著名な事実であるが、「脱亜」という語が、このように、清国艦隊の敗北ののち、イギリス在留の日本人によって初めて使用され、いわば西洋廻りで送られてきたという事実は、自国の「近代化」を志す当時の日本人が、日本と東アジアとの関係を、欧米を不可欠の媒介として、どのように考えはじめていたかについて、象徴的に物語っているであろう。

福沢の『時事新報』が清仏戦争に対して示した反応を知るためには、一八八二年（明治一五年）三月の創刊にさかのぼって、とくにその年七月のソウルにおける壬午事変の前後にあらわれた同新報の対朝鮮観・清国観から見てゆく必要があろう。

一八八二年（明治一五年）三月一一日、創刊早々の「時事新報」は、その社説「朝鮮の交際を論ず」（福沢執筆）のなかで、次のようにいっている。

我輩が斯く朝鮮の事を憂て其国の文明ならんことを冀望し、遂に武力を用ひても其進歩を助けんとまでに切論するものは、唯従前交際の行き掛りに従ひ勢に於て止むを得ざるのみに出たるに非ず。今後世界中の形勢を察して我日本の為に止むを得ざるものあればなり。……此時に当て亜細亜州中、協心同力、以て西洋人の侵凌を防がんとして、何れの国かよく其魁を為して其盟主たる可きや。……亜細亜東方に於て此首魁盟主に任ずる者は我日本なりと云はざるを得ず。我既に盟主たり。其隣国たる支那朝鮮等は如何の有様にして、之と共に事を与にす可きや。必ずや我国に傚ふて近時の文明を与にせしむるの外なかる可し。若しも然らずして其国の旧套を存し其人民の頑陋に任したらば、啻に事を与にす可らざるのみならず、又随て我国に禍するの媒介たるに至る可し。輔車相依り脣歯相助くと云ふと雖ども、今の支那なり、又朝鮮なり、我日本の為によく其輔たり脣たるの実功を呈す可きや。我輩の所見にては万これを保証するを得ず。加之不祥の極度を云へば、其国土が一旦遂に西人の蹂躙する所と為ざるを保す可らず。……故に我日本国が支那の形勢を憂ひ又朝鮮の国事に干渉するは、敢て事を好むに非ず、日本自国の類焼を予防するものと知る可し。（岩波書店版『福沢諭吉全集』第八巻。『全集』にならって、かたかな

をひらがなに改めた。以下同様。傍点は引用者）

初期のこの社説に見られるものは、第一に、後年の福沢自身の「脱亜論」の場合と一見ことなって、協心同力して西洋人の侵略を防ごうという、アジアの協力関係の観念である。だが、第二に、それは、あくまで自国日本の類焼を予防してその独立を保つための「我日本の為に止むを得ざる」手段であった。そして第三に、このようなアジアの「協力」の方法として、日本を盟主とする、したがって非対等な関係のもとで、朝鮮・中国がよく日本と事をともにしうるためには、彼らの国土が西洋人の武力に蹂躙されることを自国のために憂える日本が、武力を用いてでも朝鮮・中国の国事に干渉し、彼らの進歩を助けることが必要である、という考え方であった。しかもその前提には、第四に、彼ら朝鮮・中国人が日本のため実効ある友たりうるかどうかは、彼ら自身の現状ならびに将来についてみれば、保証しがたい、という不信が表明されているのである。この「交際」論に見られるものは、蔑視と不信とを前提とする、単なる日本のための手段としての「連帯」であって、のちの福沢の論説に顕著となるアジアからの脱離およびアジアへの敵対の契機が、すでにこの時、福沢の朝鮮・中国観に内在していたといってよいであろう。

果たして、同八二年七月、ソウルにいわゆる壬午事変が起こると、福沢は、朝鮮について、

事既に平ぎたる後は、花房公使を以て朝鮮国務監督官に兼任し、同国万機の政務を監督することと為し、……而して朝鮮人心の恃む可らざる、兵力を以て眼前に其約束を維持せしむるに非ざれば、百事徒労に属す可きを以て、此監督官を置き、全国政務の改良を監督する間は、短くして六、七年、長くして十数年間（明治一五・八・一、社説「朝鮮の変事」。『全集』第八巻）

といい、また、清国について、

目下我政府より朝鮮に向て要求の談判に付き、其局を平和に結ぶと否とは支那政府の意見に関するもの大なりと云ふ可し。……我々日本人は仮令ひ平和を祈るも、国権を枉げて敵を避ける程の卑屈に沈むこと能はず。且又諸外

国人の所視所評もあらんなれば、世界中に我日本の体面を失ふて支那の妄漫を逞ふせしめんよりも、寧ろ彼の所望に応じて戦を開き、東洋の老大朽木を一撃の下に挫折せんのみ。（明治一五・八・二五、社説「日支韓三国の関係」。『全集』第八巻。傍点は引用者）

といって、さらには、一二月一一日付の社説「東洋の政略果して如何せん」に、次のように述べるにいたっている。

我輩十数年前、毎度外国に往来して欧米諸国在留のとき、動もすれば彼の国人の待遇厚からざるに不愉快を覚へたること多し。去て船に剳（搭）じて印度海に来り、英国の士人が海岸所轄の地に上陸し、又は支那其他の地方に於ても権勢を専らにして、土人を御する其情況は傍若無人、殆ど同等の人類に接するものと思はれず。当時我輩は此有様を見て独り心に謂らく、印度支那の人民が斯く英人に窘めらるゝは苦しきことならんが、英人が威権を擅にするは又甚だ愉快なることならんとて、一方を憐むの傍に又一方を羨み、吾れも日本人なり、何れの時か一度は日本の国威を耀かして、印度支那の土人等を御すること英人に傚ふのみならず、其英人をも窘めて東洋の権柄を我一手に握らんものをと、壮年血気の時節、窃に心に約して今尚忘るゝこと能はず。（『全集』第八巻。傍点は引用者）

壬午事変という現実に直面してあらわに示された、国権意識を中核とする福沢の危機意識には、アジアというものをめぐって、次のような、福沢の観点の特殊な性格を窺い知ることができよう。すなわち、第一に、福沢にとって、アジアとは、アジアとアジア以外の他の世界とを内外として区別するなんらの境界ももたぬ、単なる日本の近隣でしかなく、日本を「盟主」とする発想によってさえ、いわゆるアジア主義における発想と異なって、アジアを一つの地域としてとらえる考え方が稀薄であること、第二に、むしろ日本自体の国益の観点から、その手段として、周辺の朝鮮や中国は、その限りで援助すべき国々であり、したがって、それが不可能な場合には、日本は「一毫ノ義理モナク」これらの国々を見捨てて、むしろ「脱亜」すべきであるとする考えが、すでに萌していること（にもかかわらず、それが「亜細亜」を枠組みとしていることについては、後述する）、さらに第三に、このような焦燥にも似た危機感が、「一方を憐むの傍に又一方を羨み」、できることなら「英人をも窘めて」というコムプレックスとなり、そのためかえって、それが、「窘めらる丶は苦しきことならん」という共感を圧殺して「印度・支那の土人等を御すること」に向けられていることである。

かくして、一八八三年（明治一六年）、ベトナムにおける清仏の衝突を知るにおよぶと、福沢は一方で、

武備拡張は我時事新報の持論にして、我輩は之を論じて殆ど飽くことを知らざる者（明治一六・六・九、社説「安南の風雨我日本に影響すること如何」『全集』第九巻）

と、「憂国一片の精神」（同上）を訴えるとともに、はやくも、

我輩満清政府のために年を卜するに、今より以後再び両手の指を屈することを得ば、蓋し望外の僥倖ならんか。（明治一六・六・一三、社説「支那人民の前途甚だ多事なり」『全集』第九巻）

と、清朝政府衰亡の見通しをたてた。だが、ここで見落してならぬことは、この安南事件を契機としていっそう強調される福沢の軍備拡張論が、フランスの脅威に備えるためのものではなく、これを機会に、「今支那人にして真に日本人の畏るべきを悟ること」（明治一六・九・五、社説「支那との交際に処するの法如何」『全集』第九巻）フランス人を畏るるがごとくさせようという、対清国の明確な目標をもった軍備拡張論であったという事実である。

右のような福沢の対清仏戦争観・清国観は、一八八四年（明治一七年）にいたって、いっそうその性格をあらわにし、「仏国は支那の恩人なり」という象徴的な表題をもつ社説（明治一七・三・四『全集』第九巻）において、

何人にても支那人の肝胆を冷やかし、彼れが四千年来の惰眠を攪破する者は、実に支那国の大恩人ならんのみ。……誰れが之を啓き之を導きたるやと問ふに、即ち仏国なり。嗚呼支那の仇人なる仏国は則ち又支那の大恩人なるかな。

と論断する。他方、こうした東アジアの国際情勢のなかにおける、日本の西洋に対する位置づけについては、『時事新報』明治一七年八月二六日付の社説「仏蘭西と支那と戦争の訳柄《わけがら》」（原文ひらがな。福沢の執筆ではない）は、

支那の今回の大失敗《おほしくじり》は俗に所謂近処《きんじよ》の面汚《つらよごし》にして特に其隣国たる我国の迷惑なり故に此際《とき》に当り日本は亜細亜州中一種の国にして素より支那に異にして亦其他の東洋諸国に同じからず国の位置こそ東洋に在れ、其文物《ぶんぶつ》は西洋に異ならず東洋中の一新西洋国なりとの実を示し其形跡《かたち》を明にしてこれを世界中に披露《ひろう》せんとするは決して容易なる事業に非ず古風を慕ひ、古例を呼返し、古書を読み、古言を信じ、東洋諸国と伍《なかま》を成して西洋人の侮を蒙《かふむ》る歟、活発開進西洋日新の風に従ひ共に文明の鋒《ほこさき》を争はんと欲する歟、国の運命《うんめい》を定むるは正に今日に在り国民上下の別なく早く覚悟す可きものなり

といい、また、一八八四年（明治一七年）九月四日付の社説「輔車唇歯ノ古諺恃ムニ足ラズ」（福沢の執筆ではない）に、

唯我輩ハ彼世人ノ言ノ如ク日支ノ関係ハ……輔車唇歯互ニ依頼セザル可ラズトノ空想ヲ排除スルノミナリト雖ドモ前ニ云ヘル如ク我国ノ本色ハ正ニ文明諸国ト対峙シテ国権拡張ノ一方ニ汲々タル其最中ニ西洋各国ガ誤テ我日本国ヲ尋常東洋ノ一列国ナリト認ムルコトモアラン歟ト憂慮スル所ハ唯コノ一事ノミ

といって、西洋のアジア侵略に直接に対処しようとはせず、むしろ、この西洋をみずからの模範とし、これを媒介として、次第にアジアからの離脱の方向を歩みつつあった。そして、やがて、『時事新報』はさきの日原のロンドンからの提言を論説欄にとりあげ、この年一二月、ソウルに勃発した甲申事変を経て、翌一八八五年（明治一八年）三月には、福沢の「脱亜論」が発表されるのである。

一八八四年（明治一七年）一二月の甲申事変が、福沢の積極的な援助のもとに敢行されたものであったことは、周知の通りであるが、この福沢の行動について、遠山茂樹は、清仏戦争における中国の敗戦の結果、福沢は中国恐るるに足らずと考え、またヨーロッパ列強の中国侵略の激化を予測し、外力に依存したこのような情勢判断が、「清仏戦

争の好機のがすべからずとの冒険的謀略に一か八かの賭をするという行動に出ることを促したのであった。」（遠山『福沢諭吉――思想と政治との関連――』東京大学出版会、一九七〇年、一九〇頁）と述べている。このような状況のなかで、翌八五年（明治一八年）三月の「脱亜論」において、福沢は、次のように論ずるのである。

今日の謀を為すに、我国は隣国の開明を待て共に亜細亜を興すの猶予ある可らず、寧ろ其伍を脱して西洋の文明国と進退を共にし、其支那朝鮮に接するの法も隣国なるが故にとて特別の会釈に及ばず、正に西洋人が之に接するの風に従て処分す可きのみ。悪友を親しむ者は共に悪名を免かる可らず。我れは心に於て亜細亜東方の悪友を謝絶するものなり。（『全集』第一〇巻）

かつて一八八〇年（明治一三年）末から翌八一年初にかけて、『時事小言』を執筆した福沢は、その第四編「国権之事」に、次のようにいった。

方今東洋の列国にして、文明の中心と為り他の魁を為して西洋諸国に当るものは、日本国民に非ずして誰ぞや。亜細亜東方の保護は我責任なりと覚悟す可きものなり。抑も独立は一国の独立なり、我日本一国の独立を謀て足る可し、他の保護は無用の沙汰なりと云ふ者もあらんと雖ども、実際に於て決して然らず。……今西洋の諸国が威勢を以て東洋に迫る其有様は火の蔓延するものに異ならず。然るに東洋諸国殊に我近隣なる支那朝鮮等の遅鈍にして其勢に当ること能はざるは、木造板屋の火に堪へざるものに等し。故に我日本の武力を以て之に応援するは、単に他の為に非ずして自から為にするものと知る可し。武以て之を保護し、文以て之を誘導し、速に我例に傚て近時の文明に入らしめざる可らず。或は止むを得ざる場合に於ては、力を以て其進歩を脅迫するも可なり。輔車相依り脣歯相助るとは、同等の国と国との間には通用す可しと雖ども、今の支那朝鮮に向て互に相依頼せんことを望むは、迂闊の甚だしきものと云ふ可し。……今日の要は何等の方便を用ゆるも、唯これを誘導して我と共に運動を与にする程の国力を付与し、以て其輔たり脣たるの実効を奏せしむるに在るのみ。若しも然らずして、今の成行に任せ、今の有様に放却し、我より之を助けず、彼亦自から奮はず、不幸にして一旦此国土が西洋人の手に落ることもあらば、其時の形勢は如何なる可きや。我ためには恰も火災の火元を隣家に招きたるものにして、極度の不祥を云へば日本国の独立も疑なきに非ず。故に本編立論の主義に、我武備を厳にして国権を皇張せんとする其武備は、独り日本一国を守るのみに止まらず、兼て又東洋諸国を保護して、治乱共に其魁を為さんとするの目的なれば、其目的に従て規模も亦遠大ならざる可らざるなり。（『全集』第五巻。傍点は引用者）

だが、のちに、壬午事変の発生、清仏戦争における清国の大敗、甲申事変の失敗を経て、もはや、その後の時期の福沢の東アジア観には、日本の国益・国権の観点からさえ、一片の「連帯」の観念も存しえなくなっている。いなむしろ、まさに国権論にもとづいて、西洋列強によってつくられる国際情勢の推移に応じ、曖昧さをもたぬ合理主義的論法をもって、「連帯」が否定されたのである。

しかも、福沢のこうした国権論の変容について注目すべきことは、一八八一年の『時事小言』においてすでに日本の独立確保のための手段にほかならなかったにせよ、当時、なお「連帯」の観念をともなっていた彼の朝鮮・中国観が、第一に、八〇年代半ばの列強による帝国主義的アジア侵略という世界史的情況の進展に即応して、むしろ列強を模範とし、これとの競争を通じて日本の独立を確保するために、朝鮮・中国を侵略の対象とするようになったこと、その意味で、手段としての「連帯の対象」が、まぎれもなく、よりいっそう有効な手段そのものとしての「侵略の対象」として目的化されたのである。そして第二に、かつて、手段としての「連帯の対象」として観念される側面を与えられていた朝鮮・中国が、「脱亜」によって、このように否定されたとき、そこに、なお依然として、「侵略の対象」として「亜細亜」が存在することである。「脱亜」は、決して全き「離亜」ではなく、それどころか、まさに「侵亜」としての「脱亜」にほかならなかった。

かくして、福沢の朝鮮・中国観は、日清戦争に遭遇するにおよんで、実に今度の師（日清戦争。――引用者註）は空前の一大快事、人間寿命あればこそ此活劇を見聞致候義、小生抔《など》壮年の時より洋学に入て随分苦しき目に逢ふたることもあり、世間の毀誉に拘はらず勝手次第に放言して古学者流の役に立たぬことを説き、立国の大本は唯西洋流の文明主義に在るのみと、長き歳月の間喋々して止まざるも、自から期する所はあれども、迚《とて》も生涯の中に実境に逢ふことはなかるべしと思ひしに、何ぞ料らん唯今眼前に此盛事を見て、今や隣国の支那朝鮮も我文明の中に包羅せんとす。畢生の愉快、実以て望外の仕合に存候（明治二八年一月一七日、山口広江宛て書簡。『全集』第一八巻）

と、欣快の情を友人に訴えなければ止まぬまでになっていた（遠山、前掲書、二三九頁、参照）。こうして、朝鮮国の国土と主権とを蹂躙し、これを戦場として、近代日本が敢行した最初の侵略戦争、日清戦争の後の下関条約の成立は、日本にとって「待望」の欧米列強なみの不平等条約の獲得だったのである。（註）しかも、ここに到達した近代的合理主義者福沢の「脱亜」を称する朝鮮・中国観が、西洋を軸にしつつ、なおアジアという侵略の「場」を、「興亜」の名を掲げる一部の「アジア主義」者と他面において共有していることを、見のがすことはできないであろう。

二　近代日本と朝鮮・中国――「侵亜」としての「興亜」――

朝鮮・中国の近代を規定した世界史的情況と同一の国際的条件のもとにあって、明治維新政府が、近代国家としての独立を獲得しようとして、一面で、先進欧米に対し条約改正を要求するとともに、他面で、かえって、あるいはそれゆえに、朝鮮支配を志した過程において、これと同時代に、福沢のアジア観が以上のような推転を遂げたとすれば、この頃、あるいはそれ以後を通じて、他方に、さらに別のアジア観――いわゆるアジア主義のアジア観があったことを忘れてはなるまい。すなわち、自由民権運動を母胎とするアジア連帯論から出発しながら、一八八七年（明治二〇年）前後にアジア侵略としての本質をあらわにしたアジア主義的アジア観の歴史である。たとえばそれを、一八七五年の植木枝盛の「競欲ヲ論ズ」（家永三郎『革命思想の先駆者――植木枝盛の人と思想――』岩波新書、一九五五年、参照）から、樽井藤吉の『大東合邦論』（一八八五年）を経て、玄洋社・黒龍会による侵略的イデオロギーの形成にいたる過程、さらにその延長上に、複雑雑多なかたちで出現したアジア主義「イデオロギー」の歴史――こうした途上に、右のごとき根本的な変質が見られ、しかもその後にも、宮崎滔天らのような連帯の真の実践者が位置する以上、この歴史は、単純な系譜ではない――ということが許されるかも知れない。

このアジア主義ないし大アジア主義といわれるものについては、いまはほとんど言及しえないが、ただ、それらが共通して「アジア主義」と呼ばれるゆえんについていえば、植木における「対等の連帯」から八七年以降の玄洋社・黒龍会流の「連帯の外被をまとった侵略」にいたるまで、第一に、いずれも、「連帯」の意志ないしは観念と主観的に結びついている点が挙げられよう。また、第二に、この「イデオロギー」は、すくなくとも、日中戦争開始以後に国家総動員、国民精神総動員といった体制的統制がこれらのすでに空疎化していた「イデオロギー」を機構的に利用するにいたるまでは、一応、行政から独立した在野的形態の発言であったといえよう。そして第三に、したがって、純粋に連帯をめざした少数者を除く、いわゆるアジア主義者たちは、行政的・事務的合理性とは別の、きわめて心情的な主観的独善性を色濃く帯びていたといえよう。この点は、福沢のいわば醒めたアジア観と、その原理において決定的に異なるところである。そして、この第三の点にこそ、まさに、敗戦後の今日においてもなお、両者に対する評価に際し、一部の論者をして、己れを欺かずいわば知的廉潔をもって自己の思想を対自的に表出した福沢に対しては、日本近代史上における論者自身の存在の条件への省察を回避して第三者的立場から皮相な批判を加えながら、他方、みずからの独善に埋没するアジア主義者については、彼らがその主観において「善意」に満ちていたがゆえに、そこに評価すべき何ものかが蔵されていたと考えたいとする、心情的共感を懐かしめるゆえんがあるといえよう。

右のような主観的・独善的なアジア観は、その退廃が進行すればするほど、歴史事実を客観的に認識する科学的な眼を曇らせて、みずからをも日本国民をも誤らせ、また、もっとも恐ろしいことに、その独善的な「善意」によって内外の人民を傷つけたのである。一九三七年（昭和一二年）七月七日、盧溝橋における日中両国軍隊の衝突——その頃、日本の軍隊は、中国の国内で軍事演習をしていた——に端を発した日中戦争は、中国側からの宣戦布告はあったが、日本側からは、宣戦布告のない「支那事変」として気儘に「処理」されるべきものであった。そのような「状況認識」のもとで、同年夏、日本海軍の渡洋爆撃は、世界の戦争史上に無差別爆撃の先駆をつとめた。年末には、南京大虐殺が日本の軍隊によっておこなわれ、それは、当時、現地に組織された南京国際救済委員会の資料にもとづくエドガー＝スノウの *The Battle for Asia*, New York, 1941.（森谷巖訳『アジアの戦争』みすず書房、一九五六年。筑摩書房、一九七三年）などによって、ただちに世界に知れわたった（田中正俊「アジア研究における感性と論理」（前掲『歴史像再構成の課題——歴史学の方法とアジア——』））。だが、この頃、日本国民は南京陥落を祝って提灯行列をやっていた。この無知を満たしていたものこそ、アジア主義的情緒であった。

しかしながら、日中戦争が、物理的な大殺戮戦として第二次大戦への道を辿り、日本軍国主義によるアジア侵略が激化するにともない「大東亜協同体」、「東亜新秩序」、「興亜奉公」、「聖戦」などという空疎な言葉と結びつくことによって、アジア主義がいよいよその侵略主義的な本質を退廃的に暴露しつつあったとき、行政へのその隷属をいっそう推し進めるとともに、アジア主義の「イデオロギー」のこの壮大な空疎化に代わるべく、似而非《えせ》科学によるこれへの充用を申し出た、ともいうべきものが、「科学的東洋社会論」の「大アジア主義」への野合であった。その例を、われわれは、平野義太郎『大アジア主義の歴史的基礎』（河出書房、一九四五年）に見ることができる。

この書物の基本的性格を、著者は「序」において次のようにいう。すなわち、「本書は、大東亜を米英の桎梏より解放し、アングロサクソンのアジア覇権を調伏し、大アジアに東洋道義に基く共栄圏を建設する」という目的のために、「日本の協力者・建設の原動力たり、また日本とは渝らざる永久の運命協同の関係にある中国、しかも建設さるべき東洋郷土社会において伝統の古い中国を主として取扱ふ」というのであるが、ここに目をひくのは、第一に、著者にとって、その目標が、米英を駆逐し、「東洋道義に基く共栄圏」という一体性をもった「大アジア」を建設することであること、第二に、この「大アジア」の建設の基礎に「東洋郷土社会」なるものが設定されており、著者の「社会科学」をもってこれを究明すべきことが、本書の主題とされていることであろう。

右の第一の問題についていえば、日中戦争の行詰りから太平洋戦争へと進んだ日本帝国主義の侵略を批判するどころか、これへの奉仕を自己の枠づけとしてこれに隷属しようとする限り、平野は、米英の侵略に対する抵抗を口実として中国への侵略を隠蔽し、そのことによって、そのような侵略的「大アジア主義」を復活し、これを当局に提供したのである。かつては、反権力的な批判的立場から『馬城大井憲太郎伝』（風媒社、一九三八年）を著わして、大井を一般のアジア主義者から区別しようとした平野は、この研究を成立せしめていた方法を捨て、しかし、その大井憲太郎を使い、したがって、新解釈にもとづいて大井をつくりかえる。たとえば、平野は、のちに対外政策の面で国権論的な右翼化を暴露しはじめた大井を、そのことによって評価し、しかも一面的にこれを拡大して、一八九二年（明治二五年）に大井が結成した「東洋自由党」を「大東亜の革新、従つてまた、日本をして東亜各盟邦の盟主たらしめる所以である指導原理の上に立つてゐる。」（二三頁）と顕彰する。同様に平野はまた、孫文の「大亜州主義」についても、竹内好が「そもそも思想とか学問とかの名に価しない」「史料の偽造」と評した手続きによって、新解釈を与える（竹内『日本とアジア』竹内好評論集第三巻、筑摩書房、一九六六年）。平野はいう――「彼（孫文――引用者註）が根本において終始一貫日本を推進力とする大亜州主義の実現に全生涯を捧げたことは、もとより一点の疑ひを容れない」（四－五頁）と。平野は、彼自身の「大アジア主義」を日本帝国主義のために提供する手段として、孫文の「大亜州主義」を売ったのである。

ところで、日中戦争が行詰り、その打開のための賭けとして太平洋戦争に踏み切った日本帝国主義にとって、国民大衆をなお戦争の幻想につなぎとめるために必要であったものは、むしろ欧米の植民地主義からアジアを解放する「聖戦」という観念であるべきであったが、福沢のごとく興亜と脱亜、連帯と侵略とが直截簡明に分離する方向を歩み、ついに後者に立つことを自覚した場合や、真の連帯を願うことに終始した宮崎滔天らの場合を除き、日本のいわゆるアジア主義は、後進=従属帝国主義の近代を通じ一貫して、「連帯」の名において、アジアに対する侵略と植民地支配との本質をみずからに内蔵するという歴史的性格によって規定されていた。したがって、アジア主義の論理にとって、欧米の植民地主義に対する批判は、つねに、これに相い対して「アジアの一体性」を設定するための単なる導入部たりうるにすぎず、「アジアの一体性」が設定されたのちは、もはや、アジア主義のアキレス腱としての侵略や植民地支配の問題は、抽象的・一般的にすら語られることはなく、盟主・指導・兄弟等々という差別を含む「アジアの一体性」それ自体のみが問題とされる。その場合、侵略と植民地支配とを基礎とするこのような、そのじつ差別にほかならぬものが、「連帯」の名のもとにアジア諸民族の心の底に通用すると考えることは、明治以来の日本がアジア諸民族への侵略によって達成した「成果」をもってアジア諸民族の「発展」を援助することができると考える、蔑視に満ちた思いあがりとともに、自他への独善的、かつ偽善的な幻想にすぎない。

かくして、平野もまた、第二に、侵略や植民地支配の世界史的構造についてはほとんど語ることなく、もっぱら「この一体性を自覚し、……道義に基く共存共栄の秩序を建設する」ために、東洋社会の成立原理とされる「東洋道義固有の礼を本とする和敬の秩序原理」の実現の場を、「東洋郷土社会」に求める。平野によれば、「大アジア主義の政治的・経済的・文化的発展のためには、それらが東洋に共通する客観的な社会基盤の上に構築されねばならないが、この東洋社会の基底となつてゐるものは、郷土共同体である。大アジア主義も亦東洋民族のこの郷土観念の拡充に外ならない」（一三七頁）のであって、「東亜の世界根源性は、実に……生命的協同・艱難相扶の家族主義的・農村協同体の秩序における高き道義的精神に基礎づけられてゐる」ということになるが、とくに、「現在における中国建設の最も重要な課題」を追求するために、「中国社会の基底たる農村の内部構造」を「真に科学的に」分析した結果による提言として、平野は、次のようにいう。

今日の如く農村が疲弊してゐるとき、農村を救済し、経済を再建する現実的にみて最も有力な郷土的な力はやはりこの三位一体（地主=商人=高利貸資本——引用者註）及び紳董（縉紳あるいは土豪劣紳——引用者註）団のもつ資本及びその伝統的文化的な指導力である。鎮・県城・都市の工業資本（マニュファクチュアを含む）もこの社会機構に絡んでゐる。中国の生産力を復興すべき現実的な社会的要素は即ち外ならぬこれであつて、これら以外の社会層は今日、現実的な力たりえない。それ故に、かれらの中にある優れた性格を助長し、積極的に農民の生産、経済の再建に参加動員せしめうる如き政治的な指導をして、紳董及び地主の性格改造に努力し、工業資本をも統一的に結びつけて生産力の発展に寄与せしめてゆくことが郷土社会建設の重要課題であり、それはまた、一般アジア農村に共通する課題でもある。さうして、それこそその生産力の発展を大東亜戦争に協力せしめ、大東亜建設に寄与せしめうる鍵である。（以上、「序」）

右の「改造」のための「政治的な指導」という考え方とその対象に見られるもの、すなわち、家族主義的農村協同体の道義に支えられる、封建的な地主=商人=高利貸および土豪劣紳への期待の表明は、日本帝国主義が被支配国の封建的勢力といかに結びつかざるをえないかを客観的に証明するものであるとともに、これによって、かつて『日本資本主義発達史講座』に拠って封建遺制を批判したはずの社会科学者平野義太郎の壊滅を公表したものというほかはない（もっとも、右の『大アジア主義の歴史的基礎』に所収のなにがしかの論考は、のち、一九四八年に日本評論社から刊行された『農業問題と土地変革』〔平野義太郎論文集第二巻〕に復活した）。

社会科学を科学として成立せしめる基本原理ともいうべき《事実》と《論理》とが放棄ないし歪曲され、饒舌空疎な言葉がつらねられるにしたがって、科学は冒瀆され、かくしてここに、平野が代ってその空洞に「科学」を充塡しようとした、いわゆるアジア主義の「思想性」もまた、その衰死に止めを刺されたのである。

註

不平等条約によって列強に対し片務的最恵国条項を負わされていた清国から日本が獲得した下関条約は、その第六条第二項の第四（中国の開港場における日本企業の工場設置権の規定）をはじめ、条約中に規定された諸権利に列強をして均霑させる途を開いた。したがって、下関条約は、近代日本に列強の尖兵としての従属帝国主義的性格を与えるとともに、中国の半植民地的性格を深化させ、やがて、日本は、中国との間の矛盾、また先進帝国主義列強との間の矛盾の発展のすえに、日中戦争ならびに太平洋戦争に突入するのである。下関条約に関する以上のような評価の一部については、田中正俊「日清戦争後の上海近代『外商』紡績業と中国市場—Charles Denby. Jr., Cotton-Spinning at Shanghai, *the Forum*, September 1899 の分析を中心として—」（山田秀雄編『植民地経済史の諸問題』アジア経済研究所、一九七三年《本書所収》）。同「社会経済史——論文の出来るまで・一つの実験」（坂野正高・田中正俊・衛藤瀋吉編『近代中国研究入門』東京大学出版会、一九七四年）、参照。

【編集者附記】　本稿は、もと河出人物読本『福沢諭吉』河出書房新社、一九八四年九月に掲載された。本書に収録するに当って表題にそえられている「近代化を目指す環境にあって、諭吉は東アジアにおける日本の位置づけを、どのように考えていたのであろうか」という一文は便宜上削除した。なお、原載には附記として、「本稿は、もと『東アジア近代史への視点』と題して堀米庸三編『歴史学のすすめ』（筑摩書房、一九七三年）に寄稿したものの一部である。このたびの再録を機に、わずかな補筆を加えた」との一文がある。

9　ケムブリッヂ民俗博物館のことなど

ケムブリッヂ民俗博物館 Cambridge and County Folk Museum は、イングランド、ケムブリッヂ市のキャスル街 Castle St. の二・三番地、すなわちモードリン街 Magdalene St. 寄りにある。一六世紀以来の旅宿 White Horse Inn を使って一九三六年に開設され、陳列品がふえるに従って、六二年、隣家の倉庫に拡げられたこの木造建築は、町並みの他の家々とそのたたずまいが変わりなく、訪問者も見すごして通り過ぎかねない、目立たぬ存在である。

内部も、個人や、なにがしかの市民が民具を集めて人に見せているうちに、それがそのまま公共の意義を持つようになったと言わんばかりのつくりで、小さな潜り戸や狭い急な階段で出入りする六畳ないし一〇畳程度の一〇室ばかりの部屋々々に、農具や什器や玩具や、また大学の記念品やらが陳列されているが、その品々は、たとえば数世代にわたって僅かながらの変遷を示している使いふるしの乳母車や人形の類まで、いずれも何らかの権威の手によって選ばれ、持ち去られたものではなく、それぞれに愛惜されて持ち寄られたものといった風情である。

それらは、年を経た後世の観覧者に対し、過去を一概に知る参考のための、まさに資料としても機能するではあろうけれども、これを作り、使った人々、また、その人々を追憶してこれを遺そうとした人々には、一つ一つが、かけがえのない一人びとりの大切な品であったに違いない。

そのようなものの一つとして、たとえば、観覧者は、ケムブリッヂの町の一婦人が第一次世界大戦に戦死した弟を悼み、恐らくは祈りをこめて作ったであろう、掌に載るほど小さな刺繍のメモリアルに往き当る。そして観覧者自身もまた、彼にとって何の知り合いでもなく、あるいは彼女自身すら既に故人になっているかも知れぬこの婦人の、その色褪せてしまったささやかな刺繍を前にして、彼女の死ののちも、弟を悼む彼女の悲しみがそこに生きていることの、人間の愛しさを知るであろう。これはもはや、民俗参考資料館などという次元のものではない。

コミュニティの人々が、彼らの遺産や記念を時の流れのなかにそっととどめ、そこに、歴史をみずからかみしめようとする。——その個々人の、また個々のコミュニティの営みが、普遍的な歴史の意味について観覧者に訴えるとすれば、それはすでに、歴史博物館である。そして、真の民俗博物館とは、このようなものでなければならないであろう。

コミュニティのメモリアルは、戦没者のためのそれにおいて、最も著しい。英国の教会、町、村、カレッジのいたるところに、一人びとりの姓名を刻んだ石を、板を、旅人は見いだし、そこに、コミュニティの人々の思いが捧げられていることを知るであろう。そして、もし彼が日本人旅行者であれば、日本では、戦没者までが国家権力によって召し上げられていることを慨きかなしむであろう。

【編集者附記】　本稿は、もと岩波講座『世界歴史』21〔第二刷〕附録月報21、一九七四年九月に掲載された。

10　ある技術書の軌跡――『天工開物』の三枝博音解説に導かれて――

一　一六・一七世紀中国の技術書

中国古来の技術書が、ほとんど農業関係の技術書、すなわち、いわゆる〈農書〉であったことは、中国本土が、華北の畑作地帯と華中・南の水田稲作地帯との別はあるにしても、今日なお、大部分、農業地帯であることによって、うなずけるであろう。〈農書〉を主とする、このような中国の技術書の歴史のなかにあって、農業のみならず、産業全般にわたる技術書として登場したものが、一六三七年（崇禎一〇年）に刊行された『天工開物』であった。明王朝の最後の皇帝である毅宗崇禎帝が李自成の〔叛〕乱に屈し、北京で首を縊ったのは一六四四年（崇禎一七年）であるから、『天工開物』は、まさに明末清初の時代の産物であったのである。

明末清初のころ、すなわち一六・一七世紀といえば、日本では織豊政権から徳川幕藩体制への激動期に当るが、中国においても、たんに王朝の交替期というばかりでなく、農村手工業の展開をはじめとして経済の発達がいちじるしく、社会的にもある種の画期的な時代的変動――その歴史的性格をいかに規定するかについては、周知のとおり、「封建的土地所有の成立」、「資本主義の萌芽」、「郷紳支配の成立」など、多様な仮説のもとに、討論が進められている――が見られた時期であり、それにともなって、農民の地主に対する抗租闘争（小作料闘争）、奴隷の身分解放のための奴変《ぬへん》、都市の織工をはじめとする民衆の暴動が頻発し、こうした情況をふまえて、学問・思想の面でも、黄宗羲・顧炎武・王夫之らの批判精神に富んだ経世実用の学や、「異端」とも称すべき李卓吾の思想などがうまれた。また、これと並行して、イエズス会宣教師たちによって、宮廷や中央政府周辺の官僚=知識人の間に西欧科学技術がもたらされ、キリスト教徒である、のちの宰相徐光啓が、マテオ=リッチの指導のもとにユークリッド幾何学を翻訳して『幾何原本』(一六〇五年)を、イタリア人宣教師ウルシス(熊三抜)の口述する西洋水利学を筆記して『泰西水法』(一六一二年)を刊行し、さらに、徐光啓はシャル=フォン=ベル(湯若望)らとともに天文学と西洋暦とにもとづいて『崇禎暦書』(一六三四年)を編纂し、また、スイス人テレンツ(鄧玉函)の口述を王徴が翻訳して図を描いた『遠西奇器図説録最』(一六二七年)が刊行されるなど、西欧科学技術の翻訳・輸入が盛んにおこなわれた。

他方、このような活況のなかで、時代的性格をになう中国人自身の著述として刊行された技術書を〈農書〉について見れば、右の徐光啓が、明王朝末期の農民経済の危機を救おうとする為政者の立場から『農政全書』を撰し、これは彼の死(一六三三年)後、一六三九年(崇禎一二年)に蘇州の平露堂から刊行されている。この書物は、元の王禎『農書』(一三一三年序)によって総括された中国全土(畑作・水田両地帯)の農業技術を継承し、古代以来の農業知識を集大成するのみならず、農政の立場から水利や荒政にも意を注いだ名著であるが、本書の特徴は、(一)従来、救荒作物といえば饑饉の時の臨時の食糧と考えられていたのに対し、徐光啓は、そのころルソン島から福建に伝来した甘諸に着目し、これを「救荒の第一義」とたたえて、いわば貧窮農民の新しい、日常的な主食として、その普及をはかり、(二)養蚕・製糸のみならず、従来にまして棉作・綿布生産を採り上げ、家内工業の技術にまで及んで詳述して、当時の時代を象徴する農村手工業の展開を図り、また、(三)さきの『泰西水法』の一部を収録して西洋の水利技術を紹介していることなどに見られる。(1)このような『農政全書』の出現は、明末清初の時代的性格をよく示すものであったが、また、その基盤には、当時、農業が地域的に分化・展開して、各地にその地の特殊性に根ざす〈地方農書〉が現われはじめるとともに、他方、〈通俗農書〉とも称しうるものも刊行されていたのである。すなわち、〈地方農書〉の例としては、袁黄『宝坻勧農書』（河北省宝坻、一五九一年）、沈氏『農書』（浙江省呉興、崇禎末年撰）、張履祥『補農書』（浙江省桐郷、一六五八年）などがあり、〈通俗農書〉の例としては、『便民図纂』（一五〇二年）、劉基『多能鄙事』（一五四〇年）、周文華『汝南圃史（致富全書）』（一六二〇年）、周之璵『農圃六書』（一六三六年）などがある。(2)

さらに、明末清初の時代の特殊性を示す現象として、〈農書〉以外にも、中国人自身の手に成る技術書があらわれた。例えば、各種の鉄砲について説明した趙士禎『神器譜』（一五九九年頃刊）や方以智『物理小識』（一六四三年成）がそれであるが、なかでも、産業全般にわたって、事物の生成や生産の過程に即して叙述している『天工開物』は、当代の画期的な作品と称しうる技術書であったのである。

二　『天工開物』の内容

『天工開物』の著者宋応星は、江西省の西北、南昌府奉新県の出身であった。一六一五年に科挙の郷試に合格し、『天工開物』を刊行した一六三七年には、同省の西部、袁州府分宜県の教諭として地方教育行政に携わっていた。したがって、西欧技術の影響もなにがしかは窺われるが、中国の伝統的技術の発展の当時における成果を集大成しているところに、本書の特色がある。すなわち、本書は、上・中・下三巻より成り、穀類・衣服・染色・精粉精白・製塩・製糖・製陶・鋳造・舟車・鍛造・焼石・製油・製紙・精錬・兵器・朱墨・醸造・珠玉など、当時の中国の重要産業の各部門を網羅し、簡明な挿絵入りのその記述は、著者みずからの実地の見聞を基礎として事実に立脚し、観念的・迷信的な知識を批判するという性格をもち、とくに、食品生産、衣料生産、次いで採鉱・金属加工に多くの紙数をついやしている。

本書の撰述の趣旨は、宋応星の自序に、「世間には聡明で物知りの人々がおり、多くの人々から推称される。しかしこれらの人々はありふれた棗や梨の花を知らないくせに、古い話に出ている楚萍をあれこれと想像したり、ふだんに使う鍋釜の製法もよく知らないくせに、昔あったという莒鼎をとやかく議論したりする。（中略）学問に専念する方々は、どうか机の上にうちすてられたい。この書は立身出世に少しも関わりがないのである」と言い、また、本文の「乃粒」（穀類）の冒頭に、「貴族の子弟は百姓をまるで囚人のように考え、学者の家では農夫をさげすんでいる。朝夕の食事に五穀を味わいながら、その由来を忘れた人々は多い[3]」と言っていることにも窺われるように、当然のことながら読者となるべき知識人・支配層を対象として、その生産技術に関する無知、およびそれにもとづく直接生産者に対する蔑視を批判し、これを啓蒙しようとするところにあった。こうした趣旨と執筆態度から、『天工開物』には、生産過程そのものに直結した技術書としての性格において、やや欠けるところがあるにしても、他方では、読者がほぼ知識人・支配層に限られるという、当時における書物の成立の唯一のあり方をふまえ、その読者に対する啓蒙に説得力をもたせようとする限りで、人間生活にとっての有用物の生産過程を経験的事実によって説明することが目ざされたものと思われる。

また、『天工開物』は、その書名にも窺われるように、〈天工〉（自然力）と〈開物〉（人工）とが生産過程において結ばれてはじめて〈技術〉が成立すると考えた宋応星の〈技術の哲学〉によって貫かれている。『天工開物』のこのような思想に即して、三枝博音氏は、「ほんたうの意味で技術とは、自然が自ら営むところのもの、即ち天工を俟つて、人工の完きを得るところに考へ得られるものである。人為の小狡《こづる》い技巧のみで、技術はできてゐるものではない。といつて、自然そのものの推移変化が、技術である筈はない。（中略）ヨウロッパ的な科学・技術は必ずやゆきつまることのあるをいふ人は西洋にもあり日本にもあるが、これが若し真理でありとすれば問題はかかつて、天工に人工が如何に参加するかに科学や技術の真の意義のあることを究明するにある。地球上の人間の全経営は人間生活とその環境との生きた聯関の思想なくしては、完しと言へないのである」[4]（傍点は原文――引用者）と、すでに一九四三年の時点で警告を発している。

以上に知られるように、『天工開物』は、技術の対象としての自然をとらえるとともに、つとめて旧来の迷信俗説を排し、実際の調査見聞にもとづいて実証的に考察し、技術をその過程に即して具体的に記述することによって、当時の中国人が西洋の文物を受容するに当って発揮した認識能力を、中国の在来技術の総括においても遺憾なく示したもの、と言うことができるであろう。

三　『天工開物』の諸版と日本・中国

『天工開物』は、一六三七年（崇禎一〇年、寛永一四年）の序のあるものを初板とし、中国で明末まで数年間のうちに他に偽板（楊素卿本）が刊行されるほど読まれたもののようであるが、日本では貝原益軒の『花譜』（一六九四年、元禄七年）が、その参考書目中に本書を挙げ、同『大和本草』（一七〇八年、宝永五年）には本書からの引用が見られるから、元禄の頃には日本に舶来していたものと思われる。そして、徐光啓の『農政全書』が宮崎安貞の『農業全書』（一六九六年、元禄九年）に大きな影響を与えているのと同様に、『天工開物』は、金沢兼光の『和漢船用集』（一七六一年、宝暦一一年）、平賀源内の『物類品隲』（一七六三年、宝暦一三年）に多く引用され、一七七一年（明和八年）には、本草家である木村蒹葭堂（巽斎）の家蔵本を底本として備前の江田益英が訓点を施し、都賀庭鐘の序のある、原本にきわめて忠実な和刻本が浪華の菅生堂から刊行され、一八三〇年（文政一三年）と一八三三年（天保四年）とに[5]、それぞれ重板が刊行されるほど広く流布した。かくして、小野蘭山『本草綱目啓蒙』（一八〇六年、文化三年）、宇田川榕庵『舎密開宗』（一八三七年、天保八年）にも用いられ、洋学の知識とともに、あるいはそれに先行する前提的知識として、

『天工開物』は、幕末日本の科学技術をはぐくんだと言うことができるのである。

しかしながら、本国の清朝では、官撰の『古今図書集成』（一七二五年、雍正三年成）や『授時通考』（一七四二年、乾隆七年刊）などに、その一部が収録され、引用されたほか、『四庫全書総目提要』（一七八二年、乾隆四七年）には、すでに『天工開物』の書名の記載を見出しえず、まさに「乾隆の盛世」を謳われる頃には、中国の人々は、その質実な技術書をほぼ見失ってしまったのであった。

日清戦争の敗戦の後、一八九六年、清国政府は、最初の留学生一三名を日本に派遣し、日露戦争後の一九〇六年には、留日中国人学生の数は八〇〇〇名以上に達した。彼らの多くが異郷日本にあって近代科学を学び、また祖国を憂えて革命運動に身を投じたことは、周知のとおりである。(6) その留学生の一人に地質学を学ぶ青年章鴻釗がいた。彼は東京上野の「帝国図書館」で和刻本『天工開物』を〈発見〉する。やがて一九二六年、彼が明和板の和刻本を携えて帰国すると、早くも翌二七年（民国一六年）には、かねてからすでに『古今図書集成』などによってこの書の存在を知り、これを捜しもとめていた羅振玉・丁文江らの学者の手により、この逆輸入の和刻本を底本とし、羅の題字、丁の跋文を付した翻刻が、武進の陶氏から出版され、さらに一九三〇年には和刻本から訓点を取り除いた影印本が、また三六年には上海の世界書局から活字本が、刊行されるにいたっている。

ところで、右の民国本の『天工開物』についてとくに注目されることは、一九二七年の翻刻にさいして、原本に忠実な和刻本の挿絵がかえって粗略であるとされ、『古今図書集成』その他の挿絵にもとづいて、山水や建物がこまかに描きこまれ、また、そのような挿絵がその後の中華民国の諸版によって踏襲されたという事実である。これについて、三枝博音氏は、例えば、一九二七年民国本に所載の「さとうきびから糖汁をしぼる図」について、次のように述べている。

果してこの絵は製糖法の実際の仕方を伝へてゐるであらうか。巨軸両根が軸上の歯を鑿して雌雄合縫するの状が

さとうきびから糖汁をしぼる

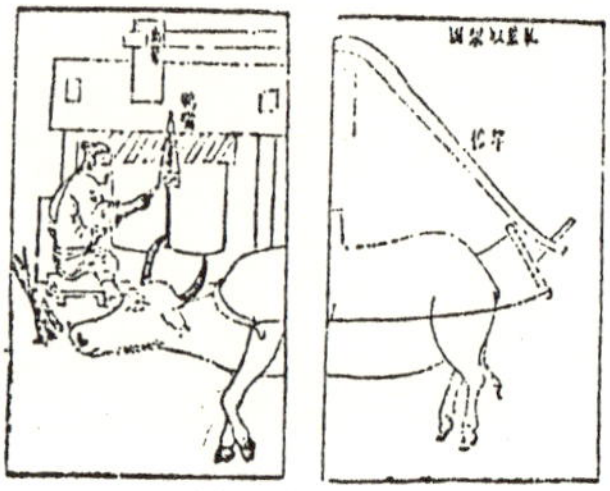

1．明板（初刻本、1637）

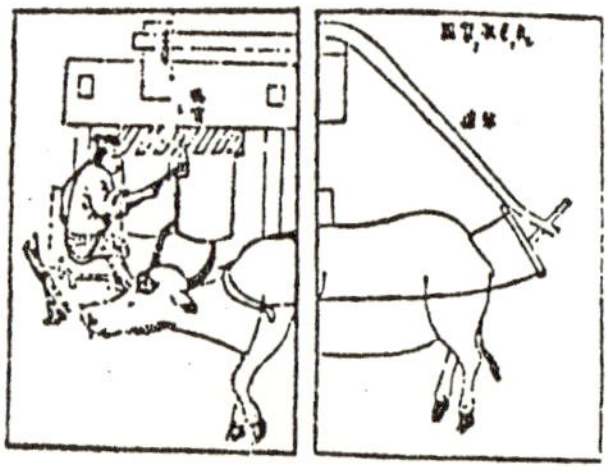

2．明和板（和刻本、1771）

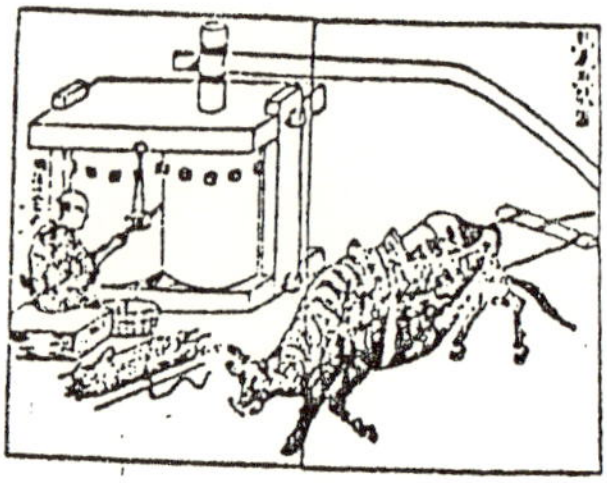

3．物類品隲（1763）

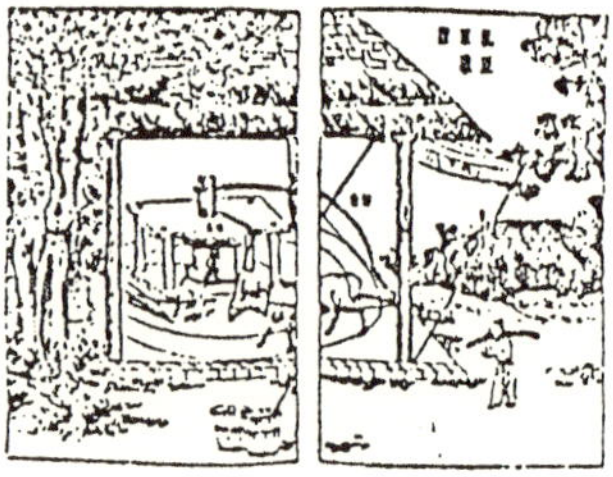

4．民国翻刻本（1927）

果して見られるであらうか。蔗を夾むための仕掛が果してよくのみ込めるであらうか。漿流はどこに流れ出てくるかが果して一見して分るであらうか。背景の樹木や屋根や垣根などの細描が果して右の欠陥を補ふであらうか。読者は平賀源内の描ける先きの「軋蔗取漿図」（転載した挿絵参照――引用者）と合はせ見られ、源内が如何によく技術の要点を把持し得る絵を描いてゐるかを見出されて再び驚かれるであらうと思ふ。源内の絵に見られるかうした最要点必掴の集中力は日本人の一つの技術的文化の特質として注意されるものと思ふのである。[7]

私は、一九四三年秋、三枝博音氏が「解説」を付して影印した、この『天工開物』を購い求めて読み、とくに、三枝氏が「想へば書物も又数奇の運命をになはされるものである[8]」と評した本書の諸版の歴史に深い感動を覚えるとともに、また、平賀源内をはじめ江戸時代の先駆的な〈科学者〉の仕事を一九二七年民国本の挿絵に対比して、そこに明治維新の一つの源流を見る思いをした記憶がある。

しかし、今日、ひるがえって考えてみるに、章鴻釗たちは、明治以降の近代日本の人々に先んじて『天工開物』を〈再発見〉したのであり、日本人によるその〈再発見〉は、太平洋戦争のさなか、在野の研究者三枝博音にまたなければならなかったのである。

三枝氏による菅生堂本『天工開物』の影印は、一九四八年春以降の戦後の困難な時期に藪内清氏を中心として始められた。京都大学人文科学研究所の『天工開物』の〈共同研究〉を「促した契機」[9]となり、その成果は、『天工開物の研究』[10]として刊行され、戦後日本の中国社会経済史研究の進展に大きな寄与をもたらした。そして、解放後の中国でも、寧波の李氏墨海楼から北京図書館に寄贈された蔵書中に明板初刻本が発見され、その精巧な影印本（線装本）が、「中国古代版画叢刊」の一つとして、一九五九年に中華書局から出版されて、今日では、その現代語訳も刊行されている。また、一九六六年には、ペンシルベニア州立大学の孫守全夫妻による英訳[11]も刊行された。

『天工開物』は、第二次世界大戦後に一躍して古典的な〈技術書〉として扱われるにいたり、その研究もまた、中国技術史の面に関する限り、長足の前進をみせたのである。

四　おわりに

三枝博音氏は、一九六三年一一月九日、鶴見事故と呼ばれる不慮の列車事故によって、七一年の生涯を閉じた。葬儀は、一一月一二日、親しかった故服部之総氏の記念碑のある鎌倉円覚寺の帰源院でおこなわれたが、ご長男の利文氏は、遺族の挨拶に、「父には、車中では、瞑目して思索にふける習慣がございました。当夜も、そのようにしていた父の思索を、突然の事故が断絶したものと思われます」と言われた。その言葉は、かえって、三枝氏の思索が、その瞬間に永遠の姿に転化し、そのままの形で今なお持続しているのだ、という実感を私に与えずにはおかなかった。

三枝博音氏が『天工開物』の成立とその後の「数奇の運命」をめぐって思索した成果、とくに、日本の技術文化に寄与した中国の技術と、それへの日本人のかかわり方について展開された氏の〈史論〉を継承し、いっそう掘り下げるという課題が、いまなお残されてはいないだろうか。この課題を受け継ぐ者なくしては、三枝氏の努力は、断絶されたまま、孤独な姿にとどまっているように思われるのである。

註

（1）西嶋定生「徐光啓」（仁井田陞編『人物世界史　東洋』〔毎日ライブラリー〕、毎日新聞社、一九五一年）、参照。

（2）以上の〈農書〉については、天野元之助『中国農業史研究』農業綜合研究所、一九六二年。同『中国古農書考』龍渓書舎、一九七五年、参照。

（3）藪内清訳注『天工開物』（「東洋文庫」一三〇、平凡社、一九六九年）、の訳による。

（4）三枝博音解説『天工開物』十一組出版部、一九四三年、二一－二四頁（のち、『三枝博音著作集』第一一巻、中央公論社、一九七三年、に所収）。

（5）財団法人東洋文庫の蔵書中に、「天保四癸巳年二月補刻、大坂書林、心斎橋通南久太郎町南入、秋田屋市五郎」という奥付のある重板本が存するので、和刻本の刊行は計三度（うち二度は重板）に及んだものと思われる。

（6）黄福慶『清末留日学生』（「中央研究院近代史研究所専刊」34、台北・中央研究院近代史研究所、一九七五年）、参照。

（7）三枝博音、前掲書、七九－八〇頁。

（8）三枝博音、前掲書、四四頁。

（9）藪内清、前掲書、訳者序文、二頁。

（10）藪内清編『天工開物の研究』（「京都大学人文科学研究所研究報告」、恒星社厚生閣、一九五四年）。なお、明和板和刻本は、三枝氏によるものに次いで、藪内氏の解説を付して、一九七二年に渡辺書店からも影印刊行されている。

（11）*T'ien-kung K'ai-wu, Chinese Technology in the Seventeenth Century*, translated by E-tu Zen Sun and Shiou-chuan Sun, the Pennsylvania State University Press, 1966.

【編集者附記】　本稿は、もと『歴史評論』三五〇号、一九七九年六月に掲載された。

11　竜骨車と農民

一　はじめに

私ども両人は、一九七八年七月二一日より八月七日まで、日中学術懇談会の日中友好大学教員第三次訪中団に参加し、香港を経て、広州・仏山・南寧・桂林・長沙・韶山・上海を訪ねた。以上の各都市を中心に、大学・博物館・遺跡・史跡・工場・人民公社・工人新村などを見学して廻ったこの旅行は、他方では、華南から華中にいたる水田稲作地帯に働く農民の姿が、終始、私どもの視野に入ってくる一七日間でもあった。

ときあたかも、華南では、第一期作の収穫、収穫後の鋤返し、第二期作の田植えが一望のうちに眺められる農繁期であり、華中でも、ほぼ同じ農作業の状況であったが、とくに内陸は、連日四〇度を越える炎天のもとで、稲の葉末のそよとも揺れぬ夏の盛りであった。

このようななかで、私どもは、汽車やバスの車中でも絶えずカメラを手離さず、農民と農具とをスナップ写真に収めることに努めた。なかでも、私どもの関心をもっとも惹いたものは、水田灌漑用の揚水機として古くより知られている竜骨車（翻車）と、これを踏む農民の姿であった。

もちろん、広西壮族自治区（旧広西省）をはじめ、いずれの農村地帯でも、窓外に見られる灌漑用具の半数以上は、

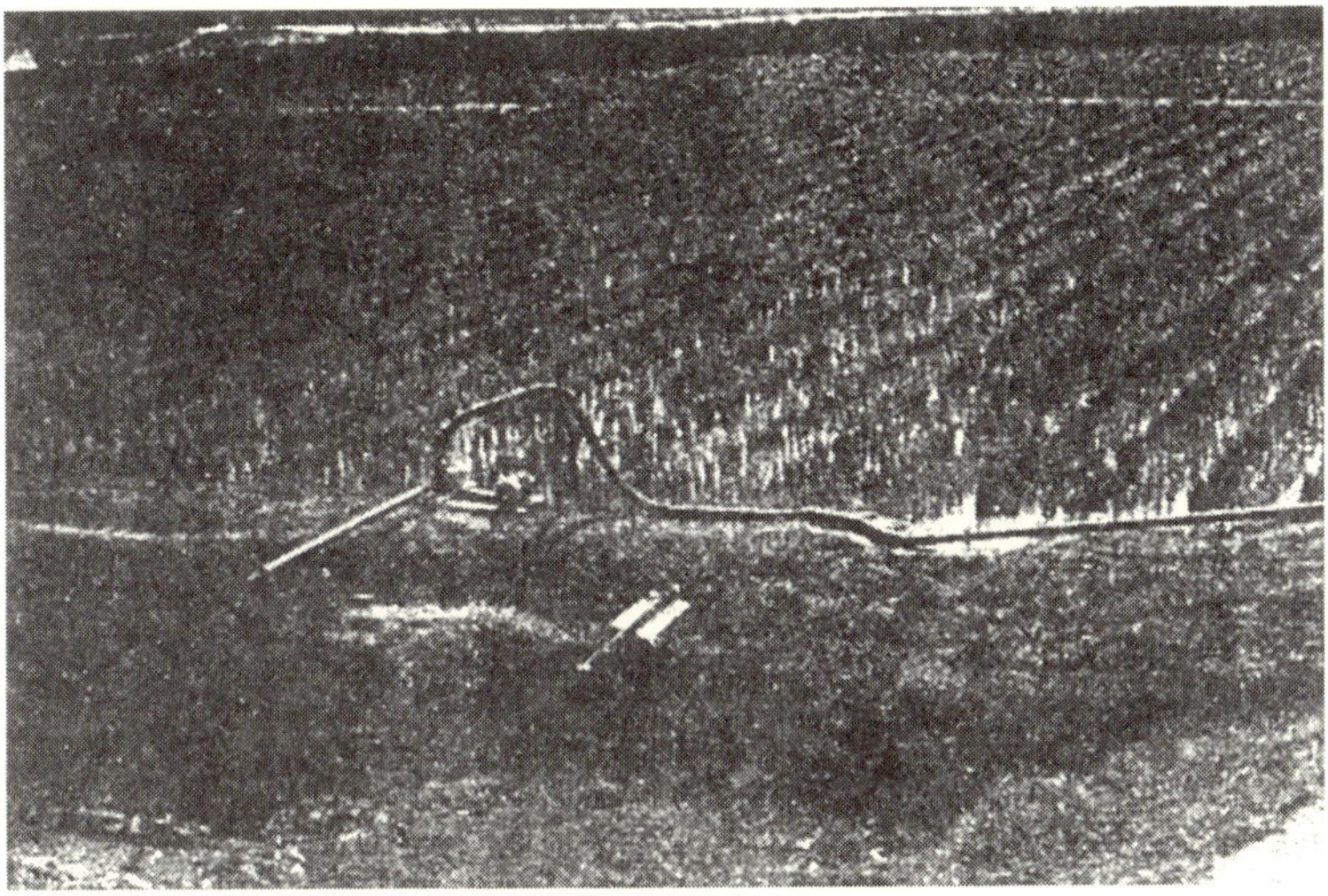

図1　小型電気揚水ポンプ（湖南省長沙付近）

図2　中型電気揚水ポンプ（湖南省韶山付近）

図3　湖南省韶山灌区の渠道（用水路）
韶山灌区は湘江の支流である漣水の流れをせきとめた引水堤（用水ダム）に発し、全長270キロメートルに及ぶ。1965年、当時の中国共産党湖南省委員会書記華国鋒氏の指導のもとに造られた。

移動式の小型電気ポンプらしきものであった（第一図参照）。しかしまた、予想以上に多数の竜骨車をも目にとめることができたのであり、華南から華中にいたる、それぞれの地域の間の農業立地条件、農業機械化の進展度、あるいは農作業の進行状況などの相違にでも照応してであろうか、私どもの北上するにしたがって、竜骨車を見かけることが多くなったように思われた。そのスナップ写真のうち、もっとも成功したものが、八月一日午後、湖南省の韶山から長沙にいたる鉄道沿線で鶴見が撮影したスナップである（第四図参照）。ここに、それぞれ家族を異にする蓋然性が十分にありうると思われる三人の成年男子の農民の共同作業が見られることが、とくに注意を惹く。

竜骨車の姿を追い求める執念は、ついに、ぜひ一度、みずから直接これを踏んで操作してみたい、という願望となった。そしてそれは、八月二日、長沙市北郊の望城県高塘嶺人民公社[1]を訪れたときにかなえられた。この日の午後、他の人々が養豚場を見学している間の僅かな時間ではあったが、私ども両人は、中国研究者である大畑篤四郎・巨勢進・岡野誠氏とともに、中国国際旅行社長沙分社の楊金河氏（第五図中の人）の案内で路傍近くの小さな用水池に赴き、そこに取り付けられていた竜骨車を操作する機会を得たのであった（第五〜九図参照）。

図4　3人がかりの竜骨車による揚水作業（韶山－長沙間の車窓より撮影）

図5　2人用の竜骨車（湖南省望城県高塘嶺人民公社）。手前に、取り除いた日覆の藁束が見える。

図 6　同前。ペダルを足で踏むと、竜骨板のチェーンは、図の右から左へ動いて下降し、水を汲み上げて槽内を上昇する。

図 7　同前

図8　同前

図7、図8の場合、大輪は右回りに回転する。大輪、輪軸、ペダル、竜骨板、竜骨板を連結する索条、その索条の各片を繫ぐ釘——これらは、すべて木製である。なお、索条の各片には切り込みがあり、これと大輪の歯車の齣とが嚙み合っている状況が図7に見られる。

図9　同前。槽身は四面を密閉されておらず、行道板は両側の桟によって槽の両側壁よりも高い位置に架せられており、槽の容量以上に汲み上げられすぎた水量は、側壁を越えて左右に溢れ落ちるようになっている。

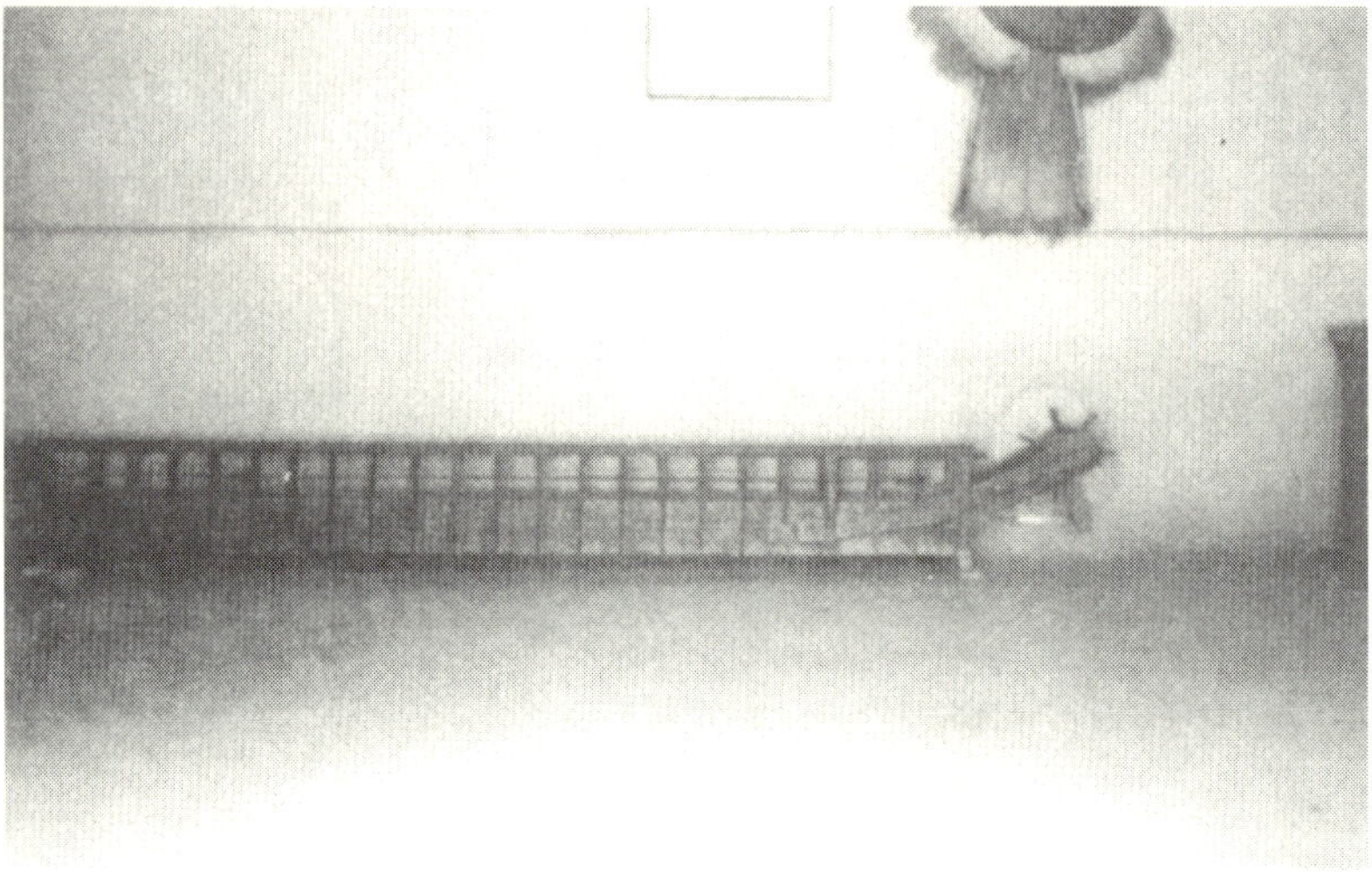

図10　片手による手動式の竜骨車。竜骨板のチェーンは取りはずされていて、ここにはない（故毛沢東主席の旧居に格納・展示されているもの）。

図11　同前。大輪を片手でまわすハンドル、および、槽の両側壁より高く、槽の幅より狭い位置に、桟によって架せられている行道板が見える。すなわち、槽は行道板によって密閉されているわけではなく、汲み上げすぎた水は槽の上縁から溢れ出るようになっているのである。

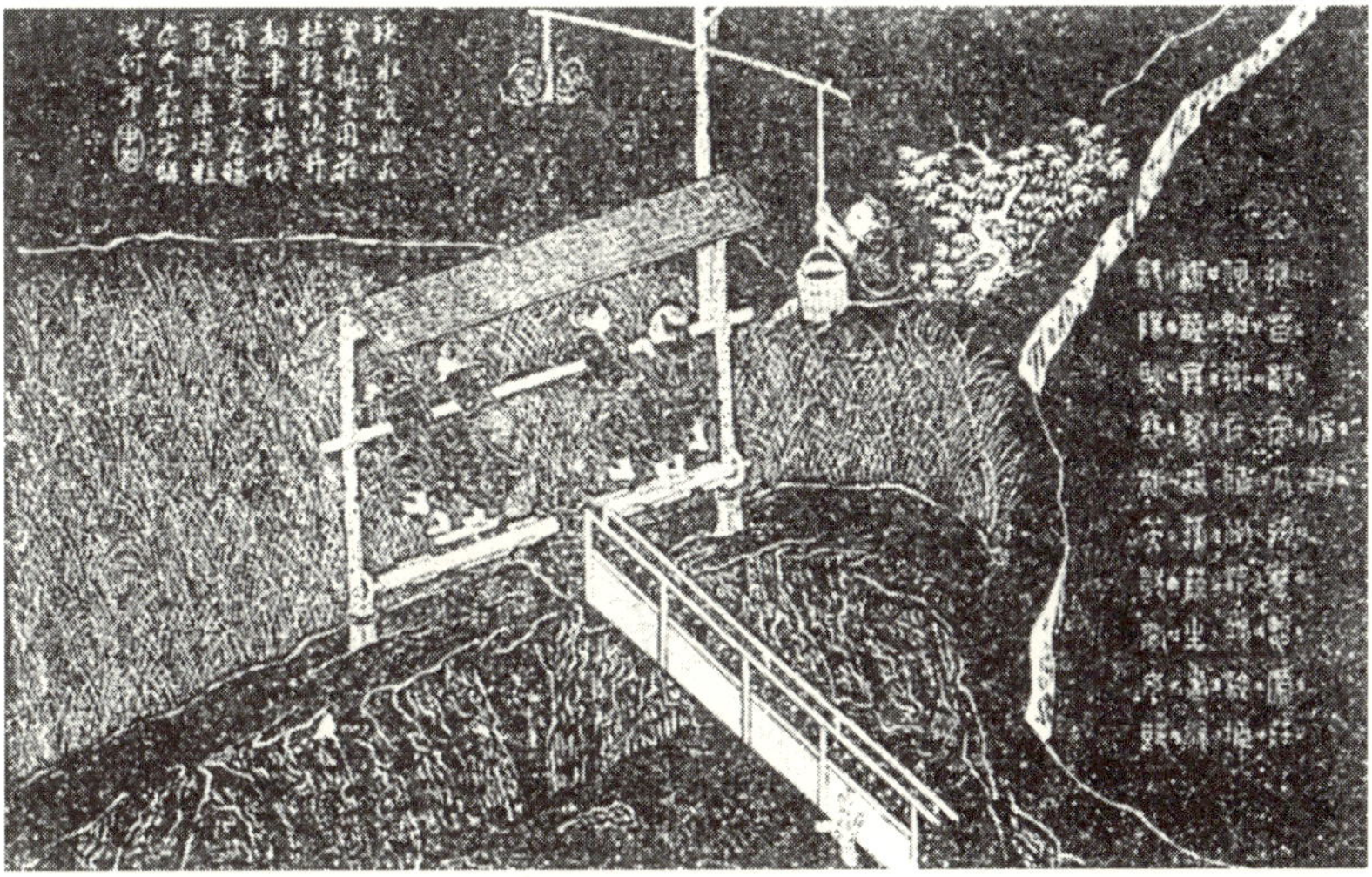

図12　元の程棨の『耕織図』（P. Pelliot, “A propos du Keng tche t’ou”, *Mémoires concernant l’Asie orientale*, Paris, 1913, Planche XXIII. に拠る）。

二　中国史上の竜骨車

竜骨車については、元代の王禎『農書』（一三一三年序）、巻一八、農器図譜一三、灌漑門、に、図ならびに解説が収められており、明末の徐光啓『農政全書』（一六三九年序、平露堂刊）、巻一七、水利、灌漑図譜、にも、王禎『農書』とほぼ同文の解説つきで、より明瞭な図が載せられている（第一三図参照）。いま、『農政全書』によって解説を引用すれば、次の如くである。

翻車は、今人、竜骨車と謂ふ。魏略に曰く、馬鈞、京都の城内に居す。（間）田地の園と為す可きもの有るも、水の以って之に灌ぐ無し。乃ち、翻車を作り、児童をして之を転ぜしめ、灌水自《おのづ》から覆る、と。漢の霊帝、畢嵐をして翻車を作らしめ、機を設けて水を引き、南北郊路に洒ぎければ、則ち翻車之制は、又た畢嵐より起れる矣。今、農家、之を用ひて田に漑ぐ。其の車之制、圧欄木及び列檻椿を除くの外、車身には板を用ひて槽を作る。長さは二丈なる可し。闊さは則ち等しからず。

図13　翻車（徐光啓『農政全書』〔1639年序、平露堂刊〕、巻17、水利、灌漑図譜、財団法人東洋文庫蔵、に拠る）。
　水が槽側を越えて槽外に溢れ出ている状況が描かれている。

或は四寸より七寸に至る。高さは約一尺なり。槽中に行道板一条を架し、槽の闊狭に随はしめ、槽板に比べ両頭は倶に短きこと一尺、用って大小の輪軸を置き、同《ひと》しく行道板の上下にて通週し、竜骨板を以って其れに繋けて上に在らしむ。大軸の両端に各々枴木四茎を帯せしめ、岸上の木架之間に置く。人、架上に憑り、踏みて枴木を動かせば、則ち竜骨板は随ひて転じ、行道板を循環し、水を刮《かきと》り岸に上らしむ。此の翻車之制は、関楗頗る多ければ、必ず木匠を用ひてのみ、成造し易かる可し。其の起水之法、若し岸の高さ二丈有余ならば、三車を用ふ可く、中間の小池に水を倒《そそ》ぎて之を上ぐれば、三丈已上の高旱之田を救ふに足る。凡そ臨水の地段、皆置用す可し。但、田高ければ則ち人力を費やすこと多し。如し数家にて相ひ傳《たす》け、日を計りて工に趨けば、倶に旱を済ふ可し。水具中、機械の功捷、惟だ此れ最と為す。

すなわち、これによれば、⑴竜骨車の起源は、当時の構造がどのようなものであったか不明であるにしても、二世紀末に遡るとされている。⑵元明時代の農業灌漑用の揚水機としての竜骨車は、長さが当時の尺度で二丈（約六メートル）、高さが約一尺（約三〇センチメートル）の槽を行道板によって上下に分かち、この槽の両端に大・小の歯車式の

図14　『たはらかさね耕作絵巻』（東京大学史料編纂所蔵）。

車輪のようなものがついている。この大・小二つの歯車には、多数の竜骨板を連鎖したチェーン状のものが取り付けられる。かくして、上の大軸のペダル（枴木）を踏んで車輪状の輪軸を手前に廻すと、その歯車の回転にしたがって竜骨板のチェーンが動き、行道板の上面を下っていった竜骨板は順次に水中に入り、下端の小輪に沿って回転するとき水を掻き上げて、行道板の下側の槽内を順次に上昇し、水を田に入れる。(3)この竜骨車は、専門の大工でなければ作ることができない。(4)小池を中継とし、竜骨車を三つ連ねて高田に揚水することもおこなわれる。(5)田面が水面から高く、落差の大である場合、竜骨車による揚水には労働力を多く必要とする。(6)数戸の共同作業によって竜骨車の操作のおこなわれる場合がある、などの諸事実が知られる。

また、竜骨車の図については、古く宋代に楼璹（一〇九〇―一一六二）の『耕織図』があったといわれ、これは一四六二年序の宋宗魯による重刊本によって流布し、他方、元の程棨も楼璹の宋板本にもとづいて『耕織図』を描いているが、清代には、康熙帝の命によって焦秉貞が楼璹のものを模写して一六九六年に内府から刊行された『佩文斎耕織図』があり、また、乾隆帝も程棨の図を入手して一七六九年に石に刻せしめたが（第二二図参照）、これらによって、宋代以降、清初にいたる間、竜骨車には、ほぼ技術的な変化が見られなかったであろうことが知られる。(2)

三　日本に伝来した竜骨車

中国の先進的な技術として日本に伝えられた竜骨車については、古くは易林本『節用集』（一五九七年刊）にその名が記載され、元禄年間前後、すなわち一七世紀末から一八世紀の初頭にかけての『百姓伝記』、『豊年税書』、『若林農書』（一六九〇年輯）、『人倫訓蒙図彙』や宮崎安貞の『農業全書』（一六九七年刊）、また『耕稼春秋』（一七〇七年成）などにも、竜骨車に関する記述が見られる。(3) すなわち、『百姓伝記』（一六八〇年代初頭成）、巻五、農具・小荷駄具揃、には、

竜骨車、ひくき処より高き田畠に水をまきあぐるものなり。方一尺にもまた一尺三四寸にも、檜・杉・栂の類なるかろき木を以、九尺にも二間にも三間にも箱をさして、上一方を明て、水をくる小板をからくり付る。則箱の下を水にひたし、上のかたには、ろくろ木を仕つけて、男女にかぎらず水をくりあげ、田畠にかくる。からくりの小板にはけやき・つき・せんだん・楠板を用てよし。ことごとくほねを折によりて、損じ安し。今五畿内・近江国、惣て平安城ちかくの土民よくつかひ得たり。日損に望み、水をかへるに徳分多し。国々処々の大工、手本なしに拵《こしらえ》がたし。(4)

と言い、竜骨車の構造・操作方法、その作製の材料につき具体的に述べて、とくに、その手工業的な製作は「手本なしに拵がた」きこと、しかも、その機構が手仕事的なデリケートさによって出来ているためであろうか、操作に当って「損じ安」いことを指摘している。また、『豊年税書』（一六八五年序）、溜井之事、には、

竜骨車を以揚る事も、有水の落所の溜りには、石を敷菰莚をしきてよし。是には下ほれずして、脇も崩れざる也。直用水にかけるとも、溜の心得有べし。或は溜にため置、又ためより竜骨車にて、二段にも三段にもあぐれば、

高き田江も水かゝるなり(5)。

と述べ、『人倫訓蒙図彙』（一六九〇年板）、巻六、職之部、には、竜骨車師の図（第一五図参照）が収められていて、当時、日本国内でも竜骨車が実際に製作・使用されていた事実が窺われる。

他方、日本において描かれた竜骨車の図としては、狩野元信（一四七六―一五五九）の兄とも弟ともいわれる狩野之信の筆と伝えられる、有名な大徳寺大仙院の「四季耕作図」、および岩佐又兵衛（一五七八―一六五〇）の作と伝えられる「耕作図屏風」（出光美術館蔵）があり、この両者には中国伝来の粉本があったことが、その図柄によって窺われるが、ここには、当時のものとしてもっとも中国風の図柄を離れて日本風になっていると思われる「たはらかさね耕作絵巻」（東京大学史料編纂所蔵）中の「灌漑の図」を紹介しておきたい(6)（第一四図参照）。また、刊本としては、前述の楼璹の『耕織図』の宋宗魯による重刊本が日本に伝来し、これを狩野永納が模刻して一六七六年に刊行したもののうちに竜骨車が見られ、一七一三年序の『倭漢三才図会』に竜骨車の図が収められるにいたって、さらに国内に知られるようになったものと思われる。

図15　竜骨車師（財団法人東洋文庫蔵『人倫訓蒙図彙』〔1690年板〕巻6、に拠る）。

しかし、さきの『百姓伝記』の記述に見える普及範囲や、『人倫訓蒙図彙』の竜骨車師の図の説明に「大坂天神橋の両又四郎これをつくる」と製作者を特定していることなどには、日本における竜骨車普及の限界を窺いうる。大

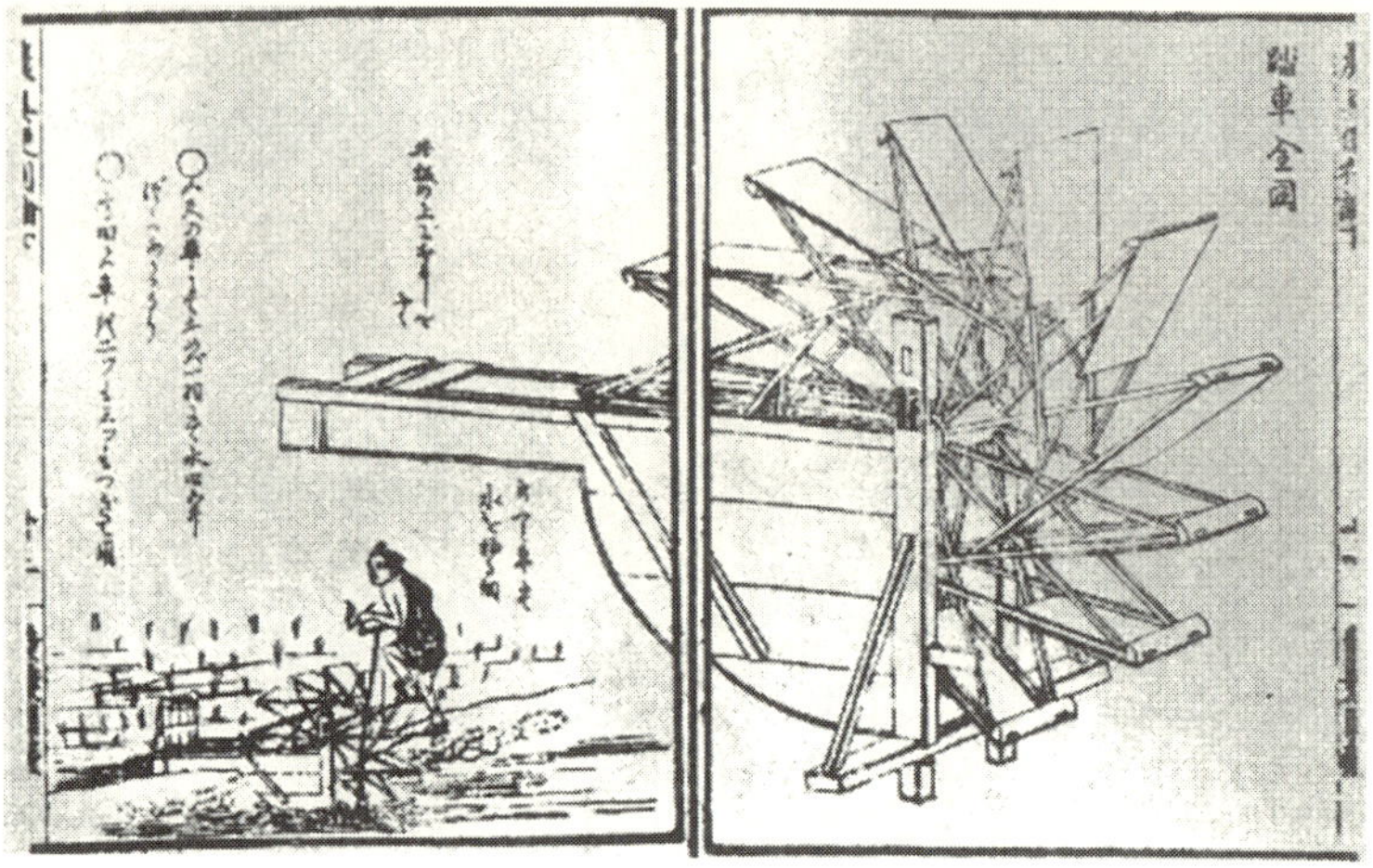

図16　踏車（大蔵永常『農具便利論』〔1822年序〕下、に拠る）。

蔵永常『農具便利論』（一八二二年序）、下、もまた、

昔年《むかし》より井路《いじ》の水を高燥《たかみ》の田地へ揚るには、竜骨車《りうこつしや》を用る事諸国一般《いちやう》なりしに、寛文年中より大坂農人橋の住京屋七兵衛、同清兵衛といへる人此踏車《ふみくるま》を製作し、宝暦安永の頃までに諸国に弘《ひろま》り、今は竜骨車《りうごしや》を用ゆる国すくなし(7)。

と言い、日本では、一八世紀の中葉に、竜骨車が日本人作製の踏車にとって代られた旨を述べている(8)（第一六図参照）。

ところで、日本における竜骨車の使用について注目すべきは、古島敏雄氏の次のような指摘である。

『百姓伝記』が、諸国の大工手本なくして作り難しとし、損じ安しとする竜骨車の性質は、その普及の制限要素である。製造の困難は、単価の高さの原因となるであろうし、破損しやすいことはしばしば更新する必要のあることとなろう。余裕のない農民では備え難いのである。『若林農書』はこの点についての手掛を与えてくれる。同書の巻下、第五「古今五人与法度諸式」に竜骨車に関して次の二項が記されている。「下人下女かゝへざる者は、竜骨車携さへべからず、牛馬飼ふべからざる事」、「下人下女かゝへたる者、充竜骨車つかふべからず」というのである。下人・下女を持つ者でなくては

竜骨車を持つべからず、下人・下女を持つ者が竜骨車を必要とすれば自ら所有しなければならないことを規定するのである。……右の規定は、限られた上層者のみが使用するに耐えるものであった現実の反映と見うるであろう。(9)

同様に、また、解放前の中国についても、高塘嶺人民公社の革命委員会副主任羅陽春氏、人民公社員易克斌氏らは、田中の、

水利灌漑用具である竜骨車は、現在でもこの人民公社でかなり使用されているが、土地改革前にはいかなる階層の人たちの所有であったのか。

という質問に対して、

地主・富農が所有しているのが通常であったが、ときには中農が所有していることもあった。

と答えている。解放前の中国において、このような所有関係のもとで、『農政全書』に「如し数家にて相ひ傅け、日を計りて工に趨けば、倶に旱を済ふ可し」と言うような竜骨車の共同利用を媒介とすることなしには、小農民経営の生産=再生産が不可能である場合、竜骨車の所有者としての地主・富農層は、その所有にもとづいて、水田稲作地帯の生産=再生産の基本的な物質的条件である《水》をめぐって、共同体規制の掌握者となり、農村の支配者となりえたものと思われる。(10)

四　竜骨車を踏む

以上に見てきた竜骨車の所有、共同利用、あるいは共同体規制の問題が、小農民経営の生産=再生産構造における、より生産関係的な側面を示すものと言えるとすれば、さきの『農政全書』の解説が、「田高ければ則ち人力を費やす

こと多し」と言っている点は、竜骨車という労働用具の操作、すなわち生産手段と労働力との直接の結びつきにおいて成立する、より生産力的な側面を示すものと言えよう。次に、実際に竜骨車を操作してみた経験——それは、まことに短時間の表面的な操作であって、労働の経験などと言えるようなものではないが——にもとづいて、〈竜骨車による労働〉について考えてみたい。

高塘嶺人民公社の竜骨車は、車窓から見えた他の多くの例もそうであったが、槽身の下端を用水池の底に没し、上端の大輪軸に藁の日覆をかぶせられて、直ちに使用可能な状態に置かれていた。竜骨車は、平素は倉庫に格納されているのであろうが、揚水のために池畔にセットされたのちは、使用を休止している間、このように大輪に日覆を置き、水に濡れた木部に歪みが生じたり、亀裂が生じたりするのを防ぐものとみえる。

まず、この日覆を取り除き、両手で木架を握って体を支え、二個のペダル（柺木）に足を載せて、勢いよくこれを手前に踏んだところ、大輪が空回りして、竜骨板の連鎖によって成り立っているチェーンが大輪からはずれそうになった。そこで、次にゆっくりと踏むと、槽のなかを、それぞれの竜骨板が少量ずつの水を押し上げて上昇し、上部の大輪にいたって竜骨板のチェーンが回転するとき、前後二つの竜骨板の間に収められてきた、それぞれの水量が、竜骨車の上端から外へ吐き出された。すなわち、かくして揚水が可能となったのである。

次に、ペダルから両足をはずし、竜骨車から身を離すと、その時点まで槽の下端から上端にいたる間に、それぞれの竜骨板によって押し上げられてきた、槽身の全長に相当する容積の水は、槽の内壁と竜骨板との間隙を通じて下降し、池内に逆戻りした。そのため、足をペダルからはずした瞬間に、槽内のそれぞれの竜骨板がもちこたえ、押し上げていたはずの水の重量が、竜骨板より成るチェーンを逆回転させて、竜骨板のチェーンと水とが逆に下降するというような、水の重量が原因となって働く反作用現象は、まったく見られなかった。

最初に、空回りして、竜骨板の連鎖によって出来ているチェーンがはずれかけたという事実は、槽身の下端が用水池の底浅い部分に位置していたため、竜骨板の掻き上げる水量——その重量——が少なすぎ、これと勢い込んでペダルを踏む脚力との間にアンバランスを生じたからであろう。次に操作を停止したとき、竜骨板が逆行して輪軸およびペダルも逆回転するという事態の起こらなかったことは、前述のように、槽の内壁と、これに沿いながら上昇・移動する竜骨板との間になにがしかの間隙があり、この間隙を通じて槽内の水が池内に戻ったためであって、それは、竜骨車の槽内が、近代的な金属製機械のピストンにおけるような機密性に欠けていることを示しているであろう。

以上のような、竜骨車の操作の体験にもとづいて、非力な人間労働によって操作される、木製の孱弱な生産手段としての竜骨車の性格を、次のように考えることができるであろう。

(1)　竜骨車の揚水機能の順調な成立を可能ならしめているものは、人間労働力とこれに見合う〈水の体積〉とのバランスである。

(2)　竜骨車の基本的な機能が、下から上への揚水であることから、上記(1)の〈水の体積〉は〈水の重量〉としての意味をもつ。この場合、〈水の体積〉および〈水の重量〉とは、もちろん〈槽内の水の全体積〉および〈槽内の水の全重量〉のことである。

(3)　この〈水の全体積〉・〈水の全重量〉に密接に関係する要因は、第一に、竜骨車の槽身の長さであり、第二に、作動時における槽身と池水面との間の角度であり、第三に、この〈水の重量〉に対応して安全弁的にその水圧を緩和する機能をもつ、槽の内壁と竜骨板との間の機密性の緩やかさであり、過剰な水量を溢れ出させる機能をもつ、槽の上縁と行道板との間の大きな間隙である。

(4)　上記(3)の第一要因を基本とし、製作技術その他の社会的要因がこれに加わって、槽の長さに一定の規格が成立している——王禎『農書』・徐光啓『農政全書』によれば「長さ二尺」(約六メートル)ということになるが、ただし、私ども両人の実見によれば三メートル程度である——と思われるが、田面が池水面に対し平面的距離において接近し、かつ上下の高低において高田である場合、すなわち田面・水面間の落差の大である場合、池水面と槽身との角度は大となり——槽身の角度が急傾斜となり——「人力を費やすこと多」くなる。この場合の「多くの人力」とは、槽身の急傾斜に規定されて、単位時間における〈水の重量〉に対応する必要から生ずる問題であるから、単一労働力による長時間労働ではなく、同一時点における〈水の重量〉に対応するための、「多くの人力」の同時的動員、すなわち、共同労働である。ただし、槽身の長さ、および角度にもおのずから限界が存するので、落差がこの限界を越える場合には、数個の竜骨車が、小池を中継媒体として連結され、したがって、上記の共同労働の組織単位数も、連結された竜骨車の数に応じて倍化される。しかも、その際、それぞれの竜骨車に即した労働組織の相互間の連携が、容量の少ない中継小池を媒介とするがゆえに、作業の同時性を要請されるとすれば、これら一連の竜骨車労働の共同性と組織性とは、全体としての緊密性をいっそう推し進められることになるであろう。

(5)　竜骨車労働は、上記(4)に考察したように——そして第四図の写真が現実に示すように——、しばしば「多くの人力」の共同的・組織的な〈集中〉として実現するが、しかし、それは、労働内容という観点からすれば、同一の単純労働の〈集積〉としての共同労働にすぎないのであるから、次に、単位労働力にもとづく極限的形態、すなわち、一人の農民の労働力のみによって竜骨車を操作する、原型的な場合について考えてみよう。

限界を有する一人の人間労働力と、手造りの仕事として仕上がりは繊細である——例えば、一枚一枚の竜骨板は、紙やすりをかけたように滑らかに磨かれている——が、機構装置的には孱弱な竜骨車との間に成立する揚水作業という、労働力と労働手段との結合について、その円滑・順調な作動を保証するもの——それは、まさに、さきに(3)に述べた三要因の直接かつ適切な実現であるように思われる。具体的には、第一に、竜骨車の孱弱な機構装置が空回りによって損壊しない程度の〈水の重量〉をはらんで、輪軸ならびにこれに装着された竜骨板のチェーンが着実に作動すること、第二に、槽身の長さ、その池水面との角度という要因をも含めて形成される〈水の体積〉＝〈水の重量〉が、人間労働力一人分の能力を越えたり、竜骨車の孱弱な機構装置を破壊したりする過度の重圧として働かぬよう、適量であること、——以上の二条件を充足しうるように、さきの三要因が実現することである。

(6)　ところで、前述の三要因中、農民の人間労働力にとって——なにがしかはその個人の個性的能力に応じて、あるいは二人ないし三人といった労働力の増加にともなって——、その労働の〈水の体積〉＝〈水の重量〉に対するバランスを調節するための、労働過程における可変的条件こそ、まさに第三の要因、なかんずく、竜骨車の槽内における機密性の緩やかさの存在ではなかろうか。熟練した農民ないし農民たちは、自己の労働力の水に対する対応能力に応じて、労働過程において、ペダルを踏む速度——農民たちの共同労働の場合には、共通の速度を保ち合うためのリズム——を、おのずから決定しうるであろう。速度という、この時間的要因は、槽内の機密性と関連して、一定時間に搔き上げ、運び上げる〈水の体積〉＝〈水の重量〉を規定する。換言すれば、反面において、緩和機能を果たすべく下降する水量を規定するのである。

(7)　以上のように見てくると、竜骨車揚水労働における〈水の重量〉、すなわち〈水の重圧〉という労働負担は、竜骨車の機密性の緩やかさという、いわば可変的に時間的契機に転化することの可能な要因に支えられることによって、緩慢な《長時間労働》を通じて消化されるのである、と言うことができるであろう。

五　おわりに

中国の長江デルタ、とくに、歴史＝社会的な生産力としての技術が自然を改造する以前、古く「厥の土は惟れ塗泥」

(『禹貢』)と称された低湿地帯が、クリークを網の目のように掘って排水し、その土を積み上げ、またしばしばその河泥を浚渫して、これを積み上げ、かくして長年月にわたって造成される水田——圩田と呼ばれる——にもとづき、中国の最先進経済地帯となるにまでいたった、江南デルタ地帯において、「この地方の水田耕作に付随する技術的制約として、田面と用水源としてのクリークの水面との落差が大きいことは、労働力のきわめて大きな部分を灌漑作業に消費することを余儀なくさせた。このために農家の経営面積は極度に零細化され」[11]、いわゆる零細過少農的農民経営が、解放以前、中国農民の小農民経営の特質をなしたという事実は、すでに多くの先学の説くところであるが、これを竜骨車に即して言えば、「労働力のきわめて大きな部分」とは、近代社会に見られる如き単位労働時間における密度の高い重労働というより、竜骨車という木製揚水機の生産力段階に規定された、前近代的労働形態に固有な《長時間労働》である、と称することができるであろう[12]。

私ども両人が、韶山——長沙間をはじめ、車窓に数多く見出した竜骨車労働は、共同労働——竜骨車の共同利用であった。また、高塘嶺人民公社において実地に体験し、発見したものは、《長時間労働》を要求する、竜骨車に固有の生産力的性格であった。そして高塘嶺人民公社員から学んだものは、炎天下に沈黙して横たわっているこの竜骨車——過去においても、現代においても、共同利用・共同労働の対象となっている竜骨車——の所有が誰に帰属しているかによって、旧中国においては、竜骨車が、地主・富農層による共同体的規制の掌握と、これにもとづく収奪との物質的基礎条件となりえたという歴史的事実であり、現代中国においては、それが、農業の現代化・機械化に席を譲りつつあるとはいえ、なお、人民公社における集体労働の生産手段として、今日も働き続けているという事実であった。

註

（1）高塘嶺人民公社の概況については、ＮＨＫ取材班『新・中国取材記Ⅰ——民衆生活の素顔——』日本放送出版協会、一九七八年五月、一三五—一四四頁、参照。

（2）中国の竜骨車に関しては、天野元之助『中国農業史研究』農業綜合研究所、一九六二年三月、二〇六、二三九—二四二、三二四—三二六頁。R. P. Hommel, *China at Work*, New York, 1937, pp.49-54. 参照。

（3）古島敏雄『日本農業技術史』（『古島敏雄著作集』第六巻）、東京大学出版会、一九七五年三月、三〇七頁以下、参照。

（4）古島敏雄校注『百姓伝記』（岩波文庫版）上、一四七—一四八頁、に拠る。

（5）『豊年税書』（『日本経済叢書』巻一、日本経済叢書刊行会、一九一四年六月）、九三頁。

（6）『江戸科学古典叢書』四、恒和出版、一九七七年三月、所収の影印による。なお、この「絵巻」の所在については、日本近世史の研究者である山田忠雄氏の示教を受けた。記して感謝する。

（7）同前書、一七一頁。

（8）しかし、『図説日本文化史大系』第八巻（安土桃山時代）、小学館、一九五六年五月、一四七頁には、現在まで保存されている日本の竜骨車（滋賀県野州郡北里村、田中辰蔵氏蔵）の写真を載せ、執筆者の宮川満氏が、次のような解説を記している。

　これは明治の中ごろまで使われていた竜骨車である。これで低所の水を高所の田へ引きあげる。チエン式で、歯は三二枚、一回まわすと六枚前進する。約二〇〇〇余回で、一反歩余り灌漑しうる。これは手回し式（写真によると二人がかり——引用者註）であるが、足踏式のもあり、また中国では牛で引き回すのもある。古く大陸からはいったが一般に普及し出したのは中世末期からである。

　なお、この資料についても、山田忠雄氏の示教を得た。記して感謝する。

（9）古島敏雄、前掲書、三一一頁。

（10）鶴見尚弘「旧中国における共同体の諸問題——明清江南デルタ地帯を中心として——」（『史潮』新四号、一九七九年一月）。

とくに、その七五、九八頁。

なお、古島和雄氏は、明末清初（一六－一七世紀）の江南デルタ地帯の佃農による灌漑の共同労働について、史料を提示することなく、

竜骨車の如き農具が、地主層の独占的な所有から、次第に一般化されるにいたった段階で、地主層の灌漑用水の実質的な独占的地位に対抗するものとしてあらわれたものこそ、かかる共同労働を中心とした、地縁的な結合関係であったと考えられるのである。

と言い（「補農書の成立とその地盤」〔『東洋文化研究所紀要』三冊、一九五二年六月〕、一一四頁）、また、小山正明氏は、これを継承し、

〔竜骨車〕一車につき二人掛りのものが普及するようになったのは、……夫婦の労働力を中核とする単婚小家族たる佃戸経営に適合的であるからであり、こうした変化自体が灌排水規制の手作地主より佃戸への移行を物語っている。

と述べて（「明末清初の大土地所有」(2)〔『史学雑誌』六七編一号、一九五八年一月〕、六七頁）、明末清初に、竜骨車の所有が佃農に帰し、したがって、共同体規制の掌握も、佃農層に移行した、と考えた。しかしながら、共同利用ないし共同労働が共同所有を基準としておこなわれ、共同体規制の掌握が直接生産者農民に移行するとすれば、それは、もはや、コミューンないし人民公社にほかならず、前近代社会の共同体にこれを見出すことは不可能であろう。前近代社会の共同体に関する研究にとっては、竜骨車の如き主要な生産手段の所有と、これを労働対象とする共同労働ないし共同利用とを区別する問題、さらに、共同労働ないし共同利用と、共同体規制の掌握とを区別する問題を、実証的かつ理論的に厳密に問題とすることが、きわめて重要であろう。

（11）　西嶋定生『中国経済史研究』東京大学文学部、一九六六年三月、七三四頁。

（12）　なお、K. A. Wittfogel も、

水といふ「機械」の駆使は、灌漑農業を基礎とする一切の農業社会の内部においては、生産期間の長さに比して、特に労働時間の延長されることを余儀なからしめるものである。

と言っている（K. A. Wittfogel, *Wirtschaft und Gesellschaft Chinas, Versuch der wissenschaftlichen Analyse einer grossen asiatischen Agrargesellschaft*, Leipzig, 1931, S. 301. 訳文は、平野義太郎監訳『解体過程にある支那の経済と社会』上巻、中央公論社、一九三四年、三七三頁、に拠る）。

【編集者附記】　本稿は、もと一九七九年三月に鶴見尚弘氏との連名で『近代中国研究彙報』創刊号に掲載された。これは田中先生が主として執筆したものであることから、本書では鶴見氏の許諾を得て収録した。図にもちいた写真は今回改めて鶴見氏から提供いただいた。なお、原載には附記として、「天野元之助先生は、御勤務の大学・研究所に何らのかかわりを持たぬ私ども両人に対し、三〇年に及ぶ歳月にわたって懇切な御指導を賜った。いま、貧しい小稿ではあるが、私どもの仕事のうち先生の御専門にもっとも近いこの拙文を捧げて、先生の学恩に対するささやかな感謝のしるしとしたい」との一文がある。

12　ふたりの先達と中国研究——天野元之助と野原四郎——

日本の中国研究は、この一年間に、多くの若い研究者たちが最も敬愛してやまなかった二人の先達をつづけてうしなった。昨夏（一九八〇年——編集者註）八月九日に長逝された天野元之助、今年（一九八一年——編集者註）一月三日に亡くなられた野原四郎の両先生である。

一　生涯これ学問——天野元之助

天野先生は、一九〇一年（明治三四年）の大阪の生まれ。中学生の頃、大阪の庶民の学塾として江戸時代、一七二六年（享保一一年）以来の伝統を有する懐徳堂に学び、西村天囚などの碩学に中国古典の素養を授けられた。旧制松山高等学校を経て、一九二六年（大正一五年）京都大学経済学部を卒業、ただちに宿願の満鉄大連本社調査課に入り、以後、一九四八年（昭和二三年）七月に中国共産党治下の大連から引揚げて来られるまで、二三年にわたって中国農業経済の調査研究に専念された。

当時の満鉄の調査事業が日本の大陸侵略のカサのもとにあったという事実は、決して忘れられてならないことであるが、先生が後年しばしば回想しておられたように、満鉄調査マン個人としての先生の研究生活自体は、きわめて充実したものであったという。満鉄大連図書館や調査課資料室の中国関係文献を読みふけり、また北はいわゆる北満

（現在の東北地区の北部）から南は広東・マカオまで出張調査して、その成果を報告書に書き上げるという、ゆとりのある豊かな研究条件のなかでの自由と義務との適切な結びつきは、学内の雑用に追われる今日の日本の大学教師には到底見出せないものであったと思われる。一九三二年、満鉄経済調査会が成立して先生は満洲経済班の主任になられたが、東北地区の出稼ぎ労働力の供給源である華北の農村に関心をもたれた先生は、三四年九月から北京に一年、済南に半年留学し、書物を渉猟し、華北の各地を調査された。なかでも当時の先生の最大の収穫は、陶希聖・馮和法・薛暮橋・朱其華・千家駒といった人びとをはじめ、多数の中国人学者と交友関係を結ばれたことであろう。先生は後年、私どもが拙い論文をお目にかけて教えを乞うと、これに無数の紙をはさまれて、「この問題については、千家駒君にこれこれの論文あり」といった具合に、私どもにとっては高嶺の花のような大先学の名を君づけで紹介されるのが常であった。このような先生の〝人物交流〟は新中国の解放後もいち早く再開され、先生にお目にかかるたびに、最近に届いた旧友の、あるいは新しい友人の手紙を見せて下さった。もちろん、その内容は、他人に見せるのを慎しむべき私信などではなく、すべて学問上のことに関する先生の質問への返事であった。真の日中友好の前提となるもの、その基礎にあるものは、自己の専門に努力する者がみずからの仕事のうえのやむにやまれぬ要請にもとづいて、中国人に具体的な個人としての友人を持つことだという大切な事実を、内容に加えて、先生宛てのこれらの書簡は語っているように思われた。

先生はまた、北京留学の間に、「読書・執筆に倦めば、本漁りの外、寄席・芝居へと一時は毎日の様に出かけたものである。仕事は進捗する、民衆の娯楽に共鳴を感ずる」という生活を通して、新興中国の社会革命運動の息吹きにも触れられたという（『中国農業経済論』上巻、序）。

一九三六年（昭和一一年）、上海事務所調査課勤務に転じた先生は、上海に居を構えて、西は長江中流域の漢口・長沙から東は蕪湖・上海・杭州に至る華中一帯の調査に明け暮れし、また九州大学・京都大学などに中国農業経済論を講ぜられ、その蓄積は、『支那農業経済論』上・中巻として四〇年・四二年に改造社から刊行された。その下巻に相当する部分は、戦後の五二・五三年に『中国農業の諸問題』全二巻として技報堂から公刊され、A五判全四冊二二八〇頁に及ぶこの大著は、今日、龍渓書舎から『中国農業経済論』全三巻として影印刊行されている。この書物は、実地調査に歩き廻り、また目にとまる文献・資料は必ず書き留められた先生の膨大な知識を、詳細な文献目録と索引とを付して集大成したものであり、一九三〇年代までの中国農業経済の特殊性を知るための《百科全書》であると称して過言ではない。

いわゆる「満鉄事件」の名で知られているように、大戦末期、満鉄調査部員は数次にわたって関東軍憲兵隊に検挙され、満鉄調査部は、敗戦を待たずして日本の官憲の手により壊滅させられた。検挙の容疑も明らかではなく、弾圧の目標は調査部の科学性にあったのであろうと言われているが（伊藤武雄『満鉄に生きて』）、一九四二年に大連本社調査部に移り海南島の土地慣行調査などに従事しておられた天野先生も、ついに四三年九月、新京（現在の長春）憲兵隊の指令によって調査部を逐われ、大連図書館の一室に蟄居の身となった。しかし、この破局は、他方で、先生の学究生活に一大転機と前進とをもたらした。かねて、農業経済からその基礎にある農業技術へと研究を深め、『中国農業技術論』の原稿を東京に送っておられた（これは戦災で焼失した）先生は、満鉄の潤沢な資金によって収蔵されていた大連図書館の膨大な漢籍と取り組み、中国古農書の研究に打ち込まれた。それは、中国農業の展開を古代からの社会経済史の発展のなかに辿ることでもあった。

敗戦を大連で迎えられた天野先生は、引き続き一九四六年（昭和二一年）から三年間、中国長春鉄路公司経済調査局に留用され、四八年三月、農業史に関する研究報告約一〇篇を提出し、一三年間の在華生活中に収集した資料・写真を李亜農氏（先年故人となった歴史学者）らに贈り、みずからは大部な草稿を携えて帰国、一一月に京都大学人文科学研究所員となられた。

これより後、歴史学関係の国内諸学会の会場には、最前列に坐って質問に立たれる先生の熱心な姿が常に見られた。こうして、学問に努め、中国を語って倦むことのなかった先生の研究成果は学会誌に次々と発表され、京大人文研時代には前述の『中国農業の諸問題』全二巻が公刊されて一九五一年に経済学博士の学位を受けられ、五五年、大阪市立大学文学部教授になられて後は、大連時代以降の中国農業史に関する諸論考を、作物・栽培・農具の三篇より成るA五判九五四頁の大著『中国農業史研究』（御茶の水書房、一九六二年）にまとめて刊行し、これにより日本学士院賞をお受けになった。

一九六四年（昭和三九年）三月、大阪市大を停年退職された先生は、暫く勤務を離れ、京大人文研の研究会などに出席されるほかは専ら自宅で古農書類の綿密な研鑽を続けられた。若者をこよなく愛される先生は、六七年に再び追手門学院大学文学部教授として教壇に立たれたが、この間に出版されたのが『中国古農書考』（龍渓書舎、一九七五年、A五判四九八頁）である。およそ古典の解題書目などというものは、その体裁はまことに地味なものではあるが、もしこれを短期間に多人数を動員して編纂したりすれば、内容に必ず信用できぬ記事が紛れ込みかねないものであって、著者が長年にわたる研究生活のなかで始終気をつけ、書物の所在を調べ、版本の異同を実地に確かめ、その記録を書き溜めて、おのずからに成るものが解題書目である。そして、その仕事が手堅く確かなものであってはじめて、後学の者は、良心的で厳しいこの先学の仕事に案内されて、質の高い学問を身につけることができるのである。天野先生が心血をそそがれた『中国古農書考』とは、そのような書物である。

一九七七年（昭和五二年）三月、追手門学院大を退職された先生は、再び大阪府枚方市の自宅で執筆に専念される傍ら、私ども後学の乞いに応じて、先生のかつて勤務された大学や研究所に関係のない私どもの合宿にも泊りがけで気軽に参加され、農村調査の経験談を話され、中国農業の難解な特殊用語などについて熱心に解説された。この点、先生は勉強する若者とともにいることを愛する、根っからの教師であったが、こうしたなかからまとめられたものが『中国農業の地域的展開』（龍渓書舎、一九七九年、A五判五一〇頁）である。

いま、この書物をひもとくと、巻末に天野元之助著『中国古農書の研究』の近刊予告が見られる。また、かねて研究史を踏まえて詳しい通史を書くことを志しておられた先生は、その第一冊として『中国社会経済史』第一巻（殷・周之部）（開明書院、一九七九年、A五判二四一頁）を刊行されたが、その直後、先生は中国訪問を目前にして病に倒れ、長逝されたのであった。先生の書斎には、大型の封筒に入った未発表の論文草稿が書架になお多数収められたまま、いずれの日にか刊行者のあらわれるのを待っている。

日中友好における先生八〇年の志は高く、その生活と業績とはきわめて堅実であった。さきにも述べたように、先生の平素の中国との〝交流〟振りは、真の〝日中友好〟が、個々の人物同士の、しかも専門の仕事を通じての交際であってはじめて着実であり得ることを示すものであった。今後、真に中国の人々と交流するためには、うわべの微笑によってではなく、深い学問的理解を踏まえねばならぬことを私どもが痛感するに至るであろう時、その信頼すべき拠りどころを、私どもは先生の学問的遺産のなかにしばしば発見することであろう。

二　中国研究の良心——野原四郎

野原先生は、一九〇三年（明治三六年）北海道札幌の生まれ。旧制浦和高等学校文科丙類（フランス語）を経て、一九三〇年（昭和五年）、東京大学文学部東洋史学科を卒業された。卒業論文は中国古代の説話に関するものであり、その研究に当ってフランスの東洋学者グラネの説が参考にされた。同級生に江上波夫・増井経夫氏がいた。卒業と同時に、先生は東大を本拠とする歴史の学会である史学会の委員になられたが、他方、同年秋には、故三島一氏らとともに、アカデミズムに対抗して〝庚午会〟を結成し、三二年末にはこれを解散して、学閥に関係のない在野の学会、歴史学研究会の結成に参加された。その前年（三一年）、先生は駒込上富士前の東洋文庫で閲覧中、同じく閲覧に通っていた亡命中の故郭沫若氏と会い、同氏の『中国古代社会研究』について話し合っておられるが、三四年には、治安維持法違反容疑で杉並署に検挙された。芳子夫人との結婚の翌々年であった。

周知のように、一九三一年（昭和六年）には「満洲事変」が勃発し、日本の中国に対する十五年戦争が開始されている。野原先生にややおくれて学窓を出た草田男の句に「大学生おほかた貧し雁帰る」というのがあるが、当時、国内は日本を大陸侵略に駆りたてた不景気の真っただなかにあり、東京の諸大学を卒業した者が東海道を歩いて帰郷したといわれる時代であった。そのような日々を、先生は女学校の教師を勤めながら、『歴史学研究』に太平天国に関する論文を発表したり、フランスの東洋学の研究を紹介したりしておられる。のち、太平洋戦争の敗戦後にいっきょに花ひらき、今日、私どもがその豊かな成果を享受している科学的な中国研究にとっての青春時代は、こうして、アカデミズムの陽のあたる場所とは別のところ——超国家主義的権力による思想弾圧のもとの暗い谷間で、野原先生たちの手によって着々と準備されたのであった。それは、今日の私たちには実感することの不可能な、貧苦の生活のなかでの不屈の研鑽であったと思われる。

その頃、アカデミズムから遠ざけられた多くの俊秀が大陸に渡って満鉄調査部に採用されたように、国内では、大久保幸次氏を所長とする回教圏攷究所に進歩的な若い学徒が集められたが、野原先生は敗戦までその所員を勤められた。同僚に幼方直吉・岡林辰雄・蒲生礼一・竹内好氏らがいた。外国語の修得にすぐれていた先生は、ここでアラビア語を学び、アラブ諸国におけるイスラム教改革の思想や民族運動について論文を発表された。それは、アジアの民族革命に関する研究の対象を、当局が目をひからせている中国とは別のものに求め、アラブ民族運動研究の先駆をなしたものであった。他方、先生はまた、中国の歴史家顧頡剛や中国古代宗教研究の碩学である前述のグラネなどを採り上げ、歴史認識の方法をその歴史家の人間のなかに探る仕事をされた。先生をつき動かして先生にこのような仕事をさせた《人間的なるもの》への関心は、その後、先生の中国史研究を一貫して変わることがなかった。

私ども後学の者が《学徒動員》によって戦場に送られ、また空襲下の工場に駆り出されていた時、戦局の前途はいよいよ暗澹として逼迫し、野原先生たちが孤守してこられた歴史学研究会も一九四四年（昭和一九年）には活動停止のやむなきに至り、翌四五年三月、先生は突然、何の理由もなく杉並署に検挙された。一女まち子さんの六歳の年である。先生が釈放されたのは、敗戦二カ月後の一〇月一〇日であった。

窮乏を強いられた戦後の生活のなかにも、解放された科学的な歴史研究は意気さかんに復興した。一九四六年一月、歴史学研究会が再建され、《野原さん》は、その委員になられた。いままで、私は野原さんを「先生」と呼んできたが、実は、私ども後学の若い者が野原さんに始めてお目にかかり、おつき合いいただくようになったその頃、それは、「しかるべき権威者」の紹介状などをなんら必要としない、研究会の討論の場や科学運動の寄り合いの席においてであった。その時、野原さんは、少しく〝べらんめえ〟調で声の大きい快活な、私ども若い者が〝さん〟づけでお呼びするにふさわしい友人として、私どもに応待してくださった。こうして、亡くなるまで、野原さんは《永遠の青年》であった。

中国史研究者としての野原さんが、戦後にたずさわられた大きな仕事に、中国研究所のことと『歴史評論』のことがある。敗戦の翌年、一九四六年には、民主主義的かつ進歩的な学問を求める当時の社会一般の気運のなかで、戦後のアジア離れ、欧米志向の風潮に抗して民間の研究機関である中国研究所（中研）が創立され、また広汎な在野の研究団体として民主主義科学者協会（民科）が発足して、その歴史部会により『歴史評論』が創刊されたが、野原さんは、中研の常勤所員となって、財政的に容易でないこの民間研究所の運営と活動に尽瘁されるとともに、『中国研究月報』・『歴史評論』などに論陣を張られた。これらの論考のほとんどすべてには、進行しつつある中国革命に対する洞察と、過去の日本人のアジア大陸侵略への深い反省とが示されている。みずからがむしろ日本帝国主義の被害者でもあった野原さんがアジアの諸民族に対して持ちつづけた、この加害者としての反省は、野原さんの視野の広い、柔軟な発想のなかに厳として据えられた思想的な魂であり、研究者としての良心であった。そのような根本問題において、野原さんは「誤って京師に名利の客となる」ことから確実に遠く、最後まで初心に忠実な、《守節の老兵》であった。

一九五二年（昭和二七年）、野原さんは歴史教育者協議会の常任委員となり、次いで五七年、『歴史評論』の編集長となられた。以後、六七年までのほぼ一〇年間、教師・学生・庶民に支えられて歴史を正しく認識することを目ざすこの地味な雑誌が、財政難のため発行書店から苦情や非難の声を浴びるたびに、野原さんは書店に対する説得に苦闘された。この時期、研究者の社会的責任についてのきびしい自覚と、忍耐強い、そして本質的に楽観的な、在野の精神とにつらぬかれた野原編集長の存在がなかったならば、今日、『歴史評論』は存続していないであろう。

一九六六年（昭和四一年）、野原さんは中研の常勤研究員を辞して専修大学文学部の教授になられた。以後、七四年三月、七〇歳で停年退職されるまでの八年間は、野原さんにとって初めて安定した俸給を受ける大学教師の生活であったと思われる。しかし、七四年以降は、野原さんはまた、五八年以来の文化学院非常勤講師および六七年以来の和光大学非常勤講師以外に定職のない生活に入られた。野原さんご自身は、およそそのような生活のご苦労などをおもてに出される方ではなく、むしろ逆に全く快活で、楽天的であられたが、こうした生活の条件、また研究の条件は、野原さんのお仕事に、そのお人柄とあいまって独特のスタイルを与える結果となった。

野原さんのお仕事には、著書に、竹内好・山口一郎・斎藤秋男氏と共著の『中国革命の思想』（岩波新書、一九五三年）、岩村三千夫氏と共著の『中国現代史』（岩波新書、一九五四年、六四年改訂）のほか、論文集として『アジアの歴史と思想』（弘文堂、一九六六年）、『中国革命と大日本帝国』（研文出版、一九七八年）があり、また近く研文出版から上記二冊の論文集に未収の諸論考を収めた遺稿集が刊行される予定になっている（『歴史への視点』研文出版、一九八二年一月——編集者註）。訳書には、佐藤武敏・上原淳道氏と共訳の郭沫若『中国古代の思想家たち』上・下（岩波書店、一九五三年）、ガンサー＝スタイン『延安』（みすず書房、一九六二年）などがあり、ほかに、歴史学研究会編『太平洋戦争史』全五巻（東洋経済新報社、一九五三年）、講座『現代中国』全三巻（大修館、一九六九年）、『近代日本における歴史学の発達』上・下（青木書店、一九七六年）、『中国近代史』全三巻（三省堂、一九八一年）などの共編・監修・監訳がある。いま、これらを通観して、顕著に見られる特徴は、第一にその視野の広さであり、第二にその問題関心と研究方法とに窺われる人間の真実への執着および平和への意志であろう。

およそ、歴史研究にとってその成否を決めるものは、史実の厳密な考証であると言えよう。しかし、研究条件にめぐまれたアカデミズムにおいては、しばしば、自由に駆使することのできる膨大な文献・資料を背景に、考証の厳密性のみが自己目的化し、何のための歴史研究であるのかが忘れられがちである。ところが、アシスタントも持たず、膨大な蔵書も持たない野原さんは、たとえば、尾崎秀実が西安事変（一九三六年一二月一二日）の意義を的確に予言していたという事実を示すものとして、事変直前に尾崎の書いた記事を載せている『グラフィック』という雑誌が当時あったらしいと知ると、この『グラフィック』を探し求めて、全国各地の《若い友人》に、県立図書館に保存されていないかどうか調査を依頼されるのであった（野原四郎「尾崎秀実と西安事変」『尾崎秀実著作集』第五巻、勁草書房、一九七九年）。また、ある日、『東方学』という雑誌を調べて欲しいという電話を私にかけて来られた。『東方学』を検索し、ご用だてすることなどは、研究機関に職場をもつ私には容易な作業であったが、これは、グラネ『中国人の宗教』

のフリードマンによる英訳を書評されるためのものであり、その結果は、「フリードマンの訳書が、私に与えた強烈な印象といえば、目次の裏の頁に、この訳書を、ドイツ占領軍に対するレジスタンス運動の一員であった、マリー・グラネ夫人に献呈すると明記していることだ。シャヴァンヌの下で、グラネの相弟子であった、有名な中国古代史家アンリー・マスペロは、ブッヘンワルト収容所に連行されて、ついに帰らなかった。グラネは、この灼熱地獄をどう生きぬいたか。……シノロスジトのドュミエヴィルは、一九六六年五月に京大人文科学研究所で、「フランスにおけるシナ学研究の史的展望」という、まことに要領をえた講演（『東方学』三三、三四輯、一九六七年に記録掲載）をおこない、そのなかでグラネがドイツ軍の侵入に憤激のあまり死んだと述べている。その辺の経緯は、グラネ夫人の著書『レジスタンスの人びと』がやがて手に入るならば、もっと鮮明にすることができよう」（『中国語』二一四号、一九七七年一一月）という野原さんの文章となったのであった。これらのわずかな例にも困難な条件のなかで歴史と人間の真実に目標を定め、ひたむきにこれを追求する野原さんの関心とそのスタイルとを窺い知ることができるであろう。野原さんは、一九七八年（昭和五三年）一〇月、若い友人たちとともに《はじめて》中国を旅されたが、その際、南京大学で学問と政治の問題などについて率直な意見を交換された。こうした態度にも、野原さんの真実追求の方法の濶達真摯さが偲ばれるのである（『けんぶん』一、一九七八年一二月）。

名誉栄達とは全く無縁のところで、中国の人びとを愛し、中国の未来を信じ、若い友人たちと手を携えて平和と真実とのための勇者であった野原さんのあのような生涯を、私どもがもし見失うようなことにでもなれば、真の日中友好の成しとげられる途は遠いであろう。

【編集者附記】　本稿は、もと『日中経済協会会報』九七号、一九八一年八月に掲載された。

田中正俊先生略年譜

一九二二年一一月　一四日台湾台南市に生まれる
一九四〇年　三月　東京府立第九中学校（旧制）を卒業
一九四一年　四月　第一高等学校（旧制）文科丙類に入学
一九四三年　九月　第一高等学校（旧制）文科丙類を卒業
一九四三年一〇月　東京帝国大学（旧制）文学部東洋史学科に入学
一九四三年一二月　いわゆる「学徒出陣」にて敦賀歩兵連隊に入営
一九四四年　九月　航空兵に転科を命じられ、第三航空軍（シンガポール）へ向け、大阪港を出港
一九四四年一〇月　空襲のため、フィリピン戦線のマニラ港に上陸
一九四四年一二月　シンガポールへ向けマニラ港を出港するも敵襲に遭い、台湾高雄港に避難
一九四五年　三月　第八航空師団（台湾）に転属、台北松山飛行場に勤務
一九四五年　八月　台湾にて敗戦
一九四六年　二月　和歌山県田辺港に帰還
一九四七年　四月　東京大学（旧制）文学部東洋史学科に復学
一九五〇年　三月　東京大学（旧制）文学部東洋史学科を卒業
一九五〇年　四月　東京大学大学院（旧制）に入学　研究奨学生

一九五一年　四月　財団法人東洋文庫兼任研究員
一九五三年　三月　研究奨学生前期修了、引き続き東京大学大学院に在学
一九五四年　三月　東京大学大学院を退学
一九五四年　四月　横浜市立大学文理学部専任講師
一九五五年　四月　横浜市立大学文理学部助教授
一九六七年　四月　東京大学文学部助教授
一九七三年　四月　東京大学文学部教授
一九八一年　六月　財団法人東洋文庫理事
一九八三年　四月　信州大学人文学部教授
一九八五年　四月　信州大学人文学部長および信州大学大学院人文科学研究科長
一九八八年　四月　神田外語大学外国語学部教授
一九九五年　三月　神田外語大学外国語学部を退職
二〇〇二年一一月　四日未明、肺炎のため逝去

田中正俊先生主要著作目録

一九五〇年（二八歳）

九月　〔紹介〕仁井田陞「北京工商ギルドの職業倫理」（『史学雑誌』五九編九号）

九月　〔紹介〕清水泰次『中国近世社会経済史』（『歴史学研究』一四七号）

一一月　〔紹介〕波多野善大「清代両淮製塩における生産組織」（『史学雑誌』五九編一一号）

一九五二年（三〇歳）

五月　〔書評〕石母田正『歴史と民族の発見－歴史学の課題と方法－』（『歴史学研究』一五七号）（阪東宏との共著）＊＊

七月　戦時中の福建郷土史研究(1)（『歴史学研究』一五八号）　＊＊

一九五三年（三一歳）

一月　戦時中の福建郷土史研究(2)（『歴史学研究』一六一号）

一一月　〔報告要旨〕鄧茂七の乱をめぐる諸問題（『歴史学研究』一六六号）

一九五四年（三二歳）

一月　十五世紀における福建の農民叛乱(1)（『歴史学研究』一六七号）〔佐伯有一との共著〕

一月　起ちあがる農民たち―十五世紀における福建の農民叛乱―（民主主義科学者協会歴史部会編『世界歴史講座』(2)
三一書房）＊＊＊＊

三月　〔報告要旨〕Officials and mine robbers at the re-opening silver mines during the Chêng-tung（正統）era
of the Ming dynasty.（『東洋学報』三六巻四号）

四月　〔書評〕速水保孝『つきもの持ち迷信の歴史的考察』（『歴史評論』五四号）＊＊＊＊

五月　一九五三年の歴史学界―回顧と展望―（東洋史）明・清（『史学雑誌』六三編五号）

七月　「母の歴史」について（『歴史評論』五七号）＊＊＊＊

一九五五年（三三歳）

八月　十六・七世紀の中国農村製糸・絹織業（『世界史講座』Ⅰ〈東アジアの形成〉東洋経済新報社）〔佐伯有一との共著〕

一九五六年（三四歳）

八月　〔報告要旨〕中国に於ける所謂「資本主義の萌芽」について（『近代中国研究委員会報』二号）

一九五七年（三五歳）

五月　中国歴史学界における「資本主義の萌芽」研究（鈴木俊・西嶋定生編『中国史の時代区分』東京大学出版会）＊

六月　〔報告要旨〕On the Village Industry in the Delta of the Yang-tse River between the Ming and the Ching
Periods（『東洋学報』四〇巻一号）

九月　明代の社会と経済（『世界史大系』第八巻〈東アジアⅡ〉、誠文堂新光社）〔山根幸夫との共著〕
一〇月　中国近代史研究をめぐって（『歴史評論』八九号）〔市古宙三ほかとの座談会〕

一九五九年（三七歳）
四月　『中国農村慣行調査』の完成（『歴史評論』一〇四号）
七月　〔紹介〕市古宙三編『世界文化史体系』第一四巻〈東アジアⅢ〉（『歴史評論』一〇七号）

一九六〇年（三八歳）
六月　補農書をめぐる諸研究―明末清初土地制度史研究の動向(上)（『東洋学報』四三巻一号）
一一月　〔紹介〕東京教育大学東アジア史研究会編『中国近代化の社会構造』（『歴史評論』一二三号）

一九六一年（三九歳）
二月　明末清初江南農村手工業に關する一考察（『和田博士古稀記念東洋史論叢』講談社）＊
九月　民変・抗租奴変（『世界の歴史』11〈ゆらぐ中華帝国〉筑摩書房）＊＊＊＊
九月　中国の近代化（『世界の歴史』11〈ゆらぐ中華帝国〉筑摩書房）〔坂野正高・野村浩一・小山正明ほかとの座談会〕

一九六二年（四〇歳）
六月　鄧茂七の乱の所伝について―『雙槐歳抄』と「監軍暦略」―（『清水博士追悼記念明代史論叢』大安）＊＊＊＊

一九六三年（四一歳）
六月　『禹域通纂』と『西行日記』（『岩井博士古稀記念典籍論集』大安）＊＊＊＊
一〇月　〔翻訳〕『新建設』編輯部編「中国史上における農民戦争の性格、作用およびその特徴について―北京地区の史学研究者による座談会の要旨―」（『歴史評論』一五八号）

一九六四年（四二歳）
一二月　石達開の死（月報『だいあん』一〇巻一二号、通巻一〇九号）＊＊

一九六五年（四三歳）
一月　わたくしのなかの中国―一中国研究者の思い出―（『横浜市大新聞』一五〇号）＊＊＊＊
七月　研究集会連絡会（仮称）発足の経過（『歴史学研究月報』六七号）

一九六六年（四四歳）
四月　『教養人の東洋史』下―十五世紀から現代迄―〈現代教養文庫五四八〉社会思想社〔小島晋治ほかとの共著〕
五月　シンポジウム・歴史学をいかに学ぶか―東京大学歴史学研究会発足に際して―（『歴史評論』一八九号）〔遠山茂樹・太田秀通との討論〕
一一月　『歴史像再構成の課題―歴史学の方法とアジア』御茶の水書房〔幼方直吉・遠山茂樹との共編〕（「アジア研究における感性と論理」＊＊を収録）

一九六七年（四五歳）
二月　清仏戦争と日本人の中国観（『思想』五一二号）＊＊＊＊
八月　アジア社会停滞論批判の方法的反省－厳中平著・依田憙家訳『中国近代産業発達史』によせて－(1)（『歴史評論』二〇四号）＊
九月　アジア社会停滞論批判の方法的反省－厳中平著・依田憙家訳『中国近代産業発達史』によせて－(2)（『歴史評論』二〇五号）＊
一〇月　アジア社会停滞論批判の方法的反省－厳中平著・依田憙家訳『中国近代産業発達史』によせて－(3)（『歴史評論』二〇六号）＊
一〇月　西欧資本主義と旧中国社会の解体－「ミッチェル報告書」をめぐって－（『仁井田陞博士追悼論文集』第一巻〈前近代アジアの法と社会〉、勁草書房）＊
一一月　「現代における帝国主義研究の課題」に関する討論の問題点（『歴史評論』二〇七号）

一九六八年（四六歳）
一〇月　紀元節問題連絡会議編『思想統制を許すな』について（『歴史評論』二一八号）＊＊＊＊

一九七〇年（四八歳）
五月　歴史学的なものの考え方－歴史事実の認識と評価（東京歴史科学研究会編『歴史を学ぶ人々のために』三省堂）＊＊
一一月　世界市場の形成と東アジア（『講座日本史』5〈明治維新〉東京大学出版会）＊

一九七一年（四九歳）
四月　《歴史主体》としての朝鮮人民―書評・姜在彦『朝鮮近代史研究』日本評論社、一九七〇年―（『朝日ジャーナル』一三巻一六号）＊＊＊
七月　マルクス・エンゲルスの「中国論」附「インド論」（歴史科学協議会編『歴史の名著《外国人篇》』校倉書房）＊
八月　中国社会の解体とアヘン戦争（岩波講座『世界歴史』21巻〈近代8〉〔近代世界の展開Ⅴ〕岩波書店）＊
八月　「大塚史学」の方法論をめぐって（『歴史学研究』三七五号）〔大石嘉一郎ほかとの座談会〕
九月　一九二〇～三〇年代における中国農村織布業―その解明のための予備的考察―（『植民地支配と産業構造のゆがみ』アジア経済研究所）
一一月　東アジア近代史研究の課題（岩波講座『世界歴史』三〇巻〈別巻〉〔現代歴史学の課題〕岩波書店）＊

一九七二年（五〇歳）
一〇月　名倉予何人「〈文久二年〉支那聞見録」について（『山本博士還暦記念東洋史論叢』山川出版社）＊＊＊＊
一〇月　東洋文庫所蔵モリソン＝パンフレットについて（『国立国会図書館月報』一三九号）
一二月　中国の変革と封建制研究の課題(1)（『歴史評論』二七一号）＊＊＊＊
一二月　『シンポジウム日本歴史』14〈世界資本主義と開港〉学生社〔石井孝ほかとの共著〕（「資本主義列強の対アジア政策とアジア諸民族の対応」および共同討論を収録）

一九七三年（五一歳）
三月　東洋文庫所蔵モリソン＝パンフレットについて（『東洋文庫書報』四号）＊＊＊＊

三月　日清戦争後の上海近代「外商」紡績業と中国市場－Charles Denby. Jr., Cotton-Spinning at Shanghai, *the Forum*, September 1899 の分析を中心として－（山田秀雄編『植民地経済史の諸問題』アジア経済研究所）＊＊＊＊
五月　東アジア近代史への視点（堀米庸三編『歴史学のすすめ』筑摩書房）
七月　『中国近代経済史研究序説』東京大学出版会
七月　『シンポジウム日本歴史』23〈現代と歴史学〉学生社（太田秀通ほかとの共著）（「停滞史観の克服と中国近代化の問題」および共同討論を収録）

一九七四年（五二歳）
四月　『近代中国研究入門』東京大学出版会（坂野正高・衛藤瀋吉との共編）「社会経済史－論文の出来るまで・一つの実験」＊＊および「中国研究の回顧と展望」（衛藤瀋吉・坂野正高・市古宙三ほかとの座談会）収録
九月　ケムブリッヂ民俗博物館のことなど（『岩波講座世界歴史』〔改訂版〕21付録月報21）＊＊＊＊

一九七五年（五三歳）
一一月　「中国人との自由貿易」（一八三三年十二月）について（『榎博士還暦記念東洋史論叢』山川出版社）＊＊＊＊
一二月　〔討論要旨〕森正夫「日本の明清時代史研究における郷紳論について」(1)（『歴史評論』三〇八号）

一九七六年（五四歳）
五月　明治初期の教育と楢原陳政－楢原陳政伝稿断章－（野原四郎・松本新八郎・江口朴郎編『近代日本における歴史学の発達』上、青木書店）

一九七八年（五六歳）
二月　中国－経済史（『アジア経済』一九巻一・二合併号　通巻二〇〇号）〈70年代日本における発展途上地域研究－地域篇〉
四月　『講座中国近現代史』第一巻〈中国革命の起点〉、東京大学出版会〔野沢豊との共編〕（「総論－中国近代史と《ウェスタン－イムパクト》－」＊＊＊＊を収録）
五月　大学における歴史教育の現状と課題（『歴史評論』三三七号）〔土井正興らとの座談会〕
八月　戦争体験と歴史的経験（『歴史評論』三四〇号）＊＊＊

一九七九年（五七歳）
三月　〈シュリーフェン計画〉から学ぶこと（鈴木智夫・久保靖彦『高校世界史指導資料』三省堂）＊＊＊
三月　竜骨車と農民（『近代中国研究彙報』創刊号）〔鶴見尚弘との共著〕＊＊＊＊
六月　ある技術書の軌跡－『天工開物』の三枝博音解説に導かれて－（『歴史評論』三五〇号）＊＊＊＊

一九八〇年（五八歳）
五月　研究の手引　東洋史（『歴史評論』三六一号）（「尾崎咢堂と魯迅と」に改題）＊＊
九月　東アジアの経済発展・中国（『経済学大辞典』Ⅲ　東洋経済新報社）

一九八一年（五九歳）
七月　「東インド会社の独占－茶の価格」（一八二三年）について（『中嶋敏先生古稀記念論集』下、汲古書院）＊＊＊＊

八月　ふたりの先達と中国研究—天野元之助と野原四郎—（『日中経済協会会報』九七号）＊＊＊＊

一九八二年（六〇歳）

三月　『近代日本と東アジア—清仏戦争から日清戦争まで—』（昭和五六年度文部省科学研究費補助金〔一般研究C〕研究成果報告書）＊＊

五月　一九八一年の歴史学界—回顧と展望—総説（『史学雑誌』九一編五号）

八月　中国における地方都市の手工業—江南の製糸・絹織物業を中心に—（『中世史講座』第三巻〈中世の都市〉学生社）＊＊＊＊

一一月　「侵略」から「進出」へ（『歴史評論』三九一号）＊＊＊

一九八三年（六一歳）

六月　辛亥革命前中国経済的半殖民地性和日中関係（『紀念辛亥革命七十周年学術討論会論文集』下　中華書局）

一〇月　（朴元熇訳）「侵略으로무타「進出」로—日本歴史教科書의検定見解를批判항—（『史叢』二七輯）

一九八四年（六二歳）

五月　隕ちゆくもの（『春夏秋冬』二号）＊＊＊

五月　文学の思想性と歴史を視る眼と—アジア史の認識に向けて—（『歴史評論』四〇九号）＊＊

八月　『中国現代史』山川出版社（今井駿・久保田文次・野沢豊との共著）（「中国の風土と民族」「近代世界と中国の夜明け」を収録）

九月　福沢諭吉と東アジア近代史への視点（河出人物読本『福沢諭吉』河出書房新社）＊＊＊＊

一一月　明・清時代の問屋制前貸生産について—衣料生産を主とする研究史的覚え書（西嶋定生博士還暦記念『東アジア史における国家と農民』山川出版社）＊＊＊＊

——　Rural Handicraft in Jiangnan in the Sixteenth and Seventeenth Centuries（Linda Grove and Christian Daniels, eds., *State and Society in China : Japanese Perspectives on Ming-Qing Social and Economic History*, University of Tokyo Press, Tokyo）

——　Popular Uprising, Rent Resistance, and Bondservant Rebellions in the Late Ming（Linda Grove and Christian Daniels, eds., *State and Society in China : Japanese Perspectives on Ming-Qing Social and Economic History*, University of Tokyo Press, Tokyo）

一九八五年（六三歳）

二月　うたのかなしみ（『信州大学学報』三七一号）＊＊＊

八月　『戰中戰後』第一版〔私家版〕

一九八七年（六五歳）

一一月　戦争、科学、そして人間—盧溝橋事件五十周年を記念して—（『信大史学』一二号）

一九八八年（六六歳）

四月　最後兵物語（『信州大学学報』四〇九号）＊＊＊

六月　戦争、科学、そして人間(上)（『歴史評論』四五八号）＊＊＊

七月　戦争、科学、そして人間(中)（『歴史評論』四五九号）＊＊＊
八月　戦争、科学、そして人間(下)（『歴史評論』四六〇号）＊＊＊
一一月　清仏戦争と日本の帝政党系新聞の論調（『榎博士頌寿記念東洋史論叢』汲古書院）＊＊＊＊
一一月　東洋史研究への私の歩み（『信大史学』一三号）＊＊＊

一九九〇年（六八歳）
一月　『戰中戰後』第二版〔私家版〕
七月（韓一徳訳）『戦争・科学・人』（黒龍江人民出版社）
一一月　風化と頽廃と（季刊『青丘』六号）＊＊＊

一九九二年（七〇歳）
四月　遥かなる学問へ向けて（神田外語大学一九九二年度『履修案内』）＊＊
七月　文は人なり（『榎一雄著作集』全一二巻別巻一、内容見本、汲古書院）

一九九三年（七一歳）
月（黄麗華・武鐵兵共訳）竜骨車与農民（『明史研究』第三輯、合肥・黄山書社）
一二月　柳田節子『「わだつみ」の世代を生きて』に寄せて（『歴史評論』五二四号）＊＊＊

一九九五年（七三歳）

三月　戦争体験と歴史意識（『獨協経済』六一号）

三月　The Putting-out System of Production in the Ming and Qing Periods: With a Focus on Clothing Production (1)（*Memoirs of the Research Department of the Toyo Bunko*, No.52）

五月　「学徒出陣」という言葉について（『不戦』八六号）

九月　戦争責任の歴史的継承について（『歴史評論』五四五号）＊＊＊

一九九六年（七四歳）

三月　The Putting-out System of Production in the Ming and Qing Periods: With a Focus on Clothing Production (2)（*Memoirs of the Research Department of the Toyo Bunko*, No.53）

五月　五十年を経て（永原慶二・中村政則編『歴史家が語る戦後史と私』吉川弘文館）＊＊＊

一一月　過去から未来へ向けて（『不戦』一〇〇号）＊＊＊

一一月　戦争体験と歴史意識（『信大史学』二一号）＊＊

一九九九年（七七歳）

九月　『東アジア近代史の方法―歴史に学ぶ』名著刊行会

一〇月　一九九九年八月九日の深夜に記す―天皇・国号・国旗・国歌などについて―（『歴史評論』五九四号）（松本信介の名で執筆）＊＊＊

一一月　台湾中央研究院近代史研究所『財政と近代史』討論会への参加と台南訪問（『歴史と地理』五二九号）

二〇〇〇年（七八歳）
三月　鈔本『鴉片類集』について（西嶋定生博士追悼論文集『東アジア史の展開と日本』山川出版社）
六月　《戦争と残虐》の画期的新段階－《東京大空襲》五五周年－（『歴史評論』六〇二号）＊＊＊
二〇〇一年（七九歳）
六月　関於開拓史版〝湖州養蚕書和解〟（全漢昇教授九秩栄慶祝寿論文集編輯委員会編『薪火集：伝統与近代変遷中的中国経済』台北、稲香出版社）＊＊＊＊
七月　或る書簡にまつわることども－太田秀通さんをしのぶ（『歴史評論』六一五号）
一一月　『戰中戰後』〔増訂版〕名著刊行会
二〇〇二年
一〇月　誄詞（『西嶋定生東アジア論集』第五巻月報五、岩波書店）

〔附記〕配列は公表された順に従った。なお、各単行本に再収録された著作には末尾に記号を付した。記号は以下のとおりである。
＊『中国近代経済史研究序説』東京大学出版会、一九七三年。＊＊『東アジア近代史の方法－歴史に学ぶ』名著刊行会、一九九九年。＊＊＊『戰中戰後』〔増訂版〕名著刊行会、二〇〇一年。＊＊＊＊本書所収

編集後記

二〇〇二年一一月四日、私どもが敬愛してやまなかった田中正俊先生の突然の訃報に接して以来、はや二年近くの時が流れた。本書は同年一二月八日に開催した「田中正俊先生を偲ぶ会」にご参集いただいた多くの方々に対し、速やかな刊行をお約束した田中先生の遺稿集である。にもかかわらず、私どもはそれぞれが有する職場における業務等に忙殺され、懸命な努力を怠らなかったつもりではあるが、「速やかな」とはとてもいえない状況に陥り、ここに至ってしまった。ようやくいま本書を上梓するに当たり、関係各位に対してこれまでの作業の遅延を深くお詫びするとともに、富士霊園に完成したばかりの先生の墓前にこれを供献できることを無量の喜びとするものである。

本書は先生がご生前に発表された二七編の論考を五篇に分類している。Ⅰ「起ちあがる農民たち」には、先生のご研究の原点となった明代農民の抵抗運動に関する三編を、Ⅱ「手工業の発展」には、同じく原点である明清経済史研究を振り返り後年に総括された三編を、Ⅲ「世界経済と近代中国」には、ケムブリッジでの在外研究から帰国された後の成果をふんだんに盛り込まれた四編を、Ⅳ「日本と中国」には、先生が長年にわたり一貫して関心を抱かれてきた日本人の中国観に関する五編を、そしてⅤ「歴史を見る眼」には、先生の学問に対する姿勢が如実に窺われる代表的な小論一二編を、編集担当者の独自の判断に基づいてそれぞれ分類・配列した。

先生の広範囲にわたるご研究の中で、農村手工業を中心とした経済史関係の諸論考は『中国近代経済史研究序説』（東京大学出版会、一九七三年）に、戦争体験を主体とした諸論考は『戦中戦後』（〔第一版〕私家版、一九八五年、〔増訂版〕

名著刊行会、二〇〇一年）に、さらに中国近代史に関する理論的な諸論考は『東アジア近代史の方法－歴史に学ぶ』（名著刊行会、一九九九年）にそれぞれ収録され、今日では比較的容易に見ることができる。しかし、これらの著書には収録されなかった農民闘争史や日本人の中国観に関するものもまた戦後歴史学の中で独自の光彩を放った珠玉の作品であり、しかもこれらの中にはすでに入手困難なものが少なくない。そこで、本書にはそれらの諸論考を収録し、後世に伝え遺そうということになった。本書に『田中正俊歴史論集』と題したのはこの所以である。

実をいうと、本書の出版計画が持ち上がったのは十数年前のことである。当時、先生の教えを受けた者たちが中心となり先生の著作集を作るべく、汲古書院のご賛同を得て準備に取り掛かった。しかし、その作業工程は遅遅として進まなかった。それにはいろいろな原因があったものと思われるが、その主たるものは先生ご自身がなかなか原稿を提出してくださらなかったことにあるといってよい。先生の学問に対する厳しさ、文章表現への一方ならないこだわり、一字一句をもゆるがせにしない史料の読解等、先生から直接指導を受けた私どもには本書の刊行が簡単には実現しないであろうことは容易に予想できた。しかしながら、それが再三の督促にもかかわらず進展のないままあまりにも長期にわたったため、私どももさすがに苛立ちを隠しきれず、先生には本書の出版に対してご熱意がおありにならないのかもしれないと疑うこともあった。

それが全くの誤解であったことは先生が亡くなられた後に判明した。先生のご家族から参考にと提供されたダンボール箱の文献の中にワープロで打たれた次のような篇別構成メモを発見したためである。以下、それを誤植も含め原文のまま掲げる。

田中正俊

【著作集（一）の構想】
『近世中國における抵抗と反乱』

一 「起ちあがる農民たち―十五世紀における中国の農民叛亂―」（民主主義科学者協会歴史部会著『世界歴史講座』2、三一書房、一九五四年）
【右記の「起ちあがる農民たち」をベースとし、これを「十五世紀における福建の農民叛亂」（『歴史学研究』一六七号、一九五四年一月）によって増補し、これに註を付ける】

二 「鄧茂七の亂の所伝について―『雙槐歳抄』と『監軍暦略』―」（『清水博士追悼記念明代史論叢』講談社、一九六二年）
附 「戰時中の福建郷土史の研究」（一、二）（『歴史学研究』一五八、一六一号、一九五二年七月、一九五三年一月）
附 「中國の変革と封建制研究の課題」（一）（『歴史評論』二七一号、一九七二年一二月）
【可能な限り、右に続く（二）の部分を増補する】

三 「民變・抗租奴變」（『世界の歴史』一一巻（筑摩書房、一九六一年）
【『ステイツ アンド ソサエティ イン チャイナ』東京大学出版会、一九八四年、によって改訂し、註を付ける】

四 頑佃抗租について
（一） 大土地所有の成立について（図式的まえがき）
（二） 華中・華南の十三世紀以降における《一田両制》慣行の発生は、大土地所有、地主―佃戸間の土地所有関係、生産関係の歴史的発展と、これにともなう新たな、複雑な所有・生産関係の成立を示す。
（三） 「山陽県厳禁悪佃架命抬詐覇田抗租碑」
【『甲子夜話』の《かんかんのう》との関係につても言及】
（四） 『租覈』の歴史的位置づけ

先生がこの篇別構成メモをいつお作りになられたのかは定かでない。原文が示すように表現に統一性がなく、ところどころ誤植もあることから、これが文字通り「メモ」であるにすぎないことは否定できない。しかしながら、【著作集（一）の構想】とあるように、いくつかの著作計画の筆頭としてお考えになっていたこと、しかも先生のご研究の原点ともいうべき《農民の抵抗と叛乱》を中心にまとめられようとするご意志があったことはここから間違いなく読み取れる。この篇別構成の中の第四章「頑佃抗租について」の四つのテーマについては、これまで口頭報告や研究会でしばしば語られたことはあったかもしれないが、それらについて活字にされた論文は一編もない。先生はおそらく本書の刊行に当たり、単に旧稿の増補・改訂だけに満足されず、第四章を新たに書き加えることで「近世中国における抵抗と叛乱」の全体像を描かれようとする壮大な構想がおありになったものと思われる。それが原稿提出の遅れの主因であったとすれば、私どもは自らの不明を恥じなければならないであろう。

出版が実現する契機は突然に、しかも悲壮な状況の中で訪れた。先生のご病気が重く、残された時間があまりないことが判明した二〇〇二年一〇月八日、汲古書院の坂本健彦氏が書簡により、先生がお元気なうちに論文集をまとめて公刊すること、そのためには論文原稿を推敲されるのを中断し、編集の一切を私どもに委ねることを提案され、「この提案に対しましてあるいはご無念の気持ちを抱かれるかもしれませんが、ここは曲げてご容赦いただきたく何卒ご了解賜りますようお願いいたします。先生の長年にわたるご研究の成果を広く学界の財産として公にすることは研究者としての責務でもあると言えます。それによって後進の人たちが益するところは量り知れないものがあります。歴史学が時代の要請に応えて日本の進路を誤らせないためにも是非必要なことと存じます」との熱意溢れる説得をしていただいた。その甲斐もあって、先生はいくつかの留保条件をお挙げになりながらも編集を私どもに委ねることを基本的に認められた。そこで私どもは早急に編集作業に取り掛かった。しかし、先生のご病状は予想以上に悪く、同月下旬に再び入院され不帰の客となられた。傘寿を一〇日後に控えてのことだった。本書が先生のご存命のうちに公刊できなかったのが最も悔やまれることになった。

本書の刊行にはその後いくらかの紆余曲折があった。遅延の原因の一つは冒頭でも述べた私どもの事情によるものであるが、もう一つは編集に際してできる限り先生のご遺志を反映させたいという気持ちが私どもにあったことによる。というのも、先生が鄧茂七の乱についての論文の推敲を中断することを大変残念がっておられたこと、再入院後、再び退院した際にはその原稿を渡すことを坂本氏に約束されていたことなどから、推敲された原稿が先生の書斎かどこかに必ずやあるものと信じ、折角のことなら是非その情報を少しでも取り込むべく、原稿の発見を待って本格的な編集作業に取り掛かろうとしたためである。しかし、その原稿はご子息正敬氏のお手をたびたび煩わしたにもかかわらず発見することができず、ついに断念するのやむなきに到った。本書に先生の晩年の「こだわり」を活かせなかったこともまた悔やまれることになった。とはいえ、本書がかろうじて先生の三回忌に間にあわすことができたのはせめてもの幸いであったと思う。


田中先生の学問とお人柄については、『近きに在りて』四三号（二〇〇三年八月）に追悼特集が組まれたのをはじめとしてすでに多くの方々から寄せられた追悼文に詳しく述べられており、ここで改めて記すには及ばないと考える。ただ、先生から直接学恩を受けた私どもとしては、いまではなかば伝説化した、いわゆる《田中ゼミ》のことについて一言触れておきたい。

《田中ゼミ》とは東京大学の研究室において先生が担当された大学院の授業のことであり、私どもが在籍した時には清初の官箴書（地方官マニュアル）である『福恵全書』をテキストにした初期の短期間を除けば、一貫して清末の地主制を論じた陶煦『租覈』の読解を中心にした。授業は毎週木曜日の午前一〇時三〇分ころから始まり、原則的には正午に終了するものだった。もちろんそれはあくまでも〝原則〟であり、昼食休憩はあったものの、午後も延々と続けられ、夕方に終われば早いと感じるほどであった。

その後、私どもの論文作成のための予備報告会がこれに加わってからは、学士会館や東洋文化研究所に場所を移して夜に及んだ。場所を移したのは研究室のあった法文二号館が午後七時になると一斉に消灯となり、研究室にいられなくなるからに他ならなかった。場所を移してからの活動はさらに〝落ち着いて〟続けられ、午後一〇時に終わることも珍しくはなかった。一〇時に始まり一〇時に終わるまさに半日をかけた「死闘」であった。そのころ東洋史学研究室の助手をしておられた故森弘之氏が、私どもに対して「僕は中国史を専攻しなくてつくづくよかったと思う」と冗談を言われていたことをいまも記憶している。

授業は先生の独擅場であった。もちろん私どもも議論に加わっていたはずであるが、気がつくと先生が話されていた。先生はそのころ必ずしも体調が万全ではなく、普段はあまり元気そうではなかった。しかし、授業が始まると、みるみる体力が回復していった。それはまるで学問を栄養にされているかのようだった。先生の生涯のご学友であられた衛藤瀋吉先生がご自身のご著書『近代中国政治史研究』（東京大学出版会、一九六八年）の序文に田中先生を評して「学問に淫している」と書かれたことがあったが、「むべなるかな」の思いがした。

授業では『租覈』の内容や背景についての検討もさることながら、著者の細かな文章表現に至るまでの徹底した読み込みが行われた。それゆえ一行二四文字がまる一日かけて読み終わらないこともしばしばであった。その際に折触れてお教えいただいた史料や研究への取り組み方については、その多くが「中国近代社会経済史の方法―論文の出来るまで―」（『東アジア近代史の方法―歴史に学ぶ』名著刊行会、一九九九年、所収）に語られているが、私どもはそれ以上のことを教わり、またそれ以上のことを求められた。論文を書く姿勢についても熱く語られることが多かった。先生が卒論を書かれていた時、疲労で転寝をしていると背後に明代の農民が現れ、「俺たちの思いをどうかみんなに伝えてくれ。頼りになるのはお前だけだ」と励ましてくれたという話は私どもの中で知らぬ者は一人もいない。その

「事実」の真偽のほどはともかくとしても、「論文を書くとはかくなるものなのか」との強烈な印象を受けたのは間違いない。鄧茂七の肖像は残っておらず、どんな顔をしていたかは不明であるが、それが先生のお顔と重なって見えるのはなにゆえであろうか。

授業は午後一〇時まで夕食抜きで続けられるのを常とした。放課後空腹に耐えかねた我々は本郷三丁目の地下鉄駅の裏にあったおでん屋で一杯やることが多かった。もちろん先生もこれに参加されたが、先生はこのような場所においても「学欲」が「食欲」を凌駕した。一皿三個のおでんにほとんど箸をお付けにならないまま滔滔とお話しになる先生を前にして、もはや「食欲」の権化と化した私どもがおでんの追加注文をお願いすることは至難の業だった。そんな時、私どもは年が若く一番体躯の大きな某氏に「恐れながら」と進言させるのを常套手段とした。それを聞いた先生は、「あっ、そうですね。それでは追加を頼みましょう」とおっしゃりながら、ご自身のお皿には最初の冷めたおでんを残したまま、中断した話を再び続けられるのであった。

四半世紀以上にもなるこれらの情景が走馬灯のように駆け巡る。先生が私どもに教え伝えていただいたことを私どもはいまどこまで若い世代に伝えることができるのだろうか。当時の先生に近い年齢になった私どもには内心忸怩たる思いがある。しかし、《田中ゼミ》で得たものは何物にも換えがたい宝物として私どもの中に共有されていると確信する。

最後に、編集に当たって留意した点をいくつか述べておきたい。前述のように先生ご自身による増補・改訂ができなかったため、掲載論文はすべて旧稿を定本にしている。ただし、ごく一部、先生のご意向を反映したところがないわけでもない。表記については便宜上統一した。原文の旧字・旧仮名遣いは史料原文をも含めて新字・新仮名遣いにするのを原則とした。また漢数字の表記の統一をはかった。その他、各論文で異なる表記についても統一した。引用史料や出典に関しては極力原典に当たって確認・訂正を行ったが、ごく一部照合不可能なためそのままにしたものもある。巻末に掲載した「田中正俊先生略年譜」と「田中正俊先生主要著作目録」は「偲ぶ会」の際に配布したものを定本として、その後判明したものを加えて増補改訂した。ただし、先生が実名を明らかにされずに著されたといわれる多くの短編については調査が行き届かず、ここにはほとんど反映できないままに終わっている。索引については引用を除く本文に示された著名人物・研究者と主要歴史用語を中心にし、一部経済用語を含めて採録した。不十分なものであるが、「索引があることで本当の意味での研究書になる」と語っておられた先生の最初にして最後の「研究書」を編むことができたと自負している。

本書の刊行に際しては、協力を得た多くの方々に感謝しなければならない。とりわけ汲古書院の坂本健彦氏に対しては御礼の言葉が見つからない。坂本氏は本書の出版を快諾されて以来、長期にわたって寛容と忍耐をもってその完成を待ち続けていただいた。また、坂本氏による最晩年の先生への激励と説得がなかったら、おそらく本書の出版は実現できなかったことだろう。先生がお亡くなりになった後も坂本氏は私どもに対して寛容と忍耐、さらには激励を続けていただいた。私どもが何とか責務を果たせたのもすべて坂本氏のご支援による。

編集や史料・出典の確認に対しては多くの方々のご協力を抜きにしては語れない。懸命に校正原稿のありかを捜査し、関連する多くの情報をご提供していただいたご子息田中正敬氏には改めて御礼を申し上げたい。このほか、共同執筆の論文の掲載を快諾していただき、さらに貴重な写真をご提供していただいた鶴見尚弘先生、「偲ぶ会」で配布した「主要著作目録」で未確認とした文献の原物コピーを郵送していただいた松本明先生、後藤延子先生、二瓶幸子先生に感謝したい。おかげで「主要著作目録」をほぼ完全な形で作成することができた。史料・出典の確認に対しては東京大学大学院人文社会系研究科および総合文化研究科と慶應義塾大学大学院文学研究科とに所属する院生の方々の手を多く煩わした。研究の貴重な時間を割いて業務に携わっていただいたことに深謝したい。

本書の刊行が先生の深い学恩に少しでも報いるものであれかしと念ずる。（文責　山本英史）

二〇〇四年八月二〇日

『田中正俊歴史論集』編集委員会

岸本美緒

並木頼寿

山本英史

田中正俊歴史論集

二〇〇四年一一月四日発行

著　者　田　中　正　俊
編　者　『田中正俊歴史論集』編集委員会
発行者　石　坂　叡　志
印刷所　富　士　リ　プ　ロ

発行所　汲　古　書　院
〒102-0072 東京都千代田区飯田橋二－五－四
電　話〇三（三二六五）九七六四
FAX〇三（三二二二）一八四五

ISBN4-7629-2730-9　C3022

索　　引

1　本文に示された語句のみを取った。ただし、史料や引用文については、そこからは取らなかった。
2　人名は極力取った。ただあまりに無名のものはカットした。
3　史料名や書名については、註とのバランスを考え、基本的に取らなかった。ただし、著者については有名人は取った。
4　歴史用語、経済用語については主なものを取った。
5　同じもので異名のもの、例えば、太祖洪武帝と朱元璋などについては太祖洪武帝→朱元璋という「見よ項目」にし、「朱元璋」に頁数を入れた。
6　ネームについては、例えば、エドガー＝スノウ→スノウ　野原→野原四郎というようにし、（５）と同じ扱いにした。
7　索引は、五十音順に配列した。

あ

い

き

ち

つ

て

と

な

に

ぬ

ね

の

ま

み

む

め

も

や

ろ